# WILLIAM OWEN PUGHE

IDRISON,

1831.

W. Owen Pughe. D.C.L.—F.A.S.

*Llun: Llyfrgell Genedlaethol Cymru*

William Owen Pughe
Llun a ymddangosodd fel wyneb-ddalen i Eiriadur Pughe (1832). Artist: T. George

# William Owen Pughe

Glenda Carr

*Cyhoeddwyd ar ran
Bwrdd Gwybodau Celtaidd
Prifysgol Cymru*

Caerdydd
Gwasg Prifysgol Cymru
1983

ⓗ Prifysgol Cymru, 1983 ©

**Manylion Catalogio Cyhoeddi (CIP) y Llyfrgell Brydeinig**
Carr, Glenda
   William Owen Pughe
   1. Pughe, William Owen   2. Geiriadurwyr - Cymru - Bywgraffiad
   I. Teitl
   491.6'63'0924   P327

   ISBN 0-7083-0837-6

*Cyfieithwyd y Manylion Catalogio Cyhoeddi gan y Cyhoeddwyr*

Argraffwyd gan Wasg Gomer, Llandysul

I'm Rhieni

# RHAGAIR

Cynsail y gyfrol hon yw fy nhraethawd MA ar fywyd William Owen Pughe a rhai agweddau ar ei waith, ond dros y blynyddoedd ychwanegais gymaint arall ato fel y tyfodd fy adnabyddiaeth o'r gwrthrych. Yn wreiddiol yr oeddwn wedi bwriadu gwneud ymchwil i syniadau ieithyddol yng Nghymru rhwng Edward Lhuyd a William Owen Pughe ond rywsut neu'i gilydd mynnodd Pughe dynnu mwy a mwy o'm sylw nes i mi droi ato'n gyfan gwbl yn y diwedd. Y mae'n debyg mai tosturio wrtho a wneuthum i ddechrau: 'roedd pawb wedi bod mor gas wrtho. Fe fu cyfnod pan fyddwn yn ei amddiffyn yn rhy daer, efallai, gan deimlo adwaith y frân ddiarhebol i'w chyw bach du. Ond fel y tyfodd y cyw arbennig hwn sylweddolais innau nad du na gwyn oedd ei liw ond rhyw lwyd fel y gweddill ohonom. Gobeithio fy mod wedi llwyddo i gyfleu'r 'llwydni' hwn yn y gyfrol heb orbwysleisio'i wendidau na'i rinweddau. Yn y traethawd gwreiddiol dewisais y ffordd hawdd drwy ei rannu'n ddwy ran, y naill yn trafod bywyd William Owen Pughe a'r llall yn trafod ei waith. Teimlais, fodd bynnag, mai cynllun traethawd oedd hwn ac na fyddai'n addas i lyfr a ddylai, gobeithio, fod yn fwy darllenadwy. Felly bu'n rhaid gwau'r gwaith i mewn i'r bywyd gan hyderu nad yw'r naill na'r llall yn dioddef o'r herwydd. Wrth gwrs, fe fu'n rhaid rhoi ambell bennod yn llwyr i agweddau arbennig ar waith Pughe ac 'rwy'n gobeithio na fydd hyn yn torri'n ormodol ar rediad y stori sylfaenol, sef hanes gŵr hynod o ddymunol mewn cyfnod hynod o ddifyr.

Gweithiais ar fy nhraethawd gwreiddiol yn Adran y Gymraeg yng Ngholeg y Brifysgol, Bangor, dan gyfarwyddyd yr Athro J. E. Caerwyn Williams. 'Dwn i ddim sut i ddechrau mynegi fy nyled iddo ef: bu'n gefn ac yn ysbrydoliaeth i mi o'r diwrnod y deuthum gyntaf yn fyfyriwr petrus i'r coleg hyd heddiw. Ni phallodd ei ddiddordeb a'i gyngor; bûm innau drwy'r blynyddoedd yn dibynnu ar ei gefnogaeth gadarn, dawel ac yn ymdrechu i ymgyrraedd at y safonau llym hynny y dysgodd ef imi eu parchu. Darllenodd y gyfrol hon mewn llawysgrif gan oleuo'r ffordd i mi fel arfer. Myfi fy hun, wrth gwrs, sy'n gyfrifol am unrhyw wallau sydd ar ôl ynddi.

Yr wyf yn ddiolchgar i nifer o bobl a fu mor garedig â rhoi cymorth a gwybodaeth imi mewn llythyr neu mewn sgwrs. Yn bennaf ymhlith y rhain 'rwy'n ddyledus i'r Athro J. F. C. Harrison o Brifysgol Sussex. Cefais fudd mawr o ddarllen ei gyfrol feistrolgar *The Second Coming: Popular Millenarianism 1780-1850*, sy'n trafod Joanna Southcott a'i thebyg mewn dull ysgolheigaidd a bywiog. Mentrais ysgrifennu ato a chafwyd gohebiaeth ddifyr a ffrwythlon. Diolch iddo am ei gymwynasgarwch. Diolch hefyd am gyngor a help y diweddar Athro G. J.

vii

Williams: ceisiodd daflu rhyw oleuni ar ddirgelwch 'athrofa Altrincham'. Diolch am gymorth y diweddar Mr Bob Owen, Croesor; Mrs Mary Ellis, Aberystwyth a Mr Ronald Bond, Chelmsford. Diolch hefyd i Mr O. V. Jones, yr obstetregydd, am geisio gwneud yr amhosibl a chynnal 'awtopsia' ar Joanna Southcott druan, a honno yn ei bedd ers dros ganrif a hanner.

'Rwy'n dra diolchgar i staff y gwahanol lyfrgelloedd y bûm yn gweithio ynddynt ac yn gohebu â hwynt. 'Roedd yn bleser, fel arfer, gweithio yn y Llyfrgell Genedlaethol ac 'rwy'n diolch yn arbennig i'r ddau lyfrgellydd, y Dr E. D. Jones yn fy nghyfnod fel myfyriwr, a'r Dr R. Geraint Gruffydd yn ddiweddarach, am eu cymorth. 'Rwy'n ddyledus hefyd i Mr Dafydd Ifans am ei help â chasgliad Mysevin. Y mae llyfrgell Coleg y Brifysgol, Bangor, wedi bod yn ail gartref imi am ormod o flynyddoedd imi feiddio'u rhifo bellach ac 'rwy'n ddiolchgar i'r staff yno am eu cymorth drwy'r blynyddoedd, yn enwedig i Mr Derwyn Jones am ei gymwynasgarwch a'i barodrwydd i rannu ei stôr o wybodaeth.

Diolch i Mr Alun Treharne o Wasg Prifysgol Cymru am lywio hynt y llyfr hwn drwy'r wasg ac am ei gyngor a'i ofal. Diolch i Mrs Sally Pritchard, Bangor, am deipio'r gwaith, a gwneud hynny nid yn unig yn daclus a gofalus ond â diddordeb a deallusrwydd arbennig.

'Rwyf wedi cadw fy nyled fwyaf tan y diwedd. Diolch i'm plant, Richard a Gwenllian, am fod mor amyneddgar wrth weld eu mam â'i thrwyn mewn llyfr mor aml, ac am eu diddordeb yn hynt a helynt William Owen Pughe. Daeth ef yn ffrind teuluol erbyn hyn, ac 'rwy'n teimlo rywsut y byddai hynny'n ei blesio yntau. Yn olaf ac yn bennaf oll, diolch i'm gŵr. Hebddo ef ni fyddai'r llyfr hwn byth wedi gweld golau dydd. Ef a fu'n fy annog a'm cynnal drwy'r blynyddoedd, yn fy nerthu pan oeddwn ar fin suddo yng nghanol y gwaith, ac yn rhannu'r wefr a ddaw o bob darganfyddiad bach yng nghhwrs ymchwil. Gwnaeth bopeth yn ei allu i hyrwyddo'r gwaith ac y mae fy nyled iddo'n ddifesur. Diolch, Tony, am bopeth.

Glenda Carr<br>
1 Mai 1983

# CYNNWYS

*Tud*

Rhestr Lluniau     x
Teitlau a Byrfoddau     xi
I    Gwreiddiau     1
II    'Odiaethol Wiw Gymdeithion'     9
III    Y Blynyddoedd Prysur     50
IV    'Anfeidrol Ynfydrwydd'     70
V    Crwydro, Casglu a Chadw     100
VI    Y Wraig a Wisgid â'r Haul     124
VII    Er Gwell, Er Gwaeth     156
VIII    Derwyddon a Phroffwydi     179
IX    Hindda a Drycin     195
X    'Yno Nid Oes Awenydd'     222
XI    'O Gaer Ludd i'w Gywir Wlad'     243
XII    'Gadael Dysg a Cheraint Da'     264
Atodiad I    Detholiad o Farddoniaeth William Owen Pughe     280
Atodiad II    Detholiad o Gerddi i William Owen Pughe     286
Llyfryddiaeth     295
Mynegai     307

# RHESTR LLUNIAU

*Tud.*

William Owen Pughe: llun gan T. George      *Wynebddarlun*

Owain Myfyr      11

William Owen Pughe: llun gan Daniel Maclise      85

Joanna Southcott: engrafiad gan William Sharp      145

Iolo Morganwg: llun gan William Owen Pughe      197

# TEITLAU A BYRFODDAU

| | |
|---|---|
| *Arch. Camb.* | *Archaeologia Cambrensis.* |
| BBCS | *Bulletin of the Board of Celtic Studies / Bwletin y Bwrdd Gwybodau Celtaidd.* |
| BL Add. MSS. | British Library Additional Manuscripts / Llawysgrifau yn y Llyfrgell Brydeinig, Llundain. |
| *Bywgraffiadur* | *Y Bywgraffiadur Cymreig hyd 1940.* |
| *C.C.H.Ch.S.F.* | *Cylchgrawn Cymdeithas Hanes a Chofnodion Sir Feirionnydd.* |
| *C.Ll.G.C.* | *Cylchgrawn Llyfrgell Genedlaethol Cymru.* |
| DNB | *Dictionary of National Biography* (1888). |
| IAW | Casgliad o bapurau Iolo Morganwg a roddwyd i Lyfrgell Genedlaethol Cymru gan Mr Iolo Aneurin Williams. |
| *JWBS* | *Journal of the Welsh Bibliographical Society.* |
| LCS | London Corresponding Society. |
| *LGO* | *The Letters of Goronwy Owen, 1723-1769*, (gol. J. H. Davies). |
| *Myv. Arch.* | *Myvyrian Archaiology of Wales.* |
| NLW | National Library of Wales / Llawysgrifau yn Llyfrgell Genedlaethol Cymru, Aberystwyth. |
| PRO | Public Record Office / Cofnodion yn yr Archifdy Gwladol, Llundain. |
| RCAHM | Royal Commission on Ancient and Historical Monuments in Wales and Monmouthshire. |
| SCI | Society for Constitutional Information. |
| *Traf. Cymm.* | *Trafodion Anrhydeddus Gymdeithas y Cymmrodorion.* |
| *TCHNM* | *Trafodion Cymdeithas Hynafiaethwyr a Naturiaethwyr Môn.* |
| *TCHSG* | *Trafodion Cymdeithas Hanes Sir Gaernarfon.* |
| T.Y.C.Ch. | Traethawd Ymchwil Cymraeg a Chymreig Prifysgol Cymru. |

## Pennod I

## GWREIDDIAU

Ceir ambell enw lle yn ein hiaith sydd ynddo'i hun yn consurio darlun o hyfrydwch cefn gwlad Cymru. Erbyn heddiw, yn anffodus, siom yw canfod mor wahanol yn aml yw'r lle ei hun i'r addewid a gafwyd yn yr enw. Ond y mae Llanfihangel-y-Pennant yn enw tlws ar le sydd yr un mor dlws heddiw ag yr oedd pan anwyd William Owen Pughe yno dros ddau gant o flynyddoedd yn ôl. Y mae'r ardal hon o Feirionnydd yn gyfoethog mewn prydferthwch naturiol ac mewn olion o'r hen oes-oedd. Dyma fro'r meini hirion; yma hefyd y mae cadernid urddasol Craig Aderyn yn gwarchod Dyffryn Dysynni. Ar fryn cyfagos saif adfeilion Castell y Bere, ac o furiau'r hen gastell gwelir y caeau braf a'r bryniau o'u hamgylch yn eu holl ogoniant. Byddai'n anodd cael unman mwy dymunol ar ddydd o haf, ac yno ar ddydd o haf, ar 7 Awst 1759, y ganwyd mab i John ac Anne Owen yn Nhy'n-y-bryn. Aeth-pwyd â'r plentyn i eglwys Sant Mihangel gerllaw ar 24 Awst a'i fed-yddio â'r enw William.[1] A chan mai Owen oedd cyfenw'r teulu, fel William Owen yr adwaenid ef nes iddo fabwysiadu'r enw Pughe bron i hanner canrif yn ddiweddarach. Ond gan mai wrth yr enw Pughe y cyfeirir ato fel rheol bellach, efallai y byddai'n well cadw at yr enw hwnnw o'r cychwyn.

Yr oedd ei dad, John Owen, yn ffermio Ty'n-y-bryn ar ystad Peniarth Uchaf yn Nyffryn Dysynni. William oedd yr ail o ddeg plentyn John ac Anne Owen. Ni wyddom ryw lawer am y plant eraill. Owen oedd yr hynaf; ganwyd ef ar 9 Mai 1757. Treuliodd ran helaeth o'i oes yn Llundain. Gwyddom mai teiliwr ydoedd gan fod nifer o gyfeiriadau yn nyddiadur William Owen Pughe ato ef a'i gyfeillion yn mynd at Owen i gael eu mesur am ddillad. Priododd ddwywaith, ac yr oedd Pughe yn glos iawn ato ef a'i ail wraig. William ei hun oedd yr ail blentyn, ac ar ei ôl ef ganwyd Huw ar 24 Mehefin 1762. Bu Huw farw yn dair ar hugain oed yn 1785. Gwyddom dipyn mwy am John, y pedwerydd plentyn, gan iddo ddod yn bur adnabyddus fel cyhoeddwr yn Llundain. Ganwyd ef ar 24 Medi 1764, a bu farw ar ôl llawer o helbulon yn Nassau yn Ynysoedd y Bahama yn 1801. Ymddengys mai morwr oedd Edward, y pumed o'r plant, a dafad ddu'r teulu. Ganwyd Edward ar 25 Medi 1766. Yr oedd yn byw yn Guernsey tua 1804-5 ond soniai am fudo i America. Fodd bynnag, bu farw yn saith a deugain oed yn Lisbon. Merch oedd y chweched plentyn, sef Elizabeth, a anwyd ar 10 Mehefin 1769. Priododd â Peter Sampson, capten llong India o'r enw *Dover Castle* yn 1793. Bu hi farw yn ddeg ar hugain oed ar enedigaeth merch. Yr oedd y seithfed plentyn, Richard, a anwyd ar 3 Mehefin 1771,[2] yn ffefryn gyda'i frawd William, ac yn wir gyda

1

phawb arall. Gwyddom mai ar y môr yr oedd yntau a cheir nifer o gyf-
eiriadau ato'n glanio yn Portsmouth a sôn amdano ym Mhortiwgal a
De America. Yn 1834 disgrifir ef fel 'Major Owen of the Royal
Marines'.[3] Y mae'n fwy na thebyg ei fod wedi goroesi Pughe. Galwyd
yr wythfed plentyn yn Ann ar ôl ei mam. Ganwyd hi ar 2 Medi 1772.
Treuliodd hithau lawer o'i hoes yn Llundain. Ar un adeg yr oedd ei
gŵr yn ysgrifennydd Ysgol y Cymry, ac y mae'n debyg mai ef yw'r
William Phillips y cyfeiria Pughe ato o dro i dro. Ganwyd dau blentyn
arall i John ac Anne Owen, y naill yn 1774 a'r llall yn 1777. Dywed
Pughe mai Catherine a Harry oedd eu henwau. Bu farw'r ddau yn
fabanod.

Yr oedd John Owen, y tad, yn ŵr diwylliedig o linach barchus ac yr
oedd ei fab William yn ddigon balch o'i ach i geisio'i holrhain. Yr un
oedd teulu John Owen â theulu Dôl-y-cae ym mhlwyf Tal-y-llyn, a
dywed Pughe mai perchenogion a chyfaneddwyr Dôl-y-cae oedd ei
hynafiaid yn ôl at 'Ddafydd, tywysog Cymru'.[4] Y mae'n wir fod Dôl-
y-cae yn hen safle; ceir sôn am ryw Ddafydd Gomero yn byw yno yn
1388.[5] Ceir nifer o amrywiadau ar ffurf yr enw: Dolydd Cae, Dolydd
Cain, Dolau Cae. Y mae'n amlwg fod enw Llyn Cau sydd yn yr un
ardal wedi dylanwadu ar y ffurf a ddefnyddid gan amlaf gan Pughe ei
hun, sef Dolydd y Cau. Derbynnir bellach mai'r ffurf safonol yw Dôl-y-
cae. Dywed Pughe mai 30 Mawrth 1712 oedd dyddiad geni ei dad, a bu
farw yn 1800. Yn ôl Pughe yr oedd gan ei dad ddau frawd, William a
Hugh. Gellid tybio oddi wrth y bwlch sydd rhyngddynt hwy a John
Owen mai plant o ail briodas oeddynt. Dywed mai 5 Ionawr 1735 oedd
dyddiad geni William, a ganwyd Hugh ar ddydd Nadolig 1738. Bu
farw William yn 1792 a Hugh yn 1772.[6] Taid William Owen Pughe ar
ochr ei dad oedd Owen Owen o Riw Erfau neu Riwerfa, a thad hwnnw
oedd Richard Owen o Hendrewallog. Saif Rhiwerfa ychydig oddi ar
ochr y ffordd rhwng Abergynolwyn a Thywyn; yno y ganwyd tad
Pughe. Y mae Hendrewallog mewn llecyn mwy diarffordd, yn edrych
dros Nant Gwernol yng nghyffiniau Abergynolwyn. Pur dawel, y
mae'n debyg, oedd bywyd yn yr ardal pan oedd William Owen Pughe
yn blentyn gan nad oedd poblogaeth holl blwyf Llanfihangel-y-
Pennant yn fwy na thua thri chant.[7]

Rywbryd cyn 1766, pan oedd William tua saith oed symudodd y
teulu i fyw i Egryn, ym mhlwyf Llanaber yn Ardudwy. Yn sicr, yr
oeddynt yno erbyn 1767 gan fod John Owen yn un o wardeniaid plwyf
Llanaber yn y flwyddyn honno. Yr oedd Egryn yn fferm lawer mwy na
Thy'n-y-bryn a'r tŷ ei hun yn ddiddorol. Y mae'n dŷ urddasol hyd
heddiw, a disgrifiodd Richard Fenton y lle yn 1808 fel 'a mansion
rather above the pitch of a Farm House'.[8] Weithiau fe'i gelwir yn
Egryn Abbey er nad abaty mohono mewn gwirionedd. Y mae'r tŷ
presennol yn dyddio o ail hanner yr unfed ganrif ar bymtheg ond y
mae'r seiliau yn llawer hŷn. Yn fwy na thebyg tyfodd y tŷ gwreiddiol o

2

amgylch hen glwysty. Credir mai ysbyty ydoedd a berthynai i abaty'r Sistersiaid yng Nghymer. Ceir cyfeiriad at yr ysbyty mor gynnar â 1391 yn y llythyrau pabaidd pan ganiateir i Ruffudd ap Llywelyn a'i etifeddion gynnal offeren a gwasanaethau 'in the oratory of the poor hospital of St. Mary the Virgin'.[9] Sefydlwyd yr ysbyty yno i ymgeleddu fforddolion a thlodion mewn ardal bur anghysbell. Gwyddys mai trwy ei berthynas â theulu Caerberllan y daeth Egryn i feddiant John Owen a'i deulu. Y mae Caerberllan yn dŷ solet ac urdd-asol gerllaw'r man lle ganwyd William Owen Pughe yn Llanfihangel-y-Pennant, ac y mae'n weddol sicr fod cysylltiadau teuluol nid yn unig rhwng Ty'n-y-bryn a Chaerberllan ond hefyd rhwng llawer o'r ffermydd eraill ym mhlwyfi Llanfihangel a Thal-y-llyn.[10] Honnai perchenogion Egryn eu bod yn hanfod o Farchudd ap Cynan. Mabwysiadodd y teulu y cyfenw Tudor. Yr oedd Hugh 'Tydder' yn byw yno yn 1673, ac efallai mai ef a adeiladodd yr ychwanegiad at y tŷ gwreiddiol yn Egryn. Ei etifeddes oedd ei wyres, Jane.[11] Priododd hithau â Hugh Owen o Gaerberllan, gan ddod ag Egryn i feddiant teulu Caerberllan drwy'r briodas honno.[12]

Yr oedd Egryn yn gartref rhamantus i fachgen fel William Owen Pughe. Dan ddylanwad John Owen daeth yr hen dŷ yn ganolfan diwylliant gwledig yr ardal. Ceir disgrifiad o'r bywyd yno gan Pughe ei hun yn ei ragymadrodd i'w Eiriadur. Efallai ei fod yn rhamantu rhyw gymaint, ond y mae'n amlwg fod nosweithiau llawen yn rhan naturiol o fywyd yr aelwyd. Yn ôl Pughe yr oedd John Owen 'to be ranked in the first class of singers with the harp', a dywed ei fod yntau wedi ei fagu yn sŵn y delyn a'r anterliwt.[13] Gofidiai am fod yr hen arferion hyn yn mynd yn llai poblogaidd, ond yr oedd y traddodiad yn dal yn fyw ar aelwydydd fel Egryn, yn enwedig ym Meirionnydd ac Arfon. Yno yn bennaf, yng ngeiriau Edward Jones 'Bardd y Brenin',[14] y ceid 'a distant pleasing glimpse of ancient innocence, and the manners of a golden age enjoying themselves with Metre, Music and Mead'.[15] Y mae Lewis Morris yntau yn 1738 yn sôn am yr un arferion. Ond fe edwinodd yr hen arferion i raddau helaeth dan ymosodiadau'r Methodistiaid, pan ddaethpwyd i ystyried y sawl a enillai ei damaid fel telynor, crythor neu ganwr penillion yn aelod israddol o'r gymdeithas. Yr oedd gan Edward Jones ddigon i'w ddweud am hyn:

The sudden decline of the national Minstrelsy and Customs of Wales, is in a great degree to be attributed to the fanatick impostors, or illiterate plebeian preachers, who have too often been suffered to over-run the country, misleading the greater part of the common people from their lawful Church; and dissuading them from their innocent amusements, such as Singing, Dancing and other rural Sports and Games, which heretofore they had been accustomed to delight in, from the earliest time. In the course of my excursions through the Principality I have met with several Harpers and Songsters, who actually had been prevailed upon by those erratic strollers to

3

relinquish their profession from the idea that it was sinful. The consequence is, Wales, which was formerly one of the merriest and happiest countries in the World, is now become one of the dullest.[16]

O gofio am y difrifoli hwn a ddaeth i fywyd y werin, dylid bod yn ddiolchgar fod gŵr fel John Owen wedi gofalu meithrin ei ddoniau a'u trosglwyddo i un o leiaf o'i blant. Gwyddom fod William wedi etifeddu peth o ddawn ei dad gyda'r delyn. Buasai'n anodd iddo beidio â bod dan ddylanwad y fath fagwraeth. Un o ffrindiau mawr John Owen, yn ôl ei ŵyr Aneurin Owen, oedd 'Evan William . . . a noted penillion singer'. Tybed ai Evan Williams y telynor o Langybi oedd hwn? Yr oedd hwnnw yn gyfoed â John Owen, ond aethai i Lundain cyn i Pughe ei hun gael cyfle i'w adnabod. Y mae Pughe yn sôn amdano'i hun yn cyweirio tannau telyn, a chafodd fab-yng-nghyfraith wrth fodd ei galon yn John Fenton, a oedd yn gerddorol. Weithiau câi gyfle i ymarfer ei ddawn yng nghyfarfodydd y Gwyneddigion, cymdeithas a wnaeth lawer i ail-ennyn diddordeb yn yr hen arferion Cymreig. Dywed Pughe hefyd fod yr anterliwt yn rhan o'r gweithgareddau yn Egryn. Er bod llawer o Gymry diwylliedig, fel Ieuan Fardd, yn credu mai pethau amrwd oedd yr anterliwtiau heb 'any great tokens of genius, and deserve only the attention of clowns and rustics', eto yr oeddynt yn arfau grymus a phoblogaidd i ddychanu cymdeithas ac i feirniadu arferion cyfoes. Yn ddiweddarach yn ei oes daeth Pughe i adnabod anterliwtiwr enwocaf Cymru, sef Twm o'r Nant, a chafodd ganddo werthu iddo ei gasgliad o lawysgrifau cyn marw.[17]

Yr oedd symud i Egryn yn gam pwysig ym mywyd William Owen Pughe, nid yn unig oherwydd y cyfoethogi a fu ar ei ddiwylliant yno, ond yn fuan ar ôl symud yno y dechreuodd ar ei addysg ffurfiol. Meddai, yn y rhagymadrodd i'w Eiriadur:

> While these native scenes were forming indelible impressions upon my mind, I was sent to school when about seven years old, and for the first time to begin an acquaintance with the English tongue which then sounded passing strange in my ears. In trying to attain to a little smattering of this language I soon was enabled to read my own, as my curiousity was frequently excited by the recital of various popular compositions in it, but what fixed my attention more particularly than anything else was the appearance of an elegant publication under the title of *GORÇESTION BEIRZ CYMRU*, or the Beauties of the Welsh Bards printed in 1773; and which I seized with avidity, being then in the fourteenth year of my age.[18]

Y mae'n anodd dweud gydag unrhyw sicrwydd ym mha ysgolion y cafodd Pughe ei addysg. Yn fuan ar ôl i'r teulu symud i Egryn agorwyd ysgol yn y gymdogaeth gan ŵr o'r enw Henry Richard.[19] Yr oedd yn dad i'r Parch. Ebenezer Richard, Tregaron, a'r Parch. Thomas Richard, Abergwaun, ac yn daid i Henry Richard, 'Apostol Heddwch'. Bu'n cadw ysgol Madam Bevan mewn nifer o fannau yng

Nghymru, ond gan mai ysgol symudol oedd honno y mae'n anodd ei holrhain am nad arhosai'n hir yn unman. Ond tua 1767 yr oedd Henry Richard yn cynnal ysgol ym mhlwyf Llanaber, a chan fod Egryn yn y plwyf hwn y mae'n hollol bosibl mai i'r ysgol hon yr aeth William Owen Pughe gyntaf yn saith oed.[20] Câi Henry Richard ddylanwad cynhyrfus iawn ar ei ddisgyblion. Er nad oedd yn fawr o bregethwr yr oedd yn hynod am ei weddïau: '. . . byddai y fath dywalltiadau weithiau gyda'i weddïau yn yr ysgol dros y plant, nes y byddai pob un ohonynt yn gwaeddi ac yn wylo fel cawodydd o wlaw'.[21] Os oedd Pughe yn un o'r disgyblion hyn, y mae'n siŵr fod yr hwyl a'r angerdd yn swnio'n ddieithr iawn i glust yr eglwyswr bach a fagwyd yn sŵn seiniau syber y Llyfr Gweddi. Yn wir, y diwedd fu i eglwyswyr yr ardal adweithio yn erbyn yr athro 'gan fod arno ormod o sawyr Methodistiaeth'.[22] Gorfu iddo hel ei bac, a symudodd i Dre-fîn ym Mhenfro. Ni wyddom a fu Pughe mewn ysgol arall yn yr ardal; y mae'n bosibl ei fod wedi mynd i ysgol yn Abermo neu Ddolgellau ond nid oes tystiolaeth am hynny. Gofalai John Owen yn ddiau am feithrin doniau a diddordebau'r plant ar yr aelwyd. Sonia Pughe amdano'i hun yn barddoni yn ddeuddeg oed ac yn ymhyfrydu yn llyfr Rhys Jones o'r Blaenau, *Gorchestion Beirdd Cymru* pan oedd yn dair ar ddeg a rhydd hyn syniad inni o'i duedd o'i ddyddiau cynnar. Gwelir enw ei dad yn rhestr tanysgrifwyr y gyfrol honno, ac y mae'n bur sicr nad oedd William a'i frodyr a'i chwiorydd yn brin o lyfrau i'w darllen ar yr aelwyd. Fodd bynnag, y mae'n debyg mai William, John a Richard oedd y plant a fanteisiodd fwyaf ar eu magwraeth; a barnu oddi wrth ei lythyrau ef yr oedd Edward yn bur ddi-ddysg.

Gan fod cyn lleied o hanes cynnar William Owen Pughe wedi ei gadw y mae'n amheuthun cael gafael ar gyfeiriad fel yr un yn llythyr Gwallter Mechain at Owain Myfyr yn 1792. Dywed Gwallter ei fod wedi cyfarfod gŵr o'r enw William Williams a oedd yn byw ger Swyddfa'r Post yng Nghaergybi. Anfonodd hwnnw neges gydag ef at Pughe: 'Efe a barodd immi ddweyd wrth Mr. W. O. ei fod ef yn mynd tan enw Wil ty isa pan oedd ynteu yn Wil Eigryn [sic] a'u bod yn gydchwareuyddion a chyd-ysgolheigion'.[23] Rhaid dweud bod meddwl amdano fel 'Wil Egryn' yn rhoi rhyw gymaint o agosatrwydd i gyfnod o'i fywyd sydd yn bur dywyll inni.

Yn anffodus, y mae'r cyfnod nesaf yn ei fywyd yn ddirgelwch mwy fyth. Dywed llawer o'r bywgraffiaduron Cymreig ei fod wedi mynd i 'Athrofa Altrincham' i gwblhau ei addysg ffurfiol.[24] Fodd bynnag, y mae'n anodd gweld pa sail bendant sydd ganddynt i honni hyn. Credai'r Athro G. J. Williams mai'r cyfeiriad cyntaf at gysylltiad Pughe ag Altrincham oedd yr un yn llyfr Robert Williams *A Biographical Sketch* . . . a gyhoeddwyd flwyddyn ar ôl marw Pughe.[25] Tybiai'r Athro Williams fod Robert Williams yn debyg o fod yn gywir yn ei ffeithiau gan ei fod yn gyfeillgar â theulu Pughe, yn enwedig â'i fab,

5

Aneurin Owen. Tyfodd y gyfeillgarwch rhyngddynt yn ystod y blyn-yddoedd 1833-36, pan oedd Robert Williams yn gurad yn Llangernyw heb fod nepell o gartref y teulu yn Nantglyn. Petasai ffeithiau Robert Williams yn anghywir, yna byddai Aneurin Owen wedi medru eu cywiro, ond y mae Robert Williams yn ailadrodd yr un cyfeiriad at Altrincham yn *A Biographical Dictionary of Eminent Welshmen* yn 1852. Os derbynnir fod Pughe wedi cael ei addysg yn Altrincham, y mae'n anodd canfod pam yr anfonwyd ef mor bell oddi cartref, pam yr anfonwyd ef i Altrincham yn arbennig, a pha ysgol yno a olygir. Ni allai'r Athro G. J. Williams gynnig goleuni pellach am yr ysgol ei hun. Digon amwys yw'r enw 'Athrofa Altrincham', ond ni cheir mwy o fanylion gan unrhyw un o'r bywgraffiaduron. Nid yw'r ffaith fod cynifer ohonynt yn cyfeirio at yr ysgol yn brawf o ddilysrwydd y ffaith: y mae'n amlwg mai dilyn Robert Williams a wna'r lleill yn ddigwest-iwn. Y mae'n wir fod llawer o fechgyn y cyfnod yn mynd o Gymru i ysgolion Lloegr i orffen eu haddysg, ac y mae'r dewis o ysgol yn aml yn ymddangos yn ddireswm ac yn annisgwyl oni wyddom am y cysyllt-iadau teuluol neu gymdeithasol a ddylanwadai ar y dewis hwnnw. Eithr y mae'n anodd cael na rheswm dros anfon Pughe i Altrincham na phrawf pendant iddo fynd yno o gwbl. Gwyddys bod ysgol ramadeg yno yn y cyfnod hwn, ond y mae'n anodd credu i'w bri fod yn ddigon uchel i gymell ffermwr o Ardudwy i anfon ei fab yno. Ceir cyfeiriadau at nifer o ysgolion eraill, ond y maent yn rhy fychan ac yn rhy blwyfol eu naws i awgrymu mai un o'r rhain a olygir.[26] Yn rhyfedd iawn nid yw Pughe ei hun yn sôn ei fod wedi bod yn Altrincham wrth roi crynodeb o hanes ei fywyd cynnar yn ei ragymadrodd i'w Eiriadur. Oddi wrth y ffordd y sonia yno amdano'i hun yn gadael y cartref i fynd i Lundain gellid tybio nad oedd erioed wedi bod oddi cartref cyn hynny:

> Familiar with the name of London, however, from its being, in our rustic conversations, the primary point in the geography of the world, it became my second home in May 1776. Here, though every thing seemed new, even the language, yet so powerful were the effects of early habits that Welsh books still continued among the leading objects of my pursuits . . .

Efallai mai hiraeth yr alltud sy'n peri iddo orliwio dieithrwch Llundain a'r chwithdod a deimlai yno, eto y mae hwn yn ddisgrifiad od iawn os oedd Pughe eisoes wedi bod yn byw yn Lloegr. Y mae'n anodd credu y byddai unrhywun a oedd wedi bod mewn ysgol breswyl yn Lloegr yn gweld popeth mor ddieithr, 'even the language'. Ond yr oedd gan yr Athro G. J. Williams ddigon o ffydd yn nhystiolaeth Robert Williams i honni'n hollol gadarn: 'Wedi hynny, bu mewn ysgol enwog yn Altringham [sic] yn ymyl Manceinion, ysgol lle y byddai rhieni cyfoethog o Gymry yn anfon eu plant i ddysgu Saesneg'.[27] Yn wir, y mae'n rhaid cyfaddef bod rhyw dinc dilys yn yr enw Altrincham. Y mae mor annisgwyl. Gellid yn hawdd dderbyn cyfeiriad digon amwys at ysgol yn Lerpwl, dyweder, neu un o drefi'r gororau, ond y mae Altrincham yn lle mor annhebygol i Gymro o gefn gwlad Meirion fynd iddo, nes y mae hynny ynddo'i hun yn rhoi rhyw sail i'w ystyried o ddifrif. Gwell yw dweud, oni ddaw prawf mwy pendant, naill ai o law William Owen Pughe ei hun neu o ffynhonnell gyfoes na welwyd mohoni hyd yma, fod cryn amheuaeth yn parhau am ei gysylltiad ag Altrincham.

## NODIADAU

[1] NLW, Cofnodion Esgobaeth Bangor, Adysgrifau'r Esgob am blwyf Llanfihangel-y-Pennant, Meirionnydd, 1759.

[2] Dyma'r dyddiad a geir yn NLW 13226, t. 297, ond yn y cofnodion teulu-aidd a geir yn y Beibl yn NLW 13251 rhoddir dydd geni Richard fel 3 Mehefin 1774, ac nid oes sôn am Catherine yno.

[3] *Carnarvon Herald and North Wales Advertiser*, Dydd Sadwrn 8 Mawrth 1834, t. 39. Cyfeiriwyd at Richard yng nghinio teyrnged Pughe a gynhaliwyd yn Neuadd y Dref, Dinbych ar 4 Mawrth 1834.

[4] BL. Add. MSS. 14909, t. 52. Y mae'n debyg mai Dafydd ap Gruffydd a olygir. Fe'i dienyddiwyd yn 1283. Y mae'r ach yn amwys ac anfoddhaol iawn gan nad oes yr un dyddiad drwyddi na manylion am briodasau.

[5] J. Arthur Williams, *Trem yn Ôl* (Dolgellau, 1963), t. 3.

[6] NLW 13226, t. 297.

[7] William Cathrall, *The History of North Wales*, (Manceinion, 1828), t. 265.

[8] Richard Fenton, *Tours in Wales, 1804-13*, (John Fisher, gol.), (*Arch. Camb.* 1917), t. 120.

[9] RCAM *An Inventory of the Ancient Monuments of Wales and Monmouthshire* VI, *County of Merioneth* (Llundain, 1921), t. 46.

[10] Robert Prys Morris, *Cantref Meirionydd* (Dolgellau, 1890), tt. 278-80.

[11] *Arch. Camb.*, Cyf. C (1949), t. 306.

[12] J. Y. W. Lloyd, *History of Powys Fadog* (Llundain, 1881-7), IV, tt. 288, 290; VI, t. 421.

[13] William Owen, *A Dictionary of the Welsh Language* (1803), Rhagymadrodd.

[14] Yr oedd Edward Jones yn aelod o'r Gwyneddigion yr un adeg â William Owen Pughe a daeth y ddau yn bur gyfeillgar yn ddiweddarach.

[15] Edward Jones, *Musical and Poetical Relicks of the Welsh Bards* (Llundain, 1784), t. 31; Prys Morgan, *The Eighteenth Century Renaissance*, (Llandybïe, 1981), Pennod I a II am gefndir cymdeithasol y cyfnod.

[16] Edward Jones, *The Bardic Museum* (Llundain, 1802), t. xvi.

[17] Thomas Parry, 'Thomas Edwards', *Y Bywgraffiadur Cymreig hyd 1940*, t. 183. Cyfeirir ato fel *Bywgraffiadur* o hyn ymlaen.

[18] William Owen, *A Dictionary of the Welsh Language* (1803), Rhagymadrodd.

[19] T. Mordaf Pierce, *Dr. W. Owen Pughe* (Caernarfon, 1914), t. 14.

[20] J. Morgan Jones, Caerdydd, a William Morgan, Dowlais, *Y Tadau Methodistaidd* (Abertawe, 1897), Cyf. II, tt. 486-7.

[21] John Hughes, Lerpwl, *Methodistiaeth Cymru* (Wrecsam, 1851), Cyf. I, t. 519.

[22] Josiah Thomas Jones, Aberdâr, *Geiriadur Bywgraffyddol* (Aberdâr, 1867-70), Cyf. II, t. 480.

[23] BL Add. MSS. 15024, t. 251.

[24] Robert Williams, *A Biographical Sketch* . . . (Llundain, 1836), t. 104, ac *A Biographical Dictionary of Eminent Welshmen* (Llanymddyfri, 1852), t. 427; Josiah Thomas Jones, *Geiriadur Bywgraffyddol* (Aberdâr, 1867-70), t. 438; I Foulkes, *Enwogion Cymru* (Lerpwl, 1870), tt. 864-5; T. Mardy Rees, *Notable Welshmen 1700-1900* (Caernarfon, 1908), t. 185; T. R. Roberts, *Eminent Welshmen* (Caerdydd a Merthyr Tudful, 1908), t. 443; G. J. Williams, 'William Owen Pughe', *Bywgraffiadur*, t. 767, i enwi rhai o'r cyfeiriadau at 'Athrofa Altrincham'.

[25] Trafododd yr Athro G. J. Williams ei ddamcaniaeth mewn llythyr personol at yr awdur (26 Tachwedd 1960). Credai iddo weld cyfeiriad yn un o lythyrau'r cyfnod fod Pughe wedi mynd i ysgol yn Altrincham ond ni fedrai ei leoli. Cytunodd nad oedd Pughe ei hun yn sôn am yr ysgol yn y papurau a oroesodd o'r eiddo ef.

[26] George Ormerod, *The History of Cheshire* (Llundain, 1882), I, t. 519; Charles Nickson, *Bygone Altrincham: Traditions and History* (Altrincham, 1935), tt. 225-32; Derek Robson, *Some Aspects of Education in Cheshire in the Eighteenth Century* (Chetham Society, 3rd Series, 13, 1966) am lyfryddiaeth gynhwysfawr; J. Howard Hodson, *Cheshire, 1660-1780: restoration to industrial revolution* (1978), tt. 64-9. Er gwaethaf ymholiadau yn yr Archifdy yng Nghaer a'r Central Library, Manceinion, ni chafwyd yr un cyfeiriad at 'athrofa' o unrhyw fri yn Altrincham yn saith-degau'r ddeunawfed ganrif.

[27] G. J. Williams, 'William Owen [-Pughe]', *Agweddau ar Hanes Dysg Gymraeg* (gol. Aneirin Lewis), (Caerdydd, 1969), t. 234.

*Pennod II*

## 'ODIAETHOL WIW GYMDEITHION'

Ym Mai 1776 daeth William Owen Pughe i Lundain, i fywyd newydd dieithr, di-Gymraeg. Trodd at ei lyfrau Cymraeg am gysur, ond yn aml ni wnaent ond cynyddu ei hiraeth, a rhoi iddo 'such sad, though pleasing, retrospections, as made all the former scenes of my life to appear as it were another state of existence'.[1] Bu yn Llundain hyd 1782 heb freuddwydio fod neb arall yn y ddinas yn ymddiddori yn yr iaith Gymraeg. Y mae'n anodd credu'r fath beth, ond y mae'n rhaid ei fod yn wir gan na fyddai Pughe erioed wedi cadw draw cyhyd o gylch Cymry Llundain pe gwybuasai amdano. Yn ffodus, yn 1782 cyfarfu â 'Robert Hughes, the poet and judicious critic', sef Robin Ddu yr Ail o Fôn. Gweithiai Robin Ddu fel clerc i Ratcliffe Sidebottom, bar-gyfreithiwr yn Essex Court, Temple, o 1763 hyd 1783,[2] ac efallai mai'r gwaith hwnnw a fu'n gyfrwng iddo gyfarfod â William Owen Pughe. Y mae'n anodd canfod beth yn union oedd gwaith Pughe yn ystod ei flynyddoedd cynnar yn Llundain. Pan gyhoeddodd y Parch. T. Mordaf Pierce ei gofiant i Pughe yn 1914 ni soniodd air am ei waith. Fel y dywedodd yr Athro G. J. Williams: '. . . y mae un peth yn peri bod y cofiant hwn yn wahanol i bob cofiant arall a welais i, sef nad oes ynddo air i egluro beth oedd gwaith y gwrthrych'.[3] Dywed Owain Myfyr mewn llythyr yn 1783 mai 'dilyn y Gyfraith' a wnâi Pughe yn y cyfnod hwn.[4] Y mae hyn yn eithaf rhesymol, ac yn llawer iawn mwy tebygol na'r cyfeiriad a geir yn un o lythyrau Iolo Morganwg ato fel gwneuthurwr basgedi: 'Mr. Owen is (or lately was), as you inform me, in London, at his *old trade of basket-making*, manufacturing a basket possibly for hawking about the *curious wares of Johanna Southcott*'.[5] Nid yw'r Athro G. J. Williams yn holi dilysrwydd y ffaith, er iddo gyfaddef mai hwn yw'r unig gyfeiriad a welodd at y basgedi. Efallai fod Iolo yn dweud y gwir, ac mai dyna oedd gwaith Pughe, ond y mae'n ymddan-gos yn orchwyl braidd yn od i un o'i dueddfryd a'i alluoedd ef. Haws yw credu mai pwniad sbeitlyd a geir yma gan Iolo, neu ryw gyfeiriad preifat nad oes modd ei ddeall bellach.[6] Ysgrifennodd Iolo'r llythyr hwn yn 1810, ar ôl iddo ymddieithrio oddi wrth Pughe a'r Myfyr, mewn cyfnod pan neidiai at bob cyfle i ddifrïo ei gydweithwyr gynt. Os oedd Owain Myfyr yn iawn wrth ddweud mai gweithio mewn swyddfa cyf-reithiwr a wnâi, yna fe fyddai hynny efallai'n esbonio sut y daeth Pughe i adnabod Robin Ddu. Gwyddom ei fod yn arfer cywiro proflenni a darllen gwaith i rai o gyhoeddwyr Llundain. Yn ddiau, ar ôl i'w frawd John ymsefydlu yn ddiweddarach fel llyfrwerthwr a chyhoeddwr yn y ddinas, câi Pughe gyfle i symud yng nghylch gwŷr llengar y dydd. Ond yr oedd y blynyddoedd cyntaf hynny yn y brifddinas yn ddyddiau digon diflas iddo heb neb o'r un anian ag ef i rannu ei ddiddordebau.

Cyfarfod Robin Ddu oedd y digwyddiad pwysicaf ond odid yn ei holl fywyd. O'r diwedd daeth i adnabod gwŷr a ymddiddorai yn yr un pethau ag ef ei hun ac fe'i codwyd o'i fywyd unig Seisnig i ganol bwrlwm y cymdeithasau Cymreig.[7] Dyma oes aur y cymdeithasau hynny a wnaeth gymaint i hyrwyddo astudiaethau yn iaith a llên Cymru. Dechreuodd y gwaith yn 1715, pan sefydlwyd 'The Honourable and Loyal Society of Antient Britons'. Datblygodd Cymdeithas y Cymmrodorion o honno yn 1751, er bod y ddwy gymdeithas i raddau yn cydredeg â'i gilydd. Sefydlodd yr 'Antient Britons' ysgol 'for the benefit of children of Welsh parents living within the City of London and the Liberties of Westminster'. Dechreuodd ei gyrfa yn Clerkenwell; erbyn 1772 yr oedd yn Gray's-Inn Lane. Derbyniwyd genethod iddi yn 1768 ac ar ôl 1882 trodd yn ysgol i enethod yn unig. Daeth yn enwog fel The Welsh Girls' School yn Ashford, Middlesex. Bellach newidiwyd ei henw i St. David's School ond edwinodd y cysylltiad Cymreig. Cydiodd y Cymmrodorion yng ngofal yr ysgol hon gan i'r 'Antient Britons' fethu ei chynnal yn foddhaol. Defnyddiai'r Cymmrodorion yr ysgol fel lle i ddal eu llyfrgell a'u hamgueddfa. Cymdeithas lengar, ddysgedig oedd y Cymmrodorion, gyda Goronwy Owen, Ieuan Fardd ac Edward Richard ymhlith ei haelodau gohebol a'r Morrisiaid eu hunain yn sylfaenwyr a phrif noddwyr iddi. Ond teimlai rhai o'r aelodau fod gormod o bwyslais ar ysgolheictod ynddi, a bod natur ei gweithgareddau yn cyfyngu ar ei hapêl. Teimlent y byddent yn fwy cartrefol mewn awyrgylch fwy gwerinol a diddan. Felly, yn 1770, sefydlwyd cymdeithas newydd gan Owen Jones, Robin Ddu yr Ail o Fôn a John Edwards (Sion Ceiriog). Enw'r gymdeithas newydd oedd y Gwyneddigion.

Ganwyd Owen Jones yn Llanfihangel Glyn Myfyr yn 1741, ac fe'i galwodd ei hun yn Owain Myfyr ar ôl ardal ei febyd. Yr oedd hyn yn ffasiwn ymhlith y Gwyneddigion, a chawn nifer o enghreifftiau o'r arfer: Siôn Ceiriog, Siôn Penllyn, Ned Môn, ac adwaenid Pughe yntau fel Gwilym Meirion neu Owain o Feirion yn y gymdeithas. Daeth Owain Myfyr i Lundain yn brentis o grwynwr a bu'n gweithio gyda Messrs. Kidney a Nutt yn Ducksfoot Lane. Yn ddiweddarach daeth yn feistr ar ei fusnes llewyrchus ei hun yn 148, Upper Thames Street. Gweithiodd yn galed i ymsefydlu ond fe dalodd hynny'n dda iddo yn y diwedd. Treuliai'r dydd cyfan o wyth y bore hyd wyth y nos yn crafu'r crwyn yn ei warws a'r pryd hynny byddai'n dawedog iawn. Ond gyda'r nos prysurai i dafarn y Bull's Head yn Walbrook i gyfarfod â'i ffrindiau Cymreig, ac yno yr oedd yn gymeriad hollol wahanol: yn hunanbwysig a rhydd ei dafod. Pan welid ef yn dod estynnid tair cadair iddo—un iddo eistedd arni a'r ddwy arall i'w gynnal o'i ddeutu. Treuliai ei nosweithiau fel y miliynyddion hynny a ddarlunnid mewn

Owain Myfyr

*Llun: Llyfrgell Genedlaethol Cymru*

hen ffilmiau yn bwyta ac yfed a smocio, a'r cynffonwyr o'i gwmpas yn hongian ar ei eiriau. Cyn mynd adref, pan oedd mewn tymer dda, âi mor bell â setlo dyledion rhai o'r cwmni. Ond pan oedd mewn tymer ddrwg, byddai pawb ar bigau'r drain gan ei fod yn dueddol i ffrwydro'n ddramatig a hyd yn oed i ddymchwel y dodrefn a'r llestri. Er nad oedd mor ddwys ac ysgolheigaidd ei natur â William Owen Pughe, yr oedd ganddo ddiddordeb mawr yn 'y pethe', ac yn fwy pwysig, efallai, yr oedd ganddo'r arian i hyrwyddo'i ddiddordeb. Ni wyddom pa bryd y cyfarfu'r Myfyr gyntaf â Pughe, ond y mae cofnod o ymweliad cyntaf Pughe â'r Gwyneddigion yng nghoflyfr y gymdeithas. Rhestrir ei enw ymhlith y dieithriaid a ddaeth i'r cyfarfod ar 5 Mai 1783: 'Dieithred—hwy a dalasant swllt y llaw—Robt. Price, J. Walters, Gwill. Owen, Edwd. Jones (y Musygydd), T. Jeffreys'.[8] Derbyniwyd ef yn aelod cyflawn fis yn ddiweddarach. Cyn hir yr oedd Owain Myfyr wedi sylwi ar ddoniau arbennig yr aelod newydd, ac y mae'n sôn amdano mewn llythyr at Iolo Morganwg ar 14 Hydref 1783:

> O wrth gofio oni addewaist di Gyfieithu y Gododin y mae yma Facwy o Feirion Cymmydog i Rys Jones yn ei ddeongli yn rhyfedd. Llencyn cywreinia ar adwaen i Gwilym Owen yw ei henw, a dilyn y Gyfraith y mae'n bresennol mae ganddo grap glew ar yr Iaith Hebraeg e feidr ddynwared pob math ar ysgrifen hen a newydd argraffydd cywreinia ar welais i erioed byddai ryfaidd gennyt weled ei waith ef a ysgrifennodd y Gododin dair gwaith drosodd unwaith yn Argraff teg dros ben y mae hefyd yn Lluniedydd glew iawn y tro nesaf cai weled peth o'i waith.[9]

Wrth sefydlu'r Gwyneddigion ni fwriadai Owain Myfyr a'i ffrindiau gefnu ar y Cymmrodorion. Amcan y Cymmrodorion oedd bod yn fath o ganolfan i hyrwyddo ymchwil i hanes, llenyddiaeth, iaith, diwydiannau ac amaethyddiaeth Cymru, ac i bynciau gwyddonol yn gyffredinol. Mewn gair, adlewyrchai'r gymdeithas amryfal ddiddordebau'r Morrisiaid. Yr oedd y Gwyneddigion yn unfryd â'r Cymmrodorion yn eu hamcanion, ond ar yr un pryd teimlent fod angen cwmnïaeth ddifyr Gymreig ar Gymry Llundain os oeddynt am ddiogelu eu Cymreictod. Aethai'r Cymmrodorion braidd yn snobyddlyd. Yr oedd yn gas gan Lewis Morris weld 'weaver' a 'tinker' wrth ochr enwau'r aelodau, er ei fod yn ddigon parod i arddel y rhai â theitl o flaen eu henw neu lythrennau ar ei ôl. Yr oedd croeso i bawb yn y Gwyneddigion, er mai ar y dechrau bwriedid y gymdeithas ar gyfer gwŷr Gwynedd yn unig, fel yr awgryma'r enw. Cyn bo hir derbynnid unrhyw Gymro. Nodwedd arbennig o ddifyrrwch y gymdeithas oedd ei nosweithiau llawen, a chan fod coflyfr y gymdeithas wedi goroesi y mae'n hawdd dilyn hanes ei chyfarfodydd bywiog. Ceir syniad o'i hamcanion yn y gân a genid wrth dderbyn aelod newydd:

12

CYDUNWN, WYNEDDIGION, brodorion
freisgion fryd,
I ganlyn tannau tynion, yn gyson yma i gyd;
Odiaethol wiw gymdeithion yw'r Brython
mawr eu bri,
Naturiol lân gantorion, ond mwynion ydym ni?
Nyni, y CYMMRY ydym, ar hoffaf decaf hynt,
Yn dilyn *hen arferion* ein teidiau gwychion
gynt:
Mwynderau tannau tyner y Delyn lwysber lân,
Mae'n fwyniant mawr i'r fynwes, a chynhes
yw ei chân.[10]

Gosodwyd rheol yn 1777 fod yn rhaid i bob aelod fedru siarad Cymraeg, a bod yn hoff o ganu. Yr oedd yn rhaid talu dirwy am ddod i'r cyfarfod yn feddw, am siarad yn anghwrtais ac am siarad mor uchel nes boddi sŵn y delyn, ac y mae hyn yn rhoi rhyw awgrym, efallai, o naws y cyfarfodydd. Ar ochr fwy ddifrifol, gofalai'r gymdeithas am brynu llyfrau Cymraeg i'w llyfrgell, a rhoddai fedal arian yn flynyddol am gerdd ar destun arbennig neu am unrhyw waith yn ymdrin â Chymru. Yr oedd gan y Gwyneddigion eu telynor eu hunain, a chedwid Gŵyl Ddewi yn ddeddfol. Cyfarfyddent unwaith y mis, ac eithrio misoedd yr haf, mewn tafarn arbennig. Eu cartref cyntaf oedd 'Yr Wydd a'r Gridyll', sef 'The Goose and Gridiron' ym Mynwent Sant Paul, ond cyn hir symudasant i'r 'Siôr' y mae cymaint o sôn amdani yng nghofnodion y gymdeithas. Dyma dafarn y 'George and Vulture' yn George Yard, Lombard Street. Yr oedd hon yn dafarn o fri, a pharhaodd felly am gyfnod maith; ceir cyfeiriadau ati gan Charles Dickens yn *Pickwick Papers*. Symudodd y Gwyneddigion oddi yno yn 1799 i dŷ Robert Hughes, un o'r aelodau, sef 'Coopers' Arms' yn Silver Street. Penderfynwyd cael enw addasach i'r dafarn. Rhoddwyd dewis i'r gymdeithas rhwng 'Cambrian House', 'Prince of Wales', 'Cambrian Arms' neu 'The Druid'. Dewiswyd 'Cambrian Arms', ond byr fu eu harhosiad yno ar ôl yr holl drafferth, ac erbyn 1801, yr oeddynt wedi ymsefydlu yn y 'Pen Heilyn', sef 'Butler's Head' yn White Rose Court, Coleman Street.[11] Daeth terfyn ar eu crwydro am gyfnod pan symudasant yn 1802 i'r 'Bull's Head' yn Walbrook. Dyma'r enwocaf o'u holl gartrefi, a cheir disgrifiad cyfoes o'r dafarn a'i chwsmeriaid yn nychangerdd David Samwell, (Dafydd Ddu Feddyg), 'Padouca Hunt':

> In Walbrook stands a famous inn
> Near ancient Watling Street
> Well stored with brandy, beer and gin
> Where Cambrians nightly meet.

If on the left you leave the bar
Where the Welsh landlord sits
You'll find the room where wordy war
Is waged by Cambrian wits. [12]

Nid y Gwyneddigion yw'r 'Cambrians' a'r 'Cambrian wits' y sonnir amdanynt yma. Aelodau o gymdeithas arall oedd y rhain, y Caradogion, er mai'r un aelodau fwy neu lai oedd i'r ddwy gymdeithas. Cyfarfyddai'r Caradogion neu'r Caractacans bob nos Sadwrn, yn ffurfiol, er ei bod yn amlwg oddi wrth gerdd David Samwell a chyfeiriadau eraill cyfoes fod llawer ohonynt yn treulio mwy o'u hamser hamdden yn y dafarn nag yn unman arall. Cynhelid cyfarfodydd y Caradogion yn Saesneg er mwyn ehangu'r aelodaeth. Clwb dadlau ydoedd, a enwyd ar ôl Caradog a areithiodd mor huawdl gerbron ymherodr Rhufain: 'a weekly spouting meeting' yw disgrifiad Pughe o'r gymdeithas. Trafodid pob math o bynciau gan gynnwys gwleidyddiaeth. Dywed Pughe i'r gymdeithas gychwyn tua 1788-90 a pharhaodd am ryw ddeng mlynedd. [13] Y 'Welsh landlord' a grybwyllir yn y gerdd yw Evan Roberts, a adwaenid fel 'Crin', a'i dafarn o'r herwydd fel y 'Crindy'. Fe welir, felly, fod y Cymry wedi arfer ymgynnull yn y Crindy am flynyddoedd cyn i'r dafarn ddod yn gartref swyddogol i'r Gwyneddigion yn 1802. Wedi'r cyfan, cyfansoddodd David Samwell y 'Padouca Hunt' tua 1791, ac yr oedd yn amlwg fod y lle'n berwi o Gymry y pryd hynny. Erbyn i'r Gwyneddigion wneud y Crindy yn gartref iddynt yr oedd Evan Roberts wedi marw, ond y mae'n amlwg fod awyrgylch y Crindy yn dal i fod yr un mor ddeniadol i'w gydwladwyr. Daeth y dafarn hon yn ganolfan bywyd cymdeithasol Cymry Llundain, ac yn wir yn ganolbwynt i weithgareddau llenyddol prysuraf y genedl am y tair blynedd ar ddeg canlynol. Clywid llawer o sôn am y dadlau a fu yno ac am y 'Crinian School of Oratory'. Ond ar ôl sbel dechreuodd dirywiad yn awyrgylch y Crindy nes peri i lawer o'r Gwyneddigion gadw draw. Eto ni fynnai Owain Myfyr symud oddi yno, ac yr oedd gair y gŵr gwrthnysig hwnnw yn ddeddf. Soniodd Thomas Roberts, Llwynrhudol, am hyn mewn llythyr at Siôn Llŷn yn 1806:

Cymdeithas y Cymreigyddion yma sydd yn cynyddu yn anghyffredin— llawer o areithyddion yn cael eu gwneud yn aelodau &c Cymdeithas y Gwyneddigion yn cael ei handwyo, *trwy dyrcheidd-dra* Owen Myfyr yn nacau ymadael a'r Crindy, ac eraill yn gommedd myned yno, oherwydd fod y tŷ yn rhy sâl iddynt fyned iddo &c. [14]

Bu farw'r Myfyr yn 1814 a symudodd y Gwyneddigion i'r 'New York Coffee House'. Yn 1817 symudasant unwaith yn rhagor, y tro hwn i'r 'Woolpack' yn St. Peter's Alley, Cornhill. Dyma'r dafarn y cyfeirir ati fel 'Y Sach Gwlân' yn llythyrau'r cyfnod. Y mae'n rhaid eu bod yn gartrefol iawn yno gan iddynt aros yno tan 1831 pan symudasant i dafarn yr 'Owain Glyndwr' yn 163, Aldersgate Street.[15]

Dyma'r gymdeithas a weddnewidiodd fywyd William Owen Pughe pan ddaeth yn aelod ohoni yn 1783. Yr oedd yn barod iawn i ymuno yn ei chwmnïaeth ddiddan ar ôl y blynyddoedd o unigrwydd er mai swil a thawel ydoedd o ran natur. Llwyddodd y Gwyneddigion i'w dynnu o'i gragen ac o dipyn i beth fe ddaeth yn ddigon dewr i gymryd rhan yn yr hwyl. Sonia amdano'i hun yn cystadlu mewn gornest ysmygu: y gamp oedd gweld pa smociwr a fedrai ddal hwyaf heb dagu tra chwythai'i wrthwynebwyr gymylau o fwg i'w wyneb. Enillodd Pughe glod a bri iddo'i hun y noson honno:

John Davies, of Wood St., was a prominent *Gwyneddig*, a great smoaker, whom I fairly drove from his chair (at the George, George Yard,) one meeting night. This was done, *a great feat*, by smoaking in each other's faces. I beat the smoaker hollow![16]

Cyn hir yr oedd William Owen Pughe yn un o aelodau mwyaf blaenllaw y gymdeithas. Ef oedd yr ysgrifennydd rhwng 1784 a 1787, a'r llywydd yn 1789. Er iddo ddod i fwynhau'r hwyl a'r miri yn y cyfarfodydd, gweithgareddau llenyddol y Gwyneddigion a roddai fwyaf o bleser a boddhad iddo. Dechreuodd weithio ar gasgliad y gymdeithas o lawysgrifau yn fuan iawn ar ôl iddo ymaelodi, ac yn ddiweddarach ymgorfforwyd y gwaith a wnaeth yn y cyfnod hwn yng nghyfrolau'r *Myvyrian Archaiology of Wales*. Tua 1784 yr oedd yn gweithio ar farddoniaeth y Cynfeirdd, a thrwy gydol ei flynyddoedd cynnar yn y gymdeithas astudiai destunau'r Cynfeirdd a'r Gogynfeirdd.[17] Y rheidrwydd i achub y trysorau llenyddol hyn drwy eu diogelu a'u cyhoeddi oedd neges Pughe mewn llythyr at Iolo Morganwg yn Ebrill, 1788. Y mae ieithwedd y llythyr hwn yn arbennig o ddiddorol gan iddo ddangos ansawdd ei iaith cyn i'w arbrofion mewn cystrawen ac orgraff gyrraedd eu penllanw:

Mae ardderchawgrwydd blynyddoedd y Prifeirdd yn ddigon er cynnyrfu gorhoen wres yn anwydau pob Cymro—a dyna y prifeirdd hwythau a daranant y'ngrym godidawgrwydd iaith; au hawen yn ddwyreawg ar edyn uchelallu barddoni yn tywynnu pelydr disgywen oddi amgylch, nid yn unig o gywreinrwydd cerdd, ond cof am dywysogion y Cymry ac eraill odidogion y cynamseroedd; yr hyn na atto daioni eu gorchuddio o luwch angof.[18]

Pan fu farw cymdeithas gyntaf y Cymmrodorion yn 1787 syrthiodd llawer o'i gwaith i ddwylo'r Gwyneddigion.[19] Hwy yn awr oedd yn gyfrifol am ysgol yr 'Antient Britons' gynt a oedd wedi symud erbyn hyn i Gray's Inn Lane. Pan drosglwyddwyd casgliad o lyfrau a llawysgrifau dan ewyllys Richard Morris i lunio rhan o lyfrgell yr ysgol, penodwyd David Hughes o Dŷ'r Cyffredin a William Owen Pughe i ofalu amdano.[20] Erbyn 1787 dechreuasai Pughe weithio ar gerddi Dafydd ap Gwilym, fel y dywed W. D. Leathart:

The task of editing them devolved upon two gentlemen, certainly in every respect the most able that could be selected, Mr. Owen Jones (Myfyr) and Mr. William Owen (Pughe) . . .[21]

Dyma gychwyn y cydweithio cyson a fu rhwng Pughe a'r Myfyr am flynyddoedd i ddod. Yr oedd yn gyfnod arbennig o brysur i Pughe. Yn 1788 cyhoeddwyd ail argraffiad o lyfr William Warrington, *The History of Wales*. Ynddo ceir map gan Pughe yn dangos y 'Modern Divisions', ac yn yr un flwyddyn cyhoeddwyd trydydd argraffiad o'r un llyfr yn cynnwys map Pughe o'r 'Antient Divisions'. Cydnabyddir dyled yr awdur iddo hefyd am ddiwygio llythyraeth y geiriau a'r enwau Cymraeg yn ogystal ag am lunio'r mapiau ac olrhain achau Tywysog Cymru. Gwaith Pughe oedd y mapiau eu hunain ac ef a fu'n ymchwilio ar eu cyfer.[22] Ychydig o gyfeiriadau sydd gennym ato'n defnyddio'i ddawn artistig oddieithr i'w ddifyrru ei hun, er bod ganddo ddawn arbennig mewn peintio â dyfrlliw ac mewn llawysgrifen gain.

Un o weithgareddau pwysicaf y Gwyneddigion yn y cyfnod hwn oedd noddi'r eisteddfod. Dirywiasai'r eisteddfod er amser beirdd proffesiynol yr Oesoedd Canol, pan oedd pwrpas arbennig iddi fel modd i reoli a gosod swyddogaeth a graddau'r beirdd. Yn y ddeunawfed ganrif cynhelid y mân eisteddfodau y croniclir eu hanes gan yr almanacwyr. Rhoddodd y Cymmrodorion hwb i'r syniad o gystadlu am wobr drwy gynnig bathodyn arian am farwnad i'w llywydd, Richard Morris, a bathodyn aur am gyfieithiad Saesneg o'r Gododdin. Y beirniaid yn y gystadleuaeth oedd Robin Ddu yr Ail o Fôn ac Owain Myfyr. Dyfarnwyd 'awdl gynganeddol' Richard Jones o Drefdraeth yn orau, er bod llawer o'r Cymmrodorion o blaid cân benrhydd ddigynghanedd Siôn Ceiriog. Cododd dadl frwd am ragoriaethau'r gwahanol fesurau, dadl y bydd yn rhaid inni gyfeirio ati eto maes o law.

Yn Ionawr 1789 cynhaliwyd eisteddfod gan feirdd lleol yn Llangollen. Un o'r trefnwyr oedd Thomas Jones, gŵr o Glocaenog a weithiai fel cyllidydd neu ecseismon yng Nghorwen ar y pryd. Ef, yn wir, biau'r clod am godi'r eisteddfod ar ei thraed yn y cyfnod hwn er i ambell un arall, megis Bardd y Brenin, hawlio'r anrhydedd. Yn nechrau 1789 anfonodd Thomas Jones at y Gwyneddigion i'w hannog i gefnogi'r eisteddfod fel cyfrwng i noddi a nerthu'r diwylliant Cymreig.[23] Collwyd nawdd y Cymmrodorion gyda thranc y gymdeithas honno yn 1787, ac yr oedd yn naturiol iawn i Thomas Jones droi at y Gwyneddigion gan obeithio y byddent yn rhoi'r un gefnogaeth â'u rhagflaenwyr. Llywydd y gymdeithas yn 1789 oedd William Owen Pughe er mai 'Cofiadr' yw'r teitl a rydd Thomas Jones iddo. Yn ei ateb i'r 'cyfaill anghydnabyddus' Thomas Jones ar 22 Mawrth 1789, dywed Pughe fod y Gwyneddigion yn barod iawn i ymgymryd â'r cyfrifoldeb o noddi'r beirdd, ond gosododd rai amodau sy'n werth sylwi arnynt:

16

Megis Cyfaill or Gymdeithas gallaf ddywedyd ei bod yn bur barod i ddangos ei nawdd ir Awen, yn y modd hynny ag ym mhob perthynas arall yn ei gallu, a baro urddiant I ddieuddawn Prydyddion Cymru, ond i effeithio y dibendod a ddisgwylier oddiwrth y gosail a ddymuna y Gymdeithas osod, yr oeddid yn meddwl yn y cyfarfod fod amryw bethau a ddylid eu hystyr a'u sefydlu.—Mewn llawer peth a ystyriwyd, ir wyf finnau yn cyduno, rhyw reolau cyffelyb i'r rhai canlynol, yr wyf fi yn meddwl, nid ellir eu hepgor.

Boed cyhoeddi yr Eisteddfod flwyddyn ymlaenllaw, a rhoddi Testyn yr un amser i ganu arno. Boed i'r Caniadau gael eu gyru, yn ddienw, dan nod dirgel, o flaen Beirniaid, a rhoddant hwy farn gan bennodi pa'r un orau; yna gyred y Beirniaid y Caniadau oll, ar gorau yn ei plith, a'u barn arno, ynghauad ir Eisteddfod.

Boed y Beirnia[i]d wyr cyfartal ir orchwyl, y'Nghymru, A gwnaent ymg[y]farfod i roddi barn ddiduedd; os na bydd gyfleus i gynnal Cymanfa o Feirnia[i]d, boed i Gymdeithas y Gwyneddigion roddi barn y dydd y Dechreuir cynnal yr Eisteddfod, boed ir Caniadau oll, a'r Delyn Arian fod rhagbron, ag etholed y Beirdd un o'u plith i agor y Caniadau o un i un hyd onis delont at yr un a farnwyd orau, darllened y braich cyntaf o honno, a galwed am yr Awdur i adrodd y dirgel nod arni fal y gwyddis pwy yr eiddo. Y Bardd a ennillo'r Delyn Arian a wi[s]gir, ag a osodir yn y gadair i fod yn Bencerdd yn yr Eisteddfod tra parhao. Y Testyn erbyn yr Eisteddfod ganlynol a gyhoeddir yn yr Eisteddfod rhagflaenol a boed y Gymdeithas y Gwyneddigion gael llunio'r Testyn.

Bydded i'r Eisteddfod ymryson mewn Englynion fal arferol ar Destynau disyfyd a darddant or achosion gerbron eu dywenydd tra parhao'r cyfarfod, ar mwyaf gorchestol a urddir yn Ddisgybl Penceirddiaidd ar Beirdd a dderbyniant y cyfryw urddas a fyddant gyfrifawl yn nesaf i'r Penceirddia[i]d yn ganlynol yn ol rheol eu hurddiad. Boed ir Beirniaid Ystyried purdeb Iaith, ac iawn Gyfansoddiad y Caniadau ymhlith eu prif gywreinion.[24]

Yr oedd y Gwyneddigion yn awyddus i roi trefn ar gyfarfodydd yr eisteddfod; nid rhyw gynulliad ffwrdd-â-hi a fyddai'r eisteddfod dan eu nawdd hwy, ond cyfle i'r beirdd gystadlu a thrafod mewn awyrgylch gydnaws â'u hurddas. Dyna o leiaf oedd y bwriad. Ceir cyfeiriad yng nghofnodion y gymdeithas at gyfarfod a gynhaliwyd yn y Siôr ar 6 Ebrill, 1789, i drafod cynlluniau ar gyfer eisteddfodau'r flwyddyn honno:

Cydynwyd yru Telyn arian ar lles yr Eisteddfod sydd yw chunel un wylfuhengal nesaf. Cydynwyd yru Ystyr oes Dyn yn destun—ag ir Beirdd yry ei gwaith (ar papur) & ir Gymdeithas, iddynt hwy farny & dweyd pwy deilwng or delyn.[25]

Fel y gwelir, nid oedd y Gwyneddigion am gael rhan yn nhrefnu'r eisteddfod a oedd i'w chynnal yng Nghorwen ym mis Mai 1789, ond yr

17

oeddynt yn fodlon iawn cefnogi'r eisteddfod a drefnwyd ar gyfer mis Medi yn y Bala. Thomas Jones a ysgwyddodd y baich o drefnu eisteddfod Corwen. Anfonodd hysbysebion i bapurau newydd y gororau a dosbarthwyd pamffledi yn nhrefi Gogledd Cymru er mwyn rhoi cymaint o gyhoeddusrwydd ag oedd yn bosibl i'r eisteddfod.

Cynhaliwyd yr eisteddfod yng ngwesty'r 'Owain Glyn Dŵr' yng Nghorwen ar 12 Mai 1789. Llwyddasai'r hysbysebu ac fe dyrrodd llu o glerigwyr, boneddigion a beirdd yno o siroedd Dinbych, Fflint a Maldwyn.[26] Eisteddai saith neu wyth o feirdd o amgylch bwrdd yng nghanol yr ystafell, ac ar ôl gwrando ar gerdd ragarweiniol, cyhoeddwyd y testunau a ganlyn i'r beirdd ganu arnynt ar y pryd: 1. Adferiad Iechyd George III, 2. Y Frenhines Charlotte, 3. George, Tywysog Cymru, 4. Mr. Pitt, 5. Adfer Nannau i'r Fychaniaid, 6. Pont Corwen, 7. Yr Ysgyfarnog, 8. Meddyg y Brenin, 9. 'Liberty Hall', (lloches i saethu grugieir ar y Berwyn), 10. Arglwydd Bagot, 11. Owain Glyndwr, 12. Y Gwyneddigion. Gellid tybio nad oedd yn dasg hawdd canu'n ddifyfyr o flaen cynulleidfa feirniadol ar destunau o'r fath, ac efallai nad oedd yn syndod pan fethodd y beirniaid â chytuno ar y buddugwr. Penderfynwyd, yn unol ag awgrymiadau Pughe, y dylid galw ar y Gwyneddigion i ddewis y buddugol o blith gwaith Gwallter Mechain, Twm o'r Nant a Jonathan Hughes. Yn eu cyfarfod ym mis Gorffennaf dyfarnwyd gwaith Gwallter Mechain yn orau, ac yn deilwng o'r tlws arian a chadair yr Eisteddfod. Ond ni cheir yma ond esgyrn sychion yr hanes: yr oedd llawer mwy i ddod i'r amlwg maes o law.

Bu twyllo ar bob llaw yn Eisteddfod Corwen. Er i Pughe ddweud wrtho na fyddai'r Gwyneddigion yn noddi Eisteddfod Corwen er y byddent yn noddi Eisteddfod y Bala, dewisodd Thomas Jones fanteisio ar eu diddordeb a chymryd arno fod y gymdeithas yn noddi'r ddwy eisteddfod. Bu mor haerllug â dweud mewn llythyr at Wallter Mechain yn Ebrill, 1789: 'Mae Telyn arian (a rhiw Degan i'r Datganwyr) yn dyfod yma ar fyr, ag mi a erfyniais ar y Gwyneddigion yrru imi atteb yn ebrwydd, o herwydd fod y 12fed o Fai yn bur agos.'[27] Gellid tybio mai camddealltwriaeth hollol ddiniwed ar ran Thomas Jones oedd hyn drwy iddo gamddehongli llythyr Pughe, rhywbeth a fyddai'n ddigon hawdd ei wneud o gofio arddull afrosgo ac aneglur y gŵr hwnnw. Ond yr oedd yr ecseismon wedi cyplysu enw'r Gwyneddigion yn fwriadol ag Eisteddfod Corwen, gan obeithio rhoi mwy o fri a pharchusrwydd iddi drwy wneud hynny. Yn ddiweddarach cyfaddefodd ei ryfyg i Pughe: '. . . nid oedd wiw ei chyhoeddi hi heb ei bod dan awdyrdod gwell nag yr oedd yn awr yw gael yma, ac i harddu'r Cyhoeddiad mi a ryfygais (heb gennad) roi henw'r Gymdeithas wrtho'. Gwyddai Thomas Jones yn burion nad addawodd y gymdeithas dlws i wobrwyo'r buddugwr yng Nghorwen a bu'n rhaid iddo symud ar frys i gael un:

Mi a sgrifenais Lab o Lythyr cyd a Chywydd at Mr Vaughan o Nanneu . . .
a rhyfygais ddywedyd fy nghwyn wrtho, fel yr oeddwn heb ddim i annerch y
Pen bardd. by'r Gwr bonheddig mor fwyn, a danfon imi Gledrfron Arian,
ar geiriau Canlynol wedi eu torri arno sef
Pencerdd Cerdd dafod Eisteddfod Corwen—Mai 12$^{eg}$ 1789.[28]

Chwarae teg i Thomas Jones: yr oedd dawn y gwir drefnydd ganddo i
droi'r dŵr i'w felin ei hun.

Fodd bynnag, yr oedd twyll llawer gwaeth na chelwydd Thomas
Jones yng nghlwm wrth Eisteddfod Corwen. Honnai rhai fod Gwallter
Mechain wedi cael ffafriaeth gan y Gwyneddigion, ac âi eraill mor bell
â dweud ei fod yn gwybod y testunau ymlaen llaw. Yn anffodus, nid
straeon sbeitlyd a ledaenwyd gan ei gydgystadleuwyr cenfigennus
mohonynt: 'roedd y cyhuddiadau yn hollol wir. Mewn llythyr at
William Owen Pughe ar 22 Gorffennaf 1790, cyfeiria Dafydd Ddu
Eryri at y modd y drwgdybid Gwallter o'r dechrau. Dywed i Mr.
Whitley, un o ficeriaid Llanelwy, herio Gwallter i'w wyneb:

> Yr oedd y Gŵr parchedig hwnnw [Whitley] wedi bod yn Eisteddfod
> Corwen. Yr oedd yn cyhuddo Walter (mewn ffordd esmwyth foneddigaidd)
> o herwydd ei ffalsder Ynghorwen, gan ddangos iddo, nad yr hyn a
> draddodwyd yn gyhoeddus yn yr Eisteddfod a anfonwyd yno, ac a
> argraphwyd—nid oedd ganddo ddim iw ddywedyd ond cyfaddef ei fod wedi
> ei ddiwygio—(gwaelod go ddrwg yn wir).[29]

Y mae hyn yn awgrymu fod Gwallter nid yn unig wedi cael gwybod y
testunau ymlaen llaw, ond hefyd wedi cael cyfle i ddiwygio'i waith cyn
ei anfon i Lundain am ddyfarniad y Gwyneddigion. Gwaeth fyth, er
nad oedd yn adnabod Pughe ac Owain Myfyr ar y pryd, gyrrodd
Gwallter ddau lythyr cyfrinachol atynt i geisio dylanwadu arnynt fel
beirniaid tra oeddynt wrthi'n ystyried y cyfansoddiadau. Gwaethaf
oll, fe wrandawodd y Gwyneddigion arno a'i swcro a chyfrannu at ei
dwyll. Y gwir ydoedd nad oedd y Gwyneddigion yn hapus iawn fel
beirniaid: cyfaddefodd Owain Myfyr mai Pughe a Siôn Ceiriog oedd
yr unig ddau aelod o'r gymdeithas a ddeallai reolau'r gynghanedd, ac
yn wir nid oedd ond rhyw bedwar neu bum aelod yn 'rhwydd fedrus yn
yr Iaith'. Y llythyr mwyaf dadlennol, ond odid, yw'r un a anfonodd y
Myfyr at Wallter ar 8 Gorffennaf 1789:

> Mi welais ddau Lythyr debygwn or eiddoch at y Cyfaill Gwilym Owain
> chwi ellwch fod yn esmwyth am danynt ni welodd neb or Gymdeithas yr un
> onaddynt onid ef Gwilym a minneu ac nis gwelodd Gwilym mo'r diweddaf
> gan fy mod yn gwybod fod y Llythyr yn berthynasol i'r Barddoniaeth mi ai
> hegorais ac nis gwelais mor Gwilym etto.[30]

Yn yr un llythyr ceir awgrym o'r ymgecru chwerw a gododd yn sgîl
beirniadaeth y Gwyneddigion. Dywed Owain Myfyr fod y beirniaid
wedi trafod y cyfansoddiadau hyd ddau o'r gloch y bore. Rhannwyd y

gymdeithas rhwng cefnogwyr Twm o'r Nant a chefnogwyr Gwallter Mechain. Dyma sut y cafodd Gwallter yr hanes gan y Myfyr:

> . . . plaid Twm oeddynt yn haeru yn galed fod ei waith yn fwy ffrwyth[l]awn o Awen a meddyliau da . . . a hwy hefyd yn haeru mai trymaidd ac anystwyth yw canu Gwallter.
> Plaid Gwallter yn dadlu ei fod yn fwy hyddysg mewn hanesion ei wlad a dysgedig a xywir yn yr Iaith rheolau a mesurau Canu ac hefyd yn fwy ardderxog yn ei waith wedi cymeryd ol a blaen ynghyd.[31]

Ni fu taw ar y cweryla ar ôl cytuno, os cytuno hefyd, ar y buddugwr. Wedi'r cwbl os oedd y Myfyr yn amlwg yn cefnogi Gwallter Mechain, byddai'n anodd iddo fethu. Fe gofir mor unbenaethol ydoedd hwnnw yn y gymdeithas. Gwyddai'r Myfyr yn burion am y grwgnach y tu ôl i'w gefn fel y dywed: 'Mae plaid Twm etto yn lled anfodlon ir Farn ac yn dywedyd mewn cellwair y mynnau iddo duxanu y Barnwyr'.[32] Yr oedd mwy o chwerwder nag o gellwair yn rhengoedd cefnogwyr Twm o'r Nant. Yr oedd David Samwell yn gynddeiriog am y cam y tybiai i'w ffrind Twm ei gael gan y beirniaid, ac nid gŵr i'w groesi oedd Dafydd. Wedi'r cyfan, yr oedd yn gymeriad go galed, wedi hen arfer â gerwinder bywyd wrth hwylio'r byd fel meddyg ar longau Capten Cook, y *Discovery* a'r *Resolution*. Awgrymodd W. D. Leathart na fyddai'r un dyn call yn tynnu Dafydd i'w ben: 'In temper he was extremely irritable, but one of those hearty fellows we expect the sailor to have been fifty or sixty years ago'. Dywed Leathart fod Dafydd wedi ffraeo â Ned Môn ar un achlysur a'i herio i'w ymladd. Cychwynnodd o dŷ William Owen Pughe, gyda Iolo Morganwg i'w gynnal, i ystafell-oedd Ned Môn yn y Temple. Braidd yn annisgwyl oedd y canlyniad: yn ôl yr hanes a anfonodd Pughe at Leathart, gwrthododd Ned Môn y sialens, ac yn lle hynny anelodd gic 'against the seat of honour of his foe, and bundled him downstairs'.[33] Y mateb naturiol David Samwell, felly, i'r cweryl yng Nghorwen oedd herio un o wrthwynebwyr Twm o'r Nant i ymladd ag ef ond yr oedd hwnnw'n ddigon call i wrthod ei sialens. Bodlonodd y meddyg ar gyflwyno ysgrifbin arian i Twm â'r arysgrif arni: 'Rhodd Dav. Samwel i Thomas Edward (Nant) pen bardd Cymru'. Atebodd Twm ag awdl o ddiolchgarwch.[34]

Erbyn hyn yr oedd yn bryd i'r beirdd baratoi ar gyfer Eisteddfod y Bala, a oedd dan nawdd y Gwyneddigion. Yn y llythyr y cyfeiriwyd ato eisoes yr oedd gan Owain Myfyr rai cynghorion pwysig i'w rhoi i Wallter Mechain i'w helpu 'i ddiwallu ei wanc anghlerigol am wobrau', chwedl Mr. Hywel Teifi Edwards.[35] Gosodwyd 'Ystyriaeth ar Oes Dyn' yn destun ar gyfer y Bala. Yr arfer oedd i'r beirdd lunio awdl enghreifftiol, gan ddefnyddio pob un o'r pedwar mesur ar hugain. Ond yr oedd dylanwad Goronwy Owen a'i syniadau am gerdd epig yn drwm ar y Gwyneddigion. Credai Goronwy, a dilynai'r gymdeithas ei harwr yn slafaidd, y byddai'n rhaid ymwrthod â rhai o'r mesurau mwyaf caethiwus cyn cyfansoddi awdl arwrol. Dyna yw byrdwn cyngor y Myfyr i Wallter:

> ni ddixon amgyffred ac egni y meddwl mwyaf grymus fraidd wthio synwyr a nerth i Orxest y Beirdd a'r mesurau Byrion eraill ar y testun uchod onid Cywydd a fydd orau a dilyn ynddo Iaith esmwyth deimladwy. Gwelwx waith Gro. Owain Bonedd a Xyneddfau yr Awen Cywydd Gwahawdd Wm Parry am Iaith weddus ir Testun. Oni feddwx eisoes yn eix cof waith Gronwy dysgwch bob Lythyren ohonaw gwelwx mor esmwyth ymae'n gosod geiriau henaidd anghyffredin yn ei waith a thlysed yntau yn cyduno a synwyr a xynghanedd.[36]

Ond yr oedd Owain Myfyr yn rhy hwyr. Yr oedd Gwallter eisoes wedi gorffen ei gerdd. Fe'i rhennir yn ddwy adran: y gyntaf yn cynnwys cywydd maith a'r ail yn awdl ar y pedwar mesur ar hugain.[37] Gellir clywed y siom yng ngeiriau Gwallter wrth ateb y Myfyr: '. . . am eich cynghorion roedd yn rhyhwyr imi wneud deunydd ohonynt, canys ddoe y cefais y Llythyr. nid oes gennyf ond rhedeg yr un yrfa ag eraill a dweud efo Pheilat Yr hyn a 'scrifennais a 'scrifennais'.[38]

Y mae'n amlwg oddi wrth ei lythyrau y teimlai Gwallter y medrai ymddiried yn Owain Myfyr, ond nid oedd mor sicr o gefnogaeth rhai o'r Gwyneddigion eraill, yn enwedig ar ôl y dadlau am feirniadaeth Eisteddfod Corwen. Nid oedd mor sicr o agwedd William Owen Pughe ychwaith, a phur ochelgar yw tôn y llythyr hwn at y Myfyr: 'Gan fy mod yn hyderu yn eich cyfrinachol burdeb, y cyfrwyddais y Llyfr attoch yn lle at Mr. W. Owen . . . nid oes achos i'r Gymdeithas yn gyffredinol wybod eich bod yn gydnabyddus a'r Awdur'.[39] Awgrymodd Gwallter fod y Myfyr yn rhoi'r gerdd i Pughe heb sôn am y llythyr hwn, gan ei fod yn ceisio ennill ffafr y Myfyr unwaith yn rhagor. Ond fe sylweddolai fod popeth yn nwylo'r Myfyr: 'Gwnewch fel y gweloch yn dda a chofiwch am G.M.'. Yn wir, yr oedd yn anodd iawn i Owain Myfyr anghofio am G.M. a hwnnw wedi bod mor daer. Erbyn hyn yr oedd ganddo gryn ddiddordeb yn y dieithryn o Faldwyn a oedd mor eiddgar i ennill ffafr y Gwyneddigion. Mynd ei ffordd ei hun a wnaeth y Myfyr a phenderfynu dangos llythyr diweddaraf Gwallter i William Owen Pughe. Ac y mae'n rhaid cyfaddef unwaith eto fod Pughe wedi chwarae rhan yng nghynllwynion Gwallter a'r Myfyr. Ysgrifennodd at Wallter ar 8 Awst 1789, gan arwyddo ei hun 'Eich Anghydnabyddus gyfaill Wm. Owen':

> Bum yn ddiweddar mewn cymmaint o ffwdan rhwng y naill beth a'r llall a hynny a berodd i gymmaint o amser lithro heibio heb gyflawni fy nyledswydd o'ch atteb—A darfod i'm cyfaill Owen Jones atteb trosof oedd un achos arall, canys chwenychwn i chwi ystyr pob peth a ddywaid ef megys yr un peth a phedfae o'm llaw fy hun, a phob peth a hysbyswch iddo ef sydd gystal a phedfuasai imi fy hun—felly pob peth a ddywedasoch yn eich Llythyrau o'r blaen nid aethont ymhellach nag rhyngom ein dau.[40]

Dechreuodd y Gwyneddigion ar eu tasg o feirniadu'r awdlau ar 'Ystyriaeth ar Oes Dyn'. Gellid tybio bod llawer o ddrwgdybiaeth yn rhengoedd y gymdeithas: nid oedd plaid Twm o'r Nant wedi anghofio cam Corwen. Y tro hwn yr oedd Gwallter Mechain wedi mynd cyn belled â rhoi cyfarwyddiadau i Owain Myfyr ar sut i ddarllen ei gerdd er mwyn gwneud cyfiawnder llawn â hi:

> Dymunwn ichwi ddarllain y cywydd ystyriaeth ar oes dŷn ar osteg y Gymdeithas. gallech wrth ei adrodd addurno llawer arno. clywais Twm o'r Nant yn dweud fod gan drigolion Môn ac Arfon ryw accen wrth ddatgan Cywydd, amgenach nag a glywodd ê erioed.[41]

Nid oedd angen datgeiniaid Môn ac Arfon ar Wallter, yr oedd Owain Myfyr a William Owen Pughe yn gofalu na châi eu ffefryn gam. Dyfarnwyd y wobr i Wallter Mechain. Yr oedd y Gwyneddigion wedi mynd ati'n fwy proffesiynol y tro hwn. Paratowyd beirniadaeth a'i hargraffu ar ddalen rydd i'w dosbarthu i'r gynulleidfa yn y Bala. Hon, y mae'n debyg, yw'r feirniadaeth eisteddfodol swyddogol gyntaf erioed, ac o'r herwydd y mae'n werth sylwi ar yr hyn a oedd gan y beirniaid i'w ddweud. Ar ôl cyfarch y beirdd, yn enwedig y rhai a fu'n cystadlu, dywedir i'r gymdeithas dderbyn deuddeg o gyfansoddiadau a llawenydd mawr i'r aelodau oedd gweld 'bod coeth a gorchestol feddyliau yn tarddu mor wresog a ffrwythlawn drwyddynt'.[42] Penderfynasai'r gymdeithas 'ar ol dyfal ystyried y Caniadau' mai gwaith 'Anonymous' oedd y gorau, ond yr oedd ganddi air o gyngor i 'Anonymous' i ochel yn y dyfodol rhag cynnwys cymaint o 'ddefnyddiau pellenig a hen chwedlau cenhedlig' yn ei waith. Achubodd y beirniaid y cyfle i ddatgan eu syniadau am farddoniaeth yn gyffredinol, gan ategu'r hyn a ddywedasai'r Myfyr eisoes yn ei ohebiaeth gyfrinachol at Wallter Mechain:

> Bydd gymmwys i'r Beirdd o hyn allan gyfansoddi i gyd ar yr un dull, pa un bynnag ai *Cywydd* ai *Awdl* a ddewisant. Byddau yn llesol hefyd i Farddoniaeth, pe yr ymwrthodynt ag amryw o'r caethfesurau o blith y pedwarmesur-ar-hugain; ac heb ddal i ganu ar y mesurau hynny i ganlyn eu gilydd yn y drefn arferol; ond yn hytrach, boed i'r mesurau weini i'r synwyr mal y gweddai o barth sain ac ansawdd. Nyni a welsom Awdl anorphen, o waith *Gronwy Owen* i Dywysog Cymru ar y Gwawdodyn hir yn unig; ac amryw o'r hen Feirdd a ganasant Awdlau (ar ol sefydlu y rheolau) ar ddau neu dri ohonynt fal y gwelynt gyfaddas.'[43]

Yr oedd hwn yn ddatganiad pwysig ar ran y gymdeithas, gan fod sêl ei bendith hi bellach ar ymdrechion y beirdd i ymryddhau o hualau rhai o'r mesurau mwyaf caethiwus. Ond yn lle torri'n rhydd dan ganu clodydd y gymdeithas, grwgnach drwy'i gilydd a wnâi'r beirdd yn y Bala. Cwynai llawer ohonynt nad oedd gan y Gwyneddigion na'r hawl na'r cymwysterau i draethu ar farddoniaeth. Yr oedd y cystadleuwyr anfuddugol yn swnian am na chawsant hwythau farn y gymdeithas ar eu hymdrechion.

Fodd bynnag, yr oedd un gŵr yn hapus iawn, sef 'Anonymous'. Yr oedd yn ddewis anffodus o ffugenw, gan na fu'r un cystadleuwr erioed yn llai parod i fod yn ddienw yng ngŵydd ei feirniaid na Gwallter Mechain. Cawsai lythyr oddi wrth Owain Myfyr ar 16 Medi i ddweud wrtho mai ef a enillasai brif wobr y Bala: 'Ie Wallter Mexain a biaefydd y Tlws mae dau o'r Gwyneddigion ar y ffordd i Gymru ac a fyddan yn y Bala ond gwiliwch fynegi hanner gair fod ichwi un gwybodaeth amdanafi'.[44] Y ddau gynrychiolydd a anfonwyd gan y Gwyneddigion oedd John Williams, neu Siôn Penllyn, a ddisgrifir gan W. D. Leathart fel 'captain and paymaster, of the 2d battalion of 73d regiment of foot', a Siôn Goch, neu Siôn Segrwyd, sef John Hughes y cyfreithiwr o Ddinbych. Yr ydym yn ddyledus i Siôn Penllyn am roi inni gipolwg gwerthfawr iawn o Eisteddfod y Bala yn ei lythyr at Owain Myfyr. Dechreuodd pethau yn bur anaddawol:

> On Tuesday the 29th in the morning, the weather was so tempestuous that not a person arriv'd in Town, till one or two o'clock (excepting Dafydd Ddû of Eryri who had accompanied me from Ffestiniog the preceding day) . . .[45]

Ond y pryd hynny, fel heddiw, yr oedd y gwir eisteddfodwr yn rhoi clec ar ei fawd yn wyneb gwynt a glaw, a chyn bo hir dechreuodd y selogion gyrraedd y Bala. Yn eu plith yr oedd hoelion wyth yr eisteddfodau cynnar hyn: Gwallter Mechain, wrth gwrs, a Dafydd Ddu Eryri, Twm o'r Nant, Rhys Jones o'r Blaenau, Jonathan Hughes o Langollen, William Jones o Langadfan a Roland Huw o'r Bala.[46] Darparwyd ar eu cyfer yn Neuadd y Dref. Urddwyd Gwallter Mechain â'r tlws arian am yr awdl orau a galwyd ar y gynulleidfa i yfed ei iechyd. Yn y gystadleuaeth i gyfansoddi cerdd ar y pryd Dafydd Ddu Eryri a gafodd y wobr. Yr oedd Siôn Penllyn wedi bod yn gwylio'r gŵr ifanc dawnus hwn, fel y gwelir oddi wrth ei lythyr at y Myfyr: 'Beware of Dafydd Ddu. I think him a very likely candidate for your next honours—I am humbly of oppinion that he is the First Bard in Wales a Young Man not 28 Year Old'.[47] Yr oedd Siôn Penllyn yn gywir yn ei broffwydoliaeth: Dafydd Ddu a enillodd y prif wobrau yn Eisteddfod Llanelwy yn 1790 a Llanrwst yn 1791, a hynny am awdlau a ddaeth yn nes o lawer at y patrwm a osodwyd gan Goronwy Owen.

Nid oedd pall ar y gweithgareddau yn y Bala. Cafwyd cystadleuaeth canu gyda'r delyn, a phan oedd y datgeiniaid wedi gorffen eu gwaith hwy cyhoeddwyd canlyniad y gystadleuaeth am y casgliad gorau o benillion telyn. Y mae'n debyg fod calon llawer un yn y gynulleidfa wedi disgyn wrth weld Gwallter Mechain yn mynd yn dalog unwaith eto i hawlio'r wobr. Erbyn hyn yr oedd pawb yn y fath hwyliau fel nad oedd neb yn cynnig troi tuag adref. Daeth egni newydd i'r dathlu pan gododd Twm o'r Nant, 'our Welsh Garrick', chwedl Siôn Penllyn, a rhai o'i ffrindiau i berfformio anterliwt. Oddi wrth yr hyn a ddywed Siôn Penllyn gellid tybio iddi fynd yn dipyn o draed moch yn y Bala, ac na chafwyd wedi'r cwbl y cyfarfod syber y breuddwydiodd Cymry Llundain am roddi eu nawdd iddo. Awchai'r beirdd yn fwy am wobrau a hwyl nag am hyrwyddo diwylliant. 'It was conducted rather void of the form and regularity it requires; which must render the best institutions contemptible', meddai Siôn Penllyn, ac fe geir yr argraff ei fod wedi gadael llawer heb ei ddweud. Ond fe aeth un gŵr adref o'r Bala a'i galon yn llawn o gariad a diolchgarwch tuag at ei gyfeillion caredig yn Llundain. Teimlai Gwallter Mechain ei bod yn hen bryd iddo ddangos ei werthfawrogiad i'w noddwyr mewn ffordd ymarferol, ac anfonodd ysgyfarnog yn anrheg i Owain Myfyr. Nid oedd y gŵr hwnnw mor ddiolchgar ag yr oedd Gwallter wedi gobeithio: yr oedd yr ysgyfarnog yn arwydd lawer rhy gyhoeddus o'r gyfathrach a fuasai rhyngddynt. Y mae'n amlwg hefyd oddi wrth ateb y Myfyr fod y llythyr yr oedd Gwallter wedi ei amgau wedi dioddef yn enbyd cyn cyrraedd pen ei daith:

> Do, mi a dderbyniais Geinax a mawr ddiolx i xwi amdani ond er dim a fo na ddanfonwx arall canys dieithr a ddylem fod yngolwg y Byd rhag enllib i mi yma a xenfigen i xwithau ymhlith y Beirdd.
> 'Gwyfyn du Elyn dilyth
> Awen, yw cenfigen fyth'
> Ox fi e fwydodd y Llythyr ymhol y Geinax fal nad allaf ddarllain fawr ohonaw.[48]

Yr oedd y Gwyneddigion wedi penderfynu fod yn rhaid cyhoeddi cynnwys yr hen lawysgrifau Cymraeg cyn iddynt fynd i ebargofiant. Sylweddolodd Owain Myfyr a Pughe fod ganddynt gyfle gwych yn yr eisteddfod i roi cyhoeddusrwydd i'r gwaith a wnâi'r gymdeithas yn y cyswllt hwn. Wedi'r cyfan nid yn aml y ceid y fath gynulliad o ddarpar gwsmeriaid, neu felly y tybiodd y ddau. Yn 1789, cyhoeddwyd *Barddoniaeth Dafydd ab Gwilym*, 'o grynhoad Owen Jones a William Owen'. Gwnaethpwyd llawer o waith casglu a chopïo eisoes gan y Morrisiaid. Y mae'r casgliad a wnaeth William Morris o waith Dafydd ap Gwilym rhwng 1740 a 1755 i'w weld yn y Llyfrgell Brydeinig,[49] ac y mae gan Lewis Morris yntau gasgliad o waith y bardd.[50] Ar ôl marwolaeth William yn 1763, a Lewis yn 1765 daeth eu llawysgrifau i feddiant Richard yn Llundain.[51] Ond yr oedd Owain Myfyr am gael casgliad newydd er y byddai'n rhaid ei seilio ar waith y Morrisiaid. Yn ei ymchwil am ddefnydd gohebodd a gwŷr llengar ar hyd a lled Cymru a hysbysebodd ym mhapurau newydd Cymru a'r gororau am gymorth tuag at ei gasgliad. Credai fod rhagor o gopïau o gywyddau Dafydd ar chwâl yng Nghymru, ac apeliodd am wybodaeth amdanynt. Un o'r gwŷr y gobeithiai gael cymorth ganddo oedd Iolo Morganwg. Daethai Iolo i Lundain yn 1772, a chyfarfod â'r Myfyr. Dangosodd hwnnw lawysgrifau'r Morrisiaid iddo. Yr oedd hyn ddeng mlynedd cyn i

William Owen Pughe ddod i adnabod y Gwyneddigion ac felly pan ddaeth ef i helpu'r Myfyr yr oedd llawer o'r gwaith eisoes wedi ei wneud. Yn 1773, apeliodd y Myfyr am gydweithrediad y 'celfyddgar Fardd o Drefflemin' ond fe'i cafodd hi'n anodd, fel arfer, gael gafael ar Iolo. Fodd bynnag, yr oedd hwnnw'n brysur yn ei ffordd ei hun: dywed yr Athro G. J. Williams fod Iolo wedi dechrau ffugio cywyddau a'u tadogi ar Ddafydd ap Gwilym ymhell cyn i gyfrol 1789 fod yn barod.

Ar y cychwyn, Robin Ddu yr Ail o Fôn oedd cynorthwywr Owain Myfyr yn y gwaith. Copïodd y Myfyr y cywyddau i gyfrol drwchus sydd bellach yn llyfrgell Coleg y Brifysgol, Bangor.[52] Cafodd y gyfrol hon yrfa helbulus. Rhoddasai Owain Myfyr ei benthyg i'r Dr. Griffith Roberts o Ddolgellau. Mab y Dr. Robert Roberts, Isallt, Dolbenmaen oedd Griffith Roberts, ac yr oedd yn hynafiaethydd ac yn gasglwr llawysgrifau pur enwog yn ei ddydd.[53] Yr oedd ganddo yntau feibion yn feddygon: William a John yn feddygon ar y môr, a Griffith a olynodd ei dad yn Nolgellau. Arferai Griffith y mab yntau gopïo llawysgrifau yn Hengwrt. Cafodd Owain Myfyr fenthyg llawysgrifau gan y doctor yn gyfnewid am gyfrol Dafydd ap Gwilym. Bu'r Myfyr mor ddiofal â cholli'r rhain, a mynnodd y doctor ddal ei afael ar waith Dafydd fel iawndal am ei golled. Bu llawer o ohebu a bygwth, a hyd yn oed osod y gyfraith ar y doctor cyn iddo anfon y gyfrol yn ôl at Robin Ddu ymhen blynyddoedd lawer.

Erbyn 1787 yr oedd y Gwyneddigion wedi hysbysebu eu bwriad o gyhoeddi casgliad o waith Dafydd ap Gwilym. William Owen Pughe oedd cofiadur, neu ysgrifennydd, y gymdeithas o 1784 hyd 1787, ac ef yn awr oedd prif gynorthwywr Owain Myfyr ym mhob peth. Gwelsom eisoes mor glos oedd y cyfeillgarwch rhyngddynt yn eu cydweithrediad ym musnes cystadlaethau'r eisteddfodau. Pan glywodd Iolo y bwriedid cyhoeddi'r gwaith cyn hir dyblodd ei gyfraniadau. Anfonodd tua dwsin o gywyddau at William Owen Pughe ym mis Mawrth 1788, gan awgrymu fod ganddo drysorau di-ben-draw eto'n stôr: '. . . och na buaswn yn gwybod yn gynt am eich gwaith yn argraffu D.G. mi a allaswn ddanfon i chwi gopiau o lawer cdd. (f'allai'n agos i gant) gwell na'r rhai yn Llyfr y Myfyr'.[54] Drwy ryw drugaredd arbedwyd ysgolheigion y dyfodol rhag gorfod pendroni dros y rheini hefyd. Yr oedd yn rhy hwyr i gynnwys y cywyddau a anfonodd yng nghorff y llyfr. Bu'n rhaid eu rhoi mewn atodiad, ac o'r herwydd cyfeirir atynt fel 'Cywyddau'r Ychwanegiad'.[55] Esboniodd Pughe mewn llythyr at Iolo sut wedd a fyddai ar y gyfrol:

Mi welaf yrwan y buasai well fod llai o frys arnom yn argraphu D. ab Gwilym—Aethom drwy y gwaith yn ôl cynulliad O. Jones gan drefnu y caniadau i ganlyn mewn perthynas reol i'w gilydd; hefyd eu neilltuo dan eu hamryw berwylion, a hynny yn ôl yr amser eu canwyd hyd y gwyddis yn ôl ystyr y testynau. Gan i hynny fod, rhaid imi roi y cywyddau a yrrasoch megis anghwanegiad yn niwedd y llyfr—fe edrychiff yn ddireol, ond gobeithio y bydd yn gymmeradwy gan ein cydwladwyr; os derbyniant waith yr hen fardd heb fod yn ei lawn harddwch. [56]

Gwelwn mai Pughe a wnaeth y gwaith caled, er mai arian y Myfyr a wnaeth bopeth yn bosibl, fel arfer:

O. Myfyr y sydd yn cymeryd arno y baich o atteb i draul y cyhoeddiad, heb ragdaliad, ac heb ddisgwyl mor ynnill ond oes ddiderfyn i D. ab Gwilym; a minnau ac eraill yn rhoi ychydig lafur i'w ddwyn ymlaen, gan fod y Myfyr mor brysur yn dilyn achosion y byd mal nad oes iddo mo'r hamdden i'w ddwyn ymlaen ei hun.

Cyhoeddwyd y gwaith ym mis Mawrth, 1789, a hysbysebwyd y byddai ar werth yn Eisteddfod y Bala ym mis Medi. Pughe a'r Myfyr oedd y rhai cyntaf i sylweddoli bod eisteddfod yn lle da i werthu llyfrau. Ond nid oeddynt wedi sylweddoli tymer eu darpar-gwsmeriaid. Y mae'r siom yn eglur yn y llythyr a anfonodd Owain Myfyr at Wallter Mechain yn Hydref, 1789:

Aie croesaw byxan a gafodd D. Gwilym yn y Bala ir oeddwn yn disgwyl y buasai yno o leiaf ugain o Gyfeillion ffyddlon iddo. Ir oeddem yn bwriadu gosod allan waith y Cynfeirdd a'r Gogynfeirdd ond rhaid gollwng y bwriad i'r gwynt. Y mae ar Ddafydd imi o leiaf Naw ugain, ac nid wyf yn disgwyl ir gwalx dalu imi mo'r hanner oni xerdd beth rhwyddax drwy Gymru. [57]

Ofnai Dafydd Ddu Eryri fod y beirdd wedi amau cyfiawnder beirniadaethau eisteddfodol y Gwyneddigion, ac nad oeddynt mewn gwirionedd mor ddall ag y tybiai Pughe a'r Myfyr i'r ffafr a gawsai Gwallter Mechain. O'r herwydd, yr oeddynt yn llai parod i gefnogi'r gymdeithas a'i gwaith. Awgrymodd Dafydd Ddu hyn mewn llythyr at y Myfyr yn Ebrill, 1790: 'mi a debygwn fod cenfigen yn ymledu o achos y farddoniaeth Gymraeg', ond y mae'n barod i gyfaddef y gallai ffactorau eraill fod wedi amharu ar werthiant y llyfr. Cwyna fod 'archwaeth yr oes wedi newid, y byd wedi sobri, a'r Cymry o'r herwydd yn llai parod i ddarllen barddoniaeth'. [58] Erbyn mis Gorffennaf 1790 yr oedd Dafydd Ddu yn beio anwybodaeth a rhagfarn y Cymry am fethiant y gwerthu, ac yn Nhachwedd yr oedd Owain Myfyr yntau yn cwyno am ddiffyg chwaeth y genedl yn gwrthod Dafydd ap Gwilym, 'ond nid er mwyn taeogion a thyrxod y cyhoeddwyd'. [59] Efallai nad oedd y bai i gyd ar y cyhoedd, gan mai anniben iawn oedd y dull o werthu'r llyfrau. Ceir llythyrau oddi wrth y Myfyr yn holi am hynt llyfrau a anfonasai allan i'w gwerthu ond na chlywyd sôn amdanynt wedyn. Ymddengys nad oedd neb yn poeni rhyw lawer am nodi manylion na chadw cownt. Araf fu gwerthiant y llyfr yn Arfon ac erbyn 1802 cafodd Dafydd Ddu ganiatâd i rannu copïau yn rhad ac am ddim rhwng ei gyfeillion. [60] Er ei fod yn ŵr busnes llwyddiannus yr oedd Owain Myfyr naill ai'n hael iawn neu'n ffwdanus wrth drefnu gwerthiant y gyfrol hon. Y mae'n amlwg ei fod wedi colli llawer o arian yn y fenter, ond er gwaethaf hyn penderfynodd ddwyn ei gynllun i ben a chyhoeddi'r *Myvyrian Archaiology of Wales*, gwaith llawer mwy uchelgeisiol a chostus.

Ni honnodd golygyddion *Barddoniaeth Dafydd ab Gwilym* fod eu cyfrol yn gasgliad cyflawn o waith y bardd. Yr oeddynt yn amau fod rhagor o gopïau o'i waith ar chwâl yn llyfrgelloedd Cymru. Oni ddywedasai Iolo wrthynt fod ganddo ef 'f'allai'n agos i gant' o gopïau o gywyddau gwell na'r rhai a gynhwyswyd yn y gyfrol? Y mae'n rhyfedd na fyddai'r fath honiad wedi peri i'r golygyddion oedi'r cyhoeddi ymhellach er mwyn cael cynnwys yr holl gywyddau gwych hyn yn yr atodiad. Y mae'n werth inni ofyn o ble y daeth y rhain ac i ble yr aethant. Ond nid yw'n rhan o fwriad y llyfr hwn trafod y cywyddau eu hunain. Ni honnodd y golygyddion ychwaith fod y testun yn gwbl ddilys a dilwgr. Yng nghynsail y gwaith, sef cyfrol Owain Myfyr,[61] rhennir pob tudalen yn ei hanner. Ar un ochr ceir y cywydd, ac ar yr ochr arall amrywiadau o wahanol gopïau o'r testun. Er iddynt fwriadu dilyn yr un patrwm yng nghyfrol 1789, canfuwyd bod cymaint o amrywiadau nes y bu'n rhaid dethol y darlleniad gorau 'o ran purdeb iaith, synwyr a chynghanedd' rhag gorlwytho'r gwaith.[62] Penderfynwyd peidio â chynnwys rhai cywyddau maswedd a geir yn llawysgrif Owain Myfyr. Y mae casgliad 1789 yn drefnus er gwaethaf ei wendidau. Rhennir y cerddi yn ôl y testunau: cerddi i Ifor Hael, i Forfudd, i Ddyddgu a phynciau eraill, gyda'r cywyddau a anfonodd Iolo ar y funud olaf mewn atodiad. Ar ddiwedd y gyfrol ceir adran ar enwau'r bobl a'r lleoedd a grybwyllir yn y testun, a geirfa o dermau a geiriau dieithr, gan nodi'r benthyciadau o'r Ffrangeg, Saesneg a Lladin. Yr oedd y golygyddion mor ymwybodol â neb o'r anawsterau a'u hwynebai. Deallent yn burion fod trosglwyddo cerdd o genhedlaeth i genhedlaeth, yn sicr o lygru'r testun. Ond er iddynt sôn am ochel beirniadu gwaith y bardd yn ôl safonau oes ddiweddarach, yr oeddynt hwythau'n euog o newid llinellau i gydymffurfio â safonau cyfoes. Er nad oedd Owain Myfyr mor dwp ag y tybiai llawer o'i feirniaid, ni wyddai ddigon am gymlethdodau'r gynghanedd i adnabod newidiadau diweddar yn y testun. Ond y mae'n amlwg ei fod wedi amau dilysrwydd 'Cywyddau'r Ychwanegiad' cyn diwedd ei oes—yr oedd Dafydd Ddu Eryri wedi gofalu am hynny. Dywed mewn llythyr at Iolo Morganwg ar 11 Mawrth, 1806:

Dd ddu Eryri with great penetration remarked that the additions were more correct in cynghanedd but not with sufficient Taste to distinguished [sic] between the poetry of D.G. & Iolo Morganwg it was to the obstinnacy of W^m Owen that this impotition was suff^d to pass & tho perhaps there are not many that can detect the fraud.[63]

Os oedd y Myfyr yn amau twyll Iolo mewn gwirionedd, yr oedd hi'n rhy hwyr i wneud dim ynglŷn â'r peth. Yr oedd cyfrol 1789 wedi ei chyhoeddi ers dwy flynedd ar bymtheg bellach, ac yr oedd ychwaneg o ffugiadau Iolo yn y wasg yn y *Myvyrian Archaiology*. Pam oedd yn rhaid sôn am hyn yn awr? Y mae'r Athro G. J. Williams yn awgrymu fod Owain Myfyr wedi ei gynddeiriogi gan ymosodiadau Iolo ar Gymry Llundain a chan ei gelwyddau yn gyffredinol.[64] Yr oedd Dafydd Ddu Eryri wedi hau'r amheuaeth yn ei feddwl, ac yr oedd ei wylltineb yn peri i hwnnw egino'n rymus yn awr. Ond yr oedd Iolo'n barod â'i ateb fel arfer. Yn wir, lluniodd ddau ddrafft o'r ateb hwnnw, gan y bwriadai ei gyhoeddi er mwyn amddiffyn ei enw da. Yn yr ail, a ddyddiwyd 5 Ebrill 1806, y mae'n trafod cyhuddiadau Dafydd Ddu a'r Myfyr yn llawn. Sail y cyhuddiadau oedd fod cywyddau'r Ychwanegiad yn gywirach eu cynghanedd na'r rhai yng nghorff y gyfrol. Y mae Iolo'n gwrthbrofi hyn, ac ar ben hynny'n edliw i'r Myfyr nad oedd ganddo ef y treiddgarwch i sylweddoli nad Dafydd ap Gwilym oedd awdur nifer o'r cywyddau yng nghorff y llyfr. Yr oedd Iolo fwy nag unwaith wedi cyfeirio'n bur ddirmygus at ansawdd y golygu. Cwynodd fod y testun yn llawn o wallau yn y gynghanedd a'r mesurau: 'as full of such errors as Hell is of Devils'.[65] Y mae'n anodd gweld pwy sydd dan ei lach ai Pughe ynteu'r Myfyr. Yr oedd Pughe druan yn cael llawer o'r bai: yr oedd y Myfyr yntau'n barod iawn i sôn am 'the obstinnacy of W^m Owen' fel y dadfeiliai'r cyfeillgarwch a oedd wedi bod rhwng y golygyddion. Ond y mae Pughe yn llai ar fai na'r Myfyr a Iolo yn hyn o beth. Yr oeddynt hwy wedi bod yn astudio gwaith Dafydd ap Gwilym am gyfnod maith; saith mlynedd yn unig a gafodd William Owen Pughe gan na ddaeth i adnabod y Myfyr tan 1782. Rhaid ystyried *Barddoniaeth Dafydd ab Gwilym* fel prentisiaeth i Pughe, fel arbrawf yn y math o waith yr oedd am wneud mor ddygn am weddill ei oes.

Er gwaethaf diffyg brwdfrydedd yr eisteddfodwyr ynglŷn â gwaith Dafydd ap Gwilym, ni phallodd diddordeb y Gwyneddigion yn yr eisteddfod ei hun. Yr oedd arwyddocâd arbennig iawn i'r testun a ddewiswyd ar gyfer cystadlaethau'r awdl a'r traethawd yn Eisteddfod Llanelwy yn 1790. Cynigiwyd cadair arian am y gerdd orau a thlws arian am y traethawd gorau ar y testun 'Rhyddid'. Gofalodd y gymdeithas fod y cystadleuwyr yn llwyr ddeall y testun:

Rhydd-did yw'r trysor gwerthfawrocaf ar wyneb daear; canys oddiwrthi y deiliau, ac arni y mae'n gobenyddu, y rhan fwyaf o ddedwyddwch dynol-ryw y tu yma i'r bedd—Rhydd-did a ffrwyna Drais a Gormes:- y hi sydd yn bwrw ymaith gaddug Anwybodaeth ac ofergoelion, pa rai sydd yn gorthrymu, ac yn caethiwo pob cyneddfau da, perthyna i natur Dyn.[66]

Enillwyd y gadair gan Ddafydd Ddu Eryri, a'r tlws gan Wallter Mechain. Cynlluniwyd y tlws gan Dupré, a ddaeth yn enwog fel ysgythrwr yng Ngwerinlywodraeth Ffrainc. Nid damwain oedd y dewis o ysgythrwr nac o destun, o gofio'r flwyddyn, 1790: blwyddyn ar ôl dechrau'r Chwyldro Ffrengig. Yr oedd y Gwyneddigion o blaid egwyddorion y Chwyldro ar y cychwyn ac yn cyfathrachu â Ffrancwyr blaenllaw y dydd. Esboniodd Owain Myfyr eu credo mewn llythyr at Wallter Mechain yn Hydref 1789:

> Ie Rhydd-did mewn Gwlad ac Eglwys yw amcan y Gymdeithas, h. yw fod Dyn yn rhydd mewn perthynas iw Grefydd i ddilyn ei gydwybod ac nid yn ddarostyngedig iw dywys ai gaethiwo gan arall—Rhydd-did yn y Wladwriaeth yw fod Dyn yn ddarostyngedig i gyfreithiau y Deyrnas yn unig y rhai a osodwyd ar y gwadan goreu sef cyfiawnder ac yn gudunol a Breiniau a hawl pob Dyn yn y Wladwriaeth sef bod ei Berson ai Eiddo yn rhydd ac yn ddiogel oddiwrth bob cam a gormes heb y cynneddfau hyn ni byddau gyflwr Dyn fawr well nag anifail llog,—am y Breiniau hyn y mae y Ffreinc yn ymdrexu y pryd hyn ac y bu ein Hynaif dros gannoedd o flynyddau. [67]

Dylanwadodd egwyddorion y Chwyldro ar gyfundrefn Gorsedd Beirdd Ynys Prydain. Yng nghanol haf 1792 cynhaliodd Iolo Morganwg a rhai o'i gyfeillion orsedd ar 'Fryn y Briallu', sef Primrose Hill yn Llundain. Yn ystod y seremoni darllenodd Iolo ei gerdd 'Ode on the Mythology of the Ancient British Bards', a gyhoeddwyd yn 1794 yn ei *Poems, Lyric and Pastoral*. [68] Yr oedd tinc amserol iawn i rannau o'r gerdd:

> Come, LIBERTY! with all thy sons attend!
> We'll raise to thee the manly verse;
> The deeds inspir'd by thee rehearse;
> Whilst, rous'd on GALLIA'S injur'd plain,
> Stern legions feel thy flame in ev'ry vein;
> Thee, GODDESS, thee we hail! the world's
> eternal friend.

Defnyddiodd Iolo hygoeledd William Owen Pughe i gyhoeddi ei freuddwyd gorseddol a'i syniadau chwyldroadol ar drefn i'r byd. Sylfaenodd Pughe yr adran ar 'Bardism' yn ei ragarweiniad i *The Heroic Elegies . . . of Llywarç Hen* ar lyfr Saesneg y bwriadai Iolo ei gyhoeddi, sef *The History of the Bards*. [69] Yn hwnnw y mae Iolo yn arllwys ei ddychmygion am gyfundrefn y beirdd, ond erbyn i'r breuddwyd gyrraedd y *Heroic Elegies* y mae'n sawru'n gryf o egwyddorion y Chwyldro Ffrengig. Yno, dywedir am y beirdd:

> Another maxim of the order was the perfect equality of its members, and of the three branches whereof it consisted, one with another. [70]

Pwysleisir pwysigrwydd cydraddoldeb:

> All men are necessarily equal: the FOUR ELEMENTS in their natural state, or every thing not manufactured by art is the common property of all. [71]

29

Dyletswydd y bardd oedd 'to believe everything supported by reason and proof, and nothing without.'[72] Y mae'n wir fod llawer un wedi derbyn syniadau Iolo yn ddibetrus, ond hyd yn oed o'r dechrau yr oedd rhai o'i gyfoeswyr yn ddigon craff i amau dilysrwydd rhai o'i honiadau. Yr oedd Edward Davies, awdur *Celtic Researches* a *The Mythology and Rites of the British Druids*, yn gyndyn iawn o ddilyn Iolo, fel y dywed:

I do not recollect to have seen this doctrine, in its full extent, promulgated by any code before a certain period of the French Revolution . . .[73]

Ym merw'r dadlau a'r trafod a ddaeth yn sgîl y Chwyldro, cododd nifer o gymdeithasau i gystadlu â'r Gwyneddigion am sylw Cymry Llundain. Ffurfiwyd y Caradogion, fel y gwelsom, yn un swydd i ddadlau, ond yr oedd i hynny ei beryglon. Fel y dywedodd yr Athro R. T. Jenkins: 'One of the drawbacks of debating in English in London, in time of war, is that the police may overhear you'.[74] Ducpwyd ymaith lyfrau a phapurau'r Caradogion gan yr heddlu, ac er nad aeth y mater ymhellach yr oedd yn rhybudd i'r aelodau fod yn fwy gwyliadwrus yn y dyfodol. Yn 1794-5 ffurfiwyd cymdeithas y Cymreigyddion, a llawer o'r Gwyneddigion unwaith eto yn aelodau.[75] Pwrpas y gymdeithas hon oedd 'i gynyddu gwladol a brawdol gyfeillgarwch ac i arfer a choleddu'r iaith Gymraeg'. Erbyn 1827 yr un oedd ei hamcanion, ond sonnir yn awr am gyfyngu'r dadlau i 'substantial and moral topics, . . . always avoiding however such topics as promote theological or political argument'.[76] Efallai mai dyna oedd naws y Cymreigyddion yn 1827, ond y mae'n bur debyg mai creaduriaid gwylltach a thanbeitiach ydoedd aelodau'r gymdeithas yn 1794. Y mae'n anodd meddwl y buasai cymdeithas â Glan-y-gors a Thomas Roberts, Llwynrhudol, ymysg ei haelodau wedi medru ymatal rhag dadlau am wleidyddiaeth mewn cyfnod mor gyffrous. Ni wyddys a oedd y rheol a waharddai ddadlau gwleidyddol mewn grym o'r cychwyn cyntaf, ond gwyddom iddi gael ei diddymu yn 1832 er mawr bryder i rai o'r aelodau. Y mae'n amlwg fod rhai o'r Cymry yn mynd mor aml i gyfarfodydd y cymdeithasau democrataidd Seisnig a ffynnai yn y brifddinas nes ei bod yn amheus a dreuliai rhai ohonynt fawr o'u hamser hamdden gartref gyda'u teuluoedd ar yr aelwyd.

Ffurfiwyd y 'Society for Constitutional Information' (SCI) yn 1780 i addysgu'r bobl gyffredin am eu hawliau democrataidd ac i hyrwyddo diwygiad gwleidyddol. Yr oedd hon yn gymdeithas rhy ddethol i fod yn boblogaidd iawn, gan fod y tanysgrifiad cyffredin yn gini, a'r tâl aelodaeth am oes yn hanner can gini. Ffurfiwyd y 'London Corresponding Society' (LCS) yn 1792 gan Thomas Hardy. Nid oedd unrhyw gyfyngu ar rif yr aelodau, a thynnai'r LCS ei chefnogwyr yn bennaf o blith gweithwyr Llundain. Yr oedd elfen gref o gredo'r miblynyddoedd yn rhengoedd y cymdeithasau hyn. Credai llawer o'r aelodau fod y Jacobiniaid yn Ffrainc yn cael eu defnyddio gan Dduw fel arf i ddymchwel Pabyddiaeth, a byddai trechu Pabyddiaeth yn hyrwyddo cychwyn y Dyddiau Olaf y proffwydir amdanynt yn Llyfr Daniel. Iddynt hwy y Pab a'i gredo oedd y 'bwystfil' y sonnir amdano ym mhroffwydoliaethau'r Beibl. Ond yr oedd hefyd elfen gref o ddeistiaeth yn y LCS, ac yr oedd ar lawer o'r milblynyddwyr Cristnogol ofn dylanwad yr anffyddwyr yn eu plith. Eto fe ddenid y milblynyddwyr i'r gymdeithas gan y credent fod yn rhaid cael rhyw fath o lwyfan i drafod digwyddiadau'r oes. Cawn weld eto y rhan amlwg a fu gan rai o gyfeillion pennaf William Owen Pughe yng ngweithgareddau'r cymdeithasau hyn. Yn nechrau Chwefror 1797, bu dadl yn y Crindy ar ddeddfau Pitt a Grenville ar deyrnfradwriaeth a therfysg. Yr oedd y rhan fwyaf o'r Caradogion o blaid y deddfau, ond pleidleisiodd Owain Myfyr â'i ystyfnigrwydd arferol yn eu herbyn.[77] Ystyrid Pughe yntau yn dipyn o rebel, fel y gwelir oddi wrth y llythyr a anfonodd J. Pughe, curad Cricieth, at Wallter Mechain ym mis Mai, 1794:

Mr. Wm Owen the Lexicographer has chiefly lost his admiration in the eyes of $y^e$ Public in these parts, he is in general but very cooly spoken of: he is greatly suspected in these parts of having some hand in the Publication of the Welsh Magazines which were looked upon as of very seditious tendency.[78]

Y mae'n wir fod gan Pughe a'i ffrindiau ran yn hyrwyddo'r cylchgronau hyn. Hwy a anogodd Morgan John Rhys i gyhoeddi'r *Cylchgrawn Cynmraeg*. Gweinidog gyda'r Bedyddwyr ydoedd Morgan John Rhys.[79] Pan dorrodd y Chwyldro yn Ffrainc, credai Rhys fod y Ffrancwyr wedi blino nid yn unig ar ormes y brenhinoedd a'r offeiriaid Pabyddol ond ar Babyddiaeth yn gyffredinol. Tybiai iddo gael ei gyfle, ac yn 1791 aeth i Baris i bregethu'r Efengyl ac i rannu Beiblau. Erbyn 1793 yr oedd yn ôl yng Nghymru gan y teimlai fod cymaint o angen cenhadu yno ag yn unman arall. Yn Chwefror 1793, fel yr oedd Prydain Fawr yn dechrau'r rhyfel â Ffrainc, ymddangosodd rhifyn cyntaf ei *Gylch-grawn Cynmraeg* o wasg yn Nhrefeca. Ei arwyddair, dan ddylanwad Iolo, oedd 'Y Gwir yn Erbyn y Byd'. Llwyddodd Rhys i ennill cefnogaeth William Owen Pughe a'i gylch. Ar y dechrau yr oedd tôn y *Cylch-grawn* yn bur wyliadwrus. Y peth mwyaf dadleuol, ond odid, yn y rhifyn cyntaf oedd llythyr Owain o Feirion, sef Pughe, yn annog diwygio'r orgraff. Yr oedd y *Cylch-grawn* yn llawn o bytiau o wybodaeth i ddifyrru'r Cymro cyffredin, ond nid nemor mwy na hynny ar y cychwyn. Yr oedd yr ail rifyn, a gyhoeddwyd ym Mai 1793, yn fwy pwrpasol ac yn fwy radicalaidd. Cafwyd erthyglau ynddo am ryddid i'r dyn du, am Fadog ac am daith John Evans o'r Waunfawr. Cafwyd llythyr arall gan William Owen Pughe, y tro hwn yn ymosod ar 'dwyll ymadroziad' ac 'arver geiriau dieithr' a hynny mewn iaith a oedd

31

mor lletchwith fel o'r braidd y mae'n ddarllenadwy. Daeth y trydydd rhifyn o'r wasg yn Awst 1793. Yr oedd tôn radicalaidd y *Cylch-grawn* yn rhy gryf erbyn hyn i'r wasg yn Nhrefeca, a bu'n rhaid ei symud i wasg ym Machynlleth. Yr oedd yn ddigon i beri i Titus Evans, yr argraffydd yno, golli ei swydd fel ecseismon, ac aeth y *Cylch-grawn* oddi yno i Gaerfyrddin.[80] Yn y trydydd rhifyn ceir 'Ymddiddan Tudur Glustfain a Bleddyn Finpladur ym mherthynas i Lythyr Owain o Feirion . . .', ymosodiad a barodd fwy o loes i William Owen Pughe ond odid nag unrhyw un o'r ymosodiadau niferus a ddioddefodd yn ei oes. Yn gymysg ag adroddiadau am ddigwyddiadau cyfoes megis 'Dihenyddiad Brenhines Ffraingc' ceir pethau fel hanes yr 'Ourang Outang'. Ond yr oedd tôn y *Cylch-grawn* yn newid. Hawdd oedd gweld yn awr fod elfen gref o radicaliaeth filblynyddol yn rhedeg drwyddo. Yr oedd y pwyslais ar arwyddion yr amserau, ac ar ddeall mai barn Duw ar genhedlaeth wrthnysig oedd erchyllterau'r oes. Ar ben hyn yr oedd llawer o sôn am America fel gwlad o obaith; mewn gwirionedd fel dihangfa rhag yr erlid a geid yn Ewrob ar y sawl a oedd yn anuniongred yn ei grefydd a'i wleidyddiaeth. Y diwedd fu i Morgan John Rhys ei hun ymfudo i America yn 1794.

Gwyddai'r cyhoedd yn burion fod y Gwyneddigion yn cefnogi'r *Cylch-grawn* ac yn coleddu syniadau radicalaidd, ac fe'u beiwyd hwy am 'seditious tendency' y gwaith. Cyn bo hir, daeth Cymry Llundain yn fwy eofn ac agored yn eu datganiadau, neu o'r hyn lleiaf yn natganiadau gwŷr fel Iolo Morganwg, Edward Charles, a gyfieithodd rannau o waith Tom Paine i'r Gymraeg, a John Jones, Glan-y-gors, awdur *Seren Tan Gwmmwl*. Yr oedd y Methodistiaid yn arbennig yn drwgdybio'r Gwyneddigion, ac yr oedd rheswm da ganddynt dros wneud hynny gan fod llawer o aelodau'r gymdeithas yn hynod o wrth-Fethodistaidd. Yn 1798, yn ei lyfryn *Cwyn yn erbyn Gorthrymder*, ymosododd Thomas Roberts, Llwynrhudol, ar Fethodistiaeth, ar y degwm ac ar gyfreithwyr. Yr oedd llygaid y Methodistiaid ar William Owen Pughe yntau fel y clywodd mewn llythyr a anfonodd Iolo Morganwg ato o Lanrwst ym mis Gorffennaf 1799:

Huw Morrice, Glan y Gors, Sierlyn[81] &c are talked of here as being three of the rankest infidels of all the Gwyneddigion who are all of them considered as ten thousand times worse than Tom Paine and all of this on the word of Ginshop Jones, who was at the Methodistical Association at Bala about a month ago . . . The said Ginshop Jones has assured us all here that Owain Myfyr, Gwilym Owain and a thousand more are most infernal Painites— poor Devil, poor Ginies Jones![82]

Yr oedd yr adran ar 'Bardism' yn y rhagymadrodd i *The Heroic Elegies . . . of Llywarç Hen* a'r syniadau chwyldroadol ynddi wedi rhoi'r enw i Pughe o fod yn radical rhonc, er y gwyddai amryw mai syniadau Iolo oeddynt mewn gwirionedd. Cyfeiriodd Peter Bailey Williams at hyn mor ddiweddar â 1828 mewn llythyr at Wallter Mechain. Dywed am Iolo:

> I know he did not adhere to the truth and would invent anything that would suit his purpose—witness the Preface or Introduction to Llywarch Hen during the French Revolution, and his endeavours to prove that the Druids were all equal, and that there was no superiority of Rank amongst them, contrary to all History—and all this in order to favour the wild Scheme or System of Liberty and Equality then so prevalent. *Glan y Gors* and *Iolo* were violent Republicans—witness Seren tan Gwmwl &c—their enmity to Tithes and their abuses of the Clergy. [83]

I'r cyhoedd, yr un peth oedd ci a'i gynffon, ac fe dyfodd y gred fod Pughe yntau ymhlith y mwyaf tanbaid o radicaliaid Llundain. Er nad oedd mor uchel ei gloch â rhai o'i gyd-Wyneddigion, eto yr oedd yn ddigon parod i fynegi ei farn yn agored. Pan ddaliwyd Horne Tooke ac aelodau eraill o'r LCS a'u traddodi i'r Tŵr Gwyn yn 1794 i aros eu prawf ar gyhuddiad o deyrnfradwriaeth, dywedodd Pughe wrth Wallter Mechain: 'A number of students of my way of thinking were yesterday entered at William Pitt's New College, called vulgarly the Tŵr Gwyn'. [84] Pan ryddhawyd hwynt, dathlwyd yr achlysur â chinio yn y 'Crown and Anchor' pan gyfansoddodd Iolo Morganwg gerdd arbennig ar gyfer y noson. [85]

Yr oedd y llywodraeth wedi dechrau delio'n llym cyn hyn â'r sawl a ledaenai bropaganda radicalaidd. Yn 1793, carcharwyd William Winterbotham, gweinidog Sentar o Plymouth, am bedair blynedd a'i ddirwyo dau ganpunt am bregethu syniadau bradwrus. Pan garcharwyd Winterbotham yn Newgate aeth Iolo Morganwg yno i'w weld, gan roi ei enw fel 'The Bard of Liberty' pan holwyd pwy ydoedd. Pan aeth yno drachefn, y tro hwn gyda William Owen Pughe, ni chafodd fawr o groeso. Dyma fersiwn W. D. Leathart o'r hanes:

> . . . at his next appearance he was accosted with, 'So, you are the Bard of Liberty, are you?' 'Yes, I am', was the reply. 'Then, Mr Bard of Liberty, the only liberty allowed you is, to walk out the way you came in!', which he did accordingly, and his friend Mr William Owen with him. [86]

Erbyn i Elijah Waring gael gafael ar yr hanes yr oedd wedi tyfu ychydig. Yr oedd gan Iolo yn awr ateb pert i'r swyddog: 'O, very well, Mr Gaoler, by all means, and I wish no Bard of Liberty may ever meet with worse treatment, than being told to walk *out of* a prison'. Ac er mwyn rhoi sail gadarnach i'w stori ychwanegodd Waring: 'This smart and amusing colloquy is given verbatim from the Bard's lips'. [87] Hawdd credu hynny. Yr oedd Pughe yn amlwg yn hollol fodlon cael ei weld yng nghwmni radical adnabyddus fel Iolo yn ymweld â charcharor gwleidyddol. Ni cheisiodd gelu ei gydymdeimlad â holl fudiadau radicalaidd y dydd fel y gwelir yn eglur iawn oddi wrth y llythyr hwn a anfonodd Iolo ato ar 20 Mai 1795:

*. . . Citizens* and *Sans-Culottes George Dyer* and *Iolo Morganwg*, being instigated thereto by the Devil, intend to set out from Chancery Lane thence to proceed to Pratt Place, Camden Town[88] and there, with force of arms, to enter the house of Gwilym Owain, *Bardd wrth fraint a defod Beirdd Ynys Prydain,* otherwise known by the *Bardic* names of *Gwilym Fardd Glas, Gwilym Meirion* and y *Bardd Glas o Feirion,* then and there to drink tea and to eat bread and butter till they 'Can eat and drink no more-o!' and after that, to talk of *Politics, republicanism, Jacobinism, Carmagnolism, Sansculottism* and a number of other wicked and trayterous *isms* against the peace of the Lords *Kingism* and *Parsonism,* their crowns and dignities.[89]

Er eu holl frwdfrydedd yn nyddiau cynnar y Chwyldro, yr oedd William Owen Pughe a'r rhan fwyaf o'i gyfeillion yn ddigon call a sobor i ddistewi pan ddechreuodd erchyllterau Dyddiau'r Dychryn yn Ffrainc. Yr oedd Pughe wedi dofi'n arw erbyn tua 1803-4. Bellach daeth Napoleon i gymryd lle'r Pab fel y bygythiad mawr: ef yn awr oedd 'bwystfil' y proffwydoliaethau Beiblaidd. Fel y cawn weld eto, yr oedd Pughe wedi tawelu ddigon erbyn hynny i ymuno â'r Gwirfoddolwyr, y 'Clerkenwell Loyal Volunteer Infantry' pan dybiodd fod perygl i Napoleon ymosod ar dir Prydain . Gellir gweld newid tebyg i raddau llai yn agwedd Iolo Morganwg yntau. Dywed Elijah Waring mai bygythiad Napoleon a sbardunodd Iolo i ddatgan ei deyrngarwch drwy gyfansoddi cerddi gwladgarol i'r Gwirfoddolwyr yn y Bont-faen a Chastell Nedd, 'showing how sincerely he repudiated those Gallican politics, whose glare he had formerly mistaken for glory'.[90] Parhaodd Iolo i goleddu'r un syniadau heddychol â chynt a phlediai ryddid i bob dyn, gan ymosod yn chwyrn ar y fasnach mewn caethweision, ond ni fedrai oddef y tywallt gwaed a ddaeth yn sgîl y Chwyldro Ffrengig, a ffieiddiai at raib ac uchelgais Napoleon.

O tua 1790 ymlaen yr oedd y Gwyneddigion yn ferw gwyllt yn trafod bodolaeth yr Indiaid Cochion Cymreig: y Madogwys, fel y gelwid hwynt.[91] Y gred gyffredinol ydoedd mai disgynyddion Madog ab Owain Gwynedd oedd y rhain. Honnid fod Madog a'i wŷr wedi darganfod America yn 1170, a gadael eu hôl yno mewn llwyth o Indiaid Cochion (ond llai coch, wrth gwrs, na'r Indiaid eraill). Gan nad oes prawf pendant i Fadog ab Owain Gwynedd ei hun fodoli, y mae ei ddisgynyddion croengoch yn fwy annelwig fyth. Hyd yn oed pe gellid rhoi coel i'r fath hanes yna fe fyddai'r Madogwys wedi llwyddo i wneud rhywbeth y methodd y Cymry â'i wneud, sef diogelu'r Gymraeg yn bur a digyfnewid dros gyfnod o ganrifoedd. Yr oedd yr hanes wedi bod yn hofran ar ymylon ymwybyddiaeth y Cymry yn hir iawn, gan gychwyn, efallai, fel rhyw frith gof am gampau anturus llongwyr y ddeuddegfed ganrif. Ni cheir cofnod o'r traddodiad am Fadog fel morwr mentrus tan y bymthegfed ganrif. Ni cheir mwy nag un cofnod hollol ddibynadwy am Fadog fel mab i Owain Gwynedd. Ceir cyfeiriad cyfoes gan Gynddelw Brydydd Mawr at ryw Fadog a oedd yn aelod o 'deulu' Owain, yn yr ystyr o 'osgordd'. Yn ei farwnad i Deulu Owain Gwynedd y mae Cynddelw yn cyfeirio at y Madog hwn fel hyn:

> Eny llas madawc mur dygyvorth var
> Meu avar car kynnorth
> Oet anwas cas cad ehorth
> Oet anwar par yn y porth. [92]

Dyfynnir yma o'r fersiwn a geir yn y *Myvyrian Archaiology* (1801) gan y byddai hwnnw'n gyfarwydd iawn i William Owen Pughe. Y gair allweddol yw *mur* yn y llinell gyntaf. Disgrifir Madog fel *mur* = 'bulwark', delwedd ddigon cyffredin yn yr hen ganu am filwr dewr. Yna daeth llaw Pughe i ymyrryd â'r orgraff a'r atalnodi. Yn 1792, rhoddodd gopi o'r englyn i'r Dr. John Williams o Sydenham. [93] Yn y fersiwn hwnnw yr oedd y llinell gyntaf wedi ei newid i 'Oni llas Madawg, *myr* dygyforth far?' Y mae byd o wahaniaeth rhwng *mur* = 'bulwark' a *myr* = hen luosog 'môr' = 'moroedd', yn enwedig pan gofiwn yr arwyddocâd y dymunai Pughe ei roddi i Fadog. Bellach y mae'r milwr dewr wedi troi yn ŵr a laddwyd gan ffyrnigrwydd y môr, ('myr dygyforth far'). [94] Nid yw hyn yn gwneud Madog yn fab i Owain Gwynedd nac yn dad i'r Madogwys, ond o leiaf y mae'n cysylltu enw Madog â'r môr.

Nid William Owen Pughe, fodd bynnag, a greodd Madog y llongwr. Yr oedd cnewyllyn y traddodiad ar glawr cyn cyfnod y Tuduriaid. Canodd dau fardd o'r bymthegfed ganrif iddo. [95] Mewn cywydd o foliant i'w noddwr am rodd o rwyd bysgota dywed Maredudd ap Rhys:

> Madog wych, mwyedig wedd,
> iawn genau Owain Gwynedd
> ni fynnai dir, f'enaid oedd,
> na da mawr ond y moroedd. [96]

Nid yw galw Madog yn 'genau Owain Gwynedd' o anghenraid yn ei wneud yn fab iddo, gallai olygu un o'i ddilynwyr. Ond y mae'r bardd Deio ab Ieuan Du yn mynd gam ymhellach a dweud:

> fal Madog, marchog y medd,
> baun gwyn, fab Owain Gwynedd.
> Y gŵr siwrneio a gai
> ar foroedd yr arferai. [97]

Dyma'r Madog a geisiwn ni: llongwr a mab i Owain Gwynedd. Ceir un ffynhonnell o ryddiaith a gofnodwyd gan Roger Morris o Goed y Talwrn yn 1582/3 lle y darlunnir Madog fel morwr dewr, a rhoddir yno hanes onomastig i esbonio'r enw Ffrydiau Caswennan ar y darn peryglus o fôr ger Ynys Enlli. Yn ôl yr hanes, yno y drylliwyd

Gwennan Gorn, llong Madog. Ar un adeg, tybid fod cyfeiriad cynnar arall at Fadog i'w weld yn y Trioedd: 'Tri Difancoll ynys Prydain . . . y Trydydd Madawg ab Owain Gwynedd, a aeth i'r môr a thrichanwyr gydag ef mewn deg llong, ac ni wyddys i ba le ydd aethant'. Ond gan mai o Drioedd Ynys Prydain yn y *Myvyrian Archaiology* y daw hwn, gwyddys bellach nad oes sail ddilys i'r cyfeiriad. Dangosodd y Dr. E. D. Jones yn eglur iawn sut y clytiodd Iolo Morganwg y defnyddiau at ei gilydd.[98] Dyma'r unig ffynonellau pendant, os pendant hefyd, mewn llenyddiaeth Gymraeg sy'n cyfeirio at Fadog ab Owain Gwynedd. Fodd bynnag, nid oedd diffyg tystiolaeth am lesteirio cynnydd y brawd hwnnw. Syrthiodd i ddwylo medrus y propagandwyr ac aeth yn ei flaen o nerth i nerth. Erbyn yr unfed ganrif ar bymtheg fe'i mabwysiadwyd fel darganfyddwr America gan adeiladwyr ymerodraeth Elisabeth I mewn ymgais i wanio hawliau Sbaen ar draws Môr Iwerydd. Yr oedd Humphrey Llwyd wedi gwneud defnydd o'r stori a David Powell wedi gafael ynddi. Clywodd John Dee amdani drwy ei ymchwil i fordeithiau cynnar y genedl, a lledaenwyd hi drwy Ewrob gan lyfr Richard Hakluyt.[99] Pwysicach i ni yma na'r modd y daeth Madog a'i gysylltiadau Americanaidd bondigrybwyll i ymwybyddiaeth y Cymry yw'r defnydd a wnaethpwyd wedyn o'r hanes.

Yn 1686 cyhoeddodd gŵr o'r enw Morgan Jones, brodor o Sir Fynwy a gweinidog ger Efrog Newydd, ei fod ef wedi cyfarfod y Madogwys pan gipiwyd ef a'i garcharu gan lwyth y Tuscarora.[100] Deallodd fod yr Indiaid yn bwriadu ei ddienyddio drannoeth, a dechreuodd gwyno yn Gymraeg am ei dynged greulon. Deallwyd ei eiriau gan Indiad o lwyth y Doeg a ddigwyddai fod yn sefyll gerllaw, a bu'r ychydig eiriau hynny o Gymraeg yn foddion i achub ei fywyd. Aethpwyd ag ef at lwyth y Doeg ac arhosodd yno am bedwar mis yn pregethu'r Efengyl: '. . . during which Time, I had the Opportunity of conversing with them familiarly in the *British* Language: and *did preach to them three Times a Week in the Same Language*; and they would usually confer with me about any thing that was difficult therein . . .'[101] Yn anffodus, er mor gyffrous yw ei stori, rhaid cyfaddef na ellir dibynnu ar Forgan Jones. Cymeriad pur amheus ydoedd; pechodd yn erbyn ei gynulleidfa fwy nag unwaith oherwydd ei 'ill-life and conversation'.[102] Er nad oedd stori Morgan Jones wedi mynd i dir angof, bu'n dawel iawn tan 1740. Yn y flwyddyn honno yr oedd Lloegr unwaith yn rhagor yn ymrafael â Sbaen, y tro hwn yn Rhyfel Clust Jenkins. Cydiwyd yn y stori gan Theophilus Evans, awdur *Drych y Prif Oesoedd*, ac fe'i hymgorfforodd mewn llythyr i'r *Gentleman's Magazine*. Ynddo cais brofi hawl Coron Lloegr i America, ergyd bwrpasol ac amserol. Defnyddiodd stori Madog fel y *coup de grâce*, fel y tybiai, i unrhyw hawl ar ran Sbaen. Y mae'n gorffen ei lythyr ar nodyn buddugoliaethus a herfeiddiol:

36

And since this is a Matter of Fact so well attested, backed with such Variety of Incidents, let not the proud *Dons* any more assume the Glory of this noble Discovery; but let our most Puissant Monarch of Great Britain claim his most just Rights—*Britons strike home.* [103]

Yr oedd 1740 yn flwyddyn dda i Fadog yn nwylo Theophilus Evans. Yn ogystal ag anfon ei lythyr tanbaid i'r *Gentleman's Magazine* cyhoeddodd ail argraffiad o *Drych y Prif Oesoedd*. Nid oedd sôn am Fadog yn argraffiad cyntaf 1716, ond erbyn 1740 yr oedd wedi ymgartrefu'n braf yng nghanol hanes Brutus a'i wŷr yn dod i Brydain. Honnai Theophilus Evans, gan ddilyn ffasiwn ieithyddol gyfeiliornus ei ddydd, fod nifer o eiriau Groeg wedi dod i'r Gymraeg drwy Brutus a gwŷr Caer Droea: 'Canys Brutus a'i bobl a ymgymmyscodd a'r hen drigolion yr un ffunyd ac y darfu Madoc ap Owen Gwynedd ymgymmyscu a phobl America'. Yna y mae'n adrodd hanes Madog, gan gynnwys manylion esoterig fel mai '8 mis a deng niwrnod' oedd hyd y fordaith, a rhoi araith fach ddigon twt yng ngenau Madog. Ail ymddangosodd y llinellau 'Madoc wyf mwydic ei wedd', y tro hwn fel beddargraff Madog yn y wlad bell. [104] Beth am y Madogwys? Yn ôl Theophilus Evans yr oedd dilynwyr Madog a'r brodorion wedi mynd yn un genedl 'fel y gwelwch chwi ddwfr a llaeth yn ymgymmyscu'. Yn ei ragymadrodd i argraffiad 1740 pwysleisia nad oedd yr 'ymgymmyscu' hwn yn golygu tranc y Madogwys, 'ond y mae'n debygol, eu bod yn ymgadw yn bobl wahan, ac yn cadw eu hiaith hyd y dydd heddyw'. Y mae'n ailadrodd hanes Morgan Jones fel y'i ceir yn y *Gentleman's Magazine*, ond bod y Doeg erbyn hyn yn byw yn 'Dyffryn Pant-teg'. [105] Yr oedd ei gynnwys mewn llyfr mor boblogaidd â *Drych y Prif Oesoedd* wedi sicrhau fod Madog wedi cael ei draed dan y bwrdd yn ymwybyddiaeth y genedl a byddai'n anodd iawn ei ddisodli yn awr.

Yr oedd i Fadog ei swydd arbennig ei hun yn nwylo rhai pobl: yr oedd yn gyfleus iawn i'w chwifio fel cadach coch i gynddeiriogi'r Sbaenwyr. Erbyn 1790 yr oedd Lloegr a Sbaen unwaith eto yn ysgyrnygu ar ei gilydd, y tro hwn dros Nootka Sound. [106] Ailddechreuodd y trafod yng ngholofnau'r *Gentleman's Magazine*. [107] Yn 1791 cyhoeddwyd llyfr y Dr John Williams o Sydenham: *An Enquiry into the Truth of the Tradition concerning the Discovery of America by Prince Madog ab Owen Gwynedd about the year 1170*. Llwyddodd y llyfr hwn ynghyd â helynt Nootka Sound i daflu Cymry Llundain i fwrlwm o gyffro. Yng nghanol y cynnwrf daeth 'General' William Bowles yno, gan ddallu'r brifddinas â'i wisgoedd Indiaidd a'i wên barod. Honnai fod yn un o benaethiaid llwyth y Creek. Mewn gwirionedd, Gwyddel Americanaidd ydoedd a briodasai un o ferched y llwyth a dod yn ei flaen yn dda â theulu'r wraig. Prysurodd William Owen Pughe i'w holi ar ran y Gwyneddigion, ac aeth â David Samwell, a oedd wedi gweld mwy ar y byd, i'w gynnal. Ni chawsant eu siomi: yr oedd Bowles yn barod iawn i borthi eu hygoeledd hyd yr eithaf. Dywed W. D. Leathart fod Pughe wedi nodi'r holl wybodaeth a gawsai gan Bowles mewn llyfr a gollwyd yn ddiweddarach drwy iddo roddi ei fenthyg i rywun neu'i gilydd. [108] Er ei bod yn drist meddwl am y golled hon, y mae gennym lawer o dystiolaeth eto ar ôl ar glawr am yr hyn a wnaeth William Owen Pughe dros y Madogwys yn ei lythyrau at ei gyfeillion ac yn ei lythyrau i'r *Gentleman's Magazine*. Ysgrifennodd bentyrrau o lythyrau ar y pwnc. Clywodd sôn am ŵr o'r enw Shelly neu Shelby o Ogledd Cymru, a fu'n sgwrsio â'r Madogwys, [109] ac anfonodd ato lawer llythyr a ddiflannodd i ebargofiant rywle yn nyfnderoedd Ohio mewn ymgais ofer i'w leoli. Ond yr oedd Bowles yn well na'r cwbl, yn ateb i'w holl ymholiadau, yn dwyn prawf pendant i roi terfyn ar ei holl amheuon. Ym Mawrth 1791 anfonodd Pughe lythyr gorfoleddus at Iolo Morganwg:

Well, Iorwerth! the world *must* believe at last that Madog ab Owain did truly land with his followers safe in America. I have no less than three accounts within the last two years ascertaining the existence of the descendants of that wonderful expedition, all those accounts agree as to their situation, and to make the evidence complete there are now here six chiefs of the Creek and Cherokee Indians and the principal of them is a Mr Bowles . . . He knows the people and the extent of their country very well, and they are well known to this nation and the other Indians in general. They are generally called *Padoucas*. [110]

Yr oedd yr enw hyfryd 'Padoucas' yn fêl ar fysedd William Owen Pughe â'i syniadau simsan am eirdarddiad. Tybiodd ar unwaith mai llygriad ydoedd o 'Madogwys'. Mewn gwirionedd, Padoucas oedd enw'r Ffrancwyr ar y Comanches. [111] Yr oedd David Samwell yntau wedi gwirioni llawn cymaint ar Bowles a'i dystiolaeth ac ysgrifennodd at y Gwyneddigion i'w sicrhau bod yr hyn a glywodd yn cadarnhau ffydd y gymdeithas yn y Madogwys 'beyond all manner of doubt however extraordinary it may appear in the History of our Country . . .' [112]

Yn Ebrill 1791 ceir llythyr gan William Owen Pughe yn y *Gentleman's Magazine* yn adrodd tystiolaeth Bowles am yr Indiaid Cymreig:

Mr Bowles describes them to be 'white as we are, some having red, some sandy, and some black hair'—'They are very numerous, and one of the most warlike nations on the Continent.' [113]—He 'travelled their Southern boundary from one end to the other.'—'The tract they inhabit is rather high and hilly; but one of the most fruitful and delightful countries' he had ever seen. [114]

Yn rhifyn Mai 1791 o'r *Gentleman's Magazine* y mae Pughe yn sôn am nifer o ddynion a fu'n dyst i Gymreictod y Padoucas. Adroddasai Bowles hanes Cymro a ddihangodd rhag y Sbaenwyr ym Mecsico a'i gael ei hun yn nhir y Padoucas 'where, to his great surprise, he found

himself with a people speaking his native language'.[115] Tystiodd
hwnnw fod gan y Padoucas lyfrau cyfrinachol wedi eu lapio mewn
crwyn, a'u bod yn ystyried y rhain yn gysegredig gan gredu fod y
gwirionedd am darddiad yr hil i'w gael ynddynt. Yn ôl fersiwn arall o'r
stori, Beibl Cymraeg oedd y llyfr a gedwid mor barchus. Os felly,
cyflawnodd Madog dipyn o gamp wrth fynd â Beibl Cymraeg i
America bedwar can mlynedd cyn i'r Cymry gartref gael y cyfieithiåd!
Yr oedd Cymry Llundain ar ben eu digon ar ôl cael tamaid mor flasus
i'w gnoi; a chnoi y buont drosodd a throsodd yn eu cyfarfodydd.
Uchafbwynt y trin a'r trafod answyddogol oedd dadl fawr ffurfiol gan y
Caradogion ym mis Mai 1791. Symbylwyd David Samwell i
anfarwoli'r noson yn ei ddychangerdd enwog 'Padouca Hunt'.
Dyma'r rhan sy'n disgrifio dechrau'r ddadl:

> One moon-light night it was decreed
> To sift the tales that run;
> Concerning Owen Gwynedd's breed,
> Madog, his gallant son.
>
> Who, as our ancient bards explore,
> And histories a few;
> Found out America, before
> Columbus and his crew.
>
> Upon that point, all came prepar'd,
> To urge the warm dispute;
> Either to give blows, or to ward,
> To prove or to confute.
>
> Fully determined to decide
> This long disputed matter;
> Did Madog cross th' Atlantic tide,
> Or never take the water?[116]

Y mae'n mynd ymlaen i ddisgrifio'r Caradogion yn tanio'u pibellau
hirion ac yn chwifio'u potiau cwrw fel y dilynant y ddadl o'r naill ochr
i'r llall. O'r diwedd daeth tro William Owen Pughe:

> Owain o Feirion is a blade
> Who well deserves a rap,
> Some curious converts he hath made,
> By making of a map.[117]
>
> On which, without a grain of grace,
> He made friend Myfyr spy
> Madog's metropolis and race,
> Beneath a genial sky.

And with such stories kept him since,
All in a pleasing dream
Of being, one day, SOVEREIGN PRINCE
Beside Missouri's stream.

Where other Harams, nicely cull'd,
Shall bloom in distant Vales,
And Myfyr nightly shall be lull'd,
By Meirion's fairy tales.

Os gellir coelio 'Padouca Hunt' daeth y noson i ben gyda'r Myfyr yn
dymchwel y bwrdd nes yr oedd y canhwyllau a'r potiau cwrw yn
bendramwnwgl ar y llawr. Ffodd y Caradogion am eu bywydau 'like
d-d spirits undone' heb fod neb fawr callach am y Madogwys.

Ym Mehefin 1791 yr oedd Twm o'r Nant yn ysgrifennu at William
Owen Pughe i ddweud wrtho'r hyn a wyddai hwnnw eisoes am y
Madogwys. Credai Twm fod ysbryd rhyfelgar y llwyth ynddo'i hun yn
'presumptive proof of their descent o'r Hên Fritanniaid'.[118] Y mae'n
cynnwys yr hyn a dybiai oedd beddargraff Madog ond nid yw hwn yn
ddim ond llinellau cyfarwydd Maredudd ap Rhys wedi eu gweddnewid
ychydig mwy. Yr oedd pawb yn awyddus i rannu ei wybodaeth
bersonol am y Madogwys gyda William Owen Pughe a dylifai'r
llythyrau ato. Un o'i ohebwyr selocaf oedd William Jones o
Langadfan, y 'rural Voltaire' chwedl Gwallter Mechain. Yr oedd
William Jones yn ŵr pur amryddawn o gofio anfanteision ei fagwraeth
yng nghaledi cefn gwlad Maldwyn. Yr oedd yn danbaid yn ei gasineb
tuag at ormes ac yn ei gefnogaeth o bopeth Celtaidd rhamantus.[119]
'Tin-boeth' oedd disgrifiad Thomas Jones ohono mewn llythyr at
Pughe.[120] Er mai ffiniau cyfyng ei blwyf ei hun oedd ei orwelion eto
crwydrai ei ddychymyg hyd lannau'r Missouri, a gwyddai, ond odid,
fwy na'r un Cymro arall am America. Daeth ei gyfle i ledaenu ei
weledigaeth yn yr eisteddfod a gynhaliwyd dan nawdd y Gwynedd-
igion yn Llanrwst yn 1791. Yno, cyfarchodd William Jones 'All Indig-
enous Cambro-Britons'. Tynnodd ar lyfr y Dr John Williams,
Sydenham, ac ar lu o ffynonellau eraill i ennyn brwdfrydedd y Cymry
o blaid y Madogwys ac i'w deffro i sylweddoli'r cam yr oeddynt hwy eu
hunain a'r Indiaid wedi ei ddioddef.[121] Llwyddodd i gynhyrfu'r
dyfroedd yng Ngogledd Cymru, ac y mae'n debyg mai ef a symbylodd
John Evans i gychwyn ar ei daith ryfedd o'r Waunfawr i'w fedd unig
yn New Orleans. Gŵr arall hynod iawn a ohebai â William Owen
Pughe am y Madogwys ac am bynciau eraill a oedd o ddiddordeb i'r
ddau ohonynt oedd William Richards o Lynn.[122] Yr oedd ef, fel
Pughe, yn eiriadurwr; cyhoeddwyd ei *Eiriadur Cymraeg a Saesneg* yn
1798. Edmygai yntau bopeth Americanaidd. Gadawodd ei lyfrgell i
Brifysgol Rhode Island a gohebai'n gyson â Bedyddwyr yn America.

Yng Ngorffennaf 1791 yr oedd neb llai na Iolo Morganwg yn rhoi ei big i mewn i'r ddadl yng ngholofnau'r *Gentleman's Magazine*, yn barod fel arfer i gydio mewn stori dda ramantus ac i ychwanegu ei gyffyrddiad bach ei hun ati. Adroddodd ei hanes yn cyfarfod â gŵr o'r enw Binon (gŵr o Forgannwg, wrth gwrs) a fu am flynyddoedd yn masnachu â'r Indiaid Cochion allan o Philadelphia. Honnodd Binon iddo fentro ymhell y tu hwnt i'r Mississippi a dyna lle'r oedd y Madogwys yn eu holl ogoniant. Yn ôl y stori, gwelodd Binon yntau'r llyfrau cysegredig, ond ni fedrai eu deall er bod yr Indiaid eu hunain yn parablu yn Gymraeg 'with much greater purity than we speak it in Wales'.[123] Yr oedd Iolo wedi gwironi'n llwyr ar y Madogwys. Ni thalai ddim ond casglu pob tamaid o wybodaeth amdanynt cyn mentro yng nghamre Madog i chwilio amdanynt yn y cnawd. Bu'n ymbaratoi ar gyfer y fenter drwy fyw yn wyllt yn yr awyr agored. Cysgai yn y glaw a dibynnai ar aeron gwyllt am ei gynhaliaeth. Bu'n holi a stilio yn Ne Cymru, ym Mryste ac yng Nghaerfaddon, gan baratoi adroddiadau ar gyfer y Gymdeithas Frenhinol a Chymdeithas yr Hynafiaethwyr. Casglodd nifer o straeon anhygoel am Indiaid yn sgwrsio'n gartrefol yn Gymraeg yma ac acw ar draws America. Honnai fod amcan dyngarol y tu ôl i'r cwest am y Madogwys. Onid oedd yn ddyletswydd ar bob Cristion o Gymro i achub eneidiau ei frodyr croengoch? A byddai'n hyfryd o beth cael ychwanegu tiriogaeth newydd at wledydd Prydain heb orfod poeni am unwaith am broblem iaith. Erbyn Medi 1791 teimlai William Owen Pughe ar ôl astudio darganfyddiadau Iolo ac eraill fod ganddo ffeithiau pur gadarn i'w trosglwyddo i ddarllenwyr *The Gentleman's Magazine*:

> The centre of the country of the Madawgwys, and where their villages are most numerous, is about 38 degrees North latitude, and 102 degrees West longitude from London; but they extend (possibly in detached communities) from about 37 degrees North latitude and 97 degrees West longitude, to 43 degrees North latitude and 110 degrees West longitude. The general name of Cymry is not lost amongst them, though they call themselves *Madawgwys, Madogiaid, Madagiaint* and *Madogion*; names of the same import, meaning the people of Madawg: hence the French travellers in Louisiana have called them *Padoucas, Matocantes*, and other names bearing a similitude to what they call themselves, and by which they are known to the native Indians.[124]

Dywed Pughe fod y llwyth yn rhyfelgar ei natur ond yn fwy gwâr na'r Indiaid eraill. Trigent mewn tai o gerrig; yr oedd ganddynt ddillad da, ceffylau, haearn a chychod ond nid oedd ganddynt ynnau. Yr oedd eu llywodraeth yn ffiwdalaidd, a chredent fod eu penaethiaid yn ddisgynyddion i Fadog ei hun.

Cynyddodd y diddordeb yn y Madogwys fwyfwy a dechreuwyd cynllunio o ddifrif i anfon cenhadon atynt. William Owen Pughe a gafodd y dasg o gasglu cefnogwyr a noddwyr i'r fenter. Anfonodd lu o lythyrau i'r perwyl at wŷr dylanwadol fel Paul Panton a Thomas

Pennant. Soniodd wrthynt fod Iolo Morganwg yn awyddus i fynd i chwilio am y Madogwys. Er nad oedd Pennant yn amlwg yn rhyw hapus iawn â'r syniad, yr oedd Panton yn fwy brwdfrydig, ac fe addawodd bum gini tuag at yr achos.[125] Ymddengys fod Iolo o ddifrif yn ei fwriad o fynd i America. Aeth mor bell â sôn am fentro i'r fasnach grwyn ac anfon crwyn oddi yno at Owain Myfyr i'w fusnes yn Llundain. Ond yr oedd yn rhaid cael arian o rywle. Drwy weithgarwch Pughe, yn bennaf, ffurfiwyd cymdeithas ar gyfer y dasg, y *Madogeion Society*. Cafwyd cyfarfod o'r gymdeithas yn y Prince of Wales Coffee House yn Conduit Street ar 22 Ebrill 1792. Cynghorwyd y gymdeithas gan Ffrancwr a ddaeth i Lundain o Illinois. Ei enw oedd Charles Gratiot, ac yr oedd ganddo brofiad o fasnachu yn nhiriogaeth yr Indiaid. Byddai ef yn barod i balmantu'r ffordd i unrhyw un a anfonid i America gan y *Madogeion*.[126] Cyfyngid rhif aelodau'r gymdeithas i ugain i gychwyn. Byddent yn cyfarfod bob chwarter ac yn talu swm bychan bob tro. Eu prif dasg oedd casglu cymaint o wybodaeth ag a oedd yn bosibl am y Madogwys a threfnu'r ffordd orau i'w cyrraedd.[127] Ceisiodd Pughe gael cymorth ariannol gan genhadon yr 'African Association'.[128] Yr oedd Iolo erbyn hyn yn sôn am gydymaith ar ei daith, 'a young man from Caernarvonshire'.[129] Yn ddiau, John Evans o'r Waunfawr oedd hwn. Y mae'n debyg ei fod wedi dod i gysylltiad â'r Gwyneddigion drwy Ddafydd Ddu Eryri, un arall o blant y Waunfawr. Buasai'n hollol bosibl i hwnnw fod yn athro ar John Evans yn ysgol y pentref. Nid yw'n rhan o fwriad y llyfr hwn adrodd hanes anturiaethau cyffrous John Evans yn America; gwnaethpwyd hynny eisoes.[130] Digon yma yw dweud iddo gychwyn ar ei daith yn 1792, heb Iolo, a threiddio bron i ddwy fil o filltiroedd i fyny'r Missouri o'i chymer â'r Mississippi, yr hyn na wnaethai'r un dyn gwyn cyn hynny. Bu'n byw gyda llwyth y Mandan am gyfnod. Y mae'r Mandan yn wynnach eu croen na'r Indiaid eraill, ac y mae'n bur debyg mai'r Mandan a welodd llawer un a honnodd weld y Madogwys.[131] Ond ar ôl ei holl helbulon a'r crwydro maith bu'n rhaid i John Evans gyfaddef: 'I am able to inform you that there is no such People as the Welsh Indians'. Ni ddaeth John Evans yn ôl i'r Waunfawr. Dechreuodd yfed yn drwm ac yn y diwedd collodd ei iechyd a'i synhwyrau. Bu farw yn New Orleans yn 1799.

Er bod hanesion am y Madogwys yn dal i ddod o dro i dro o wahanol rannau o America yr oedd brwdfrydedd tanbaid y Cymry gartref wedi dechrau pylu. Eto i gyd yr oedd Iolo yn gyndyn i ollwng ei afael ar y breuddwyd. Dywed mewn llythyr at William Owen Pughe yn 1803: 'Old as I am growing I have not yet given up the idea of going in quest of the Madogwys; you will say that I am romantic . . .'[132] Ond pa hawl a fyddai gan Pughe, o bawb, i gyhuddo neb arall o fod yn rhamantydd? Wedi'r cwbl, breuddwydiai yntau ar un adeg am fynd i America ar yr un neges. Pan glywodd hanesion 'General' Bowles yn 1791 yr oedd

42

yntau y pryd hynny yn barod i godi ei bac a hwylio ar draws Môr Iwerydd onibai am un peth . . . Meddai wrth Iolo: 'If this had happened a year or two ago this would have been a letter of adieu on my setting out, Iorwerth'. [133] Ond newidiodd cwrs bywyd William Owen Pughe ym mis Awst 1790, a bellach yr oedd ganddo resymau personol pwysig dros aros yn Llundain.

## NODIADAU

[1] Rhagymadrodd i'r *Geiriadur* (1803).

[2] G. T. Roberts, 'Robert Hughes', *Bywgraffiadur*, t. 368.

[3] Aneirin Lewis (gol.), *Agweddau ar Hanes Dysg Gymraeg*, t. 235.

[4] NLW 21281, IAW 231, 16 Ionawr 1810.

[5] *The Cambrian Register*, III (1818), t. 376; Aneirin Lewis (gol.), *Agweddau ar Hanes Dysg Gymraeg*, t. 235.

[6] Efallai mai sbeit Iolo sydd i'w weld yma gan fod ystyr ddifriol i'r ymadrodd yng nghyfnod William Owen Pughe.

[7] Nid yw'n rhan o bwrpas y llyfr hwn ymdrin yn helaeth â gweithgareddau'r cymdeithasau yn gyffredinol. Canolbwyntir yn bennaf ar ran Pughe yn y gweithgareddau hyn. Afraid yw ailadrodd yr hyn sydd eisoes ar glawr: W. D. Leathart, *The Origin and Progress of the Gwyneddigion Society of London* (Llundain, 1831); G. J. Williams, 'Owain Myfyr', *Y Llenor*, I (1922), t. 252; *Llên Cymru*, VIII (1964-5), t. 42; 'Llythyrau Llenorion', *Y Llenor*, VI (1927), t. 35; 'Eisteddfodau'r Gwyneddigion', *Y Llenor*, XIV (1935), t. 11, XV (1936), t. 88; 'Llythyrau ynglŷn ag Eisteddfodau'r Gwyneddigion', *Llên Cymru*, I (1950-1), t. 29, t. 113; 'Bywyd Cymreig Llundain yng Nghyfnod Owain Myfyr', *Y Llenor*, XVIII (1939), t. 73, t. 218, ynghyd â'r holl gyfeiriadau at y cymdeithasau a geir yng ngwaith yr Athro G. J. Williams ar Iolo Morganwg. Ceir llyfryddiaeth o'i waith yn *Agweddau ar Hanes Dysg Gymraeg* (gol. Aneirin Lewis), (Caerdydd, 1969). Gweler hefyd R. T. Jenkins a Helen M. Ramage, *A History of the Honourable Society of Cymmrodorion and of the Gwyneddigion and Cymreigyddion Societies* (Llundain, 1951); Helen M. Jones, 'Cofnodion Cymreigyddion Llundain', *Y Llenor*, XVII, (1938), t. 227; Rachel Leighton, *Rise and Progress—The Story of the Welsh Girls' School and of the Honourable and Loyal Society of Antient Britons* (Ashford, Welsh Girls' School, 1950).

[8] BL Add. MSS. 9848. Pughe yw Gwill. Owen; Bardd y Brenin yw Edwd. Jones.

[9] NLW 21281, IAW 231. Er gwaethaf ei ddiffyg atalnodi y mae sylwedd llythyr Owain Myfyr yn hollol gywir. Yr oedd gan Pughe ddawn arbennig iawn, a gwelir rhan o Ganu Aneirin yn NLW 13240 a gopïwyd yn gywrain iawn ganddo. Llyfryn o 122 tudalen ydyw a hwn yn ddiau a welodd y Myfyr. Y mae casgliad diddorol o ddarluniau Pughe yn Adran Mapiau a Phrintiau'r Llyfrgell Genedlaethol.

[10] W. D. Leathart, *The Origin and Progress of the Gwyneddigion Society*, t. 97. Y mae llyfr cofnodion y gymdeithas yn BL Add. MSS. 9848-50.

43

[11] BL Add. MSS. 9848; R. T. Jenkins a Helen M. Ramage, *A History of the Honourable Society of Cymmrodorion*, t. 114.

[12] W. Ll. Davies, 'David Samwell's Poem—'The Padouca Hunt', *C.Ll.G.C.*, Cyf. II, Haf 1942, t. 142. Am ran David Samwell ym mywyd cymdeithasau Cymreig Llundain gw. E. G. Bowen, *David Samwell, (Dafydd Ddu Feddyg), 1751-1798*, (Caerdydd, 1974), tt. 66-86.

[13] BL Add. MSS. 9850, t. 1044. Copi o lythyr oddi wrth Pughe at W. D. Leathart, Mai 1828, pan oedd hwnnw yn casglu'r defnyddiau ar gyfer ei lyfr ar y Gwyneddigion.

[14] Myrddin Fardd, *Adgof uwch Anghof* (Caernarfon, [1883]), t. 86.

[15] W. D. Leathart, *The Origin and Progress of the Gwyneddigion Society of London*. Hwn yw'r lleoliad olaf a geir yn llyfr Leathart gan mai 1831 oedd blwyddyn ei gyhoeddi.

[16] BL Add. MSS. 9850, t. 976. Copi o lythyr oddi wrth Pughe at W. D. Leathart, 15 Ionawr 1828.

[17] NLW 13239. Casgliad o waith Pughe: 'Cynfeirdd Cymryig—cynulliad Gwilym Owain o Feirion, MDCCLXXXIV', sef copïau o rannau o Ganu Aneirin, Llywarch Hen, Taliesin &c.

[18] NLW 21282, IAW 308.

[19] R. T. Jenkins a Helen M. Ramage, *The History of the Honourable Society of Cymmrodorion*, tt. 87-9; J. O. Francis, 'London Welsh Papers', *The Welsh Outlook*, VII (1920), tt. 237, 257, 284; VIII (1921), tt. 312, 33, 57, 81.

[20] Fe welir ôl llafur Pughe yn y cyswllt hwn yn BL Add. MSS. 14956: 'A Catalogue and Index of the Morrisian MSS in the Collection of the Welsh School in Gray's Inn Lane, London, 1790, transcribed by William Owen, 1806'.

[21] W. D. Leathart, *The Origin and Progress of the Gwyneddigion Society*, tt. 19-20.

[22] NLW 13224, t. 47. Llythyr at Pughe oddi wrth William Warrington, 23 Mehefin 1788.

[23] G. J. Williams, 'Eisteddfodau'r Gwyneddigion' *Y Llenor*, XIV (1935), t. 11; XV (1936), t. 88. 'Llythyrau ynglŷn ag Eisteddfodau'r Gwyneddigion', *Llên Cymru*, I (1950-1), t. 29, 113; Hywel Teifi Edwards, *Yr Eisteddfod* (1976), tt. 22-34; W. D. Leathart, *The Origin and Progress of the Gwyneddigion Society*, tt. 20-2; D. Silvan Evans, (gol.) *Gwaith Gwallter Mechain* (Caerfyrddin, 1868) III, tt. 281-5; Helen M. Ramage, 'Eisteddfodau'r Ddeunawfed Ganrif' yn *Twf yr Eisteddfod* (gol. Idris Foster), (Llys yr Eisteddfod Genedlaethol, 1968), t. 9.

[24] NLW 1807, 22 Mawrth 1789. Copi sydd yma gan Thomas Jones o lythyr Pughe o gasgliad Gwallter Mechain.

[25] BL Add. MSS. 9848, t. 129a.

[26] W. D. Leathart, *The Origin and Progress of the Gwyneddigion Society*, t. 21; D. Silvan Evans (gol.), *Gwaith Gwallter Mechain*, Cyf. III, t. 282. Gw. hefyd Cyf. I. tt. 226-39.

[27] NLW 1806, Ebrill 1789.

[28] BL Add. MSS. 14995, 73a-76a. Copi yw hwn o'r llythyr a anfonodd Thomas Jones at Pughe ar 20 Mai 1789.

[29] NLW 13221, t. 398.

[30] NLW 1806, 8 Gorffennaf 1789. Dengys Mr. Graham Thomas mewn nodyn yn *C.Ll.G.C.*, Cyf. XX, Rhif 4, Gaeaf 1978, t. 408 fod llythyr yn

NLW,1743 tt. 9-10, oddi wrth Rhys Jones o'r Blaenau at Wallter Mechain a ddyddiwyd 14 Ebrill 1789, yn brawf ychwanegol fod Gwallter yn gwybod y testunau ymlaen llaw.

[31] NLW 1806, 8 Gorffennaf 1789.

[32] ibid.

[33] BL Add. MSS. 9850; W. D. Leathart, op. cit., t. 31, t. 22.

[34] Myrddin Fardd, *Adgof uwch Anghof*, tt. 6-11; ceir braslun o fywyd a gwaith David Samwell gan W. Ll. Davies yn 'David Samwell (1751-1795) Surgeon of the *Discovery*, London-Welshman and Poet', *Traf. Cymm.* 1926-7; E. G. Bowen, *David Samwell (Dafydd Ddu Feddyg)*, 1751-1798 (Caerdydd, 1974).

[35] *Yr Eisteddfod*, t. 26.

[36] NLW 1806. Rhaid cofio agwedd y Gwyneddigion at Oronwy Owen a'i syniadau pan ddown i drafod cyfieithiad Pughe o *Paradise Lost*.

[37] D. Silvan Evans (gol.), *Gwaith Gwallter Mechain*, Cyf. I, tt. 381-405.

[38] BL Add. MSS. 15031, 53a-54a.

[39] ibid.

[40] NLW 1807, 8 Awst 1789.

[41] BL Add. MSS. 15031, 53a-54a.

[42] Copi printiedig yn BL Add. MSS. 15024, 367a; G. J. Williams, 'Eisteddfodau'r Gwyneddigion', *Y Llenor*, XV, (1936), t. 89.

[43] ibid.

[44] NLW 1806.

[45] BL Add. MSS. 15024, tt. 214-15.

[46] G. J. Williams, 'Eisteddfodau'r Gwyneddigion', *Y Llenor*, XV (1936), t. 91.

[47] BL Add. MSS. 15024, tt. 214-15. Yr oedd Dafydd Ddu ychydig yn hŷn nag amcangyfrif Siôn Penllyn: fe'i ganwyd yn 1759, yr un flwyddyn â William Owen Pughe.

[48] NLW 1806.

[49] BL Add. MSS. 14932.

[50] BL Add. MSS. 14870.

[51] Am holl hanes y llawysgrifau hyn gw. Thomas Parry, *Gwaith Dafydd ap Gwilym* (1952), t. cl ymlaen.

[52] Coleg y Brifysgol, Bangor. Llawysgrifau Bangor 6.

[53] William Ll. Davies, 'Dr. Griffith Roberts, Dolgelley, and the Hengwrt Manuscripts', *G.C.H.Ch.S.F*, Cyf. I (1950), Rhif 2, tt. 121-2; *idem*, 'Appendix B' i 'A Brief History of the Hengwrt-Peniarth Collection , *Handlist of MSS in NLW*, I, tt. xii-xiv; nodyn gan Edward Griffith, Springfield, Dolgellau, yn *Bye-Gones* (1895-6), tt. 212-13.

[54] NLW 13221, tt. 11-12.

[55] G. J. Williams, *Iolo Morganwg a Chywyddau'r Ychwanegiad* (1926).

[56] NLW 21282, IAW 307, 28 Mawrth 1788.

[56] NLW 1806, Hydref 1789.

[58] BL Add. MSS. 15024, t. 225.

[59] NLW 1806, Tachwedd 1790.

[60] Ceir hanes 36 copi a aeth ar gyfeiliorn mewn gohebiaeth rhwng Owain Myfyr a Dafydd Ddu Eryri yn *Y Geninen*, VII (1899), t. 31, a BL Add. MSS. 15024, t. 241; 15028, tt. 67-8; Thomas Parry, 'Dafydd Ddu Eryri, 1759-1822', *TCHSG*, XLI (1980), t. 69.

[61] Coleg y Brifysgol, Bangor, Llawysgrifau Bangor 6.

[62] Owen Jones a William Owen, *Barddoniaeth Dafydd ab Gwilym* (1789), t. xli.

[63] NLW 21281, IAW 260.

[64] G. J. Williams, 'Cywyddau'r Chwanegiad', *Llên Cymru*, IV (1957), t. 229.

[65] NLW 13221, t. 142.

[66] BL Add. MSS 15024, t. 367 (copi printiedig); J. J. Evans, *Dylanwad y Chwyldro Ffrengig ar Lên Cymru* (Lerpwl, 1928), t. 43.

[67] NLW 1805. Hydref 1789.

[68] Cyf. II, t. 209.

[69] G. J. Williams, 'Gorsedd Beirdd Ynys Prydain', *Y Llenor*, III (1924), t. 170.

[70] William Owen, *The Heroic Elegies and other Pieces of Llywarç Hen* (Llundain, 1792?), t. xxvi.

[71] ibid. t. liv.

[72] ibid. t. xxvi.

[73] Edward Davies, *The Mythology and Rites of the British Druids*, (Llundain, 1809), t. 60.

[74] R. T. Jenkins a Helen M. Ramage, *The History of the Honourable Society of Cymmrodorion*, t. 129.

[75] Helen M. Jones, 'Cofnodion Cymreigyddion Llundain', *Y Llenor*, XVII (1938), t. 227. Evan O. Pugh, 'Hanes Cymdeithas Cymreigyddion Llundain a'i changhennau yng Nghymru', T.Y.C.Ch. (Aberystwyth, 1963); E. G. Millward, 'Cymdeithas y Cymreigyddion a'r Methodistiaid', *C.Ll.G.C.*, XXI (1979-80), t. 103.

[76] R. T. Jenkins a Helen M. Ramage, op. cit., t. 129.

[77] G. J. Williams, 'Bywyd Cymreig Llundain yng Nghyfnod Owain Myfyr', *Y Llenor*, XVIII (1939), tt. 228-9.

[78] NLW 1807, Mai 1794.

[79] Gwyn A. Williams, *The Search for Beulah Land* (Llundain, 1980), a 'Morgan John Rhees and his Beula', *Cylchgrawn Hanes Cymru* III, 4, (Rhagfyr 1967), t. 441; J. J. Evans, *Morgan John Rhys a'i Amserau* (Caerdydd, 1935); John T. Griffith, *Rev. Morgan John Rhys* (Caerfyrddin, 1910); G. J. Williams, 'Letters of Morgan John Rhys to William Owen [-Pughe]', *C.Ll.G.C.*, II (1942), t. 131.

[80] Gwyn A. Williams, *The Search for Beulah Land*, t. 65.

[81] Edward Charles oedd 'Sierlyn'.

[82] R. T. Jenkins a Helen M. Ramage, op. cit., tt. 123-4. Edward Jones o Lansannan oedd 'Ginshop Jones'. Yr oedd yn un o sefydlwyr eglwys Fethodistaidd Jewin yn Llundain. Tua 1800 daethpwyd ag achos yn ei erbyn o dorri addewid i briodi merch ifanc, a bu'n gyff gwawd i'r Gwyneddigion ar ôl hynny. E. G. Millward, 'Cymdeithas y Cymreigyddion a'r Methodistiaid', *C.Ll.G.C.* XXI (1979-80), tt. 103-4.

[83] NLW 1885, t. 44. Copi o'r llythyr gwreiddiol.

[84] G. J. Williams, 'Bywyd Cymreig Llundain yng Nghyfnod Owain Myfyr', *Y Llenor*, XVIII (1939), t. 225.

[85] Fe'i gwerthwyd hi fel baled ar strydoedd Llundain. Ceir copi ohoni yn NLW 13221.

[86] W. D. Leathart, *The Origin and Progress of the Gwyneddigion Society* . . . t. 68.

[87] Elijah Waring, *Recollections and Anecdotes of Edward Williams, The Bard of Glamorgan; or Iolo Morganwg, B.B.D.* (Llundain, 1850), tt. 47-8.

[88] Cartref William Owen Pughe ar y pryd.

[89] NLW 13221, t. 49.

[90] Elijah Waring, *Recollections and Anecdotes* . . . , t. 45.

[91] Am drafodaeth ar holl hynt a helynt y Madogwys gweler Gwyn A. Williams, *Madoc: the Making of a Myth* (Llundain, 1979) a'r rhannau perthnasol yn ei lyfr *The Search for Beulah Land* (Llundain, 1980). Ceir digonedd o ddefnydd cyfoes ym mhapurau Pughe ei hun, yn enwedig yn ei ohebiaeth â William Jones, Llangadfan, yn NLW 13221; mewn llythyrau eraill yn NLW 13222, 13224 ac yng ngholofnau'r *Gentleman's Magazine*. Y mae'n werth darllen ymdriniaeth soffistigedig Thomas Stephens: *Madoc* (Llundain, 1893) a achosodd y sgandal eisteddfodol gywilyddus yn 1858. Gweler hefyd J. J. Jones, 'The Legend of Madoc', *C.Ll.G.C.*, II (1942), t. 120; G. J. Williams, 'Letters of Morgan John Rhys to William Owen [-Pughe]', ibid., t. 131; David Williams, 'John Evans's Strange Journey', *Traf. Cymm.* (1948), t. 105; Emyr Wyn Jones, 'The Welsh Indians—A Later Chapter', *C.Ll.G.C.*, XII (1961-2), t. 36; E. D. Jones, 'The Reputed Discovery of America by Madoc ab Owain Gwynedd', *C.Ll.G.C.*, XIV (1965-6), t. 122; Gwyn A. Williams, 'Welsh Indians, the Madoc myth and the first Welsh radicalism', *History Workshop*, I (1976) a 'John Evans's Mission to the Madogwys, 1792-1799', *BBCS*, XXVII, Rhan IV (Mai 1978), t. 569.

[92] Owen Jones, Edward Williams a William Owen (gol.) *The Myvyrian Archaiology of Wales* (Llundain, 1801), Cyf. I, t. 225.

[93] Yr oedd ar John Williams eisiau'r englyn ar gyfer ei lyfr *Further Observations on the Discovery of America by Prince Madog ab Owen Gwynedd* (Llundain, 1792) a oedd yn barhad o'i lyfr *An Enquiry into the Truth of the Tradition concerning the Discovery of America by Prince Madog ab Owen Gwynedd about the Year 1170* (Llundain, 1791).

[94] Yng Ngeiriadur Pughe (1803), fel enghraifft o ddefnydd y gair *dygyvorth* ceir: 'Yni llas Madawg myr dygyvorth var?/Mau avar car cynnorth!' a'r cyfieithiad: 'Hath not the wrath of the *swelling* of the waters cut off Madog? I mourn the helping friend'. Yn argraffiad 1832 ceir 'Yn y llas Madawg myr dygyforth far! Mau afar car cymhorth!' a'r cyfieithiad: 'Where did the wrath of *overflowing* seas/Cut Madawg off! grief for the aiding friend/Remains to me!'

[95] E. D. Jones, 'The Reputed Discovery of America by Madoc ab Owain Gwynedd', *C.Ll.G.C.*, XIV (1965-6), t. 122.

[96] Hwn yw'r dyfyniad mwyaf poblogaidd am Fadog; fel y cawn weld, newidiodd ei ffurf lawer gwaith.

[97] E. D. Jones, loc. cit.

[98] ibid.

[99] Nid oes diben ailadrodd yma yr hyn a gofnodwyd eisoes gan Thomas

Stephens yn *Madoc* (1893), tt. 26-41, a Gwyn A Williams, *Madoc: the Making of a Myth*, tt. 44-67; *The Search for Beulah Land*, t. 35.

[100] David Williams, 'John Evans's Strange Journey', *Traf. Cymm.* (1948), t. 112; Gwyn A. Williams, *Madoc, the Making of a Myth*, t. 75.

[101] Theophilus Evans, 'The Crown of England's Title to America prior to that of Spain', *The Gentleman's Magazine* (1740), Cyf. X, t. 104.

[102] David Williams, loc. cit., t. 113.

[103] *The Gentleman's Magazine*, 1740, t. 104.

[104] Theophilus Evans, *Drych y Prif Oesoedd: Y Rhan Gyntaf* (Caerdydd, 1960), tt. 14-15.

[105] ibid. tt. xxxvi-vii.

[106] Am y cefndir gweler Gwyn A. Williams: *Madoc: the Making of a Myth*, tt. 1-8 a *passim; The Search for Beulah Land*, tt. 36-7.

[107] *The Gentleman's Magazine* (1789), t. 1067.

[108] W. D. Leathart, *The Origin and Progress of the Gwyneddigion Society*, t. 24.

[109] NLW 21282, IAW 312.

[110] NLW 21282, IAW 314.

[111] David Williams, *John Evans a Chwedl Madog 1770-1799* (Caerdydd, 1963), t. 26.

[112] BL Add. MSS. 14957, t. 149.

[113] Y mae'n debyg mai disgrifio'r Comanche a wnâi Bowles—yr oedd y llwyth hwnnw yn hynod o ryfelgar.

[114] *The Gentleman's Magazine*, Ebrill 1791, t. 329.

[115] ibid. Mai 1791, t. 397.

[116] W. Ll. Davies, 'David Samwell's Poem—"The Padouca Hunt",' *C.Ll.G.C.*, II (1941-2), tt. 144-52; 'David Samwell, 1751-1798, Surgeon of the *Discovery*, London-Welshman and Poet', *Traf. Cymm.* 1926-7, t. 70.

[117] Yng ngeiriau troednodyn David Samwell i'w gerdd: 'Owain o Feirion very ingeniously made out a most accurate map of Padouca, its rivers, mountains, towns &c and fixed their latitude and longitude with great precision'.

[118] NLW 13222, t. 259. Gellir gweld yr holl lythyr yn nodyn G. M. Ashton 'Twm o'r Nant and the Madogwys', *BBCS*, XIII, rhan II, Mai 1949, t. 150.

[119] Gwyn A. Williams, *Madoc: the Making of a Myth*, tt. 89-93; Tecwyn Ellis, 'William Jones, Llangadfan', *Llên Cymru*, I (1950-1), t. 174.

[120] NLW 13221, t. 256, 20 Hydref 1795.

[121] Gellir gweld gohebiaeth William Jones a Pughe a'r cyfarchiad yn NLW 13221, tt. 339-43.

[122] R. T. Jenkins, 'William Richards o Lynn', *Trafodion Cymdeithas Hanes Bedyddwyr Cymru*, 1930, t. 17.

[123] *The Gentleman's Magazine*, Gorffennaf 1791, tt. 612-14.

[124] ibid. Medi 1791, t. 796.

[125] NLW 9072, t. 255; NLW 13222, t. 273.

[126] Gwyn A. Williams, *Madoc: the Making of a Myth*, tt. 138-40.

[127] NLW 13223, t. 23. Nodiadau gan Pughe am amcanion y gymdeithas: 'Subscription for exploring the country of the Welsh Padoucas'.

[128] ibid. Braslun o lythyr heb ei ddyddio.

[129] NLW 9072, t. 260.

[130] David Williams, 'John Evans's Strange Journey', *Traf. Cymm.* (1948), t. 105; *John Evans a Chwedl Madog 1770-1799* (Caerdydd, 1963); Gwyn A. Williams, *Madoc: the Making of a Myth*, Penodau 8-10.

[131] Gwyn A. Williams, 'John Evans's Mission to the Madogwys 1792-1799', *BBCS*, XXVII, Rhan IV, Mai 1978, t. 599.

[132] NLW 13222, t. 173.

[133] NLW 21282, IAW 314.

*Pennod III*

## Y BLYNYDDOEDD PRYSUR

Ar 9 Awst 1790, yn hen eglwys Marylebone, Portland Town, Llundain, priodwyd William Owen Pughe a Sarah Elizabeth Harper. Yr oedd y priodfab yn un ar ddeg ar hugain oed a'r briodasferch yn bedair ar bymtheg. Ychydig a wyddom amdani. Saesnes ydoedd, wedi ei geni a'i magu yn ardal Marylebone. Sonia Pughe amdano'i hun yn chwilio cofrestrau eglwys Marylebone am fanylion, a chael dyddiad geni Sarah yn 25 Chwefror 1771, a chofnod o'i bedydd ar 22 Rhagfyr 1771. Ganwyd hi yn Clipstone Street.[1] Yr oedd ei mam yn fyw pan briododd Sarah yn 1790, ond nid oes sôn am ei thad. Bu farw ei mam ar 2 Ebrill 1812. Ceir nifer o gyfeiriadau at un brawd, Leonard Harper. Gweithiai ef fel clerc yn y Navy Pay Office yn Somerset House. Cadwyd llythyrau oddi wrtho at Iolo Morganwg; bu'n gwneud ymholiadau dros hwnnw am hynt a helynt dau forwr a adwaenai.[2] Yn ddiweddarach ceir cyfeiriadau at Leonard ym Marseilles. Y mae ef yn cyfeirio at chwaer o'r enw Cato (Catherine?), a gwyddom fod brawd arall o'r enw Charles. Tynnodd William Owen Pughe ddarlun dyfrlliw o Leonard a Charles.[3] Gellid tybio fod y brodyr yn iau na Sarah gan mai darlun o fechgyn tua deuddeg i bymtheg oed ydyw. Un o'r cyfeiriadau cyntaf sydd gennym at y briodas yw'r hyn a ddywed Pughe mewn llythyr at Iolo Morganwg ar 12 Tachwedd [1790?]: 'I am with the *Best Part* of me *now English*, therefore accept compliments from that part'.[4] Y mae'n amlwg oddi wrth lythyrau Pughe, ac yn fwy arbennig oddi wrth ei ddyddiadur, fod ei fywyd priodasol yn ddedwydd iawn. Y mae ei gyfeiriadau at Sal, fel y galwai Sarah, yn llawn cariad a gofal ond yn aml yn bur bryderus gan fod ei hiechyd yn fregus. Cyffyrddwyd Iolo gan dynerwch eu perthynas a barnu oddi wrth y llythyr a anfonodd at Pughe ar 1 Awst 1791. Yr oedd Pughe wedi mynd i Northwater gan adael Sal, a oedd wedi bod yn wael, ar ôl yn Llundain:

> . . . Mrs Owen, she is perfectly recovered from her complaint of a sore throat, it continued for about three days after your departure . . . She is now perfectly well, and in general in good spirits, but the mention of your name has several times given her a pensive look, she longs very much to see you return, there is nothing in the world pleases me more than the genuine appearance of conjugal affection, and this I have noticed in Mrs Owen's conversation, looks &c as much, at least, as in anyone I ever knew, and for her sake (exclusive of my own wishes) I long to see your return.[5]

Ganwyd un mab a dwy ferch o'r briodas. Ganwyd y mab, Aneurin, ar 23 Gorffennaf 1792. Anfonodd Pughe y newyddion at Wallter Mechain ar 29 Awst:

Mae yma was ieuanc yn y drev erys o gylç pum wythnos, a phawb a'i gwelodd yn honi mae un o'r Madogwys ydyw, ond nid oes neb yn deall mono—darvu i rai yn ewyllysio'n ðat iðo ei ðwyn o vlaen yr eglwys a'i vedyðiaw dan amnod O. Myvyr—sev yr enw a yrwyd arno—Aneurin.

Bedyddiwyd Aneurin ar 20 Awst yn eglwys St. Giles-in-the-Fields.[6] Dilyn esiampl Iolo Morganwg a wnaeth Pughe wrth ddewis enw un o'r Cynfeirdd i'w fab. Yr oedd Iolo eisoes, yn 1787, wedi galw ei fab ef yn Taliesin. Yr oedd y tadau fel petaent yn gobeithio y byddai'r dewis o enw yn argoeli'n dda am dueddiadau'r meibion yn y dyfodol; fel y dywed Iolo: 'I hope my *Taliesin* will live to be the Editor and Translator of the works of his ancient name's sake'.[7] Ac i raddau helaeth fe wireddwyd gobeithion y tadau er nad oedd Aneurin na Thaliesin i ddod mor enwog nac mor doreithiog â'u tadau. Yn 1793 yr oedd Pughe a'i wraig a'r plentyn yng Nghymru. Ceir cyfeiriad at eu hymweliad mewn llythyr a anfonodd Thomas Jones at Edward Charles ar 3 Awst 1793: 'Bu Gwilym Owen o Feirion yn Llanrhaiadr wythnos i echdoe ar ei ymdaith i ymweld â'i wraig, yr hon sydd yn Llysfaen gerllaw Abergelau ac hefyd Aneurin bach meddai ef'.[8] Cadwyd llythyrau rhwng William Owen Pughe a'i berthynas Rice Pughe, ficer Nantglyn, yn trefnu llety i Sal ac Aneurin yn ystod eu hymweliad. Yr oeddynt yn awyddus i fod yn weddol agos at y môr; efallai mai cyngor y meddyg oedd hyn i hybu Sal ar ôl geni'r plentyn. Buasai Rice Pughe yn rheithor Llysfaen ar un adeg ac y mae'n amlwg mai ef a wnaeth y trefniadau drostynt.

Ganwyd merch, Isabella, i William Owen Pughe a'i wraig ar 25 Ebrill 1794. Bedyddiwyd hi yn eglwys Marylebone ar 22 Mai.[9] Dilynwyd hi gan ferch arall, Elen, a anwyd ar 19 Awst 1795. Ceir cofnod o'i bedydd hi ar 21 Medi yn eglwys St. Pancras.[10] Y mae'n amlwg mai pur ansefydlog a chyfyng oedd bywyd y teulu yn y blynyddoedd cynnar hyn. Symudent dŷ bron bob blwyddyn; oddi wrth y llythyrau a dderbyniodd Pughe yn y cyfnod o ddeng mlynedd rhwng 1788 ac 1798 fe welir iddynt fyw mewn o leiaf chwe thŷ gwahanol. Yn 1788 eu cartref oedd 40, Lamb's Conduit Street; yn 1790, 17, Great Castle Street, Cavendish Square; yn 1791, 22, Penton Place, Pentonville; yn 1793, 17, Great Russell Street, Bloomsbury; yn 1795, 12, Pratt Place, Camden Town ac yn 1798, 40, Penton Street, Pentonville.[11] Gwyddom mai iechyd Sal a barodd i'r teulu symud o Bloomsbury i Camden Town, a oedd y pryd hynny ar ffiniau'r brifddinas. 'I am talking of leaving Russell Street to get to the more airy skirts of the town', meddai Pughe mewn llythyr at Wallter Mechain yn Chwefror 1794.[12] Gwyddom fod yr arian yn brin, a bu'n rhaid i'r teulu ddibynnu ar gymorth Owain Myfyr fwy nag unwaith. Yn 1798 aethant o Camden Town i Pentonville lle y cawsant dŷ drwy gymorth y Myfyr, fel y dywed Pughe wrth Iolo: 'I am now *wedi mudo* to No. 40

Penton Street, Pentonville . . . Myvyr led me to this as he holds a set of appartments to come to occasionally'. [13]

Hwn oedd y cyfnod prysuraf ym mywyd William Owen Pughe. Erbyn hyn yr oedd yng nghanol ei ymchwil ar gyfer ei Eiriadur Cymraeg-Saesneg. Bu'n casglu defnydd ato ers tua thair blynedd, a bu ar daith o amgylch Cymru cyn ei briodas yn 1790, i ymweld â'r llyfrgelloedd yn y plastai. Yn 1789 yr oedd yn y Plas Gwyn ym Môn, a bwriadai fynd oddi yno i lyfrgell Gloddaith. [14] Yn 1790 anfonodd rai dalennau o'r Geiriadur at Iolo Morganwg am ei farn, [15] ac erbyn 1791 yr oedd y gwaith wedi mynd rhagddo'n dda a barnu oddi wrth y llythyr a anfonodd at Iolo y pryd hynny: 'I shall soon begin to form the Dictionary for the press, as I have got through some time ago the very heavy task of recopying the collection'. [16] Er bod y gwaith ar y Geiriadur yn mynd â llawer o'i fryd a'i amser, yr oedd Pughe yn dal yn weithgar yng nghymdeithas y Gwyneddigion. Yn y cyswllt hwn y mae'n werth sylwi ar un o'r celwyddau anesboniadwy hynny a ledaenai Iolo Morganwg pan ddeuai'r ysfa arno. Y mae'n hollol amlwg fod Iolo'n gwbl gyfarwydd â gweithgareddau Pughe yn y cyfnod hwn gan fod y ddau'n gohebu'n bur gyson â'i gilydd. Ond eto fe anfonodd Iolo lythyr od iawn at Meyler, llyfrwerthwr o Gaerfaddon, tua diwedd 1791 neu ddechrau 1792, yn dilorni'r Gwyneddigion, ac yn dweud nad oedd gan Pughe bellach gysylltiad â'r gymdeithas:

I was one of the very first members in 1772, it was at first *whimsical* became afterwards *ridiculous*, and is now *detestable* . . . Mr. Wm. Owen has long ago left the *Gwyneddigion*, so has Mr *Samwell*, like myself, ashamed of being seen amongst them—having thus excluded Messrs *Owen* and *Samwell*, what shall I say of the other members, about 40 in number? Why! there are amongst them some very eminent *Coal-heavers, Porters, Scavengers, Chimney-Sweeepers*, etc. 'Knaves and Fools of ev'ry class'. The committee—the cleverest of these d - n clever fellows—meet every Monday night at the Crindy, (Bull's Head)—a very creditable low house in Walbrook Street. [17]

Y mae'n rhaid fod rhywun neu rywrai wedi pechu yn erbyn Iolo i ennyn ynddo y fath gasineb, ond yr oedd ef yn un da am ddal dig fel y cawn weld eto yn ei agwedd tuag at Pughe a'r Myfyr. Y mae nifer o gelwyddau yn y llythyr hwn: yr oedd Pughe nid yn unig yn dal i fynychu cyfarfodydd y gymdeithas, ond hefyd fe'i hetholwyd ar y cyngor am weddill ei oes yn 1783, yr oedd yn ysgrifennydd o 1784 hyd 1787, yn is-lywydd yn 1788 ac eto yn 1803, ac yn llywydd yn 1789. Yr oedd David Samwell, yntau, er ei fod i ffwrdd yn aml gan ei fod yn feddyg ar y môr, yn mynd i'r cyfarfodydd yn ffyddlon pan ddeuai i Lundain ac ef oedd yr is-lywydd yn 1797. Nid yw'r ffeithiau a rydd Iolo amdano'i hun yn gywir ychwaith. Sefydlwyd Cymdeithas y Gwyneddigion yn 1770 ac ni ddaeth Iolo i Lundain tan 1773, felly ni allasai fod yn un o'r 'very first members in 1772'. Mewn gwirionedd, ei gysylltiad swyddogol cyntaf â'r gymdeithas oedd ei wneud yn 'gyfaill gohebol', a hynny mor ddiweddar â 1785.[18] Er bod celwyddau Iolo yn ymddangos yn ddireswm ac yn anesboniadwy i ni, eto yr oedd gan y Dr Glyn Penrhyn Jones ddamcaniaeth ddiddorol iawn amdanynt.[19] Gwyddom fod Iolo'n gaeth i *laudanum* er pan oedd yn ŵr ifanc. Y mae *laudanum* yn cynnwys morffia, ac arferai Iolo gymryd cymaint â thrichwarter owns ar y tro. Dywed y Dr Glyn Penrhyn Jones: '. . . un o brif nodweddion "morphinism" yw anwiredd ymadrodd a thwyll.' Dywed hefyd mai'r person ansefydlog a seicopathig sy'n cael ei ddenu gan gyffuriau o'r fath, a bod Iolo yn sicr ddigon yn dangos arwyddion o *hypomania* â'i ynni di-ben-draw a'i ddychymyg cyfoethog.

Wrth gwrs, nid oedd celwydd bach fel hwn ond chwarae plant i Iolo ac yntau ar fin twyllo ei gyd-weithwyr unwaith eto â'i ffugiadau yn y *Myvyrian Archaiology*. Ond yr oedd twyll arall i ddod cyn hwnnw. Tua 1790-91 daeth â llawysgrif *Cyfrinach Beirdd Ynys Prydain* i ddwylo'r Gwyneddigion.[20] Nid Iolo biau'r teitl, gan fod sôn am 'Cyfrinach y Beirdd' mor gynnar â'r unfed ganrif ar bymtheg. Gwelir oddi wrth *Bum Llyfr Kerddwriaeth* Simwnt Fychan fod y beirdd yn cadw cyfrinach eu crefft iddynt hwy eu hunain. Yn ei lyfr honnai Iolo mai cyfundrefn farddol a mesurau beirdd Morgannwg yn yr unfed ganrif ar bymtheg a'r ail ganrif ar bymtheg oedd y dosbarthiad ar fesurau cerdd dafod a'r arferion a ddisgrifir ganddo. Mewn gwirionedd, ymgais ydoedd ar ran Iolo i danseilio gwaith Dafydd ab Edmwnd yn Eisteddfod Caerfyrddin yn 1451 pan roddodd drefn ar bedwar mesur ar hugain cerdd dafod. Haerai Iolo fod mesurau beirdd Morgannwg yn llawer mwy hyblyg ac amrywiol ac o'r herwydd yn fwy addas ar gyfer canu telynegol ei naws. Nid oes sôn am Orsedd y Beirdd yn y llyfr hwn ac yr oedd yn rhaid disgwyl tan *The Heroic Elegies . . . of Llywarç Hen* i gael gweld holl ogoniant cynlluniau Iolo ar gyfer yr orsedd. Yr oedd eisoes wedi cynnal gorseddau yn Llundain ac ar Bumlumon. Bu Pughe yn yr orsedd a gynhaliwyd ar Primrose Hill, a disgrifir ef yno fel 'trwyddedog' a Iolo ei hun fel 'bardd wrth fraint'.[21] Esboniodd Pughe ystyr y teitlau hyn: 'The BARDD BRAINT was the title of the corporate degree, or fundamental class of the order', ac mewn troednodyn dywed: 'A graduate of this class was also called *Bardd Trwyddedawg* and *Trwyddedawg Braint*'.[22] Cynhaliwyd yr orsedd hon ym Mehefin 1792, ac ym mis Medi o'r un flwyddyn cynhaliwyd gorsedd arall â mwy o seremoni:

> On this occasion the Bards appear'd in their insignia of their various orders. The presiding Bards were David Samwell of the *primitive and claimaint of the Ovatian Order*, William Owen, of *the ovatian and primitive* orders, Edward Jones, of the ovatian and *claimant of the Primitive Orders*, Edward Williams of the *Primitive and Druidic Orders*[23]

Y mae'n amlwg fod gan yr adran 'Bardism' yn y rhagarweiniad i *The Heroic Elegies . . . of Llywarç Hen* ran bwysig iawn yn ymgais Iolo i

53

ledaenu ei bropaganda gorseddol. Y mae'n anodd penderfynu dyddiad cyhoeddi'r *Heroic Elegies*. Ar y wynebddalen ceir 1792, ond y mae'n anodd derbyn hyn gan fod Pughe yn anfon proflenni o'r llyfr at Wallter Mechain yng Ngwanwyn 1793 i hwnnw fwrw golwg drostynt.[24] Yr oedd rhestr y tanysgrifwyr yn agored yn Chwefror 1793, pan ychwanegwyd enw cymdeithas y Gwyneddigion ati.[25] Ond eto ar gopi William Williams, Llandygái, sydd yn llyfrgell Coleg y Brifysgol, Bangor, ceir enw'r perchennog a'r dyddiad Chwefror 7[fed], 1793. Mynn rhai mai 1794 yw blwyddyn cyhoeddi'r gyfrol,[26] ond sut felly y mae esbonio'r dyddiad yng nghopi William Williams a'r cyfeiriad yn un o lythyrau Morgan John Rhys a ysgrifennwyd yn Ionawr 1793 lle y mae'n sôn amdani fel petai hi eisoes wedi ei chyhoeddi neu ar fin cael ei chyhoeddi?[27] Y mae David Samwell yntau yn dweud mewn llythyr at Wallter Mechain yn Chwefror 1793: 'Gwilym Owain's Llywarch hên is published . . .'[28] Y mae hyn i gyd yn awgrymu mai rhywbryd yn ystod chwe mis cyntaf 1793 y cyhoeddwyd y gwaith. Nid William Owen Pughe oedd y cyntaf i weithio ar Ganu Llywarch Hen a'i gyfieithu i'r Saesneg. Gwnaethpwyd hynny eisoes gan Richard Thomas o Ynyscynhaearn. Yr oedd ef a'i frawd John yn hynafiaethwyr a chasglwyr llawysgrifau, a bu golygyddion y *Myvyrian Archaiology* yn defnyddio llawysgrifau o gasgliad y brodyr. Ceir cyfeiriad at Richard Thomas gan Owain Myfyr yn 1777, y flwyddyn y cyfieithodd hwnnw Ganu Llywarch Hen. Yn ei lythyr at y geiriadurwr John Walters ar 6 Hydref dywed y Myfyr:

> Efu yma ym mis Mehefin diweddaf yn ei ffordd o Ryd Ychain i Ben Morfa yn Arfon y Parchedig Mr Thomas o'r Gest yn y wlad honno, er nad yw ond ieuaingc y mae yn meddu digymmar wybodaeth o'r Cynfeirdd ac eraill ysgrifenniadau Cymreig, ef a gyfieithodd waith yr ardderchog Dywysog Ll. Hên yn llwybraidd dros ben ynhyd [sic] a nodau cywrain arnaw.[29]

Yr oedd Ieuan Fardd yn awyddus i weld gwaith Richard Thomas gan ei fod yntau wedi astudio Canu Llywarch Hen, efallai gyda'r bwriad o'i gyfieithu a'i gyhoeddi. Yn sicr y mae tinc o genfigen yn y llythyr a anfonodd Ieuan at y Myfyr yn 1779; tybed na theimlai Ieuan y dylai'r Gwyneddigion ystyried ei noddi ef i baratoi'r testun ar gyfer ei gyhoeddi. Ac efallai'n wir mai dyna fyddai'r peth callaf iddynt fod wedi ei wneud onibai fod Ieuan mor ddi-ddal. Yn ei lythyr at y Myfyr cyfeiria Ieuan at ei gopïau ef o'r testun:

> Y mae genyf fi ddadysgrifiadau o hen gopiau awduraidd o waith yr hen Fardd, ond y mae ynddo lawer o eiriau nad wyf fi yn eu deall, ac myfi a welais gymmaint o henwaith ond odid ag a welodd R. Thomas, ac yr wyf yn meddwl fy mod yn deall yr iaith cystadl ag un Cymro pa bynag yr oes hon.[30]

Bu farw'r brodyr Thomas yn ieuainc: John yn 32 mlwydd oed yn 1769, a Richard yn 27-30 mlwydd oed yn 1780.[31] Erbyn 1779 yr oedd cyfieithiad Richard o Ganu Llywarch Hen yn nwylo Owain Myfyr. Gwyddom fod Pughe wedi'i astudio cyn dechrau ar ei gyfieithiad ei hun, ond yr oedd amcanion gwahanol gan y ddau gyfieithydd. Yn ôl Pughe, yr oedd Richard Thomas wedi poeni mwy am yr arddull nag am yr ystyr: '. . . too anxious in aiming at elegance to preserve that strictly literal form which it was my wish to give; I therefore rendered the whole, line for line, as close as the two languages would permit'.[32] Y mae Pughe yn cydnabod ei fod wedi tynnu ei 'ffeithiau' am fywyd Llywarch Hen o waith Richard Thomas.

Newidiodd Pughe yr orgraff i'w orgraff fympwyol ei hun ac y mae hyn yn rhoi golwg od a dieithr i'r gwaith. Fel y dangosodd Syr Ifor Williams, penagored iawn yw ymdriniaeth William Owen Pughe o'r testun, a'i gyfeiriadau yn aml yn amwys ac ansicr.[33] Y mae'n sôn am ryw Lyfr Coch a rhyw Lyfr Du ond nid yw'r darlleniadau a rydd ohonynt i'w cael yn Llyfr Du Caerfyrddin na Llyfr Coch Hergest. Efallai na ddylid ei feio'n ormodol am fethu â sylweddoli mai gwrthrych y canu, ac nid ei awdur, oedd Llywarch, gan fod llawer un ar ei ôl wedi gwneud yr un camgymeriad. Yr oedd cynnwys yr adran ar 'Bardism' i blesio Iolo Morganwg yn gamgymeriad ar ran Pughe gan ei fod yn difetha'r cyfanwaith gan mor gwbl amherthnasol yw i'r cyddestun oddieithr lle y cais Pughe lunio rhyw fath o gysylltiad carbwl.[34] Y peth rhyfedd, wrth gwrs, yw mai'r adran ar 'Bardism' a dynnodd fwyaf o sylw ar y pryd ac y mae'n debyg mai'r adran honno yw'r unig reswm bellach pam y darllenir yr *Heroic Elegies* o gwbl. Y mae'n adran hir o bron i drigain tudalen yn darlunio'r beirdd a'r derwyddon fel heddychwyr a goleddai syniadau radicalaidd diwedd y ddeunawfed ganrif. Sonnir am eu gorseddau, am eu gwyddor esoterig, am eu cred yn nhrawsfudiad yr enaid a'u harfer o wneud aberth dynol.[35] Afrosgo i'r eithaf yw'r cyfieithiad o'r canu ei hun. Y mae'n wir fod Pughe wedi honni mai cadw i'r 'literal form' oedd ei fwriad ac y mae'n cyfaddef ei fod yn ei atgynhyrchu llinell am linell, ond y mae'r cyfanwaith yn hollol letchwith. Ceir yr argraff ei fod yn symud o air i air heb ystyried y cyd-destun na hyd yn oed synnwyr y frawddeg gyfan. Gellir maddau rhai o'r gwallau o gofio mai'r llawysgrifau y copïai ohonynt oedd yn aml ar fai. Ni faliai ef a'i gyfoeswyr ryw lawer am lendid y testun, ond efallai mai un o'r rhesymau am hyn oedd nad oedd ganddynt yr ysgolheictod angenrheidiol i adnabod testun llwgr. Er bod Pughe yn gofalu nodi amrywiadau yn y darlleniadau yn ei droednodiadau nid oedd ganddo'r gynneddf feirniadol i gloriannu'r gwahanol fersiynau. I fod yn deg, yr oedd yn anodd i ysgolheigion ei oes gymharu gwahanol gopïau o'r un testun gan fod y rheini ar wasgar yn y llyfrgelloedd preifat, a chaniatâd i'w gweld yn aml yn anodd ei gael. Ond hyd yn oed pan yw'r testun yn gywir a'r ystyr yn weddol amlwg, y mae Pughe yn dal i wneud stomp o'r cyfieithiad, ac y mae ei ddewis o eiriau ar brydiau yn taro'n ddieithr iawn ar y glust. Ei gyfieithiad o

55

'chwerthiniad ton' yw 'The wave is a noisy grinner', yr hyn sy'n ddisgrifiad go od o'r môr. Ar adegau y mae ei destun llwgr yn ei arwain ar gyfeiliorn y tu hwnt i bob rheswm. Gellir gweld hyn wrth gymharu ei fersiwn ef o'r testun:

> Neud adwen ar vy ngwên
> Yn hanvod cun acen
> Trig gwyddorig elwig awen?[36]

â fersiwn Syr Ifor Williams:

> Neut atwen ar vy awen
> Yn hanvot o un achen
> Trigwyd oric elwic, a Wen![37]

Nid oes rhaid cael unrhyw adnabyddiaeth o'r testunau cynnar i weld bod cryn wahaniaeth rhwng y ddau destun. Yr oedd Pughe druan ar goll cyn dechrau cyfieithu, ac nid yw'n rhyfedd fod y cyfieithiad yn diweddu fel nonsens llwyr. Y trosiad derbyniol o'r englyn yw:

> Fe wyddwn trwy fy awen
> Ein hanfod o'r un gangen
> Tariaist ymaith ysbaid, Wên![38]

Y mae hyn yn gwneud synnwyr yn y cyd-destun: y mae'r hen ŵr yn gwybod yn reddfol mai ei fab Gwên sydd wedi dychwelyd adref ar ôl bod i ffwrdd yn hir. Pa synnwyr sydd i gyfieithiad Pughe mewn unrhyw gyd-destun?

> Do I not recognise by my smile,
> My descent, sway and kindred
> Three themes of the harmonious muse?[39]

Ni ddylid collfarnu ymdrechion Pughe yn derfynol heb eu hystyried yng nghefndir ei oes.[40] Daethom ni i mewn i lafur ac athrylith Syr Ifor Williams ac eraill, ond y mae'n debyg fod Pughe wedi cyflawni'r dasg cystal ag y gallasai unrhyw un o'i gyfoeswyr fod wedi gwneud, er bod llawer o'r rheini yn hallt yn eu beirniadaeth ohono ar brydiau. Ymhlith papurau Iolo Morganwg ceir llythyr maith: nid yw enw'r gohebydd arno yn ei gyflwr presennol, ond nododd Iolo arno 'Ritson's Letter to W. Owen'. Gŵr hynod iawn oedd Joseph Ritson. Dyfeisiodd yntau, fel Pughe, orgraff newydd. Yr oedd yn ŵr sur a ymosodai'n llym ar ei gyfoeswyr. Canodd Walter Scott amdano, gan oganu ei dymer ddrwg a'r ffaith ei fod yn byw ar lysiau: 'As bitter as gall, and as sharp as a razor/And feeding on herbs as a Nebuchadnezzar'. Efallai mai Scott a ddaeth â Pughe a Ritson at ei gilydd.[41] Yn orgraff Pughe, yn naturiol, o gofio'i arbrofion ei hun, yr oedd prif ddiddordeb Ritson. Ymosododd ar y defnydd a wnaeth Pughe o'r cedilla o dan $c$ i ddynodi sŵn $ch$, fel yn '_Llywarç_'. Yr oedd ganddo gerydd i Pughe am y cyfieithiad hefyd:

56

There can be no objection to a close literal version: it is infinitely preferable at least to a poetical paraphrase. But as Mr Owen gives the original, every one is able to judge that the same word or expression cannot have two or more different meanings. Mr O. varys his epithets without either necessity or propriety.[42]

Gwerthfawrogai Robert Southey ymdrechion a llafur William Owen Pughe, er nad oedd yn edmygu'r cyfieithiad ei hun. Fodd bynnag, teimlai fod gwir angen cyfieithiadau o'r hen destunau fel y dywed mewn llythyr at Charles Watkin Williams Wynn yn Awst 1801:

> It is a serious evil that no man of adequate talents will take the Welsh antiquities in hand, and that no encouragement is given those who do. Owen has translated 'Llywarch Hen' badly, that is evident, yet his version is better than none, and eminently useful to all those who want information either in old history or our old manners. I wish that the Literary Society, as they call themselves, would employ their fund better. They will give any man of letters ten pounds, who will ask for it, with proper certificates &c but they will not pay him for executing a wanted work. I would have them pay Owen, if no abler can be found; to translate Taliesin, Aneurin &c and advance money for the publication, taking the risk themselves.[43]

Y mae'n anodd dweud pa gymdeithas y mae Southey yn cyfeirio ati yma. Ffynnai nifer o gymdeithasau yn Llundain i hyrwyddo astudiaethau llenyddol a hanesyddol. Yn 1793, etholwyd William Owen Pughe yn gymrawd o Gymdeithas yr Hynafiaethwyr (FSA).[44] Yn 1794 sefydlwyd cymdeithas newydd, yr Ofyddion. Er bod dylanwad Iolo a'r Orsedd i'w weld, efallai, yn ei henw, eto yr oedd ei hamcanion yn ddigon dilys. Ei phrif amcan oedd gofalu am gyhoeddi'r hen destunau mewn cylchgrawn Saesneg. Ar ddiwedd *Heroic Elegies* cyhoeddir y byddai Canu Taliesin yn dilyn cyn bo hir, ond y mae'n amlwg fod y cynllun hwn wedi mynd i'r gwellt naill ai oherwydd diffyg cefnogaeth, neu am fod Pughe wedi sylweddoli fod ganddo ormod o goflaid o waith yn barod fel na fedrai ymgodymu â dim mwy. Beth bynnag oedd y rhesymau ni cheir mwy o sôn am Daliesin. Yr oedd yr Ofyddion yn awyddus i gyhoeddi nid yn unig destunau'r Hengerdd, ond hefyd destunau eraill a fyddai'n fwy poblogaidd eu hapêl, fel Cyfreithiau Hywel Dda, y Brutiau, y Pedair Cainc, Meddygon Myddfai a llythyrau a thrafodaethau o bob math. Enw cylchgrawn yr Ofyddion ar y cychwyn oedd *Walian Register* cyn ei newid i *Cambrian Register*. Cyhoeddwyd y rhifyn cyntaf yn 1795 dan olygyddiaeth William Owen Pughe. Rhannwyd y gwaith yn adrannau yn ymdrin â hanes, bywgraffiadau, hynafiaethau, hen gyfreithiau, hanes plwyfi, topograffeg, hanes y llynges, llythyrau, yr Indiaid Cymreig, adolygiadau, cerddoriaeth a barddoniaeth. Gellid tybio y byddai rhywbeth at ddant pawb yn y fath amrywiaeth ond ychydig o groeso a gafodd y *Register*. Tair cyfrol yn unig a gyhoeddwyd: un yn 1795, un yn 1799 (rhifyn 1796 oedd hwn mewn gwirionedd) ac un yn 1818. Cyfaddefodd Pughe mai methu a wnaeth 'chiefly for want of support'.[45] Yr oedd cyhoeddi llyfrau a chylchgronau o'r fath yn gofyn am lawer o lafur ac arian yn y ddeunawfed ganrif fel heddiw. Efallai ein bod ni, wrth feirniadu mympwyon William Owen Pughe a gresynu at ffugiadau Iolo Morganwg, yn tueddu i ddibrisio'r cyfraniad gwerthfawr a wnaethant i ysgolheictod Cymraeg. Heb eu llafur hwy byddai llawer o'r deunydd yn yr hen lawysgrifau wedi mynd ar goll am byth. Yr oeddynt yn foddion i ddeffro'r Cymry i ymwybyddiaeth o gyfoeth eu treftadaeth. Ac y mae'n haws fyth inni anghofio rhan Owain Myfyr. Hebddo ef ni fuasai'n bosibl cyhoeddi'r testunau o gwbl. Yn ddiau, fe ddylid ei restru ef ymhlith cymwynaswyr mawr ein llenyddiaeth; ni ellir dechrau amcangyfrif faint a wariodd ar y gwaith. Gwelodd Robert Southey werth ei gyfraniad o gofio mor gyndyn oedd llawer o'r uchelwyr i estyn llaw i helpu:

When a foreigner asks us the names of the nobility and gentry of the Principality who published the *Myvyrian Archaiology* at their own expense, we must answer it was none of them but *Owen Jones, the Thames-Street furrier*.[46]

Pan grwydrai Iolo o lyfrgell i lyfrgell drwy Gymru i gasglu defnyddiau ar gyfer y *Myvyrian Archaiology*, gwelir oddi wrth y llythyrau a anfonodd y Myfyr ato a'i atebion yntau fod Iolo yn derbyn taliadau cyson at ei gynnal. Y mae nifer o fân nodiadau ymysg papurau William Owen Pughe yn dangos ei fod yntau wedi profi'n helaeth o haelioni Owain Myfyr:

Taçweð 1796—Benfygiais 10$^P$ gan O. Myvyr. Gwyliau Nadolig 1796—ced 20$^P$ gan O. Myvyr. 10$^d$ Hydrev 1797—benfygiais 70$^P$ gan O. M. i'm ryzau o zyled vy mrawd Edw$^{d.}$ Awst 5$^d$, 1798—O. Myvyr a wnaeth roð o 80$^P$ sev y ðyled oez arnav izo.[47]

Rhaid cyfaddef fod Owain Myfyr tua diwedd ei oes wedi hawlio llawer o'r arian yn ôl oddi ar Pughe, ond erbyn hynny yr oedd amgylchiadau'r ddau ŵr wedi llwyr newid: yr oedd Owain Myfyr wedi cael colledion ariannol yn ei fusnes, a Pughe wedi etifeddu stad lewyrchus.

Fe welir bod Pughe yn sôn yma am Owain Myfyr yn ei helpu i setlo dyled ei frawd Edward. Llongwr ydoedd Edward, a barnu oddi wrth rai o'r cyfeiriadau yn ei lythyrau at Pughe. Y mae'r busnes am y ddyled braidd yn amwys. Ar yr olwg gyntaf, gellid tybio mai Pughe sydd wedi benthyca arian gan Edward a'i fod wedi mynd ar ofyn y Myfyr i'w helpu i dalu'r ddyled. Ond y mae'n fwy na thebyg mai Edward oedd mewn dyled a'i fod wedi troi at Pughe am gymorth, a hwnnw yn ei dro wedi troi at Owain Myfyr. Dyna'r awgrym a geir yn y llythyr a anfonodd Iolo Morganwg at y Myfyr ym mis Tachwedd 1798:

My affectionate regards to Mr & Mrs Wm Owen. I have been told that he has one Brother (Edward) who has on some occasions used him just as I could have expected from a Brother or two of mine on similar occasions. I grieved very much when I heard it and sincerely and affectionately thank you for what you did then to him as if it had been done to myself.[48]

Nid oes rhaid inni ddibynnu yn unig ar dystiolaeth Iolo am ffaeleddau Edward. Yr un yw cwyn Jane Owen, gwraig John Owen, un arall o frodyr Pughe. Yr oedd hi'n chwerw iawn tuag at Edward yn y llythyr a anfonodd at Pughe ar 17 Mawrth 1802:

Heaven forbid that Blackguard wicked Edward should come here—I ev'n feel disgraced in bearing the same name—I found several infamous letters where he endeavours to alienate his brother's affection from me, but he despised him for it.[49]

Fodd bynnag, yr oedd Edward yn ddigon anrhydeddus wedi'r cwbl i gydnabod y cymorth a gawsai gan Pughe: 'I have not forgot that you are the only Brother I am under obligation to and I hope to convince you the first opportunity', meddai mewn llythyr at ei frawd yn Ionawr 1804.[50] Yr oedd Edward yn byw yn Guernsey erbyn hyn, ond nid oedd yn hapus yno, a soniai am ymfudo i America a setlo yno gan ei fod wedi blino ar grwydro. Newidiodd ei feddwl wedyn a cheir dau lythyr arall oddi wrtho yn Hydref 1805 sy'n dangos ei fod yn Guernsey o hyd. Crwydro a wnaeth hyd y diwedd; y cyfeiriad olaf sydd gennym ato yw'r cofnod yn nyddiadur Pughe am 17 Gorffennaf, 1817: '. . . awn gwedi tea at O. Owen er eu gwahoði y Sul nesav i giniaw: mynegai varw ein brawd Edward yn Lisbon, 1813'.[51] Y mae'n rhyfedd sylwi bod Edward wedi marw er pedair blynedd cyn i'w frodyr gael gwybod hynny.

Yn 1795, ceir llawer o sôn am frawd arall, John Owen, y pedwerydd o blant John ac Anne Owen. Cyhoeddwr a gwerthwr llyfrau oedd ef â'i fusnes yn 168 Piccadilly.[52] Yn 1795 cyhuddwyd ef o gyhoeddi enllib yn erbyn y llywodraeth. Edrydd Pughe ei hanes mewn llythyr at Iolo Morganwg ym Mehefin 1797:

Since you saw my brother Sionyn he has been married, he has published a libel on our *happy constitution*, in consequence of it he was examined before the house of Commons, and required to give up the author; the Ministry were anxious he sh[d] not be known, and prevailed upon Sionyn to refuse: as a reward Mr Wyndham, Sec. of War prevailed upon Mr Burke to make him a present of the famous Letter to the D. of Bedford; that book having a very extensive sale, regardless of the above mentioned gift Mr B. came upon him for the profits: this produced a quarrel, and ended as all quarrels usually do, to the favor of the strongest side, and Sionyn is now a bankrupt, however what little his wife bro[t] was previously settled upon her.[53]

Y mae John Owen yn ategu hyn i gyd mewn llythyr at Iolo yn Rhagfyr 1797. Dywed fod yr helynt wedi effeithio'n greulon arno 'to my disad-

59

vantage, so much that it has thrown me out of business'.[54] Y mae achos John Owen yn un diddorol iawn, ond yr oedd hefyd yn achos pur bwysig ar y pryd. Yr oedd cyhuddiad o enllib yn erbyn y llywodraeth yn beth difrifol yn 1795, o gofio'r modd y ceisiwyd ffrwyno'r protestio radicalaidd tua'r adeg yma. Teitl y llyfr a achosodd yr holl helynt oedd *Thoughts on the English Government—addressed to the Quiet Good Sense of the People of England, in a Series of Letters— 'Letter the First, on the National Character of Englishmen—The Nature of the English Government—The Corruption caused in both by the Introduction of French Principles—the Effects produced by the Reformation and Revolution upon Political Principles—The Conduct of the Whig Party—The Character of the Modern Democrats'.*[55] Nid John Owen oedd yr awdur, wrth gwrs, ond fel cyhoeddwr fe wyddai'n iawn pwy ydoedd. Ceisiodd Tŷ'r Cyffredin ei orfodi i ddatgelu enw'r awdur, ond yr oedd yr Ysgrifennydd Rhyfel, Wyndham, wedi bod yn gweithio ar John Owen i'w berswadio i gadw'n ddistaw. Anrhegwyd ef â *Letter to the Duke of Bedford*, llyfr poblogaidd y dydd, ond mynnodd Tŷ'r Cyffredin gael gwybod pwy oedd yr awdur. Bu'n rhaid i John Owen yntau gyfaddef ei fod ef fel cyhoeddwr yn rhannol yn yr athrod. Oherwydd ei ystyfnigrwydd ef bu'n rhaid cael pwyllgor arbennig i archwilio'r achos, a cheir enwau enwogion megis Sheridan, Fox, Wilberforce a Whitbread ymysg aelodau'r pwyllgor hwnnw.[56] Drwy eu hymchwil hwy canfuwyd mai John Reeves o Cecil Street, Strand, oedd yr awdur.

Gwyddom gryn dipyn am Reeves: yr oedd yn weithiwr selog dros hawliau a iawnderau'r unigolyn. Bu'n fodd i gychwyn yr 'Association for preserving Liberty and Property against Levellers and Republicans'. Yn y llyfryn a gyhoeddwyd gan John Owen honnodd Reeves fod y llywodraeth a'r weinyddiaeth yn dibynnu bron yn gyfan gwbl ar y brenin, ac ychwanegodd (a hon yw'r frawddeg allweddol) 'those two adjuncts of Parliament and Juries are subsidiary and occasional'.[57] Nid oedd yn rhyfedd fod aelodau'r Tŷ yn gweiddi am ei waed. Bu'n rhaid i Reeves sefyll ei brawf ac ar ôl prawf hir fe'i cafwyd yn ddieuog. Ond ni lwyddodd y Senedd i ddod â Reeves at ei goed. Yn 1799, cyhoeddodd (yn ddi-enw eto, er ei bod bellach yn hollol amlwg pwy oedd yr awdur) 'Letter the Second', ac yn 1800, 'Letter the Third' a 'Letter the Fourth'. Nid oedd hyn o fawr o ddiddordeb i John Owen druan yn ei helbul. Aeth ef i fyw am gyfnod i Sain Tathan ym Morgannwg ond cyn hir yr oedd yn paratoi i ymfudo i America.[58] Yn 1799 ysgrifennodd ei wraig Jane at Pughe i ddweud fod John yn bwriadu ei gadael hi a'r plant ar ôl nes y byddai ef wedi ymsefydlu ddigon i'w cael ato. Apeliodd at deimladau Pughe a'i wraig: 'Mrs O[n] will easily conceive how very wretched such a project must make me, I do not think she would willingly part with you on the same terms'.[59] Fe gafodd John ei ffordd ei hun: hwyliodd i Nassau yn Ynysoedd y Bahama ar ei ben ei hun, ond fe'i dilynwyd yn fuan wedyn gan Jane a'r plant. Cafodd John waith ar y *Bahama Gazette*, ond yr oedd yn rhaid iddo fod yn bur wyliadwrus ar y dechrau rhag ofn i rywun ei gyhuddo o ddod â syniadau bradwrus o Brydain i'r papur. Mewn llythyr a anfonodd at ei frawd yn Ionawr 1801 dywed: 'I am the factotum of the Printing Office but I do not think it would be politic in me to own my Name in the Newspaper for the present'.[60]

Ni wenodd Rhagluniaeth ar John Owen yn ei gartref newydd ychwaith. Bu farw yno yn Hydref 1801. Ymysg papurau William Owen Pughe ceir toriad o'r *Bahama Gazette* yn cyhoeddi ei farwolaeth. Disgrifir ef yno fel 'joint Publisher with the present Editor, of this Gazette'.[61] Cafodd Pughe ychwaneg o hanes ei frawd gan ei ffrind George Chalmers a dderbyniasai lythyr o Ynysoedd y Bahama yn dweud bod John wedi marw tua 15 Hydref 1801, ar ôl salwch hir. Gadawyd ei wraig Jane yn feichiog â'i thrydydd plentyn, a'r ddau blentyn arall yn ieuainc iawn. Trodd hithau yn ei thrallod at William Owen Pughe. Ef, meddai hi, oedd yr unig un o'r teulu heblaw'r brawd Richard y medrai hi ymddiried ynddo. Mewn llythyr a yrrodd at Pughe yn syth ar ôl marwolaeth ei gŵr dywed:

> Oh, my dearest William, I am the most wretched of human beings. What is to become of me and my poor babes in a forreign [sic] land, god only knows—I trust the cold and silent grave will soon receive myself and all my troubles.[62]

Er nad oedd gan Pughe mo'r moddion ar y pryd i'w chynorthwyo, ac er na fedrai adael ei deulu ei hun i fynd i'w hymgeleddu, fe wnaeth ymholiadau gofalus am ei chyflwr drwy George Chalmers a oedd â chysylltiadau yn Ynysoedd y Bahama. Cafodd hwnnw ei hanes gan Mr. Thompson, trysorydd New Providence, pan ddaeth ef i Loegr. Dywedodd Thompson fod si yn Nassau fod Jane Owen yn bwriadu ail-briodi â 'Mr. Howie, a young merchant from Glasgow'.[63]

Ym Mawrth 1803 cafwyd ychwaneg o wybodaeth gan Mr. Thompson: nid oedd Jane Owen wedi ailbriodi ond yr oedd yn byw gyda theulu Joseph Eve, a fuasai'n bartner i John Owen fel cyhoeddwr a golygydd y *Bahama Gazette*. Ychydig wythnosau ar ôl marw ei gŵr ganwyd mab i Jane, a bu farw'r ieuengaf o'r ddau blentyn arall o'r frech wen. Yr oedd y bachgen bach, Richard, wedi cael yr haint cyn i'w dad farw. Cwynodd John Owen ryw dri mis cyn ei farwolaeth ei hun fod Richard bach yn hir iawn yn gwella. Credai ei dad ei fod allan o berygl 'but left a mere skeleton'.[64] Y mae'n amlwg mai colli'r frwydr a wnaeth y bychan wedi'r cwbl. Yn ôl Thompson yr oedd cyflwr Jane Owen yn bur druenus:

> ... I am inclined to think from the short time her late husband was here and not in the most lucrative employment her situation at present cannot be the most comfortable.[65]

Ar 14 Mawrth 1803 anfonodd Jane Owen drachefn at William Owen Pughe yn edliw iddo ei ddistawrwydd hir ar ôl marw ei gŵr; ni wyddai hi, wrth gwrs, am ei ymholiadau cyson. Y mae Jane yn cwyno eto am y diffyg cydnabyddiaeth a gafodd gan weddill y teulu:

> Indeed yourself and family are the only part of his, except Richard, I ever felt any affection for, as I never e'en received that respect from the others which was due to me . . .

Â ymlaen i esbonio ei sefyllfa:

> No doubt you are surprised at my tarrying thus long in a foreign country— a matrimonial engagement has been the sole cause. [66]

Y mae'n bur amlwg oddi wrth weddill y llythyr mai'r Mr. Howie y clywsai Pughe amdano gan Mr. Thompson oedd ei darpar ŵr, er nad yw hi'n ei enwi. Bu'n rhaid i Howie fynd i Loegr ar fusnes ac ni chlywodd Jane Owen ddim o'i hanes am fisoedd wedyn. O'r diwedd anfonodd ati i ofyn iddi ddisgwyl amdano nes y byddai ei sefyllfa ef yn fwy sefydlog a sicr, gan na wyddai y pryd hynny pa bryd y byddai'n dychwelyd i Nassau. Yr oedd Jane yn anfodlon iawn â'r trefniadau penagored hyn, a dywedodd ei bod yn bwriadu trefnu i ddychwelyd i Loegr ymhen rhyw ddeufis. Ceir nodyn bach digon chwerw a hunan-dosturiol ar ddiwedd y llythyr:

> I might but for this business have been married to a Capt[n.] in the Navy—I believe in the opinion of the World would have been a better match, but both honor and inclination obliged me to discourage it . . . [67]

Nid oes ychwaneg o lythyrau Jane Owen yng nghasgliad Pughe. Y mae'n fwy na thebyg ei bod wedi ailbriodi gan iddi dderbyn dau gynnig o fewn dwy flynedd i farwolaeth ei gŵr.

Yn y cyfamser yr oedd William Owen Pughe wedi cael gwaith sefydlog. Hon yw'r unig swydd y gwyddom i sicrwydd iddo fod ynddi. Tua 1798 cawn y cyfeiriad cyntaf ato fel athro ysgol. Y mae Owain Myfyr yn crybwyll 'the school' yn ei lythyrau, ond nid yw'n ei henwi. Rhwng 1799 a 1800 y mae Pughe yn diweddu dau lythyr at Iolo Morganwg â'r esgus ei fod ar frys i gychwyn i'r ysgol. [68] Yn 1802, cawn ychwaneg o wybodaeth mewn llythyr a anfonodd Iolo at Wallter Mechain, lle y mae'n cyfeirio at ryw Ddoctor Stevenson 'from whose sister at London (Queen's Square Ladies' Boarding School, where our friend Mr Wm Owen teaches arithmetic and writing) I had a recommendatory letter'. [69] Yr oedd llawysgrifen Pughe yn ddigon o ryfeddod beth bynnag am ei symiau, ond y mae'n debyg mai pur ddiflas fyddai swydd mewn ysgol grand i ferched ifainc i ŵr o'i alluoedd ef. Gwyddom ei fod yn arfer cymryd disgyblion preifat, oherwydd ceir cyfeiriad ato yn dysgu rhifyddeg, cadw cyfrifon ac algebra i fab rhyw Gyrnol Toone. [70] Ofnai Owain Myfyr y byddai'r holl waith yn mynd yn drech na Phughe, gan fod ganddo gymaint o heyrn yn y tân yn y cyfnod hwn. Y mae'n mynegi ei ofnau mewn llythyr at Wallter Mechain yn Rhagfyr 1798:

Will is so much engaged with the School, Dict$^y$, Cambrian Register &c that I am affraid [sic] that his health poor Fellow will be impaired, ac nid oes yna un dyn a rydd law wrth yr aradr.[71]

Yr un yw cwyn y Myfyr mewn llythyr at Iolo Morganwg:

. . . poor Will I am affraid will hurt himself, gormod coflaid o lawer ir gwydna o ddynolryw, dyn digymmar yw o amynedd a phob cynneddf da.[72]

Y mae disgrifiad y Myfyr o William Owen Pughe yn cyfateb i syniad y Gwyneddigion yn gyffredinol o'i gymeriad. Yng nghoflyfr y gymdeithas am 1799 cyfeirir ato fel 'Gwillim Dawel y Geiriadwr',[73] ac yn 1792 cyfansoddodd Gwallter Mechain gerdd: 'Byr Annerch neu Ddarluniad o Gynneddfau rhai Aelodau o Gymdeithas y Gwyneddigion'. Yn y darn sy'n cyfeirio at Pughe dywed:

Parod dawn, hylawn yw hon
Elw mawr i Wilym Meirion
Agoriad iaith, gwir od yw
Geiriadydd hygar, ydyw:
Yr un dawn i'w ran nid oedd
Â siaradog fas rydoedd.
Llyn dyfn yn llawn defnydd
Dwys tu fewn, distaw a fydd.[74]

Dechreuodd y bedwaredd ganrif ar bymtheg yn drist i William Owen Pughe. Yn y flwyddyn 1800 collodd ei dad, ei chwaer a'i dad bedydd. Ei chwaer Elizabeth oedd y cyntaf i farw, ac ar ddydd ei hangladd ysgrifennodd Pughe y nodyn hwn:

Dyz Iau, Gorfenav 3$^Z$, 1800 . . . hwn yw dyz clazedigaeth vy çwaer anwyl, Elizabeth, a vuasai varw zyz sadwrn o'r blaen: wedi geni izi eneth wythnos yn y blaen ac yn nghyvlawnder ei 30 oed! Mor arswydus angeu ei anwyliaid i enaid dyn! Mor zivanw daiarolion! Buasai vy çwaer hon 7 mlynez yn briawd i Peter Sampson, llyw$^r$ llong India o enw Dover Castle.[75]

Dyna un o'r ychydig enghreifftiau sydd gennym o William Owen Pughe yn rhoi ei deimladau ar bapur; fel rheol ni fyddai'n mynegi unrhyw adwaith i drychinebau na phleserau ei fywyd, diffyg sy'n ei gwneud hi'n anodd i ni lunio darlun llawn o'i natur. Ym mis Medi 1800 y mae'n cofnodi marwolaeth ei ewythr a'i dad bedydd, William Owen. Y mae'n bosibl mai ar ei ôl ef y cafodd ei enwi'n William. Y mae'n anodd gweld sut yn hollol y gallasai hwn fod yn ewythr iddo. Gellid tybio oddi wrth y cyfenw Owen mai ar ochr ei dad yr oedd y berthynas. Y mae'n wir fod gan ei dad frawd o'r enw William, ond mewn man arall rhydd Pughe ddyddiadau hwnnw fel 1735-92.[76] Y

63

*Gweithiau eraill Pughe*

mae'n rhaid mai rhyw berthynas arall, cefnder i'w dad, efallai, oedd hwn. Yr oedd yntau yn byw yn Llundain gyda modryb i Pughe yn ôl y cofnod: 'Vy ewythr William Owen (vy nhad bedyd) a vu varw zyviau 9 ar glo̧ y bore, Medi 4, 1800—yn nhy vy modryb Gwen Evans, Little Bartholomew Close. Clazwyd yn Bunhill field'.[77] Eithr yn Lerpwl y bu tad Pughe, John Owen, farw ar 10 Hydref 1800, yn 88 mlwydd oed a chladdwyd ef yno ym mynwent Sant Paul.[78]

Un o weithiau William Owen Pughe a gyhoeddwyd yn 1800 oedd llyfryn ar amaethyddiaeth. Cyfieithiad oedd hwn o waith Thomas Johnes, Hafod Uchdryd. Yr oedd ef yn arloeswr amaethyddol a wnaeth waith gwerthfawr ar ei stad yng Ngheredigion drwy arbrofi mewn bridio gwartheg a defaid. Cafodd fedal Cymdeithas Frenhinol y Celfyddydau am blannu coed, a daeth â ffermwyr o'r Alban i'w gynghori ar broblemau'r tir. Ffurfiodd gymdeithas i helpu a chynghori ei denantiaid, a chyhoeddodd lyfryn Saesneg *A Cardiganshire Landlord's Advice to his Tenants*. Hwn oedd y llyfryn a gyfieithodd Pughe i'r Gymraeg, dan y teitl *Cynghorion Priodor o Garedigion i Ddeiliad ei Dyddynod*. Ynddo deliai Johnes â gwrteithiau addas, â pheiriannau amaethyddol, â'r cnydau eu hunain, gan dynnu ar ei brofiad helaeth ym mhob maes. Yn anffodus i'r tenantiaid achubodd Pughe y cyfle yn ei gyfieithiad i arbrofi â'r orgraff, a chan dybied gwneud y gwaith yn fwy cartrefol a chyfarwydd i'r darllenwyr ceisiodd roi arlliw o dafodiaith y rhan honno o Gymru iddo: 'I have endeavoured to give the translation a cast of the Dimetian dialect', meddai mewn llythyr at Iolo.[79] Daethai Pughe i adnabod Thomas Johnes pan aeth i Hafod Uchdryd i gopïo'r llawysgrifau yn y llyfrgell yno. Casglodd golygyddion y *Myvyrian Archaiology* lawer o'u defnydd o lawysgrifau'r Hafod, a chyflwynwyd ail gyfrol yr *Archaiology* i Thomas Johnes. Yn 1800 bu Pughe yn gweithio ar gyfieithiad arall hefyd, sef fersiwn Gymraeg o gyhoeddiad gan y brenin yn argymell cynilo gwenith. Y mae'n amlwg oddi wrth y gweithiau hyn yr ystyrid Pughe bellach yn arbenigwr ar yr iaith ac yn rhyw fath o gyfieithydd proffesiynol.

Ei brif waith erbyn 1802 oedd golygu argraffiad newydd o *Lyfr y Resolusion*. Fe'i cyhoeddwyd gyntaf yn Rouen yn 1582: *The first books of the Christian Exercise appertayning to Resolution*. Yr awdur oedd Robert Parsons, Pabydd o Wlad yr Haf, a fu'n athro yng ngholegau Seville, Cadiz, Lisbon, Douai a Rhufain, lle y bu farw yn 1610. Gwaith Pughe oedd golygu cyfieithiad Cymraeg y Dr John Davies o Fallwyd o'r fersiwn Protestanaidd a wnaethpwyd gan Edmund Bunney o lyfr Parsons.[80] Cyhoeddwyd argraffiad 1802 ar draul un o Gymry Llundain a fynnai fod yn ddienw, ond gellir casglu o lythyr a anfonodd Dafydd Ddu Eryri at Owain Myfyr ym Mawrth 1803 mai'r Myfyr, fel arfer, oedd y noddwr.[81]

Erbyn 1803 yr oedd Pughe wedi cwblhau tasg arall, sy'n brawf pellach o'r egni diflino hwnnw a oedd tu ôl i'w gynnyrch toreithiog yn

64

*Bywgraffiadur*.

y cyfnod hwn. Yn 1803, cyhoeddodd *The Cambrian Biography, or historical notices of celebrated men among the Ancient Britons.* Hwn mewn gwirionedd oedd y bywgraffiadur cyntaf yn Gymraeg. Ynddo ceir hanes cymeriadau hanesyddol a chwedlonol er bod y ffin rhwng y ddau fath yn mynd braidd yn annelwig weithiau yn nwylo William Owen Pughe. Ond yn ddiau yr oedd yn llyfr poblogaidd yn ei ddydd, nid yn unig ymhlith y Cymry ond ymhlith *literati* Llundain. Fe welir maes o law sut y dylanwadodd y *Cambrian Biography* ar rai o syniadau William Blake. Anogodd Dafydd Ddu Eryri ei gyfaill Siôn Llŷn i'w ddarllen a'i gymeradwyo i Siôn Thomas o Chwilog, ei nai:

> Llyfr a elwir *Cambrian Biography*, gwerth 6 neu 7 swllt ar werth gan T. Roberts, Argraphydd, Caernarfon a fyddai ddifyr i Sion Thomas; mae'n cynnwys llawer o'r gwyr enwog ym mysg y Cymry, brenhinoedd, tywysogion, rhyfelwyr, beirdd &c. [82]

Yng nghanol ei brysurdeb nid anghofiai Pughe ei ddyletswyddau fel gŵr a thad. Ceir llawer o sôn yn ei lythyrau am Sal, ei wraig. Yr oedd ei hiechyd ansicr yn peri gofid iddo unwaith yn rhagor. Fel y gwyddys yr oedd elfen gref o *hypochondria* yng nghymeriad Iolo Morganwg ac yn ei lythyrau cyfeiriai'n gyson at yr afiechydon a boenai ei deulu. Rhestrir pob damwain a cheir disgrifiadau manwl o wahanol heintiau a helyntion. Derbyniodd Iolo lythyr oddi wrth Pughe ym mis Ebrill 1803 yn cwyno am gyflwr Sal:

> Sal is obliged to you for your enquiries, she is but indifferent in health, tho' now mending from an inflammation of the lungs, a formidable name, but she had it not very violently: she complains a good deal of shiverings, which seem to be symptoms of something amiss in the nervous system. [83]

Yr un yw ei gŵyn ym Mehefin 1803 er bod Sal yn gwella'n raddol. Y mae'n amlwg fod gwendid cynhenid yn ei chyfansoddiad ac erfyniai Pughe arni ystyried symud o Lundain i fyw yn y wlad, a oedd y pryd hynny, wrth gwrs, yn ddigon agos at ganol y ddinas. Ond geneth y dref oedd Sal ac ni fynnai ei dadwreiddio ei hun ohoni. Nid oedd ganddi'r nerth i feddwl am symud o'i chynefin 'she has not the spirits to put [it] to the test', chwedl Pughe. [84] Yr oedd gan Iolo ateb parod i lythyr Pughe am gyflwr Sal:

> . . . you say she had the complaint not very violently, but had it been more violent I should have been rather glad than otherwise. I should have concluded with much confidence that it had been an inflamation [sic] of the *Pleura*, rather than of the Lungs yet this last tho' formidable, as you justly term it, is not invincible, as I have been convinced by many terrifying instances where a cure was obtained, and if attended to in time, an inflamation of the lungs may be cured before an abscess or ulcer is formed, even ulcers of the lungs have of late years been frequently cured. [85]

Yn ei lythyr a ddyddiwyd 'Gŵyl yr Alban Elfed, 1805', (ffordd grand Iolo o ddweud 22 Medi) yr oedd ganddo ychwaneg o ddoethineb meddygol i'w rannu â Pughe:

> I am particularly glad to hear that Mrs Owen has been benefited by Elixir of Vitriol. The most dangerous period of youth is from about 18 to 28 years of age, and of those that fall into and die of declines, 99 out of every 100 go off before they are 28 years old. Mrs Owen is now got over the age of danger, she is, if I mistake not, about 34 or 35,[76] of course we may hope that she will live in tolerably good health till turned of fifty, when a little care will carry her over a second dangerous period to 80 years of age, or more, at least I wish it to be so, but whether you wish it or not I cannot swear, you may possibly have another lady in your eye, but all this is what I shall not concern myself with.[87]

Ymdrech lawdrwm at jôc sydd yn y frawddeg olaf gan nad oes gennym yr awgrym lleiaf fod Pughe erioed wedi dangos diddordeb mewn unrhyw ferch heblaw ei annwyl Sal, ac y mae gennym ddigonedd o dystiolaeth am ddedwyddwch eu bywyd priodasol.


NODIADAU

[1] NLW 13248, 22 Mai 1819.
[2] NLW 21281, IAW 194, 195; BL Add MSS. 15028, t. 94.
[3] NLW, Adran Mapiau a Phrintiau, Cyf. 57 o'r Darluniau Topograffig.
[4] NLW 21282, IAW 312.
[5] NLW 13221, t. 33.
[6] NLW 13251.
[7] NLW 13221, t. 28.
[8] BL Add. MSS. 14957, t. 142.
[9] NLW 13251.
[10] ibid.
[11] Casglwyd y cyfeiriadau hyn oddi ar lythyrau yn NLW 13221.
[12] NLW 1807, Chwefror 1794.
[13] NLW 21282, IAW 325.
[14] NLW 1806.
[15] NLW 21282, IAW 311.
[16] ibid. 314.
[17] Y Geninen (1896), t. 114; G. J. Williams, Iolo Morganwg (Caerdydd, 1956), tt. 204-5.
[18] BL Add. MSS. 9848-50.
[19] Glyn Penrhyn Jones, Maes y Meddyg (Caernarfon, 1967), tt. 26-7.
[20] G. J. Williams, 'Gorsedd Beirdd Ynys Prydain', Y Llenor, III (1924), t. 167.

[21] NLW 1808; W. Ll. Davies, 'David Samwell, 1751-1798', *Traf Cymm.* (1926-7), t. 127; Thomas Shankland, 'Hanes Dechreuad Gorsedd Beirdd Ynys Prydain', *Y Llenor*, III (1924), t. 94.

[22] William Owen, *The Heroic Elegies . . . of Llywarç Hen*, t. xxxvii.

[23] T. Shankland, loc. cit. Y mae'n dyfynnu o 'Memorandum, London 1792', adroddiad yn llaw David Samwell a gadwyd ymysg papurau Angharad Llwyd.

[24] NLW 1807.

[25] BL Add. MSS. 9848.

[26] Thomas Shankland, loc cit., t. 95; Huw Ll. Williams, *Safonau Beirniadu Barddoniaeth yng Nghymru yn y Bedwaredd Ganrif ar Bymtheg* (Llundain, d.d.), t. 17.

[27] NLW 13222, t. 381; G. J. Williams, 'Letters of Morgan John Rhys to William Owen [-Pughe], *C.Ll.G.C.*, II (1942), t. 132.

[28] NLW 1808.

[29] 'Gweddillion Llenyddol', *Y Geninen*, 1893, t. 142.

[30] NLW 6184, t. 16.

[31] Rhydd W. Ll. Davies ddyddiadau Richard fel 1753-80 yn *Bywgraffiadur*, t. 902, ond rhydd Helen Ramage ei ddyddiadau fel 1750-80 yn *Bywgraffiadur*, t. 892.

[32] William Owen, *Heroic Elegies*, t. v.

[33] Ifor Williams, *Canu Llywarch Hen* (Caerdydd, 1953), t. ix.

[34] Campwaith o Buwiaith yw ei ymdrech i gyfieithu ac esbonio'r llinellau: 'Y drev wenn yn y thymyr/Y hevras y glas vyvyr'. Y cyfieithiad tebygol yw 'Y dref wen yn ei goror/Llwyd feddau yw ei harfer'. (Gwyn Thomas (gol.), *Yr Aelwyd Hon* (Llandybïe, 1970) t. 95). Ond drwy gamddehongli ystyr *myfyr* fel *meddwl* yn hytrach na *beddau* y mae Pughe yn cyfieithu'r ail linell fel: 'Its youth, its blue sons of contemplation'. Yna, fel esboniad ar natur y bodau rhyfeddol hyn cawn y nodyn: 'The original has *blue contemplation*, or as it may be expressed, *grey-clad contemplation*. It may be supposed that the Bards are meant; as the general dress of that order was unicolour of sky-blue', o *Heroic Elegies*, t. 87.

[35] Nid oedd pawb yn ddigon diniwed i lyncu'r wybodaeth hon hyd yn oed pan gyhoeddwyd y gyfrol gyntaf. Yng nghopi William Williams o Landygái sydd yn llyfrgell Coleg y Brifysgol, Bangor ceir y nodyn canlynol yn llaw y perchennog: 'It is to be regretted that men of sense sho[d] be led astray to form & imposed [sic] upon the world such strange & novel accts for the authority of which no vouches can be produced but the brains of Iolo Morganwg'.

[36] William Owen, *Heroic Elegies*, t. 126.

[37] Ifor Williams, *Canu Llywarch Hen*, t. 1.

[38] Gwyn Thomas (gol.), *Yr Aelwyd Hon*, t. 77.

[39] William Owen, *Heroic Elegies*, t. 127.

[40] Am ymdriniaeth lawnach o'r *Heroic Elegies* gweler Glenda Parry Williams, 'Bywyd William Owen Pughe a rhai agweddau ar ei waith', *T.Y.C.Ch.* (Bangor, 1962), t. 408-22.

[41] Y mae'n rhaid fod Ritson wedi ysgrifennu'r llythyr hwn yn syth ar ôl cyhoeddi'r *Heroic Elegies*. Yn sicr, ni fyddai wedi medru gohebu â neb ar ôl tua 1796. Yn y flwyddyn honno dechreuodd ddangos arwyddion o wallgofrwydd ac

erbyn 1803 yr oedd yn hollol loerig. Ymddiddorai'n arbennig mewn hen faledi Saesneg, ond yn awr yn ei wylltineb llosgodd bentyrrau o'r llawysgrifau a gasglodd mor ddygn yn ystod ei oes, gan gynnwys catalog gwerthfawr iawn o ramantau. Bu farw o afiechyd yr ymennydd yn 1803. *(DNB)*

[42] NLW 21282, IAW 438.

[43] J. Wood Warter (gol.), *Selections from the Letters of Robert Southey* (Llundain, 1856), t. 166.

[44] NLW 13222, t. 353. Llythyr oddi wrth ysgrifennydd y Gymdeithas yn hysbysu'r anrhydedd ac yn ei longyfarch.

[45] NLW 1885, t. 3.

[46] *The Cambrian Quarterly Magazine*, Cyf. I (1829), t. 248, gan ddyfynnu'r hyn a ddywedodd Southey yn *The Quarterly Review*, Rhif 41, t. 94.

[47] NLW 13231, t. 339.

[48] BL Add. MSS. 15030, t. 2.

[49] NLW 13223, t. 600.

[50] ibid. t. 899.

[51] NLW 13248, 17 Gorffennaf 1817.

[52] Yn NLW 21425, 19, ceir cyfeiriad at 'Owen's Repository for Books and Stationary'. [sic]

[53] NLW 21282, IAW 323.

[54] ibid. 301.

[55] *Journals of the House of Commons*, Cyf. LI, t. 100, 23 Tachwedd 1795.

[56] ibid. t. 119, 26 Tachwedd 1795.

[57] *DNB: Monthly Review*, XVIII (1795), t. 443; XXXII (1800), t. 81.

[58] NLW 21282. IAW 340.

[59] NLW 13223, t. 577.

[60] ibid. tt. 15-16.

[61] NLW 13221. Y mae'r darn papur yn rhydd yn y gyfrol hon.

[62] ibid. t. 159.

[63] ibid. t. 381.

[64] NLW 13223, t. 765.

[65] ibid. t. 365.

[66] ibid. t. 357.

[67] ibid.

[68] NLW 21282, IAW 338, 343.

[69] NLW 1808, t. 31.

[70] NLW 13224, t. 283. Os oedd yn dysgu'r pynciau hyn gellid meddwl ei fod efallai wedi cael addysg uwchradd, onid yn Altrincham, yna yn rhywle arall. Ond, wrth gwrs, gallai fod wedi ei hyfforddi ei hun yn y pynciau hyn, fel mewn llawer pwnc arall.

[71] NLW 1806, Rhagfyr 1798.

[72] NLW 21281, IAW 237.

[73] BL Add. MSS. 9848.

[74] Ceir y gerdd mewn llythyr at Owain Myfyr, 11 Gorffennaf, 1792, yn BL Add. MSS. 15024, t. 252, ac yn D. Silvan Evans (gol.) *Gwaith Gwallter Mechain* (Caerfyrddin a Llundain, 1868), Cyf. I, t. 157.

[75] NLW 13231, t. 117.

[76] NLW 13226, t. 297.

[77] NLW 13231, t. 117.

[78] NLW 13226, t. 297.

[79] NLW 21282, IAW 340. Am hanes Thomas Johnes ei hun gw. Dafydd Jenkins, *Thomas Johnes o'r Hafod, 1748-1816* (Caerdydd, 1948); Elisabeth Inglis-Jones, *Peacocks in Paradise* (Llundain, 1950).

[80] Yn 1548 cyhoeddwyd argraffiad gan Edmund Bunney a chafwyd dau argraffiad wedyn o'r un fersiwn yn 1585, y naill o Lundain, a'r llall o Rydychen. Cyhoeddodd Parsons argraffiad newydd fel gwrthergyd i fersiwn Bunney. Daeth nifer o argraffiadau o'r ddwy blaid rhwng 1585 a 1632. Yn 1632, cyfieithodd y Dr John Davies fersiwn Bunney i'r Gymraeg a chafwyd tri argraffiad ohono rhwng 1632 a 1802. Gw. Thomas Parry, *Hanes Llenyddiaeth Gymraeg hyd 1900* (Caerdydd, 1944), t. 189.

[81] BL Add. MSS. 15027, t. 75.

[82] *Golud yr Oes*, Cyf. II (Caernarfon, 1864), t. 179.

[83] NLW 21282, IAW 356.

[84] ibid. 357.

[85] NLW 13221, t. 99.

[86] Yr oedd dyfaliad Iolo yn gywir: yr oedd Sal yn 34 oed.

[87] BL Add. MSS. 15027, t. 80.

## 'ANFEIDROL YNFYDRWYDD'

Un o gwynion pennaf Cylch y Morrisiaid oedd nad oedd gan y Cymry
eiriadur da a chynhwysfawr a fyddai'n gloddfa gyfoethog i'r ysgolhaig
a'r bardd fel ei gilydd. Y mae'n wir fod y Dr John Davies o Fallwyd
wedi cyhoeddi ei eiriadur enwog Cymraeg-Lladin yn 1632, a bu
hwnnw'n gynsail i nifer o eiriaduron poblogaidd o hynny ymlaen ond
yr oeddynt i gyd yn rhy boblogaidd eu natur i ddiwallu anghenion yr
ysgolhaig. Pobl anodd i'w plesio oedd y Morrisiaid: yr oedd rhyw fai ar
bob un geiriadur a gyhoeddwyd. Yr oedd Moses Williams wedi apelio
am eu cymorth i lunio geiriadur tua 1733, ond gwrthododd Lewis
Morris ei gais yn swta iawn ¦knowing him incapable of carrying on ye
work'. Yr oedd Lewis yn hanner gobeithio llunio geiriadur ei hun a'i
frodyr yn ei annog i fynd ymlaen â'r gwaith. Addawodd William
Morris y byddai ef yn cyfrannu'r *botanologium* 'y fath ni bu erioed er
dechreuad y byd'.[1] Parchai Lewis ysgolheictod John Davies, ond
cwynai fod ei eiriadur yn annigonol ac yn ddiffygiol gan fod cymaint o
eiriau Cymraeg heb eu cynnwys ynddo o gwbl. Gresynai William
Morris am nad oedd ynddo eirfa natur, ond gwyddai Lewis y rheswm
am y diffyg hwnnw: 'he knew no animals except his own cattle and
fowls'. Edmygent wybodaeth ieithyddol aruthrol Edward Lhuyd, ond
yr oedd gan hwnnw hefyd ei wendid: 'his knowledge of Welsh poetry
was none at all' ac anwybyddodd gyfoeth geirfa beirdd yr Oesoedd
Canol.

Lluniodd William Gambold eiriadur Cymraeg rhwng 1707 a 1722,
ond methodd â chasglu digon o arian i'w gyhoeddi. Ceir sôn yn
llythyrau'r Morrisiaid am ymdrechion ei fab, yr Esgob John
Gambold, i werthu llawysgrifau ei dad i eiriadurwr arall, Thomas
Richards. Ond tua 1770 daeth llawysgrifau Gambold i feddiant y
geiriadurwr John Walters. Yn 1753 cyhoeddodd Thomas Richards ei
eiriadur Cymraeg-Saesneg, a daeth argraffiad arall o'r wasg yn 1759.
Bu'r geiriadur hwn yn ffynhonnell werthfawr i feirdd ail hanner y
ddeunawfed ganrif. Agorodd drysorau'r hen gywyddwyr iddynt. Yr
oedd Iolo Morganwg yn barod i gydnabod ei ddyled iddo, ond aeth ef
ymhellach a honni mai ymysg llawysgrifau Richards y darganfu ef rai
o'r pethau y gwyddom ni bellach mai ffugiadau ydynt, megis Brut
Aberpergwm a rhai o gywyddau ffug Dafydd ap Gwilym.[2] Barn isel
iawn oedd gan Lewis Morris am waith Richards yntau: 'not equal to
the task, . . . laborious, but very ignorant'.[3] Yn y pen draw credai
Lewis Morris nad oedd neb yn addas i fynd i'r afael â'r gwaith heblaw
Lewis Morris. Ond yn sicr fe ddeallodd y Morrisiaid anghenion y
Cymry am eiriadur a fyddai'n cyfuno geirfa gyfoethog yr hen feirdd
a'r eirfa ymarferol a ddefnyddiai'r brodyr eu hunain wrth drafod eu

diddordebau eang. A dyma'r dyheadau a etifeddodd William Owen Pughe oddi wrth y Cymmrodorion cynnar.

Y mae'n anodd dechrau amgyffred maint y gwaith sydd ynghlwm wrth lunio geiriadur, hyd yn oed heddiw pan wneir y gwaith gan unedau o ysgolheigion, a phan yw popeth mor hwylus a hylaw mewn llyfr a meicroffilm. Rhaid felly fod cymhellion go gryf wedi symbylu gwŷr fel William Owen Pughe i ymgymryd â'r dasg. Wrth gwrs, ni sylweddolai'r geiradurwyr cynnar wrth gychwyn ar eu gwaith faint o lafur a'u hwynebai. Yn sicr, yr oedd Pughe wedi dychryn pan sylweddolodd beth a dynasai i'w ben. Un o'i gymhellion cryfaf ef oedd cariad naturiol gŵr at ei wlad, yn enwedig, fel y dywed ef ei hun, pan fo'r wlad honno wedi colli ei hannibyniaeth, ac wedi ei hanwybyddu gan wledydd eraill. Ond yr oedd angen mwy na gwladgarwch: 'But after having proceeded therein sufficiently far to perceive the magnitude of the labour required, I greatly doubt whether such a passion alone would have encouraged me to complete the work'.[4] Ar ôl ymgolli yn y gwaith cafodd y fath bleser a boddhad ohono nes i hynny ynddo'i hun ei annog ymlaen. Wfftiai llawer o'i gyfeillion ei fod wedi gwastraffu ugain mlynedd o'i fywyd ar waith a oedd mor ddifudd yn eu tyb hwy: 'what they called so unprofitable a sacrifice of time as the collecting together the words of a nearly expiring language'.[5] Yr oedd eu clywed yn cyfeirio felly at yr iaith Gymraeg yn ddigon o symbyliad iddo ddal ati. Yr oedd ganddo'i feiau, yr oedd ganddo'i wendidau ond i gyfadfer am y rheini yr oedd ganddo gariad angerddol at yr iaith Gymraeg. Ei fwriad pennaf ym mhopeth a wnâi yn ddiau oedd adfer urddas yr iaith a diogelu ein hen lenyddiaeth. Bu Pughe yn byw yn Llundain am ran helaeth o'i oes, priododd Saesnes, gohebai yn Saesneg â chyfeillion a oedd yn Gymry glân gloyw, ond serch hynny treuliodd flynyddoedd ar flynyddoedd o lafur caled i achub yr iaith. Yr oedd ei gymhellion yn bur, beth bynnag am ei gynnyrch, a byddai'n llawenydd i'w galon pe gwyddai am y modd y canodd Ceiriog iddo:

Pan ydoedd niwloedd nos—ar iaith yr
  Hil Frython yn aros
'Cyfod Puw,' ebai Duw,—'dos
  I ddwyn eu hiaith o ddunos'.

Ow! ein gwlad cyn geni ei glyw—marw'r
  Omeriaeth ddigyfryw!
Ond rhyfedd! wele heddyw,
  E'n ei fedd a'n hiaith yn fyw.[6]

Yr oedd gan William Owen Pughe gymwysterau digonol ar gyfer y gwaith: y diddordeb, yr amynedd, yr amser ac arian Owain Myfyr y tu cefn iddo. Yn gynnar yn 1785 dechreuodd gyfuno nifer o fân gasgliadau o eiriau â'r geiriaduron llawnaf a brintiwyd eisoes.

Treuliodd y tair blynedd nesaf yn darllen llyfrau a llawysgrifau Cymraeg, gan wneud nodiadau helaeth ar y geiriau. Dywed i'r broses hon chwyddo'r gwaith i'r fath faintioli nes y bu'n rhaid iddo ailgopïo'r cwbl oll er mwyn ei gael unwaith yn rhagor i drefn yn ôl y wyddor. Parhau i dyfu a wnâi'r rhestrau a bu'n rhaid iddo ddechrau drachefn er mwyn gwneud copi â bylchau drwyddo ar gyfer yr ychwanegiadau. Dechreuodd wangalonni:

> Those who have only been used to improve former dictionaries already reduced to a system of tolerable arrangement, can scarcely form a just idea of the labour thus required by which the contents of former vocabularies not exceeding 15,000 in the number of their words are augmented to about 100,000, and that too in addition to the introduction of more than 12,000 quotations for illustrating the obscurities of the language with the many difficulties of rendering them literally into English. [7]

Yr oedd William Owen Pughe yn ddigon ffodus i gael casgliad y Gwyneddigion o lawysgrifau wrth law, a llawer o aelodau'r gymdeithas yn barod i'w helpu. Y pennaf o'r rhain, wrth gwrs, oedd Owain Myfyr. Yn ei ragymadrodd i'w Eiriadur y mae Pughe yn cydnabod ei ddyled iddo:

> Of him it may be truly said that he has extended greater patronage towards preserving the literary remains of Wales than any other person, in ancient or modern times. [8]

Y mae'n diolch i Iolo Morganwg yntau am ei gymorth, ac i Paul Panton o'r Plas Gwyn ym Môn, a Thomas Johnes, Hafod Uchdryd am adael iddo weithio yn eu llyfrgelloedd. Gwyddai llenorion Cymru, a llawer o rai Lloegr, am waith Pughe, a byddent yn anfon rhestrau o eiriau ato. Cawn lythyr ato oddi wrth Ddafydd Ddu Eryri ym Mai 1789, yn amgau rhestr o enwau adar a physgod. [9] Dibynnai Pughe ar ei gyfeillion llengar i anfon rhestrau o'r fath ato, gan obeithio drwy hynny gasglu geiriau tafodieithol o wahanol rannau o Gymru. Ond yn bennaf, yr oedd yn rhaid iddo seilio'r Geiriadur ar eiriaduron a fodolai eisoes yn y Gymraeg: geirlyfr William Salesbury (1547); geiriadur Thomas Wiliems (1620), a ddefnyddiwyd gan John Davies i ehangu ei eiriadur ef ei hun yn 1632; geirfa Thomas Jones (1688) ac ychwanegiadau Edward Lhuyd yn ei *Archaeologia Britannica* at eiriadur John Davies; geiriadur mawr John Walters a gwblhawyd yn 1794, a geiriaduron William Richards a Thomas Jones tua thro'r ddeunawfed ganrif. Sonia Pughe am yr holl eirfaon a astudiasai o lawysgrifau: rhai William Llŷn a John Jones, Gellilyfdy, a chasgliadau diweddarach gan wŷr fel William Gambold, Lewis Morris, Ieuan Fardd, Robin Ddu yr Ail o Fôn a Iolo Morganwg. Os ychwanegir at hyn i gyd yr holl lyfrau printiedig a'r holl hen destunau llawysgrif o bob cyfnod a astudiodd er mwyn casglu'r dyfyniadau a ddefnyddir i egluro'r geiriau yn y

Geiriadur, yna fe geir rhyw gymaint o syniad o faint y dasg a wynebai William Owen Pughe. Dibynnai ar ei gyfeillion hefyd am eu barn a'u beirniadaeth onest ar ei waith. Ar yr un diwrnod ym Mai 1790 anfonodd at Iolo Morganwg a Gwallter Mechain i ofyn eu barn ar rai dalennau o'r Geiriadur. Meddai wrth Wallter:

Gan ddarfod i mi argraphu ychydig o'r Geirlyfr y sydd yn faich pwysfawr ar fy nwylaw, er dangos rhyw gynllun o'r Bwriad yr wyf ar fedr ganlyn i'w ddwyn i ben, nid allwn lau [sic] na danfon y cyfryw ddernyn i chwi, er disgwyl cael eich meddyliau diduedd amdanaw. Fy ewyllys yw ei wellhau drwy gynghor fy nghydwladwyr cywrain, ac nis gwyddwn yr un ffordd well na danfon attynt (mal y danfonais hwn) ryw ddrull i fynd dan eu barn hwynt. Wrth hyn chwi welwch mai cam a wnewch a myfi os bydd eich Barn yn esmwyth ar hyn a ragflaena'r Gwaith, felly chwiliwch yn fanwl am y Beiau mal y gellir eu diwygiaw cyn iddi fod yn rhy ddiweddar. [10]

Erbyn 1791 yr oedd y gwaith yn symud ymlaen yn dda, a Phughe yn dechrau cau pen y mwdwl a sôn am gyhoeddi mewn llythyr at Iolo. [11]

Cyhoeddwyd y Geiriadur fesul rhan i gychwyn. Ymddangosodd y rhan gyntaf ym Mehefin 1793, a bwriedid cael chwe rhan o tua 200 tudalen yr un i lunio dwy gyfrol fawr. Chwe swllt oedd pris pob rhan 'in boards', ond yr oedd rhai copïau crandiach ar gael 'on large paper quarto, hot pressed very elegant 10/6 each part to subscribers' [12] Evan a Thomas Williams y Strand oedd y cyhoeddwyr, y ddau frawd o Geredigion y gwnaeth Pughe fusnes yn aml â hwy. Gwnaeth Pughe rai arbrofion â'r orgraff yn y Geiriadur, gan roi ç am *ch*; *z* am *dd*; *f* am *ff*; *f* am *ph*, a *v* am *f*. Sylweddolai'n burion na fyddai'r arbrofion hyn yn boblogaidd, a chan fod y gwaith yn amlwg am fod yn ddrutach nag y tybiodd ymddiheurol a hunan-amddiffyniol yw tôn y llythyr a anfonodd at Wallter Mechain ar 1 Gorffennaf 1793 [?]:

A part of the Dictionary is out for six shillings in boards, reaching to 4 pages in C! This will make the poor subscribers stare and draw back I am afraid, but it cannot be helped for I have contracted it as much as possible on the plan—it is the no. of words that makes it so bulky—this part contains considerably more than Richards'. There is another thing I ought to be afraid of—*your* critics will be setting their *faces* against the orthography—for I have disencumbered it of four double letters, namely *ch, dd, ff, ph*—Mrs. Prudence advised me to stop short here. I hope for the sake of the money sunk in the undertaking she did not suffer me i ymruthraw yn rhy bell; but as to any other consideration I care not a fig. [13]

Estynnai'r rhan gyntaf o *A* hyd *caethgyvieithus*. Daeth yr ail ran o'r wasg ym Mehefin 1794. Erbyn hynny yr oedd Pughe wedi sylweddoli nad oedd y rhan gyntaf wedi cael llawer o groeso, ac y mae'n gofyn i Wallter Mechain ddefnyddio'i ddylanwad yn ei goleg i geisio ennill ychwaneg o danysgrifwyr. [14] Yr oedd dau brif reswm dros dderbyniad claear y Geiriadur: y pris uchel a'r orgraff ddieithr, yr union bethau yr oedd Pughe wedi eu hofni. Mewn llythyr at Owain Myfyr yn Awst 1794 rhydd William Williams, Llandygái adwaith y cyhoedd:

> Yr ym ni oll drwy'r ddwy wlad yma yn cwyno ein siomedigaeth yng Eiriadur Mr Wm Owen; yr oeddym oll yn addo i ni ein hunain ddywenydd nid bychan oddi wrtho, yn lle hynny, mae'n rhy ddrudfawr i'r Cyffredin bobl, y Llythyrennau yn rhy fân i lygad yr oedrannus, a pheth sy'n waeth na'r cwbl, y mae'r llythrennau newyddion yn codi'r clwyf Cymreig ynghalon pawb fal nad oes gan neb amynedd i edrych ynddo. Mi a brynais y Rhifyn cyntaf am chwe swllt, ac y mae hwnnw'n ddigon im Llyfr-gell i
> . . .[15]

Teimlai llawer o'r Cymry a fu'n disgwyl cyhyd yn eiddgar am y Geiriadur eu bod wedi cael eu twyllo a'u siomi. Mewn llythyr at Ddafydd Ddu Eryri yn Awst 1794 dywed Dafydd Elis, ficer Cricieth:

> Mi a 'sgrifennais atoch o gylch Wythnos cyn y Sulgwyn, ond mae'n debyg na chawsoch mo'r Llythyr rhag-ddywededig, mi a ddymunais arnoch yn hwnnw, os byddech yn ysgrifennu at Will. Owen, ei wneud yn gydnabyddus orfod i mi dalu 7s6c am y Rhan gyntaf o'i Eirlyfr, oni chaf fi y Rhannau eraill am 6s fel eraill, a'r 1s.6c. yn ol wrth dalu am yf ail Rhan, nid ymyrraf mwy â'r Geir-lyfr na dim arall o'i eiddo: nid wyf yn gweled cymaint Ardderchawgrwydd yn ei Waith ag y rhaid imi dalu'r cyfryw grogbris am dano.[16]

Yr un oedd cwyn David Hughes, ysgolfeistr yn Rhuthun, mewn llythyr at Wallter Mechain ym Mawrth 1794:

> Gwilym Owen's Geiriadur is looked upon here as a downright take-in. The affected orthography &c is execrable.[17]

Daeth trydedd ran y Geiriadur o'r wasg yn Rhagfyr 1795; estynnai o *dadmwythawl* at *fysgiolyn* (geiriau sydd ynddynt eu hunain yn ddigon i ddychryn y Cymro cyffredin), ac y mae cyfrol gyntaf argraffiad 1803 yn gorffen yn y fan honno. Bu saib o bum mlynedd cyn cyhoeddi'r bedwaredd ran yn nechrau 1800. Erbyn Tachwedd 1801 yr oedd Pughe yn tynnu at y terfyn ac y mae'n anfon llythyr gorfoleddus at Iolo Morganwg i ddweud hynny:

> Do you know that, at last, I am nearly at the end of my great job: that I have finished the Geiriadur, except filling a few skeleton half sheets from *ys* to the end!
>
> When all is done I will return thanks mewn gorsez yn ngwyneb haul a llygad y goleuni ar Vryn y Briallu.[18]

Tua diwedd 1803 cyhoeddwyd y Geiradur yn ei grynswth mewn dwy gyfrol drwchus. Cyhoeddwyd gramadeg Pughe *A Grammar of the Welsh Language* ynghyd â'r Geiriadur ac ar wahân iddo. Ysgrifennodd William Richards, King's Lynn, a oedd newydd gyhoeddi ei eiriadur

Cymraeg a Saesneg ei hun yn 1798, ato i'w longyfarch. Efallai nad oedd yn garedig iawn i hwnnw edliw i Pughe cyhyd y bu'r gwaith ar ei ddwylo:

> Many of the original subscribers dropt into their graves before one half of the work made its appearance & most of the rest, I believe, were for a long while ready to despair of ever seeing it completed—so difficult was the task & so slow the progress of its publication.[19]

Yn sicr, yr oedd yn waith swmpus fel y cwynodd y cyhoeddwr, Evan Williams: 'I begin to despair of ever seeing the end of this long, long dictionary . . .'[20] Teimlai hwnnw fod ganddo le i gwyno gan ei fod ef a'i frawd wedi colli arian yn y fenter. Bu'n rhaid iddynt wneud teip newydd ar gyfer yr orgraff ddieithr ac araf iawn y gwerthai'r gwaith. Ond nid oedd gan Charles Ashton lawer o gydymdeimlad â'r cyhoeddwr: 'os profodd yr anturiaeth yn golled i'r cyhoeddwr . . . nid trwy ei haelioni tuag at yr awdur y bu felly'.[21] Dywed Ashton fod Silvan Evans, gŵr a wyddai'n iawn o brofiad am helbulon geiriadurwr, wedi adrodd hanes a ddaeth o enau Pughe ei hun drwy Thomas Gee. Dywedodd Pughe ei fod wedi rhoi'r Geiriadur, a'r hawlfraint y mae'n rhaid, i Evan Williams am ddim. Ymhen amser ar ôl cyhoeddi'r gwaith gofynnodd Pughe a gâi un copi i'w roi'n anrheg i gyfaill:

> Derbyniodd Pughe y llyfr yn ddiogel—*gydag archeb am ei lawn bris!* Ni wyddom pa un a gafodd yr awdur gopi o'r gwaith yn rhâd iddo ei hun ai peidio.[22]

Yr oedd Evan Williams yn enwog am ei grintachrwydd. Y mae Thomas Edwards, Caerfallwch, wrth annog Pughe i ystyried llunio geiriadur Saesneg-Cymraeg yn ei rybuddio i gadw draw rhag 'Mr Skinflint in the Strand'.[23]

Y mae'n amlwg fod cost y Geiriadur yn llawer mwy nag yr amcangyfrifwyd ar y cychwyn. Dywed Pughe wrth Iolo yng Ngorffennaf 1793 fod ffrae am hyn: 'a squabble bet[n] the printer & Williams about the extravagant charges'.[24] Er nad oes gennym lawer o gofnodion am y draul a fu ar y Geiriadur y mae gennym rai manylion mwy pendant am gostau geiriadur John Walters. Cyhoeddwyd hwnnw rhwng 1770 a 1794: felly y mae'r ffigurau yn eithaf cyfoes a pherthnasol i'r math o gostau a fyddai ar Eiriadur Pughe. Aeth gwaith Walters mor anferth nes iddo fethu â gorffen ei argraffu tan i Owain Myfyr â'i haelioni diben-draw ddod i'w helpu. Cadwyd un o'r biliau a anfonwyd at y Myfyr ac oddi wrtho ceir rhai eitemau megis £57-12-0 am brintio 32 o ddalennau, a £24-16-0 am 32 rîm o bapur. Cyfanswm y bil arbennig hwnnw oedd £86-16-6 a byddai hynny'n dipyn o arian i'w dalu allan.[25] Gan for Geiriadur Pughe mor fawr a chostus penderfynwyd cyhoeddi talfyriad ohono yn 1806. Ar gais y cyhoeddwr defnyddiwyd yr orgraff gyffredin yn erbyn ewyllys Pughe. Yn niwedd y gyfrol ceir addewid am eiriadur Saesneg-Cymraeg, ond ni chyflawnodd Pughe yr addewid hwnnw. Cyhoeddwyd ail argraffiad o'r geiriadur byr Cymraeg-Saesneg yn 1836, ac yn 1832 cafwyd ail argraffiad o'r Geiriadur mawr. Gwnaeth Pughe rai newidiadau yn hwnnw: adferwyd yr orgraff gyffredin a cheir rhai gwahaniaethau yn yr enghreifftiau. Yn 1866 cyhoeddwyd trydydd argraffiad dan olygyddiaeth Gweirydd ap Rhys. Newidiodd hwnnw lawer ar y gwaith: ychwanegodd gyfystyron Cymraeg at y cyfieithiadau Saesneg ar gyfer pob gair gan ei wneud yn fwy defnyddiol i'r Cymro uniaith. Defnyddiwyd orgraff a benderfynwyd gan bwyllgor o lenorion yn Eisteddfod Llangollen yn 1858. Sylweddolwyd yn fuan iawn mor hynod o amhoblogaidd ydoedd orgraff fympwyol William Owen Pughe ac mor gyfeiliornus oedd ei syniadau am eirdarddiad. Fel y dywedodd Silvan Evans: 'Pughe was rather apt to meddle with words'.[26]

Cyrhaeddodd mympwyon ieithyddol ac orgraffyddol William Owen Pughe eu penllanw yn 1808 gyda chyhoeddi *Cadôedigaei yr Iaii Cybraeg*. Bwriedid hwn fel propaganda i hyrwyddo'i syniadau am yr orgraff ond yr oedd y gyfrol yn hollol ddisynnwyr ac yn ddifudd i'r darllenwr cyffredin, yn wir, i unrhyw ddarllenwr. O'r herwydd cyhoeddodd Thomas Charles argraffiad arall o'r un gwaith yn yr un flwyddyn gan ddefnyddio'r orgraff safonol yn hwnnw. Bu Thomas Charles ei hun yn gweithio ar ramadeg Cymraeg 'for the use of the natives', yn ôl yr hyn a ddywed mewn llythyr at Iolo Morganwg yn Hydref 1808, ond ar ôl gweld gwaith Pughe rhoes y gorau i'r dasg, a phenderfynodd gyhoeddi llyfr Pughe. Math o lawlyfr gramadeg ydoedd *Cadwedigaeth yr Iaith Gymraeg*, a defnyddid y fersiwn yn yr orgraff safonol fel gwerslyfr Ysgol Sul â bendith Thomas Charles ei hun arno. Collfarnu a fu erioed ar syniadau ieithyddol Pughe o'i oes ei hun hyd heddiw. Ei feirniad mwyaf hallt, ond odid, oedd Syr John Morris-Jones, a oedd yn ddidrugaredd o lawdrwm yn ei sylwadau arno. Disgrifiodd Syr John ei syniadau gramadegol fel dim 'namyn chaos', a dywedodd fod ganddo'r 'gallu hefyd i ddewis pob peth hyllach na'i gilydd o bob man . . .'[27] Tebyg iawn oedd barn rhai o gyfoeswyr Pughe am y Geiriadur a'r orgraff. Dyma sut y canodd Dafydd Ddu Eryri i'r Geiriadur:

> Geiriadur ammur yw o—anfeidrol
>  Ynfydrwydd oll drwyddo.
> Da Wilym, gad i Iolo
> A Diawl y gwaith, dwl o'i go.[28]

Yr oedd William Williams, Llandygái, yr un mor giaidd:

> Amherffaith y gwaith i gyd—egwyddor
>  Wageddus a bawlyd,
> Rhyw garth o Ddeheubarth byd
> Mawr anferth, O! mor ynfyd.[29]

Y mae'n ddiddorol fod ysgolhaig modern wedi dewis yr un gair yn union â Dafydd Ddu i ddisgrifio Geiriadur Pughe. 'Ynfydrwydd' yw'r gair a bwysleisir gan yr Athro T. J. Morgan yntau wrth sôn am y gwaith:

> Y dyfarniad yw fod y cyfan fel 'folly' o adeilad; a dyma ddiffiniad geiriadur Rhydychen: 'A name given to any costly structure considered to have shown folly in the builder'.[30]

Y mae llawer o'r feirniadaeth yn hollol deg, wrth gwrs. Gŵyr pawb am y niwed a wnaeth Pughe i burdeb yr iaith ac yn enwedig i'r orgraff. Ef, yn wir, sy'n gyfrifol am yr holl ddadlau a fu ar destun yr orgraff yn nechrau'r ganrif hon. Ond y mae'n rhaid i ni ei farnu yng nghefndir ei oes ei hun, a phan edrychwn arno felly gwelwn nad oedd mor wahanol â hynny i'r mwyafrif o ysgolheigion y cyfnod. Yn wir, yr oedd yn llawn callach nag ambell un a weithiodd yn yr un maes.

Syniad cwbl gyfeiliornus ac anghywir oedd gan ysgolheigion Celtaidd yr ail ganrif ar bymtheg a'r ddeunawfed ganrif am ddatblygiad yr iaith, ac am gysylltiad ieithoedd â'i gilydd. Edward Lhuyd oedd yr unig un, efallai, a ddaeth yn agos at y gwirionedd ond yr oedd ef o flaen ei oes yn hyn o beth. Crwydrodd y mwyafrif o'i olynwyr oddi ar y llwybr a oleuodd ef iddynt. Yr oedd y Dr John Davies wedi cyhoeddi bod cysylltiad rhwng y Gymraeg â'r Hebraeg ac yr oedd hwn yn syniad a apeliai'n fawr at y Cymry. Yn y ddeunawfed ganrif gwnaeth Theophilus Evans lawer i ledaenu'r syniad hwn drwy *Ddrych y Prif Oesoedd*. Dywed ef nad oedd ond un iaith sef 'yr Hebraeg yn ddilys ddigon' yn nechreuad y byd ac ar ôl Tŵr Babel yr oedd 'deuddeg iaith a thri-ugain'. Ond yr oedd y Gymraeg wedi cael lle anrhydeddus: 'A phwy a oedd yn siarad Cymraeg a dybiwch chwi y pryd hwnnw, ond Gomer, mab hynaf Japheth, ap Noah . . .'[31] Yr oedd astudiaeth iaith yn rhywbeth rhamantus damcaniaethol er i Edward Lhuyd geisio gosod sail wyddonol iddi drwy sylwi ar seiniau a gwneud ymgais i lunio cysylltiad pendant rhwng ieithoedd a'i gilydd. Ychwanegwyd at y rhamant gan un o gyfoeswyr Lhuyd, Llydäwr o'r enw Paul Yves Pezron. Cyhoeddodd ef ei lyfr enwog *Antiquité de la nation et de la langue des Celtes, autrement appelée Gaulois* yn 1703. Cyfieithwyd ef i'r Saesneg fel *Antiquities of Nations* yn 1706 a chafwyd nifer o argraffiadau ohono tan ddechrau'r bedwaredd ganrif ar bymtheg. Dyma lle y cafodd Theophilus Evans ei syniadau; yr oedd ganddo barch mawr i 'Pezron ddyscedig'.[32] Honnodd Pezron yntau mai'r Gymraeg oedd iaith Gomer mab Japheth ac mai ei ddisgynyddion ef oedd brodorion Cymru a Llydaw.[33] Credai mai Gomeriaid oedd y Titaniaid hwythau a ddyrchafwyd yn dduwiau i'r Groegiaid a'r Rhufeiniaid. Gan fod y Gymraeg, yn nhyb yr ieithegwyr cynnar hyn, yn iaith mor gyntefig, credent y gellid gweld ynddi hi yn fwy nag ymron yr un iaith arall y gwreiddeiriau unsill a ffurfiai'r iaith wreiddiol honno a oedd yn fam i bob iaith arall ar wyneb y ddaear. Yr oedd yr ieithyddwyr hyn yn hofran ar ymylon y gwirionedd am ddatblygiad iaith, ac am le'r Indo-Ewropeg yn nhwf ieithoedd, ond llithrai'r gwirionedd o'u cyrraedd ar bob gafael, gan eu gyrru ymhellach i niwl eu damcaniaethau ffansïol eu hunain.

Llyncwyd syniadau Pezron gan Gymro sydd mor wallgof yn ei ddamcaniaethau nes peri i William Owen Pughe ymddangos yn bur ddiniwed. Rowland Jones oedd y gŵr hynod hwn, gŵr o Fachellyn, Llanbedrog, yn Llŷn. Gweithiai ef fel twrnai yn Llundain, a thrwy briodi etifeddes daeth yn gyfoethog iawn. Daeth yn berchennog stad y Weirglodd Fawr (Broom Hall) yn Aber-erch. Cyhoeddodd nifer o lyfrau ar iaith, y naill yn wirionach na'r llall. Y mae eu teitlau ynddynt eu hunain yn ddigon o brawf o'r syniadau od a geir rhwng eu cloriau. Yn 1764 cyhoeddodd *The Origin of Languages and Nations, Hieroglyfically, Etymologically, and Topographically defined and fixed, after the Method of an English, Celtic, Greek, Latin-English Lexicon*. Hwn oedd ei lyfr enwocaf a mwyaf ei ddylanwad. Dilynwyd ef yn 1768 gan *Hieroglyphic: or a Grammatical Introduction to an Universal Hieroglyfic Language, consisting of English signs and voices*. Yn 1769 cyhoeddodd *The Philosophy of words in two dialogues between the Author and Crito*, a dilynwyd hwnnw yn 1771 gan *The Circles of Gomer, or an Essay towards an Investigation and Introduction of the English as an Universal Language*. Yn 1773 ymddangosodd *The Io Triads; or the Tenth Muse, wherein the origin, nature and connection of the Sacred Symbols, Sounds, Words, Ideas are discovered*. Ar ôl y ffrwydro gwyllt o syniadau od am ddeng mlynedd bron yn ddi-dor, nid yw'n syndod efallai i Rowland Jones druan chwythu ei blwc a marw yn 1774. Eglurai Rowland Jones eiriau Saesneg, Lladin a Groeg yn ôl yr hyn a dybiai ef oedd ystyron y seiniau cyntefig a welai yn y Gymraeg. Nid oes rhyfedd i'r Athro Stuart Piggot ddweud ei fod yn byw mewn 'a cosy world of lunatic linguistics'.[34] Y mae darllen gwaith Rowland Jones am y tro cyntaf yn brofiad mor syfrdanol nes y mae'n anodd gwybod sut i wneud na phen na chynffon o'i ffantasïau afreal. Y mae'n amlwg mai profiad tebyg a gafodd yr Esgob Percy; anfonodd ef at Ieuan Fardd i geisio cael rhyw oleuni. Gellir clywed y dryswch yn ei gwestiynau: 'Do you think his Etymologies solid? What is your opinion of his scheme?'[35] Ond yr oedd Ieuan yn ddiogel yng nghorlan ieithyddol Edward Lhuyd lle na fedrai Rowland Jones ei gyffwrdd. Pan ddarllenodd Edward Richard, Ystrad-meurig, *The Origin of Languages and Nations* yn 1764 yr oedd ef wedi syfrdanu fel yr esgob. At Lewis Morris yr anfonodd Edward Richard am gyfarwyddyd. Dyma ran o ateb Lewis:

The inclosed proposal I return to you, with thanks for the Compliment you make me, by taking my opinion as your guide, whether you ought to subscribe to Rowly Jones's flights. I am too grave to make a joke of any poor

78

man touched in the head, and as he acquired a good fortune by his former Industry, it is fit he should lay it out as he pleases in whims and fancies provided he hurts nobody . . . But alas! poor Ro. Jones the Attorney can produce nothing but an empty froth! [36]

Mewn llythyr arall dywed:

> . . . Rowly Jones's book turned out exactly what I expected, entirely visionary and a strong dash of an infirm head, his wife (an extravagant woman) I suppose was the occasion of his madness. [37]

Buasai'n fwy teg i Lewis Morris feio Pezron yn hytrach na Mrs. Rowland Jones am y gwallgofrwydd gan mai atgynhyrchu syniadau'r Llydäwr a wnaeth Rowland Jones i raddau helaeth.

Yn ei ragymadrodd i *The Origin of Languages and Nations* ceir math o draethawd ar 'hanes' ieitheg, lle honna Rowland Jones, fel Pezron, mai disgynyddion Gomer oedd y Celtiaid. Credai ef fod y Gymraeg yn iaith mor bur a dilychwin nes bod hyd yn oed pob llythyren ynddi yn symbol ynddi ei hun. Er enghraifft, dywed fod y llythyren 'O' oherwydd ei ffurf gron yn cynrychioli'r haul, neu olwyn neu'r byd ei hun, ac mewn ystyr eilradd, yn cynrychioli gwres, goleuni, a symudiad. Fe ddefnyddir 'O!' i gyfleu edmygedd, 'because the sun is admirable'. I ni, sy'n disgwyl cael rheolau a rhyw gallineb clinigol trefnus mewn llyfr iaith neu ramadeg, y mae'r elfen swrealaidd a geir ar adegau yng ngwaith Rowland Jones yn ffantasi llwyr. Y mae'n mynd yn ei flaen yn frwd:

> O is also a note of abhorring, which is the same as to say move from or away: but the more natural sound seems to be the note of admiration, which sound seems peculiar to man, as if he alone of all animals was to look upwards, from A, which is the first natural note of other animals . . . and therefore made use of to express every admirable being as God, man, animals and other existences. [38]

Dywed am y llythyren *M* 'from its shape it seems to represent hills and dales and the waves of the sea', [39] a'i phrif ystyron hi, felly, yw 'daear', 'môr', 'mam', a phethau tebyg (neu annhebyg, yn ôl ei fympwy). Y mae gan *M* ystyron eilradd o 'farwolaeth' a 'mynydd'. Afraid fyddai ymhelaethu ar ystyron y llythrennau eraill; maent yr un mor ffansïol. Gan fod ystyr bendant i bob llythyren, yr oedd yn dilyn, yn nhyb Rowland Jones o leiaf, fod ystyr arbennig i bob cyfuniad o lythrennau. Honnai y gellid rhannu pob gair yn elfennau ag ystyron arbennig iddynt. Dyma'i esboniad am *ab*:

> ab by inflection from ap, is a compound of a-p, or a, the earth to the top of p, the sky, whence it became an expression for from and an offspring or a son. [40]

Drwy ddilyn y ddamcaniaeth gam ymhellach, os yw *ap* yn golygu *oddi wrth*, ac *o* yn symbol o'r haul, yna:

79

po is ap-o, from the sun; and therefore as in Celtic, poeth, it expresses heat; for poeth is a compound of po-ith, it is heat, or from the sun, id inflecting into ith or eth, and pu and py assist pi as in pur, pure, which is a compound of ap-ir from the fire.[41]

Y mae'r elfen swrealaidd sydd yn Rowland Jones yn ein hatgoffa o weithiau ffantasi fel *Alice in Wonderland* Lewis Carroll, a bron na ellid clywed Rowland Jones yn siarad drwy enau Humpty Dumpty yn *Through the Looking-Glass* pan ddywed hwnnw: 'When *I* use a word . . . it means just what I choose it to mean, neither more nor less'.[42]

Y mae damcaniaethau Rowland Jones am ystyron y cyfuniadau hyn yn ein dwyn ni yn nes at William Owen Pughe, er nad yw hwnnw, yn ôl pob golwg, yn cydnabod bodolaeth Rowland Jones na'i syniadau. Er bod y syniadau eu hunain wedi apelio ato, efallai fod Pughe wedi sylweddoli cyn lleied o barch a oedd gan y Morrisiaid a'u cylch tuag at Rowland Jones, ac o'r herwydd, callaf dyn tra tawo. Fe geir erthygl gan 'Hirllyn'[43] yn *Y Brython* yn 1858, lle y mae hwnnw'n credu'n bendant mai tewi'n fwriadol a wnaeth Pughe am ddylanwad Rowland Jones arno:

Yn awr, Mr Brython, mabwysiadodd Dr Puw gyfundrefn Rowland Jones yn llwyr ac yn gwbl, eto ni soniodd erioed wrth neb na siw na miw i bwy yr oedd yn ddyledus amdani. Mae'n son am luaws o Eirlyfrau yn ei Ragymadrodd, ond y mae yn anniolchusaf yn pasio heibio enw Rowland Jones, druan heb y gair lleiaf o gydnabod, er mai i Rowland Jones yr oedd yn ddyledus am yr holl egwyddor a'r cynllun ar y rhai y cyfansoddodd efe ei Eirlyfr enwog. Pa un bynnag ai drwg ai da yw'r drefn o darddu geiriau fel y gwnaeth Dr Puw, Rowland Jones o'r Weirglodd Fawr yn Eifionydd, biau'r clod neu'r anghlod i gyd, ac nid oes mo'r mymryn lleiaf o hono yn perthyn i Dr Puw. Na sonnir am hyn yn heolydd Dinbych.[44]

Wrth gwrs, y mae'n bosibl fod Pughe wedi cael ei syniadau yn syth oddi wrth Pezron, er ei bod hi'n amhosibl credu nad oedd erioed wedi clywed sôn am Rowland Jones. Yr oedd Cylch y Morrisiaid yn gyfarwydd iawn â syniadau Pezron. Y mae Henry Rowlands yntau, awdur *Mona Antiqua Restaurata* (1723) yn canmol gwaith y Llydäwr, ac y mae Rhys Jones o'r Blaenau yn crybwyll ei waith yn ei ragymadrodd i *Gorchestion Beirdd Cymru* (1773), llyfr y gwyddom fod Pughe yn gyfarwydd ag ef er ei fachgendod. Gwnaeth Gwallter Mechain yntau nodiadau manwl ar lyfr Pezron, *Antiquities of Nations*.[45] Mewn gwirionedd nid yw fawr o bwys o ble y cafodd Pughe'r syniadau, ai'n uniongyrchol oddi wrth Pezron ai'n ail-law oddi wrth Rowland Jones. Y peth pwysig yw ei fod wedi eu mabwysiadu a'u haddasu i'w bwrpas ei hun, gan ystumio geiriau a llunio rhai newydd i brofi ei bwynt. Y canlyniad oedd fod yn rhaid iddo newid yr orgraff er mwyn ei chymhwyso i'w ddamcaniaeth. Mewn llythyr at John Jones, Tegid, mor ddiweddar â Chwefror 1820, y mae Pughe yn traethu'n helaeth ar y pwnc mewn ateb i gwestiwn Tegid am natur iaith gyntaf y ddynolryw. Gellid tybio mai Rowland Jones ei hun sy'n ysgrifennu gan mor debyg yw syniadau Pughe am natur y famiaith gyntefig:

It was formed of all the possible simple articulations of the human voice, which could not be above about 250(?) in number, and were such as a, e, i, o, ab, ac, ad, al, am, ca, ci, de, do, &c. &c. These primary elements were the signs of so many simple ideas and became the names of things that were the most obvious types of such simple ideas. Take the Welsh word *aw* as an example, whose primary meaning is *what has had motion given it, a flowing element*, and its type is *water*—in Welsh, Teutonic, Persian and Arabic. By combining 2 or more such elementary words then were necessarily combined 2 or more simple ideas. [46]

Ffieiddiai Nicander at y syniad o roi'r fath ystyron i gyfuniadau o lythrennau. Mewn llythyr at Eben Fardd ar 26 Mehefin 1860, dywed:

Nid hwylus yw'r Gymraeg i osod allan feddylddrychau *abstract* o'r fath. Mae Dr Pughe yn tynnu'r Gymraeg allan o wreiddeiriau mân hollol *abstract*. GW, 'that inceptively denotes approach', eb efe, beth bynag yw 'to denote approach inceptively'. MA, 'what is identified as being produced', HE, 'aptness of motion' &c Yr oedd cyn-eiriau pob iaith, debygid, yn eiriau *concrete*, am bethau gweledig neu sylweddol pa un bynnag ai *nouns* ai *verbs*. Ymddengys i mi yn annichon fod cyneiriau'r Gymraeg fel hyn i gyd yn feddylddrychau *abstract*. Mae ffurfiad geiriau *abstract* yn effaith hir ymarferiad â logic a philosophi, and classification and refinement of thought. Mae system y Doctor yn gyfeiliornus o'i gwaelod isaf. [47]

Ni ddylid rhoi'r holl fai am gymylu pwnc tarddiad yr iaith Gymraeg ar William Owen Pughe; y mae'n rhaid i Goronwy Owen ysgwyddo rhan o'r bai. Trafodai ef ei syniadau yn ei lythyrau, a chafodd y rhain gryn ddylanwad ar ei gyfoeswyr a'i ddilynwyr. Ym Mehefin 1753 y mae'n trafod hyn i gyd mewn llythyr at William Morris, ac y mae'n rhyfedd sylwi fod Goronwy, er ei fod yn ysgolhaig da yn y clasuron, yn dilyn y gred gyfeiliornus mai'r Lladin a darddasai o'r Gymraeg yn lle sylweddoli bod llawer o fenthyciadau o'r Lladin yn yr iaith. Fe welwn oddi wrth y llythyr hwn mai Pezron unwaith eto oedd yn gyfrifol am y camsyniad: Dyma sut y gwelodd Goronwy yr iaith Gymraeg:

*Dyffestin* is certainly the same as the Latin *festino*, perhaps deriv'd from it, or rather *festino* from *dyffestin*, and that again from *ffest* which is the more simple word, and therefore to be looked upon as the original. You know Monsieur Pezron's rule. I wish some able hand would endeavour to improve the etymological knowledge of our language by reducing the compound words into their simples, and derivatives into their primitives, it would open a wide door to the thorough understanding of our language, and the establishing of the critical parts of ancient and modern orthography. Edward Lhwyd in displaying his vast treasure of European languages, has rather confounded than settl'd the etymology of ours. If the thing was once judiciously done we

81

should view our fine language in a quite different light, and find it to be (as I am persuaded it is) more independent of all European languages than has been hitherto ever imagined. I question whether we have one single word in the language, but what may be fairly deriv'd of some monosyllable of our own. [48]

Er bod y syniadau hyn yn anghywir, nid oedd Goronwy Owen a'i gylch yn gwneud llawer o niwed i'r cyhoedd drwy eu trafod yn eu llythyrau. Ond pan ddaeth William Owen Pughe i seilio holl egwyddor ei Eiriadur ar yr un syniadau, yr oedd yn beth llawer mwy peryglus gan fod y damcaniaethau simsan wedyn yn mynd i afael y genedl gyfan, a buont yn jacolantarn a arweiniodd ambell un i gorsydd lleidiog iawn.

Yn ei Eiriadur, y mae William Owen Pughe yntau'n diystyru'r elfen Ladin yn yr iaith Gymraeg. Felly, yn lle gweld mai tarddu o'r Lladin *episcopus* a wnaeth y gair *esgob*, rhydd Pughe ei wraidd fel *es-cob*, yn dod o *cob*, a hwnnw o *co-ob*, a'i ystyr fel 'gŵr cobog'. Ond, fel y dywedodd Syr John Morris Jones: '. . . byddai'n gystal enw ar leidr mantellog ag ar ŵr eglwysig'. [49] Yn ôl yr un egwyddor daw *ystwyll*, nid o'r Lladin *stella*, yn ôl Pughe, ond o *yst-gwyll*, a rhydd ei ystyr fel 'that exists in the gloom'. Oni fyddai hwn yn ddisgrifiad da o ddamcaniaethau Pughe? Yr oedd nonsens fel hyn nid yn unig yn sicr o fwydro pennau'r darllenwyr cyffredin ond yn debyg o andwyo orgraff yr iaith. Credai Pughe fod orgraff iaith 'yn dangawz ei defnydd cysefin yn amlwg', ac mewn llythyr at Iolo Morganwg sonia am ei fwriad 'to introduce a purity of orthography deduced from etymological reasoning'. [50] Gwnaeth hyn trwy ddod â newidiadau pur niweidiol i'r dull o sillafu'r Gymraeg. Ni ddyblai *n* a *r* mewn geiriau fel *hynny*, *pennau, carreg, torri*, ar yr egwyddor nad oedd yn iawn cynnwys unrhyw lythyren mewn gair onid oedd honno'n rhan o wreiddyn y gair. Ei ddadl oedd fod *pen* yn ddatblygiad o'r gwreiddeiriau cysefin *py* + *en*, felly y lluosog oedd *py* + *en* + *au* > *pennau*. Y mae'n ei gyfiawnhau ei hun drwy ddweud nad yw'r newid yn y sillafu yn amharu ar yr ynganiad o gwbl. [51] Felly, dyma gyflwyno *penau, careg* a *tori* i'r iaith, a chymhlethu egwyddor dyblu cytseiniaid. Er ei fod yn argymell hepgor *n* ac *r* ddwbl yn y geiriau uchod, eto mynnodd eu cadw mewn geiriau megis *annoeth, cynnwys, tannau*. Yr oedd hyn yn hollol gywir, wrth gwrs, ond nid oedd rhesymau Pughe dros wneud hynny'n gywir gan ei fod yn dal i seilio'i reol ar yr un egwyddor gyfeiliornus am eirdarddiad. Mynnai hefyd gadw *an* ac *yn* heb eu newid yn *am* ac *yng* o flaen *n* ac *ng*, fel yr hawlia rheolau seinyddiaeth, a chawn ffurfiau reit od ganddo fel *anmharu, anmherfaeth, ynmhell, ynmlaen*. Honnai fod y gair *Cymro* yn tarddu o *cyn* + *bro*, a mynnai ddefnyddio'r ffurfiau *Cynmro* a *Cynmraeg*. Ei ddylanwad ef a welir yn enw'r cylchgrawn a gyhoeddodd Morgan John Rhys, *Y Cylch-grawn Cynmraeg*. Ceisiodd brofi mai blaenddodiad negyddol oedd *di-* yn ddieithriad, ac mai blaenddodiad cadarnhaol oedd *dy-*. Dywed Syr John Morris-Jones mai gan y Dr John Davies o

Fallwyd y cafodd Pughe y syniad hwn, 'ond ni chamsillebodd Dr. Davies eiriau'r iaith ar sail ei gamgymeriad'.[52] Pughe sy'n gyfrifol, felly, am ddod â ffurfiau megis *dysgwyl* a *dyben* i'r iaith. Y mae'n wir, wrth gwrs, fod grym negyddol yn aml i *di-* (e.e. diflas, diachos, diau) ond dro arall y mae ystyr gadarnhaol iddo (e.e. dinoethi, dioddef). Ni ellir honni ychwaith, fel y gwnaeth Pughe, mai blaenddodiad cadarnhaol yw *dy-* gan fod nifer o wahanol ystyron iddo.[53] Ambell dro y mae Pughe yn acennu'i eiriau ar ddull y Ffrancwyr drwy ddodi acen lleddf (`) neu acen lem (´) uwchben rhai llafariaid. Y mae ei ddefnydd o'r acenion hyn mor anghyson a mympwyol nes y mae'n anodd iawn deall eu harwyddocâd onid yw'n ymgais i ddynodi hyd y sillaf.

Trwy gambriodoli tarddiad y gair daeth Pughe ag erthylod megis *araeth* (am araith), *diffaeth*, a *disglaer* i'r iaith, gan iddo fynnu troi pob *ai* yn *ae* yn y sillaf olaf, er ei fod yn gadael ffurfiau eraill megis *areithio*, *diffeithio* a *disgleirio* heb eu difwyno. Un o'r pethau mwyaf trychinebus a wnaeth Pughe oedd newid ffurfiau afreolaidd y gwahanol rannau ymadrodd i gydymffurfio â'i syniadau 'rheolaidd' ef am iaith. Yn ffodus, yr oedd y ffurfiau a fathodd ef yn rhy od i fod yn dderbyniol gan y cyhoedd, ond yn ei Ramadeg gwelir erchyllterau megis *da, daach, daaf* yn yr adran ar gymhariaeth ansoddeiriau, a Pughe yn unig a ŵyr beth yw ystyr *goreued, goreuach* a *goreuaf*. Rhyw awch am reoleidd-dra sydd y tu ôl i'r ffurfiau hyn. Yr oedd y ffurfiau afreolaidd *da, cystal, gwell* a *gorau* yn hollol annerbyniol iddo er eu bod mor amlwg yn gywir, ac ni allai clust Pughe a'i wybodaeth naturiol o'r iaith lai na dweud hynny wrtho. Ond yr oedd yn rhaid iddo gysoni popeth. Y mae'r Athro T. J. Morgan yn cynnig esboniad diddorol iawn am y duedd hon: 'A rhaid cofio peth arall am y cyfnod, sef fod y ganrif, yn enwedig mewn meysydd perthynol i ieitheg heb beidio â bod yn Oes Rheswm neu Resymoliaeth'.[54] Dywed yr Athro Morgan fod ysgolheigion yr oes yn credu bod modd esbonio popeth drwy resymegu a dilyn egwyddorion a rheolau. Yr oedd cysondeb i'w gael ym mhopeth o rod y tymhorau yn natur i gymhariaeth ansoddeiriau mewn iaith.

Bu Pughe yn brysur wrthi'n ymyrryd â'r ffurfiau berfol hwythau. Honnai mai berfau cyntefig oedd *mynd* a *bod* a chredai y dylid llunio pob berf arall o enwau gan ychwanegu'r berfau cysefin hyn fel terfyniadau berfol. Dyma'r egwyddor sydd y tu ôl i ffurfiau megis *carwyf* a ddefnyddid gan awduron y bedwaredd ganrif ar bymtheg fel ffurf y person cyntaf unigol amser presennol, mynegol, y ferf *caru*. Y mae gweddill rhediad y ferf yn fwy erchyll fyth: *carwyf, carwyd, caryw, carym, carych, carynt*. Ac y mae gan Pughe ffurfiau sy'n waeth hyd yn oed na'r rhain; ffolinebau megis *awyf, awyt* ac *ayw*. Peth arall sy'n taro'n od iawn ar y glust yw'r defnydd a wnâi Pughe o Amser Amherffaith y ferf i gyfleu ystyr gorffennol neu berffaith: e.e. 'Yn y decreuad *creai* ELYV y nevoedd ac y ddaiar'. Gan ei fod yn mynnu defnyddio'r gystrawen hon drwy ei ddyddiadur y mae hwnnw'n swnio'n bur annaturiol. Cystrawen gyfeiliornus arall yw ei duedd i wneud i'r ferf gytuno â'r goddrych mewn rhif. Yn y Gymraeg pan fo'r goddrych yn enw y mae'r ferf bob amser yn y 3ydd person unigol hyd yn oed pan yw'r enw goddrychol yn lluosog, e.e. *Canodd y bachgen*; *Canodd y bechgyn*. Ond y mae gan Pughe enghreifftiau fel: 'Doynt vy mrawd a'i wraig i giniaw'; 'Galwem vi ac Aneurin ar E. Scott'.[55]

Defnyddiai'r terfyniadau *-awl, -iawl, -awd, -iaw, -awg, -awr, -iawn*, yn lle *-ol, -iol, -od, -io, -og, -or, -ion*, ac y mae weithiau'n llawn o eiriau fel *canlynawl, uchawd, treigliaw, blodeuawg, uniawn* ac *egwyddawr*. Parhaodd dylanwad yr egwyddor hon ar yr iaith yn hwy ond odid na'r un ddamcaniaeth arall o'r eiddo, ac yn wir nid yw wedi llwyr ddiflannu o'r iaith hyd yn oed heddiw yn y genhedlaeth hŷn. Ceisiodd Pughe hepgor y sillgoll yn gyfan gwbl, gan gynnig *ac y* am *a'r*. Ei farn am y sillgoll oedd ei fod yn beth 'that in polished writing is deemed unpardonable, being fit only for the common intercourse of business'.[56] Yn ei ddyddiadur cawn enghreifftiau di-ri o'i gystrawennau di-sillgoll e.e. 'W. Owen o y Blaenau . . .'; 'awn i ei dy', 'Doynt W. Coles ac ei ddau vab yma'.

Y broblem fawr i William Owen Pughe wrth sillafu'r Gymraeg oedd sut i ddynodi'r seiniau nad oes arwydd arbennig iddynt yn y wyddor Rufeinig: *ch, dd, ff, ng, ll, rh*. Nid ef oedd y cyntaf i boeni am hyn: bu Gruffydd Robert, Milan, yntau'n arbrofi ar yr orgraff yn ei lyfr *Dosparth Byrr ar y rhan gyntaf i ramadeg Cymraeg*, a gyhoeddwyd ym Milan yn 1567.[57] Ceid llawer o arbrofi ar ddiwygio'r orgraff tua'r un amser. Yn 1547 ceisiodd John Prys ddiwygio orgraff y Gymraeg yn *Yn y lhyvyr hwnn*, ac yn 1568, cyhoeddwyd llyfr yn Lloegr gan Thomas Smith, *Dialogue concerning the Correct and Emended Writing of the English Language*. Nid yw'r cyhoedd yn hoff o'r sawl sy'n ymyrryd ag orgraff eu hiaith. Fel y dywedodd yr Athro R. T. Jenkins: '. . . no doubt it would be "easier" to write *"ovyz"* for *"ofydd"* (or in English *"nolij"* for *"knowledge"*)—but people just won't'.[58] Awgrymodd Gruffydd Robert roddi arwyddion neu ddotiau o dan rhai llythrennau i ddynodi newid yn y sain, e.e. rhydd *d* am *d*, ond *d̦* am *dd*; *l* am *l*, ond *l̦* am *ll*; *u* am *w*. Nid yw'n newid *ch* a *th*, ac nid yw'n cynnwys *ff*, *ng* na *rh*. Nid yw ei orgraff yn hawdd ei darllen nac ychwaith yn ddeniadol ei gwedd. Yn y ganrif ddilynol awgrymodd John Jones, Gellilyfdy, roddi dotiau dan *d*, *l* ac *u* fel y gwnaethai Gruffydd Robert, ac y mae ef yn awgrymu rhoi *c̦* am *ch*, a *ț* am *th*. Un o gyfoeswyr Gruffydd Robert oedd Siôn Dafydd Rhys, a chyhoeddodd ef ei ramadeg Cymraeg yn 1592.[59] Yr oedd ganddo yntau newidiadau i'w cynnig yn yr orgraff; poenid ef gan *dd, f, ng, ngh*, a *ll*. Eithr ni ellir galw ei orgraff ef yn ddiwygiedig gan nad oes gwelliannau ynddi. Y mae ef yn dal i ddefnyddio dwy lythyren i gyfleu un sain: wedi'r cwbl, faint gwell yw ei *dh* ef na'r *dd* gyffredin? Y mae'n cynnig *bh* am *f*; *gh* am ng; *ghh* am *ngh* a *lh* am *ll*. Y mae'r orgraff hon yr un mor annerbyniol â'r holl ymdrechion eraill a fu i ddiwygio

*Llun: Llyfrgell Genedlaethol Cymru*

William Owen Pughe
Artist: Daniel Maclise

llythyraeth y Gymraeg. Y nesaf i fentro i'r maes oedd y Dr John Davies o Fallwyd. Yn 1621, cyhoeddodd ei ramadeg enwog *Antiquae Linguae Britannicae . . . Rudimenta*, ac yn 1632, ei eiriadur Cymraeg-Lladin, Lladin-Cymraeg, *Dictionarium Duplex*.[60] Yr un yw'r wyddor a ddefnyddiai ef â'r wyddor sydd gennym ni heddiw, oddieithr fod ganddo ef arwyddion gwahanol ar gyfer sain eglur a sain dywyll *y*.

Fe welir nad oedd y syniad o ddiwygio'r orgraff yn beth newydd yng Nghymru, ac ni ellir dweud mai un arall eto o fympwyon William Owen Pughe oedd ei awydd ef i wneud hynny. Fe'i gwelai ei hun fel disgynnydd naturiol ysgolheigion fel Gruffydd Robert, Siôn Dafydd Rhys a John Davies. Yn 1793, anfonodd Pughe lythyr i'r *Cylch-grawn Cynmraeg* yn datgan ei syniadau am yr orgraff ac yn cynnig rhai diwygiadau. Awgrymodd roddi ç am *ch*; *z* am *dd*; *f* am *ff*; *v* am *f*; *f* am *ph*, ac arwydd newydd, ar ffurf rhywbeth tebyg i benbwl go grynedig i gynrychioli sain *ng*. Am y tro y mae'n gadael llonydd i *ll, th, rh, mh* a *nh*, rhag ofn i'r cyhoedd dagu ar ormodedd o bwdin orgraffyddol. Meddai:

> Am y llythyrennau eraill, sev ll, th, rh, mh, nh, hwyraç mai gwell vyz eu cadw oni zelo y llythrennau newyzion a soniais am danynt yn gyvarwyzaç gan y wlad rhag llwythau deall y cyfredin a gormod ar unwaith; ac yna byz hawzaç eu bwrw ymaith ryw dro arall.[61]

Fel atebiad i'r llythyr hwn cyhoeddwyd erthygl yn y *Cylch-grawn Cynmraeg* ar ffurf deialog: 'Ymddiddan rhwng Tudur Glustfain a Bleddyn Finpladur', lle y mae dau gymeriad yn trafod pwnc yr orgraff.[62] Pwysleisia'r dadleuwyr na ddefnyddiwyd orgraff Pughe gan gyfieithwyr y Beibl na'r un ysgolhaig arall, ac nad oes sail o gwbl iddi. Meddai 'Bleddyn Finpladur':

> B. Myfi a welais lawer o Ysgrif-lyfrau wedi eu hysgrifennu mewn amrafael ffyrdd, ond erioed ni welais y cyffelyb lythyrennau a'r rhai hyn.

Y mae gennym dystiolaeth bur gadarn mai Dafydd Ddu Eryri a lechai tu ôl i enwau Tudur a Bleddyn.[63] Y mae'n cyfaddef cymaint mewn llythyr a anfonodd at y Parch. Henry Parry, Llanasa, 'ym mis y Briallu 27ain, 93':

> Probably I shall answer Mr. O. o Feirion's letter in the Welsh Magazine, under some fictitious signature. The Venedotian Literati are all against his proposals, and also against the way that was adopted by the Translator of the Prayers appointed to be read on the late Fast day. This way of writing is not only whimsical and ridiculous but an intolerable innovation . . . This new scheme, as it appears to me, proceeded not out of regard to the antients but from the love of novelty; however it is in my opinion entirely indefensible.[64]

Lluniodd Pughe fraslun o ateb i 'Dudur Glustfain' a 'Bleddyn Finpladur', lle y dywed mai 'cenvigen yn erbyn pob cais at wellâad' a symbylodd yr ymosodiad arno.[65] Gwyddai Pughe yn iawn mai Dafydd

Ddu oedd yn cuddio'r tu ôl i'r enwau ffansi, ac yr oedd y ffaith fod un o'i hen gyfeillion yn ddigon dan-dîn i ymosod arno'n ddienw yn ei frifo'n arw, fel y cyfaddefodd mewn llythyr at Wallter Mechain yn Chwefror, 1794:

If you have the Welsh Mag. regularly you must have seen a dialogue on the New Orthography, between Blezyn Vin Pladur and Tudur Glustvain. What rather hurt me on the appearance of it was, in strangely and accidentally finding it the production of one, to whom I had taken extraordinary pains in shewing myself anxious to be thought a friend by him. How am I to reconcile this with true sincerity that such a person shall be the first and most active under cover of an anonymous name to public his objections—whether there may be ground for them is not the question![66]

Nid un i bwdu'n hawdd oedd William Owen Pughe; wedi'r cyfan yr oedd wedi hen galedu i ymosodiadau o bob math er pan ddechreuodd fynegi ei farn ar bwnc yr iaith, ond yr oedd yn ŵr sensitif ac yn gyfaill cywir, a dyna pam yr oedd wedi ei frifo gymaint gan Ddafydd Ddu. Esboniodd hyn eto mewn llythyr at William Jones, Llangadfan. Dywed am Ddafydd: '. . . hwn ydoez un a berçais megis un o'm priv gyveillion erys dyziau, ac i gadarnâu y gyveilliaç y gwnaethwn vwy nag y bu y cyvleusdra genyv i wneud tuag at neb arall—velly o weled y gallai mewn dirgelwç veiziaw gwneud cam a çlender calon yw y peth ám blinoez'.[67]

Fe welir bod Dafydd Ddu Eryri, yn ei lythyr at Henry Parry yn crybwyll fod cyfieithydd y ffurfiau gweddi ar gyfer Dyddiau Ympryd wedi defnyddio'r un orgraff annerbyniol ag a argymellai Pughe yn y *Cylch-grawn Cynmraeg.* Nid oedd hyn yn rhyfedd o gwbl gan mai Pughe ei hun oedd y cyfieithydd hwn. Teimlai mai'r unig ffordd i gael y cyhoedd i dderbyn ei orgraff oedd iddi ddod yn orgraff y Beibl a'r Llyfr Gweddi. Gwelodd gyfle i symud gam yn nes at ei nod pan ofynnwyd iddo gyfieithu'r gwedd'iau hyn, er y gwyddai'n iawn y byddai'r orgraff unwaith eto'n codi'r hyn a alwai ef yn 'deuce of a dust'.[68] Y mae Henry Parry yn cyfeirio at hyn i gyd yn y llythyr a anfonodd at Wallter Mechain ar y cyntaf o Fehefin, 1793:

William Owen has broken his shins with the Welsh clergy by his introduction of new Orthography to the Welsh Language in the Form of Prayer for the General Fast. I am so far of the opinion that necessity first brought the double characters to use; it is, indeed a clumsy contrivance, but since it has been so long sanctioned by custom and habit, it is dangerous to meddle with, especially in these days when innovations of any kind are much disliked.[69]

Yr oedd Gwallter Mechain yn barod iawn i ymuno ag unrhyw ddadl yn ymwneud â iaith a llenyddiaeth Gymraeg, ac y mae'n anfon ateb ar frys at Henry Parry ar 4 Mehefin 1793:

Innovations in the Welsh Orthography is Wm. Owen's hobby horse of late
. . . . The Welsh clergy who think themselves critics, are very peevish, and
will admit of no innovations (though for the better) without their consent;
supposing all skulls to be equi-cerebiated, and that pre-eminence of
judgement goes with seniority. As for orthography, I am neuter; I care not
what alterations, emendations, or corruptions they make, so long as my
handwriting may be intelligible to my friends and theirs to me. But as for the
*grammar* of our language, I could wish to see it better exemplified. How our
shallow grammarians have waddled, and were borne away with the stream
of error, keeping too closely to the grammarians of other languages, which
have as much similarity to ours as an apricot to a fiddlestring. I thirst very
much to see Wm Owen's *Dictionary* and *Grammar*. I expect it to be something
out of the common run, on the trodden track path, as he is a man of fertile
invention, and, for what I can know, of good judgement. If it proves not as I
expect, I shall despair of ever seeing a good one, though the curious in the
next generation may be gratified. [70]

Gydag ymddangosiad Geiriadur Pughe, neu o leiaf y rhan gyntaf
ohono, yn 1793, cynyddodd y diddordeb ym mhwnc yr orgraff, a
mawr oedd y dadlau o blaid ac yn erbyn y diwygiadau. Yr oedd y
mwyafrif o'r Cymry yn geidwadol iawn, ac yn gyndyn o newid y *status
quo*, fel y dywed y Parch. Rowland Williams mewn llythyr at Tegid:

I do not approve fully of Owen Pughe's substitutes—ç for *ch*, and *f* for *ff* or
*ph*, *z* for dd, and *v* for *f*. It may be a matter of *opinion*, but my reason is as
follows:- those letters are already used to express another sound, and it is
more puzzling to an old man to give a new sound to an old character, than to
learn another that is entirely new. [71]

Ac y mae'n debyg mai'r anfodlonrwydd hwn i ddysgu ffordd newydd o
wneud rhywbeth mor elfennol â darllen ac ysgrifennu eu hiaith eu
hunain a drodd wynebau cymaint o'r Cymry cyffredin yn erbyn yr
orgraff. Teimlai'r bobl hŷn y chwithdod yn fwy na'r bobl ifanc, yn
union fel y cafodd yr hen bobl y drafferth fwyaf i ddygymod â'r arian
degol pan wnaethpwyd y diwygiad hwnnw ym Mhrydain. Yr oedd
rhai beirniaid craffach na'i gilydd yn drist fod yr holl ffwdan dros yr
orgraff wedi dallu'r mwyafrif rhag gweld rhagoriaethau pendant y
Geiriadur. Un o'r rhain oedd Gwallter Mechain:

I am heartily sorry that Mr W. Owen's *Geiriadur* meets with such
disapprobation. The work has great merit, even prejudice itself must allow;
although I wish he had felt the pulse of the public before so rashly
introducing an innovation. [72]

Daliai Pughe i obeithio gweld y Beibl yn yr orgraff newydd, ac y
mae'n eithaf posibl pe cawsai Gwallter Mechain y dasg o olygu
argraffiad yr SPCK o'r Beibl yn 1792, y byddai Pughe wedi medru
dylanwadu arno i ddefnyddio'r diwygiadau. Ond erbyn 1798, yr oedd
Gwallter Mechain wedi sylweddoli mor amhoblogaidd oedd yr orgraff

newydd, ac y mae'n annog Owain Myfyr i gymryd gofal wrth gyhoeddi gwaith y Cynfeirdd a'r Gogynfeirdd, gan gyfeirio at y paratoadau a oedd ar y gweill ar gyfer y *Myvyrian Archaiology*. Er bod ei lythyr yn arwynebol ddoniol ei dôn, eto y mae'n hawdd gweld bod Gwallter o ddifrif yn ei rybudd i'r golygyddion:

> If you know the orthography in which Taliesin wrote, I think his Manes has a claim upon you to follow it *strictly*, and that he can bring an action against you in the Elysian Court if you do not.

Fel yr â'r llythyr yn ei flaen, y mae ei dôn yn mynd yn fwy llym. Y mae Gwallter yn atgoffa'r golygyddion na ryfygodd hyd yn oed y Dr Johnson ddiwygio'r orgraff:

> . . . Johnson, that Colossus of Authority, that Bear, who treated the public oftentimes with the greatest contempt, yet he shrunk at the idea of bringing innovations into the English orthography. And if you compare the characters of the English and Welsh I believe you will find the latter more pig-headed and consequently more obstinate in admitting novelties. [73]

Pan gyhoeddwyd Gramadeg William Owen Pughe, *A Grammar of the Welsh Language* ynghyd â'r Geiriadur yn 1793 a 1803, ac ar wahân iddo yn 1803, yr oedd yn gyfle arall iddo i ddatgan ei syniadau am yr orgraff yn yr adran 'Of the letters'. [74] Yno, y mae'n dosbarthu'r llythrennau i ddwy garfan: 'radicals' yn cynnwys 4 llafariad a 12 cytsain, a 'secondary', yn cynnwys 8 llafariad a 19 cytsain. O'u cyfrif, fe welir bod yno 43 llythyren i gynrychioli pob sain seml yn yr iaith. Yn ôl Pughe, yr un egwyddor a geid yng Nghoelbren y Beirdd, sef yr wyddor ryfedd honno yr honnai Iolo Morganwg a ddefnyddid gan y Derwyddon. Dywed Pughe petaem yn arfer y dull hwn o sillafu, ni fyddai'n rhaid defnyddio llythrennau dwbl i ddynodi sain seml. Yr oedd gwrthwynebiad y cyhoedd i syniadau Pughe yn mudlosgi er pan ymddangosodd rhan gyntaf y Geiriadur, ac yn cynyddu fwyfwy drwy'r blynyddoedd bob tro yr agorai ei geg neu roi pin ar bapur i drafod yr iaith. Gyda chyhoeddi'r Gramadeg ffrwydrodd yn rymus unwaith eto, ac yn fwy byth yn 1808, pan gyhoeddodd y gwaith a seiliwyd ar y Gramadeg, sef *Cadwedigaeth yr Iaith Gymraeg yn III rhan mewn Dull cryno, Hylith a Hygof*. [75] Yr oedd y teitl ynddo'i hun braidd yn anffodus, heb sôn am y cynnwys, gan nad oedd yn natur Pughe i wneud unrhyw beth yn hylith nac yn hygof, ac yr oedd y llyfr hwn â'i orgraff ddieithr yn arbennig o anaddas i'r darllenydd cyffredin. Dywed Pughe amdano ei fod yn orgraff 'Coelbren y Beirdd as to principle, but the Roman letters as to form'. [76]

Yr oedd y syniad am Goelbren y Beirdd yng nghylch Pughe er 1790 pan soniodd Iolo Morganwg gyntaf wrthynt am y llythrennau hynod hyn. Mewn llythyr at Wallter Mechain yn Awst 1792 meddai Pughe:

Coelbren y Beirð is preserved by tradition from time immemorial, and if it was to be called in question, Iorwerth thinks he has seen old monuments which all together contain the alphabet complete, tho' any one of them may have but a few letters mixt with the Roman. The one that contains most together that I have seen is the one in Northumberland, in L. Morris' Collection from Camden, I believe, and which probably I shewed you. It has 6 or 7 of them. Coelbren y Mynaich is the Roman Alphabet as near as it can be cut on wood. Here it is—

$$A \triangleright C D \triangleleft F G H I \wedge M \text{ or } HH N \diamond P R \digamma \wedge \wedge V Y$$[77]

Ceir tabl hwy a manylach o Goelbren y Beirdd mewn llythyr oddi wrth William Slade at Edmund Fry yn Awst, 1799.[78] Erbyn heddiw byddai'r geiriau 'Iorwerth thinks . . .' yn ddigon i greu amheuaeth ar unwaith wrth gofio holl ffugiadau Iolo Morganwg. Hyd yn oed o'r cychwyn yr oedd rhai o'i gylch yn amau dilysrwydd Coelbren y Beirdd, ac yr oedd Gwallter Mechain yn barod i ddweud hynny wrth Iolo i'w wyneb:

> In Anglesea they suppose Coelbren y Beirdd to be wholly invented by you . . . Coelbren y Beirdd, if genuine, gives you applause and credit for the preservation; and if spurious (as generally imagined) it is not derogatory to your genius for upon my word (which is a great thing) whoever invented it, he was no fool.[79]

Wrth gwrs, fe lyncodd Pughe y Coelbren yn llawen, a defnyddiodd y llythrennau yn ei lythyrau a'i weithiau er mwyn rhoi urddas a phwyslais i enw: gwelwn enghraifft ohono yn ysgrifennu enw Joanna Southcott[80] yn yr wyddor hon, ac yr oedd yn hoff o roi 'Y Gwir yn erbyn y byd' yng Nghoelbren y Beirdd ar flaen llawer o'i waith. Tybiai weld cysylltiad rhyngddo a'r Sanscrit, fel yr esbonia mewn llythyr at Iolo ym Mehefin, 1800:

> The Sanskrit Alphabet agrees with Coelbren y Beirdd exactly in arrangement, number of vowels, consonants and classes &c. The language agrees also surprisingly in its structure, idiom and words.[81]

Y mae'n debyg fod Iolo yn chwerthin yn ddistaw bach wrth glywed sôn am Sanscrit a ffynonellau hynafol eraill i'r Coelbren. Honnai Iolo mai cyfrinach beirdd Gorsedd Morgannwg oedd y llythrennau.[82] Yr oedd y llythrennau eu hunain yn bur syml o ran ffurfiant, ac yn debyg i lythrennau Hen Groeg, Hen Ladin ac Etrusceg. Ffurfiwyd hwynt ar gyfer eu cerfio'n rhwydd ar bren: yr oedd rhai yn wreiddiau (y 'radicals'), a ffurfid y lleill drwy ychwanegu coesau neu freichiau at y gwreiddiau. Y mae digon o dystiolaeth fewnol ar gael bellach ym mhapurau Iolo i brofi mai ef a ffugiodd y Coelbren. Y mae'n amlwg ei fod wedi bod yn astudio'n fanwl yr arfer o gerfio llythrennau ar bren; byddai'r cerfio o ddiddordeb iddo gan mai saer maen ydoedd wrth ei

90

grefft. Yr oedd Dr Plot, ceidwad Amgueddfa Ashmole, wedi cyhoeddi ei lyfr *The Natural History of Staffordshire* yn 1686, ac ynddo ceir llun o'r 'Clog Almanack', sef darn o bren sgwâr wedi ei naddu ar ei bedair ongl, a'i gerfio ar ei ochrau â symbolau. O hwn, yn ddiau, y daeth syniad Iolo am y Beithynen. Dywed yr Athro G. J. Williams:

> *Peithyn* comes from the Latin *pectinem* (Accusative of pecten) which means a *comb*, or a *reed*, or *slay* of a weaver's loom. I believe it was from some fancied resemblance between the latter and the Bardic Wooden book which he had himself manufactured that Iolo called it a *peithynen*.[83]

Yn ei Eiriadur, rhydd Pughe yr ystyron hyn i'r gair:

> Peithynen, s.f. *dim* (peithyn) That is plain or clear; a plain body, as a slate, tile, a sheet of paper and the like; the elucidator, or frame of writing, the book of the ancient bards, which consisted of a number of four-sided or three-sided sticks written upon, which were put together in a frame, so that each stick might be turned round for the facility of reading.[84]

Tua 1798 yr oedd Pughe wedi bod yn sôn am Goelbren y Beirdd yn ei lythyrau at Edward Davies, awdur *Celtic Researches*. Atebodd yntau yn llawn brwdfrydedd ond gan gadw'i ben ddigon i holi a oedd seiliau cadarn i'r wyddor: '. . . of what age is the author who has preserved the alphabet—what authorities does he quote, & what are his pretensions to credibility?'[85] Pan ddaeth copi o'r wyddor i'w law oddi wrth Pughe yr oedd yn amlwg fod ganddo ei amheuon; yn wir, â ymlaen i'w trafod am saith ochr o'i lythyr.[86] Eto yr oedd yn dewis ei eiriau yn hynod o ofalus rhag pechu yn erbyn Pughe. Mewn llythyr arall fe geir yr un awgrym o amheuaeth ond â'r un dôn wyliadwrus wrth gyfeirio at y Coelbren: 'I doubt not but you will be able to bring together such a mass of collateral evidence as will enable it to support its cause before the bar of sceptical criticism'.[87] Ni hoffai Iolo Morganwg y syniad fod Pughe yn trin a thrafod cymaint ar y Coelbren. Yr oedd Iolo yn bur eiddigus o'i ddyfais, ac yn anfodlon i Pughe ei mabwysiadu fel petai ganddo ran ynddi ei hun. Nid oedd Iolo wedi maddau i Pughe am fod y cyhoedd fwy nag unwaith wedi rhoi'r clod iddo am rai o syniadau Iolo ei hun. Yn 1821, ac yntau wedi hen bwdu â'i gydweithiwr gynt, ysgrifennodd Iolo at Evan Williams, y Strand:

> I intend giving a plate of the Genuine *Coelbren y Beirdd* and in so doing I shall have a most unwelcome task to go through, for I shall be under the necessity of exposing Mr. W.O. Pughe's unavowed additions to it or his adulterations of it, especially in Bala's printed Welsh Grammar &c.[88]

Cyrhaeddodd y ddadl am yr orgraff ei hanterth tua 1814-19, yn arbennig yng ngholofnau *Seren Gomer.*[89] Ysgrifennai Pughe dan y ffugenw 'Idrison', yr un enw ag a ddefnyddiai fel bardd. Un o ohebwyr selocaf y *Seren* ar bwnc yr iaith oedd James Hughes, Iago Trichrug. Brodor o Giliau Aeron ydoedd, yn weinidog gyda'r Methodistiaid

91

Calfinaidd. Cytunai llawer o'r Cymry fod angen diwygio orgraff y Gymraeg, ond ni fedrent gytuno â dulliau Pughe o geisio gwneud hynny. Yn 1819 cyfarfu nifer o gyn-fyfyrwyr Coleg yr Iesu, Rhydychen, i drafod sut i ddiogelu'r iaith, a phenderfynwyd gwobrwyo'r traethodau gorau ar y testun. Cyhoeddwyd cymaint o lythyrau yng ngholofnau *Seren Gomer* yn ymosod ar ddamcaniaethau Pughe nes i rai o'i edmygwyr wylltio yn y diwedd a chyhuddo'r golygydd o gefnogi mudiad i barddu'i waith. Awgrymodd yntau y dylai'r cymdeithasau Cymreig dorri'r ddadl drwy benderfynu ar orgraff sefydlog a fyddai'n dderbyniol gan bawb.[90] Ond parhau a wnâi'r cwynion: haerai un gohebydd na fedrai wneud na rhych na gwellt o waith Idrison a'i ddilynwyr yn y *Seren*. Y mae'n amlwg na chafodd yr holl gynnwrf yr effaith leiaf ar William Owen Pughe a barnu oddi wrth y llythyr a yrrodd at Tegid yn Hydref 1824:

> As I have lately become intimate with Mr. Hughes the Letter founder, he is making types of Coelbren y Beirð for me; and I intend to print a specimen. He is also forming a fount of letters with accents for the mutable ones instead of the common method of double characters.[91]

Prif gamgymeriad Pughe oedd ceisio gwthio'i orgraff yn ei chrynswth ar y cyhoedd yn lle dod â'r symbolau i'r iaith fesul un, ond y mae'n bur debyg y byddai'r cyhoedd wedi gwrthwynebu ei arbrofion sut bynnag, ac felly nid oedd fawr o wahaniaeth pa ddulliau a argymhellai.

Ni ddaeth neb â digon o awdurdod ganddo i gau pen y mwdwl ieithyddol ac orgraffyddol nes i Syr John Morris-Jones a Chymry Rhydychen roi eu dedfryd hwy ar Pughe a'i waith. Eglurodd Syr John ystyr y term 'Cymraeg Rhydychen' fel hyn:

> Gwrthryfel ydyw'r mudiad hwn yn erbyn Puwiaeth, neu yn hytrach yn erbyn hynny o Buwiaeth sydd eto'n fyw. Oblegid y mae synnwyr cyffredin y genedl wedi gwrthod y rhan fwyaf o ffol bethau Dr. Pughe, ac nid oes neb yn awr yn ceisio sgrifennu'n debyg iddo. Ond y mae gormod o'i argraff eto ar ein llenyddiaeth; a'i ieitheg ef, er inni wrthod ei chasgliadau, yw ieitheg boblogaidd Cymru eto.[82]

Ysgrifennwyd hyn dros hanner canrif ar ôl marwolaeth Pughe, ac y mae'n rhoi rhyw syniad inni o rym ei ddylanwad ar yr iaith. Yr oedd Nicander wedi sylweddoli ymhell cyn hynny fod gan Pughe ryw afael ryfedd ar y Cymry. Er nad oeddynt yn barod i fabwysiadu ei orgraff yr oeddynt yn fwy na pharod i arddel ei ieithwedd. Dyma farn Nicander:

> Mae'r byd Cymreig wedi bod yn rhy hir yn addoli'r llyfr hwnnw [Y Geiriadur], gan ei ystyried megis yn anffaeledig; yn un peth am ei fod wedi dyfod o *Vatican* Dinbych, fel pe gellid disgwyl am anffaeledigrwydd oddi yno.[93]

Ni phoenai Syr John Morris-Jones ryw lawer am arbrofion Pughe gyda'r orgraff, oherwydd gwyddai fod synnwyr cyffredin y Cymry eisoes wedi gwrthod y rheini. Canolbwyntiai Syr John ar effaith andwyol syniadau cyfeiliornus Pughe am eirdarddiad. Nid y symbolau dieithr a ddefnyddiai i gynrychioli llythrennau dwbl y Gymraeg oedd yn debyg o halogi'r iaith ond ei arfer o lurgunio'r sillafiad i gydymffurfio â'i ddamcaniaethau ef am darddiad y gair. Poenai Syr John hefyd am effaith ei gystrawennau lletchwith. Cwynai fod ei arddull yn anghymreig, ac y mae hon yn feirniadaeth hollol deg, wrth gwrs. I Pughe, casgliad o eiriau oedd yr iaith heb na cheinder priod-ddull na rhythm iddi. Fel y dywedodd Syr John:

> Ond nid oedd ganddo allu i feddwl yn glir, nac i ysgrifennu brawddeg gywir, ond ar ddamwain; ac ar gynllun cystrawen yr iaith Saesneg yr amcanai ysgrifennu . . . Mewn un gair, yr oedd iaith yn beth na fedrai ef ddim oddi wrthi, ac fel paentiwr cibddall, llafuriodd am flynyddoedd, gan dybied ei fod yn harddu, lle y difwynai; a phe cawsai efe ei holl ffordd, ni buasai dim o degwch yr hen iaith yn aros.[94]

Rhaid gofyn yn wyneb yr holl gollfarnu a fu ar William Owen Pughe faint o werth sydd mewn gwirionedd i'w waith ieithyddol. Y mae'n drist meddwl y gallai fod ei holl lafur yn wastraff llwyr fel y ceisiai Syr John argyhoeddi'r Cymry. Rhaid peidio â cholli golwg ar rinweddau pendant y Geiriadur. Ynddo gwelir ffrwyth blynyddoedd o astudio gwaith y Cynfeirdd a'r Gogynfeirdd. Darganfu Pughe nifer o eiriau a ddefnyddid gan yr hen feirdd nas nodwyd o gwbl cyn ei amser ef, a daeth y Geiriadur yn ffynhonnell werthfawr i'r sawl a ymddiddorai yn yr hen destunau. Gwnaeth ddefnydd helaeth o ddyfyniadau o lenyddiaeth gynnar i egluro'r geiriau yn y Geiriadur ac fel enghreifftiau yn ei Ramadeg. Ond y mae Syr John yn ei gyhuddo o gamddyfynnu ac o newid dyfyniadau i'w bwrpas ei hun. Meddai:

> Y mae'n ddiau fod yn ei Eiriadur lawer o hysbysrwydd a fuasai'n wir werthfawr pe gallasid ddibynnu arno; ond dyna'r drwg—nis gallwch; nis gwyddoch byth pa un ai'r gwirionedd gewch ganddo, ai un o'i ffug-bethau twyllodrus ef ei hun. Mi wn hyn trwy brofiad, oblegid fe'm twyllodd i fwy nag unwaith.[95]

Nid yw Pughe yn ddieuog, y mae'n siŵr, ond yr oedd Syr John â'i gyllell ynddo. Gwyddom fod y testunau y gweithiai Pughe arnynt yn aml yn llwgr, ond rhaid cyfaddef nad oedd dulliau golygu yr oes honno mor wyddonol, mor ofalus nac mor onest â safonau modern. Y mae'n ddigon hawdd cydymdeimlo â Syr John: gwylltiai ef am fod dylanwad Pughe mor gryf ar y Gymraeg, tra oedd ysgolhaig fel Edward Lhuyd heb dderbyn y sylw a oedd yn ddyledus iddo. Fel y dywed yr Athro T. J. Morgan: 'Ond chwarae teg i feirniaid dechrau'r ganrif, cyfnod y chwyldro arddull, cyfnod y genhadaeth ddadlygru. Anghywirdeb ac anghymreigrwydd a chwyddedigrwydd oedd plâu a thwymynau y blynyddoedd hynny ac nid rhaid synnu fod cymaint o feirniadaeth y cyfnod o ansawdd sebon carbolig'.[96] Ond fe fedrai Syr John fod yn

93

giaidd y tu hwnt i haeddiant Pughe druan ar adegau, ac y mae rhai o'i ymosodiadau arno braidd yn anffodus, yn enwedig pan yw'n cymharu anonestrwydd Pughe â gonestrwydd Iolo Morganwg. Meddai:

Fel Golygydd hefyd nid yw efe i'w gymharu â'i gydoeswyr Owain Myfyr ac Iolo Morgannwg [sic]; cymaint yw ei ysfa i wyrdroi popeth i gyfateb i egwyddor y ba, be, bw[97] nas gellir ymddiried mewn dim a ddaeth o'i law a rhaid ail-wneyd eto bopeth a wnaeth.[98]

Ni all holl ymosodiadau Syr John newid y ffaith mai Pughe, y mae'n debyg, oedd y cyntaf i ddangos dealltwriaeth o arddull gymhleth y Gogynfeirdd, ac yr oedd yr Athro G. J. Williams yn barod iawn i gydnabod hyn.[99]

Bwriadai Pughe i'w Eiriadur a'i Ramadeg fod yn help llaw i feirdd ei oes. Credai llawer un mai anelu yn bennaf at y beirdd a wnâi Pughe, a dyna paham y mae ansawdd ei eirfa mor wahanol i'r iaith lafar, yn llenyddol ddyrchafedig a chwyddedig: 'rhyw bendefigaeth o arddull uwchlaw'r ymadroddi gwerinol', chwedl yr Athro T. J. Morgan.[100] Dangosodd Pughe yn ei Ramadeg sut y lluniai'r Gogynfeirdd eu cyfansoddeiriau, a rhydd enghreifftiau y medrai beirdd ei oes ef ddynwared eu patrwm. Y gresyn yw bod cymaint ohonynt yn eiriau y byddai'n anodd iawn i'w ffitio i mewn i unrhyw gerdd gall, geiriau megis:

> dibechddoeth, *unsinfully wise*
> diwallgyrn, *exhaustless horns*
> llithaerau, *allurement of slaughters*
> ollymbrawf, *a trying oneself in all things.*

Ffolinebau fel y rhain sy'n damnio William Owen Pughe, ac o edrych arnynt rhaid cyfaddef fod Dafydd Ddu yn bur agos i'w le wrth sôn am ei 'anfeidrol ynfydrwydd'. Dyna'r argraff sy'n aros yn y pen draw ar ôl darllen y Geiriadur a'r Gramadeg. Yr oedd yn hawdd iawn i Pughe honni ei fod wedi rhagori ar bob geiriadur arall o rai miloedd o eiriau, ond pan ystyriwn pa fath o eiriau oedd llawer ohonynt, gwelwn mai erthylod ffansïol a difudd yw nifer fawr. Pughe ei hun a'u bathodd drwy ddodi bonau at ragddodiaid ac olddodiaid na fuont erioed yn perthyn iddynt. Drwy chwarae rhyw fath o 'permutation' cymhleth gyda'r bonau, rhagddodiaid ac olddodiaid dilys a ffug, llwyddodd Pughe i ychwanegu'n helaeth at gyfansoddeiriau'r Gymraeg o 'labordy'r amrywebau', fel y geilw'r Athro T. J. Morgan y dull hwn o weithio. Dywed Syr John Morris-Jones fod Gramadeg Pughe yn cyfleu'r iaith 'not as it is or ever was, but as it might be if any suffix could be attached mechanically to any stem'.[101] Gwelsom eisoes rai o'r cyfansoddeiriau od sydd ganddo, ac y mae ganddo eiriau rhyfeddach fyth, megis:

94

gogoelgrevyddusedd, *some degree of superstition*
diaflwyddiant, *a being divested of misfortune*
anhanfodwr, *a non-existent being.*

Wrth ddilyn ei egwyddor ef gallem ninnau ymuno yn y gêm a dweud mai 'anhanfodeiriau' oedd llawer o gynnwys Geiriadur Pughe. Y mae yma gamddehongli, a chamddeall a chamgopïo, ond beiau y gellir i raddau eu maddau yw'r rhain o gofio'r cyfnod a'r anfanteision a'r anawsterau a wynebai un gŵr yn llafurio ar ei ben ei hun. Eithr y mae'n anodd maddau'r creu er mwyn creu a geir ganddo, y pentyrru o fwy a mwy o eiriau y naill yn fwy gwrthun na'r llall, fel petai llifddorau ei ddychymyg wedi cael eu hagor a'r cynnwys yn byrlymu allan yn bendramwnwgl.

Dangosodd yr Athro G. J. Williams fod rhamantiaeth yr oes yn llifo i mewn i ieithyddiaeth y cyfnod.[102] Dyna sydd y tu ôl i'r gred yn nhras Omeraidd y Gymraeg. Ond ochr yn ochr â'r rhamantu ceir y rhesymegu. Gwelsom sut y ceisiodd Pughe ddileu'r afreolaidd o'r iaith a llenwi'r bylchau ynddi. Credai Rowland Jones mai prif bwrpas gramadegau oedd 'to aid and supply defects and imperfections in languages'. Ni fyddai neb bellach yn troi at Eiriadur a Gramadeg Pughe i ddysgu geiriau a ffurfiant y Gymraeg, ac felly fe ellir dweud nad oes mwyach unrhyw werth ieithyddol iddynt. Ond rhaid ystyried y cyfraniad a wnaeth Pughe i'w oes ei hun. Gosododd sail i waith ei ddilynwyr. Bron na ellid dweud bod mantais negyddol i'w waith drwy iddo gynddeiriogi Syr John Morris-Jones ddigon i hwnnw a'i debyg roi trefn ar bethau. Ni ellir ychwaith ddiystyru ambell air pur ddefnyddiol a fathodd Pughe, geiriau sydd bellach yn rhan barchus o'r iaith: fel *alaw* (cerddoriaeth), *awyren, baddon, cynrychioli, dathlu, diddorol, ffaith, ffrwydro.* Rhamantydd yn ymdrechu ei orau glas i fod yn rhesymegydd oedd William Owen Pughe. Yr oedd rhamantiaeth ym mêr ei esgyrn; onid yr un elfen yn ei natur a barodd iddo geisio adfer 'cyntefigrwydd' yr iaith ag a barodd iddo dderbyn Gorsedd y Beirdd yn llawen ac i ddamcaniaethu am yr Oes Aur batriarchaidd gynt? Yr un elfen ramantaidd hygoelus a wnâi iddo freuddwydio am dreiddio i fforestydd America i chwilio am y Madogwys, ac a barodd iddo yn ddiweddarach, fel y cawn weld, ymuno â sect y broffwydes ryfedd honno, Joanna Southcott.

95

# NODIADAU

[1] John H. Davies (gol.), *The Letters of Lewis, Richard, William and John Morris of Anglesey 1728-1765* (Aberystwyth, 1907), Cyf. I, t. 185.

[2] G. J. Williams, 'Thomas Richards', *Bywgraffiadur*, tt. 802-3.

[3] R. T. Jenkins a Helen M. Ramage, *A History of the Honourable Society of Cymmrodorion*, t. 44.

[4] William Owen, *A Dictionary of the Welsh Language* (Llundain, 1803). Rhagymadrodd (Cyfeirir ato o hyn ymlaen fel *Geiriadur* a blwyddyn yr argraffiad ar ei ôl).

[5] ibid.

[6] Ceiriog, 'Coffadwriaeth y Dr. W. O. Pughe', dau o bedwar englyn a enillodd iddo wobr Eisteddfod Nantglyn yn 1853, o *Cymru* (O. M. Edwards, gol.) Cyf. XLI, t. 88. Gw. atodiad yng nghefn y llyfr hwn, t. 292.

[7] *Geiriadur* (1803). Rhagymadrodd.

[8] ibid.

[9] NLW 13224, t. 51.

[10] NLW 1807, Mai 1790.

[11] NLW 21282, IAW 314.

[12] Ar glawr rhifyn cyntaf y *Geiriadur* (1793).

[13] NLW 1807, 1 Gorffennaf [1793?].

[14] ibid. t. 13.

[15] BL Add. MSS 15024, t. 256.

[16] Myrddin Fardd, *Adgof uwch Anghof* (Caernarfon [1883]), tt. 76-7.

[17] D. E. Jenkins, *The Rev. Thomas Charles of Bala* (Dinbych, 1908), Cyf. III, t. 29.

[18] NLW 21282, IAW 350.

[19] NLW 13221, t. 461.

[20] NLW 13223, t. 669.

[21] Charles Ashton, 'Hen Argraphwyr Llyfrau Cymraeg', *Y Geninen* 1891, t. 344 (recte 144).

[22] ibid.

[23] NLW 13263, t. 672.

[24] NLW 21282, IAW 320.

[25] BL Add. MSS. 15030, t. 172.

[26] NLW 2301.

[27] John Morris-Jones, 'Yr Iaith Gymraeg', *Y Gwyddoniadur Cymreig*, (Dinbych, 1889), III, t. 77.

[28] Coleg y Brifysgol, Bangor, Llawysgrifau Gwyneddon, 16. 'Ysgriflyfr Peter Williams, Llanrug 1796'—'Gwaith amryw o feirdd yr oes bresennol'. 'I Eirlyfr Wm. Owen', t. 3. Dafydd Ionawr yw'r awdur yn ôl Gwyneddon 16, ond yn ôl Syr Thomas Parry yn 'Sir Gaernarfon a Llenyddiaeth Gymraeg', *TCHSG* (1941), t. 58, Dafydd Ddu Eryri yw'r awdur. Y mae'n debyg mai Syr Thomas sy'n iawn: ceir cyfeiriad yn un o lythyrau J. W. Prichard, Plas-y-brain, yn NLW 13263 at 'yr englyn cywilyddus a wnaeth D. Ddu Fardd i'ch Geiriadur Mawr.'

[29] Bangor, Gwyneddon 16, t. 3.

[30] T. J. Morgan, 'Geiriadurwyr y Ddeunawfed Ganrif', *Llên Cymru*, IX (1966), t. 18.

[31] *Drych y Prif Oesoedd* (Caerdydd, 1960), t. 4.

[32] ibid. t. 5.

[33] Am ymdriniaeth o syniadau a gwaith Pezron gw. Prys Morgan, 'The Abbé Pezron and the Celts', *Traf. Cymm.* (1965), Rhan II, t. 286.

[34] Stuart Piggott. *The Druids* (Harmondsworth, 1978), t. 148.

[35] Saunders Lewis, *A School of Welsh Augustans* (Wrecsam a Llundain, 1924), t. 171; A. Watkin Jones a G. J. Williams, 'Ieuan Fardd a'r Esgob Percy', *Y Llenor*, VIII (1929), t. 26.

[36] Hugh Owen (gol.), *Additional Letters of the Morrises of Anglesey, 1735-1786* (Llundain, 1949), Rhan II, t. 616, Rhif 319.

[37] ibid. Rhan II, t. 648, Rhif 334.

[38] Rowland Jones, *The Origin of Languages and Nations* (Llundain, 1764). Nid oes rhifau ar y tudalennau.

[39] ibid.

[40] ibid.

[41] ibid.

[42] Lewis Carroll, *Through the Looking-Glass and what Alice found there* (Llundain, 1887), t. 121.

[43] Oddi wrth ail-argraffiad o'r gyfrol fe welir mai Nicander oedd Hirllyn.

[44] Hirllyn, 'Geiriadur Rowland Jones o'r Weirglodd Fawr', *Y Brython*, 9 Gorffennaf 1858, t. 35.

[45] NLW 1641, Cyf. II, tt. 383-433.

[46] NLW 1884, tt. 10-11.

[47] Myrddin Fardd, *Adgof uwch Anghof*, t. 240.

[48] J. H. Davies (gol.), *The Letters of Goronwy Owen, 1723-1769* (Caerdydd, 1924), tt. 53-4.

[49] *Y Geninen*, 1890, t. 215.

[50] NLW 21282, IAW 312, 12 Tachwedd [1790?].

[51] 'Llythyr G. Owain o Veirion', *Y Cylch-grawn Cynmraeg* (1793), t. 4.

[52] John Morris-Jones (gol.), *Gweledigaetheu y Bardd Cwsc* (Bangor, 1898), Rhagymadrodd, t. lxxiii.

[53] *Orgraff yr Iaith Gymraeg* (Caerdydd, 1942), t. 4.

[54] T. J. Morgan, 'Geiriadurwyr y Ddeunawfed Ganrif', *Llên Cymru*, IX (1966), t. 13.

[55] Cymerwyd yr enghreifftiau hyn o ddyddiadur Pughe, (NLW 13248): maent yn frith drwyddo.

[56] Cododd dadl am hyn, gw. *Seren Gomer* (1821), t. 235.

[57] G. J. Williams (gol.), *Gramadeg Cymraeg Gruffydd Robert* (Caerdydd, 1939), tt. xcvi-ci.

[58] R. T. Jenkins a Helen M. Ramage, *A History of the Honourable Society of Cymmrodorion*, t. 104.

[59] Thomas Parry, 'Bywyd a Gwaith Dr. Siôn Dafydd Rhys', *T.Y.C.Ch.* (Bangor, 1929); 'Gramadeg Siôn Dafydd Rhys', *BBCS*, VI (1931-3), t. 55, 225; 'Siôn Dafydd Rhys', *Y Llenor*, IX (1930), t. 157, 234; X (1931), t. 35.

[60] Rhiannon Francis Roberts, 'Bywyd a gwaith Dr. John Davies, Mallwyd'; T.Y.C.Ch. (Bangor, 1950); 'Dr. John Davies o Fallwyd', *Llên Cymru*, II (1952-3), t. 19, 97.

[61] 'Llythyr G. Owain o Veirion at Oruçwylwyr y Cylç-grawn Cynmraeg', *Y Cylch-grawn Cynmraeg* (1793), tt. 3-4.

[62] ibid. (Awst 1793), tt. 137-8.

[63] Mewn rhestr o ysgrifau a anfonodd Dafydd Ddu i'r *Cylch-grawn Cynmraeg* a geir mewn llawysgrif yn NLW 325, t. 127, ceir cyfeiriad at yr 'Ymddiddan'.

[64] *Yr Haul* (Cyfres Caerfyrddin), Cyfres XV, Tachwedd 1871, t. 434.

[65] NLW 21280, IAW 129, t. 38. Tudalen sydd yma yn llawysgrifen Pughe â nodyn arni yn llaw Iolo Morganwg: 'Llythyr Wm Owen at Oruchwilwyr y Cylchgrawn'.

[66] NLW 1807, Chwefror 1794.

[67] NLW 1807. Ar gefn y llythyr hwn ceir nodyn mewn llaw arall, llaw Gwallter Mechain efallai: 'Cyhoeddiad yn y Cylxgrawn, sef Ymðiðan rhwng Tudur Glustfain a Bleðyn finpladur, tebyg mai D. ðu Eryri a'i gwnaeth'. Felly, er nad oedd Pughe wedi enwi Dafydd y mae'n amlwg fod pawb yn gwybod yn eithaf da at bwy y cyfeiriai.

[68] NLW 21282, IAW 320.

[69] D. E. Jenkins, *Rev. Thomas Charles of Bala*, Cyf. III, t. 27.

[70] D. Silvan Evans (gol.), *Gwaith Gwallter Mechain* (1868), Cyf. III, tt. 361-2.

[71] ibid. tt. 217-18.

[72] ibid. t. 365.

[73] BL Add. MSS. 15024, t. 270.

[74] William Owen, *A Grammar of the Welsh Language*, t. 3 ymlaen.

[75] Neu, yn orgraff Pughe: *Cadôedigaeĺ yr Iaiĺ Ćybraeg*. Ceir copi ohono yn yr orgraff safonol yn llaw Pughe ei hun yng Ngholeg y Brifysgol, Bangor, Llawysgrifau Bangor 977.

[76] NLW 21282, IAW 375.

[77] NLW 1807, Awst 1792.

[78] NLW 13222, t. 641.

[79] NLW 21280, IAW 72.

[80] NLW 21282, IAW 357, Gw. t. 124 o'r llyfr hwn.

[81] NLW 21282, IAW 340.

[82] Coleg y Brifysgol, Bangor. Llawysgrifau Bangor 413, xi, t. 29: Traethawd byr yn llaw yr Athro G. J. Williams, 'History of Coelbren y Beirdd and the Peithynen'.

[83] ibid. Ceir nodiadau Iolo ar y 'Staffordshire Clog' yn NLW 13087, t. 13. Yno hefyd y ceir ei syniadau am Goelbren y Beirdd a Barddas y Cymry.

[84] *Geiriadur* (1832), Cyf. II, t. 404.

[85] Llyfrgell Sir De Morgannwg. Llawysgrif Caerdydd 3.86 (Casgliad y Tonn) Copi o lythyr Edward Davies, 26 Tachwedd 1798.

[86] ibid. 25 Gorffennaf 1799.

[87] ibid. 4 Tachwedd 1799.

[88] NLW 21286, IAW 986. Cyfeiriad sydd yma at *Cadwedigaeth yr Iaith Gymraeg*.

[89] R. E. Hughes, 'Aspects of Welsh Lexicography in the Nineteenth Century with special reference to D. Silvan Evans'. (Traethawd Ymchwil Prifysgol Lerpwl 1941), *passim.*

[90] *Seren Gomer*, 1821, tt. 85-6.

[91] NLW 1884, t. 60.

[92] J. Morris-Jones, 'Cymraeg Rhydychen', *Y Geninen*, 1890, tt. 214-23.

[93] *Y Brython*, 9 Gorffennaf 1858, t. 35.

[94] John Morris-Jones, 'Yr Iaith Gymraeg', *Y Gwyddoniadur Cymreig* (Dinbych, 1889), Cyf. III, t. 78.

[95] John Morris-Jones, 'Edward Llwyd', *Y Traethodydd*, 1893, t. 474. Wrth ddelio ag ymdriniaeth Pughe o'r ferf dywed Syr John yn ei ragymadrodd i *A Welsh Grammar* (Rhydychen, 1913), t. vi: 'To the author truth meant conformity with his theory; facts perverse enough to disagree, were glossed over to save their character.'

[96] T. J. Morgan, 'Geiriadurwyr y Ddeunawfed Ganrif', *Llên Cymru*, Cyf. IX (1966), t. 12.

[97] Cyfeiriad at egwyddor Pughe o darddu geiriau o wreiddiau unsill a geir yma.

[98] *Y Traethodydd* (1893), t. 474.

[99] Aneirin Lewis (gol.), *Agweddau ar Hanes Dysg Cymraeg* (Caerdydd, 1969): G. J. Williams, 'William Owen [-Pughe]', t. 247.

[100] loc. cit., t. 15.

[101] *A Welsh Grammar*, t. v.

[102] *Agweddau ar Hanes Dysg Gymraeg*, t. 247 ymlaen.

## CRWYDRO, CASGLU A CHADW

Un o brif freuddwydion Cylch y Morrisiaid a'r rhan fwyaf o Gymry llengar y cyfnod oedd gweld cyhoeddi'r hen destunau Cymraeg er mwyn dangos cyfoeth y llawysgrifau i'r byd. Disgynnodd eu mantell hwy yn ddiweddarach ar ysgwyddau William Owen Pughe. Gynt, at Lewis Morris neu Ieuan Fardd y troai'r llenorion a'r ysgolheigion am gyfarwyddyd a gwybodaeth, ond wedyn at Pughe y troent. Lledaenodd ei fri a dechreuodd ohebu â llawer o brif lenorion y dydd. Un o'i gyfeillion pennaf yn y maes hwn oedd George Chalmers, hynafiaethydd Ysgotaidd ac awdur *Caledonia*, ac efallai mai trwyddo ef y daeth Pughe i sylw rhai o'r ysgolheigion Celtaidd eraill. Gohebai â George Ellis, casglwr yr hen ramantau Saesneg, â Robert Southey, Sharon Turner a Syr Walter Scott. Âi i gyfarfodydd Cymdeithas yr Hynafiaethwyr a'r Gymdeithas Frenhinol ac i gyfarfodydd eraill llai ffurfiol a gynhelid gan gyhoeddwyr megis Longman a Rees, a'r gwŷr o Aberteifi, Evan a Thomas Williams. Mewn llythyr at Iolo Morganwg yn 1802 y mae Pughe yn sôn am gynllun George Chalmers a Sharon Turner i ddechrau cymdeithas Geltaidd. Bwriedid cyfarfod unwaith y mis, a disgwylid i bob aelod baratoi papur ar destun arbennig ar gyfer pob cyfarfod, 'and at our meetings nothing is to be talked of but what relates to Cymbric matters'.[1] Y mae'n anodd dweud a ddatblygodd y syniad arbennig hwn i fod yn gymdeithas ffurfiol; yn ddiau, yr oedd digon o gyfathrachu a chyd-drafod rhwng yr ysgolheigion Celtaidd yn Llundain. Gwyddom fod Pughe a'r Bardd Cloff a rhai o'r Gwyneddigion eraill wedi ymuno â chymdeithas 'The Sons of Morbheinn' pan sefydlwyd hi tua 1815 a bod llawer o gyfathrachu rhwng y Gwyneddigion a'r 'Club of True Highlanders' a ddatblygodd yn ddiweddarach o'r gymdeithas honno.

Erbyn oes Pughe sylweddolasai'r llenorion Celtaidd werth eu hetifeddiaeth lenyddol a'r pwysigrwydd o gyhoeddi cynnwys yr hen lawysgrifau cyn iddi fynd yn rhy hwyr. Yng nghyfnod y Dadeni Dysg rhoddai'r Dyneiddwyr Cymreig bwyslais ar gasglu a chopïo'r llawysgrifau, ac yr oedd eu gwybodaeth drylwyr o'u cynnwys yn amlwg yn eu gwaith. Efallai mai gwaith y Dr John Davies o Fallwyd sy'n dangos hyn orau. Ond erbyn diwedd yr ail ganrif ar bymtheg, ar ôl marw Robert Vaughan, Hengwrt, a William Maurice o Gefn-y-braich, Llansilin, ni cheid yr un gweithgarwch na'r un diddordeb yn y llawysgrifau. Gorweddai casgliadau'r gwŷr diwyd gynt mewn llyfr-gelloedd preifat: casgliad Robert Vaughan yn Hengwrt, casgliad William Maurice yn Llanforda, a cheid casgliadau eraill mewn plastai ledled Cymru, megis Mostyn, Gloddaith, Plas Gwyn a Hafod Uchdryd.[2] Soniodd Pughe am y casgliadau hyn mewn papur a ddarllenodd i Gymdeithas yr Hynafiaethwyr ar 18 Ionawr 1802. Cyhoeddwyd y papur yn nhrafodion y gymdeithas honno.[3] Soniodd Iolo Morganwg yntau amdanynt yn ei draethawd ef, 'A Review of the Present State of Welsh Manuscripts', sy'n ffurfio math o ragymadrodd i'r *Myvyrian Archaiology*. Un o'r casglwyr a chopïwyr dycnaf oedd John Jones, Gellilyfdy. Gwaith cywrain ac addurniadol oedd copïau John Jones, ond yr oeddynt yr un mor werthfawr eu cynnwys serch hynny, a'r casgliad yn un mawr. Daeth rhan ohono i feddiant Robert Vaughan, Hengwrt. Yr oedd ef yn gasglwr diwyd ei hun. Gohebai â'r Dr John Davies, William Maurice a Wyniaid Gwydir. Copïodd hen destunau, lluniodd lyfr achau, a chyfieithodd *Frut y Tywysogion* i'r Saesneg. Yn 1662, cyhoeddodd lyfryn, *British Antiquities Revived*. Gweithiai William Maurice yn yr un maes. Yr oedd ef yn ddigon cefnog i fedru cyflogi rhai i gopïo drosto, a medrai brynu'r llawysgrifau a fynnai i'w gasgliad. Dysgodd lawer oddi wrth Robert Vaughan pan fu'n gweithio yn llyfrgell Hengwrt a lluniodd gatalog o'r cynnwys. Cadwyd ei gasgliad ef ei hun yn Llanforda hyd oddeutu 1771, pan symudwyd y rhan fwyaf ohono i Wynnstay. Fel casgliad Wynnstay yr adwaenai Pughe a'i gydweithwyr gasgliad William Maurice. Ond y mae'n debyg mai Edward Lhuyd oedd ysgolhaig mwyaf ei oes. Yr oedd ef nid yn unig yn ieithegwr craff ond yn fotanegwr, yn ddaear-egwr ac yn hynafiaethydd. Yn ei *Archaeologia Britannica* y mae'r seithfed adran 'MSS Britannicorum Catalogus' yn gatalog o'r llawysgrifau Cymraeg, ynghyd â manylion am eu cynnwys a'r llyfrgelloedd lle y cedwid hwynt. Treuliodd Edward Lhuyd ran helaeth o'i oes yn casglu llawysgrifau, ac yr oedd ganddo tua chant a phedwar ugain o gyfrolau ohonynt, rhai yn werthfawr iawn. Bwriadai gyhoeddi'r darnau pwysicaf o'r casgliad, ond cefnodd ei noddwyr arno ar ôl clywed am ei fwriad. Fel y dywed Iolo Morganwg, '. . . books in or of use to the Welsh language were not to be encouraged . . . In short he met with oppositions that disgrace the age in which it was his misfortune to be born'.[4] Gadawodd Lhuyd ei gasgliad i lyfrgell Syr John Sebright, ond fe chwalwyd y llawysgrifau yn ddiweddarach; prynwyd rhai gan Syr Watkin Williams Wynn o Wynnstay, a daeth rhai i feddiant Thomas Johnes, Hafod Uchdryd.

Yn nes at gyfnod William Owen Pughe bu Moses Williams yn gweithio ar y llawysgrifau. Yn 1717 cyhoeddodd *Cofrestr o'r Holl Lyfrau Printjedig*; ac yn 1719, cyhoeddodd ei fwriad ar gyfer diogelu'r llawysgrifau yn ei *Proposals for Printing by Subscription a Collection of Writings in the Welsh Tongue to the beginning of the Sixteenth Century*. Pwysleisia'r angen i'w cyhoeddi ar frys. Diffyg cefnogaeth a rwystrodd Moses Williams rhag gwneud y gwaith ei hun, ond fe lwyddodd i gyhoeddi un gyfrol yn 1730: *Cyfreithjeu Hywel Dda ac eraill, seu Leges Wallicae Ecclesiasticae & Civiles Hoeli Boni et aliorum Walliae Principum*. Daeth casgliad Moses William yn y diwedd i feddiant Iarll Maccles-

101

field. Ar ôl marwolaeth Moses Williams peidiodd y diddordeb mawr yn y casglu, ac yn wir i raddau fe gollwyd diddordeb yn nhynged y llawysgrifau. Dengys yr Athro G. J. Williams sut yr oedd yr adnabyddiaeth ohonynt yn lleihau o genhedlaeth i genhedlaeth, ac fe welir hyn yn eglur iawn yn llythyrau'r cyfnod.[5] Er ei fod yn casglu llawysgrifau ar ddechrau'r ddeunawfed ganrif, ni wyddai'r Esgob Humphrey Humphreys beth oedd y Mabinogi. Ychydig o glem oedd gan Lewis Morris am y Gododdin nes i Ieuan Fardd ei roi ar ben y ffordd. Ond fe ddaeth haul ar fryn erbyn cyfnod William Owen Pughe gyda'r diddordeb yn yr ieithoedd Celtaidd a dyfodd yn sgîl gwaith Pezron a'i ddilynwyr. Daeth yr hen lawysgrifau yn bwysig i'r Cymry unwaith eto.

Yn 1735 sefydlodd Lewis Morris argraffwasg yng Nghaergybi a dechrau cyhoeddi *Tlysau o'r Hen Oesoedd*. Bwriedid i hwn fod yn gyfnodolyn i gyhoeddi detholion o'r hen destunau, ond mynd i'r gwellt a wnaeth y cynllun am y rheswm arferol, sef diffyg cefnogaeth. Rhifyn 1735 oedd yr unig un a welodd olau dydd. Gyda sefydlu'r Cymmrodorion yn 1751 cynyddodd y brwdfrydedd, ac yng Ngosodedigaethau'r gymdeithas cyhoeddwyd mai un o'i hamcanion oedd cyhoeddi'r testunau ynghyd â nodiadau beirniadol ac esboniadol. Ar farwolaeth Lewis daeth ei lawysgrifau i feddiant Richard Morris a thrwyddo ef i ffurfio cnewyllyn casgliad y Cymmrodorion yn yr Ysgol Elusennol. Lluniodd William Owen Pughe gatalog ohonynt. Un o'r copïwyr llawysgrifau mwyaf selog yng nghyfnod Pughe oedd Ieuan Fardd. Yn 1764 cyhoeddodd *Some Specimens of the Poetry of the Antient Welsh Bards*. Llwyddodd Ieuan i ddehongli gwaith y Gogynfeirdd, a dyma'r tro cyntaf y cyhoeddwyd detholiad o farddoniaeth sy'n estyn o waith Aneirin ymlaen. Mewn atodiad i'r gyfrol awgrymodd Ieuan y dylid cyflogi ysgolhaig cymwys i ymweld â'r llyfrgelloedd i gopïo testunau i'w cyhoeddi. Ond ofer fu pob apêl a wnaeth Ieuan ei hun am gymorth i wneud y gwaith hwn. Nid oedd hyn yn syndod pan gofiwn am ei ddull ansefydlog o fyw a'i hoffter o ddiod. O 1771 hyd 1778 noddwyd ef gan Syr Watkin Williams Wynn, ac ym mlynyddoedd olaf ei fywyd cafodd gymorth Thomas Pennant a Paul Panton. Cyn marw gwerthodd Ieuan ei lawysgrifau i Panton a daethant i'w lyfrgell ef yn y Plas Gwyn ger Pentraeth, Môn, lle y bu golygyddion y *Myvyrian Archaiology* yn gweithio arnynt.

Yr oedd gan William Owen Pughe ddiddordeb yn yr hen destuanu er pan oedd yn fachgen ysgol ar ôl darllen llyfr Rhys Jones o'r Blaenau, *Gorchestion Beirdd Cymru neu Flodau Godidowgrwydd Awen*, a gyhoeddwyd yn 1773. Yn hwnnw ceir detholion o waith Aneirin, Taliesin, Canu Llywarch Hen, Dafydd ap Gwilym, Iolo Goch, Dafydd Nanmor, Gutun Owain, Tudur Aled, William Llŷn ac eraill. Yn ei ragymadrodd i'r gyfrol apeliodd Rhys Jones at falchder y Cymry yn eu gorffennol ac yn hynafiaeth eu hiaith. Y mae'n amlwg fod ei apêl wedi taro tant yng nghalon un bachgen yng nghefn gwlad Meirionnydd. Yr oedd y diddordeb a heuwyd y pryd hynny i ddwyn ffrwyth ar ei ganfed yn ddiweddarach.

Erbyn diwedd y ddeunawfed ganrif yr oedd yr ieithoedd Celtaidd wedi dod yn ffasiynol iawn, a daeth awydd ar y cyhoedd i ddarllen rhai o'r testunau lliwgar y soniai'r ysgolheigion amdanynt mor aml. Tyfodd anesmwythyd wrth ddisgwyl cyhyd am eu cyhoeddi, a dechreuwyd amau eu dilysrwydd. Yr oedd hyn yn ddealladwy gan fod mwy nag un twyllwr wedi bod yn brysur yn y maes. Yr oedd Thomas Chatterton wedi ffugio'r hyn a honnai ef oedd yn waith bardd o Fryste o'r bymthegfed ganrif, ac yr oedd James Macpherson wedi cyhoeddi'r hyn a ddywedai oedd yn waith bardd o'r enw Ossian o'r drydedd ganrif. Ar ôl marwolaeth Macpherson galwyd am benodi pwyllgor i archwilio dilysrwydd y cerddi Ossianaidd gan fod nifer o wŷr llengar, gan gynnwys Dr. Johnson, wedi eu hamau o'r cychwyn. Cydnabuwyd fod olion helaeth ar gael o chwedl Ossian a Ffingal, ond canfuwyd fod Macpherson wedi llurgunio'r cwbl, ac ychwanegu atynt ddarnau o'i waith ei hun. Ni wnaeth hyn lawer o les i'r mudiad Celtaidd, a syrthiodd amheuaeth ar honiadau'r Cymry am eu llenyddiaeth gynnar hwythau. Sylwodd y cyhoedd fod y Cymry yn barod iawn i frolio am yr Hengerdd a'r Mabinogi a'r Rhamantau, ond nid oedd neb wedi gweld rhyw lawer arnynt. Sylweddolodd y Cymry llengar fod yn rhaid symud yn gyflym i amddiffyn eu henw da. Yn 1803, cyhoeddodd Sais, sef Sharon Turner, ei lyfr *A Vindication of the Genuinenness of the Antient British Poems*. Ynddo cais brofi dilysrwydd yr hen destunau. Dywed ef mai prawf o'u diffuantrwydd yn hytrach na dim arall oedd y modd yr esgeuluswyd hwy gan y Cymry:

> These poems have not become known to us under the circumstances which attended those of Chatterton and Macpherson, or the Pseudo-Shakespear. They are not works now starting up suddenly for the first time to our knowledge. They do not owe their discovery to any individual. No friendly chest—no ruinous turret—no auspicious accident—has given them to us. No man's interest or reputation is connected with their discovery. Their supporters are therefore, at least disinterested. [6]

Yr oedd yr hyn a ddywed Turner yn wir: unig amcan William Owen Pughe ac Owain Myfyr wrth gyhoeddi'r testunau oedd dod â chyfoeth llenyddiaeth gynnar eu gwlad i olau dydd. Ni allent hwy'n bersonol obeithio elwa o'r fenter; efallai y byddai bri Pughe fel ysgolhaig yn cynyddu rhyw gymaint gyda'r gwaith, ond fe wyddai'r Myfyr ei fod yn ei golledu ei hun yn ariannol heb fawr o ddiolch am ei gyfraniad.

Yn 1786, cynigasai'r Cymmrodorion fathodyn am y cyfieithiad gorau o'r *Gododdin*, ond ni chawsant yr hyn a geisient. Bu Pughe yn meddwl am wneud y gwaith ei hun, a chopïodd rannau ohono yn gywrain iawn, efallai gyda'r bwriad o'i gyhoeddi.[7] Ni cheir sôn am lawer blwyddyn wedyn fod neb yn meddwl am fynd i'r afael â'r gwaith tan y cyfeiriad hwn mewn llythyr oddi wrth Pughe at Tegid yn 1819:

> You remind me of a promise of attempting to translate the Gododdin. I can now give you the agreeable intelligence that the task is taken in hand by a countryman of ours well able to do it credit. He is a native of Radnorshire living at Alnwick in Northumberland . . . his name and address is the Revd. Wm. Probert, Alnwick.[8]

Methiant fu ymdrech Probert. Nid oedd ganddo'r adnoddau ysgolheigaidd ar gyfer y dasg fel y bu'n rhaid i Pughe gydnabod wrth ysgrifennu at Tegid yn 1823:

> It was an unfortunate circumstances that Mr. Probert on beginning to study Welsh should make his first essay on the Gododdin—which from every consideration should have been his last performance. Even the very first line betrays his mistakes . . .[9]

Yr oedd Pughe a'r Myfyr o leiaf yn gallach a mwy gwyliadwrus yn eu hymdrechion cynnar; y gwaith cyntaf a gyhoeddasant hwy oedd *Barddoniaeth Dafydd ab Gwilym*. Teimlent yn weddol hyderus am y gwaith; cwblhawyd y copi o'r cerddi a luniai gynsail y gyfrol gan y Myfyr mor gynnar â 1768; felly teimlai hwnnw fod y testun yn gyfarwydd iawn iddo. Er bod y golygyddion wedi gobeithio y byddai gan farddoniaeth Dafydd fwy o apêl na rhai o'r testunau hŷn gwyddom mai siomedig iawn fu adwaith y cyhoedd i'r gyfrol. Dilynwyd *Dafydd ab Gwilym* gan *The Heroic Elegies*, ac o'r cychwyn bwriedid i bob cyfrol a gyhoeddwyd fod yn rhan mewn cyfres a fyddai'n llunio cyfanwaith mawreddog. Gellir gweld hyn oddi wrth hysbyseb am *The Heroic Elegies*:

> The Plan which includes the Present Publication has for its object the preservation of the Works of the British Bards who flourished anterior to the death of the last Prince Llewelyn . . . The works of other Bards will be published in order . . . until the whole shall be completed.[10]

Cyhoeddwyd y byddai'r *Ancient British Bards, Volume II—The Works of Taliesin* yn dod o'r wasg cyn diwedd 1793, ond ni chlywyd sôn am y gyfrol hon wedyn. Erbyn 1797 penderfynwyd mabwysiadu cynllun tebycach i'r un a welir yn y *Myvyrian Archaiology*.

Y mae Pughe yn trafod y cynlluniau ar gyfer y testunau mewn llythyr at Iolo Morganwg ar 26 Ebrill 1798. Dywed fel y bu llawer o'u hymdrechion i'w cyhoeddi yn fethiant oherwydd diffyg cefnogaeth ac eithrio'r ychydig a wnaethpwyd yn y *Cambrian Register*:

> But, through the ardent affection of an individual (Myvyr will not have his name announced lest he should be sneered at by some people) for his native country, and its ancient literature, a prospect opens, at length, of attaining this long-looked for object—the publication of the more ancient Welsh manuscripts.[11]

Dywed Pughe fod nifer o wŷr dysgedig wedi addo helpu yn y dasg o olygu'r gwaith: Iolo Morganwg, Gwallter Mechain, Dafydd Ddu Eryri, Richard Fenton yr hynafiaethydd o Abergwaun, a Llywelyn Lloyd, brawd Angharad Llwyd. Gobeithid cyhoeddi un gyfrol o'r gwaith yn flynyddol nes gorffen y dasg. Gwyddai'r golygyddion na fyddai gwaith o'r fath yn gwerthu'n rhwydd, felly bwriadent gasglu enwau tanysgrifwyr cyn dechrau cyhoeddi. Y mae Pughe yn pwysleisio haelioni'r Myfyr ac yn gobeithio am yr un gefnogaeth gan berchenogion y llawysgrifau.[11]

> You must conceive that this is an expensive undertaking of Myvyr's when you are informed that he intends to give the paper and print, without looking for a reimbursement from the sale of the books. That being the case, I wish you wo^d be somewhat diffuse in your hints how the plan may be accomplished—say something about the orthography, the arrangements &c. I suppost it wo^d not be amiss if I were to send some of these advertisements to the possessors of the Welsh MSS as some of them perhaps wo^d be so *digrintaç* as to second the plan by lending some articles.[12]

*The Welsh Archaeology* oedd enw gwreiddiol y gwaith, er bod Pughe ac eraill wedi gwneud eu gorau i berswadio'r Myfyr i adael iddynt ei enwi ar ei ôl ef. Gwrthododd hwnnw: teimlai y byddai rhai yn ei wawdio am ei ddiffyg dysg. Y mae'n debyg ei fod yn llai dysgedig na Pughe â'i ddyfalbarhad diflino, ac yn sicr nid oedd ganddo'r fflach a oedd gan Iolo â'i athrylith fympwyol ddisglair. Cyflwynir y Myfyr fel rheol fel creadur surbwch a gredai'n wir fod ei arian yn siarad drosto, rhyw grymffast twp a oedd yn hapusach yn crafu'r crwyn yn ei warws nag yn trafod llenyddiaeth. Ond darlun annheg iawn yw hwn. Down i weld yn awr ei fod yn ŵr diymhongar na fynnai gyhoeddi ei enw rhag ofn gwawd y cyhoedd. Nid oedd mor dwp â hynny ychwaith. Credai'r Athro G. J. Williams ei fod wedi cael cam a'i fod yn llwyr haeddu cael ei enw ar y *Myvyrian Archaiology*:

> Y mae arnaf ofn fod llawer ohonom—ac yr wyf i yn gymaint pechadur â neb—wedi gwneud llwyr gam â'r hen ŵr o Lanfihangel Glyn Myfyr. Nid dwyn y gost oedd ei unig gyfraniad ef. Yr oedd yn sôn am y peth ymhell cyn cyfarfod â William Owen. Yr oedd hen draddodiad Dyffryn Clwyd a bro Hiraethog yn ei yrru yntau, a dengys ei lythyrau fod ganddo lawer iawn amgenach syniad am lenyddiaeth ac am hanes ein llên nag a dybir yn gyffredin. Ei weledigaeth ef, i raddau helaeth, oedd yr *Archaiology*, a pheth hollol gymwys a gweddus oedd rhoi'r ansoddair *Myvyrian* o flaen y gair hwnnw.[13]

Pwysleisia'r Athro G. J. Williams nad oedd gan y Gwyneddigion fel cymdeithas ddim rhan yn y gwaith. Y mae'n wir fod y golygyddion yn aelodau o'r gymdeithas, ond yn wir nid oedd gan lawer o'r aelodau eraill ddigon o ddiddordeb yn y gwaith hyd yn oed i'w brynu, a gwyddom mai benthyca copi o lyfrgell y Cymmrodorion a wnaeth gŵr mor llengar â John Jones, Glan-y-gors. Dal ei dir a wnaeth y Myfyr hyd y diwedd a phan hysbysebwyd y gwaith yn 1798 gwnaethpwyd hynny dan y teitl *Welsh Archaiology*, a dyna yw'r teitl sydd y tu mewn i'r gyfrol gyntaf yn 1801. Synnai Iolo Morganwg at agwedd y Myfyr, a mynegodd ei farn wrtho'n bersonol ar 7 Awst 1798:

> I cannot help greatly admiring and *wondering* at your *Benevolent Patriotism*—you have already done more towards the revival of our ancient Bardic Literature than any one living, and than any one that ever lived since the commencement of its decline . . . but the amazingly expensive undertaking that you now are going about exceeds what all rationality could have expected from not only one individual but an *association of several of the amplest fortunes*. You will not have your name *announced* I am told least [sic] you should be *sneered* at for your nationality &c &c &c, enjoy this humour, it shall not be crossed on my part: it springs I must confess from that most amiable of all virtues—*modesty*. [14]

Er bod *Welsh Archaiology* ar y tu mewn i gyfrol 1801, llwyddodd Pughe a'r lleill ar y funud olaf i berswadio Owain Myfyr i newid ei feddwl, ac ar y wyneb-ddalen a'r clawr ceir *The Myvyrian Archaiology of Wales*. Mewn llythyr at Paul Panton esboniodd Pughe eu dewis o deitl:

> I have no partiality for calling the work Archaiology (its orthographical error is corrected from your hint) but this title was fixt upon from the word being now pretty familiar in consequence of the English Antiq. Soc. volumes being so named. [15]

Yr oedd Gwallter Mechain yn un o'r rhai a ddewiswyd i helpu â'r gwaith. Rhydd ei farn ar ei gyd-weithwyr mewn llythyr at Owain Myfyr. Dywed fod ganddo barch mawr at Iolo, Pughe a Dafydd Ddu Eryri, ond yr oedd yn llai brwdfrydig am y lleill: 'I always understood that Mr. Fenton could not as much as read Welsh'. [16] Yr oedd Iolo yn ei hystyried hi'n fraint iddo gael ei ddewis (newidiodd ei feddwl yn ddiweddarach) ac y mae'n addo rhoi heibio ei weithgareddau eraill am gyfnod er mwyn canolbwyntio ar y gwaith. [17] Cyn bo hir, sylweddolwyd fod tri yn ddigon ar gyfer y gwaith a chymerodd y Myfyr, Pughe a Iolo'r baich bron yn gyfan gwbl arnynt eu hunain, er eu bod yn ddiolchgar i'r lleill am unrhyw gopïau o lawysgrifau y medrent eu hanfon atynt o dro i dro. Yr oedd gan bob un o'r tri ei briod waith: gorchwyl Iolo yn bennaf oedd crwydro o lyfrgell i lyfrgell i gasglu a chopïo; gwaith Pughe oedd golygu'r defnydd a anfonai Iolo a'r lleill ato a'i baratoi ar gyfer y wasg; gwaith y Myfyr oedd turio i mewn i'w bocedi dyfnion i gynnal y cwbl, y gwaith a'r golygyddion eraill. Yr oedd yn gylch bach clòs a chydweithrediad yn holl-bwysig os oedd y gwaith am symud ymlaen yn rhwydd. Nid oedd hyn bob amser yn hawdd. Weithiau byddai Iolo wedi llwyr ddiflannu ar un o'i deithiau a hyd yn oed ei wraig heb wybod i ble'r aethai; dro arall, arafwch yr argraffydd oedd yn eu llesteirio. Yn 1799, yr oedd Iolo yng

Ngheredigion, yn llyfrgell Hafod Uchdryd, pan anfonodd Pughe ato i gwyno am Griffiths yr argraffydd:

Griffiths is so very dilatory in printing, or else five times as much ought to have been printed by this time, as what you see has been done, owing to his delay, it has been thought necessary to begin another volume by other hands, unknown to him, in order to do away the idea that such slowness might create in the public mind. [18]

Y mae'r llythyr yn mynd ymlaen i restru'r gwaith mewn llaw. Dywed Pughe mai rhyddiaith, 'mostly historical', fyddai cynnwys y gyfrol hon o'r *Archaiology*. Bwriedid dechrau â'r Trioedd a symud ymlaen at Achau'r Saint, a thestun Llyfrgell Ysgol y Cymry o'r Cyfreithiau. Yr oedd y gwaith yn ddi-ben-draw: Brut y Brenhinedd, Brut y Tywysogion . . . nid oedd rhyfedd fod Owain Myfyr yn poeni rhag ofn i Pughe sigo dan y baich. Erbyn canol mis Mehefin 1799 yr oedd Iolo wedi symud ymlaen i Lanrwst, ond yr un yw cwyn Pughe yn ei lythyrau. Y mae'n annog Iolo i anfon unrhyw ddarnau a oedd yn barod ganddo 'to keep Griffiths' Gwasg Malwen a-going, in order not to leave him any excuse for saying he stops on our account'. [19] Drannoeth, y mae'n anfon eto at Iolo gan amgau punt oddi wrth Owain Myfyr ac addewid am ychwaneg petai arno eisiau prynu rhai o lawysgrifau Dafydd Jones o Drefriw. [20]

Dibynnai popeth yn awr ar gadw'r ddysgl yn wastad rhwng Iolo ac Owain Myfyr a syrthiodd y dasg honno ar ysgwyddau William Owen Pughe. Gwyddai hwnnw'n iawn mor ddi-ddal ydoedd Iolo, a gwyddai hefyd pa mor flin y medrai'r Myfyr fod. Ofnai yn ei galon rhag i ryw ffrwgwd ddod i roi terfyn ar yr holl waith. Y mae'n rhybuddio Iolo i gymryd gofal mewn llythyr a yrrodd ato ym mis Mai 1800 i'w gartref yn Nhrefflemin, yn y gobaith o gael gafael arno yno am unwaith:

. . . you must know that in consequence of your dilatory spirit O. Myvyr is become quite fractious in not seeing you in London. For goodness' sake do not be the means of his becoming tired of the path (to glory) wherein he now treads, for Welsh literature will not find another such a supporter. [21]

Erbyn Gorffennaf 1799 yr oedd Iolo yn anelu am Sir Fôn. [22] Ar y ffordd galwodd i weld Twm o'r Nant a oedd yn wael ond yn ddigon bywiog i drafod ei lawysgrifau ag ef. Anfonodd Iolo'r manylion amdanynt i Pughe a'r Myfyr. [23] Treuliodd beth amser ym Mangor yn astudio gwaith rhai o'r Gogynfeirdd, Taliesin a Myrddin yn llawysgrifau'r Parch. Richard Davies cyn croesi'r Fenai i Fôn. Bu yno am bythefnos cyn mynd i grwydro drwy Arfon a Meirionnydd drachefn. Nid oedd rhyfedd iddo chwarae â'r syniad o gyhoeddi hanes ei deithiau 'a better Tour in Wales than has yet appeared'. [24] Yr oedd yn ôl ym Môn erbyn dechrau'r Hydref, y tro hwn yn Nhre-ffos. Aeth oddi yno i Lanrug i weld Peter Bailey Williams. Erbyn hyn yr oedd y gaeaf ar ei warthaf ac ymlwybrodd oddi yno drwy stormydd o law trwm i

Hengwrt a Hafod Uchdryd cyn dychwelyd adref i Forgannwg. Yn 1800 aeth Pughe ei hun ar daith i Gymru i ymweld â rhai o'r llyfr-gelloedd. Yr oedd yn arbennig o awyddus i weld cynnwys llyfrgell Hengwrt, ond yr oedd yn anodd cael mynediad iddi yn y cyfnod hwn. Yn niwedd y ddeunawfed ganrif dioddefasai Hengwrt drwy esgeulus-tod Hugh Vaughan. Rhoddwyd gormod o raff i gopïwyr yn y llyfrgell a manteisiodd ambell un mwy anonest na'i gilydd ar oddefgarwch y perchenogion. Benthycwyd cyfrolau di-rif heb fyth eu dychwelyd; collwyd, lladratawyd a chwalwyd llawer o'r llawysgrifau nes i Hengwrt fynd yn bur dlawd. Yn 1778, anfonodd Richard Thomas, cyfieithydd Canu Llywarch Hen, at Owain Myfyr i ddweud ei fod ef, ar gais teulu Hengwrt, ar fin dechrau rhoi trefn ar y llyfrgell a llunio catalog o'i chynnwys, ond yr oedd yn dasg dorcalonnus:

. . . oh fi! mae'r Llygod Freinig, Gwlaw, drwg Gadwraeth, gwedi gwneud Anrhaith didrefn yn eu mysg—a 'r rhan fwyaf o'r Llyfrau gorau gwedi eu dwyn.[25]

Bu farw Richard Thomas cyn medru gwneud llawer o argraff ar y llyfrgell, a gadawyd y llanast fel yr oedd. Gwyddai'r cyfarwydd yn iawn natur a maint yr hyn a oedd wedi diflannu o lyfrgell Hengwrt, ac fe wyddent yn iawn hefyd pwy oedd yn gyfrifol am yr anrheithio a fu arni. Dywed Twm o'r Nant mewn llythyr at Owain Myfyr yn Ionawr, 1800:

. . . Am yr Hengwrt, nid wyf yn meddwl fod yno mor llawer iw gweled, ar ol Llwyd Croesoswallt, yn gwneud ffair, ar Doctor Dolgelley, a Llwyd Hafodunos, yn prynu ac yn rhannu ai gilydd, ganddynt hwy mae'r Llyfrau.[26]

Bu Gwallter Mechain yntau yn Hengwrt yn 1800. Yr oedd honno yn flwyddyn o weithgarwch brwd i'r copïwyr ac nid oedd rhyfedd fod y perchenogion wedi dechrau syrffedu ar yr holl fynd a dod o fewn i'w cynteddau. Rhybuddiodd Gwallter Mechain ei noddwyr Llundeinig: 'Hengwrt Library I am afraid has been too much pillaged to have anything curious in it',[27] ond serch hynny, yr oedd ar William Owen Pughe flys gweld y llyfrgell drosto'i hun. Cychwynnodd yno ym mis Gorffennaf 1800. Erbyn hyn yr oedd teulu Hengwrt yn effro iawn i werth eu treftadaeth ac wedi penderfynu ei bod yn hen bryd iddynt ddiogelu eu casgliadau rhag ychwaneg o ymosodiadau gan gopïwyr ac ymwelwyr anonest a diofal. Caewyd drws y stabal braidd yn hwyr yn y dydd; yr oedd y ceffyl eisoes wedi mynd.

Rhaid cydymdeimlo â'r teulu yn eu hymgais i ddiogelu'r hyn a oedd ar ôl, ond fe wnaeth eu hagwedd y gwaith yn llawer anos i gopïwyr gonest a diffuant fel William Owen Pughe. Yr oedd ef, erbyn hyn, wedi cyrraedd Dolgellau ac yno y bu am rai dyddiau yn holi a stilio yn y gymdogaeth am y ffordd orau i gael ei droed i mewn i Hengwrt.

Addawodd hwn a'r llall ddweud gair drosto i balmantu'r ffordd, ond yr oedd yn broses araf ac ystrywgar. Tra arhosai i'w ymdrechion ddwyn ffrwyth penderfynodd Pughe holi pa lawysgrifau a oedd ar gael y tu allan i'r llyfrgell. Gwyddai'n iawn fod bron cymaint ohonynt bellach ar wasgar hyd y fro ag yr oedd yn Hengwrt ei hun. Cyn bo hir yr oedd ar drywydd rhai ohonynt:

Having on Monday evening been in the company of Mr Herbert, I waited upon him the next morning, to ask to see what books he had in his own hands, whereupon he shewed them to me, 6 or 7 in number. One large paper quarto 2 inches thick by Jones of Gelli Lyfdy, consisting of annals and historical fragments—another a large folio about 6 inches thick, being genealogies arranged and written by R. Vaughan himself—next two or three other heraldic books &c and lastly the llyvyr du and Llyvyr Taliesin, both of which are very curious and valuable.[28]

I ni heddiw, y mae'n arswydus meddwl am drysorau o'r fath yn pasio'n ddidaro o law i law mewn tref fechan ym Meirionnydd, ac y mae'n fwy arswydus meddwl am yr hyn a gollwyd, efallai, drwy'r difaterwch hwn. Gofynnodd Pughe am ganiatâd Herbert i gopïo rhannau o'r Llyfr Du: '. . . he said I should have that privately'. Yr oedd y gair 'preifat' yn un pwysig yng ngeirfa gwŷr llengar cylch Dolgellau lle'r oedd copïwyr a chasglwyr cenfigennus â llygad barcud yn gwylio symudiadau'i gilydd, a pherchenogion Hengwrt hwythau erbyn hyn yn ymwybodol iawn o'u colled. Cyn i William Owen Pughe orffen ysgrifennu ei lythyr at y Myfyr daeth yr ateb hirddisgwyliedig i'w gais o Hengwrt ond nid oedd fawr elwach wedyn:

The purport of it is very disagreeable to me—Sir Robert says he cannot take upon himself to give permission—adding: 'My brother Griffith wo[d] sometimes think nothing of such a thing; at other times he would kick damnably'.

Clywsai Pughe si fod yr Uchgapten Griffith Vaughan yn debygol o fod yn Hengwrt ymhen rhai dyddiau, a phenderfynodd aros i'w weld. Yn y cyfamser, gweithiai ar Lyfr Du Caerfyrddin. Dywed nad oedd arno eisiau copïo rhyw lawer arno, gan fod ganddo rannau ohono eisoes wedi eu codi o gopïau eraill o'r testun. Er bod ganddynt wybodaeth bur drwyadl o gynnwys y llawysgrifau, eto yr oedd y rhai gwreiddiol yn aml yn hollol ddieithr i Pughe a'i gyfoeswyr: dibynnent ar gopïau ohonynt. Nid eu bai hwy yn gyfan gwbl oedd hyn pan welwn mor anodd oedd cael gafael ar rai o'r llawysgrifau. Fodd bynnag, yr oedd tuedd ynddynt i fodloni ar gopïau ac i roddi gormod o ffydd ynddynt. Yn awr, a'r testun gwreiddiol yn ei ddwylo, gellid meddwl y byddai yn neidio at y cyfle i gymharu'r testun â'r copïau eraill er mwyn nodi unrhyw wahaniaethau. Ond yr oedd agwedd yr oes yn gwbl amhroffesiynol; Iolo, ar ei orau, oedd y mwyaf proffesiynol ohonynt. Beiai ef Ieuan Fardd am gamgopïo: 'Evan Evans was not a fair copyist. I have

109

detected him on several occasions copying according to his own amendment'. [29]

Yr oedd gan Pughe reswm arall dros oedi yng nghyffiniau Hengwrt. Gobeithiai fedru perswadio'r Doctor Griffith Roberts, Dolgellau, i ddangos ei lawysgrifau iddo ac efallai i werthu rhai ohonynt. Cawsai Owain Myfyr gryn drafferth gyda'r doctor dros gyfrol *Barddoniaeth Dafydd ab Gwilym* ac y mae'n amlwg fod y doctor yn dal i gofio'r helynt. Aeth allan o'i ffordd i wrthwynebu Pughe ar bob gafael. Meddai Pughe: 'I see that he conducts himself in a way seemingly with a view that I should be affronted with him . . .'[30] Ond nid peth hawdd oedd cythruddo Pughe, a dal ati a wnaeth hwnnw gan obeithio y byddai'r doctor yn newid ei feddwl. Bu'r doctor yn chwarae â Pughe fel cath â llygoden am bythefnos:

We passed our time unprofitably at Dolgellau till last Saturday morning, principally baffling with D<sup>r</sup> Roberts, who every day promised to shew every thing he had, but always kept from coming to the point, except by shewing a few books one at a time.[31]

Awgrymodd Pughe iddo y byddai'n llawn cystal iddo werthu'r cwbl oll iddo ef am bris rhesymol, ond yr oedd greddf y casglwr yn rhy gryf yn yr hen ddoctor a daliodd ei dir yn gadarn. O'r diwedd, cynigiodd Pughe ernes o ddeg gini iddo am gael benthyg rhai cyfrolau. Ar ôl ychwaneg o din-droi cytunodd ar hynny, a rhoddodd fenthyg pum llawysgrif i Pughe, 'and one from his son without his knowlege'. Tra oedd y tad yn loetran, yr oedd Pughe wedi bod yn gweithio'n ddistaw bach ar y mab, a oedd yn fwy parod ei gymwynas na'i dad. Aeth hwnnw mor bell â chael Pughe i mewn i Lyfrgell Hengwrt 'privately', hynny yw, yn slei bach yn sgîl yr hawl a oedd ganddo ef i fynd i mewn i gopïo. Gwelodd Pughe drosto'i hun nad oedd Gwallter Mechain a'r lleill wedi gorliwio'r sefyllfa: 'I saw there a vast collection all in confusion and mouldy', meddai, ond nid oedd ganddo'r amser na'r hawl i gael golwg iawn ar y casgliad. Tybiodd weld 'Llyfr y Greal' yng nghanol y llanast ac awchai am gael ei ddwylo arno. Addawodd mab y doctor y câi ei fenthyca, 'privately' eto. Cynhesodd calon Pughe tuag at y gŵr ifanc, a dywedodd y câi ef y deg gini o ernes a oedd yn nwylo'i dad, ac ychwaneg petai ef yn copïo darnau ohono iddo. Yr oedd taro bargen fel hyn yn rhyddhad i Pughe gan fod problem newydd wedi codi. Meddai wrth y Myfyr:

After I had been at Dolgellau some days, Iorwerth also came there, which still heightened the disagreeableness of the business.[32]

Er bod Pughe yn siŵr o fod yn falch o weld bod Iolo yn dal ar dir y byw, y mae'n debyg fod hwnnw'n ddigon o dreial ynddo'i hun heb iddo yntau geisio cael mynediad i Hengwrt. Byddai cael y fath haid y tu allan i'w drysau yn codi gwrychyn y perchenogion gymaint nes y

110

mae'n debyg na châi'r golygyddion fyth obeithio mynd yno eto. Gan fod Hugh Maurice, nai Owain Myfyr, yntau wedi dod i Ddolgellau ar yr un perwyl sylweddolodd y tri mai'r peth gorau fyddai cefnu ar Hengwrt a mynd am dro i fyny Cader Idris. Yno rhoddodd Pughe gini i Iolo 'to bear his expenses home'. Ond mynd yn ei flaen a wnaeth Iolo, y tro hwn i lyfrgell Gloddaith. Buasai yno deirgwaith yn barod a'r perchenogion oddi cartref bob tro. Fel y gwelir, bu'n frwydr galed i olygyddion y *Myvyrian Archaiology* gael gafael ar yr holl ddefnyddiau. Yr un oedd hanes Gwallter Mechain yntau: pan ofynnodd am ganiatâd Syr Watkin Williams Wynn i gopïo ei lawysgrifau, atebodd hwnnw y byddai'n rhaid iddo ymgynghori â'i frawd yn gyntaf; ('ffordd gwrtais o wrthod', chwedl yr Athro G. J. Williams).[33]

Er mai haf di-fudd a dreuliodd Pughe yn Nolgellau yn 1800 daliai i obeithio y byddai'r Doctor Roberts yn dod at ei goed. Erbyn 1804 yr oedd y doctor wedi dofi'n arw, ond ni fedrai gŵr mor addfwyn â William Owen Pughe lawenhau am hynny, gan mai trychineb bersonol a achosodd y newid yn agwedd y doctor. Boddwyd ei fab John ger Jamaica, ac yn ei alar collodd y tad ei ddiddordeb yn y llawysgrifau:

> . . . as for the MSS I care not so much for 'em as I did; but however, if we can not bargain your Deposit shall be returned: I have some MSS on Vellum I can not well read; but perhaps you can for all that,—I would rather you should have 'em than no one for their value.[34]

Erbyn hyn yr oedd y doctor yn fwy awyddus i werthu nag yr oedd Pughe i brynu. Wedi'r cyfan yr oedd dwy gyfrol o'r *Myvyrian Archaiology* eisoes wedi ymddangos a'r angen am lawysgrifau yn llai yn awr. Anfonodd y doctor ddwywaith neu deirgwaith at Pughe i ofyn am ei help i setlo busnes ei fab a foddwyd ac i wneud ymholiadau am ei gyflog. Y mae'n debyg fod Pughe wedi gwneud ei orau drosto.

Yr oedd llawer o'r llyfrau a'r llawysgrifau wedi mynd ar ddisberod o lyfrgell y Plas Gwyn ym Môn yn union fel y chwalwyd llyfrgell Hengwrt. Ond yr oedd y ddau Paul Panton, yn dad a mab, yn ymwybodol iawn o werth eu casgliad ac yn ofalus ohono. Yr oedd y ddau ohonynt yn hynafiaethwyr ac yn gasglwyr eu hunain ond nid oedd eu diwylliant yn eu hamddiffyn rhag lladradau copïwyr anonest o'u llyfrgell. Bu Dafydd Ddu Eryri yn gweithio llawer yn y Plas Gwyn a chafodd nawdd parod y Pantoniaid. Pan aeth Iolo i'r llyfrgell sylweddolodd ar unwaith fod nifer o lawysgrifau gwerthfawr ar goll gan gynnwys cyfrol bwysig o waith Cynddelw ac eraill o'r Gogynfeirdd.[35] Ond er i Paul Panton ei hun chwilota drwy'r tŷ ni chafwyd hyd iddi. Y mae'n debyg ei bod ar goll ers tro, gan fod Pughe wedi bod yn holi amdani yn 1795 pan weithiai ar gyfrol gyntaf y *Cambrian Register*. Gofynnodd i Ddafydd Ddu Eryri chwilio amdani ond ni wyddai hwnnw p'le i gychwyn:

I am sorry to find that a great number of the late Mr. Panton's MSS are missing. I do not very well understand what long piece of Cynddelw you mean, many of his poems are pretty long.[36] Ochenaid o'r galon gan Ddafydd Ddu druan wrth wynebu'r fath dasg! Llwyddodd Iolo i gael gafael ar gopïau eraill o'r testunau a oedd yn y gyfrol goll, ond ni chafodd hyd i'r gyfrol ei hun. Yr oedd Paul Panton yn wahanol iawn i'r mwyafrif o berchenogion llyfrgelloedd: cynigiodd roi benthyg unrhyw gyfrol neu lawysgrif a fynnent i olygyddion y *Myvyrian Archaiology* a hyd yn oed eu hanfon i Llundain er mwyn iddynt gael eu copïo wrth eu hamdden. Fel arwydd o'u diolchgarwch, cyflwynwyd cyfrol gyntaf y *Myvyrian Archaiology* i Paul Panton, 'as a tribute of respect for his patriotism and of gratitude for his liberality in lending his valuable collection of British Manuscripts towards completing this work'.[37] Cyflwynwyd yr ail gyfrol i Thomas Johnes, Hafod Uchdryd, a'r drydedd i George Parker, Iarll Macclesfield, am ganiatâd a chydweithrediad i weithio yn ei llyfrgelloedd hwythau.

Er bod anawsterau fil yn rhwystro golygyddion y *Myvyrian Archaiology* yn eu gwaith o gasglu a chopïo'r defnyddiau, eto ni ddylem feddwl mai llafur caled oedd y cwbl. Y mae'n sicr iddynt gael y boddhad arbennig, nad yw'n bosibl i ysgolheigion heddiw ei gael ond yn anaml iawn, o ganfod trysorau coll a fu'n gorwedd yn y llwch heb i neb sylweddoli eu harwyddocâd, a'r wefr o gael chwilota heb wybod beth a allai fod yn guddiedig yn annibendod yr hen gasgliadau. Y mae'n sicr hefyd iddynt gael hwyl a chyfeillgarwch ar eu teithiau o amgylch Cymru. Ceir darlun byw o'r teithiau hyn o lythyrau Iolo Morganwg; fel yr âi o Hafod Uchdryd yng Ngheredigion i Feirionnydd a siroedd Dinbych a Fflint; oddi yno wedyn i Arfon a Môn. Y mae'n sôn amdano'i hun yn copïo llawysgrifau Ieuan Fardd mewn tafarn ym Miwmares, yng nghanol yr holl firi, am bymtheg awr y dydd. Mor braf oedd cael cyfarfod hen ffrindiau, a sgwrsio â Dafydd Ddu Eryri, Twm o'r Nant a Peter Bailey Williams ac eraill o'r un anian, a byddent hwythau yn cael y fath fwynhad o drafod y deunydd diweddaraf a gopïwyd ac a gasglwyd.

Gwyddom i golledion ariannol Owain Myfyr ei rwystro rhag cefnogi'r gwaith cymaint ar ôl cyhoeddi dwy gyfrol gyntaf y *Myvyrian Archaiology* yn 1801, er i'r drydedd gyfrol ymddangos yn 1807. Yr oedd y Myfyr wedi priodi, ac yntau dros ei drigain oed, ac yn dechrau magu teulu yn ei hen ddyddiau. Yr oedd Iolo wedi pwdu, a Pughe wedi dod yn feistr tir. Fel canlyniad, ni chafwyd rhagor o'r cydweithio ar ran y triawd, a heb hwnnw yr oedd yn amhosibl gwneud ychwaneg. Ond y mae lle i ddiolch iddynt am gyflawni cymaint. Gwariodd Owain Myfyr dros fil o bunnau ar y gwaith, a hynny am ei gyhoeddi'n unig, heb gyfrif y taliadau a wnaeth i'r golygyddion eraill am gasglu a chopïo ac i'r perchenogion er mwyn prynu rhai llawysgrifau. Rhwng y cwbl amcangyfrifir ei fod wedi gwario rhwng pedair a phum mil o bunnau.

Cynnwys y gyfrol gyntaf oedd gwaith y Cynfeirdd a'r Gogynfeirdd; yn yr ail, cafwyd y Trioedd, Achau'r Saint, y Brutiau, a Hanes Gruffydd ap Cynan. Yr oedd mwy o gymysgfa yn y drydedd gyfrol:

> Doethineb Cenedyl y Cymry; sev y Gwyddvardd Cyvarwydd, Triodd [sic] Moes a Devawd, Diarhebion, Triodd Beirdd Ynys Prydain, Triodd Dyvnwal Moelmud, Hen Gyvreithiau, Cadwedigaeth Cerdd Dant, a Gorchestion Ereill.[38]

Ni ellir dweud fod y gwaith yn llwyddiant er gwaethaf yr holl draul a llafur a fu arno. Amaturaidd iawn ydoedd wrth ein safonau ni heddiw; gwelsom eisoes nad oedd cywirdeb testunol yn poeni llawer ar y copïwyr. Gellid gofyn pam y cyhoeddwyd y fath gybolfa yn y drydedd gyfrol yn hytrach na rhai testunau llawer pwysicach, megis y Pedair Cainc a'r Rhamantau, neu destunau Llyfr Ancr, Saith Doethion Rhufain a Bown o Hamptwn. I fod yn deg â'r golygyddion, y mae'n debyg eu bod wedi gobeithio mynd ymlaen i gyhoeddi'r rhain mewn cyfrol arall yn ddiweddarach, ond ni ddaeth y cyfle.

Gwyddom bellach fod Pughe ac Owain Myfyr wedi cael eu twyllo yn y gwaith hwn eto gan Iolo Morganwg. Cynhwyswyd dwsinau o dudalennau o ffugiadau Iolo: efe biau Trioedd Ynys Prydain, Trioedd Beirdd Ynys Prydain, Trioedd Dyfnwal Moelmud, Brut Aberpergwm, Brut Ieuan Brechfa, a Doethineb Catwg Ddoeth o Lancarfan. Ni ddylid beio Pughe a'r Myfyr yn ormodol am lyncu'r ffugiadau hyn. Yr oedd Pughe yn greadur hollol ddidwyll, yn weithiwr llafurus, gofalus a phoenus: byddai ef yn derbyn holl ffugiadau Iolo heb amau dim, am nad oedd yn ei natur onest i amau neb na dim. Y mae'n eithaf posibl y byddai rhai o'i ragflaenwyr, gwŷr fel Moses Williams a Ieuan Fardd, wedi sylweddoli mai testunau diweddar oeddynt, gan fod Iolo, er ei fod yn ffugiwr profiadol a medrus, yn gwneud ambell gamgymeriad cystrawennol a fyddai'n ddigon i alluogi gwir ysgolhaig i amseru'r gwaith yn gywir. Yn ddiau, Iolo oedd yr un a wyddai fwyaf am gynnwys y llawysgrifau Cymraeg, ac yr oedd ei wybodaeth ohonynt yn llawer ehangach na gwybodaeth Pughe. Gwelir hyn yn eglur yn ei draethawd, 'A Review of the Present State of Welsh Manuscripts', gwaith a dadogwyd gan lawer ar William Owen Pughe.[39] Nid un i gael ei sarhau yn ddistaw oedd Iolo, yr oedd ganddo gryn feddwl ohono'i hun; yn hyn o beth yr oedd yn wahanol iawn i Pughe. Ar 13 Awst 1804 y mae Dafydd Ddu Eryri yn cyfeirio at hyn mewn llythyr at Owain Myfyr:

> It seems that Iolo has an odd way of repaying men's kindnesses. A friend of mine cannot bear his egotisms in the Myvyrian Archaiology. *Mi Iolo Morganwg*, Mi Iolo Morganwg, I.M., I.M., so on ad infinitum.[40]

Yn 1813, ac yntau bellach wedi hen bwdu, y mae Iolo yn ymosod ar Pughe mewn llythyr at y Parch. T. Rees:

113

In the Welsh Archaiology he has altered the orthography into that of his
dictionary and grammar, thus forging fictitious authorities for what he has
done.[41]

Yr oedd gan Iolo, o bawb, dipyn o wyneb i gyhuddo neb o dwyllo a
ffugio o gofio'i yrfa ef ei hun. Y mae'r Athro G. J. Williams yn tynnu
ein sylw at agwedd od Iolo yn hyn o beth.[42] Yn y copi gwreiddiol o'r
'Review of the Present State of Welsh Manuscripts' ceir rhai adrannau
na chynhwyswyd mohonynt yn y fersiwn sydd yn y *Myvyrian Archaiol-
ogy*. Yno y mae Iolo'n sôn am y ffugwyr enwog, Macpherson a
Chatterton. Y peth amheus am y ddau ohonynt oedd nad oedd
ganddynt lawysgrifau digon credadwy i gynnal eu damcaniaethau.
Yna dywed Iolo rywbeth sy'n arwyddocaol iawn i ni heddiw, sy'n
gwybod am ei weithgarwch ef:

> It is no difficult thing to manufacture very fine Poems and impose them on
> the public for works of great Antiquity.

O leiaf, gallai siarad o brofiad! Erbyn 1821 y mae fersiwn Iolo o hanes
cyhoeddi'r *Myvyrian Archaiology* wedi ei gymylu gymaint gan ei
fympwyon a'i atgasedd, nes ei fod yn hollol annibynadwy fel
adroddiad o'r hyn a ddigwyddodd mewn gwirionedd. Serch hynny, y
mae'n werth dyfynnu'n helaeth o'r llythyr rhyfedd a ysgrifennodd Iolo
ym mis Tachwedd 1821 at Evan Williams, y cyhoeddwr a'r llyfr-
werthwr o'r Strand, i weld ei farn ef ar ei gyd-olygyddion:

> How ridiculous was it in that more than half Idiot and more than two
> havles of a swindler Owen Jones and his compeers, Editors of the Welsh
> Archaiology to alter and corrupt the genuine orthography of the MSS?—
> some self deemed very learned and very sagacious may, with a scribbler in
> the Cambro Briton, remind me that I was myself one of those Editors.
> Indeed I was so, to my great misfortune, but my Editorship was that of
> travelling over all Wales for many years for the purpose of collecting and
> copying ancient MSS, in this department I laboured more abundantly than
> any one of them, or than all others put together, this was Editorial
> Department for 8 years, at the very inadequate annual sallery of 50£ per
> ann. which O. Jones promised to settle on me for life, of which I received less
> than 80£ and he at last took an occasion to be offended and [sic] some of my
> opinions respecting the mode of carrying the work thro' the Press, and on
> such a silly pretence swindled me out of what he had solemnly offered me,
> and having involved myself in debt, believing that I should ultimate
> received [sic] what remained due to me of his own original offer to me, but
> never did I receive more than I have just mentioned. Owen Jones pretended
> on promise to pay those who engaged to assist or rather to do the whole of
> this blessed work of Editorship, and the Public believe that he did so, and for
> so doing extol him to the skies, whether Mr. Owen Pughe was weak enough
> to act on this occasion as the *Cat's paw* of Owen Jones I am not certain, and I
> am not at present disposed to declare what my suspicions are.

114

powers

Owen Jones himself never possess'd intellect [sic] enough to enable him to become Editor of that old Ballad *Lillibullero* or even a prophecy of Joannah Southcott, he could roar a loud horse laugh well enough at *Crindy* alehouse in Walbrook Street, when that low buffoon *Glan y Gors* sung, or brayed his abundance of smutt and ribbaldry, he had learning enough for this and was an *amateur*.[43]

Y mae llawer o gelwydd noeth yn y llythyr hwn: y mae digonedd o dystiolaeth ar gael yn llythyrau'r cyfnod fod Owain Myfyr wedi talu costau ei gyd-olygyddion yn anrhydeddus tra oedd ganddo'r moddion i wneud hynny. Fodd bynnag, y mae'n anodd dweud faint o'r arian a wariasai a hawliodd yn ôl yn ddiweddarach. Yn sicr, bu'r Myfyr tua diwedd ei oes yn pwyso'n drwm ar Pughe i dalu ei ddyled iddo. Y mae'n debyg fod Iolo yn teimlo mai ef a gafodd y gwaith caled o grwydro ym mhob tywydd o amgylch y wlad i wynebu perchenogion digroeso'r llyfrgelloedd, ac y mae'n wir, efallai, mai ei ran ef o'r gwaith oedd y trymaf. Cyhuddwyd y golygyddion o ymyrryd â'r testunau a hyd yn oed o ffugio, ond y mae Iolo'n mynd ymlaen i wadu hyn:

I shall have an occasion pretty soon to vindicate my character from the charge of having any in [sic] adulterating the Welsh MSS and I have given such an opinion of Owen Jones as will I believe exonerate him from any charge of this nature . . .[44]

O amser cyhoeddi'r *Myvyrian Archaiology* ymlaen gellir gweld newid pendant yn agwedd Iolo at ei gydweithwyr. Gyda'r blynyddoedd cynyddodd ei chwerwder a'i ymosodiadau ffyrnig nes yr oedd yn y diwedd yn berwi o atgasedd tuag atynt.

Cyfnod ffrwythlon a phrysur oedd blynyddoedd olaf y ddeunawfed ganrif a dechrau'r bedwaredd ganrif ar bymtheg i William Owen Pughe, blynyddoedd *Barddoniaeth Dafydd ab Gwilym*, *The Heroic Elegies*, y *Cambrian Register*, y *Myvyrian Archaiology*, y *Cambrian Biography*, y Geiriadur a'r Gramadeg yn ogystal â'i holl fân weithiau eraill. Ond drwy'r holl gyfnod yr oedd ganddo un gwaith arall ar y gweill sef ei gyfieithiad o'r Mabinogi a'r hen chwedlau eraill. Gobeithiai fedru eu cyhoeddi mewn un gyfrol gan y tybiai y byddai eu cynnwys yn apelio'n arbennig at chwaeth yr oes. Cyhoeddwyd testun *Pwyll Pendefig Dyfed* ynghyd â chyfieithiad gan Pughe yng nghyfrol gyntaf y *Cambrian Register* yn 1795, ac ymddangosodd ychwaneg ohono yn yr ail gyfrol yn 1799. Y mae gennym brawf o'i waith ar y Pedair Cainc a'r chwedlau eraill mewn cyfrol lawysgrif sydd erbyn heddiw yn Llyfrgell Genedlaethol Cymru.[45] Ynddi ceir testun diwygiedig o *Geraint fab Erbin*, a gopïwyd o Lyfr Coch Hergest. Gellir dyddio'r gwaith tua 1801, blwyddyn a welodd gynnydd mawr yn ei ddiddordeb yn y maes hwn. Ym mis Ionawr 1801 ysgrifennodd lythyr at Iolo Morganwg yn dweud iddo gwblhau cyfieithiad o *Peredur*: 'I think it very curious upon the whole—It abounds with plots and scenes in continual succession, boldly sketched out.'[46] Erbyn diwedd yr un flwyddyn y mae'n amlwg fod Pughe wedi symud ymhell yn ei astudiaeth o'r hen chwedlau, fel y gwelwn oddi wrth lythyr arall a anfonodd at Iolo ym mis Tachwedd. Ynddo, dywed fod ei barch atynt yn cynyddu fwyfwy fel y tyf ei adnabyddiaeth ohonynt. Yn ei dyb ef, hwy yw ffynhonnell yr holl ramantau: 'I begin to think more & more of the value of our hen ystorion—the Mabinogion. If they were printed with an introduction they would be thought undoubtedly the origin of Romance writing: but the Romances are a very degenerate offspring of them'.[47] Credai weld tebygrwydd pendant rhyngddynt a chwedlau India. Gresynai nad oedd mwy o lafurwyr yn y winllan, rhag ofn i'r ffrwyth gorau gael ei golli oherwydd diffyg gofal.

Erbyn 1802, llwyddasai i ennyn diddordeb llenorion mwyaf blaen-llaw y dydd yn y chwedlau hyn. Ym mis Ionawr 1802 darllenodd bapur ar lawysgrifau Cymraeg i Gymdeithas yr Hynafiaethwyr: ynddo soniodd am y Mabinogi fel yr esiampl gyntaf yn Ewrop o'r Rhamant-au. Yr oedd Walter Scott yn gweithio ar Chwedlau Arthur yn y cyfnod hwn, a cheisiai ddangos i'r chwedlau hynny ddod i feddiant y Normaniaid oddi wrth glerwyr y Gogledd, ac iddynt hwy etifeddu olion yr hen chwedlau Celtaidd a ffynnai unwaith yn Ystrad Glud. Pan ddeallodd Scott fod Pughe yn gweithio ar y Mabinogi, ysgrifennodd ato i ddweud ei fod yntau'n ymddiddori yn yr un pethau: 'I am a labourer in a different enclosure of the same vineyard which Mr. Owen cultivates with so much success'.[48] Yn ei ateb i'r llythyr hwn, ar 12 Awst, dywed Pughe:

> We have in Wales large collections of the ancient Tales alluded to, written on vellum, of the date of the 12th and 13th centuries, under the title of Mabinogion, or *Juvenilities* . . . they are not so wild as the romances, their incidents pass before us rapidly like a pantomime, and generally within the scope of possibility . . . there is very little of chivalry and combat in them . . . As soon as I can get a little leisure, I intend to translate more of the tales, so as to make a volume or two, to see what the public may think of them . . . [49]

Yr oedd Sharon Turner a'i gylch yn dilyn y gwaith yn eiddgar, ac y mae Robert Southey yntau yn synnu at gynnwys y testunau. Y mae'n awyddus i Pughe eu cyhoeddi ond cred efallai y bydd angen ychydig o help arno:

> If William Owen will go on and publish them, I have hopes that the world will yet reward him for his labours. Let Sharon make his language grammatical—but not alter their idiom in the slightest point.[50]

Y mae hyn braidd yn annheg: chwarae teg i Pughe, yr oedd ei Saesneg yn ramadegol barchus, beth bynnag am ei Gymraeg.

Gŵr arall a ymddiddorai yn y gwaith oedd John Leyden. Meddyg ydoedd wrth ei alwedigaeth ond yr oedd hefyd yn llenor a chydweithiai â Walter Scott. Yn 1803 cyflwynodd Leyden William Owen Pughe i gylch Richard Heber, un o gyfeillion Scott a chasglwr llyfrau. Yn y cylch hwn daeth Pughe i adnabod George Ellis un arall o gyfeillion Scott. Bwriadai Ellis ddysgu Cymraeg, ac yr oedd Leyden yn awyddus i'w hyrwyddo, gan ei fod yn ŵr o athrylith a dylanwad. Ellis oedd golygydd *Fabliaux and Tales* (1796 a 1800) ac *Early English Poets* (1801). Yn 1805, cyhoeddodd *Specimens of Early English Romances in Metre*, a chyfrannodd lawer at y mudiad rhamantaidd cyfoes. Yr oedd Southey a Coleridge hwythau yn amcanu at feistroli'r Gymraeg, ac yr oedd Sharon Turner eisoes wedi llwyddo. Darllenodd Ellis gyfieithiad Pughe o'r Mabinogi, a chael y chwedlau yn 'infinitely curious'. Tybiai y byddai'n rhaid eu cyfieithu yn fwy rhydd, er mwyn i'r stori lifo yn esmwyth, ond credai y byddent yn dderbyniol iawn gan y cyhoedd:

> . . . it seems to me that the Mabinogion are not at all inferior in point of merit to the Arabian Tales, and I see no reason why they should not become equally popular. [51]

Penderfynodd Ellis y byddai ef yn golygu'r Mabinogi a'u cyhoeddi; y mae'n debyg iddo sylweddoli fod gan Pughe fwy na digon o bethau eraill ar y gweill iddynt obeithio gweld cyfrol o'r chwedlau o'i ddwylo ef. Ond bu llawer o oedi ar ran George Ellis yntau, ac erbyn 1803 yr oedd Walter Scott yn annog ei gyfaill ymlaen:

> I am very sorry that you flag over those wild and interesting tales. I hope, if you will not work yourself . . . you will at least keep Owen to something that is rational—I mean to *iron horses* [sic] and *magic cauldrons* and *Bran the Blessed* with the music of his whole army upon his shoulders, and, in short, to something more pleasing and profitable than old apothegms, triads and 'blessed burdens of the womb of the isle of Brittain'. [52]

Erbyn Mehefin 1804, yr oedd cyfieithiad Pughe o *Manawydan* yn nwylo'r gwŷr hyn a George Ellis wedi gwirioni arno; gwelai ddylanwadu Asiatig a phob math o bethau ynddo. [53] Ysgrifennodd Southey at Coleridge i sôn am y gwaith, gan ganmol cyfieithiad Pughe i'r cymylau, [54] a'r un yw thema llythyr a anfonodd at C. W. Williams Wynn ar 16 Mehefin 1804:

> I did not see you after I had read three tales of the Mabinogion. Owen has translated them admirably in so Welsh a syntax and idiom that they convey the full manner of the original. [55]

Ond nid oedd Southey, Coleridge na George Ellis yn medru beirniadu'r cyfieithiad mewn gwirionedd, gan nad oedd yr un ohonynt yn cael llawer o hwyl ar ddysgu'r Gymraeg. Tua 1804-05, dechreuodd Pughe gefnu dros dro ar y *Mabinogi* dan bwysau gwaith a diddordebau eraill, er mawr siom i Southey a'i gyfeillion. Ond fe gyhoeddodd destun *Breuddwyd Macsen* o Lyfr Coch Hergest yn *Y Greal* yn 1806. Ni cheir sôn wedyn am y chwedlau am flynyddoedd lawer, er nad oedd ef

na'i gyfeillion llengar wedi anghofio amdanynt. Yn 1813, dywed Evan
Williams, y cyhoeddwr, mewn llythyr at Iolo Morganwg:

> Our friend Mr. W. Owen is still here, but not so industrious as he used to be
> in the Literary way—he now talks of publishing his long intended work of
> the *Mabinogion* in small volumes. [56]

Erbyn 1816-17 dengys y cyfeiriadau yn nyddiadur Pughe ei fod yn
adolygu'r gwaith, ac erbyn 1819 gellid tybio fod y chwedlau ar fin
gweld golau dydd o'r diwedd: yn y *Cambro-Briton* am y flwyddyn honno
sonnir amdano yn paratoi'r chwedlau 'with a view to publication'. [57]
Cyhoeddwyd ei gyfieithiad o *Pwyll* yn ail gyfrol y *Cambro-Briton* (1820-
1), a *Math* yn y *Cambrian Quarterly Magazine* yn 1829. Yn 1819
cyhoeddwyd traethawd o waith Pughe yn argraffiad William Gunn o
*Historia Brittonum* Nennius. Ond eto, teimlai yn 1819 fod llawer mwy i'w
wneud ar y Mabinogi cyn y medrai gyhoeddi gwaith terfynol arnynt.
Mewn llythyr at Tegid, dywed ei fod wedi cyfieithu'r cwbl o'r Pedair
Cainc, neu o leiaf y cwbl y gwyddai ef amdano, ond ofnai fod mwy ar
gael heb iddo'i weld:

> . . . but I think there may be others at Hengwrt, of which I have hitherto not
> had an opportunity of searching for. They will, besides the text, require a
> good deal said by way of illustration. [58]

Aeth y blynyddoedd heibio, ond nid oedd golwg o'r *Mabinogi* fel
cyfrol gyfan. Gwelir oddi wrth lythyr a anfonodd Edward Protheroe o
Hemel Hempstead at William Owen Pughe yn 1825 mai'r maen
tramgwydd pennaf oedd cael cyhoeddwr i'r gwaith; y mae'n amlwg
fod y cyhoeddwr Murray wedi gwrthod gwaith gan Pughe 'for
pecuniary reasons alone'. [59] Y mae'n debyg mai'r *Mabinogi* oedd y
gwaith hwn, gan mai dyna'r unig beth o bwys y gweithiai Pughe arno
yn y cyfnod hwn, ac y mae Protheroe yntau'n cyfeirio at y *Mabinogi*
gan ddweud y dylai'r cymdeithasau Cymreig noddi'r gwaith a'i
gyhoeddi. Ategir hyn i gyd mewn llythyr oddi wrth Pughe at Tegid ym
Mawrth 1826:

> The Mabinogion was offered to Murray, and to Longman & Co. by Mr.
> Protheroe, whilst I was in Wales and without any advantage to come to me;
> but both declined. So I suppose I must try a subscription. Mr. Protheroe will
> do his best in promoting it. I calculate upon either 2 or 3 ten shilling
> volumes. [60]

Yn 1827, cynigiodd Pughe ei ddefnyddiau i T. Crofton Croker, a
chynhwysodd hwnnw hanes y *Mabinogi*, llythyr oddi wrth Pughe, rhan
agoriadol *Pwyll* a braslun o *Brân* yn y drydedd gyfrol o'i waith, *Fairy
Legends and Traditions of the South of Ireland*. Mewn llythyr at Pughe yn
Chwefror, 1828 dywed y Parch. John Jenkins (Ifor Ceri), fod C. W.
Williams Wynn yn fodlon noddi'r gwaith, a'r 'plan for republishing

and adding a few volumes to the Archaiology'.[61] Credai Jenkins y byddai'n rhaid cael £150 i £200 i wneud hyn, ond yr oedd Wynn yn frwdfrydig iawn. Ceisiodd gael cymorth ariannol o gronfa Eisteddfod Powys ond heb lwyddiant. Yn y cyfamser, yr oedd Pughe yn gwneud ei orau i gasglu enwau tanysgrifwyr; anelai at dri chant, ond nid oedd yn dasg hawdd. Yr oedd popeth yn amlwg yn barod, fel y dywed Aneurin Owen mewn llythyr at Henry Petrie a ddyddiwyd 24 Mehefin, 1829:

> My Father has the Mabinogion ready, but his list of subscribers is not sufficiently extensive to warrant his going to press . . .[62]

Rhydd y *Cambrian Quarterly Magazine* (1829-30) sylw mawr i broblem cyhoeddi'r gwaith: yn yr ail gyfrol o'r cylchgrawn y mae Carnhuanawc yn sôn amdano'i hun yn Llydaw, lle y cyfarfuasai a gwŷr llengar a ddisgwyliai yn eiddgar am gael darllen cyfieithiadau Ffrangeg o'r *Mabinogi*:

> . . . when it was that, with shame and confusion, I was compelled to finish my statement by saying that Dr Owen Pughe, after all his labours had been for some years endeavouring to procure a sufficient number of subscribers merely to defray the expense of printing the work, even without any emolument to himself, and was at last obliged to abandon the idea entirely, for want of support, and that after all, the Mabinogion may never appear in our time, and probably before another Dr. Owen Pughe appears, the originals will have shared the fate of many others of our most valuable remains.[63]

Yn 1830, cyhoeddwyd bod y *Mabinogi* ar fin ymddangos dan nawdd y 'Royal Cambrian Institution' (enw arall ar y Cymmrodorion) a chymdeithasau Gwynedd, Powys, Gwent a Dyfed.[64] Erbyn hyn, yr oedd Aneurin Owen yn ymddiddori yn y gwaith, er nad oedd yn hollol fodlon ar y cyfieithiad ar ôl ei ddarllen yn y *Cambrian Quarterly Magazine*. Yr un oedd ei gŵyn ag un y rhan fwyaf o feirniaid y cyfieithiad: hoffai gael cyfieithiad rhwyddach a mwy ystwyth, ond gan gadw cyfoeth y gwreiddiol ar yr un pryd:

> The original abound in idioms, which in my idea ought to be translated by corresponding ones, a verbal rendering into English appears to me uncouth.[65]

Sylwodd Aneurin ar nifer o gamgymeriadau yn y darn a gyhoeddwyd yn y cylchgrawn, ac yr oedd hyn yn ei synnu, 'as my Father writes so exceedingly plain', ac fel canlyniad, penderfynwyd y byddai Pughe ei hun yn cywiro'r gwaith o hynny ymlaen. Ysgrifennodd Aneurin at Arthur James Johnes,[66] ym Medi 1830, i ddweud sut yr âi'r gwaith yn ei flaen. Dywed am ei dad:

> His wish is to have the work published at Denbigh under his own inspection, as he could intrust the correction of the press to no-one but

119

himself. This appears reasonable & from the manner in which printing is now done in the principality, no objection can arise to this course. I presume that the expense would likewise be less than in the Metropolis.[67]

Yr oedd y Cymmrodorion yn dechrau symud o'r diwedd, a chynigiasant fenthyg £50 tuag at y draul o gyhoeddi'r gwaith, er nad oedd hynny'n ateb i broblemau Pughe, fel y dywed Aneurin:

This money is expected to be repaid, but a loan is not the requisite because the books may be on hand for years. If they will engage to take the amount in copies it would certainly assist materially.[68]

Mewn gwirionedd, ofnai Aneurin na fyddai'r gwaith byth yn cael ei gyhoeddi. Ar ei ysgwyddau ef yr oedd y baich erbyn hyn; yr oedd Pughe dros ei ddeg a thrigain a'i iechyd yn fregus, a'r rhestr tanysgrifwyr yn araf iawn yn tyfu. Hyd yn oed pe cyhoeddid y *Mabinogi* ofnai Aneurin y byddai stoc mawr ganddynt ar eu dwylo heb eu gwerthu. Yr oedd ganddynt eisoes brofiad o hyn gan fod digon o gopïau ar ôl o *Goll Gwynfa*, 'to stock at least a Cambrian Shop'. Yr oedd y cyhoedd yn dal i ddisgwyl am y *Mabinogi* yn 1832, fel y dywed y cyhoeddiad yn y *Cambrian Quarterly Magazine*:

. . . at this moment the public is on the very tiptoe of expectation for the promised appearance of an edition of the Mabinogion or Babinogion under the auspices of the first Celtic scholar of the age.[69]

Yr oedd y cyhoedd bellach wedi bod ar flaenau'u traed am dros ddeng mlynedd ar hugain, ac felly y bu'n rhaid iddynt aros. Y mae'r gwaith yn gorwedd hyd heddiw yn fwndeli taclus yn y Llyfrgell Genedlaethol.[70] Efallai mai'r peth mwyaf trist, ar ôl dros chwarter canrif o lafur oedd gweld cyhoeddi cyfieithiad yr Arglwyddes Charlotte Guest o'r *Mabinogi* yn 1838, tair blynedd ar ôl marwolaeth William Owen Pughe.

Wrth ddilyn hynt ei waith ar y *Mabinogi* yr ydym wedi symud ymlaen dros ddeng mlynedd ar hugain o ddechrau'r bedwaredd ganrif ar bymtheg a'r cyfnod prysur hwnnw pan ddechreuodd Pughe ar y gwaith. Y mae'n bur debyg y byddai wedi gwangalonni y pryd hynny pe gwybuasai faint y dasg o'i flaen, a'r treialon a'i hwynebai. Y mae ei waith ar y Mabinogi yn wahanol i bopeth arall a wnaeth. Fel rheol, gweithiai'n weddol gyflym a gwelai gyhoeddi ei gynnyrch ymhen ychydig flynyddoedd o'i ddechrau. Ond yr oedd y *Mabinogi* fel petaent wedi eu tynghedu i orwedd yn faich ar ei ddwylo: er gwaethaf pob ymdrech ni fedrai roi trefn arnynt. Un rheswm, efallai, oedd nad oedd ei holl fryd bellach ar ei waith llenyddol fel y buasai gynt. Fel y cawn weld yn awr, daeth dylanwad rhyfedd a dieithr i fywyd William Owen Pughe ar ddechrau'r bedwaredd ganrif ar bymtheg a galwadau eraill ar ei amser i'w dynnu oddi wrth ei lyfrau.

# NODIADAU

[1] NLW 21282, IAW 354.

[2] Ceir arolwg gwerthfawr iawn o'r llyfrgelloedd yn erthygl gynhwysfawr a diddorol Eiluned Rees, 'An Introductory Survey of 18th Century Welsh Libraries', *JWBS*, X (1971), t. 197. Gweler hefyd: Nesta Jones, 'Bywyd John Jones, Gellilyfdy', T.Y.C.Ch. MA (Bangor), 1964; Nesta Lloyd (née Jones), 'Welsh Scholarship in the Seventeenth Century, with special reference to the writings of John Jones, Gellilyfdy', Traethawd D.Phil. Rhydychen, 1970; T. Emrys Parry, 'Llythyrau Robert Vaughan, Hengwrt, (1592-1667), gyda rhagymadrodd a nodiadau', T.Y.C.Ch. MA (Bangor), 1961; Aneirin Lewis, 'Evan Evans (Ieuan Fardd), 1731-1788, Hanes ei fywyd a'i gysylltiadau llenyddol', T.Y.C.Ch. MA (Caerdydd), 1950; Eiluned Rees a Gwyn Walters, 'The Dispersion of the Manuscripts of Edward Lhuyd', *Cylchgrawn Hanes Cymru*, Rhagfyr 1974, Rhif 2, t. 148.

[3] William Owen, 'Account of some Ancient Welsh MSS', Royal Society of Antiquaries, London, 1802, XXIX, t. 211.

[4] Owen Jones, Edward Williams a William Owen Pughe, *The Myvyrian Archaiology of Wales* (Llundain, 1801-07), Cyf. I, t. xii. Cyfeirir ato o hyn ymlaen fel *Myv. Arch.*

[5] G. J. Williams, 'Hanes Cyhoeddi'r ''Myvyrian Archaiology'' ', *JWBS*, Rhagfyr 1966, Cyf. X, i, tt. 2-3.

[6] Sharon Turner, *A Vindication of the Genuineness of the Antient British Poems of Aneurin, Taliesin, Llywarch Hen and Merdhin, with Specimens of the Poems* (Llundain, 1803), tt. 5-6.

[7] NLW 13240.

[8] NLW 1884, t. 3 (Copi o'r llythyr gwreiddiol).

[9] ibid. t. 46 (Copi).

[10] NLW 13221, t. 533.

[11] NLW 21282, IAW 327. 'Draft of an advertisement announcing the *Welsh Archaeology*'. [sic]

[12] ibid.

[13] G. J. Williams, 'Hanes Cyhoeddi'r ''Myvyrian Archaiology'' ', *JWBS*, Rhagfyr 1966, X, i, t. 5.

[14] BL Add. MSS. 15030, t. 9.

[15] NLW 9072.

[16] BL Add. MSS. 15024, t. 280.

[17] BL Add. MSS. 15030, t. 9.

[18] NLW 21282, IAW 334.

[19] ibid. 335.

[20] ibid. 336.

[21] NLW 21282, IAW 339.

[22] Ceir hanes teithiau Iolo yn 1799-1800 yn Tecwyn Ellis, 'Ymweliadau Iolo Morganwg â Meirionnydd 1799-1800', *C.C.H.Ch.S.F.*, V, Rhan III (1967), t. 239.

[23] BL Add. MSS. 15024, t. 286, 288; NLW 21281, IAW 240.

[24] BL Add. MSS. 15031, t. 22.

[25] BL Add. MSS. 15030, t. 65.

[26] ibid. tt. 188-9.

[27] BL Add. MSS. 15030, t. 26.

[28] BL Add. MSS. 15030, t. 192. Gweler hefyd Gildas Tibbott, 'A Brief History of the Hengwrt-Peniarth Collection', *Handlist of Manuscripts in the National Library of Wales*, I (1943), tt. x-xi.

[29] NLW 13221, t. 76.

[30] BL Add. MSS. 15030, t. 192.

[31] ibid, t. 194.

[32] ibid.

[33] *JWBS*, X, i, t. 10.

[34] NLW 13224, 18 Ebrill 1804.

[35] *Bye-gones* (Croesoswallt, 1891), t. 132.

[36] BL Add. MSS. 15029, t. 147.

[37] *Myv. Arch.* (1801), Cyf. I. Cyflwyniad.

[38] *Myv. Arch.*, Cyf. III (1807), (Rhan o'r teitl).

[39] Dyma un o'r pethau y bu Iolo yn edliw i'w gyd-olygyddion ar ôl i'r triawd wahanu. Ceir llythyr yn cyfeirio ato oddi wrth Iolo at Evan Williams, y cyhoeddwr, wedi ei ddyddio Ebrill 17-19 1819 yn NLW 21285, IAW 917.

[40] BL Add. MSS. 15029, t. 137.

[41] NLW 6184, t. 76. Diddorol yw'r *'Welsh Archaiology'*, fel petai Iolo am warafun i'r Myfyr ei ran yn y gwaith.

[42] G. J. Williams, *Iolo Morganwg a Chywyddau'r Ychwanegiad* (1926), t. 205; am drafodaeth o'r pwnc yn gyffredinol gweler David Greene, *Makers and Forgers,* Darlith Goffa G. J. Williams (Caerdydd, 1975).

[43] NLW 21286, IAW 986.

[44] ibid.

[45] NLW 13245.

[46] NLW 21282, IAW 344.

[47] ibid. 350.

[48] NLW 13223, t. 439. Gw. ibid. t. 515 am lythyr arall oddi wrth Scott, 22 Rhagfyr 1802.

[49] Arthur Johnston, 'William Owen-Pughe and the Mabinogion', *C.Ll.G.C..*, X (1957-8), t. 324. Y mae'r llythyr gwreiddiol yn Llyfrgell Genedlaethol yr Alban 865, t. 19.

[50] C. C. Southey (gol.), *Life and Correspondence of Robert Southey* (Llundain, 1849-50), Cyf. II, t. 289.

[51] NLW 13221, t. 163.

[52] H. J. C. Grierson (gol.), *The Letters of Sir Walter Scott (1787-1807),* (Llundain, 1932), t. 203.

[53] NLW 13223, t. 909.

[54] C. C. Southey (gol.), *Life and Correspondence of Robert Southey* (Llundain, 1849-50), Cyf. II, t. 293.

[55] J. W. Warter (gol.), *Selections from the Letters of Robert Southey*, Cyf. I, t. 278.

[56] NLW 21283, IAW 583.

[57] *The Cambro-Briton*, Cyf. I (1819-20), t. 159.

[58] NLW 1884, t. 4.
[59] NLW 13263.
[60] NLW 1884, t. 66.
[61] NLW 1898, t. 83.
[62] Archifdy Gwladol, PRO 36/44.
[63] *The Cambrian Quarterly Magazine*, Cyf. II (1830), t. 43.
[64] ibid. t. 245.
[65] NLW 1893.
[66] Brodor o Garthmyl, Sir Drefaldwyn, a barnwr llysoedd sirol. Ei ddyddiadau oedd 1809-71.
[67] Marian Henry Jones, 'The Letters of Arthur James Johnes', *C.Ll.G.C.*, Cyf. X (1957-8), t. 243.
[68] ibid. t. 244.
[69] *The Cambrian Quarterly Magazine*, Cyf. IV (1832), t. 458.
[70] Y mae'r gwaith yn orffenedig, ac yn barod ar gyfer y wasg. Ceir testun a chyfieithiad o *Peredur*, a gwblhawyd yn 1800 (NLW 13244); testunau a chyfieithiadau o'r *Pedair Cainc*, heb eu dyddio (NLW 13243). Ceir hefyd destunau *Breuddwyd Macsen, Lludd a Llefelys, Culhwch ac Olwen, Breuddwyd Rhonabwy* a *Geraint ac Enid*, ynghyd â chyfieithiadau Saesneg a nodiadau, wedi eu paratoi ar gyfer y wasg (NLW 13242). Gwelir bod y rhan fwyaf o'r gwaith wedi ei gasglu a'i gopïo yn gyntaf ym mlynyddoedd cynnar y ganrif, ac wedi ei adolygu a'i ddiwygio gan Pughe rhwng 1826 a 1834.

# Y WRAIG A WISGID Â'R HAUL

Ar 30 Mehefin 1803 y mae William Owen Pughe yn ysgrifennu llythyr
tra phwysig at Iolo Morganwg. Ynddo y mae'n sôn am y dylanwad
newydd grymus a ddaethai yn ddiweddar i'w fywyd:

Yr wyv vi yn llwyr synn wrth weled y dirgelion a levared yn oed 10 mlyneð
gan ðynes, nad yw'r byd yn sylwi arni, mwy nag y gwnaeth gynt ar No, sev
|ΟΛΝΝΛ ΚΟΥΝ‹ΟΛΛ, eithyr y rhai a glywent sôn am dani, çwerthin y mae y
rhan vwyaf: prin 6,000 syð yn ystyriaw ei llais. Y rhyveðawd yw val y mae
yn egluraw yr Ysgrythur yn ðyvnaç ac yn wrthwyneb i veðyliau pob plaid,
ond yn nes i *varðas y Cymry no neb arall!* Un o'r pethau hynotav yw ei bod yn
rhyð oðiwrth y nwydau poethion, mal y gwelir ymhlith Methodistiaid ac
ereill. [1]

Hwn yw un o'r cyfeiriadau cyntaf sydd gennym o law William Owen
Pughe at y wraig ryfedd honno, Joanna Southcott, a fu'n rhan annatod
a phwysig o'i fywyd rhwng tua 1803 a 1814. Eglwyswr ydoedd Pughe;
yr oedd ei dad yn warden a magwyd y plant yn yr Eglwys. Ar ôl mynd i
Lundain er ei fod yn mynd i'r eglwys ar ei dro nid oes gennym dystiol-
aeth fod Pughe yn selog iawn yn ei ddefosiwn. Y mae'n amlwg ei fod yr
un mor eangfrydig ar faterion crefyddol ag yr oedd ar wleidyddiaeth a
phynciau eraill. Yn Hydref 1802 sefydlodd Iolo Morganwg 'Gym-
deithas Dwyfundodiaid Deheudir Cymru' yn y Gelli-onnen,
Morgannwg. [2] Llwyddodd i ddarbwyllo Pughe mai Undodiaeth oedd
crefydd y beirdd yn ôl drwy'r canrifoedd hyd at oes y Derwyddon ac
ymaelododd yntau yn y gymdeithas newydd. [3] Ni wyddom ai gwir
argyhoeddiad ai caredigrwydd tuag at Iolo a'i gymdeithas a barodd i
Pughe ymaelodi; yn sicr nid oes sôn wedyn am ei dueddiadau Undod-
aidd, ac fe newidiodd ei gôt yr un mor ddidrafferth y flwyddyn ganlyn-
ol pan ddaeth Joanna Southcott i'w fywyd.

Ganwyd Joanna Southcott ym mis Ebrill 1750 yn Tarford, a
magwyd hi yn Gittisham, pentref sydd rhwng Honiton ac Ottery St.
Mary yn Nyfnaint. Merch fferm ydoedd, ond gadawodd y fferm a
mynd i weithio i Exeter. Dysgodd y grefft o glustogwaith, ond bu'n
gweini y rhan fwyaf o'r amser. Yr oedd hi'n ferch grefyddol, yn
hyddysg yn ei Beibl, ond yn ôl pob hanes, er ei bod hi'n hynod o ofer-
goelus, yr oedd hi'n hollol normal yn ei datblygiad a'i hymarweddiad.
Dywedir ei bod hi'n ferch landeg, a deniadol, ond ni fyddai'n
manteisio ar yr atyniad amlwg a oedd ganddi i'r bechgyn. Ceir sôn
amdani yn troi ei chefn ar fwy nag un llanc a geisiodd ei chanlyn, a
ffieiddiodd at ŵr priod a feiddiodd glosio ati. Pan oedd Joanna yn
ddwy a deugain oed, ac yn dal yn ddi-briod, dechreuodd ddangos
arwyddion o aflonyddwch meddwl. Ar y dechrau, tybiodd mai ei hoed
oedd yn gyfrifol am ei chyflwr; dro arall, beiai ddigwyddiadau'r oes.

Ac wedi'r cyfan, yr oedd hi yn byw mewn cyfnod helbulus: nid Joanna oedd y cyntaf i gael ei phoeni gan helyntion y dydd. Y flwyddyn oedd 1792, a deuai hanesion dychrynllyd drosodd o Ffrainc am y Chwyldro a'i effeithiau yno. Ond ymddengys fod Joanna wedi cynhyrfu'n fwy na'r rhelyw o'i chyfoeswyr. Gwelai hi wireddu'r disgrifiadau yn Llyfr y Datguddiad o drychinebau a phlâu arswydus; credai fod 'locustiaid Abaddon' wedi disgyn ar y byd,[4] a dechreuodd gael breuddwydion apocaluptig. Fel y santesau Jeanne d'Arc a Theresa o Avila, honnai fod llais goruwch-naturiol yn ei chyfarwyddo ac yn ei gorchymyn i adael ei gwaith yn Exeter. Nid oedd ganddi gartref ei hun heblaw'r tai lle byddai'n gweini, felly aeth i aros at ei chwaer briod, Susannah Carter, yn Plymtree.[5] Dychrynwyd honno gan honiadau Joanna a phenderfynodd fod ei chwaer wedi gwallgofi. Erbyn hyn yr oedd Joanna yn derbyn negesau hirfaith gan y 'llais', a'r rheini mewn rhyw fath o rigymau. Pan oedd hi dan ddylanwad y llais, ysgrifennai'r holl neges yn gwbl awtomatig. Ar adegau, symudai ei llaw yn ddiarwybod iddi hi ei hun, a hynny â chyflymdra annaturiol. Yr oedd rhai o'i datganiadau yn gyfleus o amwys, a gellid eu haddasu i unrhyw achlysur a ymddangosai'n bwysig ar y pryd. Yr oedd llawer ohonynt yn ymwneud â darogan natur y cynhaeaf, neu yn cyfeirio at brinder bwyd, pethau digon cyffredin gellid tybio. Cyfeiria rhai eraill at ryw ddigwyddiad amhendant, rhyw drychineb dienw neu rhyw bla amhenodol, ac fe welir hyn yn y neges a gafodd Joanna yn 1794:

> Great peace in England after that shall be,
> Because the remnant will believe in me.
> 'Tis the last plague that ever shall come here
> Before the Bridegroom doth to all appear.
> A happy land, when all the storms are gone,
> The Wheat preserved, and the Weeds I've burned.[6]

Gellid rhoi nifer o wahanol ddehongliadau i neges o'r fath, ac fel horosgop llwyddiannus medrai pawb ei haddasu i'w amgylchiadau ef ei hun.

Ar y cychwyn, yr oedd Joanna yn bur ofnus o'r llais rhag ofn mai'r Diafol oedd yn siarad â hi. Fodd bynnag, un noson teimlodd fod ysbryd ei mam gyda hi yn ei hystafell wely. Sicrhawyd hi gan yr ysbryd mai oddi wrth Dduw y deuai'r llais, a bu hynny'n galondid ac yn symbyliad iddi. Trodd at y Beibl am gadarnhad i'w galwad; gwyddai fod yno hanesion am rai a dderbyniodd alwadau mwy dramatig o lawer na'i llais hi. Yr oedd gan Joanna adnabyddiaeth drylwyr iawn o bersonau'r Beibl ac yr oedd y cymeriadau yn hollol fyw iddi a rhyw agosatrwydd cynnes personol yn perthyn iddynt. Cofiodd yn awr am Foses a Samuel, am Fair a Paul, ac onid oedd hithau, Joanna, bellach yn yr un llinach anrhydeddus? Cynyddodd ei hunanhyder wrth sylweddoli fod y llais a'i cyfarwyddai yn siarad llawer o synnwyr, neu felly o leiaf y tybiai Joanna. Yn sicr fe ddechreuodd gael cryn lwyddiant â rhai o'i daroganau, yn enwedig â'r rhai a ddeliai â materion personol ym mywyd beunyddiol ei chyfeillion. Ehangodd ei gorwelion a llwyddodd i broffwydo'r rhyfel â Ffrainc, cynaeafau gwael 1794, 1795 a 1797, effaith y glaw yn 1799 a'r gwres yn 1800 ar y cnydau, a rhagwelodd farwolaeth esgob Exeter rai misoedd cyn iddi ddigwydd. Cyn belled ag y gellir datod unrhyw un llinyn pendant allan o syniadau cyfrodedd Joanna, y mae'n debyg mai ei phrif neges oedd fod Crist yn dyfod drachefn ar fyrder i farnu'r byw a'r meirw a bod rhaid paratoi'r byd ar gyfer ei ail ddyfodiad. Nid yw Joanna ond rhan fechan, ond pwysig, o holl fudiad y mil-blynyddoedd a oedd mor boblogaidd rhwng hanner olaf y ddeunawfed ganrif a chanol y bedwaredd ganrif ar bymtheg.[7]

Credai Joanna'n gryf ym mhwysigrwydd gwragedd yn nhynged y byd. Ei harwresau oedd Esther a Judith, merched a waredodd eu cenedl. Soniai am y gwae a ddilynodd ffolineb un ferch, Efa, ond a ddilëwyd gan rinwedd a haeddiant merch arall, Mair. Ymddiddorai Joanna'n arbennig yn y wraig annelwig honno y ceir sôn amdani yn Llyfr y Datguddiad:

A rhyfeddod mawr a welwyd yn y nef; gwraig wedi ei gwisgo â'r haul . . . A hi yn feichiog a lefodd gan fod mewn gwewyr a gofid i esgor . . . A hi a esgorodd ar fab gwryw.[8]

Tybiai Joanna mai'r un oedd y wraig hon â phriodasferch yr Oen:

Llawenychwn . . . oblegid daeth priodas yr Oen, a'i wraig ef a'i paratodd ei hun. A chaniatawyd iddi gael ei gwisgo â lliain main a disglair: canys y lliain main ydyw cyfiawnder y saint.[9]

Ar y cychwyn, yr oedd Joanna'n ei hystyried ei hun yn broffwydes yn anad dim, ond fel y tyfai ei hobsesiwn â'r wraig yn y Datguddiad, dechreuodd ymuniaethu fwyfwy â hi. Y canlyniad anochel, efallai, oedd bod Joanna cyn bo hir yn honni mai hi oedd y wraig a wisgid â'r haul, priodasferch yr Oen. Ceir awgrym o hyn mor gynnar â 1796 pan ddywedodd y llais wrthi:

Then now I'll tell thee what thou art—
The true and faithful Bride.[10]

Cynigiodd mwy nag un hanesydd eglurhad am agwedd ryfedd Joanna tuag at rywioldeb. Yn ôl yr Athro J. F. C. Harrison ceisiai ddianc rhag agweddau cnawdol ei rhywioldeb drwy ffantasi. Câi foddhad llwyr drwy ei dychmygu ei hun fel priodasferch Crist.[11] Y mae Ronald Matthews, ar y llaw arall, yn awgrymu fod Joanna wedi delfrydu ei thad i'r fath raddau nes i'w ddelwedd ef ymyrryd â phob perthynas rywiol yn ei bywyd a'i difetha. Gorfodwyd hi yn y diwedd i ddychmygu perthynas mor gysegredig fel na fedrai unrhyw fod dynol ymyrryd â

126

hi.[12] Eto i gyd yr oedd rhyw yn atyniad cryf iddi: yn aml iawn câi freuddwydion a oedd bron yn erotig ac y mae ei gweithiau yn llawn o ddelweddau Beiblaidd am briodas a gwahanol agweddau ar rywioldeb. Rhaid cofio nad Joanna Southcott oedd y wraig gyntaf o bell ffordd i hawlio mai hi oedd priodasferch Crist neu'r Oen. Honnodd y santes Catrin o Siena a'r santes Catrin o Ricci yr un peth, ac yn llawer nes adref defnyddiodd Ann Griffiths yr un ddelwedd pan soniodd am aberthu 'yr hyn oll ar a feddwn, fy na a fy nrwg, am y Mab, mewn undeb priodasol'.[13] Ond y mae'n debyg nad oedd Joanna erioed wedi clywed sôn am y santesau hyn, ac yn sicr ni fuasai ganddi'r syniad lleiaf pwy oedd Ann Griffiths, er i'r ddwy ohonynt gydoesi i raddau. Sylweddolodd yr Arglwydd Macaulay mor denau oedd y ffin rhwng profiadau santes fel Theresa a phroffwydes fel Joanna:

Place St. Theresa in London. Her restless enthusiasm ferments into madness, not untinctured with craft. She becomes the prophetess, the mother of the faithful, holds disputations with the devil, issues sealed pardons to her adorers, and lies in of the Shiloh. Place Joanna Southcote at Rome. She founds an order of barefooted Carmelites, every one of whom is ready to suffer martyrdom for the Church; a solemn service is consecrated to her memory; and her statue, placed over the holy water strikes the eye of every stranger who enters St. Peter's.[14]

Y mae'n rhyfedd sut y mae traddodiad, lle a chyfnod yn gwneud y naill yn barchus a derbyniol a'r llall yn gyff gwawd ac yn wrthodedig.

Cynyddodd enwogrwydd Joanna gyda llwyddiant ei phroffwydoliaethau, ac yr oedd hi wedi dod yn bur fedrus erbyn hyn. Yr oedd ei bri i raddau yn nodweddiadol o naws ei hoes, yn adlewyrchiad o'r cyfnod helbulus yr oedd yn byw ynddo. Oes hygoelus oedd hi, ac yr oedd y tir yn barod i had Joanna egino ynddo, fel yr awgryma un o'i chyfoeswyr, gohebydd i *The Edinburgh Review*:

For surely an age that gave credit to the miracles of animal magnetism and metallic tractors; an age in which infallible and universal remedies are swallowed by all ranks with implicit faith; . . . an age in which great statesmen have preached, and wondering senates believed, the magical powers of compound interest, to extinguish debt with *borrowed* money; an age in which philosophers have taught, and philosophers have believed, the infinite perfectibility of the human species, . . . such an age, we verily think, was worthy of the Revelation of Joanna.[15]

Yr oedd yr oes yn barod am ryw arwydd neu'i gilydd, ac nid Joanna oedd y cyntaf o bell ffordd i gydio yn nychymyg y cyhoedd: yr oedd y teimlad fod pethau mawr ar ddigwydd yn rhan o naws y cyfnod, ac unrhyw drychineb mawr yn codi ofnau apocaluptig. Mewn oes o chwyldroadau a rhyfeloedd nid oedd yn rhyfedd fod sôn am ail ddyfodiad Crist a'r Jerusalem newydd yn britho datganiadau crefyddol y dydd.

127

Yn ei ymdriniaeth feistrolgar o'r cyfnod yn *The Making of the English Working Class*, dywed yr Athro E. P. Thompson:

There was, indeed, a millenarial instability within the heart of Methodism itself. Wesley, who was credulous to a degree about witches, Satanic possession, and bibliomancy (or the search for guidance from texts opened at random in the Bible) sometimes voiced premonitions as to the imminence of the Day of Judgement. [16]

Gwelid yr un elfennau yn union yng nghymeriad a dysgeidiaeth Joanna Southcott. Dengys E. P. Thompson fod yr ymwybyddiaeth filblynyddol, y 'millenarial current', chwedl ef, wedi ffrwydro'n rymus yn syth ar ôl y Chwyldro Ffrengig, a bod cyfnodau o ansefydlogrwydd gwleidyddol a gwladol yn tueddu i gynhyrchu'r math hwn o adwaith. Mewn oes a oedd mor hyddysg yn y Beibl, yr oedd yn naturiol iawn i'r bobl droi at Lyfr y Datguddiad am ddelweddau addas i gyfleu eu hofnau a'u dyheadau. Cododd nifer o broffwydi i honni mai barn Duw ar genhedlaeth euog oedd helbuon yr oes ac mai ganddynt hwy oedd yr ateb i'w phroblemau.

Un o'r enwocaf o'r proffwydi hyn oedd Richard Brothers, gŵr a anwyd yn Newfoundland ond a gafodd ei addysg yn Lloegr. [17] Fe'i galwai ei hun yn 'nai yr Hollalluog', a chredai ei fod yn un o ddisgynyddion y Brenin Dafydd. Credai hefyd fod deg o lwythau Israel bellach wedi eu gwasgaru, ac wedi ymgolli ym mhoblogaeth Prydain Fawr. Daroganai y byddai ef ei hun yn cael ei ddatgelu, yn 1795, fel llywodraethwr y byd; ac yn 1798 bydddai'n cychwyn ar adeiladu'r Jerusalem newydd. Ond erbyn hynny yr oedd Brothers druan wedi ei gaethiwo mewn gwallgofdy yn Islington. Yr oedd ef yn llawer mwy eithafol na Joanna yn ei syniadau a'i ddelweddau: dychmygai weld Satan yn brasgamu drwy Lundain yn crechwenu, ac afonydd o waed yn llifo drwy strydoedd y brifddinas. Mwydrai ei ben yn gwneud symiau i geisio amcangyfrif pa bryd y deuai diwedd y byd. Ond er gwaethaf ei syniadau od yr oedd ganddo gannoedd lawer o ddilynwyr, rhai ohonynt yn wŷr cyfrifol a dysgedig. Yn ddiweddarach daeth nifer o'r rhain i gorlan Joanna, ar ôl sylweddoli nad oedd gwella i fod ar wallgofrwydd Brothers.

Un o'r rhai a ddaeth at Joanna oddi wrth Brothers oedd William Sharp. Yr oedd ef yn ysgythrwr o fri, a'i waith yn adnabyddus drwy Ewrob gyfan: yr oedd yn aelod o academïau yn Fienna a Munich. Yr oedd Sharp wedi ysgythru llun Brothers yn 1795 a rhoi arno'r geiriau: 'Fully believing this to be the Man whom GOD has appointed, I engrave his likeness'. Symudai Sharp mewn cylch o Lundeinwyr celfyddgar fel John Flaxman, Henry Fuseli a William Blake. Yn ddiweddarach yn sgîl eu cred yn Joanna Southcott, daeth William Owen Pughe a Sharp yn ffrindiau mawr. Buasai Sharp ar un adeg yn dilyn Swedenborg cyn troi at Richard Brothers, ac y mae lle i gredu ei fod hefyd wedi bod yn ymddiddori mewn mesmeriaeth. Yr oedd yn radical selog erbyn adeg Rhyfel America a daeth yn aelod o'r 'Society for Constitutional Information' (SCI) ar gychwyn y gymdeithas honno yn 1780. Yn ystod y Chwyldro Ffrengig pan roddwyd bywyd newydd i'r SCI yr oedd Sharp yn aelod blaenllaw ac yn gyfeillgar â John Horne Tooke, Brand Hollis, Thomas Holcroft a gweriniaethwyr eraill. Pan wysiwyd Thomas Hardy, Horne Tooke, Holcroft a naw arall o'r radicaliaid selocaf i ymddangos gerbron y Cyfrin Gyngor yn 1794 ar gyhuddiad o geisio creu gwrthryfel i ddymchwel y llywodraeth yr oedd yn syndod na chafodd Sharp ei dditio gyda'r lleill. [18] Ond fe lwyddodd rywsut i osgoi cael ei faglu mewn unrhyw fodd er iddo gael ei holi'n ofalus, ac er ei fod yn amlwg dros ei ben a'i glustiau yng ngweithgareddau'r cymdeithasau radicalaidd. Buasai'n aelod o'r 'Society of the Friends of the People', cymdeithas ddiwygio, ac enwebwyd ef a William Tooke Harwood, un arall o gyfeillion Pughe, i fod yn aelodau o'r SCI gan Horne Tooke ei hun. Yr oedd Sharp a Harwood yn ffyddlon iawn yng nghyfarfodydd y gymdeithas honno. Disgrifiwyd Sharp gan Henry Crabb Robinson fel 'a violent Jacobin and an extreme and passionate partisan of the Republicans'. [19] Gwyddom ei fod yn bresennol yng nghyfarfod olaf yr SCI ar 9 Mai 1794 ac yr oedd ef hefyd yn un o'r ddirprwyaeth a anfonwyd o'r SCI at y London Corresponding Society ar 11 Ebrill 1794 i dŷ John Thelwall.

Er ei ffyddlondeb i'r cymdeithasau hyn yr oedd safbwynt Cristnogol Sharp, fel llawer un arall, yn peri iddo wrthryfela yn erbyn yr anffyddiaeth a welai ymysg yr aelodau. Credai ef mai heddwch ac ewyllys da oedd hanfodion a sail gwareiddiad yn y pen draw. Gellid tybio fod Pughe yn unfryd ag ef yn ei ddaliadau. Gwnaeth Sharp ei orau, ar sail y cyfeillgarwch a oedd rhyngddynt, i ddarbwyllo Thomas Holcroft nad anffyddiaeth oedd yr ateb i broblemau'r oes. Y mae ymateb Sharp, a William Blake i raddau, yn nodweddiadol o'r trauma a ddioddefodd llawer o'r milblynyddwyr yn y cyfnod cythryblus hwn. Ar y dechrau, ym merw'r Chwyldro Ffrengig, rhuthrasant i ymaflyd yng ngwleidyddiaeth radicalaidd ffasiynol y dydd neu troesant at broffwydoliaethau'r Beibl am esboniad ar ddigwyddiadau cyfoes ond yn raddol, fel y daeth siom ac ansicrwydd, ciliodd llawer un yn ôl i'w gragen wedi'i ddadrithio. Yn ddiau effeithiodd yr argyfwng seicolegol hwn yn ddifrifol ar feddwl ambell un. Yr oedd Blake yn byw mewn byd digon afreal, ac y mae Crabb Robinson yn cyfeirio at 'mental delusion' William Sharp yntau, gan ddangos mor ansicr oedd gafael hwnnw ar realiti ar adegau. Y mae'n adrodd hanes Sharp yn gwahodd John Flaxman, y cerfiwr, i'w helpu i sefydlu teyrnas Richard Brothers. Honnai Sharp ei fod yn gwybod 'from authority' fod Flaxman o had Abraham, ac o'r herwydd yn deilwng o'r anrhydedd a gynigiai iddo. Dro arall haerodd Sharp wrth Thomas Holcroft ei fod wedi derbyn neges, 'by authority' eto, am symudiadau Napoleon. [20] O'i gymharu â rhai o'i gyfeillion byw eu dychymyg yr oedd traed William Owen Pughe yn bur gadarn ar y ddaear. Gŵr arall a ddaeth drosodd at Joanna o blaid Brothers oedd y Parch. Thomas Philip Foley. Yr oedd Foley yn gymrawd o Goleg yr Iesu, Caer-grawnt, ac yn ŵr o gyfoeth a thras fonheddig, yn berthynas i'r Arglwydd Foley o Witley Court. O 1797 hyd ei farwolaeth yn 1835 yr oedd yn rheithor Oldswinford ger Stourbridge. Yn ei ddyddiau cynnar yn yr eglwys, pan oedd yn offeiriad yn Suffolk, yr oedd ganddo'r enw o fod yn wyllt ac yn od. Codai wrychyn ei blwyfolion drwy ruthro i mewn i'r eglwys ar ganol hela i gynnal gwasanaethau angladd, ei wenwisg wedi ei tharo'n frysiog dros ei wisg hela goch. Dofodd yn arw ar ôl dod dan ddylanwad Brothers a setlo i lawr i fywyd digon didramgwydd yn Oldswinford er bod si yn ei blwyf fod ganddo geffyl gwyn yn ei stablau a oedd bob amser yn barod wedi'i gyfrwyo. Ar enedigaeth Shiloh fe fyddai Foley yn marchogaeth arno i'r Jerusalem Newydd. Boed hynny fel y bo, fe weithiodd Foley yn ddygn dros Joanna ar ôl ymuno â'r Southcottiaid. Ysgrifennai lythyrau di-rif at ei gydgredinwyr yn ei lawysgrifen rodresgar sy'n dweud llawer wrthym am natur y dyn. Yr oedd ef yn un o'r rhai a roddodd brawf ar ei doniau yn Exeter yn 1801. Daeth yntau yn gyfaill am oes i William Owen Pughe, a phan fedyddiwyd ei ferch fach, Lydia, yn 1811 Pughe oedd ei thad bedydd. Daeth nifer o glerigwyr eraill o garfan Brothers at Joanna; gan gynnwys Thomas Webster, awdur nifer o gyfrolau o bregethau efengylaidd, a Stanhope Bruce, ficer Inglesham, sydd ar y ffin rhwng Wiltshire a swydd Gaerloyw, ynghyd â'i fab y Cyrnol Basil Bruce. Gwŷr eraill o ddylanwad a gefnodd ar Brothers a throi at Joanna oedd William Roundell Wetherell a oedd yn llawfeddyg yn Llundain, yntau yn gyfaill i Pughe, a Nathaniel Brassey Halhed, yr aelod seneddol dros Lymington. Felly, pan ddaeth Pughe yn ei dro at y Southcottiaid yr oedd digon o ddynion cydradd ag ef o ran safle ac addysg iddo ymgyfathrachu â hwy. Gellid gofyn yn naturiol iawn beth a barai fod gwŷr o synnwyr ac addysg yn dilyn ffantasïau gwraig ddi-ddysg fel Joanna Southcott. Cred yr Athro J. F. C. Harrison ym modolaeth math o 'feddylfryd milblynyddol' ('millenial mentality') a bod rhai unigolion yn ffitio i batrwm pendant yn hyn o beth. Rhydd ddisgrifiad o'r math o berson a olygir:

He was always prepared to investigate a report of some unusual happening, to give credence to supernatural claims however suspect their source, and to interpret trifling events as divinely inspired . . . At times he was gullible for any quackery. [21]

Byddai hwn yn ddisgrifiad teg iawn o William Owen Pughe neu o William Sharp, ond fel y mae'n digwydd disgrifiad o Thomas Philip Foley a geir yma. Ni ellir dweud ychwaith mai rhyw ddyrnaid o bobl od yn unig a ddilynai Joanna: erbyn 1815 gwyddom fod ganddi o leiaf

ugain mil o ddilynwyr selog. Ac nid gwehilion cymdeithas mohonynt.
Y mae'n amlwg fod yna gnewyllyn o wŷr dysgedig a diwylledig fel
Pughe, Foley a Sharp, ond yr oedd y mwyafrif o'i dilynwyr yn bobl
barchus a chyfrifol: y dynion yn grefftwyr a siopwyr, y merched yn
weinyddesau, gwniadwragedd a morynion a'r rhan fwyaf ohonynt
yn llythrennog. [22]
    Yn 1801 yr oedd Joanna yn dal i fod yn Exeter er bod ei bri yn
lledaenu'n gyflym erbyn hyn. Tua'r adeg yma penderfynodd gasglu
llawer o'i datganiadau ynghyd a'u rhoi mewn blwch cryf. Ceir disgrif-
iad gan William Sharp o'r gofal mawr a gymerodd y disgyblion o'r
blwch hwn:

> . . . I had a large case made, which enclosed the whole box, for the cords
> round the box were sealed with seven seals, and I had a quantity of tow put
> between the box and the case, to preserve the seals from being broken. [23]

Cawn weld sut y daeth y blwch hwn yn bwysig i'r Southcottiaid yn nes
ymlaen, ac yn destun dadlau hyd heddiw. Teimlai Joanna, fel y
proffwyd traddodiadol, nad oedd iddi anrhydedd yn ei gwlad ei hun, ac
ym mis Medi, 1802, symudodd i Lundain i fyw. Tua'r un adeg,
dechreuodd ar ei harfer o 'selio' ei dilynwyr. Ysbrydolwyd hi yn hyn o
beth eto gan Lyfr y Datguddiad. Yno sonnir am angel â sêl Duw
ganddo yn ymbil ar yr angylion yr oedd y gallu ganddynt i ddrygu'r
ddaear a'r môr i ymatal rhag gwneud hynny 'nes darfod i ni selio gwas-
anaethwyr ein Duw ni yn eu talcennau.' [24] Dull Joanna o selio oedd
rhoi darn o bapur â llun cylch arno i'w dilynwyr. Ar y papur ceid y
geiriau: 'The Sealed of the Lord; the Elect and Precious, Man's
Redemption to Inherit the Tree of Life, to be made Heirs of God, and
Joint Heirs with Jesus Christ'. Arwyddid y papur gan y disgybl, ac yna
fe'i selid â sêl Joanna. Un diwrnod, pan oedd hi'n gweini mewn siop
yn Exeter, cawsai Joanna hyd i sêl ar lawr y siop. Arni cerfiwyd y
llythrennau I.C. a dwy seren. Credai Joanna ei bod wedi ei hanfon i
ryw bwrpas arbennig ac fe'i cadwodd yn ofalus. [25] Yn awr, daeth ei
chyfle i ddefnyddio'r sêl, ac y mae'n amlwg fod Joanna erbyn hyn wedi
gwau rhyw arwyddocâd cyfriniol iddi, a barnu oddi wrth neges a
anfonodd at William Sharp ar 2 Mai 1802 o Exeter. Copïwyd y llythyr
gan William Owen Pughe ar 28 Awst 1803 ac fe'i cadwyd ymysg ei
bapurau ef. Ynddo ceir sôn am batrwm y sêl, ac y mae'r holl ddarn yn
enghraifft dda o'r math o beth a geid yn natganiadau Joanna:

> The Letters and the stars can never fail
> Because my second coming doth appear
> And the two stars you now may see them clear
> And as the I is surely in her Name
> And from the C you are to understand
> Christ's second coming now is in your hand
> Because my Spirit in the Bride appear

131

And now the Bridegroom you may judge is near
Who soon will triumph over Death and Hell
And as the Seals do stand Satan shall fall. [26]

Y mae'n anodd deall beth yn hollol oedd pwrpas ac arwyddocâd y papurau hyn a seliwyd gan Joanna. Credai hi fod y byd wedi syrthio i feddiant Satan ac na ellid cael gwaredigaeth nes i nifer arbennig o bobl alw am gael eu hachub o'i grafangau. Dyna oedd wrth wraidd y selio. 'Arwyddwch er dinistrio Satan' oedd galwad Joanna. Ond y mae'n sicr fod llawer o'i dilynwyr mwy diniwed a di-ddysg yn ystyried y papur bach fel rhyw fath o drwydded i fynd â hwy i'r Nefoedd. Yn y llythyr a ysgrifennodd Pughe at Iolo Morganwg ar 30 Mehefin 1830 i esbonio cenadwri Joanna fe ddywed hyn am y seliau:

Y neb a ysgriveno ei enw sy'n hysbysu ei vod yn ewyllysiaw dyvod teyrnas Crist: y rhai seliedig a vyδant gadwedig mewn daioni, ac hevyd rhag y drygau a gwymp ar deyrnasoδ y byd wrth eu dinistraw; a byδ eu hil yn δiogel yn yr un forδ drwy y mil blynyδau. Ond ni eglurwyd etto pa beth a wneir a'r enwau, ac a'r lleçresi hyn er cadwedigaeth yn amser y byδ angel y dinystr yn myned heibio ond y byδ rhybyδ amserawl i hynny. [27]

Cyhuddid Joanna yn aml o werthu'r seliau, ond gwadai hi a'i chyfeillion hynny yn bendant. A chwarae teg iddi, nid oes prawf ei bod yn euog o hyn nac o elwa'n ariannol o'i chenadaeth mewn unrhyw fodd oddieithr drwy werthu ei llyfrynnau. Ond parhau a wnaeth yr amheuon er gwaethaf ei phrotestiadau. Ceir cyfeiriad pur ddirmygus at hyn mewn llythyr a ysgrifennodd y bardd Byron at John Murray, y cyhoeddwr, ym mis Medi 1814:

I should like to buy one of her seals: if salvation can be had at half-a-guinea a head, the landlord of the Crown and Anchor should be ashamed of himself for charging double for tickets to a mere terrestial banquet. [28]

Penderfynodd Joanna fynd ar daith o amgylch y wlad i genhadu. Aeth i Fryste lle y llwyddodd i ennill cefnogaeth ei brawd Joseph, ac aeth yn ôl i'w hen gynefin yn Exeter. Y tro hwn bu'n llwyddiannus iawn' â'i chenadwri. Oddi yno aeth i Halifax, Leeds a Stockport. Dywedir nad oedd ganddi ddawn pregethu a blinid hi'n gyson gan amheuon ac ansicrwydd. [29] Serch hynny, mewn deunaw mis enillodd dros wyth mil o ddilynwyr. Penderfynodd roi terfyn ar y selio a dychwelyd i Lundain i ddisgwyl naill ai am ddiwedd y byd neu am ryw arwydd dramatig arall y tybiai y byddai'n sicr o ddilyn gorffen y selio. Ym mis Ebrill 1804 aeth Joanna i fyw gyda dwy o'i dilynwyr: Jane Townley, hen ferch gyfoethog a bregus ei hiechyd, a'i chyfeilles Ann Underwood. Yr oeddynt hwy yn byw yn 17, Weston Place, Battle Bridge, Pancras. Dyma'r 'Arle Weston' y ceir cymaint o sôn amdano yn ddiweddarach yn nyddiadur Pughe. Yr oedd cartref y tair gwraig i ddod mor gyfarwydd iddo ef â'i aelwyd ei hun. Drwy'r cyfnod hwn cynyddai negesau'r llais goruwchnaturiol i Joanna, gan beri cryn wewyr meddwl iddi. Ambell dro pallai ei synnwyr yn llwyr a stranciai mewn sterics aflywodraethus. Yn 1805 agorwyd capel i'r Southcottiaid yn St. George's Fields, Southwark, gan Peter Morison, gŵr a weithiasai'n selog dros Joanna yn Lerpwl, a rhoddwyd gofal y capel a'r praidd i William Tozer, un o ddisgyblion Joanna o Ddyfnaint. Er gwaethaf odrwydd rhai o'u syniadau arhosodd Joanna a'i dilynwyr yn uniongred ar holl brif egwyddorion Eglwys Loegr, a defnyddid y Llyfr Gweddi Gyffredin yn eu gwasanaethau. Yr oedd Joanna yn ofalus iawn i beidio â thramgwyddo rheolau gwlad nac eglwys. Pwysleisiai ei hymlyniad at gyfreithiau'r deyrnas gan y gwyddai fod y llywodraeth yn cadw golwg ar y Southcottiaid fel y gwyliai bob sect a chymdeithas fechan mewn cyfnod mor gythryblus. Yr oedd y Cyfrin Gyngor wedi restio Richard Brothers a'i gyhuddo o 'maliciously publishing fantastical prophecies with intent to cause disturbances'. Ni ellir beio'r llywodraeth am gynhyrfu yn achos Brothers gan ei fod yn hawlio'r goron iddo ef ei hun er mwyn ei gyhoeddi'n Dywysog yr Hebreaid yn Llundain. Er nad oedd Joanna yn gwneud datganiadau llawn mor wyllt â hyn, yr oedd y llywodraeth yn bur amheus o'i gweithgareddau gan y gwyddent fod cynifer o'i dilynwyr wedi dod ati oddi wrth Brothers, a chan fod llawer ohonynt wedi bod yn aelodau blaenllaw o'r cymdeithasau radicalaidd. Cafodd Elias Carpenter, un o'i dilynwyr selocaf yn y cyfnod hwn, ei restio ddwywaith ond fe'i rhyddhawyd.

Ni wyddys yn sicr sut na pha bryd y daeth William Owen Pughe i gysylltiad cyntaf â'r Southcottiaid. Y mae'n anodd credu ei fod yn adnabod Joanna cyn iddi ddod i Lundain yn 1802, er iddo efallai glywed sôn amdani. Ond fe ddaeth dan ei dylanwad yn fuan iawn ar ôl iddi gyrraedd y brifddinas. Efallai mai'r Southcottiaid William Sharp a William Tooke Harwood oedd y moddion i ddod ag ef at y broffwydes. Gwyddom fod Pughe yn gyfeillgar ag aelodau o'r cylch radicalaidd y symudai Sharp a Harwood ynddo ac fe fyddai'n ddigon posibl i Pughe fod wedi cael ei dynnu i mewn i'r sect drwyddynt hwy. Y mae gan Pughe un cofnod bach disylw a digyswllt ymysg ei bapurau, sydd efallai yn llawer mwy arwyddocaol na'i olwg: 'Myhevin 1 1803 eis i * 30 i weled Joanna Southcot [sic] Mr Sharp Mr Foley'.[31] Y mae'n bosibl mai hwn yw'r cyfeiriad cyntaf sydd ganddo at Joanna. Y mae'n arwyddocaol ei fod wedi camsillafu ei henw gan fod hyn efallai yn awgrymu nad oedd yn ei hadnabod yn dda'r pryd hynny. Foley a Sharp a enwir yma fel ei gymdeithion, ond y mae'n amlwg fod gan Harwood yntau ddylanwad cryf ar Pughe yn y cyfnod hwn. Yr oedd Harwood yn gyfaill i Horne Tooke; yn wir, o gydnabyddiaeth am gymwynasau a nawdd a dderbyniodd gan William Tooke o Purley y mabwysiadodd John Horne yr enw Tooke. Yr oedd ei noddwr yn ewythr i Harwood. Bu ffrae rhwng Horne Tooke a Harwood ar ôl 1802 dros ewyllys William Tooke.[32] Gwyddys bod Harwood yn gyrnol yn y

Dragoons; a'i fod wedi priodi merch Thomas Holcroft. Er na wyddom yn bendant sut y daeth Pughe at Joanna y mae gennym brawf ei fod yn un o'i dilynwyr mwyaf pybyr erbyn 1804. Er ei llwyddiant ysgubol wrth ennill disgyblion awchai Joanna am barchusrwydd yng ngolwg Eglwys Loegr. Credai y medrai ennill cefnogaeth yr offeiriad drwy gynnal prawf cyhoeddus, lle y byddai hi a'i neges yn cael eu harholi a'u profi gan ddeuddeg barnwr a deuddeg rheithiwr. Dywed ei dilynwyr iddi gael tri phrawf: y cyntaf yn Exeter yn 1801, yr ail yn y tŷ a rentiwyd iddi gan Foley yn Paddington yn Ionawr 1803, a'r trydydd yn Neckinger House, Bermondsey yn Rhagfyr 1804. Cartref Elias Carpenter, un o'i dilynwyr selocaf, oedd y gyrchfan y trydydd tro. Dywedir fod William Owen Pughe ymysg y rheithwyr ym mhrawf 1804.[33]

Yn y llythyr a ysgrifennodd Pughe at Iolo ym Mehefin 1803, yn fuan iawn ar ôl y cyfeiriad cyntaf hwnnw at Joanna, y mae'n sôn am y llais rhyfeddol a gyfarwyddai'r broffwydes:

> Nid yw yn cymmeryd dim arnei hun, ond ysgrivenu geiriau mal y clywo lais megis yn taen trwyði ac yn cylç yn levaru [sic] yn groew ac yn ber . . .[34]

Y mae'n mynd ymlaen i sôn am y selio gan roi gair bach o gysur i Iolo ar y diwedd:

> Nid yw y rhai yn ymbleidiaw â hi yn amau nad yw Beirð Ynys Prydain i vod yn seliedig.

Honnai Pughe fod dysgeidiaeth Joanna yn cyfateb yn helaeth i athrawiaeth y Derwyddon, ond nid oedd Iolo yn rhyw fodlon iawn gweld ei freuddwydion yn troi'n bropaganda Southcottaidd. Ceir awgrym o hyn mewn llythyr a ysgrifennodd William Owen Pughe at yr hynafiaethydd William Cunnington o Heytesbury yn Rhagfyr 1804:

> Perhaps you may not have heard anything about the divine Mission of Joanna Southcott the prophetess of Exeter; but it is a very remarkable circumstance that the great leading points of theology in her writings agree exactly, and often in the very expression, with our Druidical Triads of Divinity. Bard Williams [Iolo] was so struck with this similitude that he charged me as a believer in her, with giving her the materials for those points.[35]

Tybed a oedd Joanna wedi gwau peth o'r hyn a glywsai gan Pughe yn ddiarwybod iddi hi ei hun i mewn i'w datganiadau neu a oedd y tebygrwydd yn bodoli yn nychymyg Pughe yn unig? Gwnaeth Pughe ymdrech gref i ennill Iolo Morganwg a'i deulu at y Southcottiaid. Ar y cychwyn canai glodydd Joanna ond gan nad oedd hynny yn amlwg yn tycio dim ceisiodd wedyn eu dychryn drwy ddarogan fod y Dyddiau Olaf gerllaw. Sonia am y modd y teimlai'r ffyddloniaid fod rhywbeth rhyfeddol iawn ar droed: cadarnhawyd hyn gan weledigaethau, breuddwydion, negesau goruwchnaturiol a phroffwydoliaethau a wireddwyd bron yn feunyddiol. Yr oedd hyn yn adlewyrchiad o hygoeledd yr oes ac o'r panig a enynwyd gan ddigwyddiadau'r dydd fel y dengys Robert Southey:

> One madman printed his dreams, another his day-visions; one had seen an angel come out of the sun with a drawn sword in his hand, another had seen fiery dragons in the air, and hosts of angels in battle-array . . . The lower classes . . . began to believe that the Seven Seals were about to be opened. [36]

Cyfaddefodd Pughe ei fod ef ei hun wedi gweld dwy enghraifft o arwyddion yn ystod yr wythnos honno, ac yr oedd ei fam wedi gweld mwy na hynny: 'my poor old Mother has had many instances of it within this month'.[37] Daethai ei fam i fyw i Lundain tua 1797, ac y mae'n amlwg ei bod hithau wedi ei chyfareddu gan Joanna. Y mae Pughe yn rhybuddio Iolo a'i deulu y bydd yn rhaid iddynt frysio at Joanna gan y bwriedid rhoi terfyn ar selio enwau ymhen wythnos:

> But I hope Iolo Morganwg, his wife and children will join in the prayer of Joanna . . . They must send their names so that I may receive them on the 11th instant. Three clergymen, the most active opposers of the work going on, have died suddenly in the same way within this fortnight here, according to signs given us to mark.[38]

Ond nid oedd modd darbwyllo Iolo Morganwg. Nid oedd hwnnw am dderbyn dysgeidiaeth Joanna er ei fod yn ddigon parod i wthio ei ffugiadau derwyddol a thestunol ei hun ar y byd, ac yn ddigon hygoelus i dderbyn bod Indiaid Cochion yn siarad Cymraeg ar lannau'r Missouri. Yn ei lythyr at Pughe ym mis Ebrill, 1805, y mae'n cyfeirio'n wawdlyd at broffwydoliaeth Joanna y byddai hi farw, ac y byddai tair blynedd o farnedigaethau yn dilyn:

> I do not hear that Joanna Southcott, as she once prophesied, died in last November. I do not understand that her predicted Judgements have yet commenced, tho' one of her three years is on the point of expiring, for whatever little calamities may be pointed out, they are only such as have been common, and often in greater degree than anything seen of late, to every year that this world has hitherto seen.[39]

Yr oedd Joanna Southcott bellach wedi dod yn asgwrn cynnen rhwng Pughe a llawer o'i gyfeillion. Arferai Pughe ysgrifennu'n weddol gyson at Wallter Mechain. Clywsai sôn am hwnnw pan oedd yn gurad ym Meifod yn mynd yn rhinwedd ei swydd i fwrw ysbrydion allan o ryw dŷ yn ei blwyf. Gwylltiodd Gwallter am fod Pughe wedi crybwyll y mater, a cheisiodd roi terfyn ar y stori drwy ddweud mai 'a delusion working upon ignorant minds' oedd yr helynt. Ond fe awgrymodd y dylai Pughe o bawb fod yn gyfarwydd iawn ag ysbrydion o bob math, gan gyfeirio, wrth gwrs, at Joanna a'i llais goruwch-naturiol:

What! an infernal being visiting us . . . here at Myvod, and the agent of divine benevolence and inspiration enlightening you in the metropolis![40]

Methai ddeall sut y medrai rhywun mor ddeallus â Phughe gredu'r fath ffwlbri. Cyhuddodd Pughe yntau o feddwl mai 'ffordd Llan Meivod' oedd yr unig ffordd i'r nefoedd, ac y mae'n ateb Gwallter yn gadarn drwy amddiffyn ei gredoau:

> You ought to have asked me what evidence I had for believing in the divine mission of Joanna Southcott, instead of what you have done, and then I could have told you that through her the plan of the deity is made a thousand times more wonderful, benevolent and lovely than it has been made by all the writing and preaching of the parsons for these two thousand years. And as to the Bible, through her it appears a system glorious in its unity for the redemption of the whole human race.[41]

Digiodd Gwallter Mechain ar ôl y llythyr hwn, ac y mae'n achub pob cyfle ar ôl hynny i ladd ar Pughe a'i gredoau er i'r ddau ail-gydio yn eu cyfeillgarwch yn ddiweddarach. Mewn llythyr a ysgrifennodd at Thomas Charles y Bala dywed Gwallter: 'You have probably heard of a female visionary in London called Joanna Southcott. I received one of her circular epistles some months back, and now I find my quondam friend W. Owen, Compiler of the Geiriadur, to be firm proselyte to her tenets'.[42] Gwylltiai Pughe am fod ei gyfeillion yng Nghymru yn barnu Joanna heb iddynt erioed ei chlywed na'i hadnabod. Sut oedd modd iddynt hwy ddeall ei hapêl a'i dylanwad? Dywed wrth Iolo Morganwg y byddai yntau'n siŵr o newid ei gân petai'n adnabod Joanna'n iawn:

> Had you still remained in London, notwithstanding the violent tangents from this sphere of Joanna in which you so often flew, you would ere now been [sic] a gently revolving satellite.[43]

Parhau i wawdio a wnâi Iolo a gofyn tybed nad taflu ei llais a wnâi Joanna er mwyn creu effaith y llais goruwchnaturiol. Y mae hyn yn ein hatgoffa o'r hanes rhyfedd hwnnw a rydd Elijah Waring am Iolo a Richard Brothers.[44] Pan oedd Brothers yn ei anterth honnai ei fod yn cynnal sgyrsiau hir â bodau arallfydol a ddeuai i'w weld yn gyson. Fel y digwyddai yr oedd dau daflwr-llais pur enwog o Ffrainc yn ymweld â Llundain ar y pryd. Tybiodd Iolo iddo weld cysylltiad rhwng y ddeubeth, yn enwedig gan fod llawer o broffwydoliaethau Brothers yn ymwneud â gwleidyddiaeth gyfoes. Dechreuodd amau fod y Ffrancwyr yn defnyddio'r proffwyd fel 'a valuable organ for aiding the machinations of revolutionary France'. Yr oedd Iolo wedi gweld y Ffrancwyr a sylwi fod nam ar goesau un ohonynt. Aeth i weld Brothers, ac wrth sgwrsio dechreuodd ei holi sut fath o fodau oedd ei gyfeillion goruwchnaturiol. Cafodd fod yr un nam ar goesau un o'r 'angylion'. Ni fedrodd argyhoeddi Brothers mai taflwr-llais o Ffrainc oedd ei 'angel'. Yn wir, y cwbl a wnaeth oedd gwneud i Brothers gredu mai negesydd oddi wrth Satan ydoedd ef, Iolo, a anfonwyd i'w arwain ar gyfeiliorn. Ar ôl i Brothers fynd i'r gwallgofdy ysgrifennodd Iolo at Pitt am yr achos. Anfonodd Pitt am Iolo, 'with whom he had a long conversation, and who complimented him on the sagacity of his discovery'. Dyna stori Iolo fel y ceir hi gan Elijah Waring. Bellach, nid oes modd dweud faint o wirionedd sydd ynddi, ond y mae un peth yn amlwg: yr oedd gan Iolo'r syniad mai'r ddawn o daflu llais oedd yn gyfrifol am negesau Brothers a Joanna. Yr oedd gan William Owen Pughe ateb parod i'r syniad hwn. Yr oedd Joanna bellach wedi rhoi'r gorau i ysgrifennu'r negesau drosti ei hun, a dibynnai ar Ann Underwood i'w copïo fel y traddodai hwynt iddi. Gan nad oedd neb ond Joanna yn clywed y llais ffolineb llwyr oedd i Iolo sôn am daflu llais, ac er mwyn achub y blaen ar unrhyw gyhuddiadau pellach ar ran Iolo dywed Pughe wrtho:

> O, say you, then she herself must be the impostor. I shall not dwell on this, except to say she gives her communications so fast the copier may please to go on, while her mind is employed in any amusement so as to make her merely the mouthpiece. [45]

Dyheai Pughe am ennill cefnogwyr i Joanna o blith ei gyfeillion yng Nghymru, ac aeth mor bell â chyfieithu rhai o'i hesboniadau ar y Beibl i'r Gymraeg. Dywedodd wrth Iolo Morganwg fod gwironeddau yn y rheini 'which will shake your unitarian structure about your ears. What say you to that, Iolo!!' [46] Cyn belled ag y gellir gweld, yr unig un o'i ffrindiau a ddangosodd frwdfrydedd dros Joanna a'i chenadwri oedd Robert Roberts, yr almanaciwr o Gaergybi. Yn niwedd 1806 y mae ef yn sôn amdani mewn llythyr at Pughe:

> Ertolwg pa fodd y mae Joanna, a pha lwyddiant sy ar ei chenadwri, a ydyw y dilynwyr yn parhau yn eu purdeb, ac a oes ychwanegiad attynt—Y mae gryn sôn am dani yma—byddai'n hawdd gwneud digon o broselytiaid, pe byddai yma y llyfrau a rhyw un selog yn y gorchwyl—Gwrandawodd Mr. Bates gwr dyscedig iawn arnaf neithiwr yn mynegi y System oreu a allwn, gyda symlrwydd—Yr ydym am lunio Cymdeithas y mis nesaf i gael ychydig lyfrau: os cydunant anfonwn am yscrifeniadau Joanna. [47]

Er bod Robert Roberts yn mynd ymlaen i adrodd hanes gwraig a oedd yn 'ymgyfrinachu ag Ysprydion y Goleuni' ers blynyddoedd ac a oedd yn cael profiadau tebyg iawn i Joanna a rhai o'i dilynwyr eto nid oes gennym dystiolaeth fod Joanna a'i neges wedi cydio yn nychymyg y Monwysion wedi'r cwbl. Nid oedd gan y mwyafrif o gyfeillion Pughe rithyn o ddiddordeb yn ei ymdrechion i genhadu drosti, a chan nad oedd diben iddynt geisio ei droi ef yn ei herbyn hi, bodlonasant ar ei ddilorni y tu ôl i'w gefn. Dywed Iolo wrth Wallter Mechain ei fod yn siŵr na fyddai Pughe byth yn deffro o'i 'wonderful trance', [48] a'r un yw byrdwn y llythyr a anfonodd Dafydd Ddu Eryri at Wallter yn Rhagfyr 1807:

As for Mr O——'s puerile imbecility in erecting a religious system (if so it may be called) on the baseless fabric of a vision, is he not to be considered as an object of pity? One of his most intimate friends in London said of him, "Mae ef wedi pendroni, ni wna ddaioni yn y byd yn rhagor!" I humbly apprehend that Iolo and Southcote have brought an inoffensive individual to the borders of ———[sic][49]

Gwelwyd eisoes sut y parodd bygythiad Napoleon i Pughe a Iolo a llawer penboethyn arall ymdawelu cryn dipyn, ac fe'u gorfodwyd i ailystyried eu daliadau am wrthod dwyn arfau. Yr oedd Pughe a Iolo wedi pregethu heddychiaeth drwy enau'r hen feirdd yn y *Heroic Elegies* ac yn *Poems, Lyric and Pastoral*:

> The *Bard* was peculiarly the Herald of *Peace*: it was not lawful for him to bear arms, nor for any one whatever to bear a naked weapon in his presence.[50]

Yn awr, daeth Napoleon i droi'r chwarae yn realiti chwerw. Ar ben hynny ni fedrai Pughe bellach wneud dim heb yn gyntaf ymgynghori â Joanna. Disgwyliai hi i'w chylch bach dethol ofyn ei barn cyn gwneud unrhyw benderfyniad pwysig yn eu bywydau. Yr oedd yn naturiol i lawer ohonynt ofyn iddi a ddylai'r Southcottiaid dyngu llw o ffyddlondeb i'r Brenin. Yr oedd ei hateb yn bendant iawn: nid oedd angen llw ar ddyn gonest gan fod ei air yn ddigon: 'An upright man wants no oath to bind him—and an oath cannot bind a rogue—for he will as soon swear falsely as freely'.[51] Holodd nifer o'i dilynwyr beth oedd eu dyletswydd petai Napoleon yn ymosod ar dir Prydain a bu'r broblem hon yn gryn benbleth i Joanna. Ar y dechrau gwaharddai iddynt ddwyn arfau gan y credai y byddai gweddïau'r ffyddloniaid yn ddigon i atal y perygl, ond fel y gwaethygai'r sefyllfa penderfynodd Joanna fod gan ei dilynwyr frwydr fydol y ogystal â brwydr ysbrydol i'w hymladd yn y Dyddiau Olaf.[52] Yr oedd ganddynt eu dyletswydd i'r wlad ac i'r Brenin yn ogystal ag i Dduw. Mewn llythyr at William Sharp ar 25 Gorffennaf 1803 rhoddodd Joanna ei chaniatâd i'w dilynwyr ymladd i amddiffyn eu gwlad, ond ni chaent ymladd yn ymosodol. Dehonglwyd hyn fel caniatâd iddynt ymuno â'r Gwirfoddolwyr a ffurfiwyd drwy'r wlad fel byddin amddiffynnol.[53] Derbyniodd William Owen Pughe yr un neges fel y gwelir oddi wrth y cofnod digyswllt hwn ymysg ei bapurau: 'Dyz Merçyr, y 17^d o Awst, 1803, y deçreuais zysgu dwyn arvau, gan ymgysylltu a byzin plwyv Clerkenwell yn ol gorçymyn yr arglwyð'.[54] Cyfnod byr iawn a dreuliodd yn y fyddin. Cadwyd llythyr yn ei orchymyn ef fel aelod o'r Clerkenwell Loyal Volunteer Infantry i fod yn bresennol ar gyfer ymarferion y fyddin ar y "Dry Drill Ground" yn ystod gaeaf 1803.[55] Ym mis Ebrill 1804 anfonodd Pughe lythyr at arweinydd y gatrawd i ddweud ei fod yn ymddeol o'r fyddin dros dro am ei fod ef a'i deulu ar fin gadael Llundain 'owing to the death of a relation'.[56] Ni wyddys pa berthynas a olygir yma: efallai mai un o berthnasau ei wraig oedd

138

*Ef oedd yn diwygio taflenni Joanna S.*

wedi marw. Fodd bynnag, dyna'r cyfeiriad olaf sydd gennym at yrfa filwrol William Owen Pughe.

O'r flwyddyn 1811 ymlaen y mae'n llawer iawn haws dilyn hanes Pughe gan fod copi o'r dyddiadur a gadwodd yn feunyddiol o'r flwyddyn honno hyd ei farwolaeth yn 1835 wedi ei gadw ymysg ei bapurau yn y Llyfrgell Genedlaethol.[57] Yn 1811 yr oedd Pughe yn ymweld â Joanna bron bob dydd, ac fe geir cyfeiriadau cyson ati hi a'i chyfeillion Jane Townley ac Ann Underwood. Yn ystod ei ymweliadau â'r broffwydes gweithiai Pughe yn ddiwyd ar gopïo a chywiro ei datganiadau, i'w paratoi yn bamffledi a llyfrynnau ar gyfer y wasg. Darllenai'r proflenni a phlygai'r llenni, ac ef a wnâi'r holl drefniadau gyda'r argraffydd a'r cyhoeddwr. Dywed rhai fod Pughe yn un o bedwar henuriad ar hugain ei heglwys. Dyma'r hyn a ddywed Cynddelw amdano:

> Y Dr W. O. Pughe oedd un o brif swyddogion eglwys y broffwydes, ac efe oedd yn diwygio ei phroffwydoliaethau fel y byddent yn addas i'r wasg, gan nad oedd y broffwydes na'r yspryd oedd yn ei chynhyrfu yn gwybod dim am Ramadeg![58]

Y mae'n anodd dweud a oedd gan Joanna henuriaid fel y cyfryw yn ei sect. Y mae'n naturiol fod rhai o'i dilynwyr yn fwy blaenllaw yn ei gweithgareddau ac yn glosiach at y broffwydes ac yr oedd Pughe yn sicr yn un o'r cylch dethol. Y mae dau brif reswm dros y cyfeiriadau at y pedwar henuriad ar hugain. Rhaid troi unwaith eto at Lyfr y Datguddiad am y cyfeiriad gwreiddiol: yno ceir sôn am yr henuriaid wedi eu gwisgo mewn dillad gwynion a choronau aur ar eu pennau yn eistedd ar orseddfeinciau.[59] Y rheswm arall, efallai, yw bod William Owen Pughe yn un o bedwar ar hugain o ddilynwyr Joanna a osododd ei enw wrth un o'i llythyrau mewn llyfr a gyhoeddwyd ganddi yn 1804. Yn y rhestr gwelir enwau rhai o'i gyfeillion pennaf: Thomas Philip Foley, William Tooke Harwood a William Sharp.[60]

Yn 1814, a hithau yn bump a thrigain oed, syfrdanodd Joanna'r wlad drwy gyhoeddi ei bod yn feichiog. Hysbysodd y llais wrthi y byddai'n esgor ar fab. Gwyddai Joanna fod y wraig y sonnir amdani yn Llyfr y Datguddiad hithau wedi esgor ar fab. Tra gorweddai honno yn ei gwewyr esgor dywedir fod draig anferth goch â saith pen coronog a deg corn ar bob un yn disgwyl gerllaw i larpio ei phlentyn ar ei enedigaeth:

> A hi a esgorodd ar fab gwryw, yr hwn oedd i fugeilio yr holl genhedloedd â gwialen haiarn: a'i phlentyn hi a gymmerwyd i fyny at Dduw, ac at ei orseddfainc ef. A'r wraig a ffodd i'r diffeithwch, lle mae ganddi le wedi ei baratoi gan Dduw, fel y porthent hi yno fil a deucant a thri ugain o ddyddiau.[61]

Hyd yn hyn ni ddychmygodd Joanna mai hi fyddai mam y 'mab gwryw' er iddi ymuniaethu â'r wraig ryfeddol. Nid oedd hyn yn syndod, wrth gwrs, o gofio ei hoed a'i chyflwr gwyryfol. Ond pan ddaeth neges y llais ni phetrusodd yn ei ffydd y tro hwn. Daeth ysbrydoliaeth unwaith yn rhagor o'r Beibl: yr oedd Sarah ac Elisabeth yn hen, a Mair yn wyryf. Gyda Duw yr oedd popeth yn bosibl. Y mae'n anodd dweud pa bryd yn hollol y penderfynodd Joanna ei bod yn feichiog. Ceir cyfeiriad amwys yn nyddiadur Pughe ar 15 Medi 1813 yn dweud ei bod hi wedi 'sylwi amlycâad ei galwad', [62] ond ni ellir bod yn sicr mai cyfeiriad at y beichiogrwydd yw hwn. Yn sicr, yr oedd hi'n palmantu'r ffordd ar gyfer cyhoeddi'r newydd i'r byd erbyn Ionawr, 1814, pan gyhoeddodd ei llyfr *Wisdom Excelleth the Weapons of War.* Ynddo, dywed y byddai rhywbeth hynod iawn yn digwydd yn Lloegr y flwyddyn honno, ond ni roddodd ychwaneg o fanylion. Cyhoeddodd ddau lyfr arall yn ddiweddarach yn yr un flwyddyn [63] yn rhoi rhagor o wybodaeth am ei chyflwr. Erbyn hyn cafodd enw i'r plentyn a ddisgwylid, sef Shiloh a cheir mwy o hanes amdano yn ei llyfr *Third Book of Wonders announcing the coming of Shiloh.* Y mae arwyddocâd yr enw Shiloh braidd yn ansicr. Credai Joanna a milblynyddwyr eraill y cyfnod mai enw ar berson ydoedd. Tybiai Joanna y byddai'n esgor ar Shiloh; honnai Richard Brothers mai ef oedd Shiloh; cynlluniai George Turner, proffwyd arall, balas i Shiloh, ac y mae'r enw yn codi dro ar ôl tro yng ngeirfa'r milblynyddwyr. Ceir nifer o gyfeiriadau yn y Beibl at y dref o'r enw Shiloh, ond mewn un man yn unig y gellir dehongli'r enw fel enw person. Yn Genesis XLIX, 10, ceir: 'Nid ymedy y deyrnwialen o Judah, na deddfwr oddi rhwng ei draed ef, hyd oni ddel Siloh; ac ato ef y bydd cynnulliad pobloedd'. Dyma'r math o adnod a oedd wrth fodd calon Joanna a'i thebyg: gellid darllen pob math o arwyddocâd iddi, ac y mae'n amlwg fod cred gyffredinol mai cyfeiriad at ryw fath o waredwr sydd yma. [64]

Erbyn gwanwyn 1814 y rhyfeddod mawr oedd fod gan Joanna bob arwydd allanol ar ei chorff i gadarnhau ei honiad ei bod yn feichiog. Ni ellir beio William Owen Pughe yn ormodol am ei hygoeledd yn derbyn datganiadau'r broffwydes, oherwydd cytunai'r meddygon a ddaeth i'w gweld fod Joanna Southcott yn ddiau yn feichiog. Un o feddygon enwocaf Llundain ar y pryd oedd Richard Reece, M.D., M.R.C.S. Yr oedd yn llawfeddyg blaenllaw yn y brifddinas, ac ef oedd awdur y *Medical Guide.* Nid rhyw gwac o'r strydoedd cefn ydoedd Reece ond meddyg parchus ac enw da ganddo i'w amddiffyn. Ar 7 Awst 1814 aeth Reece i weld Joanna, ac ar ôl ei harchwilio'n allanol, penderfynodd ei bod yn disgwyl plentyn. Ond ar yr un pryd dywedodd y dylai roi archwiliad mewnol iddi cyn y medrai fod yn hollol sicr. Gwrthododd Joanna iddo wneud hynny. Meddai'r doctor:

In every examination she acquiesced except one, which the delicacy of her feelings as a virgin rejected, observing that had she been a married woman, even to this she would have readily agreed. [65]

140

Efallai nad swildod gwyryfol Joanna yn gymaint ag ofn clywed y gwirionedd a barodd iddi wrthod gadael i'r meddyg ei harchwilio'n drylwyr. Fodd bynnag, ychydig ddyddiau ar ôl hyn, aeth nifer o'r Southcottiaid dan arweiniad Thomas Philip Foley, i ofyn i Richard Reece am ei farn bendant ar gyflwr Joanna. Y tro hwn, sicrhaodd hwynt ei bod hi'n feichiog, ac mewn cyfres o lythyrau i'r *Sunday Monitor* cadarnhaodd ei ddatganiad am ei chyflwr. Ond y mae'n amlwg fod ganddo amheuon yn ei galon o hyd oherwydd, er ei ddatganiadau, pwysleisiai mai archwiliad mewnol oedd 'the only certain and unequivocal means of detecting pregnancy'.[66] Ond ategwyd barn Reece am y beichiogrwydd gan Joseph Adams, meddyg arall o fri a golygydd y *Medical Journal*, a chan tua deg ar hugain o feddygon eraill. Pa ryfedd i'r Southcottiaid wirioni yn wyneb y fath sicrwydd meddygol?

Symbylwyd William Owen Pughe i wneud paratoadau gwyllt ar gyfer genediaeth Shiloh. Yn ei ddyddiadur cawn gyfeiriadau beunyddiol ato yn rhuthro o gwmpas i brynu anrhegion i'r plentyn rhyfeddol. Archebwyd llawer o'r rhain gan gyfeillion cyfoethog Joanna, ond yr oedd pob un o'i dilynwyr selocaf yn awyddus i ddangos parch a chroeso i Shiloh. Cadwyd rhestr o'r anrhegion hyn, gan y dymunai Joanna iddynt gael eu dychwelyd i'r rhoddwyr oni enid Shiloh wedi'r cyfan.[67] Y mae'n rhestr hir a diddorol. Dywedir bod 'Mrs. Owen' wedi rhoi canhwyllbren arian; y mae'n weddol sicr mai Sarah Owen yw hon gan fod cyfeiriad yn nyddiadur Pughe ato'n prynu canhwyllbren. Tybed ai Pughe ac Isabella yw'r 'Mr Owen' a roddodd fedal arian a'r 'Miss Owen' a roddodd ddarn o aur? Erbyn hyn daethai Joanna yn un o ffigurau mwyaf poblogaidd y dydd. Tyrrai pobl at ei thŷ yn y gobaith o gael cipolwg arni. Yn ôl *The Times* ar 2 Medi 1814: '. . . shoals of enthusiasts, with more money in their pockets than brains in their skulls, are now pouring into London and its vicinity to behold this chosen vessel!' Cododd cymaint o ferched yn Llundain i honni mai hwy oedd Joanna nes y bu'n rhaid iddi gael gwneud llun ohoni gan William Sharp a'i rannu o gwmpas er mwyn i bawb wybod sut berson ydoedd y wir Joanna. William Owen Pughe a wnâi'r negeseuau i gyd. Y mae rhai ohonynt yn swnio'n od iawn i ni. Ar 25 Gorffennaf 1814 meddai: 'Awn i Groes Charing er cael corn i Shiloh'.[68] Y mae'n anodd gwybod a oedd yn derbyn tâl am ei waith gan Joanna ei hun neu Jane Townley. Gwyddom fod Joanna yn barod iawn i roi benthyg arian iddo pan ddeuai angen; bu'n gefn mawr iddo pan oedd mewn dyled i Owain Myfyr a hwnnw'n pwyso'n drwm arno.[69] Ceir cyfeiriad ati yn maddau dyled fawr iddo: 'maddeuai Joanna imi y 290L a dderbyniaswn genthi'.[70] Byddai maddau dyled o £290 yn gymwynas go fawr heddiw heb sôn am 1813, ond efallai mai fel hyn y dangosai Joanna ei gwerthfawrogiad o'i waith diflino drosti. Y mae'n anodd gwybod oddi wrth bwy y deuai'r arian mewn gwirionedd. Dywedir bod Joanna yn byw ar haelioni Jane Townley. Yr oedd honno'n ddiau yn gyfoethog ond gwyddom fod gan Joanna, ac efallai Ann Underwood, ran mewn tai a adawyd i'r Southcottiaid gan un o'r dilynwyr; byddai William Owen Pughe yn mynd i gasglu'r rhenti drostynt. Dywedir bod gan Joanna £250 y flwyddyn dan ewyllys un o'i disgyblion a cheir hanes hen ferch gyfoethog o dras bonheddig a adawodd ei theulu a'i chyfeillion i rannu ei heiddo â Joanna.[71] Ni wyddys ai Jane Townley ai rhywun arall o gyffelyb fryd oedd hon. Yr oedd bywyd beunyddiol Joanna o ddiddordeb di-ben-draw i'r cyhoedd ac awchent am bob manylyn. Yn ôl Richard Reece, yr oedd hi'n byw yn ddigon syml:

> Her apartment was paltry and mean, and she did not appear loaded with the delicacies of life, or to press upon her followers for more than the bare necessaries of existence.[72]

Ond, fel y dywed un gohebydd i *The Edinburgh Review*, mater o farn a phrofiad yw syniadau dyn am foethusrwydd:

> Dr Reece describes her apartments as mean and paltry: and so no doubt they might appear, when compared with the Doctor's drawing-room in Piccadilly; but they seemed handsome enough to people of less magnificent ideas.[73]

Yn anffodus, nid yw William Owen Pughe, er ei fod i mewn ac allan o'i thŷ yn feunyddiol, yn dweud dim wrthym am ddull Joanna o fyw. Mewn llythyr cas gwawdlyd i *The Times*, y mae rhyw P. Matthias[74] yn cyhuddo Joanna o fyw yn fras:

> . . . she passed much of her time in bed—in downy indolence—ate much and often—and prayed—never. She loved to lodge delicately and feast luxuriously.[75]

Dywed Matthias fod Joanna wedi dechrau awchu am fwydydd arbennig yn ôl arfer rhai gwragedd beichiog, ond yr oedd chwaeth Joanna yn fwy moethus na'r mwyafrif o wragedd: ar un achlysur dywedir ei bod wedi bwyta 160 o bennau merllys ('by no means a cheap article', chwedl Matthias) ar yr un pryd. Y mae'n anodd credu bod hyn yn wir. Y darlun a gawn ohoni gan William Owen Pughe yw darlun o wraig garedig a chroesawgar yn byw yn dawel gyda'i chyfeillesau. Ni cheir sôn amdani yn mynd i rodianna a hel tai, er bod bron pawb o'i chylch, gan gynnwys Pughe ei hun, yn treulio llawer o'u hamser yn gwneud hynny. Ond nid oedd Joanna yn fyr o ymwelwyr, yr oedd rhywrai yno byth a beunydd yn ciniawa ac yn swpera ac yn 'yved tea', chwedl Pughe, a oedd yno'n amlach na neb. Yr oedd croeso i'r bobl ifainc hwythau ac âi Aneurin, Isabella ac Elen yno i'w gweld. Y mae'n sicr fod Joanna wedi cael ei pharddu'o'n ormodol gan ei gelynion, ac yr oedd y Cymry mor euog â neb. Gwahanol iawn yw'r wraig encilgar a bortreadir gan Pughe i'r disgrifiad a ganlyn:

Pwy oedd y wrach? Pwy ond Siwan Southcott y Broffwydes? Hoeden benboeth ac anllythrenog oedd Siwan; ond pan oedd tua deugain mlwydd oed dechreuodd brophwydo: darogan y tywydd i ddechrau, yna aeth i ddarogan damweiniau gwladol; a phan gyrhaeddodd hi tua thri ugain mlwydd, wedi mynd yn hen horgest sumgar, rhoes y gair allan mai hi oedd y wraig ryfedd a welwyd yn Dat. xii a'i bod yn feichiog ar y Siloh![76]

Chwarae teg i Joanna druan, beth bynnag oedd ei ffaeleddau, yn sicr nid oedd mor atgas ag yr awgrymir yma. Yn un peth nid oedd yn anllythrennog er bod ei hysgrifen bron yn annarllenadwy a'i darllen wedi ei gyfyngu i'r Beibl yn bennaf. Prin hefyd y gellid ei galw yn 'hen horgest sumgar'. Efallai ei bod wedi tewychu wrth fynd yn hŷn ond fe'i disgrifir fel gwraig landeg ac atyniadol hyd yn oed yn ei chanol oed ac y mae darlun Sharp yn dangos gwraig radlon ddeniadol. Y mae pob hanes diduedd ohoni yn awgrymu ei bod er ei bri, yn ddiymhongar ac yn wir yn onest. Ceir tinc diffuant yn y llythyr a ysgrifennodd at Esgob Llundain ar 14 Ebrill 1803:

> I am not one, who can mock God, or trifle with eternity; neither would I impose upon the world to make them believe the "Lord saith", when I had no strong grounds that He had spoken; as I know it to be a sin of the deepest die: and I have feared sin more than death from my youth up to this present day.[77]

Gwelai William Owen Pughe hi ar ei gorau, yn ymlacio ymysg ffrindiau ar ei haelwyd ei hun.

Gyda'r cyhoeddusrwydd a ddaeth yn sgil ei datganiadau am Shiloh dechreuodd arian ac anrhegion ddylifo o bob rhan o'r wlad i gartref Joanna a Jane Townley: pob math o geriach a theganau addas i fabi, ac yn eu plith ambell anrheg mwy sylweddol, megis Beibl wedi ei rwymo mewn lledr coch. Y crandiaf o'r cwbl oedd crud gwerth dros ddau gant o bunnau yn drwch o sidan glas a gwyn a choron aur ar ei ben ac enw Shiloh mewn llythrennau Hebraeg arno. Dywedir mai anrheg oddi wrth 'a lady of fortune' ydoedd ac fe'i harddangoswyd yn ei holl ogoniant i'r cyhoedd mewn warws yn Aldersgate Street. Anfonwyd twmpathau o fanion, yn ddillad babi a llestri bach:

> . . . not less than a hundred pounds have been expended in pap spoons and other articles of silver for the use of the expected infant, whom some opulent idiot or other in this town is taught to believe to be the MESSIAH.[78]

Lledaenodd bri Joanna drwy Ewrob gyfan ac yn sgil ei henwogrwydd derbyniodd rai ymwelwyr pur bwysig ac annisgwyl. Ym mis Tachwedd 1814 daeth Monsieur Assalini, gŵr a ddisgrifir fel athro byd-wreigiaeth ym Mharis ac 'accoucheur' i Ymerodres Ffrainc, i'w gweld, ynghyd â'r Cadfridog Orloff, aide-de-camp Ymherodr Rwsia. Cytunodd Assalini ei bod hi'n ddiau yn edrych yn feichiog, ond ni chafodd yntau wneud mwy nag edrych arni. Gan nad oedd ganddo ef y cymwysterau i fynegi barn am ei chyflwr bodlonodd Orloff ar ennill ei

143

ffafr: 'General Orloff treated the old lady with great respect, making a very low obeisance'.[79] Gyda'r misoedd a'r holl sylw yn y papurau newydd, cynyddodd y gwatwar a fu'n rhan y Southcottiaid o'r cychwyn. Ar y cyfan, gwawdlyd a gelyniaethus oedd tôn y wasg, ac adlewyrchir hyn yn llawer o lythyrau personol y cyfnod. Ym mis Medi 1814 y mae'r Arglwydd Byron yn ysgrifennu at John Murray:

> I long to know what she will produce; her being with child at sixty-five is indeed a miracle, but her getting any one to beget it, a greater.[80]

Yr oedd Robert Southey yr un mor hallt:

> As I do not believe with Doctor Reece and Co. that Joanna Southcott is actually pregnant, I of course believe that she is mad; it is more likely that she has some disease of which the appearance resembles pregnancy, than the whole should be a blasphemous imposture with the intention of producing a supposititious child. Had she been sent to Bedlam ten years ago, how many hundred persons would have been preserved from this infectious and disgraceful insanity.[81]

Dechreuodd rhai o'r gwatwarwyr ymosod ar dŷ Joanna. Poenai William Owen Pughe a'r cyfeillion eraill am ei diogelwch, a phenderfynwyd ei symud oddi yno. Ar 26 Awst 1814 aeth Pughe a'i gyfaill William Tooke Harwood i hebrwng Joanna ac Ann Underwood i dŷ teulu o'r enw Carder yn Leicester Square.[82] Ar y ffordd torrwyd y siwrnai yng nghartref Pughe er mwyn i Joanna gael ei gwynt ati.[83] Nid oedd y dyrfa wedi sylweddoli fod Joanna wedi mudo, a pharhâi'r gwatwarwyr i warchae ar dŷ Jane Townley. Bu'n rhaid i Pughe a rhai o'r dynion eraill fynd yn ôl at honno i'w hamddiffyn hi. Ar 30 Awst y mae Pughe yn sôn yn ei ddyddiadur am wraig a achosodd y fath gynnwrf y tu allan i'r tŷ nes y bu'n rhaid iddo ef a'i ffrindiau ei hebrwng hi oddi yno. Ar 31 Awst symudwyd Joanna unwaith yn rhagor, y tro hwn i dŷ M. Wood yn Kennington Cross.[84] Ond ni chafodd lonydd yno ychwaith, ac erbyn mis Medi yr oedd y Southcottiaid yn chwilio am gartref arall i Joanna, rhywle mwy diogel o lawer y tro hwn, gan y tybient na fyddai Shiloh yn oedi'n hir iawn eto cyn ymddangos. Aethpwyd â hi i ardal a oedd yn gymharol dawel y pryd hynny, yn Manchester Square.

Ymneilltuodd Joanna i'w gwely i aros am Shiloh. Yr oedd y llais wedi anghofio dweud wrthi pa bryd yn hollol y byddai'n cael ei eni. Ni wyddai hithau a ellid mesur hyd beichiogrwydd gwyrthiol yn yr un modd â beichiogrwydd naturiol, a chan ei bod yn wyryf a thros ei thrigain oed, nid oedd ganddi lawer o syniad sut i ddechrau amcangyfrif. Tybiodd ar y cychwyn mai ym mis Gorffennaf y genid y plentyn, ond yr oedd yn fis Tachwedd erbyn hyn a dim golwg o Shiloh. Poenid hi gan y ffaith ei bod yn ddibriod; teimlai y dylai Shiloh gael tad maeth daearol, fel Joseff. Ni wyddai'r Southcottiaid beth i'w wneud, ond troesant at eu cymorth mewn cyfyngder, William Owen Pughe.

Isaiah Ch. LXV & LXVI.    JOANNA SOUTHCOTT.    Jan.ᵗ 1812.

Drawn and Engraved from life by Wᵐ. Sharp      Published by Jane Townley, London

*Llun: National Portrait Gallery*

Joanna Southcott
Engrafiad gan William Sharp

Drwy ryw drugaredd yr oedd hwnnw eisoes wedi priodi neu dyn a ŵyr beth a fuasai ei ateb i'r broblem. Yr oedd ef wedi bod yn trafod priodas Joanna mor gynnar â Mehefin 1814. Dywed: 'yno [Weston Place] eto gwedi ciniaw i gyvarvod y 7 er barnu i J. briodi er etiveðu o Shiloh'.[85] Y 'saith' oedd y gwŷr a alwai Joanna yn 'seven stars', y rhai cyntaf i gyrchu ati yn Exeter yn 1801 ar ddechrau ei chenhadaeth, sef y Parch. Stanhope Bruce, Thomas Webster, Thomas Philip Foley, William Sharp, George Turner, Peter Morison a John Wilson, (gwneuthurwr cerbydau o Kentish Town).[86] Erbyn mis Tachwedd yr oedd Joanna yn hollol gaeth i'w hystafell wely, ac yno y priodwyd hi â chyfaill iddi, John Smith, a oedd yn stiward i Iarll Darnley ar 12 Tachwedd 1814.[87] Yr oedd hi wedi mynd yn bur isel ei hysbryd a gwael ei hiechyd, a theimlai ei bod ar ben arni. Galwodd ar Pughe i'w helpu â'i hewyllys ar 3 Tachwedd. Lluniwyd yr ewyllys ei hun ar 26 Mehefin 1813, ond yr oedd Joanna yn awyddus i ychwanegu ati. Yn ôl y brif ewyllys cymynnodd Joanna ddecpunt y flwyddyn i'w brawd William, ei chwaer Susanna, ei chwaer-yng-nghyfraith Sarah a'i nith Susanna. Yr oedd yr arian i ddod o'i rhan hi yn y tai a etifeddodd y Southcottiaid drwy ewyllys un o'r dilynwyr. Gadawodd bopeth arall i Jane Townley ac Ann Underwood. Yr oedd Pughe yn un o'r tystion i'r ewyllys hon.[88] Yn ôl yr atodiad a ychwanegwyd ar 4 Tachwedd 1814 penodwyd Pughe yn un o bedwar ymddiriedolwr a oedd i ofalu am fuddiannau Shiloh ac am werthiant llyfrau Joanna. Dywedodd fod arni eisiau i rai o'r gwragedd, a fu'n ffyddlon iddi, dderbyn eitemau o ddillad i gofio amdani. Yn y rhestr hon ceir enw Mrs. Owen (gwraig Pughe), Mrs. Barnard (merch Ann Underwood), Mrs. Foley, Mrs. Harwood a nifer o'r cyfeillesau eraill y mae eu henwau yn gyfarwydd i ni o lythyrau a dyddiadur Pughe. Fel y mae'n digwydd yr oedd Mrs. Foley yn annheilwng o ffafr Joanna. Ar ôl marwolaeth y broffwydes diflannodd pob llygedyn o ffydd a fuasai ganddi erioed yn Joanna a'i chenadwri. Yn ei ddyddiadur am Ionawr 1815, fis ar ôl marw Joanna, dywed Foley:

I had a violent breeze with my wife after dinner abt. Joanna's works, and she asserted a most gross lie, and for which & other exasperating language I was obliged to put her out of the room. Oh, may it please the LORD to judge between us & shew us who is right![89]

Cynyddodd iselder ysbryd Joanna a cheir disgrifiad byw gan y Dr Richard Reece o olygfa y bu ef yn llygad-dyst iddi yn ystafell Joanna ar 19 Tachwedd. Eisteddai tua hanner dwsin o'i chyfeillion o amgylch gwely'r broffwydes tra siaradai hi'n ddwys â hwynt. Cwynai am yr amheuon a bwysai arni fwyfwy fel y teimlai ei nerth yn pallu. Yn y gorffennol llwyddodd i ymysgwyd o'r felan, ond bellach ni fedrai deimlo dim ond dadrithiad llethol a siom. Ar hynny dechreuodd wylo, ac yr oedd rhai o'r cyfeillion hwythau yn bur ddagreuol. Nid darlun o'r hen sopan bowld a ddisgrifir gan ei gelynion sydd yma, ond gwraig ddiffuant yn wynebu ofn ac ansicrwydd. Ceisiodd ei dilynwyr ei chysuro drwy ddweud mai peth naturiol iawn oedd amheuon o'r fath ond bod ffafr Duw gyda hi a ffydd ei chyfeillion yn ddiysgog. Dywed Dr Reece fod ei dagrau wedi diflannu wrth glywed hyn a chyn bo hir yr oedd chwerthin a sgwrsio yn llenwi'r ystafell drachefn.

Tua diwedd mis Tachwedd gwaethygodd cyflwr Joanna, ond nid anobeithiai'n llwyr gan y tybiai efallai y byddai'n rhaid iddi hi farw, o leiaf dros dro, tra genid Shiloh. Cyhoeddodd hyn mewn llythyr dan sêl a gofynnodd i Pughe ei arwyddo. Erbyn 10 Rhagfyr yr oedd ei chyflwr yn dechrau peri pryder i'r cyfeillion. Meddai Ann Underwood: 'Her weakness seems rapidly to increase'.[90] Ar 12 Rhagfyr synnodd Pughe at y newid ynddi: '. . . awn i weled Joanna: newid mawr o d[ydd] Sadwrn er gwaeth: prin y gwyδid anadlu o honi'.[91] Hyd hynny cadwasai Joanna'r holl arwyddion allanol o feichiogrwydd, ond yn awr, yn ei gwaeledd, diflannodd pob arwydd. Pan ddaeth Richard Reece i'w gweld ar 16 Rhagfyr cafodd fraw wrth weld ei chyflwr. O'i flaen gwelai hen wraig wael yn lle'r wraig feichiog hyderus a barodd y fath benbleth iddo ef a'i gydfeddygon. Gwaeth na hynny, nid oedd golwg o'r beichiogrwydd. Dywedir iddo edrych arni'n gegrwth a dweud, 'Damn me, if the child is not gone!'[92] Tra oedd y meddyg yno cyrhaeddodd William Owen Pughe'r tŷ i holi am Joanna. Gofynnodd am farn y meddyg am gyflwr y broffwydes, a dywedodd Reece y byddai Joanna wedi marw cyn y dydd Llun canlynol.[93] Yr oedd yn bur agos: bu farw Joanna Southcott yn oriau mân y bore ar 27 Rhagfyr. 'To all appearances, she died this morning as the clock struck four', meddai Ann Underwood,[94] gan adleisio cred y disgyblion na fyddai mor hawdd â hynny cael gwared o Joanna. Tua hanner dydd daeth un o'r cyfeillion i ddweud wrth William Owen Pughe fod Joanna wedi marw. Yn lle dechrau ar y trefniadau arferol a wneir ar ôl marwolaeth, symudodd ei dilynwyr selocaf yn benderfynol i mewn i dŷ Joanna. Yr oedd yn rhaid gwneud popeth yn drefnus a chywir yn ôl ei dymuniadau hi. Yr oedd yn arfer gan y Southcottiaid wisgo dillad glas ar achlysuron arbennig, ac yn awr gofynnodd Pughe i'w frawd Owen, y teiliwr, wneud côt las iddo ar frys. Cwblhaodd hwnnw'r dasg mewn un diwrnod. Ni châi neb sôn am angladd: onid oedd y 'farwolaeth' hon wedi cael ei darogan gan Joanna ei hun?[95] Rhoddodd y dilynwyr boteli dŵr poeth o amgylch y corff rhag ofn mai mewn llewyg trwm yr oedd. Credai rhai o'i dilynwyr fod Joanna eisoes yn y Nefoedd gyda Shiloh; credai eraill ei bod wedi ei chipio ymaith i le diogel dros dro fel y wraig yn Llyfr y Datguddiad. Yn ôl gohebydd i'r *Gentleman's Magazine*, yr oedd William Sharp yn ffyddiog iawn:

A Mr. Sharp is represented as having said . . . "the soul of Joanna would return, having gone only to heaven to *legitimate* the child which would be born''. What blasphemy! *Fifteen years ago* he had purchased flannel in expectation of this event in order to keep the body warm!!!!!!!!! [sic][96]

Yr oedd marwolaeth Joanna wedi dod ag un dyn at ei goed, sef Richard Reece. Iddo ef, yn wahanol i'w dilynwyr, yr oedd y breuddwyd wedi darfod. Fel meddyg, sylweddolai nad oedd ond dau beth bellach i'w gwneud â Joanna druan: cynnal awtopsia arni, a'i chladdu'n reit sydyn wedyn. Dechreuodd blagio'r dilynwyr i adael iddo archwilio'r corff. Gwrthodasant hwythau iddo gyffwrdd ag ef nes bod arwyddion pendant o bydru ynddo. Erbyn 30 Rhagfyr, yr oedd yn rhaid i hyd yn oed Pughe gyfaddef fod y corff yn pydru, a bu'n rhaid gosod blawrion yn yr ystafell i glirio'r arogl. Cytunodd y cyfeillion y byddai llawn cystal i Dr Reece wneud ei archwiliad drannoeth am ddau o'r gloch y pnawn. Cyrhaeddodd hwnnw'r tŷ yn eiddgar am un ar ddeg y bore, ond bu'n rhaid iddo ddisgwyl tan ddau o'r gloch fel y penderfynasid gan y ddisgyblion.

Daeth Reece yn ôl yn y pnawn gyda llu o feddygon eraill, tua phymtheg i gyd, gan gynnwys John Sims, meddyg a amheuasai feichiogrwydd Joanna o'r cychwyn, er nad oedd ganddo esboniad arall i'w gynnig am ei chyflwr. Gofynnodd William Tozer i Reece agor y corff fel petai am eni plentyn yn y dull Caesaraidd, a rhybuddiodd y meddyg i gymryd gofal o'r plentyn. Rhyfeddodd Reece at hygoeledd a ffydd y dilynwyr, ond cytunodd, gan mai agor y groth oedd ei fwriad p'run bynnag. Y mae Reece ei hun yn disgrifio'r olygfa yn ystafell Joanna:

> I then went with some of the disciples to the apartment, where the body was lying, and I was surprised to find her exactly in the same situation as when she died, lying in bed, and covered with flannel, with her wearing apparel, her rings and everything in the same unaltered state. The body was now in such a high degree of putrefaction, that we could not trust to the limbs to convey it, and it was accordingly moved to the table on a sheet. [97]

Casglodd y meddygon o amgylch y bwrdd. Yr oedd y disgyblion mewn ystafell arall a oedd yn agor i ystafell Joanna, ond arhosodd William Owen Pughe a William Tooke Harwood gyda'r meddygon drwy gydol yr archwiliad. Disgrifia Pughe sut yr agorwyd y corff gan Reece a meddyg arall, Want, ond er ei fawr syndod clywodd eu dedfryd nad oedd 'dim arwyð o anav yn y corf er peri marwolaeth, nac arwyð dim yn y groth'. [98] Yr oedd hyn yn siom i'r doctoriaid yn ogystal ag i'r disgyblion, gan fod cymaint ohonynt wedi mentro yn gyhoeddus eu henwau da fel meddygon drwy gadarnhau beichiogrwydd Joanna. Gwaeth fyth, ni fedrent feio na thyfiant na'r dyfrglwyf nac unrhyw afiechyd arall am ei chyflwr. Sylweddolodd Pughe benbleth y meddygon. Meddai:

Ar ben ei waith hebai Dr Reece gan droi at ei gydveðygon: 'It is very extraordinary: there appears no cause for death!' Oeð val am çwanegu ond peidiai ar vy sylw rhagðo.[99]

Y mae Pughe yn cyfaddef ei fod yn 'ddydd o ingder' iddo ef, ac y mae Reece yn disgrifio'r disgyblion fel 'inconsolable', yn enwedig Jane Townley ac Ann Underwood. Sylwodd y meddyg nad oedd neb yn ei siom yn cyhuddo Joanna o'u twyllo, na neb yn edliw dim i'r broffwydes. Credai Reece ei hun erbyn hyn fod Joanna wedi mynd ati yn fwriadol i dwyllo'r meddygon, a thybiai ef ei bod hi wedi cael ei hyfforddi gan rywun â gwybodaeth feddygol ganddo ar sut i wneud hynny. Ond nid oedd Reece am gyhuddo'r dilynwyr a oedd yn bresennol yn y tŷ o unrhyw ddichell na thwyll, gan y dywed eu bod hwy 'no less deceived than ourselves'.

Twyll bwriadol? Dyna oedd barn Richard Reece. Ond yng ngoleuni meddygaeth fodern gwyddom nad dyna'r esboniad. Daeth John Sims, a amheuai ddilysrwydd y beichiogrwydd, yn agos iawn at y diagnosis cywir pan ddywedodd: 'This poor woman is no imposter . . . she labours under a strong mental delusion'.[100] Bellach daeth sôn am glefyd seicosomatig yn beth cyffredin iawn, a gwyddom sut y gall y meddwl effeithio'n bendant i beri anhwylder neu symptomau yn y corff. Weithiau y mae'n rhywbeth mor syml â thyndra neu bryder yn achosi cur pen neu glwy'r croen, dro arall y mae'r meddwl yn chwarae triciau rhyfedd iawn ar y corff, fel yn yr achosion o nodau stigmata sy'n ymddangos ar ddwylo a thraed ambell un. Fel rheol, y mae person sy'n dangos nodweddion mor eithafol â hynny yn hysterig o ran natur; hysterig yng ngwir ystyr y gair, nid fel y defnyddir y term yn llac i ddisgrifio stranciau a sterics genethod mewn cyngherddau pop. Y mae achosion tebyg i Joanna yn adnabyddus i'r seicolegwyr, lle mae'r wraig yn gwbl argyhoeddedig ei bod yn feichiog, a hynny'n hollol ddiffuant. Y term am y cyflwr hwn yw *pseudocyesis*. Gellir casglu fod Joanna yn deip hysterig, gan fod ysgrifennu awtomatig a chlywed lleisiau 'goruwchnaturiol' yn symptomau a welir mewn teipiau o'r fath. Y mae hyn yn esbonio 'beichiogrwydd' Joanna ond nid yw'n esbonio ei marwolaeth. Ni fedrodd Richard Reece weld dim o'i le ar y corff, ond efallai fod yr oedi cyn yr awtopsia wedi gwneud ei waith yn fwy anodd.[101]

Ar ôl i Reece a'r meddygon eraill fynd ymaith, arhosodd Pughe a rhai o'r cyfeillion ar ôl i wneud trefniadau ar gyfer yr angladd, gan nad oedd dim i'w wneud bellach ond claddu Joanna druan yn bur sydyn. Cysgodd Pughe yn ei thŷ hi y noson honno. Yng nghanol y nos aethpwyd â'r corff i dŷ trefnwyr angladdau ar gornel Rathbone Place. Drannoeth ysgrifennodd Ann Underwood lythyr at gyfaill yn disgrifio'r trefniadau:

... she is to be buried this afternoon. Goldsmith and the Coll. [y Cyrnol W. T. Harwood] went yesterday to order the grave, and the Coll. Owen, Phillips and Coles intend to follow her, and see her dear remains safely deposited, which is all that can be done—The friends I am glad to see appear to derive comfort, thinking all is right, but I cannot see anything to warrant it, yet may it please the Lord to give this comfort, as to myself I am worse and worse. I can find no comfort any where. [102]

Yn y pnawn aeth Pughe a'r lleill mewn coets ddiaddurn i gladdu Joanna ym mynwent newydd Marylebone ger Primrose Hill. Ni wyddai'r offeiriad mai angladd Joanna Southcott ydoedd nes iddynt gyrraedd glan y bedd. Gwnaethpwyd pob ymdrech i gadw'r angladd yn ddirgel ac y mae'r disgrifiad a geir yn y *Gentleman's Magazine* o Pughe a'i ffrindiau yn swnio'n debycach i ladron penffordd na galarwyr mewn cynhebrwng:

. . . muffled up more than is customary even to mourners: they wore great coats, which were buttoned up to the chin, black cloaks standing high in the collar, handkerchiefs tied round the lower part of the face, and their hats pulled over their eyes. [103]

Am unwaith yr oedd eu trefniadau yn llwyddiannus, ac fe gafodd Joanna Southcott angladd preifat a pharchus heb ymyrraeth y dorf. Fe'i claddwyd yn nhir cyffredin y fynwent, a bellach nid oes arwydd i ddangos lle mae'r bedd. Dywedir bod ei dilynwyr wedi rhoi carreg arno â'r arysgrif arni 'Thou'lt appear in greater power' ond fe dorrwyd honno yn y ffrwydriad mawr a fu yn Regent's Park yn 1874.

Y mae'n rhaid cofio na fu farw dysgeidiaeth Joanna pan fu hi ei hun farw. Daeth rhai o'i dilynwyr i fywyd William Owen Pughe eto fel y cawn weld. Credai Jane Townley a llawer un arall fod mantell Joanna wedi disgyn arnynt hwy. Datblygodd nifer o sectau o'r Southcottiaid gwreiddiol ac y mae rhai o'r rhain yn dal i ffynnu hyd heddiw. [104] Gwyddom fod Joanna wedi rhoi llawer o'i datganiadau mewn bocs dan saith sêl i'w cadw dan glo nes y gwireddwyd hwynt. Ar ôl ei marwolaeth tyfodd rhamant o amgylch y bocs: cred ei dilynwyr hyd heddiw nad oes gan neb ond esgobion Eglwys Loegr yr hawl i'w agor, ond ni fu gan yr esgobion erioed lawer o awydd i arddel Joanna na'i bocs. Arhosodd y bocs gwreiddiol dan glo yn disgwyl i'r esgobion newid eu meddwl. Dywedir ei fod yn pwyso 156 pwys ac y mae hyn yn rhoi rhyw syniad inni o gynnyrch toreithiog Joanna. Ar ôl ei marwolaeth fe'i cedwid yn gyntaf oll gan William Sharp, ond daeth i feddiant Jane Townley yn 1816. Erbyn 1825 yr oedd wedi mynd i Oldswinford i ofal Thomas Philip Foley a oedd wedi gwirioni ar y fraint o'i gael yn ei ddwylo:

. . . I consider the keeping of this New Ark of God, of the Covenant of Joy, Love & Peace for a 1000$^{\text{m}}$ years before the General Judgement . . . to be the Greatest Blessing which could possibly be Conferred upon an Individual . . . [105]

Erbyn 1861 yr oedd y bocs yng ngofal teulu o Southcottiaid selog o'r enw Jowett yn Leeds.[106] Dyrnaid o ffyddloniaid yn unig a ŵyr ym mhle y mae'r bocs dilys heddiw. Ar ôl marw Joanna, fel y cynyddai'r straeon am y bocs, ymddangosodd bocs arall, ac un arall, ac un arall . . . a phob un ohonynt yn honni bod yn focs Joanna Southcott. Cadwyd un ohonynt am flynyddoedd yn labordy cenedlaethol Ymchwil Seicig. Agorwyd hwnnw yn 1927 a chafwyd ei fod yn llawn o sothach: cap nos plentyn, pistol, tocyn raffl, darnau o arian, a llyfryn o'r enw *An Adventure in Greenwich Park*, a ddisgrifir fel 'an unsavoury novelette'.[107] Ffug amlwg oedd hwn; chwarae teg i Joanna a'r Southcottiaid yr oeddynt hwy o ddifrif yn eu daliadau a gellir bod yn sicr y byddai'r blwch dilys ped agorid ef o leiaf yn cynnwys datganiadau Joanna. Ond rhaid ystyried y posibilrwydd bod mwy nag un bocs dilys. Yr oedd Joanna yn gyndyn iawn o ddifa dim o'i datganiadau. Dywed William Owen Pughe ei fod yn bresennol ar 4 Hydref 1813, pan 'hoelid y blwch o bapurau'. A oedd y Southcottiaid yn arfer agor y bocs gwreiddiol o dro i dro i ychwanegu'r datganiadau diweddaraf at y lleill? Byddai'n orchwyl llafurus o gofio mor ofalus oedd William Sharp i'w selio. Os oes mwy nag un bocs dilys tybed ai William Owen Pughe, yr ysgrifennydd ffyddlon, a gopïodd y datganiadau sydd ynddynt? Rhaid inni aros yn y tywyllwch hyd oni benderfyna'r esgobion ein goleuo drwy agor 'bocs Joanna Southcott'.[108]

NODIADAU

[1] NLW 21282, IAW 357.
[2] NLW 13145, t. 159, 296; NLW 21280, IAW 99.
[3] Aneirin Lewis (gol.) *Agweddau ar Hanes Dysg Gymraeg*, t. 249.
[4] Dat. IX, 3-11;
[5] G. R. Balleine, *Past Finding Out: The Tragic Story of Joanna Southcott and her Successors* (Llundain, 1956), t. 14; Ronald Matthews, *English Messiahs* (Llundain, 1936), t. 52.
[6] Joanna Southcott, *Warning to the Whole World* (Llundain, 1803), t. 80.
[7] Ceir ymdriniaeth feistrolgar o'r holl gyfnod gan gynnwys astudiaeth o Joanna ei hun yn llyfr J. F. C. Harrison, *The Second Coming: Popular Millenarianism 1780-1850* (Llundain, 1979).
[8] Dat. XII, 1, 2, 5.
[9] Dat. XIX, 7-8.
[10] Joanna Southcott, *The Full Assurance that the Kingdom of Christ is at hand from the Signs of the Times* (Llundain, 1806), t. 45.
[11] J. F. C. Harrison, *The Second Coming*, tt. 106-7.

[12] Ronald Matthews, *English Messiahs* (Llundain, 1936), tt. 216-18.

[13] William Morris (gol.), *Cofio Ann Griffiths* (Caernarfon, 1955), t. 78: Llythyr Ann Thomas at John Hughes, Chwefror 1801. Gw. hefyd t. 32 am ymdriniaeth o'r ddelwedd. Ar yr un pryd sylwer ar yr hyn sydd gan Euros Bowen i'w ddweud yn 'Delweddau ei Barddoniaeth', yn *Y Ferch o Ddolwar Fach*, (gol. Dyfnallt Morgan) (Nant Peris, 1977), t. 76.

[14] Arglwydd Macaulay, 'Ranke's History of the Popes' yn *Critical and Historical Essays,* Hugh Trevor-Roper (gol.) (Llundain, 1965), t. 303.

[15] *The Edinburgh Review*, Chwefror 1815, tt. 454-5.

[16] E. P. Thompson, *The Making of the English Working Class*, (Harmondsworth, 1968), t. 52.

[17] ibid. tt. 127-9; *DNB* (1886), VI, tt. 443-4; G. R. Balleine, *Past Finding Out*, t. 27 ymlaen; J. F. C. Harrison, *The Second Coming*, t. 58 ymlaen.

[18] J. K. Hopkins, 'Joanna Southcott—A Study of Popular Religion and Radical Politics 1789-1814', Traethawd Ph.D. Prifysgol Texas, U.D.A. (1972), t. 272. Cyhoeddwyd y traethawd fel llyfr tra oedd y llyfr hwn yn y wasg. Gw. James K. Hopkins, *A Woman to Deliver her People: Joanna Southcott and English Millenarianism in an Era of Revolution*, (Austin, Texas, U.D.A., 1982). Gw. hefyd adolygiad yr Athro David Martin yn *The Times Literary Supplement*, 26 Tachwedd, 1982; J. F. C. Harrison, *The Second Coming*, tt. 74-5. Ceir hanes tystiolaeth William Sharp ym mhrawf Horne Tooke yn T. B. a T. J. Howell, *A Complete Collection of State Trials*, Cyf. XXV, 1794-6, (Llundain, 1818), t. 247 ymlaen. Yno hefyd ceir adroddiad o dystiolaeth W. T. Harwood yn yr un achos, t. 435 ymlaen.

[19] Thomas Sadler, (gol.), *Diary, Reminiscences, and Correspondence of Henry Crabb Robinson* (Llundain, 1869), I, t. 54.

[20] ibid. I, tt. 53-4.

[21] J. F. C. Harrison, *The Second Coming*, t. 115.

[22] J. K. Hopkins, 'Joanna Southcott—A Study of Popular Religion and Radical Politics, 1789-1814', Atodiad.

[23] William Sharp, *An Answer to the World* (1806), t. 4. Ateb yw *An Answer to the World* i ymosodiadau dirmygus a wnaethpwyd ar lyfr o ddatganiadau Joanna a gyhoeddwyd gan Sharp. Gw. hefyd *The Edinburgh Review* (Chwefror 1815), t. 458.

[24] Dat. VII, 3.

[25] G. R. Balleine, *Past Finding Out*, t. 41.

[26] NLW 13258, t. 143.

[27] NLW 21282, IAW 353. 'Angel y dinistyr' yw'r angel y cyfeirir ato yn Dat. XVI, 17-18.

[28] Thomas Moore (gol.), *The Works of Lord Byron* (Llundain, 1823-33), III, t. 111.

[29] G. R. Balleine, *Past Finding Out*, t. 51.

[30] Yma ceir arwydd annarllenadwy mewn ffurf ar law fer.

[31] NLW 13231, t. 597.

[32] *DNB*, Cyf. LVII, t. 43-5.

[33] J. F. C. Harrison, *The Second Coming*, t. 127.

[34] NLW 21282, IAW 357.

[35] E. Vincent Evans, 'Letters to and from William Owen (Pughe), 1804-1806', *Y Cymmrodor*, Cyf. XXXIX, t. 200.

[36] Robert Southey, *Letters from England*, (1808), Cyf. III, t. 232.

[37] NLW 21282, IAW 361.

[38] ibid.

[39] NLW 13221, t. 128.

[40] NLW 21282, IAW 365.

[41] NLW 1807, 12 Awst 1805.

[42] D. E. Jenkins (gol.), *The Rev. Thomas Charles of Bala* (1908), Cyf III, tt. 11-12.

[43] NLW 21282, IAW 364.

[44] Elijah Waring, *Recollections and Anecdotes . . .*, tt. 82-6.

[45] NLW 21282, IAW 364.

[46] ibid. 375.

[47] NLW 13223, tt. 6-7.

[48] NLW 1808.

[49] ibid.

[50] Edward Williams, *Poems, Lyric and Pastoral* (Llundain, 1794), Cyf. II, t. 3. Mewn copi yn Llyfrgell Coleg y Brifysgol, Bangor, ceir glos yn llaw Gweirydd ap Rhys ar y paragraff uchod: 'This is not true: all our old Welsh Bards, from Aneurin downwards were warriors, as their works prove'.

[51] NLW 13258, t. 49.

[52] J. K. Hopkins, *Joanna Southcott . . .*, tt. 374-6.

[53] Richard Glover, *Britain at Bay: Defence against Bonaparte 1803-1814* (Llundain, 1973), tt. 44-6, am effeithioldeb y Gwirfoddolwyr; Gwyn A. Williams, *Artisans and Sans-Culottes* (Llundain, 1968), t. 105.

[54] NLW 13231, t. 592.

[55] NLW 13223, t. 217.

[56] ibid. t. 239.

[57] NLW 13248.

[58] Cynddelw, *Attodiad i'r Blodau Arfon* [*Dewi Wyn*] (Caernarfon, 1869), t. 37.

[59] Dat. IV, 4.

[60] Joanna Southcott, *The True Explanation of the Bible revealed by Divine Communications to Joanna Southcott* (Llundain, 1804).

[61] Dat. XII, 5-6.

[62] NLW 13248, 15 Medi 1813.

[63] Yr oedd Joanna yn doreithiog ei chynnyrch: yn y Llyfrgell Brydeinig ceir casgliad mawr o'i gweithiau, yn llyfrynnau printiedig ac yn gyfrolau llawysgrif. Cyhoeddodd bump a thrigain o lyfrau a phamffledi.

[64] Fel y dywed Thomas Charles yn ei *Eiriadur Ysgrythyrol:* '. . . pa ystyr bynag a roddant iddo, y mae pawb, Iuddewon a Christionogion, yn cytuno ei fod yn cyfeirio at y Messiah addawedig . . .'

[65] Richard Reece, *A Correct Statement of the Circumstances that attended the last Illness and Death of Mrs Southcott &c* (1815), t. 7; *The Edinburgh Review*, Chwefror 1815, t. 465. Cyfieithwyd *Medical Guide* Reece i'r Gymraeg dan y teitl *Yr Hyfforddwr Meddygol* (Merthyr Tudful, 1816).

[66] Reece, op. cit. t. 98; *The Edinburgh Review*, ibid.

[67] Yr Archifdy Gwladol; PRO, PROB. 11/1567, f. 341.

[68] NLW 13248, 25 Gorffennaf 1814.

[69] ibid. 16 Gorffennaf 1812; 23 Mawrth 1813.

[70] ibid. 20 Tachwedd 1813.

[71] *The Edinburgh Review*, Chwefror 1815, t. 470.

[72] *The Times*, 9 Ionawr 1815, t. 3.

[73] *The Edinburgh Review*, Chwefror 1815, t. 470.

[74] Yr oedd gŵr o'r enw Matthias (meddyg neu ohebydd?) yn bresennol yn yr awtopsia ar Joanna, ond ni wyddys ai'r un gŵr yw hwn.

[75] *The Times*, 12 Ionawr 1815, t. 3.

[76] Cynddelw, *Attodiad i'r Blodau Arfon* [Dewi Wyn], (1869), t. 36.

[77] NLW 13258, t. 81.

[78] *The Times*, 3 Awst 1814, t. 3; 4 Awst 1814, t. 3. I fod yn deg, ni honnodd Joanna ei bod yn feichiog o'r Messiah.

[79] *The Times*, 9 Ionawr 1815, t. 3.

[80] Thomas Moore (gol.) *Works of Lord Byron*, (1832-3), Cyf III, t. 110.

[81] J. W. Warter (gol.) *Selections from the Letters of Robert Southey* (Llundain, 1856), II, t. 376.

[82] Leicester Place yw'r cyfeiriad mewn rhai mannau.

[83] NLW 13248, 26 Awst 1814.

[84] ibid. 31 Awst 1814.

[85] ibid. 4 Mehefin 1814.

[86] J. F. C. Harrison, *The Second Coming*, t. 90.

[87] ibid. t. 97; G. R. Balleine, *Past Finding Out*, t. 65.

[88] Yr Archifdy Gwladol, PRO, PROB. 11/1567, f. 340.

[89] H. J. Haden, 'Thomas Philip Foley,' *Notes and Queries*, 5 Gorff., 1952, tt. 294-8.

[90] G. R. Balleine, *Past Finding Out*, t. 65.

[91] NLW 13248, 12 Rhagfyr 1814.

[92] G. R. Balleine, *Past Finding Out*, t. 65.

[93] NLW 13248, 16 Rhagfyr 1814.

[94] G. R. Balleine, *Past Finding Out*, t. 65.

[95] Tybed a oedd Pughe wedi clywed sôn am Fari'r Fantell Wen, sef Mary Evans, 1735-89? Gwraig o Fôn oedd hi a aeth i fyw i ochrau Maentwrog. Honnai ei dyweddïo â Christ, a chynhaliodd 'briodas' a 'neithior' yn Ffestiniog. Yr oedd ganddi lu o ddilynwyr yn Ffestiniog, Penmachno a Harlech. Bu Mari farw yn Nhalsarnau, er iddi gyhoeddi na fyddai hi byth farw. Cadwodd ei dilynwyr ei chorff yn hir heb ei gladdu, ond wrth gwrs fe fu'n rhaid claddu Mari yn y diwedd fel Joanna hithau. Y mae bedd Mari ym mynwent Llanfihangel-y-Traethau. Robert Jones, Rhos-lan, *Drych yr Amseroedd* (1820), t. 153; R. T. Jenkins, 'Mary Evans', *Bywgraffiadur*, t. 234; Eigra Lewis Roberts, *Siwgwr a Sbeis* (Llandysul, 1975), t. 32-6.

[96] Llythyr gan 'Gulielmus, Newcastle' ar 'Maniacal Delusion' o atodiad i'r *Gentleman's Magazine*, Cyf. LXXXV, Rhan I, 1815, t. 602. Y gohebydd biau'r

naw ebychnod. Meddai: 'Why so many, even *nine* notes of admiration, methinks I hear your Printer ask? Because I thought he would not put *fifteen* . . .'

[97] *The Times*, 9 Ionawr 1815, t. 3.

[98] NLW 13248, 31 Rhagfyr 1814.

[99] ibid.

[100] *The Times*, 5 Medi 1814, t. 3.

[101] Cafodd yr awdur y fraint o drafod achos Joanna Southcott gyda Mr. O. V. Jones, M.D., F.R.C.S., F.R.C.O.G., Porthaethwy. Cytunodd ef mai achos amlwg o *pseudocyesis* sydd yma, ac ni ddylid beio Reece a meddygon eraill y dydd am feddwl fod Joanna yn feichiog, gan y byddai'n ddiau yn ymddangos felly yn allanol. Awgrymodd Mr. Jones mai'r hyn a'i lladdodd oedd parlys yn y perfedd yn troi yn *peritonitis* yn y diwedd. Y mae'r symptomau o gyfogi a'r poenau a gafodd yn y mis olaf yn ategu hyn.

[102] BL Add. MSS. 26039, t. 55. 'Owen', wrth gwrs, yw Pughe. Yr oedd Phillips yn fab yng nghyfraith i W. T. Harwood, ac yr oedd Coles yn un o gyfeillion pennaf Pughe. Penodwyd Goldsmith a Pughe a dau gyfaill arall i fod yn ymddiriedolwyr i fuddiannau Joanna yn ei hewyllys.

[103] *The Gentleman's Magazine*, 1814 (Rhan II), t. 679. Gw. hefyd *The Times*, 9 Ionawr 1815, t. 3.

[104] Un o'r sectau sy'n olrhain ei dysgeidiaeth at Joanna, er iddi fabwysiadu llawer o syniadau newydd ei hun, yw'r Panacea Society sydd â'i chanolfan yn Bedford.

[105] Humanities Research Center, Prifysgol Texas, U.D.A. Casgliad Joanna Southcott, Llythyr 262. T. P. Foley at y Southcottiaid; Gw. hefyd NLW 13263, tt. 475 a 663 am ddau lythyr oddi wrth Foley at Pughe am y bocs.

[106] J. F. C. Harrison, *The Second Coming*, t. 247 n. Y mae aelodau'r Panacea Society, wrth gwrs, yn honni fod y bocs yn ddiogel ganddynt hwy. Weithiau fe geir cyhoeddiadau ganddynt yn y papurau newydd yn haeru na fydd terfyn ar ryfeloedd, marwolaeth, newyn a heintiau yn y byd nes yr agorir y bocs gan esgobion Eglwys Loegr.

[107] G. R. Balleine, *Past Finding Out*, t. 132. Ceir yr un hanes mewn darn o bapur newydd heb enw arno a gedwir yn rhydd yn y gyfrol NLW 13260.

[108] Gw. troednodyn 106 uchod.

*Pennod VII*

## 'ER GWELL, ER GWAETH'

Cyfyng iawn oedd byd William Owen Pughe a'i deulu ym mlynydd-oedd cynnar y bedwaredd ganrif ar bymtheg. Peidiasai'r gwaith mwyaf ar y *Myvyrian Archaiology*, ac y mae'n debyg fod taliadau Owain Myfyr wedi lleihau o'r herwydd. Caewyd yr ysgol breswyl yn Queen's Square, lle bu Pughe yn athro am gyfnod, ac yr oedd yntau wedyn heb waith cyson i ddibynnu arno. Sylweddolodd Owain Myfyr yr ymdrech a gâi'r teulu i gael deupen y llinyn ynghyd a chynigiodd gartref iddynt yn ddi-rent yn un o'i dai ef ei hun a rhoddodd ganpunt y flwyddyn yn dâl i Pughe am ei waith. Ni wyddom a gafodd Pughe ei demtio o ddifrif i ymfudo i America fel y gwnaeth cynifer o deuluoedd yn y ganrif ddiwethaf. Efallai ei fod yn teimlo fod tynged ei frawd John yn ddigon o rybudd iddo beidio â mentro â'i deulu ar y fath antur, yn enwedig o gofio mor wantan ydoedd ei wraig, Sal. Ond y mae'n amlwg ei fod wedi bod yn ystyried cymryd y cam oddi wrth y llythyr a ysgrifennodd Morgan John Rhys ato ym Mehefin 1796:

> As for your coming to America I presume it is a matter anticipated for some remote period—your observation in regard to your family may be just—for the rising generation, if industrious, have a fine prospect before them in this Country.[1]

Soniai Iolo Morganwg yn fynych am ymfudo, ac mewn un llythyr at Owain Myfyr ym Mehefin 1804 y mae'n sôn am fynd â 'Mr. Owen and his family' gydag ef. Meddai:

> As soon as I have finished the Agriculture business,[2] I will prepare my *Defence of Turner's Vindication* for the press, and it shall be the last employment of my pen on any thing relating to Welsh Literature, in Britain, at least; what in another quarter of the world I may live or be able to do, God only knows. I have settled with a Welsh India Merchant at Bristol (in my way home) to take me and my family in October or November to Jamaica where I am to pay him in six months after our arrival, thence as soon as convenient I will go to some part of America, where I hope to find a hiding place from the Demon of misfortune and disappointment that has followed me closely at my heels thro' life hitherto, and if they will come, I believe I shall be able to take with me Mr. Owen and his family, to a place where *ymhell o gyrhaedd llygad y Diawl* we may found a little Welsh colony.[3]

Yr oedd y syniad o wladfa yn hen freuddwyd i Iolo ers tua 1792 pan gynlluniai William Jones, Llangadfan yr un peth. Lluniodd Iolo fraslun o'i gynllun y pryd hynny ar gyfer setlo mewn darn o'r wlad ger y Mississippi rhwng Ohio ac Illinois. Bwriadai ddechrau â chant o Gymry, gan ofalu fod yn eu mysg ddigon o grefftwyr ac ysgolfeistri. Byddai rhaid i bob un ohonynt neu ei wraig fedru siarad Cymraeg, gan

156

mai'r Gymraeg fyddai iaith swyddogol y wladfa. Y mae'n ddiddorol sylwi ei fod am ddarparu llyfrgell ar eu cyfer a fyddai'n cynnwys: '2 copies of Chambers' Cyclopedia, 1 of the Scotch Cyclopedia, Pryde's Mineralogy, Watson's Chemistry, 5 copies Owen's Dictionary . . .'[4] Nid oes sôn wedyn am William Owen Pughe yn ymfudo, ac aros yr ochr yma i Fôr Iwerydd a wnaeth Iolo yntau hyd ddiwedd ei oes hir. Erbyn 1805, yr oedd Pughe yn brysur unwaith yn rhagor ar waith y Gwyneddigion, a llawer gormod o heyrn eraill ganddo yn y tân i feddwl am symud o Lundain.

Penderfynodd y Gwyneddigion gychwyn cylchgrawn a fyddai'n ymdrin ag amrywiaeth o bynciau. Yng nghoflyfr y Gwyneddigion ar 4 Mawrth 1805 nodir cynigiad Owain Myfyr fod y gymdeithas yn ystyried "argraffu Llyfr dan enw 'Greal y Gwyneddigion' yn Llundain unwaith bob chwarter blwyddyn".[5] Ymddangosodd rhifyn cyntaf *Y Greal* ar 24 Mehefin 1805. Yr oedd y bwriad yn un eang ei orwelion. Gobeithid medru trafod:

> . . . hynafiaeth, hanesion, bywiogaeth, cyfreithiau, arferion, achau, barddoniaeth, seryddiaeth, nodau am Leydd hynod, ystyr anian bywedigion, amaethyddiaeth, garddwriaeth, planu coed, gweithiau llaw, mwyngloddio, newyddion ac amryw bethau eraill,[6]

yn ôl yr hysbyseb printiedig a anfonwyd i Gymru. Noddid y cylchgrawn gan y Cymreigyddion hwythau er mai *Greal y Gwyneddigion* oedd ei enw swyddogol i ddechrau. Swllt y rhifyn oedd ei bris. Penodwyd William Owen Pughe a Thomas Jones, y Bardd Cloff, yn olygyddion ar ran y Gwyneddigion; a John Jones, Glan-y-gors, a Humphrey Parry ar ran y Cymreigyddion. Ond byr fu oes y *Greal* fel llawer menter arall debyg. Cafwyd naw rhifyn rhwng mis Mehefin 1805 a Mehefin 1807. Rhybuddiodd Iolo Morganwg y dylid gwylio ansawdd yr iaith. Mewn llythyr at Pughe cwynodd fod y cystrawennau a'r idiomau yn anghymreig: 'nothing but rank *Hottentotic*'. Yr oedd y farddoniaeth yn wallus, yn dangos yn amlwg anwybodaeth y beirdd o'r gynghanedd a'r mesurau.[7] Eithr anghydfod ynglŷn â'r orgraff a'i lladdodd yn y diwedd. Ceir yr hanes mewn llythyr oddi wrth John Jones, Glan-y-gors at William Williams, Llandygái, ar 29 Medi 1805:

> Mae hi wedi mynd yn rhyfel gwyllt yma o achos y Greal: mae Mr. O. Jones a Mr. W. Owen yn teuru yn filain mai fi a chwythodd mewn udgorn a ges i ar ben Mr. Anwybodaeth i godi yr holl dyrchod (drwy Gymru, Llundain, Lloegyr a Llanrwst) mewn arfau yn erbyn y gorchestawl ramadegawl gyfnewidiad yn yr Egwyddor Gymreig; minnau yn ceisio teuru mae nad arnaf fi fy hun oedd y bai, ond ar y V a ddarfu iddynt hwy daflu i'r Greal a phe cawswn i ddwy F, un ymhob llaw, mal bachau crochan, buaswn yn tynnu y Greal oddiar tân cyn iddo ddeifio. Gan fod cymmaint o gwynion yn dyfod o amryw barthau o Gymru yn erbyn y cyfnewidiad, danfonodd y Cymreigyddion at Mr. O. Jones i ofyn a oedd ef yn fodlon i argraffu yr *ail* rifyn yn yr

un argraph a'r Bibl gan fod llais y wlad yn gyffredin cyn gystal a llais y gymdeithas hono yn erbyn y cyfnewidiad. Yntau a ddywedodd os nad oedd y gymdeithas yn chwenych mynd ym mlaen efo'r Greal mal ac y dechreuwyd, y cynhaliai ef y gwaith ymlaen ar ei draul ei hyn. Felly yr ydym ni *wedi* rhoi y swydd i fyny rhagllaw. Mae gormod o hen bethau yn y Greal i fod yn dderbyniol gan y cyffredin nac i oleuo ond ychydig ar ein dealltwriaeth. [8]

Nid oes angen dweud pwy oedd wrth wraidd y diwygiadau orgraffyddol yn y *Greal*. Gwelodd Pughe ei gyfle unwaith yn rhagor ac yr oedd y Gwyneddigion, ar y cyfan, yn ei gefnogi. Y Cymreigyddion oedd y cyntaf i gwyno. Yng nghoflyfr y Gwyneddigion am 4 Tachwedd, 1805, dywedir fod y Cymreigyddion wedi anfon llythyr atynt 'yn holi ynghylch newid y llythrennau yn y Greal'. [9] Y mae'n anodd dweud a sylweddolai'r Cymreigyddion y fath nyth cacwn yr oeddynt ar fin ei dynnu am eu pennau, ond fe dyfodd yn ddadl ffyrnig a fu'n foddion i rwygo rhengoedd Cymry'r brifddinas. Gwrthododd y Gwyneddigion newid yr un llythyren. Eu babi hwy oedd y *Greal*, er y bu'n rhaid iddynt ollwng yr enw *Greal y Gwyneddigion* a'i newid i *Y Greal* oherwydd rhan y Cymreigyddion yn y fenter. Dalient yn eiddigus o'u hawliau, a cheisiasant fabwysiadu'r cyhoeddiad yn llwyr drwy i Owain Myfyr gynnig dwyn y draul i gyd arno'i hun fel arfer. Cawn yr argraff nad oedd Pughe, â'i ben yn llawn o Joanna Southcott, yn malio rhyw lawer pa beth a ddigwyddai, ond yr oedd Owain Myfyr yn wyllt gan na fedrai oddef cael ei groesi. Yr oedd y Gwyneddigion hwythau erbyn hyn wedi ymrannu, fel y gwelwn oddi wrth y llythyr a anfonodd Gwallter Mechain at Iolo Morganwg ym mis Gorffennaf 1806:

> Myfyr is in a fume and Meirion in a trance, but nevertheless they have had lately a violent squabble with some Venedotians with D. Ddu o Eryri at their head about the Greal. Eryri accused the Gwyneddigion to a man of infidelity. [10]

Torrwyd Dafydd Ddu Eryri o'r gymdeithas. Yr oedd Owain Myfyr yn barod i'w gosbi am feiddio codi ei lais yn erbyn polisi'r gymdeithas, ac y mae'n debyg fod Pughe, er nad oedd yn ddialgar ei natur, yn dal i gofio ymosodiadau 'Tudur Glustfain' a 'Bleddyn Finpladur'. Diarddelwyd Dafydd 'oherwydd ei amrywiawl draddodiadau ai gelwyddawg eiriau yn erbyn y Gymdeithas'. Yr oedd yr agendor ym mherthynas Dafydd Ddu a'r Gwyneddigion yn araf ledu ers tro. Yr oedd yn gas ganddo ef syniadau radicalaidd rhai o'r aelodau ac nid oedd wedi maddau eu cefnogaeth i'r Chwyldro Ffrengig; yr oedd yn gas ganddynt hwythau Ddafydd am fod ganddo gysylltiadau Methodistaidd ac am eu bod yn ei amau o ladrata llyfrau o'r Plas Gwyn ym Môn. [11] Gwrthododd y Cymreigyddion gyd-weithio ymhellach â'r Gwyneddigion, a bu farw'r *Greal*.

Yn Ebrill 1805 penodwyd William Owen Pughe i ofalu am broflenni argraffiad Cymraeg o'r Beibl a gyhoeddwyd gan y Feibl Gymdeithas. Y mae'n anodd gwybod beth yn hollol oedd natur ei waith: nid oedd yn olygydd fel y cyfryw, ond y mae'n amlwg fod y cyfrifoldeb arno ef i gynnig cywiriadau a diwygiadau. Credai Thomas Charles y Bala a Joseph Tarn, ysgrifennydd cynorthwyol y gymdeithas, mai Pughe oedd y dyn gorau ar gyfer y dasg hon. Yr oedd Thomas Charles yn edmygydd mawr o waith Pughe, a mynegodd ei farn ohono yn glir:

> We know of no-one more capable than Mr. W. Owen of Pentonville. We beg leave to submit it to the Committee, as our humble opinion that the person employed in that work ought to be *critically* acquainted with the Welsh language and there are but very few now living that are so, and Mr. W. O. stands *first* in the rank, and is at the head of the list without dispute. [12]

Drwy gyfrwng cofnodion y Feibl Gymdeithas gellir dilyn cynnydd y gwaith a wnâi Pughe. Disgrifir ef yno fel 'Corrector', a cheir ei hanes yn dod i'r cyfarfodydd bob hyn a hyn i roi adroddiad ar y gwaith. Soniodd ef ei hun amdano mewn llythyr at Wallter Mechain ar 12 Awst 1805: 'I am overlooking an Ed. of the Bible for the For. and Engl. Bible Society'. [13] Câi dâl am y gwaith. ac yn ffodus y mae cofnod o hyn yng nghofnodion y gymdeithas am Ionawr 1807. Yno dywedir eu bod yn argymell Prifysgol Caer-grawnt i dalu tair punt y ddalen iddo 'for collating the various editions, correcting and superintending the Press of the First edition of the Stereotype Welsh Bible and Testament'. Derbyniodd dair punt a thrigain o dâl am y gweddill o'r gwaith. [14]

Daeth tro ar fyd William Owen Pughe yn 1806. Yn y flwyddyn honno bu farw Rice Pughe, ficer Nantglyn. Yr oedd perthynas rhyngddynt, ond y mae'n anodd ei holrhain; y mae Rice Pughe yn cyfeirio at William Owen Pughe fel 'my relation', ac y mae yntau'n cyfeirio at Rice Pughe fel 'my old and distant relation'. Beth bynnag oedd y berthynas, yr oedd yn ddigon i beri i Rice Pughe enwi William Owen Pughe fel ei etifedd yn ei ewyllys. Bu Rice Pughe yn rheithor Gwaunysgor o 1760 hyd 1762; yn rheithor Llysfaen o 1762 hyd 1780; yn rheithor Llanddulas o 1780 hyd 1788, ac yn ficer Nantglyn o 1788 hyd ei farwolaeth yn 1806. [15] Brodor o Dal-y-llyn ym Meirion ydoedd. Bu yng Ngholeg Iesu, Rhydychen, ond nid oes cofnod iddo dderbyn gradd yno. [16] Priododd ddwywaith; yn ôl carreg ei fedd ganwyd saith mab a dwy ferch o'i briodas gyntaf ag Eliza, merch y Parch. Evan Gwyn, ond buont i gyd farw o flaen eu tad. Goroeswyd ef gan ei ail wraig, Margaret Owen, etifeddes y Blaenau ym mhlwyf Nantglyn ger Dinbych. Ymysg llestri'r allor yn eglwys y plwyf ceir rhoddion ganddi: 'The gift of Mrs. Pughe of Blaeney to the Church of Nantglyn, 1791'. [17] Er mor rhamantus fyddai meddwl fod William Owen Pughe wedi etifeddu'r stad yn annisgwyl yn un o gyfnodau mwyaf cyfyng ei oes, nid felly y bu. Gwyddai ers tro mai ef oedd etifedd Rice Pughe, oni ddeuai rhywbeth i beri i hwnnw newid ei ewyllys. Mynegodd Rice Pughe ei fwriad mor gynnar â 27 Mai 1793:

For the little Remainder gracious providence may add to my days, I know of no undertaking more pleasing nor more rational with the superintending a Church on the spot than spending three or four months yearly in cultivating, improving that snug, that goodly, that paternal Heritage. Now according to the last settlement of it—*Aneurin's*, which in default of Descendants to my Mother, I for veneration of her memory, would with a comfortable purchase addition to it most readily confirm. Here I had at once living 190 second cousins. These being blessed with affluent circumstances I could relieve more equably, more expeditiously, such of them or the children as might stand in need. Here, it's my wish gradually to settle and respire where I first drew, my last breath, and to have my remains slid quietly into the grave of my fathers. The value of Dolgelley communibus omnis I take to be 200 good—or somewhat upwards. I have in the Diocese of St. Asaph a good 160 . . .[18]

Bu Rice Pughe fyw am dair blynedd ar ddeg ar ôl ysgrifennu'r llythyr hwn. Bu farw yn ei gartref yn y Blaenau, Nantglyn, ar 8 Hydref 1806. Galwyd William Owen Pughe yno ychydig ddyddiau cyn ei farwolaeth ac arhosodd yn Nantglyn am sbel wedyn i setlo busnes yr ewyllys. Yr oedd Rice Pughe yn berchen ar diroedd yn siroedd Dinbych a Meirionnydd a hyd yn oed yn Essex, ond nid etifeddodd William Owen Pughe y cwbl yn syth ar ei farwolaeth. Yn ei ewyllys cymynnodd Rice Pughe fferm a thiroedd Dôl-y-cae ym mhlwyf Tal-y-llyn, Meirionnydd, i'w frawd, Hugh Pughe, a gadawodd ddâl blynyddol o bumpunt o renti fferm a thiroedd Llwyn-Dôl-Ithel ym mhlwyf Tal-y-llyn i ferched y diweddar John Tybots o Nant-yr-eira ym mhlwyf Llanfihangel-y-Pennant. Gadawodd bopeth arall i William Owen Pughe. Ef hefyd fyddai'n etifeddu'r tiroedd yn Nhal-y-llyn ar farwolaeth Hugh Pughe, ac arno ef wedyn y byddai'r gofal am y tâl i ferched Nant-yr-eira. Ar farwolaeth William Owen Pughe yr oedd y stad i fynd i Richard ei frawd, ac ar ôl marwolaeth hwnnw, i Aneurin:

. . . after the decease of the said William Owen I give and devise all my said real Estates to his younger Brother Richard Owen for the term of his natural Life, and after the Death of the said Richard Owen, I give and devise all my said real Estates to Aneuryn Owen, son of the said William Owen for the term of his natural Life . . .[19]

Ar ôl marwolaeth Aneurin yr oedd y stad i fynd i'w etifeddion ef. Ceir rhai mân gymynroddion yn yr ewyllys: gadawodd Rice Pughe ganpunt i'w gyfnither Dorothy Davies o Fachynlleth a rhoddion eraill i gyfeillion, i'w gurad, ac i'w forynion. Y mae'n debyg ei bod yn stad bur werthfawr yn ôl safonau'r cyfnod; o leiaf fe gawn yr argraff oddi wrth y cyfeiriadau a wnaeth cyfeillion William Owen Pughe ar y pryd ei fod wedi syrthio ar ei draed a bod ei broblemau bellach ar ben. Yr oedd Rice Pughe wedi amcangyfrif ei gwerth yn 1793 ond y mae'n bosibl ei fod wedi ei dibrisio gan fod awgrym yn llythyr Evan Williams y Strand at Iolo Morganwg yn Chwefror 1807 ei bod yn werth mwy:

You will be very glad to hear of Mr. Owen's good fortune—by the Death of a relation a fine Landed Estate has been has been [sic] lately left to him in North Wales, of the value of £800 a year upwards & he is lately gone down there to take possession of it & is to return to Town the first week in April next. [20]

Yn Ebrill 1810 gofynnodd Evan Williams i Pughe a fyddai'n fodlon rhentu un o'i brif ffermydd iddo petai'n dod i Ogledd Cymru, ond ni cheir sôn am hyn wedyn. [21]

Yr oedd ffermydd y stad yn ardal mebyd Rice Pughe yn Nhal-y-llyn ac yng nghyffiniau ei blwyf yn Nantglyn. Gellir casglu enwau nifer ohonynt o'r cofnodion amdanynt a geir yn nyddiadur a llythyrau William Owen Pughe. Ym mlynyddoedd cynnar ei reolaeth o'r stad ceir sôn am y ffermydd canlynol o gwmpas Nantglyn: Tan-y-Gyrt (a ddaeth yn gartref i Aneurin a'i deulu), Segrwyd, Pant Glas, Rhyd y Gerwyn, Y Tyno, Y Gludva, Cader, Pant y Maen, Cae Gwyn, Tŷ'n y Llidiard, Maes Cadarn a Caerau. Erbyn 1840 newidiasai'r stad yn arw drwy effaith y prynu a'r gwerthu a wnaethai Aneurin drwy'r blynyddoedd. Yn y flwyddyn honno, rhestrir ei eiddo ef ym mhlwyf Nantglyn fel: Tan-y-Gyrt, Mysevin, Rhyd y Gerwyn, Parc y Mes, Clasmor [sic], Pant y Maen, Maes Cadarn, Pen y Waen a Havod yr Onnen. [22] Ym Meirionnydd ceir sôn am Ddôl-y-cae, Llwyn-Dôl-Ithel a Thy'n-y-Maes, i gyd ym mhlwyf Tal-y-llyn. [23]

Y fendith fwyaf a ddaeth yn sgîl yr etifeddiaeth oedd fod William Owen Pughe bellach yn gwbl rydd i ganolbwyntio ar ei waith llenyddol heb orfod ymboeni am wneud gwaith a oedd yn aml yn ddiflas iddo er mwyn cynnal ei deulu. Sylweddolodd William Gunn yr hynafiaethydd gymaint haws y byddai bywyd yn awr ac y mae'n sôn am hyn yn ei lythyr at Pughe yn Rhagfyr 1806:

It is with the sincerest pleasure that I congratulate you on an acquirement which you have lately obtained by the death of a relation. This welcome information I have this week received from Mr. Williams and I rejoice in it, not only from the advantages it confers on yourself and family, but also as it exempts you from every vocation that interferes with your literary and favourite pursuits. [24]

Y peth rhyfedd yw na chyflawnodd Pughe gymaint â hynny ar ôl etifeddu'r stad. Gwnaeth ei waith mwyaf ym mlynyddoedd cyfyng y cyfnod 1790-1806. Ysgrifennodd Hugh Davies, y llysieuwr o Fiwmares, ato i'w longyfarch ym mis Tachwedd 1806, ac y mae hwnnw'n cyfeirio at yr etifeddiaeth fel 'a very ample income'. [25] Daeth rhyddhad i ninnau drwy ewyllys Rice Pughe: bellach y mae'n hollol gywir inni gyfeirio at William Owen fel William Owen Pughe. Nid oedd unrhyw amod yn yr ewyllys a ofynnai iddo newid ei enw. Y mae'n debyg ei fod wedi gwneud hyn fel arwydd o barch a diolch-garwch i'w noddwr, ac efallai er mwyn cadw'r enw yn fyw gan fod plant Rice Pughe i gyd wedi marw o'i flaen. Cyfeirir ato fel 'Owen Pughe' o fewn pum wythnos i farwolaeth Rice Pughe.[26] Yr oedd pawb yn amlwg yn falch iawn o glywed am y tro dedwydd a ddaeth ar ei fyd, ac yr oedd pawb yn fwy na pharod i'w alw wrth ei enw newydd, gydag un eithriad arbennig—Iolo Morganwg. Honnai Iolo mor ddiweddar â 1819 na fedrai gofio'r enw 'Pughe'. Meddai mewn llythyr at Evan Williams:

Can you favour me with Mr. Owen's address . . . I said Mr. Owen, a name familiar to me, but the nickname of Pugh is seldom or never present to my memory.[27]

Mewn llythyr arall at y cyhoeddwr y mis canlynol dywed Iolo:

My wish to write to Mr. O. P. (let me not always omit the O. P.) was this . . .[28]

Yn ddiau y mae yma nodyn digamsyniol o genfigen neu sbeit, sy'n gwbl nodweddiadol o agwedd Iolo at Pughe erbyn y cyfnod yr ysgrifennodd y llythyrau hyn. Fodd bynnag, glynodd yr enw, ac fel William Owen Pughe yr adwaenid ef am weddill ei oes. Bellach nid yw'r enw William Owen yn canu cloch hyd yn oed i'r Cymro llengar, ond y mae'r cyfenw Pughe ar ei ben ei hun yn ddigon i ennyn ymateb pur wresog. Y mae'n anodd dweud i ba raddau y mabwysiadwyd yr enw gan aelodau eraill y teulu. Gan amlaf cyfeirir at ei wraig fel Sarah Owen, ac er bod digon o gyfeiriadau at Aneurin Owen Pughe, eto Aneurin Owen yw'r ffurf a ddefnyddiai ef, ac Owen oedd cyfenw plant Aneurin. Ni chafodd merch ieuengaf William Owen Pughe, sef Elen, fawr o gyfle i ddefnyddio'r naill enw na'r llall gan iddi briodi yn ifanc, ond adwaenid y ferch ddibriod fel Isabella Owen Pughe.

Ar ôl etifeddu'r stad y mae William Owen Pughe yn teithio cryn dipyn rhwng Cymru a Llundain, ond tra oedd ei wraig yn fyw treuliai'r rhan fwyaf o'r amser yn Llundain. Y mae'n bosibl nad oedd iechyd Sal yn ddigon cryf iddi oddef yn aml y daith hir i Ogledd Cymru. Gwyddys bod y teulu wedi byw yn Ninbych am gyfnod ar ôl marwolaeth Rice Pughe, ac efallai eu bod ar un adeg wedi bwriadu setlo ar y stad. Mewn llythyr at Robert Roberts, yr almanaciwr o Gaergybi, ar 2 Gorffennaf 1809, dywed Pughe:

Chwi welwch uchod nad yw ein trigfan mwy yn Ninbych. Daethom yma ddiwedd Mawrth, a bum yn llawn trafferthion yn taclu rhyw hen dŷ yma fal y caffem le diddos.[29]

Tan-y-Gyrt yw'r hen dŷ y cyfeirir ato yma. Y mae'n anodd gwybod beth a barodd i'r teulu newid eu meddwl a dychwelyd i Lundain. Y mae'n debyg fod nifer o resymau am y penderfyniad: efallai fod ar Sal hiraeth am ei chynefin a Phughe yntau am fywyd cymdeithasol a llenyddol y brifddinas. Yr oedd Joanna Southcott hithau yno yn dynfa

162

rymus iddo. Mantais arall a ddaeth o'r etifeddiaeth oedd fod gan y teulu y moddion yn awr i roi addysg uwchradd i Aneurin, Isabella ac Elen. Y mae'n debyg mai Pughe ei hun a fu'n eu hyfforddi i raddau helaeth cyn hynny. Yn 1807, pan oedd Aneurin yn 15 oed, Isabella yn 13 oed ac Elen yn 12 oed, aethant i gyd oddi cartref i ysgolion preswyl. Aeth Pughe i'w danfon, a cheir hanes y digwyddiad pwysig hwn ym mywyd y teulu yn y llythyr a anfonodd at Owain Myfyr ar 10 Awst 1807:

Buais yn nghanol yr wythnos ðiweðav yn danvon Bella ac Elen i'r ysgol yn Parkgate . . . Y bore vory yr wyv ar gyçwyn gyda Aneurin i Vangor. [30]

Gwyddom fod Aneurin wedi bod yn ddisgybl yn Ysgol Friars, Bangor, am gyfnod, ac ar ei ffordd yno yr oedd yn ddiau yn Awst, 1807. Nid yw Pughe yn enwi'r ysgol yn Parkgate, Wirral, lle'r oedd y genethod yn ddisgyblion. Yr oedd Parkgate yn dref ddymunol a phoblogaidd gydag ymwelwyr y cyfnod. Ceir cyfeiriad at ryw 'Ladies' School' yno yn y bedwaredd ganrif ar bymtheg, ond ni wyddys ai hon oedd yr ysgol yr aeth Isabella ac Elen iddi. [31] Y mae'n arwyddocaol, efallai, fod y plant wedi cael eu hanfon i ysgolion yng Ngogledd Cymru a'r Wirral yn 1807, gan fod hyn yn awgrymu fod y teulu y pryd hynny yn ystyried Nantglyn yn hytrach na Llundain yn gartref iddynt.

Awgrymwyd eisoes fod rhyw ddieithrwch wedi tyfu rhwng William Owen Pughe, Owain Myfyr a Iolo Morganwg tua'r un adeg ag yr etifeddodd Pughe stad Rice Pughe. Ar ôl cyflawni'r gwaith ar y *Myvyrian Archaiology* daeth cyfnod o bwdu ac ymddieithrio. Iolo a sorrodd gyntaf, ond rhaid cofio ryfedded oedd tymer y gŵr hwnnw a'i fympwyon anesboniadwy. Yr oedd yn barod iawn i ladd ar Owain Myfyr erioed gan anghofio haelioni ei noddwr. Mor gynnar â 1801 bu'n rhaid i Pughe ei atgoffa am garedigrwydd y Myfyr, ac y mae'n awgrymu nad nawdd dros dro oedd ei fwriad, ond ei fod am ofalu am Iolo am weddill ei oes drwy setlo arian arno yn ei ewyllys. Ystyriai'r Myfyr fod gwaith llenyddol Iolo mor bwysig nes bod yn rhaid ei hyrwyddo ym mhob modd. Dywedodd Pughe hynny wrtho:

. . . I consider that your life should be devoted to it—and that too is Myvyr's idea, and what he wants to effect by all means, *even if he dies he has made that certain*, a confidential secret, which I am loath to make and which you must bury in your *own breast*. [32]

Fe fuasai'n well petai Pughe wedi cadw'r gyfrinach hon. Cydiodd Iolo ynddi, a phan fethodd Owain Myfyr â chyflawni ei fwriad chwerwodd Iolo drwyddo. Bu cwerylon eraill hefyd ynglŷn â'r *Myvyrian Archaiology*, cwerylon a fu'n foddion i gynyddu fflam ei gasineb. Y mae Elijah Waring yn sôn am hyn: 'some unfortunate misunderstanding between him and his colleagues, appears to have rendered his labours unproductive to himself'. [33] Cyfeiria Waring at lythyr yn llaw

Iolo sydd o'i flaen fel y mae'n ysgrifennu. Ynddo dywed Iolo fod Pughe a'r Myfyr wedi ei gyhuddo o beidio â chynnwys defnyddiau arbennig yn y *Myvyrian Archaiology*. Honnai Iolo mai defnyddiau llwgr yn unig a wrthododd, ac y mae'n ailadrodd y cyhuddiad na chafodd y tâl a oedd yn ddyledus iddo am ei lafur. Erbyn 1806 yr oedd Iolo yn lledaenu pob math o straeon am Owain Myfyr. Mewn llythyr at Wallter Mechain dywed:

> Myfyr will never recover his former character. I have long ago been informed at Cerrig y Drudion, y Foelas &c that Debility of mind in old age has been immemorially an hereditary characteristic in his family, *mental weakness* I could benevolently pity, without any abatement of respect or friendship towards the person afflicted with it, but in him a greater degree of *mental depravity* than you have yet had any opportunity of observing has certainly taken place, but it is still an object of compassion, but of veneration and respect it cannot possibly be. [34]

Yn ddiweddarach, fel y cawn weld, fflangellwyd Pughe yntau gan Iolo am ei hygoeledd a'i ddiniweidrwydd ond ar y cyfan y mae mwy o atgasedd yn ei agwedd at y Myfyr. Derbyniasai ddigon o haelioni eisoes o law'r Myfyr i beri bod ei agwedd yn gwbl ffiaidd. Efallai na fedrai Iolo ddioddef cydnabod maint y ddyled, ac mai hunanfalchder wedi ei wyrdroi a'i chwerwi sydd i'w weld yn ei gasineb. Gyda chyhoeddi trydedd gyfrol y *Myvyrian Archaiology* yn 1807 daeth y cydweithio a fu rhwng y triawd i ben.

Yr oedd William Owen Pughe yn fwy prysur nag erioed rhwng ei waith fel rheolwr busnes ac ysgrifennydd Joanna Southcott, ei waith llenyddol, ei alwadau teuluaidd a'i ddyletswyddau fel tirfeddiannwr. Yn 1807 cyhoeddwyd rhifyn olaf *Y Greal*. Ar ddiwedd y rhifyn hwn fe welir argraffiad newydd o *Eglvryn Phraethineb* Henri Perri, [35] wedi ei olygu gan William Owen Pughe. Cyhoeddodd Perri ei lyfr *Eglvryn Phraethineb sebh Dosparth ar Retoreg, vn o'r saith gelbhydhyd, yn dyscu lhuniaith ymadrodh, a'i pherthynassau*, yn 1595. Yr oedd gwaith Perri o ddiddordeb arbennig i Pughe oherwydd yr arbrofion a wnaeth ef, fel llawer o ddyneiddwyr eraill, â'r orgraff. Yr oedd yn fwriad gan y dyneiddwyr hyn nid yn unig goleddu'r iaith Gymraeg ond hefyd ei chyfoethogi a'i haddurno ym mhob modd. Yr un amcanion a oedd wrth wraidd geiriaduron William Salesbury a John Davies, gramadegau Gruffydd Robert a Siôn Dafydd Rhys, llyfr William Midleton ar y gynghanedd a'r mesurau ac *Eglvryn Phraethineb* Henri Perri. Yr oedd Pughe yn ei weld ei hun fel olynydd iddynt a'r un oedd ei amcanion yntau.

Fel y dywedwyd eisoes, o 1811 ymlaen y mae'n llawer iawn haws dilyn gyrfa Pughe gan fod ei ddyddiadur gennym i oleuo'r ffordd. [36] Y mae'n amlwg ei fod wedi bod yn cadw dyddiadur cyn hynny, ond ychydig gofnodion digyswllt yn unig sy'n goroesi o hwnnw. O Ionawr 1811 hyd blwyddyn ei farwolaeth y mae'r dyddiadur yn cofnod beunyddiol di-dor o'i weithgareddau. Er nad oes ynddo fanylion am ei waith llenyddol nac ymdriniaeth fanwl ohono, eto y mae'n rhoi syniad inni o'r gwaith a wnâi ar wahanol gyfnodau yn ei fywyd. Er na cheir ynddo fynegiant o'i deimladau personol, y llon a'r trist, eto fe ddaw ei bersonoliaeth hynaws i'r wyneb. Y mae'n amlwg fod yma ddyn hoffus a charedig. Ffeithiau moel sydd yma: nodir gorchwylion y dydd a'r mannau yr ymwelai â hwynt, ond y mae'n werthfawr fel cyfrwng i ddilyn ei hynt a'i helynt. Y mae'r dyddiadur yn ddogfen gymdeithasol ddiddorol i'r sawl a fynn wybod am fywyd Cymro diwylliedig yn Llundain yn y cyfnod hwn, ac y mae'n ffynhonnell hynod o bwysig i'r sawl sy'n ymddiddori ym mywyd Joanna Southcott. Gellid tybio y bwriadai Pughe i'r dyddiadur, neu'r "Dyðgoviant" fel y galwai ef, fod yn gofnod amhersonol o ddigwyddiadau'r dydd yn hytrach na choflyfr preifat a phersonol, ac y mae'r ffaith iddo ei ailgopïo yn ddestlus yn awgrymu y bwriadai ef i eraill ei ddarllen rywbryd.

Un o'r digwyddiadau cyntaf a gofnodir yw marwolaeth ei fam. Yr oedd ei dad eisoes wedi marw yn Lerpwl yn 1800, ac wedi ei gladdu yno. Yn ôl Pughe, yr oedd ei fam ar adeg ei marwolaeth wedi bod yn byw yn Llundain, yn Osnaburg Row, Mayfair, am dros dair blynedd ar ddeg. Cawn gyfeiriadau at ei salwch o ddechrau mis Ionawr 1811 ymlaen. Ar 14 Ionawr y mae Pughe yn nodi i Sarah ei wraig weld drychiolaeth o 'hen wraig eiðil mewn gwn rhuð, tywyll, a fedawg a çapan sidan du go hen'.[37] Yr oedd yn amlwg i Sal mai â Phughe yr oedd busnes yr hen wraig, gan mai arno ef yr edrychai cyn diflannu. Nid yw Pughe yn helaethu ar y profiad, ond gellir casglu ei fod yn ei gysylltu rywfodd â chyflwr ei fam wael. Fel teulu, rhoddent bwyslais ar arwyddocâd breuddwydion ac arwyddion, a bron na ellid dweud iddynt arbenigo mewn drychiolaethau. Y mae'n debyg fod a wnelo Joanna Southcott â'i hofergoeledd rywbeth â'u hagwedd, gan mai yn anterth dylanwad y broffwydes y mae'r elfen hon ym mywyd y teulu amlycaf. Erbyn 19 Ionawr yr oedd Anne Owen yn suddo'n gyflym, a phan aeth Pughe i'w gweld ar y diwrnod hwnnw rhoddodd ei holl arian iddo. Addawodd yntau ddod i'w gweld drannoeth; atebodd hithau: 'Hwyraç y parâav tros evory, ond gwell genyv beidiaw'.[38] Yr oedd hi o gwmpas ei phethau, yn siarad yn bwyllog â Phughe i roi cyfarwyddiadau iddo ynglŷn â'i hewyllys a'i heiddo personol. Bu farw ar 23 Ionawr, 'yn esmwyth val oen', chwedl Pughe, cyn iddo ef na'i chwaer Ann gyrraedd ati. Yr oedd yr hen wraig yn 78 oed. Dywed Pughe: 'Ei geiriau olav wrth y wraig yn ei gwyliad—"I am very much obliged to you, sure you are very good"'.[39] Yr oedd Owen Owen, brawd hynaf Pughe, ac Ann ei chwaer yn byw yn Llundain, ac aeth y tri phlentyn ynghyd â gŵr a mab Ann i gladdu Anne Owen ar ddydd Sul 27 Ionawr ym mynwent St. George, Tyburn Gate. Ymddengys mai Cymro ydoedd William Phillips, gŵr Ann. Ceir sôn amdano ym Mawrth 1811 yn cael ei fwrw o'i swydd fel ysgrifennydd Ysgol y Cymry, ond ni chawn fwy o fanylion am y busnes hwn. Y mae Pughe

165

yn sôn am fynd i'r Ysgol at ei chwaer yn niwedd mis Mai, ac y mae hyn yn awgrymu fod ei gŵr yn dal cysylltiad â'r lle y pryd hynny. Ar 24 Gorffennaf 1811 y mae Pughe yn rhoi cyfeiriad Ann fel James Street, Paddington.[40]

Yn nechrau 1811 bu anghydfod rhwng Pughe ac Owain Myfyr. Fel gydag Iolo Morganwg, arian oedd asgwrn y gynnen. Gwyddom fod y Myfyr wedi cael colledion yn ei fusnes a dechreuodd bwyso yn awr ar Pughe i dalu rhai hen ddyledion iddo gan y gwyddai fod gan hwnnw'r moddion bellach i wneud hynny ar ôl etifeddu'r stad. Ond yr oedd Pughe yn aml yn brin o arian parod; yr oedd ei gyfoeth yng nghlwm wrth diroedd y stad, nid yn ei boced ef ei hun. Aeth y Myfyr, a oedd yn enwog am ei dymer ddrwg, yn bur gecrus â'i hen gyfaill. Awgrym-wyd bod a wnelo ymlyniad Pughe wrth Joanna Southcott rywfaint â'r anghydfod; yr oedd llawer o gyfeillion Pughe yn bur ddiamynedd â'i gredoau. Y mae Pughe yn adrodd ei hanes yn cychwyn yn dalog gyda chyfaill i dŷ Owain Myfyr dan yr argraff eu bod i giniawa yno y noson honno, 'ond nid evelly, canys yr oeð ev yn dra çwerw'.[41] Sigledig iawn ydoedd y berthynas rhyngddynt yn ystod Gwanwyn 1811, ac ni wyddai Pughe pa dymer fyddai ar y Myfyr o'r naill ymweliad i'r llall. Gwellhaodd pethau am gyfnod ar ôl 11 Gorffennaf pan aeth Pughe at ei hen gyfaill gynt i dalu canpunt o'r ddyled iddo.

Yn niwedd Mai 1811 y mae Pughe yn mynd i Gymru ar un o'i ymweliadau rheolaidd â'r stad yn y cyfnod hwn. Yr oedd hyn cyn i Aneurin ymgymryd â'r gwaith o'i harolygu. O'r cofnodion a geir yn ei ddyddiadur am y teithiau i Gymru cawn wybodaeth werthfawr am renti a thenantiaid y ffermydd. Yn haf 1811 y mae'n nodi'r rhenti a osododd am y ffermydd yn ardal Nantglyn: £50 am Dan-y-Gyrt i H. Maurice;[42] £105 am Segrwyd i Edward Roberts; £52-10-0 am Y Tyno i E. Evans; £8-8-0 am Bant Glas i W. Roberts; £5-5-0 am Bant y Maen i R. Evans; £13-13-0 am dŷ a chaeau y Bont i W. Williams; £26-0-0 am Y Gader i Evan Parry; £8-0-0 am Gae Gwyn i O. Morris. Yn ei ddydd-iadur am Fai a Mehefin 1811 cawn ddarlun da gan William Owen Pughe o ddulliau teithio'r dydd gan ei fod yn disgrifio'r siwrnai yn y goets fawr o Lundain i Gymru. Ei gydymaith ar y daith oedd ei gyfaill William Tooke Harwood. Cychwynasant o Lundain am dri y pnawn ar 29 Mai a chyrraedd Rhydychen erbyn hanner nos. Ar ôl cael brec-wast yn Hockley aethant yn eu blaenau i Birmingham a chyrraedd yno am hanner dydd mewn amser da i ginio. Wedi teithio drwy'r pnawn yr oeddynt yn Amwythig erbyn hanner awr wedi wyth y nos. Erbyn iddynt gyrraedd Corwen yr oedd yn ddau o'r gloch y bore; felly nid oedd dim i'w wneud ond aros yno dros nos a chwblhau'r daith drannoeth.

Yn nechrau Mehefin aeth Pughe a Harwood o Nantglyn i'r rhan o'r stad a oedd yn Sir Feirionnydd. Y mae'n debyg fod Pughe yn awyddus i ddangos y stad i'w gyfaill ac efallai i'w thrafod ag ef gan fod gan hwnnw diroedd yn Norfolk, a byddai'n gyfarwydd â phroblemau meistr tir. Penderfynodd y ddau fynd ar gefn ceffyl ar y daith hon. Cychwynasant o Nantglyn ar 9 Mehefin ac ar y diwrnod cyntaf aethant drwy Gerrigydrudion a Than-y-Bwlch i Feddgelert a Chaernarfon. Ar ôl cysgu'r noson honno yng Nghaernarfon cychwynasant am saith fore drannoeth a chael brecwast ym Mhwllheli. Erbyn cinio yr oeddynt yn Nhremadog, a chawn eu hanes wedyn yn croesi'r Traeth Mawr: Pughe yn marchogaeth caseg o'r enw Light a Harwood ar gaseg o'r enw Bridi. Ymlaen â hwy drwy Harlech i Abermo, aros yno dros nos a chyrraedd pen y daith ar 12 Mehefin pan welodd Pughe ardal ei febyd unwaith eto:

Elem dros Abermaw, trwy Lwyn Gwril i Lan Egryn, a çinawem yno, yna elem i Vinforð, gan alw yn Ty-yn-y-Bryn, man y ganid vi, a thrwy Aber Gyrnolwyn [sic] [43]

Daethai cyfrifoldeb newydd i ran Pughe yn Nhal-y-llyn. Gadawsai Rice Pughe y tiroedd yno i'w frawd, ond bu Hugh Pughe farw ar 5 Mawrth 1811 [44] a daeth yr eiddo i feddiant William Owen Pughe. Yn awr ei waith ef oedd gosod y ffermydd. Dywed iddo osod Ty'n-y-Maes i John Evans am £45-0-0; Dôl-y-Cae i O. Dafydd am £73-10-0 y flwyddyn; a Llwyn-Dôl-Ithel i Ruffydd Jones am £63-0-0. [45] Yn nechrau Gorffennaf cychwynnodd Pughe yn ôl i Lundain, ond ar y ffordd torrodd ei siwrnai yn Stourbridge i fynd i Oldswinford i aros gyda Thomas Philip Foley. Yn ystod ei ymweliad bedyddiwyd merch fach hwnnw, Lydia Foley, a William Owen Pughe yn dad bedydd iddi.

Erbyn 9 Gorffennaf yr oedd Pughe yn ôl yn Llundain, dros ei ben a'i glustiau ym musnes Joanna Southcott. Y mae ei ddyddiadur yn llawn o gyfeiriadau ati hi a'i chylch. Treuliai gyfran helaeth o bron bob dydd yn ei chwmni. Ym mis Tachwedd, 1811 glaniodd ei frawd Richard, y morwr, yn Portsmouth. Yr oedd ei ymweliadau yn ddigon prin i'w gwneud yn amheuthun i'w deulu pan ddeuai i'w gweld. Daeth Richard i Lundain y tro hwn i weld ei frodyr. Yn yr un mis ceir cyfeiriad rhyfedd at William Owen Pughe yn gweld drychiolaeth. Dywed ei fod yn cerdded drwy Warren Street ar ei ffordd i weld William Tooke Harwood pan welodd ddrychiolaeth M. Harwood o'i flaen. Y mae'n anodd gwybod pwy oedd hon: y mae arfer Pughe o gyfeirio at bobl wrth lythyren gyntaf eu henwau yn hytrach na'u henwau llawn yn ei gwneud yn anodd penderfynu ai gŵr ai gwraig a olygir heb sôn am eu hadnabod. Ond y mae rhai cyfeiriadau eraill yn ei ddyddiadur yn awgrymu mai gwraig ydoedd M. Harwood ac y mae'n bosibl mai merch W. T. Harwood ydoedd. Drychiolaeth o berson byw ydoedd nid gweledigaeth o ysbryd. Dywed Pughe fod y ddrychiolaeth wedi ei gyfarch: '. . . a dywedai "Is it you, O. P. [46] ac yr atebwn P.

167

O.—poh, poh!'''[47] Ateb od i gyfarchiad od; yn wir y mae'r holl ddigwyddiad yn gwbl anesboniadwy.

Yn Ebrill 1812 bu farw mam Sarah Owen ac ar William Owen Pughe y disgynnodd y cyfrifoldeb o drefnu'r angladd a chwalu'r cartref. Daeth gwniadwraig i'r tŷ i fesur Sal ar gyfer y dillad duon arferol, ond y mae'n rhaid nad oeddynt yn barod erbyn y cynhebrwng gan y bu'n rhaid iddi fynd i ofyn i Joanna Southcott am gael benthyg ei galarwisg hi. Treuliodd Pughe y bythefnos ganlynol yn rhoi trefn ar faterion 'Neina' fel y galwai'r teulu y nain. Ar 26 Ebrill yr oedd Pughe yn cychwyn am Gymru unwaith eto. Y tro hwn yr oedd ganddo fusnes i'w drafod ynglŷn ag ewyllys Hugh Pughe, brawd Rice Pughe. Treuliodd fis Mai yn Nhan-y-Gyrt yn Nantglyn. Tra oedd yno lluniodd feddargraff Rice Pughe, a rhoddodd drefn ar bapurau hwnnw. Cafodd amser i hamddena hefyd a sonia amdano'i hun yn mynd i ffeiriau yn Ninbych a Rhuthun. Dychwelodd i Lundain ar ddydd olaf mis Mai. Y mae'n cofnodi ei falchder o weld ei wraig a'i blant oll yn iach ond prysurodd i gael te yn nhŷ Joanna Southcott.

Ym Mehefin 1812 yr oedd Pughe a'i deulu unwaith yn rhagor yn trefnu i symud tŷ. Yr oedd hon yn orchwyl gyfarwydd iawn i Pughe erbyn hyn. Aeth i Hampstead gyda William Tooke Harwood i chwilio am dŷ yno ac yna i Warren Street gyda Sal. Hon oedd y stryd lle gwelsai'r ddrychiolaeth, ond y mae'n amlwg nad oedd yr atgof hwnnw am ei rwystro rhag ystyried y tŷ yn Warren Street. Yn wir aeth mor bell â chytuno â'r perchennog i'w gymryd. Ond y mae'n amlwg fod 'gazumping' yn arfer cyfarwydd hyd yn oed y pryd hynny gan fod y perchennog wedi gosod y tŷ wedyn i rywun arall er iddo ei addo i Pughe. Bu'n rhaid iddo ailddechrau chwilio am dŷ, ac ar 23 Mehefin penderfynodd gymryd un yn Bayham Street. Erbyn y 31ain o'r mis yr oedd y teulu wedi mudo yno.

Ym mis Gorffennaf 1812 ailgododd yr helynt ag Owain Myfyr ynghylch dyledion Pughe iddo. Dywed Pughe ei fod wedi clywed fod y Myfyr yn ei fygwth. Nid yw'n dweud beth oedd natur y bygythiad hwn, ac nid oes gennym dystiolaeth bellach i awgrymu fod hwnnw wedi mynd mor bell â gosod y gyfraith arno. Ond yn sicr fe lwyddodd i ddychryn Pughe, ac y mae'n symud yn gyflym iawn i gael gafael ar arian i roi taw ar y Myfyr. Cafodd hanner canpunt gan Joanna Southcott i ohirio'r erlid dros dro, ond erbyn mis Mawrth 1813 yr oedd y Myfyr yn pwyso'n drwm arno unwaith eto. Trodd Pughe drachefn at Joanna a chafodd fenthyg arian ganddi dros rai dyddiau. Daeth ei gyfaill William Sharp yntau i'r adwy a rhoi benthyg hanner canpunt iddo. Aeth Pughe â llestri arian i'w gwystlo am £35, ond nid oedd hyn i gyd yn ddigon. Yn ôl ag ef at Joanna eto a chafodd fenthyg £84 arall gan y broffwydes. O'r diwedd medrodd Pughe fynd at Owain Myfyr 'i lwyr dalu y rhwymiad iddo'. Pan gyrhaeddodd gartref y Myfyr cafodd ei hen gydweithiwr yn bur wael. Ychydig iawn o sôn a gawn amdano wedyn hyd ei farwolaeth ym mis Medi 1814. Y pryd hynny ceir dau gofnod moel yn nyddiadur Pughe; ar 24 Medi nodir: 'Dyð marw O. Myvyr',[48] ac ar 1 Hydref: 'D. Arwyl O. Myvyr'. Nid oes sôn fod Pughe wedi mynd i gladdu ei hen gyfaill.[49] Flynyddoedd yn ddiweddarach, yn 1822, rhoddodd Pughe drefn ar y llyfrau a adawsai'r Myfyr i gymdeithas y Cymmrodorion ond nid oes awgrym y pryd hynny ychwaith mai arwydd o ddyletswydd i goffadwriaeth y Myfyr oedd y gymwynas honno. Yr oedd y cyfeillgarwch clos a fu rhwng triawd y *Myvyrian Archaiology* wedi llwyr ddiflannu. Cefnodd Owain Myfyr ar lenyddiaeth Gymraeg yn niwedd ei oes. Efallai fod y colledion ariannol a gawsai yn gyfrifol i raddau am yr ymddieithrio hwn. Nid oedd ganddo'r arian i noddi, a gwyddom fod ei ymdeimlad o israddoldeb yn ei rwystro rhag chwarae unrhyw ran arall ym mywyd llenyddol yr oes. Yn ôl pob sôn aeth y noddwr hael gynt yn enwog am ei gybydd-dod, er mai tystiolaeth y ddau straegar hynny, Iolo Morganwg ac Evan Williams, y Strand, sydd gennym am hyn. Dywed Evan Williams mewn llythyr at Iolo yn Hydref, 1813:

> Your once old friend Owen Jones is become one of the greatest misers in London—he Rolls himself up in fur & curses all Welsh Literature—& is turned pagan, he has married his maid servant—& no Venus, and she has brought him several young Bratts! & he is grown poor, pure & virtuous.[50]

Efallai nad oedd y wraig druan yn Fenws ond o leiaf dywedir ei bod wedi gwneud y Myfyr yn hapus yn ei hen ddyddiau. Ei henw oedd Hannah Jane, ac yr oedd hi'n rhyw ddeng mlynedd ar hugain yn iau na'i gŵr. Bu hi fyw am bedair blynedd ar hugain ar ôl ei farw. Dywedir bod Owain Myfyr ar ei wely angau wedi ei chynghori: 'If your first marriage was a happy one, testify to the same by marrying a second time'.[51] A dyna'n union beth a wnaeth Hannah Jane. Prysurodd Evan Williams i basio'r tamaid blasus hwn o wybodaeth i Iolo ym mis Hydref, 1817: 'Owen Jones's widow has got another Husband into her arms!!!'[52] Serch hynny, ym medd Owain Myfyr y claddwyd Hannah Jane Roberts pan fu hi farw yn 1838, er efallai y dylid ychwanegu ei bod wedi bod yn ddigon fforddiol i gladdu ei hail ŵr gyda'r cyntaf cyn i'w thro hithau ddod i ymuno â'r ddau. Ar ei charreg fedd ceir yr arysgrif: 'The support of the destitute; the mother of the orphan; the friend of the friendless'.[53] Rhaid cofio 'De mortuis nil nisi bonum', ac efallai fod y beddargraff yn gorliwio'i rhinweddau, ond y mae'n debyg nad oedd hi cynddrwg ag yr awgrymasai Evan Williams yn ei lythyrau pigog. Yr oedd yntau yn fwy caredig yn ei agwedd pan ysgrifennodd at Iolo i adael iddo wybod am farw'r Myfyr, fel petai wedi edifarhau am rai o'r pethau hallt a ddywedasai gynt amdano:

> Poor Owen Jones is gone to his long home with all his faults and all his violences & we must now forget & forgive all his errors.[54]

Claddwyd y Myfyr a'i wraig (a'r gŵr arall) ym mynwent All-Hallows-the-Less ar draws y ffordd i hen gartref y Myfyr yn 148, Upper Thames Street.

Ganwyd tri phlentyn i Owen Myfyr a Hannah Jane. Daeth y mab, Owen Jones (1809-1874), yn ŵr blaenllaw ym myd pensaernïaeth. Bu'n arolygydd gwaith yr Arddangosfa Fawr yn 1851, yn gydgyfarwyddwr ar y gwaith o addurno'r Plas Grisial, ac yn bensaer St. James's Hall, Llundain. Teithiodd yn Ffrainc, yr Eidal, yr Aifft, Twrci, gwlad Groeg a Sbaen, a chyhoeddodd rai llyfrau pur ddylanwadol ar addurnwaith a phensaernïaeth.[55] Gofalodd Owain Myfyr fod ei fab wedi cael y manteision na chawsai ef ei hun; cafodd ef yr addysg a chwenychasai ei dad gymaint yn ei ieuenctid, yn breifat ac yn y Charterhouse.

Yn Ionawr 1814 daeth newid arall i fywyd teuluaidd William Owen Pughe pan briododd ei ferch Elen â John Fenton. Buasai cyfathrach rhwng y ddau deulu ers rhai blynyddoedd; rhannai'r ddau dad yr un diddordebau llenyddol a hynafiaethol. Gwelir oddi wrth ddyddiadur Pughe fod John Fenton yn ymwelydd cyson ar ei aelwyd ers tro, ond braidd yn ddirybudd yw'r cyfeiriad cyntaf a gawn at garwriaeth rhwng Fenton ac Elen. Ar ddydd Calan 1814 nododd Pughe: 'Doai J. Fenton yma y bore i ovynu a briodai Elen yr wythnos nesav'.[56] Y mae wythnos yn ymddangos yn rhybudd byr iawn i ferch ifanc baratoi ar gyfer ei phriodas, ac efallai nad oedd Elen yn barod gan mai ar 24 Ionawr yr aeth hi at yr allor wedi'r cwbl. Yr oedd William Owen Pughe yn ei elfen yng nghanol prysurdeb y trefniadau. Yr oedd greddf y gweinyddwr yn gref ynddo, a bwrlwm paratoadau a darpariaethau yn hyfrydwch iddo fel y gwelsom yn ddiweddarach yn yr un flwyddyn pan ymgymerodd â pharatoadau Joanna Southcott ar gyfer geni Shiloh. Ef yn awr a aeth i brynu'r drwydded briodas, ef hefyd a arolygai wisgoedd y merched. Yr oedd ganddynt hwy ffydd yn ei chwaeth, y mae'n amlwg; dro arall, cawn ei hanes yn mynd i brynu sidan du ar gyfer galarwisg i Sal, ac yn cynghori Isabella ar brynu het newydd, mater pwysig i ferch ifanc. Ar 24 Ionawr, 1814 rhoddodd ei ferch ieuengaf, Elen, i'w phriodi â John Fenton yn eglwys Pancras.

Yr oedd John yn fab i Richard Fenton (1747-1821), gŵr a oedd yn enwog yn ei ddydd fel bardd, awdur, ieithydd a hynafiaethydd. Ef oedd awdur *A Historical Tour through Pembrokeshire* (1810), *A Tour in Quest of Genealogy* (1811), a *Memoirs of an Old Wig* (1815). Yr oedd Richard Fenton yn aelod o'r Gwyneddigion a'r Cymmrodorion, ac yn un o'r rhai a ddewiswyd ar y cychwyn i olygu'r *Myvyrian Archaiology*, cyn i Pughe, Iolo a'r Myfyr gymryd y gwaith i'w dwylo eu hunain. Priodasai Richard Fenton ag Eloise, merch y Cyrnol Pillet de Moudon, gŵr a anwyd yn yr Yswistir, ond a fu'n byw yn Lloegr. Ganwyd tri mab o'r briodas, John, Richard Charles, a Samuel, y tri ohonynt yn wŷr dawnus. Pechodd John, gŵr Elen, yn erbyn ei dad drwy fabwysiadu credoau Joanna Southcott, yn ddiau dan ddylanwad ei ddarpar dadyng-nghyfraith. Bwriadai Richard Fenton adeiladu eglwys ger ei gartref Glyn Amel yn Abergwaun a chymynnu arian i'w chynnal. Gobeithiai gael cymorth o'r 'Queen Anne's Bounty' i gyflogi offeiriad ac i ffurfio plwyf newydd. Gadawodd ddarn o dir ar wahân heb ei drin yn y gobaith o adeiladu'r eglwys arno. Pan fynegodd ei fwriad wrth ei fab, John, dywedir fod hwnnw wedi gwylltio: ' "If you do father," exclaimed his son, "I turn it into a dung-hill to fling the stable muck into" '. Tystiolaeth Ferrar Fenton, nai John, sydd gennym am y geiriau tanbaid hyn.[57] Y mae'n anodd credu mai ymlyniad John wrth y Southcottiaid oedd wrth fôn ei wrthwynebiad i'r eglwys newydd, gan fod Joanna a'i dilynwyr yn ffyddlon i erthyglau Eglwys Loegr. Ond yn sicr fe fu rhyw anghydfod go fawr rhwng Richard Fenton a'i fab hynaf, a pharodd hynny i Richard newid ei ewyllys i benodi Richard Charles, yr ail fab, yn etifedd iddo yn lle John. Rhoddodd y cynlluniau ar gyfer yr eglwys newydd yn nwylo hwnnw. Yr oedd yr ewyllys yn dietifeddu John yn llwyr ac yn gwahardd iddo fyw yng Nghlyn Amel nid yn unig fel perchennog ond hyd yn oed fel tenant ar y stad. Poenid Richard Charles gan annhegwch yr ewyllys, ac ar ôl marwolaeth ei rieni gwerthodd y denantiaeth i'w frawd a chyfreithloni'r weithred drwy'r broses o 'fine and recovery'. Er iddo golli ffafr ei dad parhaodd John ar delerau da â'i fam a gofalodd hithau amdano yn ei hewyllys. Dywed Aneurin Owen mewn llythyr at William Owen Pughe yn 1824: 'His mother, it seems, has made a will in his favour, which she has the power to do & he appears to be on very good terms with her'.[58]

Yr oedd John yn meddu llawer o deithi ei dad. Yr oedd yntau yn aelod o'r Gwyneddigion ac o Gymdeithas yr Hynafiaethwyr. Yr oedd yn ŵr o ddiwylliant ac yn gerddor medrus yn ôl tystiolaeth William Owen Pughe. Ond yr oedd ochr afradlon i'w natur, ac efallai fod Richard Fenton yn ddigon hirben i sylweddoli hynny pan ddiarddelodd ef. Ar ôl cael stad Glyn Amel yn ôl i'w feddiant methodd John ofalu amdani ac aeth mor ddiwerth drwy ei esgeulustod ef nes y bu'n rhaid ei gwerthu ar ôl ei farw.[59] Sonia ei nai Ferrar Fenton am ei natur anwadal; credai ef fod rhan o'r bai ar hoffter John o gymdeithas benchwiban cylch y Rhaglaw Dywysog yn Carlton House. Gweithiai yn y Swyddfa Ryfel ac fe'i disgrifir fel 'permanent head of the Foreign Corresponding Bureau' yno.[60] Y mae'n debyg fod swydd o'r fath a chymdeithas soffistigedig Llundain yn fwy at ei ddant na'r bywyd gwledig. Y mae'n amlwg oddi wrth y modd y dirywiodd stad Glyn Amel dan ei ofal nad oedd ganddo'r gallu i reoli stad nac i ffermio. Y mae Aneurin Owen fwy nag unwaith yn beirniadu ei ymdrechion i ffermio'i ran o'r stad yn Nantglyn pan ymsefydlodd yno. Gellir casglu mai cyfres o arbrofion aflwyddiannus ydoedd ffermio iddo. Meddai Aneurin: 'Elen & Fenton now think they shall make their fortunes by farming, they happen to have a litter of pigs which sold very well & now

sows are the order of the day'.[61] Cyn bo hir yr oedd y moch wedi cael
eu disodli gan wartheg ac fe geir yr argraff mai digynnyrch iawn oedd y
ffermio mympwyol hwn. Y mae'n bosibl fod ymlyniad teulu Pughe
wrth Joanna Southcott wedi peri i Richard Fenton, y tad, ymddieithrïo
oddi wrth William Owen Pughe yntau yn ogystal ag oddi wrth John.
Ar un adeg yr oedd Pughe a Richard Fenton yn bur gyfeillgar. Pan
oedd Richard yn crwydro o gwmpas Cymru i hel defnydd at ei lyfrau
taith cafodd gwmni Pughe wrth ymweld â rhannau o Sir Feirionnydd a
Sir Ddinbych. Ond ychydig iawn o sôn a geir am Richard Fenton
wedyn. Blynyddoedd yn ddiweddarach, yn 1829, aeth John Fenton i
grwydro'r un rhannau o Sir Feirionnydd gyda William Owen Pughe.
Nid oedd yn gydymaith mor frwdfrydig â'i dad. Yr oedd Pughe erbyn
hyn yn ddeg a thrigain oed ond yr oedd yn dal i fod yn ddigon heini i
fwriadu dringo Cader Idris i chwilota am blanhigyn prin. Siomwyd ef
yn ei fwriad gan John Fenton a fu'n swnian cymaint fod y cyrn ar ei
draed yn ei frifo nes y bu'n rhaid i Pughe roi'r gorau i'r syniad.

Yr oedd William Owen Pughe yn dal i fynychu cyfarfodydd
cymdeithasau Cymreig Llundain drwy'r cyfnod 1806-1816 er nad
oedd yn chwarae rhan mor amlwg yn eu gweithgareddau ag a wnâi
gynt. Yn wir, ni châi lawer o gyfle i ddilyn ei ddiddordebau ei hun gan
mor brysur ydoedd â'i weithgareddau Southcottaidd. Yr oedd yn
gyfnod pur dawel yn hanes y Gwyneddigion, er bod y gymdeithas yn
parhau i noddi llenyddiaeth ac i wneud ei gwaith dyngarol. Yn Awst
1815 ceir cofnod amserol o'r gwaith hwn:

> Penderfynodd aelodau'r Gymdeithas yn y Ciniaw a gynalwyd yr aelfed o
> Awst er coffadwriaeth am Frwydr Waterloo i wneyd casgliad in anafus, y
> Gweddwon a'r plant amddifaid ar ol y Gwyr a laddwyd yn y frwydr—y
> casgliad oedd y nos hono yn £23:8:6

a cheir nodyn pellach ychydig ddyddiau yn ddiweddarach:

> Chwanegwyd at gasgliad y Ciniaw buddugoliaeth Waterloo £2:12:6.[62]

Yn 1815 ymunodd Pughe, Thomas Jones y Bardd Cloff, a rhai
Gwyneddigion eraill â chymdeithas newydd a ffurfiwyd gan yr
Albanwyr yn Llundain. Ar y cychwyn cyfyngid yr aelodaeth i
frodorion Ucheldiroedd yr Alban, ond amcanai'r gymdeithas at gael
aelodau o'r gwledydd Celtaidd eraill er mwyn cael cymharu arferion a
thafodieithoedd y gwledydd hynny. Enw'r gymdeithas wreiddiol oedd
'The Sons of Morbheinn' gan mai o ardal Morven y deuai'r aelodau.
Bu farw'r gymdeithas honno, ond cododd 'The Club of True High-
landers' ohoni. Cyfarfyddent unwaith y mis yn nhafarn y British yn
Cockspur Street, Charing Cross.[63]

Yr oedd 1814 yn flwyddyn brysur i deulu William Owen Pughe.
Dilynwyd prysurdeb priodas Elen gan holl helynt 'beichiogrwydd'
Joanna Southcott. Yng nghanol yr helynt hwnnw yr oedd gan Pughe

amser i feddwl am symud tŷ unwaith yn rhagor, a gellir dilyn y broses a oedd mor gyfarwydd iddo yn ei fywyd nomadig yn nhudalennau ei ddyddiadur:

7 Medi, 1814: 'Awn i ailsylwi Tyno Westbourn . . . doai J. Fenton gyda mi i roδi ateb am y ty'.
9 Medi, 1814: 'Awn gyda Sal i gymeryd ty Tyno Westbourn: dywedai hi heδyw ei damuniad er ystalm o anneδu yn Paddington'. [64]

Ar 13 Hydref 1814 symudodd y teulu o Bayham Street, Camden Town, i Westbourne Green, Paddington. Ond er i Sarah Owen gael ei dymuniad, ni chafodd fyw yn hir ar ôl symud i Paddington. Bu farw yn Ionawr, 1816. Wrth ailgopïo ei ddyddiadur am y blynyddoedd hyn y mae Pughe yn ychwanegu diweddglo i'w gofnodion am 1815: 'Yma i diweδa blwyδyn olav o δyδanwç ebai Idrison ar adysgrivaw y covion hyn ar Vawrth 21, 1825'. 'Dyδanwç', chwedl Pughe, yn ddiau oedd nodwedd amlycaf ei fywyd priodasol: y mae hynny i'w weld yn gwbl eglur yn ei ddyddiadur a'i lythyrau ac ym mhob cyfeiriad at ei 'anwylyd', fel y galwai Sal. Yn wir, ychydig fisoedd cyn ei marw nododd yn ei ddyddiadur: 'Mynegai Sal eiriau dig', fel petai ffrae yn beth mor ddieithr yn eu hanes nes yr haeddai ei chofnodi mewn syndod.

Er nad oedd Sal yn wraig gref, eto nid oes dim i awgrymu ei bod yn waelach nag arfer yn ystod yr wythnosau sy'n arwain at ei marwolaeth. Yn ei lythyrau y mae Pughe yn cyfeirio'n aml at ryw wendid yn ei chyfansoddiad, ond y mae'n anodd casglu beth yn hollol ydoedd. Gwyddom ei bod wedi cael pwl o lid ar yr ysgyfaint yn 1803, ac y mae'n cwyno o bryd i'w gilydd oddi wrth boen yn ei bron, ac y mae hyn yn awgrymu, efallai, fod rhyw wendid yn dal yn yr ysgyfaint. Weithiau ceir sôn am beswch, ac y mae Pughe yn dweud ei fod wedi mynd i brynu *stramonium* iddi. Defnyddid y cyffur hwn yn aml i leddfu poen ac i atal gwasgfeydd ond y mae gennym gofnod fod y Fonesig Coffin Greenly o Lantrisant wedi anfon *stramonium* i Iolo Morganwg at ei *asthma*. [65] Efallai mai'r fygfa neu hyd yn oed y dyciáu oedd wrth wraidd gwendid Sarah Owen. Y mae'n hollol bosibl mai'r fygfa oedd yr anhwylder a'i fod wedi effeithio ar ei chalon yn y diwedd gan beri ei marwolaeth disyfyd. Yr awgrym cyntaf a gawn yn 1816 fod rhywbeth o'i le yw cofnod Pughe yn ei ddyddiadur am 23 Ionawr: 'Vy anwylyd yn glav, sev y teimlai anav yn ei dwyvron ger y galon'. [66] Ymhen deuddydd yr oedd Sal yn waeth, yn ddigon gwael i Pughe fynd i weld y doctor R. V. Morris yn Parliament Street, ac oddi yno at fferyllydd o'r enw Burnett yn yr un stryd i gael ffisig iddi. Drannoeth yr oedd hi ychydig yn well. Chwaraeodd gêm o chwist yn y pnawn efo Pughe ac Isabella, ond digon di-ffrwt oedd hi, serch hynny, fel y sylwodd Pughe: '. . . edryçai vy anwylyd yn drymlyd i lawr tuag atav, mal pe syniai ryw drymder'. [67] Gyda'r nos ar 27 Ionawr daeth Sal i ddrws yr ystafell lle'r

173

eisteddai Pughe ac Isabella, gan weiddi, 'O Bella bach! Mae rhywbeth ar fy nghoesau!' Yr oedd yn amlwg ar unwaith fod rhywbeth mawr o'i le arni a churodd Pughe ar y pared i alw ar ei gymdogion. Yr oedd gallu cymdogion i synhwyro trychineb yn ddi-ffael fel arfer a dylifasant o'u tai: 'Tarawem y pared, a doynt F. Philpot ac ei wraig yma, hevyd N. Kemshead ac ei deulu, hevyd Mrs Smith'.[68] Rhedodd Francis Philpot, y dyn drws nesaf, i nôl y doctor Morris, a gosodwyd Sal mewn gwely ar y llawr. Cwynai hithau, 'I shall never have the use of my legs!' Cofiodd Pughe am hen feddyginiaeth cefn gwlad, a thuag un o'r gloch y bore aeth i gae rhywun o'r enw Smith i nôl baw defaid. Mor rhyfedd bellach yw meddwl am gae a defaid yng nghanol Paddington! Yr oedd y baw defaid, o'i baratoi rywsut neu'i gilydd, wedi gwneud lles i Elen rywdro yn y gorffennol, ac anogodd Pughe ei wraig i roi treial arno. 'Another time', oedd ei hateb llesg, gan droi ar ei hochr oddi wrtho, a phwy a allai feio'r greadures druan? Rhoddwyd gwlanenni am ei choesau a photel ddŵr poeth wrth ei thraed; yfodd hithau goffi a baratowyd gan un o'r cymdogesau.

O'r diwedd, cyrhaeddodd y doctor a chymysgodd 'drwyth camphor ac arallion' iddi, ond sibrydodd wrth Pughe ei bod hi mewn cyflwr enbyd. Aeth y doctor oddi yno tua phedwar o'r gloch y bore, a gwaethygodd Sal yn gyflym wedyn. Tua phump y bore, meddai wrth ei gŵr, 'O, my dear William!' a syrthio i gysgu. Dyna oedd ei geiriau olaf: bu farw yn ei chwsg tua hanner awr wedi pump. Bu'r sioc yn ormod i Isabella. Syrthiodd i sterics gan weiddi: 'I will not stay in this house!', ac aeth y cymdogesau â hi ymaith. Gorweddodd Pughe am sbel wrth ochr Sal ac yna aeth yntau at ei gymdogion, Francis ac Elizabeth Philpot, tan tua wyth y bore. Pan ddychwelodd i'w dŷ ei hun gwelodd fod y cymdogesau wedi gosod allan y corff. Sylweddolodd yntau fod arwyddocâd arbennig i amser marwolaeth ei wraig:

> Union yr amser yn y Datguðiad—awr, diwrnod, mis a blwyðyn y bu vy anwylyd gyda ni gwedi marw Joanna: ac ar vy anwylyd y galwai Joanna yn unig, ar ei foad o Arle Weston.[69]

Yr oedd y dyddiau nesaf wrth raid yn llawn prysurdeb, gyda chyfeillion yn mynd a dod drwy'r dydd. Yr oedd Pughe yn llawn helbul yn trefnu'r angladd ac yn gofalu am y galarwisgoedd. Anfonodd Jane Townley chwe phunt iddo 'rhag eisiau'.[70] Ysgrifennodd John Tuck, un o ffrindiau'r teulu, at Aneurin a oedd yng Nghymru. Amgaeodd ddecpunt yn y llythyr ar gyfer ei daith i Lundain. Cyrhaeddodd Aneurin am ddeg o'r gloch y nos ar 3 Chwefror. Claddwyd Sal ar 5 Chwefror yn y bedd nesaf ond un at fedd Joanna Southcott ym mynwent newydd Marylebone yn Portland Town. Buasai'n 44 oed ar 25 Chwefror. Bu'r cymdogion yn gefn cadarn i Pughe a'r teulu yn eu profedigaeth. Gwerthfawrogai Pughe eu caredigrwydd, a dywed ei fod wedi prynu defnydd ffrog werth £4-4-0, a ddisgrifir ganddo fel 'gŵn mwythlon', i Elizabeth Philpot 'am ei çymwynas ar varw o vy anwylyd'.[71] Y mae'n drist meddwl na chawsai'r teulu gyfle i setlo o ddifrif yn Westbourne Green, gan eu bod yn amlwg yn gartrefol iawn yn y gymdogaeth. Yr oedd ganddynt ffrindiau da yn y bobl drws nesaf, y teulu Philpot, ac yn eu cymdogion eraill, teulu Kemshead. Hwy oedd piau tŷ William Owen Pughe ond yr oedd cyfeillgarwch braf rhwng y ddau deulu yn hytrach na pherthynas perchennog a thenant. Arferai'r ddau deulu ymgynnull i gynnal nosweithiau o gerddoriaeth. Yn niwedd mis Mawrth daeth Elen a John Fenton i fyw at Pughe ac Isabella, ac arhosodd Aneurin yntau yn Llundain tan mis Hydref 1816.[72]

Cyn i Aneurin ddychwelyd i Gymru gwnaeth ei dad drefniadau newydd ynglŷn â'r stad. Ym mis Medi 1816, dywed Pughe ei fod yn dadlau â 'R. Owen' am hawl hwnnw i'r stad dan ewyllys Rice Pughe. Gan mai 'R. Owen' yw dull arferol Pughe o gyfeirio at ei frawd Richard, a chan mai hwnnw yw'r unig 'R. Owen' a grybwyllir yn yr ewyllys, rhaid casglu mai ymdrech sydd yma ar ran Pughe i berswadio ei frawd i ollwng gafael ar ei hawl ef i'r stad. Richard oedd i'w hetifeddu ar farwolaeth William Owen Pughe, ac yr oedd Aneurin i'w chael ar ôl Richard. Ond y mae'n debyg fod Pughe yn teimlo mai Aneurin fyddai'r person gorau i ofalu amdani. Yr oedd Aneurin yn 24 oed erbyn hyn ac wedi setlo ar y stad yn Nantglyn. Treuliasai gyfnod yn Norfolk yn dysgu ffermio dan gyfarwyddyd gŵr o'r enw Driver ar stad teulu William Tooke Harwood. Bu rhyw ffrwgwd rhyngddo a'r teulu a dychwelodd i Lundain. Yr oedd ffermio, felly, yn waith cyfarwydd i Aneurin, ond fe fyddai'n fwy dieithr i Richard, er bod hwnnw, wrth gwrs, yn fab fferm. Yr oedd Richard yn gyndyn iawn i ollwng ei afael ar ei hawl. Cynigiodd Pughe £70 y flwyddyn iddo amdani, ond oedai Richard roddi ateb. Yr oedd gan Richard gynllun gwahanol:

Awn at O. Owen[73] i gyvarvod R. O. a dadleuem ar iðo werthu ei hawl, ond cymerai amser i syniaw hynny: cydunai o weithredu gyda mi i osodi Dolyð y Cau, Llwyn Dol Ithel a Thy yn y Maes i Aneurin am 21 mlynedd: awn at T. Chandless er y paratoai weithred i hyny, ac ar açosion ereill: yn benav o gylç Doddinghurst, pan amlygai mai etiveð cyvraith R. Pughe a ðylai veðianu y tyðyn.[74]

Cytunwyd ar hyn, ac aeth Aneurin yn ôl i Gymru, gan adael ei dad a'i ewythr i setlo'r busnes rhyngddynt. Yr oedd Owen o blaid i Pughe brynu hawl Richard, ac argymhellodd dalu mil o bunnau i lawr, a rhwymo i dalu dau gant arall ar ben pum mlynedd, a llog ar hynny. Ond penderfynodd Pughe yn erbyn hyn gan deimlo y byddai'n ei gyfyngu rhag gwario'n rhwydd drwy fynd â gormod o'i gyfalaf. Fel yr oedd, fe'i câi ei hun yn brin o arian parod yn aml gan fod yr arian ynghlwm wrth y ffermydd a'u rhenti. Gorfodid ef yn aml i fenthyca

175

oddi ar ffrindiau, ac i wystlo eiddo. Rhaid cofio fod gwystlo yn beth llawer mwy cyffredin a derbyniol yn ei amser ef nag ydyw heddiw. Dywed yn Hydref 1816: 'Awn at J. Dobree a gwerthwn iôo y llestri arian ar wystl yno: sev 3 o 5 o docynnau gwystliad am £25:8:3 a llestri eraill am £5:3:9'.[75] Bellach ni fedrai Pughe droi at law agored Joanna Southcott fel cynt i'w helpu â'i ddyledion.

## NODIADAU

[1] NLW 13221, tt. 308-9. Dyfynnir y llythyr hwn yn llawn yn *C. Ll. G. C.*, Cyf. II (1941-2), tt. 138-9.

[2] Cyfeiriad yw'r 'Agriculture business' at waith Iolo i'r Bwrdd Amaethyddiaeth yn disgrifio cyflwr y tir yn siroedd Morgannwg a Chaerfyrddin.

[3] NLW 21285, IAW 873.

[4] Gwyn A. Williams, *Madoc: the Making of a Myth, passim*, ond yn enwedig tt. 136-7 am y syniad o'r wladfa.

[5] BL Add. MSS. 9848.

[6] NLW 1806.

[7] NLW 13221, t. 142.

[8] *Gwaith Glan y Gors* (Llanuwchlyn, 1905), tt. 90-1.

[9] BL Add. MSS. 9848.

[10] NLW 21280, IAW 83.

[11] BL Add. MSS. 9848; Thomas Parry, 'Sir Gaernarfon a Llenyddiaeth Gymraeg', *TCHSG*, (1941), tt. 58-9; *idem*, 'Dafydd Ddu Eryri, 1759-1822', *TCHSG*, (1980), t. 70.

[12] D. E. Jenkins, *The Revd. Thomas Charles of Bala* (Dinbych, 1908), Cyf. II, tt. 541-2.

[13] NLW, 1807.

[14] D. E. Jenkins, op. cit., III, t. 88.

[15] D. R. Thomas, *A History of the Diocese of St. Asaph*, (3 cyfrol, Croesoswallt, 1908-13), *passim*.

[16] J. Foster (gol.), *Alumni Oxonienses, 1715-1886*, t. 1161: 'PUGH, Rice, s. Rice, of Talyllyn, co. Merioneth, pleb. Jesus Coll. matric. 12 May, 1752, aged 21'.

[17] D. R. Thomas, op. cit. Cyf. II, t. 61.

[18] NLW 13222, t. 371.

[19] Yr Archifdy Gwladol, PRO, PROB. 11/1450, ff. 343v-344v.

[20] NLW 21283, IAW 571.

[21] NLW 13263.

[22] NLW Tithe Apportionment Schedule for Nantglyn, 1840.

[23] Yr oedd Dôl-y-cae yn un o gartrefi hynafiaid William Owen Pughe. Ceir hanes gan Edward Lhuyd yn ei *Parochialia* (yn *Arch. Camb.*, 1909-11, Atodiad I,

t. 6) am bobl yn dod o hyd i eirch ac ysgerbydau wrth dyrchu am fawn ar dir Llwyn-Dôl-Ithel. Yr oedd rhai ohonynt o faintioli anferth. Oddi wrth ychwanegiadau Lhuyd at *Britannia* Camden (argraffiad 1695) gellir casglu mai yn 1685 y darganfuwyd yr olion hyn. Gweler hefyd *RCAM Inventory of the County of Merioneth* (1921), t. 165; J. Arthur Williams, *Trem yn Ôl* (Dolgellau, 1963), t. 9. Yno dywedir bod tir Dôl-y-cae wedi mynd yn rhan o fferm Llwyn-Dôl-Ithel ar ddechrau'r ugeinfed ganrif.

[24] NLW 13222, t. 39.

[25] ibid. t. 7.

[26] D. E. Jenkins, *The Rev. Thomas Charles of Bala*, Cyf. III, t. 98. Llythyr oddi wrth John Roberts at Wallter Mechain, 26 Tachwedd 1806. Ceir dau gyfeiriad ynddo at 'Mr. Owen Pughe'.

[27] NLW 21286, IAW 971.

[28] ibid. 972.

[29] 'Mr. J. W. Prichard, Plasybrain', *Y Traethodydd* (1884), t. 30.

[30] BL Add. MSS. 15028, t. 61.

[31] *Slater's Directory of Liverpool & its Environs . . . Cheshire and Lancashire* (Ionawr 1844), o dan 'Parkgate'.

[32] NLW 21282, IAW 350.

[33] Elijah Waring, *Recollections and Anecdotes of Edward Williams . . .*, t. 111.

[34] NLW 1808.

[35] Henri Perri (1561-1617),—brodor o Sir Fflint, ond bu'n offeiriad yn Sir Fôn am y rhan fwyaf o'i yrfa.

[36] NLW 13248.

[37] ibid. 14 Ionawr 1811.

[38] ibid. 19 Ionawr 1811.

[39] ibid. 24 Ionawr 1811.

[40] ibid, 9 Mawrth; 27 Mai; 24 Gorffennaf, 1811. Ceir llythyr oddi wrth William Phillips yn cyfarch Pughe fel 'Dear Brother' yn NLW 13223, t. 415.

[41] NLW 13248, 10 Ionawr 1811.

[42] Hugh Maurice, mab i chwaer Owain Myfyr, oedd hwn.

[43] NLW 13248, 12 Mehefin 1811.

[44] ibid. 12 Mawrth 1811.

[45] ibid. Mehefin 1811, *passim.*

[46] Arferai rhai o gyfeillion Pughe ei alw'n 'O. P.'

[47] NLW 13248, 23 Tachwedd 1811.

[48] Rhydd William Owen Pughe 24 Medi fel dydd marw Owain Myfyr, ond yn *The Cambrian Register*, Cyf. III (1818), t. 189, a *The Cambro-Briton*, Cyf. I (1820), t. 23, ceir 26 Medi, a dyna'r dyddiad a rydd yr Athro G. J. Williams yn *Bywgraffiadur*, t. 469. Ar ei garreg fedd ceir 16 Medi, ac ar dabled coffa yn eglwys Llanfihangel Glyn Myfyr ceir 21 Medi.

[49] NLW 13248, 24 Medi; 1 Hydref, 1814.

[50] NLW 21283, IAW 586.

[51] Coleg y Brifysgol, Bangor, Llawysgrifau Bangor 652.

[52] NLW 21283, IAW 590.

[53] Coleg y Brifysgol, Bangor, Llawysgrifau Bangor 652.

[54] NLW 21283, IAW 587.

[55] W. Ll. Davies, 'Owen Jones, 1809-1874', *Bywgraffiadur*, t. 471.

[56] NLW 13248, 1 Ionawr 1814.

[57] Richard Fenton, *A Historical Tour through Pembrokeshire* (Aberhonddu, 1903). Rhagair bywgraffyddol am yr awdur gan ei ŵyr Ferrar Fenton, t. xxx.

[58] NLW 13263, tt. 372-3.

[59] Richard Fenton, op. cit. Rhagair, tt. ix-xxxi.

[60] ibid. t. xxx; NLW 21283, IAW 590.

[61] NLW 13263, t. 638.

[62] BL Add. MSS. 9849.

[63] W. D. Leathart, *The Origin and Progress of the Gwyneddigion Society*, t. 49.

[64] NLW 13248, 7-9 Medi 1814.

[65] NLW 21281, IAW 188.

[66] NLW 13248, 23 Ionawr 1816.

[67] ibid. 26 Ionawr 1816.

[68] ibid. 27 Ionawr 1816.

[69] ibid. 28 Ionawr 1816. Hwn yw'r cyfnod o amser y sonnir amdano yn Dat. IX, 15. Cyfeirir yma at Joanna Southcott yn ffoi o Weston Place rhag ofn y gwatwarwyr.

[70] Talodd Pughe y chwe phunt yn ôl i Jane Townley ar 10 Chwefror.

[71] NLW 13248, 9 Gorffennaf 1816.

[72] ibid. 23 Mawrth, 10 Hydref, 1816.

[73] Owen Owen oedd y brawd hynaf.

[74] NLW 13248, 1 Hydref 1816. Cyfeirir yma at 'Doddinghurst', enw sy'n digwydd yn aml yn nyddiadur Pughe. Ymddengys mai tyddyn ydoedd a oedd am ryw reswm yn rhan o'r stad er ei fod yn Doddinghurst ger Brentwood, Essex. Achosodd lawer o drafferth i William Owen Pughe (ac i awdur y llyfr hwn fel y mae'n digwydd). Gan nad yw cofnodion llys manor Doddinghurst sydd yn Archifdy Essex yn dechrau tan 1835 methwyd ag olrhain ei hanes. Y mae'r awdur yn ddiolchgar iawn i'w gyfaill Mr. R. H. Bond, sydd ar staff Archifdy Essex am wneud ymchwiliadau drosti yno.

[75] NLW 13248, 5 Hydref 1816.

*Pennod VIII*

## DERWYDDON A PHROFFWYDI

Er bod Joanna Southcott ei hun wedi marw ni ddarfu am y gred yn ei dysgeidiaeth. Daliai llawer o'i disgyblion i obeithio y byddai Shiloh yn ymddangos ar newydd wedd. Treuliodd William Owen Pughe beth amser yn nechrau 1817 yn ail ddarllen daroganau'r broffwydes. Yr oedd yn anodd derbyn fod popeth ar ben ar ôl y fath arwyddion ac addewidion. Hawliai llawer un fod mantell Joanna wedi disgyn ar ei ysgwyddau, ond ni chafodd yr un ohonynt y gefnogaeth a gawsai Joanna ei hun. Honnai George Turner o Leeds fod Shiloh yn fyw o hyd ac ar fin ymddangos. Pan ddigwyddai hynny, byddai'n arwydd o gychwyn Armagedon. Llwyddodd Turner i ennill cefnogaeth carfan gref o'r Southcottiaid yng ngogledd Lloegr. Gohebai â chylch Pughe yn Llundain, a derbynnid ef gan Jane Townley yn Weston Place, ond fe geir yr argraff fod yr hen Southcottiaid yn bur ddrwgdybus ohono ef a'i honiadau. Erbyn 1816 yr oedd yn amlwg fod Turner yn wallgof, ond parhâi i bregethu a phroffwydo. Dywedodd y byddai daeargryn erchyll yn siglo'r wlad ar 28 Ionawr, 1817. Yn ôl Turner, hon oedd y ddaeargryn y sonnir amdani yn Llyfr y Datguddiad, pan agorodd yr Oen y chweched sêl. Dywedir yno fod holl arglwyddi'r bobl wedi ymguddio mewn braw a bod y sawl a seliwyd wedi cael eu casglu ynghyd.[1] Cyhoeddodd Turner ei neges i'r byd ar 18 Ionawr 1817. Ar y dydd hwnnw yr oedd William Owen Pughe gartref yn brysur yn trefnu papurau Joanna. Gyda'r nos aeth i weld Jane Townley, 'a darllenid imi lythyr o hanes y daroganai G. Turner y byðai daiargryn ar y 28 i ðyvetha llywodraeth y deyrnas'.[2] Ac yn wir dywedir bod rhan o Loegr wedi teimlo cryndod yn y ddaear yn ystod y nos ar 27/28 Ionawr.[3] Nid oedd hyn, ysywaeth, yn arwydd o ddawn broffwydol George Turner, gan fod Ionawr 1817 wedi bod yn fis a oedd yn nodedig am ei ddaeargrynfeydd mewn nifer o fannau drwy'r byd. Ceir hanes yn *The Times* am grynod mor gryf ym Mansfield, swydd Nottingham, yn yr un wythnos nes peri i'r trigolion ruthro allan o'u tai mewn braw. Os bu daeargryn ar y dydd a bennwyd gan Turner nid oedd ef yn ddigon atebol i lawenhau yng nghyflawniad ei broffwydoliaeth, gan ei fod erbyn hynny yn hollol orffwyll. Aeth Pughe i weld Jane Townley gyda'r nos, 'a clywn bod G. Turner oðei synnwyr'.[4] Pan ddychwelodd Turner i Leeds cyhuddwyd ef o frad yn erbyn y llywodraeth, gan ei fod yn ymosod ar y llywodraeth yn y pamffled a gyhoeddodd am y ddaeargryn. Yr oedd yn esgus digonol i'w ddal. Cafodd brawf teg, a dyfarnwyd ef yn wallgof. Aethpwyd ag ef i'r 'Retreat', ysbyty'r Crynwyr i afiechydon y meddwl, a bu yno am dair blynedd. Tawelodd y dyfroedd Southcottaidd unwaith yn rhagor.

Ailgydiodd William Owen Pughe yn ei waith llenyddol yn syth ar ôl marwolaeth ei wraig. Y mae'n debyg mai hwnnw oedd ei gysur a'i angor bellach. Gweithiai yn ddyfal drwy Wanwyn 1816 ar gyfieithu'r chwedlau. Cyfieithodd *Culhwch ac Olwen* a *Geraint ab Erbin*, ac ysgrifennodd draethodau i'r *Greal Misol*. Dechreuasai baratoi defnydd ar gyfer trydedd gyfrol y *Cambrian Register* mor gynnar â 1816, er nad ymddangosodd y gyfrol honno tan 1818. Ym mis Tachwedd 1816 dywed ei fod 'gartrev yn lluniaw hanes Hu Gadarn iô y Cambrian Register III'. [5] Efallai y dylid esbonio yma pwy oedd Hu Gadarn gan fod Pughe yn sôn amdano yn bur aml. Rhyw fath o 'Superman' cyntefig ydoedd, ac yr oedd yn arwr uchel iawn ei barch gan Pughe. Disgrifiodd ef gampau'r gwron yn bur gelfydd yn ei *Cambrian Biography*. [6] Yr oedd cymwynasau'r hen batriarch i'r genedl yn ddi-ben-draw: ef a ddysgodd iddynt sut i drin y tir ac 'other useful arts'; ef hefyd a'u harweiniodd i orllewin Ewrob ac fe'i hystyrid yn ddwyfol yng Ngâl. Yr oedd Hu yn hen ffefryn: lluniodd Pughe fathodyn i'r Gwyneddigion a llun Hu arno mor gynnar â 1801. Yr oedd nifer o aelodau'r gymdeithas yn amheus iawn o honiadau Pughe ar ran Hu, a chafodd rhai ohonynt gryn hwyl am ei ben, fel y dengys y llythyr bywiog hwn a anfonodd John Jones, Glan-y-gors at Edward Charles y pryd hynny:

W. Owain produced an engraving of an ancient Briton called 'Hyf Gadarn' designed by himself, but the picture was only a proof, the engraving not finished. Glan y Gors wished to know what wonders Mr Hyf Gadarn had done to recommend his memory to the protection of the Society, and hinted that the Society ought to be on their guard against being crammed with a Welsh Don Quixote—yna O[wain] M[yfyr] a'r Cadben Jones a llawer eraill a ddechreusant labyddio W. O. o eisio bod *gwychol gampau* Mr Hyf Gadarn yno yn ei ganlyn ef, i gael gweled pa fodd yr aeth ef yn gadarn &c yna W. O. a gododd ar ei wadnau ac a dynodd bapur oi logell ac a ddarllenodd ragor gampau Mr H. Gadarn, a hynny yn yr Hen Frythoneg hynaf o'r cwbl, na wyddau neb odid o air a oedd e yn ei ddeud, dywedodd mai Mr H. Gadarn a wnaeth *Giwdawd* gyntaf ar y Cymru, [7] ac hefyd mai ef a wneuthur yr aradr cyntaf &c felly llun yr hen fachgen yn neidio allan oi gwch ac aradur yn un llaw a phastwn yn llaw arall, bydd wedi ei orphen erbyn y cyfarfod nesaf 'os caniadta yr Arglwydd i hynny fod'. [8]

Yr oedd rhai aelodau yn barod iawn i wawdio: gofynnodd Dafydd Ddu Eryri: 'A ydyw llun Hu Gadarn yn atteb i reolau *archwaeth naturiol* a *chywir feirniadaeth*? Ai mewn Cwrwglyn bach neu yn hytrach Padell Ddarllaw y daeth Hu o wlad yr haf i Ynys Prydain?' [9]

Er mai esgus am dipyn o hwyl ar draul William Owen Pughe ydoedd Hu Gadarn i'r mwyafrif o'r Gwyneddigion, yr oedd arwyddocâd llawer pwysicach iddo i Pughe ei hun ac i lawer o'i gyfoeswyr. Ni freuddwydiodd aelodau cellweirus y gymdeithas fod gan Hu'r gallu i'w harwain i gyd i ddyfroedd dyfnion iawn. Er bod Pughe wedi traethu llawer amdano ar wahanol adegau, y mae'n debyg mai ei droednodiadau i'w gywydd 'Hu Gadarn', a gyhoeddwyd yn 1822, yw'r datganiad mwyaf dadlennol a wnaeth ar y testun. Yn wir, dywedir bod Pughe wedi cyfaddef wrth Ieuan Ddu o Lan Tawe mai'r rheswm pam y cyfansoddodd y cywydd oedd er mwyn cael esgus i gyhoeddi ei nodiadau ar Hu. [10] Yr oedd y nodiadau yn sicr yn fwy difyr na'r farddoniaeth. Dyma'r nodyn dan sylw:

> Gwedi treigliad oesoedd, deallwn yr addolid Hu gan y Cymry, màl y dangosa Cywydd yr Arddwr, o waith Iolo Goch; hevyd gan eu cydgenedloedd, yn y Gogledd ac yn y Gal, tàn yr enwau, Heus, Hesus a Taranis . . . Yr un vath addolid Noah, tàn lawer o enwau, gan y cenedloedd; megis Nus, Nusos, Dionusos, Nereos, Jannos, Janus, Theuth, Zuth, Xuthus, Inachus, Osiris, Deucalion, Prometheos, Atlas, Jason . . . hevyd, pan ddechreuynt hil Ham addoli llu y nevoedd, gelwid ev Helios, neu yr Haul, a Man, neu Men, y Lloer. [11]

Y mae goblygiadau'r nodyn hwn yn aruthrol pan ystyriwn beth mewn difrif y mae Pughe yn ceisio'i gyfleu, sef fod Hu yn dduw i'r Cymry, ac mai'r un ydyw, yn y bôn, mewn gwirionedd, â Noah ac ag Osiris, a Deucalion, a hyd yn oed â'r Haul a'r Lloer. Gwaith dyrys iawn yw olrhain o b'le y cafodd Pughe ei holl syniadau cyfrodedd. Y dylanwad mwyaf amlwg, wrth gwrs, yw gwaith y mytholegwyr dyfaliadol, os dyna'r term cywir am 'speculative mythologists'; gwŷr fel de Gebelin, Jacob Bryant, Hancarville a Francis Wilford. [12] Y mae'n anodd gwybod pa mor hyddysg oedd Pughe yng ngweithiau'r gwŷr hyn, a pha nifer o syniadau niwlog ail-law sydd yn ei waith. Gwyddom ei fod yn gyfarwydd â gwaith Wilford, [13] ac y mae'n fwy na thebyg ei fod wedi darllen gwaith Bryant, *A New System; or, An Analysis of Ancient Mythology*, a gyhoeddwyd rhwng 1774 a 1776, ond dyn a ŵyr pa faint o synnwyr a gafodd ohonynt. Y peth mwyaf caredig y gallwn ei ddweud am Bryant yw fod ganddo ddychymyg bywiog. Ymysg ei amryfal ddamcaniaethau aeth ati i brofi nad Chatterton a ffugiodd farddoniaeth Rowley; yn wir, aeth mor bell â 'phrofi' na fu Caerdroea erioed mewn bodolaeth. Yn y diwedd, syrthiodd llyfr ar ei ben oddi ar silff yn ei lyfrgell a'i ladd. Y mae'n anodd peidio â gweld rhyw arwyddocâd i'r fath ddamwain!

Ceisiodd Bryant ddangos mai amrywiadau ar hanes y Dilyw oedd y mwyafrif o fythau, a bod lle arbennig ynddynt i gyd i hanes Noah a'i feibion. Y mae hyn yn naturiol, gan fod awdurdod y Beibl yn dweud wrth ysgolheigion yr oes am y rhan hanfodol a fu gan Noah a'i deulu yn ail greu'r byd ar ôl y Dilyw. Erbyn ail hanner y ddeunawfed ganrif yr oedd clasuron Groeg a Rhufain wedi cael eu disbyddu i raddau helaeth fel cloddfa i'r mytholegwyr a'r damcaniaethwyr. Wrth gwrs, yr oedd yn rhaid i ddyn wybod rhyw gymaint amdanynt, digon o leiaf i roi stamp diwylliant arno, ond yr oedd yr ysgolheigion wedi symud i

feysydd newydd yn eu hymchwil am darddiad dyn a'i iaith. Ar ôl y
Dadeni bu'n rhaid addasu mytholeg i ofynion cronoleg y Beibl. Daeth
trafod mytholeg mewn dull euhemeristig[14] yn beth ffasiynol.
Ceisid profi bod esboniadau hanesyddol y tu ôl i'r hen chwedlau, ond bod
treiglad amser wedi cuddio'u gwir arwyddocâd. Y mae Theophilus
Evans yn cyfeirio at hyn yn *Drych y Prif Oesoedd* pan yw'n sôn am
dduwiau Groeg a Rhufain:

Nid oedd y duwiau hyn ddim amgen na dynion marwol, o'r un anwydau a
dynion eraill; ond am eu bod yn wyr enwog yn eu cenhedlaeth, eu hwyrion
a'i trâs ar ôl eu dyddiau a bersuadient y bobl gyffredin mai duwiau
oeddent.[15]

Ceisiodd llawer o'r damcaniaethwyr euhemeristig greu cysylltiad
rhwng yr hen fythau a digwyddiadau a phersonau'r Hen Destament.
Byr fu oes y gwir fytholegwyr dyfaliadol: cawsant eu hoes aur fer cyn i
waith Rask a Rheol Grimm roi terfyn ar ddyfalu am wreiddiau
Phenicaidd y Celtiaid a gwreiddiau Hindwaidd y Frythoneg. Daeth
Charles Darwin yntau i guro mwy o hoelion i'w harch drwy chwalu'r
breuddwydion am Oes Aur berffaith gyntefig yn y cyfnod cyn-Ddilyw.

Yr oedd y gred yn yr Oes Aur gyntefig yn syniad poblogaidd. Un o'r
rhai a wnaeth lawer i'w hyrwyddo, oedd Edward Davies, awdur *Celtic
Researches*. Honnai ef fod gan yr hen batriarchiaid, fel Noah, gorff o
wybodaeth a estynnai yn ôl hyd at y wybodaeth berffaith a roddwyd i'r
dyn cyntaf o law Duw. Credai llawer o'r mytholegwyr mai darnau
bratiog o'r wybodaeth berffaith hon oedd mythau'r byd. Y mae
George Eliot yn dychanu'r damcaniaethau hyn yng nghymeriad Mr.
Casaubon yn *Middlemarch*. Treuliodd ef oes gyfan ar ei astudiaethau,
gan gredu: 'all the mythical systems or erratic mythical fragments in
the world were corruptions of a tradition originally revealed'.[16]

Y mae hyn yn ein harwain at y gred gyfoes am gyneddfau a doniau'r
Derwyddon.[17] Seiliwyd y gred honno i raddau helaeth ar waith
gwŷr fel John Leland yn ei lyfr *Commentarii de Scriptoribus Britannicis*.[18]
Ei ddamcaniaeth ef oedd mai disgynyddion y *Druidae*, y *Bardi*
a'r *Vates* ac etifeddion eu dysg oedd y beirdd Cymreig. Gŵr arall
a honnodd yr un peth oedd John Bale, ac y mae dylanwad Leland yn
eglur ar ail argraffiad (1557) llyfr Bale, *Scriptorum Illustrium Maioris
Brytanniae . . . Catalogus*. Cyfeiriodd Bale at y syniad poblogaidd ei bod
yn bosibl olrhain ach y Cymry nid at Brutus a gwŷr Caerdroea, fel yr
honasai Sieffre o Fynwy, ond yn bellach draw o lawer. Seiliwyd y
damcaniaethau hyn ar ddychmygion Josephus ond yr oeddynt yn
ddiau yn apelio at falchder y genedl. Hoffai'r Celtiaid feddwl bod
wyrion Noah wedi meddiannu Ewrob ar ôl y Dilyw. Yn ôl rhai,
arweinydd y Celtiaid oedd Samothes, mab Japheth. Gan na
chrybwyllir enw Samothes yn y Beibl y mae'r traddodiad yn dechrau
yn simsan ac yn mynd yn fwy a mwy sigledig wrth fynd ymlaen.

Honnid bod gan Samothes ddisgynnydd o'r enw Bardus ac un arall o'r enw Druys, a dyna sut y cafodd beirdd a doethion y Brytaniaid eu henwau o *Bardi* a *Druidae*. Y cam nesaf oedd ceisio profi fod y beirdd a'r derwyddon wedi derbyn eu dysg yn ddi-dor o enau'r hen batriarchiaid. Fodd bynnag, yr oedd yn well gan y mwyafrif o Gymry'r unfed ganrif ar bymtheg ddilyn Nennius, a honnodd mai Gomer, nid Samothes, oedd tad y Galiaid. Yr oedd Gomer yn fwy parchus; wedi'r cyfan, yr oedd ganddo ef sail Feiblaidd i'w fodolaeth. Hawdd yw gweld sut yr apeliodd y syniad mai ffurf sathredig ar *Gomero* oedd *Cymro*, ac mai gwir darddiad *Cymraeg* oedd *Gomeraeg*. Dyma'r gred a etifeddodd Theophilus Evans, fel y dywed yn ei ffordd fachog ei hun:

Y mae'r enw y gelwir ni yn gyffredin arno, sef yw hynny, Cymro, megis lifrai yn dangos i bwy y perthyn gwas, yn yspysu yn eglur o ba le y daethom allan; canys nid oes ond y dim lleiaf rhwng Cymro a Gomero, fel y gall un dyn, ie a hanner llygad ganfod ar yr olwg gyntaf. [19]

Yr oedd yn amhosibl ffrwyno Theophilus Evans pan ddechreuai drafod ach y Cymry. Honnai mai Cymry oedd duwiau Groeg a Rhufain, er 'mi wn eusys y byddai rhai yn barod i chwerthin yn eu dwrn, a dywedyd, nid yw hyn ddim ond ffiloreg'. Yr oedd yn rhaid dweud y 'gwir', doed a ddelo:

Cymro oedd Sadwrn; Cymro oedd Jupiter; Cymro oedd Mercwrius; Cymru oedd y lleill. Nid wyf fi ddim yn dywedyd mai Cymru oeddent o'r wlad hon; nac wyf, mi wn well pethau. Ond gwyr oeddent o hiliogaeth Gomer, o'r un ach a'n Cymru ninnau, ac yn siarad yr un iaith. [20]

Fel y gwelsom eisoes wrth drafod syniadau ieithyddol William Owen Pughe, yr oedd yr ymgais hon i olrhain ach y Cymry yn naturiol ddigon yn arwain i ddamcaniaethu am natur y famiaith gyntefig, ac yr oedd y pwnc hwnnw yn un o hoff destunau ysgolheigion yr ail ganrif ar bymtheg a'r ddeunawfed ganrif. Cyhoeddodd y Ffrancwr, Samuel Bochart, ei lyfr *Geographia Sacra* yn 1646-7. Ynddo cais brofi mai iaith Phenicia oedd iaith dyn cyn y Dilyw. A chan y credai mai hon oedd iaith trigolion cyntaf Gâl ar ôl y Dilyw, yna yr oedd yn gwbl eglur (i Bochart, o leiaf) fod Galeg a Brythoneg yn perthyn i'r famiaith honno. Yr ydym ar dir cyfarwydd yn awr yng nghwmni hen ffrindiau fel Pezron a Rowland Jones. Ni ddylid anghofio Cymro arall a wnaeth ddatganiadau tebyg: dywed Henry Rowlands yn ei *Mona Antiqua Restaurata*:

. . . that the British tongue, having more of that original language in it than all the rest together, may merit the esteem of being reckoned the most ancient and least corrupted language in this western part of the world. [21]

Gobeithiai'r ysgolheigion, drwy dwrio ar ôl yr ieithoedd 'cyntefig', gyrraedd at yr wybodaeth bur gyn-Ddilyw a draddodwyd i'r patriarchiaid a thrwyddynt i'r Derwyddon. Yr oedd hwn yn un o freudd-wydion Rowland Jones. Yn ei *Philosophy of Words* (1769), cais brofi fod olion iaith Adda, heb sôn am Noah, i'w gweld yn Saesneg y ddeunawfed ganrif. Credai fod y Saesneg wedi tarddu o'r Gelteg, yr iaith a ddefnyddiai'r Titaniaid a'u Derwyddon. Yr oedd y Derwyddon hyn drwy eu dysg a'u defodau wedi cadw'r iaith a drosglwyddwyd iddynt drwy Noah a'i ddisgynyddion o'r cyfnod cyn-Ddilyw. Y mae Rowland Jones yn mynd mor bell â chyfeirio at Japheth fel Derwydd. Ond nid oedd hyn mor wahanol â hynny i syniadau William Blake, fel y cawn weld maes o law: 'Adam was a Druid, and Noah', meddai Blake. [22]

Yn nechrau'r bedwaredd ganrif ar bymtheg rhoddwyd hwb nerthol i'r holl ddamcaniaethu pan gyhoeddodd Edward Davies ei *Celtic Researches* yn 1804. Dysgasai Davies hynny o Gymraeg a oedd ganddo dan anfanteision, ac y mae'n syndod iddo lwyddo i astudio'r iaith cystal ag y gwnaeth. Lluniodd gasgliad mawr o waith y Cynfeirdd a'r Gogynfeirdd, ac elwodd golygyddion y *Myvyrian Archaiology* ar ei lafur. Ond yn awr yr oedd wedi ymaflyd mewn rhywbeth a oedd y tu hwnt i'w alluoedd. Honnai Davies weld profion pendant yn yr hen farddoniaeth i gadarnhau damcaniaeth Bryant a'i ddilynwyr mai olion y grefydd bur batriarchaidd cyn-Ddilyw a welir ym mhob hen fytholeg. Haerai mai Celteg cyntefig oedd yr Wyddeleg, ond mai Celteg soffistigedig y Derwyddon oedd y Gymraeg. [23] Ymhelaethodd Davies ar ei syniadau am Dderwyddiaeth yn ei lyfr *The Mythology and Rites of the British Druids* a gyhoeddwyd yn 1809. Ond yr oedd William Owen Pughe eisoes wedi traethu ar yr un pwnc yn ei ragymadrodd i *The Heroic Elegies . . . of Llywarç Hen*:

> Therefore let not the pious be alarmed at the idea of Druidism being still alive in this island; but let him examine it a little, and he will find that the *British* patriarchal religion is no more than that of *Noah*, or of *Abraham*, inimical to Christianity. [24]

Gan mai atgynhyrchu syniadau Iolo Morganwg a wnaeth Pughe i raddau helaeth yn ei ragymadrodd i'r *Heroic Elegies*, nid yw'n rhyfedd o gwbl clywed Iolo yn ategu hyn i gyd yn ei *Poems, Lyric and Pastoral*:

> The Patriarchal Religion of ANCIENT BRITAIN, called by the Welsh most commonly *Barddas*, (BARDISM), though they also term it *Derwydd-oniaeth*, (DRUIDISM), is no more inimical to CHRISTIANITY than the religion of NOAH, JOB, or ABRAHAM:- it has never, as some imagine, been quite extinct in Britain, the *Welsh Bards* have through all ages down to the present, kept it alive. [25]

Yn ei *Mythology and Rites of the British Druids* y mae gan Edward Davies lawer i'w ddweud am freuddwydion derwyddol Iolo Morganwg. Er mai amherffaith oedd ei Gymraeg, yr oedd Davies yn ddigon craff i amau dilysrwydd honiadau Iolo am y gyfundrefn dderwyddol. Ond er ei fod yn eithaf siŵr fod Iolo wedi llygru'r ffynhonnau â'i ffantasiau, eto teimlai Davies fod digon o'r gwirionedd yn aros yn ddilychwin iddo fedru profi i'r Cymry mai'r un oedd crefydd eu hen dderwyddon â'r grefydd batriarchaidd wreiddiol.

Y mae'n amlwg fod Edward Davies wedi darllen gwaith George Stanley Faber, *A Dissertation on the Mysteries of the Cabiri* (1803). Daethai Faber yntau dan ddylanwad y dull euhemeristig o esbonio mytholeg. Credai Faber y gellid uniaethu llawer o dduwiau Groeg a Rhufain â Noah. Cofiwn fel yr honnodd Pughe yntau mai'r un oedd Noah â Dionusos, Deucalion ac Atlas. Soniai Faber am grefydd 'helio-arkite', sef cyfuniad o haul addoliad a chred yn nwyfoldeb Noah. A dyma ni'n ôl yn awr at honiad William Owen Pughe mai'r un oedd Noah â'r haul: '. . . hevyd, pan ddechreuynt hil Ham addoli llu y nevoedd, gelwid ev Helios, neu yr Haul . . .'[26] Yn 1816, cyhoeddodd Faber *The Origin of Pagan Idolatry*, a gwyddom i sicrwydd fod Pughe wedi bod yn pori'n hir yn y llyfr hwn.[27] Rhwng syniadau Bryant a syniadau Faber am y grefydd haul-archaidd, teimlai Edward Davies yn ddigon hyderus i honni fod llawer o elfennau haul-archaidd a lloer-archaidd yng nghrefydd y Derwyddon. Drwyddi draw gwelai olion o Noah a'r Dilyw. Yn ei dŷb ef gwelid Noah yn fwyaf eglur yng nghymeriad Hu Gadarn. Yn ei *Celtic Researches* cawn ddisgrifiad o Hu sy'n swnio'n ddoniol iawn i ni heddiw—'Hu Gadarn, the mighty inspector'. Dywed ei fod yn dduw i'r Derwyddon: 'Though *Hu Gadarn* primarily denoted the *Supreme Being*, I think his actions have a *secondary* reference to the history of *Noah*'.[28] Aeth gam ymhellach yn ei *Mythology and Rites of the British Druids* a dweud mai Noah oedd un o brif dduwiau'r Derwyddon:

> This fact admits of absolute proof, when we contemplate the character of the same patriarch, as delineated under the name of Hu (pron. Hee) who secured the world from a repetition of the deluge and whom the Cymry acknowledged as their remote *progenitor*, as the great *founder* of their sacred and civil *institutes* and as their *God.*[29]

Yr oedd Pughe wedi priodoli'r un teithi i Hu yn y *Cambrian Biography*. Cyfeiria Edward Davies at yr hyn a ddywed beirdd fel Iolo Goch a Siôn Cent am Hu ac am olion ei grefydd, ac y mae Pughe yn ailadrodd yr un cyfeiriadau yn ei droednodiadau i'w gywydd 'Hu Gadarn' yn 1822.[30]

Prif ffynhonnell Edward Davies a William Owen Pughe am gampau Hu Gadarn oedd y Trioedd. Dro ar ôl tro cawn gyfeiriadau at y Trioedd. Byrdwn y nodiadau a anfonodd Pughe i'r *Cambrian Register* III yn 1818 oedd rhestru'r holl gyfeiriadau at Hu Gadarn yn y Trioedd a'u hesbonio.[31] Gan mai'r trioedd a geir yn ail gyfrol y *Myvyrian Archaiology* fel 'Trioedd Ynys Prydain' yw sail yr holl draethu y mae'r damcaniaethu yn gwegian drwodd a thro, gan fod ôl llaw Iolo Morganwg yn drwm ar y trioedd hyn.[32] Lle nad ydynt yn ddychymyg

pur ar ran Iolo, yna y maent wedi cael eu helaethu neu eu clytio
ganddo. 'Hu Gadarn is Iolo's culture-hero', meddai Mrs. Rachel
Bromwich,[33] gan daflu dŵr oer yn effeithiol iawn dros holl
frwdfrydedd Edward Davies a William Owen Pughe. Dengys Mrs.
Bromwich sut y cawsai Iolo'r syniad am Hu a'i gampau o waith Iolo
Goch, ac efallai o lawysgrif *Celtic Remains* Lewis Morris. Y mae'n
bosibl mai ffynhonnell wreiddiol yr enw 'Hu Gadarn' yw *Campau
Siarlymaen* lle y mae'r enw yn gyfieithiad o 'Hugun le Fort', ond y
mae'n debyg na wyddai Iolo mo hynny. Ond hyd yn oed petaem yn
tynnu Hu Gadarn ei hun allan o'r ddadl, fe fyddai gan Pughe yn sicr
ddigon o 'dystiolaeth' ar ôl i brofi, i'w foddhad ef ei hun o leiaf, fod
olion yr hen grefydd batriarchaidd i'w gweld ym Mhrydain. Yr oedd
ganddo ddigonedd o lwybrau difyr eraill i grwydro arnynt heb orfod
dibynnu ar Hu. Y mae cymeriad George Eliot, Mr. Casaubon, yn od o
debyg i William Owen Pughe yn ei ddull o weithio, a hawsed fyddai
addasu'r disgrifiad canlynol i Pughe ei hun:

> Poor Mr Casaubon himself was lost among small closets and winding stairs;
> and in an agitated dimness about the Cabeiri, or in an exposure of other
> mythologists' ill-considered parallels, easily lost sight of any purpose which
> had prompted him to these labours.[34]

Fodd bynnag, yr oedd y difrod wedi ei wneud. Daeth cenhedlaeth
gyfan i gydio yn y syniadau ffansïol, a phob un yn gweld ynddynt yr
union beth a fynnai ei weld. Un o'r rhai mwyaf brwdfrydig oedd y
bardd a'r artist William Blake. Daw hyn â ni at gwestiwn pwysig: Beth
yn hollol oedd cysylltiad Blake a William Owen Pughe? Y mae'r
gwybodusion wedi awgrymu'n gynnil fwy nag unwaith fod cysylltiad
rhyngddynt, ac y mae'n bryd, efallai, inni geisio sefydlu natur y
cysylltiad hwnnw. Cyn cyfeirio at Pughe yn arbennig dylem sylwedd-
oli fod Blake yn ddyledus i'r mytholegwyr dyfaliadol yn gyffredinol am
ei syniadau,[35] er bod dylanwadau eraill megis Boehme a Swedenborg
yn cymhlethu unrhyw ymgais i ddadansoddi a deall ei waith. Meddai
Blake:

> The antiquities of every Nation under Heaven, is no less sacred than that of
> the Jews. They are the same thing as Jacob Bryant, and all antiquaries have
> proved . . . All had originally one language, and one religion, this was the
> religion of Jesus, the everlasting Gospel. Antiquity preaches the Gospel of
> Jesus.[36]

Yr oedd dylanwad Boehme yn peri bod Blake yn newid rhyw gymaint
ar ddamcaniaethau'r mytholegwyr dyfaliadol. Tra credent hwy yn yr
Oes Aur gyn-Ddilyw fel cyfnod mewn amser, tybiai Blake fod yr un
Oes Aur honno yn dal i barhau yn nhragwyddoldeb. Cyfaddefodd mai
ymgais oedd ei waith i adfer yr Oes Aur drwy'r dychymyg a oedd yn
dragwyddol ac yn ddiderfyn o'i gymharu â'r byd o amser y trigwn ni

ynddo. Os gellir treiddio drwy'r haenau cymhleth a welir yng ngwaith Blake, yn enwedig yn ei ddarnau gweledigaethol a phroffwydol, y mae'n bosibl gweld un syniad gweddol gyson: bod dyn wedi syrthio oddi wrth ras am nad yw'n gwrando ar Dduw. Gellid tybio fod y syniad hwn yn apelio at William Owen Pughe yntau pan gofiwn iddo ddewis cyfieithu *Paradise Lost* i'r Gymraeg, a phan gofiwn mor bwysig oedd cyfarwyddyd oddi wrth Dduw i Joanna Southcott. Ar lefel ymenyddol troai Blake at Swedenborg a Boehme, ond ar lefel ymarferol yr artist troai at symbolaeth gymhleth ei ddychymyg, ac at fytholeg fel modd i ddarlunio'r symbolaeth honno. Yn hyn o beth y mae'n bur agos at syniad Edward Davies fod Duw wedi rhoi'r wybodaeth berffaith wreiddiol i ddyn mewn symbolau ac mai datblygiad o'r symbolau hynny yw mytholeg. I Blake, delweddau o'r datguddiad dwyfol oedd y gweledigaethau a gâi ef yn ei ddychymyg, ond yr oedd ei brofiadau personol ef yn tueddu i ddylanwadu arnynt a'u newid yn union fel yr oedd treiglad amser yn dylanwadu ar fytholeg a'i newid. Addasai Blake bersonau mytholegol i'w bwrpas ei hun.

Pan sonnir am gysylltiad Blake a William Owen Pughe, y ffynhonnell a ddyfynnir fynychaf yw disgrifiad Robert Southey ohono'i hun yn ymweld â Blake a'i wraig:

> Much as he is to be admired, he [Blake] was at that time so evidently insane, that the predominant feeling in conversing with him—or even looking at him, could only be sorrow and compassion . . . And there are always crazy people enough in the world to feed and foster such craziness as his . . . My old acquaintance William Owen, now Owen Pugh [sic] who, for love of his native tongue, composed a most laborious Welsh Dictionary, without the slightest remuneration for his labour, when he was in straitened circumstances, and has, since he became rich, translated *Paradise Lost* into Welsh verse, found our Blake after the death of Joanna Southcote, [sic] one of whose four-and-twenty elders he was. Poor Owen found everything which he wished to find in the Bardic system, and there he found Blake's notions, and thus Blake and his wife were persuaded that his dreams were old patriarchal truths, long forgotten, and now re-revealed. They told me this, and I, who well knew the muddy nature of Owen's head, knew what his opinion upon such a subject was worth. I came away from the visit with so sad a feeling that I never repeated it. [37]

Cydiodd llawer un yng ngeiriau Southey ac adeiladu arnynt i geisio profi bod perthynas bur bwysig rhwng Blake a Pughe. Y mae'n werth inni ystyried mewn difrif yr hyn a ddywed Southey i weld a yw mor siŵr o'i ffeithiau ag yr awgryma tôn hyderus ei lythyr. Dylid holi yn gyntaf a yw cronoleg y digwyddiadau yn gywir cyn ystyried y ffeithiau eu hunain. Dywed Southey mai unwaith yn unig yr aeth i weld Blake, ac y mae gennym dystiolaeth Henry Crabb Robinson, y dyddiadurwr, fod hynny cyn 24 Gorffennaf, 1811. [38] Os yw hyn yn gywir, y mae

187

Southey yn awgrymu fod dylanwad Pughe i'w weld ar Blake erbyn 1811, ond eto dywed mai 'after the death of Joanna Southcote' y daeth y ddau i adnabod ei gilydd. Ni fu Joanna farw tan Ragfyr 1814. Y mae'n amlwg fod cronoleg Southey yn wallus, ond y mae'n gamgymeriad dealladwy gan mai yn 1830 yr ysgrifennodd Southey y llythyr uchod a byddai'n hawdd iddo fod wedi cymysgu'r dyddiadau. Y mae bron yn sicr fod Blake yn adnabod Pughe, neu o leiaf yn gyfarwydd â'i waith, ymhell cyn marwolaeth Joanna yn 1814. Gallwn ddilyn tystiolaeth dyddiadur Pughe o 1811 ymlaen ac nid oes cyfeiriad yn hwnnw at gyfathrach rhwng y ddau ddyn.

Y mae'n fwy naturiol dyddio unrhyw gyfathrach i'r cyfnod cyn 1809. Yn y flwyddyn honno cynhaliodd Blake arddangosfa o'i waith yn Broad Street, Golden Square, o Fai hyd Fedi. Y llun mwyaf pwysig yn yr arddangosfa i'n pwrpas ni oedd 'The Ancient Britons' sydd bellach ar goll. Darlun oedd o'r unig dri gŵr y tybid iddynt ddianc o frwydr Camlan. Yn ei hysbyseb i'w arddangosfa dywed Blake hyn am y darlun hwn:

THE ANCIENT BRITONS—Three Ancient Britons
overthrowing the Army of armed Romans; the
Figures full as large as Life—From the
Welch Triades.
In the last Battle that Arthur fought, the most
Beautiful was one
That return'd, and the most Strong another:
with them also return'd
The most Ugly, and no other beside return'd
from the bloody Field.

The most Beautiful, the Roman Warriors trembled
before and worshipped:
The most Strong, they melted before him and
dissolved in his presence:
The most Ugly they fled with outcries
and contortion of their Limbs. [39]

Yn ei ddisgrifiad o'r llun yn y 'Descriptive Catalogue' cawn ddatganiadau enwog William Blake am fytholeg:

The British Antiquities are now in the Artist's hands; all his visionary contemplations, relating to his own country and its ancient glory, when it was as it again shall be, the course of learning and inspiration. Arthur was a name for the constellation Arcturus, or Bootes, the Keeper of the North Pole . . . Mr. B. has in his hands poems of the highest antiquity. Adam was a Druid, and Noah; also Abraham was called to succeed the Druidical age, which began to turn allegoric and mental signification into corporeal command, whereby human sacrifice would have depopulated the earth. All these things are written in Eden. [40]

Gwelir yma yn ei chyd-destun y frawddeg allweddol 'Adam was a Druid and Noah also'. Sylw Denis Saurat arni yn ei lyfr *Blake and Modern Thought* oedd: 'There is perhaps no single sentence in the whole of Blake's writings which has done more harm to his reputation of sanity'. [41] Ond, fel y dywed Blake ei hun, dilyn Bryant a wnaeth ef fel llawer iawn o'r mytholegwyr eraill. [42] Y mae Denis Saurat yn gofyn, ac yn hanner ateb, cwestiwn tra phwysig: 'How did Blake know of all this? The more we study Blake, the more persuaded we become that there was not an absurdity in Europe at the end of the eighteenth century that Blake did not know'. [43] Y mae hynny yn ddiau yn wir, ond am ateb mwy boddhaol i sut y daeth Blake i wybod am y Derwyddon rhaid troi unwaith yn rhagor at Robert Southey. Y mae'n cyfeirio yma at ddarlun Blake 'The Ancient Britons':

> That painter of great but insane genius, William Blake . . . took this Triad for the subject of a picture, which he called The Ancient Britons, it was one of his worst pictures,—which is saying much; and he has illustrated it with one of the most curious commentaries in his very curious and very rare descriptive Catalogue of his own Pictures.
>
> It begins with a translation from the Welsh, supplied to him no doubt by that good simple-hearted, Welsh-headed man, William Owen, whose memory is the great storehouse of all Cymric tradition and lore of every kind. [44]

Awgrymwyd mai dibynnu ar wybodaeth a gâi ar lafar a wnâi William Blake yn aml, ac mai hyn sy'n gyfrifol am yr anghysonderau a welir yn ei waith. [45] Y mae'n bosibl fod Pughe a Blake yn gyfeillgar: wedi'r cyfan symudent i raddau yn yr un cylch yn Llundain, ond y mae'n sicr y byddai Blake wedi clywed sôn am syniadau Pughe hyd yn oed pe na chyfarfuasai'r ddau. Yr oedd un gŵr yn Llundain y gwyddom i sicrwydd ei fod yn gyfaill i'r ddau ohonynt. Os oedd cysylltiad rhyngddynt, yn ddiau y ddolen gydiol oedd William Sharp, y cerfiwr. Yr oedd Sharp yn gyfeillgar â Blake ers blynyddoedd a bu'n cydweithio ag ef fwy nag unwaith. Yn ôl John Flaxman, y cerfluniwr, ceisiodd Sharp ennill Blake at Joanna Southcott. [46] Methiant fu'r ymgais: yr oedd gan Blake ddigon o weledigaethau ei hun heb orfod rhannu rhai Joanna, ac fel y dywed Henry Crabb Robinson yn ei ddyddiadur: '. . . as Flaxman judiciously observed, such men as Blake are not fond of playing the second fiddle'. [47] Cyn hynny ceisiasai Sharp berswadio Flaxman a Thomas Holcroft, y dramodydd, i ddilyn Richard Brothers. [48] Er mai Sharp yn ddiau oedd y cyswllt rhwng William Blake a William Owen Pughe, eto nid oedd angen cyfryngwr ar Blake i syniadau Pughe ddylanwadu arno. Yr oedd yn amlwg ei fod wedi darllen *The Cambrian Biography* pan gyhoeddwyd hwnnw yn 1803, a thalodd sylw arbennig i'r hyn a ddywed Pughe yno am Arthur. [49] Cysylltodd Pughe Arthur â Nimrod, a'i gampau ag anturiaethau Hercules a Jason. Y mae'n cymryd y cam pwysig o wahaniaethu rhwng yr Arthur hanesyddol a'r Arthur mytholegol. Y mae'n bosibl bod arlliw o ddylanwad Hancarville i'w weld yma pan awgryma Pughe fod olion o fytholeg natur symbolaidd i'w gweld yn nheithi rhieni Arthur: 'Uthyr Bendragon, or Wonder the Supreme Leader, and Eigyr, or Generating Power'.[50] Eithr y frawddeg a dynnodd sylw Blake yn arbennig oedd 'Arthur is the Great Bear, as the epithet literally implies: and perhaps, this constellation, being so near the pole, and visibly describing a circle in a small space, is the origin of the famous round table'.[51] Credai'r mytholegwyr Charles François Dupuis mai dehongliad o'r symbolau sydd yn y sêr oedd myth, a honnai ef mai'r cytser Boötes ydoedd Atlas ac mai symbol o'r cawr oedd y seren Arcturus.[52] Ond fe aeth hi'n draed moch ar William Owen Pughe yma. Cysylltodd ef Arthurus ag Arcturus, gan dybied yn ddiau bod perthynas rhwng y ffurfiau, a thybiodd mai rhan o Ursa Major oedd Arcturus. Yr oedd hyn, wrth gwrs, yn gweddu i'w syniad mai 'Arth-' oedd elfen gyntaf enw Arthur ac fe fyddai o'r herwydd yn gartrefol iawn yng nghytser yr Arth Fawr. Y mae Blake yn cywiro Pughe: 'Arthur was a name for the constellation Arcturus, or Boötes, the keeper of the North Pole.[53] Arwyddocâd hyn i gyd yw fod Blake yn mynd yn ei flaen i gyfuno Atlas a Boötes a hyd yn oed yr Arthur mytholegol yn ei gymeriad mawr Albion, ond y mae tu hwnt i gwmpas y llyfr hwn ddilyn y trywydd troellog hwnnw.[54] Er mwyn cymlethu pethau ymhellach gellir cofio fod Pughe wedi uniaethu Noah, ac efallai Hu Gadarn, ag Atlas, ond efallai mai'r peth callaf fyddai cadw draw o'r gors arbennig honno rhag ofn i ni suddo ynddi heb fyth obaith o ymwared. Digon yw sylwi fod olion pur bendant o ddylanwad William Owen Pughe i'w gweld ar rai o syniadau William Blake, yn enwedig ar ei lith ar 'The Ancient Britons' yn y 'Descriptive Catalogue'.

Cyn cefnu ar y mytholegwyr dyfaliadol dylid sylwi ar un elfen arall yn eu damcaniaethau na ellir mo'i hanwybyddu, sef y gred fod deg o lwythau Israel ar goll ym mhoblogaeth Prydain. Yr oedd Richard Brothers, y proffwyd rhyfedd hwnnw a ragflaenodd Joanna, wedi cynllunio'n ofalus ar gyfer ailadeiladu Jerwsalem. Dosbarthodd ei gyfeillion rhwng y gwahanol lwythau, gan ofalu ei fod ef ei hun, wrth gwrs, yn nhŷ brenhinol Dafydd. Credai Brothers mai ef a gâi'r fraint o arwain yr Israeliaid coll yn ôl i Wlad yr Addewid, er bod gwaith pwysig i'w wneud gan rai o'i ddilynwyr fel William Sharp. Yr oedd gan Brothers dri phrif esboniad ar sut y daethai'r Israeliaid i Brydain yn y lle cyntaf: yr oedd rhai ohonynt wedi crwydro yno o'u gwirfodd, yr oedd eraill yn ddisgynyddion i'r Israeliaid a gaethgludwyd gan yr Asyriaid, ac eraill eto wedi ffoi rhag erledigaeth ar ôl cyfnod Crist am iddynt droi at Gristnogaeth. Y mae'r cyfeiriad at drigolion Prydain fel gweddillion y gaethglud Asyriaidd o bwys i ni. Fe'i ceir yn yr Apocryffa, yn II Esdras, XIII, 39-47. Y mae'n anodd dweud i ba raddau y credai William Owen Pughe yn y deg llwyth coll, ond yn ei nodiadau ar Hu Gadarn yn y *Cambrian Register*, III,[55] y mae'n cysylltu hanes Hu Gadarn yn dod i Brydain â'r cyfeiriad yn II Esdras. Rhaid cofio fod carfan gref o gyn-ddisgyblion Brothers yn rhengoedd y Southcottiaid, a byddai Pughe yn sicr o fod yn gyfarwydd iawn â'u credoau drwy eu trafod â gwŷr megis William Sharp. Yr oedd Brothers wedi ei weld ei hun fel ymgnawdoliad o'r gŵr a ddaeth i fyny o ganol y môr yn II Esdras, XIII, 25.[56] Ar ddechrau ei gerdd 'Milton' (1804) ceir un o ddarnau enwocaf William Blake:

> And did those feet in ancient time
> Walk upon England's mountains green?[57]

Ar ddiwedd yr un darn ceir y geiriau: 'Would to God that all the Lord's people were Prophets'.[58] Tybia rhai beirniaid mai cyfeiriad at Richard Brothers sydd yma, ac mai adlewyrchiad o'i gred ef yn y llwythau coll a geir yn yr adran honno o gerdd Blake, 'Jerusalem' lle y rhennir Prydain rhwng y llwythau.[59] Yn America, yr oedd gŵr o'r enw Elias Boudinot yn brysur yn ceisio profi mai yn yr Indiaid Cochion y gwelid olion y llwythau coll.[60] Nid oes gennym dystiolaeth fod damcaniaethau hwnnw wedi dod i sylw William Owen Pughe drwy ryw drugaredd, neu fe fyddai'n rhaid inni ddechrau poeni am le'r Madogwys hwythau yn yr arfaeth.

NODIADAU

[1] Dat. VI, 12-17.
[2] NLW 13248, 18 Ionawr 1817.
[3] G. R. Balleine, *Past Finding Out*, t. 77.
[4] NLW 13248, 22 Ionawr 1817.
[5] ibid. 4 Tachwedd 1816.
[6] William Owen, *The Cambrian Biography: or Historical Notices of Celebrated Men among the Ancient Britons* (Llundain, 1803), tt. 178-80.
[7] Un arall o orchestion Hu oedd rhoi trefn ar y Cymry: 'established them in a civil community', chwedl Pughe yn y *Cambrian Biography*, t. 178.
[8] BL Add. MSS. 14957.
[9] BL Add. MSS. 15029.
[10] T. Mordaf Pierce, *Dr. W. Owen Pughe* (Caernarfon, 1914), t. 57.
[11] Idrison, *Hu Gadarn, Cywydd o III Caniad* (Llundain, 1822), tt. 6-7n.
[12] Ceir ymdriniaeth o syniadau'r gwŷr hyn yn Edward B. Hungerford, *Shores of Darkness* (Cleveland, Ohio, 1963).

[13] NLW 21282, IAW 342.

[14] Ansoddair o enw Euhemerus, gŵr o Sicilia a wasanaethai Cassander o Facedonia (311-298 C.C.) Ysgrifennodd lyfr i brofi mai arwyr neu frenhinoedd dynol oedd duwiau'r Groegiaid, ond eu bod wedi cael eu dwyfoli gan eu dilynwyr a'u deiliaid ar ôl eu marwolaeth.

[15] Theophilus Evans, *Drych y Prif Oesoedd* (Caerdydd, 1960), tt. 114-15.

[16] George Eliot, *Middlemarch* (Harmondsworth, 1979), t. 46.

[17] Am drafodaeth gynhwysfawr ar y pwnc gw. A. L. Owen, *The Famous Druids* (Rhydychen, 1962); Stuart Piggott, *The Druids* (Harmondsworth, 1978).

[18] G. J. Williams, 'Leland a Bale a'r Traddodiad Derwyddol', *Llên Cymru*, IV (1956-7), tt. 15-25.

[19] *Drych y Prif Oesoedd* (Caerdydd, 1960), t. 4.

[20] ibid. t. 115.

[21] Henry Rowlands, *Mona Antiqua Restaurata* (ail argraffiad, Llundain, 1766), t. 297.

[22] Geoffrey Keynes (gol.), *Blake, Complete Writings* (Rhydychen, 1979), t. 578.

[23] Edward Davies, *Celtic Researches on the Origin, Traditions and Language of the Ancient Britons* (Llundain, 1804), t. 234.

[24] William Owen, *The Heroic Elegies . . . of Llywarç Hen*, t. xxxviii.

[25] Edward Williams, *Poems, Lyric and Pastoral* (Llundain, 1794), Cyf. II, t. 194.

[26] Idrison, *Hu Gadarn*, tt. 6-7n.

[27] Astudiai'r llyfr hwn yn Weston Place ym Mawrth 1825 pan oedd Jane Townley ar ei gwely angau, ond y mae'n bur debyg ei fod eisoes wedi ei ddarllen pan gyhoeddwyd ef gyntaf. NLW 13248, Mawrth 1825.

[28] Edward Davies, *Celtic Researches*, t. 163.

[29] Edward Davies, *The Mythology and Rites of the British Druids*, t. 106. Sail yr ymgais i uniaethu Hu â Noah, wrth gwrs, oedd yr hanes fod Hu wedi achub y byd rhag dilyw drwy dynnu'r afanc allan o Lyn Llifon â'i ychen bannog.

[30] Braidd yn amwys yw'r cyfeiriadau fel y rhoddir hwynt gan Davies a Pughe, ond y mae'n bosibl eu lleoli yn Henry Lewis, Thomas Roberts ac Ifor Williams, *Iolo Goch ac Eraill* (Caerdydd, 1937), fel: XXVII, Iolo Goch, 'Cywydd y Llafurwr', t. 81, ll. 1-6; LIX, Llywelyn ap y Moel, t. 177, ll. 15-16; LX, Siôn Cent, t. 181, ll. 5-16.

[31] Ffynhonnell Pughe am y Trioedd yw *Myv. Arch.*, Cyf II (1801), a'r Trioedd dan sylw yw: Rhif 4, t. 57; Rhif 5, t. 58; Rhif 54, t. 67; Rhif 56, t. 67; Rhif 57, t. 67; Rhif 92, t. 71 a Rhif 97, t. 71.

[32] Rachel Bromwich, 'Trioedd Ynys Prydain: The *Myvyrian* ''Third Series''', *Traf. Cymm.* (1968), Rhan II, t. 299; idem, *'Trioedd Ynys Prydain' in Welsh Literature and Scholarship*, (Darlith Goffa G. J. Williams) (Caerdydd, 1969).

[33] *Traf. Cymm.* (1968), Rhan II, t. 323.

[34] George Eliot, *Middlemarch* (Harmondsworth, 1979), t. 229. Duwiau ffrwythlondeb o Samothracia oedd y Cabiri. Gw. *Geiriadur Ysgrythyrol* Thomas Charles dan 'Samothracia'.

[35] Yn y cyswllt hwn gw. Ruthven Todd, *Tracks in the Snow* (Llundain, 1946) am ei draethawd ar 'William Blake and the Eighteenth-Century Mythologists'.

[36] Geoffrey Keynes (gol.) *Blake: Complete Writings* (Rhydychen, 1979), t. 579. Trafodir cysylltiad Pughe a William Blake gan Arthur Johnston yn 'William Blake and "The Ancient Britons"', *C.Ll.G.C.*, Cyf. XXII, Haf 1982. Ymddangosodd yr erthygl tra oedd y llyfr hwn yn y wasg.

[37] E. Dowden (gol.), *The Correspondence of Robert Southey with Caroline Bowles* (Llundain a Dulyn, 1881), tt. 193-4.

[38] Thomas Sadler (gol.), *Diary, Reminiscences and Correspondence of Henry Crabb Robinson* (Llundain, 1869), Cyf. I, t. 338; G. E. Bentley jnr., *Blake Records* (Rhydychen, 1969), t. 400; Mona Wilson, *The Life of William Blake* (Llundain, 1978), t. 268.

[39] Geoffrey Keynes (gol.), *Blake, Complete Writings* (Rhydychen, 1979), t. 560. Y mae'r dyfyniad a geir ar ddechrau'r disgrifiad o'r darlun yn y 'Descriptive Catalogue' (ibid. t. 577) yn fwy rhyddieithol, ac y mae Blake yn cyfeirio yno at y gred y byddai Arthur yn deffro o'i gwsg 'and resume his dominion over earth and ocean'. Y mae ffynhonnell y dyfyniad i'w gweld yn Nhrioedd Ynys Prydain, *Myv. Arch.*, Cyf. II (1801), t. 70.

[40] Geoffrey Keynes (gol.), *Blake: Complete Writings*, t. 577-8.

[41] Denis Saurat, *Blake and Modern Thought* (Llundain, 1929), t. 51.

[42] Peter Fisher, 'Blake and the Druids', yn Northrop Frye (gol.), *Blake—A Collection of Critical Essays*, (Englewood Cliffs, New Jersey, 1966), t. 156.

[43] Denis Saurat, *Blake and Modern Thought*, t. 59.

[44] R. Southey, *The Doctor, &c.* (Llundain, 1847) Cyf. VI, tt. 116-17. Mewn llythyr i'r *Times Literary Supplement*, 5 Mawrth 1931, t. 178, y mae Herbert G. Wright (a fu'n athro Saesneg yng Ngholeg y Brifysgol, Bangor) yn cyfeirio at yr hyn a ddywed Southey, ond yr oedd yn well ganddo ef gredu mai gan Iolo Morganwg y cafodd Blake ei wybodaeth. Mewn ateb i'r llythyr yn y *Times Literary Supplement*, 12 Mawrth 1931, t. 199, y mae Mona Wilson yn derbyn tystiolaeth Southey mai gan Pughe y cafodd Blake ei wybodaeth. Y mae'n debyg mai hi sy'n iawn. Pughe yn ddiau oedd ffynhonnell Blake.

[45] Y mae Denis Saurat, Herbert G. Wright a Mona Wilson yn awgrymu hyn. loc. cit.

[46] Gweler pennill Blake 'On the Virginity of the Virgin Mary & Johanna Southcott'. Geoffrey Keynes (gol.), *Blake: Complete Writings*, t. 418.

[47] Thomas Sadler (gol.), *Diary, Reminiscences, and Correspondence of Henry Crabb Robinson* (Llundain, 1869), Cyf. I, t. 472.

[48] ibid. t. 54, a E. Colby (gol.), *The Life of Thomas Holcroft* (T. Holcroft a W. Hazlitt), (Llundain, 1925), Cyf. I, tt. 245-7.

[49] William Owen, *The Cambrian Biography*, t. 13.

[50] ibid. t. 17.

[51] ibid. t. 15.

[52] Edward B. Hungerford, *Shores of Darkness*, t. 49.

[53] Geoffrey Keynes (gol.) *Blake: Complete Writings*, t. 577.

[54] Gweler A. L. Owen, *The Famous Druids* (Rhydychen, 1962), Pennod XI; Edward B. Hungerford, *Shores of Darkness*, tt. 35-61.

[55] 'Memorials of Hu Gadarn', *The Cambrian Register*, III (1818), t. 165; Trioedd Ynys Prydain, *Myv. Arch.*, Cyf. II (1801), t. 58.

[56] J. F. C. Harrison, *The Second Coming*, t. 80, t. 244n.

[57] Geoffrey Keynes (gol.), *Blake: Complete Writings*, tt. 480-1. Sylwer mai 'Milton' yw enw'r gerdd y daw'r llinellau hyn ohoni. Cerdd hollol wahanol yw 'Jerusalem: the Emanation of The Giant Albion'.

[58] Gweler Numeri XI, 29: 'O na byddai holl bobl yr Arglwydd yn brophwydi, a rhoddi o'r Arglwydd ei yspryd arnynt!'

[59] Geoffrey Keynes (gol.), *Blake: Complete Writings*, tt. 637-8.

[60] Edward B. Hungerford, *Shores of Darkness*, t. 84.

## HINDDA A DRYCIN

Un o rinweddau mawr William Owen Pughe oedd ei allu i droi'r rudd arall, yn wir, i anwybyddu ei feirniaid a'i wrthwynebwyr yn gyfan gwbl. Bu'n rhaid iddo feithrin y ddawn hon drwy oes gyfan o ymosodiadau. Tra byddai llawer un wedi cael ei lethu'n llwyr ac wedi gwangalonni dan y math o feirniadaeth a dderbyniodd Pughe, nid oes cofnod iddo ef erioed gynhyrfu, ac yn sicr ni freuddwydiodd erioed am ddial. Unwaith neu ddwy aeth mor bell â dangos mwy o dristwch nag o ddicter wrth weld sigo ei ffydd mewn un megis Dafydd Ddu Eryri a dybiasai oedd yn gyfaill ffyddlon, ond ar y cyfan dangosodd ei fod yn deilwng iawn o'r llysenw a roddodd y Gwyneddigion iddo—'Gwilym Dawel'. Bwriodd llawer un ei atgasedd a'i genfigen arno yn ystod ei fywyd ac ni pheidiodd yr erlid ar ôl ei farwolaeth. Un o'r rhai mwyaf maleisus yn ddiau oedd Iolo Morganwg. Yn y cyfnod cymharol ddigynnyrch ym mywyd William Owen Pughe, pan ganolbwyntiai ei egnïon ar waith Joanna Southcott, ychydig iawn o gyfathrach a fu rhyngddo ef a Iolo, a chyn bo hir torrwyd y cysylltiad yn llwyr. Pan gyhoeddwyd *Coll Gwynfa* yn 1819, symbylwyd Iolo i drafod ei berthynas â Phughe mewn llythyr at Evan Williams, y Strand. Yr oedd y cyhoeddwr wedi dannod i Iolo ei agwedd elyniaethus at Pughe:

You seem to be *half angry* with our old & mutual friend W. Owen Pughe. I see no reason why—as he certainly was your friend & Benefactor formerly when you resided at his House, [1] & forsooth he is still the same honest fellow as he was formerly, & a man of great worth & merit, but as for your old friend Owen Jones—he is underground long since & there let the fellow remain & rott in quiet—with all his sins upon his head. [2]

Prysurodd Iolo i'w ateb. Yn ei lythyr y mae'n ailadrodd ei gyhuddiadau yn erbyn y Myfyr, gan honni na thalodd hwnnw yr hyn a oedd yn ddyledus iddo am ei waith ar y *Myvyrian Archaiology*:

You suppose me half angry with Mr. O. P. you greatly mistake me, but I believe that he has long been angry with me, and I know not for what, otherwise he would have not so *resolutely* declined answering so many of my letters. You say that Mr. Owen was my Benefactor when I resided in London, I am not prepared to disavow any obligations to Mr. O. P. but in answer to your supposition I must tell you that that most artful of all scoundrels, O. Jones, always told me that he defrayed Mr. Owen for all expences incur'd on my account, paid on that account house rent for him, in short, indemnified him for every expence what. and his letters will prove this. I thank God I have carefully kept them all, and they shall be put into hands that will publish them, and otherwise make a proper use of them. I always believed what O. Jones swindlingly told me, I should not have staid on any acct. whatever at Mr. O's if I had suspected the truth of O. Jones's assertions, indeed I have long thought that Mr. O. was not aware of the duplicity of O. Jones for many years, if he had he would not have submitted to be that scoundrel's Cat's pay [recte, *paw*] with respect to me, when the winding up of the swindling brought all to light, Mr. O. was, I should suppose, surprized and embarrassed as I was: henceforth reserve towards me, unless my contemptuous opinion of Joanna Southcott occasioned it, but no matter what it was now.[3]

Y mae'n anodd iawn nithio'r gwirionedd oddi wrth y celwydd yn yr helynt a fu rhwng Pughe, Iolo a'r Myfyr, Iolo, yn ddiau, oedd y drwg yn y caws. Yr oedd hwnnw mor ddiegwyddor o faleisus fel na ellid dibynnu ar ei dystiolaeth o gwbl. Y mae'n arbennig o eironig ei fod yn cyhuddo'r Myfyr o 'duplicity', ac ef ei hun wedi twyllo cymaint ar ei gydweithwyr. I Pughe, â'i ysbryd hynaws a'i ffydd ddiniwed yn ei gydddyn, y broblem oedd pwy i'w goelio. Y mae'n fwy na thebyg na freuddwydiodd ef na'r Myfyr pa mor ddichellgar ydoedd Iolo mewn gwirionedd, ac er iddynt amau rhai pethau y mae'n sicr nad oedd ganddynt y syniad lleiaf o wir gwmpas ei ffugiadau. Dywed yr Athro G. J. Williams na sylweddolodd hyd yn oed Taliesin ab Iolo wir natur ei dad: 'Llwyddodd ei dad i gadw ei gyfrinach fawr rhagddo'.[4] Ond nid oedd pawb mor ddiniwed. Yr oedd rhai o'u cyfoeswyr, gwŷr fel Edward Davies, wedi ei amau, a rhybuddiwyd Pughe a'r Myfyr gan John Williams mor gynnar â 1799 i ochel ei driciau:

It is peculiarly grating to me that you understand not Latin otherwise you never would have been such a dupe to Iolo Morganwg. You and Owain Myfyr are complete ones. Though I like you both, yet I must speak my mind.[5]

Bu cyhoeddi *Coll Gwynfa* yn sbardun i Iolo ddyblu ei ymosodiadau ar Pughe. Yr oedd Owain Myfyr bellach wedi mynd i fan lle na fedrai atgasedd Iolo ei ddilyn, a throdd hwnnw lif ei gasineb yn awr at Pughe. Efallai fod gweld Pughe ddi-awen yn derbyn clod ac anrhydedd am ei farddoniaeth garbwl yn bilsen chwerw iawn i Iolo ei stumogi, ac yntau yn llawer gwell bardd. Ymysg ei bapurau ceir drafft o lythyr erchyll o giaidd at y 'Parch. Dafydd Dafis, Llwyn Rhyd Owain', gŵr sy'n fwy adnabyddus i ni fel Dafis Castellhywel. Y dyddiad arno yw Ionawr 1823, ac efallai mai hwn oedd y llythyr cyntaf i Iolo ysgrifennu at Dafydd Dafis ar ôl iddo glywed am anrhydeddu Pughe â gradd DCL gan Brifysgol Rhydychen ym Mehefin 1822, a barnu oddi wrth ei gyfeiriadau sbeitlyd at y ddoethuriaeth. Y mae'r ysgrifen yn flêr, bron yn annarllenadwy mewn mannau, ac y mae'n amlwg fod Iolo wedi ysgrifennu mewn tymer wyllt:

. . . y mae'r ffol canmhlyg hwnnw y Doctor bendigaid *William Owain Pughe* wedi tywallt y cyfryw Ddiluw o lygredigaeth ar ein hen Iaith ragorol, fal y gellir ofni'n fawr y bydd hi farw o'r pla galarus ag arswydus cyn bo hir; y mae'r holl argraphyddion agos yng Nghymru yn cymmeryd eu haddysg o'i

Iolo Morganwg
Llun dyfrlliw ohono gan William Owen Pughe

enau ffiaidd ef. Y mae'r Doctor mawr hwn wedi dangos ei hunan hefyd i'r byd megis Prydydd mawr anfeidrol, yn Uffern, y pwll diwaelod, y bont y cyfryw Brydyddion a'u disgyblion, hyd nes gwelont eu camsyniadau, ond nid hwy na hynny er dirmygedicced ydynt yn fy ngolwg i—y mae'r Doctor Will mawr hwn wedi dywedyd rhywbeth nad oedd yn ei weddu ef o neb am eich barddoniaeth chwi, mawr oedd ei ryfyg pan lyfasai gymmeryd eich Enw chwi yn ei Safn budr a ffiaidd—yn un o Rifynau Seren Gomer y dywed ef ei grasgoethder Hudlewyrn yn hyttrach na *Seren* yn arwain pawb agos ar gyfeiliorn[6] . . . Yr wyf yn argraphu Cyfrinach Beirdd Ynys Prydain . . . Yn y Rhagymadrodd mi a gaf, os byw gymharu eich Barddoniaeth chwi a gwaith y Grasgoethyn Doctoraidd W. O. P. a rhoi rhywfaint o ergydion fflangell ar ei ysgwyddau corraidd ef: neu fel y dywedant ei gydddeudneudwyr[7] yn fynych— *'Cebystr Diawl a'm crogo i oni wna i labio i dy ddwy ysgwydd di yn siwrwd man'.*

Da iawn fyddai gennyf gael tri neu bedwar Englyn unodl union neu ddernyn Bychan o gywydd o'ch gwaith, ni waeth beth y Testyn fal y gallwyf eu dangos yn fy Rhagymadrodd wyneb yn wyneb a Barddoniaeth dihwnt i bob amgyffred y *Doctor Southcott mawr* a gadael i holl *Omeriaid* y Ddaear hon— a rhai'r pwll diwaelod (sef pwll anwybodaeth Cadarn) i farnu fal y dodo eu Duwies Joanna Southcott yn eu calonau druain . . . Pa le, os gwyddoch, y mae Dr. Charles Lloyd yn awr, a pha fyd sydd arno?[8] rhyfedd y gwahaniaeth a sydd rhwng y Dr Southcott diddysg ai Ryfyg yn anffrwynedig, a'r Dr. Llwyd mawr ond anffrwynedig ei ddysg! ond o chwennych gwisgo pluf mewn cappan, teg oedd a theilwng i'r Dr. Llwyd wisgo pluf Esgyll yr <u>Eryr Euraid</u>—nid teilwng i'r Dr. Southcott yn ei gappan ond pluf Esgyll <u>Ystlum</u>, neu'r cyfryw bluf ac yw rhai esgyll Budrchwilod neu lyffaint, neu beth a dywedech am Esgyll draenog. Y mae'n llawn oed i'r rhai a ddeallant ac a garant y Gymraeg gymmeryd eu pastynau mewn gafael ag ymarfer a nhwy, hyd onis gyrrer taw ar dafodau a phaid ar ysgrifellau'r Southcottiaid a Gomeriaid y byd: a rhoi cloffrwym ar eu rhyfyg bocsachus. (Dyna i chwi enwau ar ddwy leng neu ddwy genfaint o foch) Dyna i chwi lythyr mor wyllt a'r gwylltaf a darddodd erioed o ymhenydd y Dr. Llwyd ond, da chwithau, na ddywedwch ei fod mor ffol a'r ffolaf o ffolinebau y Dr Southcott: yr wyf yn ofni y bydd mwy o wirionedd yn hynny nag a garwn ei glywed o benn arall: etto rhaid ymostwng yn amyneddgar i'r gwirionedd.

Ydwyf, Barchedig syr,
Eich gwasanaethydd gostyngedig eithr annheilwng
Iolyn Morganwg.[9]

Yn y llythyr uchod cyfeiria Iolo at ei lyfr *Cyfrinach Beirdd Ynys Prydain* gan awgrymu y byddai'n manteisio ynddo ar y cyfle i ymosod unwaith yn rhagor ar William Owen Pughe. Gwnaeth hynny yn ei nodiadau, lle y dywed na wyddai Idrison 'fwy oddi wrth fesur a chynghanedd cywydd, nag a wyr mochyn newydd ei eni o ba ddefnyddion y gweir lleuad newydd pan fo'r hen un wedi llwyr dreulio'n ddim'.[10] Ymysg papurau Iolo ceir nodyn, wedi ei groesi allan, dan 'Suddas—Judas': 'William Owen, a *chydag* ef Owen Myfyr, a ellir yn gyfiawn eu cymharu *a* Suddas, pob un, megis a chyfarch teg a chusan, yn bradychu'.[11] Gellid dyfynnu llawer, llawer mwy o ymosodiadau Iolo ar Pughe, ond y mae'r rhan fwyaf ohonynt mor blentynnaidd nes y maent yn ddiflas i'w darllen, a chan mai cenfigen pur yn hytrach nag unrhyw gŵyn cyfiawn sy'n eu symbylu nid oes diben eu hailadrodd. Gwyddai cyfeillion Pughe yn iawn am ymosodiadau di-sail Iolo arno. Y mae J. W. Prichard, Plas-y-brain, Llanbedr-goch, yn cyfeirio atynt mewn llythyr ym mis Mai 1822:

> Yr wyf yn deall fod Iolo Morganwg a Gwilym Owain Pughe wedi syrthio allan a'u gilydd, ni soniod Davies wyllt un gair pa beth ydoedd yr achos iddynt sorri. Buasai yn dda i Mr. G. O. Pughe pe nas gwelsai erioed wyneb Iolyn, dyn ar ddrygau bob amser, ac yn dyfeisio rhyw gelwyddau i geisio twyllo'r byd, ac wrth hynny nid yn unig tynu dirmyg ac anfri ar enw Mr. G.O.P. Och fi! Duw a'n gwaredo rhag syrthio i rwyd y cyfryw anghenfil![12]

Y mae J. W. Prichard yn sôn am yr ymosodiadau drachefn mewn llythyr a ysgrifennodd at Pughe ei hun yn 1824:

> Mi a wn ers llawer blwyddyn eich bod yn meddianu Cynneddfau mwynion a charedig a'ch bod yn gwneuthur ced ac ymwared i lawer o'r Cymry tylodion, a chael gan rai onaddynt wawd a dirmyg yn dal, dyst am hyn, yr ENGLYN CYWILYDDUS a wnaeth D. Ddu Fardd i'ch Geiriadur Mawr, pan ddaeth gyntaf allan o'r Wasg, a Iolyn Morganwg yntef: yr hwn a dderbyniodd lawer o'ch haelioni a'ch mwynder: ac yn daledigaeth ganddo ef yn y diwedd, pwy barotach i fwrw brychau yn eich gwyneb nag ef?[12]

Dywed Peter Bailey Williams wrth Wallter Mechain ym Mehefin 1828: 'Iolo imposed very much on poor W. O. P.'.[14] Yn ffodus, yr oedd Pughe yn gwbl ddigyffro. Canodd ei gyfaill Robert Davies, Bardd Nantglyn, i'r ochr hon o'i natur:

> Ben addurn, mal boneddig,—gostegodd
> Gostogion yn bwyllig;
> Safodd, ac ni ddaliodd ddig
> Gabl i'w ddydd yn gwbl ddi ddig.[15]

Bu digon o ymosod ar William Owen Pughe yn 1819 yn sgîl cyhoeddi *Coll Gwynfa*, ond yr oedd mwy i ddod yn yr un flwyddyn mewn cyswllt hollol wahanol. Cawn weld maes o law y rhan a chwaraeodd Cymry llengar Llundain eto yn eisteddfodau'r cyfnod; digon am y tro yw nodi mai William Owen Pughe oedd un o'r beirniaid yn yr eisteddfod a gynhaliwyd yn Ninbych ym mis Hydref 1819, ynghyd â Robert Davies, Bardd Nantglyn, a David Richards, Dewi Silin. Testun yr awdl oedd 'Elusengarwch', a dyfarnwyd y wobr i'r Dryw, sef y Parch. Edward Hughes, Bodfari. Ffrwydrodd ffrae anferth â chefnogwyr Dewi Wyn o Eifion a haerai'n daer mai ef a haeddai'r wobr. Bu llawer o gwyno am ffafriaeth a cham, a'r hen gŵyn am annheilyngdod y beirniaid. Ceir yr holl hanes yn yr *Attodiad i'r Blodau Arfon*, lle y dywedir am Pughe 'nad oedd efe yn gymhwys i farnu

199

gwaith Dewi Wyn, mwy nag yw'r ddalluan yn addas i farnu cerddoriaeth yr eos',[16] barn nid cwbl annheg, fel y mae'n digwydd. Datblygodd y cweryl yn *cause célèbre* wrth fodd calon y beirdd a oedd y pryd hynny fel erioed yn mwynhau ffrae dda. Canodd Pedr Fardd i ragoriaeth awdl Dewi Wyn:

> Os ca'dd DRYW unrhyw anrheg
> Mae'r enw i ti DEWI deg
> Dy awdl, diau ydoedd
> Uwch ei bri, iach hoywber oedd.[17]

Nid un i adael i eraill ymladd ei frwydrau drosto oedd Dewi Wyn, a phrysurodd i'r gad, gan lachio Pughe yn giaidd iawn yn ei ddychangerdd 'Awdl yr Adebau':

> Rhybudd i Gaer Ludd a'r wlad,
> Roi mawr-gyrch i'r ymwrgâd,
> Heriaw ar g'oedd wŷr i'r gamp,
> Dyn SOUTHCOTT dan ei seith-gamp.
> Er iddo anturio twyll,
> Gwrthodi gwir iaith ddidwyll;
> Dattod a cham osod main,
> Ieithadur HU a THYDAIN.
> Llusgo'r aeg, yn llêsg o'i rhôd,
> Och! Ow! myn'd â'i chymhendod.
> Prawfiedydd, Diwygydd da,
> Llaw fawr iawn, llyfr IOANNA.
> Er dwned ei syfrdanedd,
> B'ai bla'n Iaith, a'n Beibl un wêdd.
> A thori prif lythyreg,
> Llyfr Duw oll o Efrai dêg.
> Gwell y medr drin gwallau mân,
> Twyll SOUTHCOTT wallus, wyth-gant,
> Na thrin gwaith yr enwog wŷr,
> Ein doethion a'n da ieithwyr.
> Ac nid efe, gwnaed a fyn,
> Na'i wrâch oedd oruwch iddyn'.
> Byd gwell be diwygiai o,
> Y GEIRIADUR a'i GREDO.
> Pond gwell i'r awdur bellach,
> Dynu ei GRED o d—n gwrâch.
> Poed in' oll rhag pŷd un wedd.
> Wel'd ei frâd a'i led-frydedd,
> A'i ffiaidd wrachïaidd chwedl,
> Gwnai bŷg wyneb i'w genedl,
> Ys Awdur Geiriadur a
> Gwallgo' ynfyd Goll Gwynfa;
> Llêf hogi llif ei Goll o,
> Cainc a nâd ci'n cynudo.[18]

200

Dweud go greulon. Gwyddai Bardd Nantglyn y byddai Pughe yn llawer rhy swil a llednais i'w amddiffyn ei hun, felly penderfynodd ateb drosto'i hun a'i gydfeirniaid drwy annerch beirdd Arfon mewn cyfres o englynion:

> Eu swydd ers mwy na blwyddyn—bair ddewis
> Bardduo fy nghoryn;
> A'u Baal, i'w roi ar bolyn,
> A'u duw aur yw Dewi Wyn.

> Galwant vi yn gi ac yn gas—ddyn dwl
> Heb ddawn diliau Barddas[19]
> Clerwr gwlad, pob enwad bas
> Crach varddyn, crych vy urddas.

> Ond vi sydd iach, mor ddigrachen,—a divai
> A'u Davydd o'r Gaerwen;[20]
> Wyv ddi-ddig, ddigenvigen,
> Gall vy mhwyll, a gwell vy mhen.

> ................

> Brad geisient, briw digysur,—daraw pen
> Doctor Pughe a'i lavur
> Drwy sarllach eu sothach sur
> I redeg ei Eiriadur.[21]

Llwyddodd Pughe i wrthsefyll holl ruthrau ei elynion drwy ei addfwynder, ac yr oedd ganddo ddigon o waith i gadw ei feddwl rhag pendroni ar anghyfiawnderau bywyd.

Dechreuodd ymddiddori fwyfwy mewn barddoniaeth yn y cyfnod hwn, a chan na wenai'r Awen arno ef yn bersonol, trodd ei sylw at gyfieithu barddoniaeth o'r Saesneg. Yr enghraifft enwocaf o'i waith yn y maes hwn yw *Coll Gwynfa*. Cyfieithodd lawer o waith Felicia Hemans, y wraig a anfarwolwyd ag un llinell o farddoniaeth: 'The boy stood on the burning deck', er nad oes sôn fod Pughe wedi cyfieithu'r gerdd arbennig honno. Bu Felicia Hemans yn byw am gyfnod gerllaw Llanelwy ac adwaenai William Owen Pughe yn bersonol. Cyfieithodd Pughe *Palestina* yr Esgob Heber a *The Bard* gan Thomas Gray. Gwyddom ei fod wedi cynorthwyo Edward Jones, Bardd y Brenin, yn ei dasg o gyhoeddi cyfieithiadau o lenyddiaeth Gymraeg. Cydnebydd Edward Jones ei ddyled iddo am oleuni ar ambell destun tywyll, ac y mae llawer o'i waith i'w weld yn ddienw yn nhudalennau *The Bardic Museum*.[22] Wrth gwrs, yr oedd Pughe wedi bod yn cyfieithu'r hen farddoniaeth Gymraeg ers blynyddoedd lawer, ers cyfnod yr *Heroic Elegies*, ond yn awr trodd ei sylw fwyfwy at gerddi mwy cyfoes eu naws. Bu farw Siôr III yn Ionawr 1820, ac yn yr un flwyddyn cyfieithodd Pughe 'God Save the King' ar gyfer coroni Siôr IV. Yn 1822 casglodd ei gyfieithiadau at ei gilydd a'u cyhoeddi mewn llyfr, *Cyvieithion o*

*Saesoneg, Sev Palestina, can arobryn Heber; Y Bardd, awdl arddunawl Gray: ac Amrywion gan Idrison*, ac yn yr un flwyddyn cyhoeddwyd ei gerdd wreiddiol *Hu Gadarn, Cywydd o III Caniad: y gan Idrison*. Cawn sylwi ar ansawdd y cerddi hyn yn y bennod nesaf. Gweithiai hefyd ar erthyglau a nodiadau ar gyfer cylchgronau'r dydd, ac ar y dasg ddiderfyn o baratoi'r Mabinogi ar gyfer y wasg. Yn 1820, yr oedd Pughe yn llywydd y Gwyneddigion am y drydedd waith. Yr oedd hwn yn gyfnod o adnewyddiad ysbryd ym myd y cymdeithasau Cymraeg, a bydd yn rhaid inni droi ein golygon tuag at Gymru i ddeall y rhesymau am hyn.

Poenai Thomas Burgess, Esgob Tyddewi, am safon addysg y clerigwyr yn ei esgobaeth. Gobeithiai gael cymorth y rhai galluocaf i nerthu'r gweiniaid, ac edrychai'r esgob yn arbennig tuag at John Jenkins, rheithor Ceri yn Sir Drefaldwyn, a W. J. Rees, rheithor Casgob yn Sir Faesyfed.[23] Cyfeiriai ei gyfeillion at John Jenkins fel 'Ifor Hael' oherwydd y croeso cynnes a gaent ar ei aelwyd, ond Ifor Ceri oedd yr enw a ddefnyddiai ef ei hun a'r enw yr adwaenir ef wrtho bellach. Yr oedd yn ŵr amryddawn, yn gerddor ac yn berchen llyfrgell gynhwysfawr. Perthynai drwy briodas i Wallter Mechain, rheithor Manafon, gŵr a chanddo gysylltiadau clos â Chymry Llundain ers ei gyfathrach bur amheus â hwy drwy eisteddfodau cynnar y Gwyneddigion. Pwysleisiai'r offeiriaid hyn werth diwylliant eu gwlad, a llwyddasant i argyhoeddi'r esgob y byddai o fantais i glerigwyr Cymru ddod i adnabod cyfoeth llenyddiaeth eu gwlad, ac yn arbennig ei barddoniaeth. Daeth mwy a mwy o'u cyfeillion i'w cefnogi yn eu hamcanion: gwŷr fel David Richards (Dewi Silin), ficer Llansilin, a'i frawd Thomas Richards, athro ym Merriw; Eliezer Williams, mab Peter Williams yr esboniwr Beiblaidd a brawd Peter Bailey Williams; David Rowlands (Dewi Brefi) curad Carno a Llanwnnog; Rowland Williams ficer Meifod; a'r ferch hynod honno, Angharad Llwyd, copïwr llawysgrifau ac eisteddfodwraig selog. Yr oedd eisoes yn arfer ganddynt gynnal cyfarfodydd yn nhŷ Ifor Ceri lle'r ymgynullai'r beirdd, y telynorion a'r cerddorion i feithrin eu doniau, ond teimlid y byddai modd lledaenu'r gweithgareddau hyn i gyrraedd mwy o glerigwyr, a lleygwyr, petai'n bosibl eu trefnu rywsut ar raddfa genedlaethol. O'r syniad hwn y deilliodd y cymdeithasau Cymroaidd a fu mor boblogaidd yn y bedwaredd ganrif ar bymtheg. Trefnwyd cyfarfod yng Nghaerfyrddin yn Hydref 1818 tan lywyddiaeth Arglwydd Dinefwr, ac yno y sefydlwyd Cymdeithas Gymroaidd Dyfed. Yr oedd ei hamcanion clodwiw yn adlais o freuddwyd triawd y *Myvyrian Archaiology* ar dro'r ganrif: bwriedid gwneud catalog llawn o'r holl lawysgrifau Cymraeg mewn llyfrgelloedd preifat a chyhoeddus, nid yn unig yng Nghymru, ond yn Lloegr ac ar y cyfandir. Argymhell-wyd copïo cymaint ag oedd yn bosibl ohonynt a'u cadw mewn canolfan hwylus megis yr Amgueddfa Brydeinig. Awgrymwyd hefyd y dylid casglu pob llyfr printiedig Cymraeg i lyfrgell Ysgol y Cymry, hen lyfrgell y Cymmrodorion. Penodwyd Iolo Morganwg i ofalu am gyhoeddiadau'r gymdeithas, ac i fod yn athro barddol i'r cywion beirdd.

Dilynwyd Dyfed gan y taleithiau eraill. Sefydlwyd Cymdeithas Gymroaidd Gwynedd ym Medi 1819; Cymdeithas Cymmrodorion Powys yn Hydref 1819, a Chymdeithas Gymroaidd Gwent a Morgannwg yn 1821. Drwy weithgarwch y cymdeithasau hyn rhoddwyd hwb fawr i'r eisteddfod: rhwng 1819 a 1834 cynhaliwyd deg o eisteddfodau taleithiol. Yn yr eisteddfod gyntaf o'r rhain a gynhaliwyd yng ngwesty'r Ivy Bush, Caerfyrddin, ym mis Gorffennaf 1819, dechreuodd Iolo Morganwg ddefod arbennig iawn. Gosododd ddyrnaid o gerrig mewn cylch ar y llawr, gydag un garreg fwy ei maint yn y canol. Urddwyd Derwyddon, Beirdd ac Ofyddion yn y cylch a ddaeth yn ddiweddarach yn rhan mor hanfodol o seremonïau Gorsedd y Beirdd. A dyma gysylltu'r orsedd â'r eisteddfod am y tro cyntaf. Teimlid y dylid cael rhyw fath o bencadlys neu awdurdod canolog i hyrwyddo ac arolygu gwaith y cymdeithasau taleithiol. Yr oedd yn hen arfer bellach gan wŷr llengar Cymru droi eu golygon at Lundain am gymorth ac arweiniad, ac anfonwyd W. J. Rees, Casgob, i'r brifddinas i balmantu'r ffordd ym mis Mai 1820. Yr oedd ganddo femorandwm oddi wrth Ifor Ceri i'w atgoffa o'r hyn yr oedd yn rhaid iddo ei wneud ar ôl cyrraedd: galw ar John Parry, Bardd Alaw, i drafod lle cerddoriaeth yn yr Eisteddfod, a pherswadio Edward Jones, Bardd y Brenin, i fod yn feirniad. Yr oedd Gwallter Mechain eisoes wedi rhybuddio Syr Watkin Williams Wynn am berwyl W. J. Rees.

Arhosodd Rees yn Llundain am chwech wythnos. Cawn nifer o gyfeiriadau at ei ymweliad yn nyddiadur William Owen Pughe. Ar 27 Mai, aeth Pughe i gael brecwast gyda Bardd Alaw, a chyfarfod â W. J. Rees a John Humphreys Parry yno: 'er sevydlu y Cymmrodorion'.[24] Ar 13 Mehefin aeth 'i gynghor i sevydlu y Cymmrodorion, yn Neuað Ovyðion', ac o hynny ymlaen busnes y gymdeithas newydd sy'n llenwi ei ddyddiadur hyd y 24ain pan ddywed iddo fynd 'i gyvarvod cyntav y Cymmrodorion, a Sir. W. W. Wynn yn y gader'.[25] Teitl llawn y gymdeithas oedd 'The Cymmrodorion Society or the Metropolitan Cambrian Institution', a'r un oedd ei hamcanion â'r cymdeithasau taleithiol. Yr oedd pawb o unrhyw bwys yn aelod, gan gynnwys Walter Scott a Robert Southey. Yn naturiol ddigon, disgynnodd y trefnu i ddwylo aelodau blaenllaw y Gwyneddigion: awgrymwyd enw William Owen Pughe fel ysgrifennydd, ond penodwyd John Humphreys Parry i'r swydd. Trwy weithgarwch y Cymmrodorion, daeth Parry yn un o gyfeillion pennaf Pughe yn y cyfnod hwn. Bargyfreithiwr ydoedd wrth ei alwedigaeth, ond ar ôl cael etifeddiaeth ar farwolaeth ei dad, ymroes yn gyfan gwbl i lenydda. Rhedodd yr arian drwy'i fysedd mewn byr amser, a syrthiodd i ddyled: gwyddom fod Pughe wedi ei helpu fwy nag unwaith. Ffrwyth ei lafur ef fel golygydd oedd y *Cambro-Briton*, y gymysgfa ddifyr honno o wybodaeth a gyhoeddwyd rhwng 1820 a 1822, ac ef oedd awdur y *Cambrian Plutarch*, geiriadur bywgraffyddol. Pan benderfynodd y llywodraeth y dylid argraffu testunau hanes cynnar Prydain, penodwyd John Humphreys Parry i olygu'r adran Gymreig. Yr oedd yn ohebydd cyson i bapurau'r cyfnod dan yr enw 'Ordovex'. John Parry arall, sef Bardd Alaw, a ofalai am weithgarwch cerddorol y Cymmrodorion, a chyfaill arall i Pughe, Thomas Jones y Bardd Cloff, oedd trysorydd cyntaf y gymdeithas.

Yr oedd Pughe, a dreuliai gymaint o'i amser yn nhai'r cyfeillion hyn, mewn lle da i ddylanwadu arnynt, a chan fod ganddynt barch i'w ddysg a'i brofiad yr oeddynt yn barod iawn i wrando ar ei awgrymiadau. Bu'r parodrwydd hwn i goleddu ei syniadau yn faen tramgwydd i ffyniant y gymdeithas, ac yn fodd i agor agendor rhyngddi a'r cymdeithasau taleithiol yng Nghymru. Prif asgwrn y gynnen unwaith yn rhagor oedd yr orgraff. Pechodd John Humphreys Parry yn erbyn Cymdeithas Gwent drwy feirniadu'r traethawd ar gyflwr yr iaith a enillodd dlws eisteddfod Aberhonddu i'r Parch. John Hughes yn 1822. Anghytunodd Parry â sylwadau'r awdur am yr orgraff, ond teimlai'r gymdeithas daleithiol mai peth annoeth iawn oedd iddo fynegi ei farn yn gyhoeddus ac yntau yn ysgrifennydd y Cymmrodorion. Yr oedd Parry, fel golygydd y *Cambro-Briton*, wedi cyhoeddi yn y cylchgrawn hwnnw fwriad y Cymmrodorion o fabwysiadu orgraff Pughe, a defnyddio *v* am *f*, ac *f* am *ff*. [26] Dechreuodd cymdeithas Dyfed hithau wingo yn erbyn symbylau'r Llundeinwyr, a cheisiodd adfer yr hen ddull cyfarwydd o sillafu. Daeth mwy o graciau i'r berthynas rhwng y gymdeithas ganolog a'r cymdeithasau lleol pan ddechreuasant ddadlau am swyddogaeth yr eisteddfodau. Gobeithiai'r clerigwyr llengar y byddent yn tyfu'n foddion i hyrwyddo diwylliant, ond i Bardd Alaw yr oeddynt yn esgus am sioe fawr gerddorol. Cyn bo hir yr oedd yn hollol amlwg mai bregus iawn oedd gafael Llundain ar y cymdeithasau taleithiol, ac mai pur anfodlon oedd y rheini i wŷr y brifddinas dra-arglwyddiaethu arnynt.

Yr oedd bywyd personol William Owen Pughe yn sicr o fod yn llawer llai cysurus ar ôl marw Sarah Owen yn Ionawr 1816. Isabella oedd yn cadw tŷ iddo yn awr er bod Elen a John Fenton wedi symud i fyw ato dros dro ar farwolaeth Sal. Aethai Aneurin yn ôl i Nantglyn. Er bod y stad yn galluogi Pughe a'i deulu i fyw yn annibynnol eto deuai â llawer o ofalon a phryder i'w ran, a barnu oddi wrth ei lythyrau a'i gofnodion. Y mae'n anodd bellach olrhain gwir natur rhai o'r trafferthion hynny gan fod cymaint o'r dystiolaeth wedi mynd ar ddisberod, ond ymddengys fod rhyw gymaint o ansicrwydd ac anghydfod ynglŷn â'r etifeddiaeth. Onibai fod Rice Pughe wedi enwi William Owen Pughe yn bendant fel etifedd iddo yn ei ewyllys, tila iawn fyddai ei hawl ef i'r etifeddiaeth gan fod y berthynas rhyngddynt yn annelwig iawn. Honnodd Rice Pughe fod ganddo ar un adeg bron i ddau gant o gyfyrdyr, a phob un ohonynt yn ddiau â'i lygaid ar y stad. Gwyddom y buasai ganddo nifer o blant, ond buont i gyd farw o flaen eu tad. Ceir cofnod sicr am un, o leiaf, a dyfodd i oedran dyn, sef Lewis. Ymaelododd ef yng Ngholeg Iesu, Rhydychen, yn ddwy ar bymtheg oed yn 1783. [27] Nid oes sôn fod yr un ohonynt wedi mynd mor bell â phriodi ac epilio, gan mai pur annhebygol yw mai Pughe fyddai'r etifedd petai gan Rice Pughe wyrion neu wyresau i'w ddilyn. Gwyddom fod brawd Rice Pughe wedi ei oroesi am bum mlynedd. Bu farw Hugh Pughe yn Nôl-y-cae ym Mawrth 1811, ac y mae'n bur debyg mai o'r gangen hon o'r teulu y deuai'r helynt mwyaf. Yr oedd unrhyw ddisgynyddion i Hugh Pughe yn perthyn yn bur agos i Rice Pughe, ac y mae'n amlwg fod rhai aelodau o'r teulu yn teimlo fod ganddynt hawl i ryw gyfran o'r etifeddiaeth. Yr oedd William Owen Pughe ar bigau'r drain ym mis Mawrth 1815, gan y teimlai fod rhyw gynllwynio ar droed. Meddai: '. . . awn at J[ane] Townley, ond heb vyned i mewn gan ovni bod dyn yn vy ngwylied, o herwyð hawl cyvnesav H. Pughe'. [28] Cyn belled ag y gellir dyfalu, y mae'n bosibl mai'r bwriad o osod y tyddynnod yn Nhal-y-llyn i Aneurin oedd wrth wraidd llawer o'r anghydfod. Ceir rhai cyfeiriadau pur amhendant yn nyddiadur Pughe am fis Tachwedd 1816 sy'n awgrymu fod ei berthnasau o'r ardal honno yn ei fygwth rywfodd neu'i gilydd. Yr oedd y straen arno'n amlwg, nes iddo gyfaddef yn y diwedd ei fod yn 'ovni ymðangosi liw dyð'. Rhybuddiodd ei gyfeillion i beidio â derbyn llythyrau drosto, 'rhag ovn o drywyð i W. Pughe o Riw Ogov arnav'. Fferm ym mhlwyf Tal-y-llyn yw Rhiwogof, yng nghanol tiriogaeth y Puwiaid. Tua'r un amser bu Aneurin, ar ran ei dad, yn trafod busnes â theulu arall yn yr un ardal, sef merched y diweddar John Tybots o Nant-yr-eira, ym mhlwyf cyfagos Llanfihangel-y-Pennant. Yr oeddynt hwy i fod i dderbyn pumpunt yr un yn flynyddol o renti Llwyn-Dôl-Ithel, ond bwriad Pughe oedd prynu pawb arall allan o'r ewyllys er mwyn sicrhau'r stad yn gyfan iddo ef ei hun ac Aneurin ar ei ôl. Gwelwyd eisoes sut y ceisiodd brynu hawl ei frawd Richard. Llwyddodd Aneurin i ddod i gytundeb â merched Nant-yr-eira. Dengys hyn dacteg arbennig o gelfydd, a dewrder hefyd: nid ar chwarae plant y mentrodd Aneurin i Dal-y-llyn i ffau'r llewod. Petrusodd Pughe a Thomas Chandless, ei dwrnai, yn hir cyn ei anfon yno. Dywed Pughe: 'Awn i holi T. Chandless ai diogel vyðai i Aneurin vyned i Dal-y-llyn: dywedai mai enbyd'. Nid pobl i gellwair â hwynt oedd Puwiaid Tal-y-llyn. O'r diwedd cytunwyd i dalu pedwar cant o bunnau i lawr i ferched Nant-yr-eira yn lle'r tâl blynyddol.

Erbyn hyn yr oedd Aneurin wedi ymgartrefu yn Nhan-y-Gyrt yn Nantglyn. Yn 1820 priododd â Jane Lloyd o Nantglyn. Yn ôl *Seren Gomer*: 'Priodwyd—Yn Llynlleifiad, Aneurin Owen Pughe, Ysw. o Nantglyn, swydd Ddinbych, a Miss Jane Lloyd o'r un lle'. [29] Yr oedd Jane yn ferch i William Lloyd, neu William Llwyd fel y cyfeiria Pughe ato. Oddi wrth lythyrau Pughe a'r cofnodion yn ei ddyddiadur gellid tybio fod William Llwyd yn rhyw fath o oruchwyliwr ar y stad yn Nantglyn. Cyn i Aneurin ymgymryd â'r gwaith o reoli'r stad ato ef yr ysgrifennai Pughe am drosglwyddo arian a materion busnes eraill. Ei deulu ef yn ddiau a grybwyllir mewn atodiad i ewyllys Rice Pughe a ddyddiwyd 26 Medi 1806:

I give and bequeath to my good friend William Lloyd of Black[30] and his family five hundred pounds apposited three to him, ninety pounds to his wife and ten to his daughter Betty and to his daughter Jane one hundred pounds.[31]

'Jane' yw'r enw a ddefnyddiai Aneurin wrth gyfeirio yn ei lythyrau at ei wraig, ond 'Janw' yw'r enw a ddefnyddiai Pughe yn ei ddyddiadur bob amser. Y mae'n cyfeirio'n aml yno at Betw Llwyd, ac y mae'n amlwg mai Betty, chwaer Janw, yw honno. Ganwyd nifer o blant i Aneurin a Janw a cheir llu o gyfeiriadau yn nyddiadur Pughe at ei wyrion a'i wyresau. Galwyd yr hynaf yn William ar ôl ei daid; ganwyd ef ar 2 Tachwedd 1820, a nodir 'bedyðiwyd y 23 dyð o Orphenav yn Nantglyn gan y Parchedig R. B. Clough'.[32] Yn yr un cofnod dywedir bod ei chwaer Elen wedi cael ei geni ar 27 Mai 1822, ac wedi cael ei bedyddio 'yr un amser a William'. Byddai hyn yn dyddio'r bedydd yng Nghorffennaf 1822. Sut felly y mae esbonio'r llythyr a ddyddiwyd 13 Gorffennaf 1821 yn *Adgof uwch Anghof*, onid yw'r dyddiad yn anghywir yn y fan honno? Llythyr yw hwnnw oddi wrth Aneurin at Ddewi Silin yn ei wahodd i aros yn Nhan-y-Gyrt adeg bedyddio'r plant. Mewn ychwanegiad ato dywed Bardd Nantglyn: '. . . mae ganddo ferch fach i'w bedyddio ynghyd â'i brawd, Wm. Owen a hyny ar ddydd genedigaeth eu tad'.[33] Dilynwyd William ac Elen gan Myvanwy, a anwyd ar ben blwydd Pughe ar 7 Awst 1824. Cynyddodd y teulu yn gyflym gyda genedigaeth Ifor ar 29 Awst 1826; Ithel ar 6 Ebrill 1829 a Meilir ar 15 Medi 1830. Dyma'r plant a adwaenai Pughe ond ganwyd dwy ferch arall ar ôl ei farwolaeth ef. Mewn un man ceir cyfeiriad at 'Iestyn', ond nid oes cofnod amdano wedyn pan sonnir am y lleill. Efallai ei fod wedi marw'n faban. Gwyddom fod Janw wedi esgor ar o leiaf un plentyn marwanedig.[34]

Y mae Robert Davies, Bardd Nantglyn, yn cyfeirio at y plant hyn i gyd yn ei gerdd 'Anerchiant i Deulu Egryn, Calan Ionawr, 1834':

William Owen ben diball—ac Elen
Deg, dau synwyrgall,
Myvanwy lwys, gymhwys gall,
Ivor dirion frawd arall
Ac Ithel deg ddiwegi—a Meilir
A mil yn ei hoffi
Dyna chwech na 'd waenwch chwi
Eu glanach mewn goleuni.[35]

206

Yn ystod bywyd Pughe fe welir mai enwau Cymraeg cadarn a roddwyd i'w wyrion a'i wyresau. Ar ôl ei farw ganwyd Selina ar 2 Awst 1835, ac Evadne ar 21 Rhagfyr 1838. Y mae'n anodd peidio â sylwi ar y gwahaniaeth yn yr enwau a gofyn tybed ai Janw a ddewisodd yr enwau crand, yn rhydd o'r diwedd i ddilyn ei ffansi ei hun heb orfod poeni am blesio Taid.

Wrth ddarllen dyddiadur William Owen Pughe am Fehefin 1822 fe welwn ei fod wedi treulio rhan o'r mis hwnnw yn Rhydychen. Yr oedd ganddo reswm arbennig iawn dros ei ymweliad: Yn ôl W. D. Leathart:

The University of Oxford, as a compliment to the talent of the translator, in full convocation passed on him the honorary degree of D.C.L. [36]

Cafodd y ddoethuriaeth fel gwerthfawrogiad o'i waith yn gyffredinol, ac o'i gyfieithiad o *Goll Gwynfa* yn arbennig. Rhannodd gopïau o'r cyfieithiad hwn yn anrhegion ar yr achlysur. Ar gopi John Jones, Tegid, sydd bellach yn Llyfrgell Salesbury, ceir y cyflwyniad hwn yn llaw y cyfieithydd:

Dydd y Cyvargoviant, Rhydyçain, Myhevin 18ᵉᵈ, 1822. Anrhegid y Llyvr hwn heddyw idd y Parchedig John Jones, Tegid, A.M. er diolç iddo am ddarparu yr urdd o D.C.L. (sev Athraw Cyvreithion) idd y Cyfieithydd. [37]

Fel yr awgryma'r enw, gŵr o'r Bala oedd Tegid, neu Ioan Tegid. Graddiodd mewn mathemateg yng Ngholeg Iesu, Rhydychen. Yn 1819 penodwyd ef yn gaplan i Goleg Eglwys Crist, ac yn gantor yn 1823, gyda gofal plwyf Sant Thomas yn y dref. Yr oedd yn Hebreigwr da, ond daeth i adnabod Pughe drwy ei waith ar yr iaith Gymraeg. Copïodd Tegid y Mabinogi a'r Rhamantau o Lyfr Coch Hergest i'r Arglwyddes Charlotte Guest, a chyda Gwallter Mechain golygodd waith Lewis Glyn Cothi dros y Cymmrodorion. Bu'n olygydd Testament Newydd a gyhoeddwyd yn 1828 gan y S.P.C.K. [38] Yn anffodus, parodd yr edmygedd brwd a deimlai tuag at William Owen Pughe iddo fabwysiadu syniadau ei arwr am orgraff yr iaith Gymraeg a chafodd hynny effaith bur andwyol ar ei waith. Y mae'n amlwg mai dylanwad a gweithgarwch Tegid a fu'n foddion i Brifysgol Rhydychen anrhydeddu Pughe, a Tegid a ofalodd amdano yn ystod ei ymweliad â'r dref. Digon diymhongar, fel arfer, yw'r cofnod yn nyddiadur Pughe am yr achlysur pwysig hwn yn ei fywyd: 'Awn at A. B. Clough i dea: rhoðid urð LL.D. imi: ciniawa gyda yr Athro Foulks, penawg Bangor Iesu. Tes.' [39]

Ar ôl marwolaeth ei wraig ymroes William Owen Pughe fwyfwy i'w waith, dyblodd ei gyfraniadau, yn llythyrau ac erthyglau, i gyfnodolion y dydd, yn arbennig i *Seren Gomer*. Dan yr enw 'Idrison' bu ef a Iago Trichrug yn cyfnewid cerddi mewn cyfres dan y teitl 'Cynnadliadau Idrison a Iago Trichrug' rhwng 1820 a 1821. [40] Cafwyd dadlau ar bwnc yr iaith rhyngddo ef a 'Manred Gymined' yn *Seren Gomer* yn

207

1821, a daeth hon yn ddadl boblogaidd a dynnodd ohebwyr eraill i ymuno'n frwd ynddi. [41] Effeithiodd dadleuon William Owen Pughe mewn ffyrdd pur ryfedd ar rai pobl, os gellir rhoi coel ar un hanesyn o Sir Fôn. Mewn llythyr a ysgrifennodd Pughe at Tegid ar 24 Gorffennaf 1822 dywed:

Dyma çwedl go ryveð er dangosi hawsed pendroni y Cymry o blaid crevyð a dynais o lythyr oðiwrth R. Roberts o Gaer Gybi at D. Davies y trembeiriannyð . . . [42] Dywedai Macwy Mon wrthyv yn yr wythnos ðiweðav iðo ymðyðan llawer a gwr yn Llanvair Mathavarn Eithav, yr hwn syð a Seren Gomer yn vwy hyvrydwç iðo nag ei vara beunyðiawl, iðo bendervynu lluniaw crevyð newyð yn ei blwyv tan enw "Idrisoniaid", a bod yn rhaid i'w haðevwyr vod o'r un gred ag egwyddorion Idrison yn ei ymðaðleu ag Iago Triçrug yn y Seren Gomer . . . a bod golwg lluniaw eglwys cyn diweð y vlwyðyn. [43]

Y mae'n anodd credu fod neb wedi 'pendroni' digon i feddwl yn ddifrifol am ffurfio sect newydd a'i galw yn Idrisoniaid. Ond fe ddylai Pughe, o bawb, sylweddoli fod ei gredoau yn arwain ambell un i wneud pethau digon od. Yr oedd ef ei hun ar fin cael ei rwydo gan broffwyd arall.

Ar ôl marwolaeth Joanna Southcott gwnaeth Jane Townley ei gorau i gadw'r dilynwyr gyda'i gilydd. Gwaith digon anodd oedd hwn gan nad oedd ganddynt arweinydd carismatig yn awr fel yn nyddiau Joanna. Penagored iawn oedd eu credo bellach: credent yn syniad y milblynyddoedd, ond yr oedd angen rhywbeth cryfach na hynny i'w symbylu. Ychwanegid at yr anawsterau gan fod y dilynwyr ar wasgar ar hyd a lled Lloegr. Cododd nifer o broffwydi lleol i hudo rhai ohonynt, ond ar y cyfan arhosodd hen gylch Joanna yn Llundain yn gytûn dan adain Jane Townley. Ar ôl marwolaeth ei wraig treuliai Pughe lawer iawn o'i amser yn ei thŷ hi yn 17, Weston Place. Âi yno i wneud ei waith llenyddol ei hun ac unrhyw waith yr oedd arni hi ei angen ar ran y Southcottiaid. Erbyn diwedd 1822 yr oedd yn amlwg fod rhyw adfywiad yn rhengoedd cylch Jane Townley. Cynyddodd ymweliadau Pughe â Weston Place, a gwelwyd y cyfeillion yn mynd a dod yn feunyddiol. Yna, ar 9 Ionawr 1823, ceir y cofnod amwys hwn yn nyddiadur Pughe: 'Trwy y dyð yn Arle Weston. Hiraethu am ðawediad y Paul'. Ar 11 Ionawr, dywed: 'Yn Arle Weston trwy y dyð mewn dysgwyliad am y Paul'. Cyrhaeddodd y disgwyl ei anterth drannoeth cyn diffodd mewn siom: 'Disgwyliaw hyd hanner y nos heb hanes o Paul'. [44] Yr oedd 'Paul' yn amlwg yr un mor annelwig â Shiloh gynt. Ond pwy oedd 'Paul'? Ei enw cywir oedd Alexander Lindsay: yr oedd yn aelod o un o deuluoedd blaenllaw yr Alban ac yn gefnder i Iarll Balcarres. [45] Yr oedd yr hen Southcottiaid yn bur geidwadol, ac fel rheol drwgdybient unrhyw un a honnai ei fod wedi cael galwad i ymgymryd â chenhadaeth Joanna. Gan amlaf codai'r ymhonwyr hyn o blith y Southcottiaid eu hunain a pheth hawdd i'w

208

cyd-aelodau oedd eu rhoi yn eu lle. Ond daeth Lindsay o'r tu allan, ac efallai fod a wnelo'r newydd-deb hwn rywfaint â'i lwyddiant. Honnai mai ef oedd 'Laban, neu Paul yn ôl yr Ysbryd', beth bynnag oedd ystyr hynny. Dywedodd fod ganddo yntau, fel Joanna, lais yn ei gyfarwyddo. Pan glywodd y llais gyntaf tybiodd mai bwgan ydoedd a gysylltid â'i gartref yn yr Alban. Ffodd rhagddo i Lundain, ond er ei syndod daeth y llais ar ei ôl. Yn y brifddinas clywodd am Joanna, a phenderfynodd mai ei llais hi oedd yn galw arno i fod yn olynydd iddi. Derbyniwyd ef gan gylch Jane Townley ar y cychwyn, fel y tystia dyddiadur Pughe, ond ar ôl y siom yn Ionawr 1823 nid yw Pughe yn sôn amdano wedyn. Y mae natur y siom braidd yn amhendant: y mae'n amlwg fod y disgyblion wedi disgwyl cael rhyw arwydd neu weledigaeth ar y noson arbennig honno. Disgwyl yn ofer a wnaethant y tro hwn, ond nid oedd Alexander Lindsay wedi gorffen â'r Southcottiaid, fel y cawn weld eto.

Cynyddu, yn hytrach na lleihau a wnaeth problemau ariannol William Owen Pughe ar ôl iddo etifeddu'r stad. Bron na ellid dweud fod ei fyd yn llawer haws pan frwydrai yn erbyn tlodi ym mlynyddoedd cynnar ei briodas. Gwelsom eisoes fod llawer o drafferthion yng nghlwm wrth yr etifeddiaeth, ac nid oedd arian parod yn llifo i'w boced ef o'r stad. Rhaid cofio hefyd fod agwedd pobl at arain yn ei gyfnod ef yn wahanol iawn i'n hagwedd ni heddiw. Ystyrid rhai arferion y byddem ni yn ymgroesi rhagddynt yn hollol barchus yn ei oes ef. Y mae gennym ambell gyfeiriad ato yn defnyddio banc, ond yr oedd yn haws o lawer ganddo fenthyca oddi ar ei gyfeillion pan ddeuai'r angen, ac yr oedd ei gyfeillion yr un mor barod i fenthyca oddi arno ef ac oddi ar ei gilydd yn eu tro. Efallai nad oedd hyn yn beth cwbl annoeth gan mai un o'r cyfeiriadau sydd gennym at Pughe yn bancio arian yw'r hanes iddo golli o leiaf ugain punt pan dorrodd banc Dinbych. Byddai ganddo arian parod ryw ddwywaith y flwyddyn, ar Ŵyl Fair a Gŵyl Fihangel pan delid y rhenti. Yn 1812-13 trodd at William Sharp a Joanna Southcott i'w helpu i dalu ei ddyled i Owain Myfyr, a bu'n rhaid iddo fenthyca oddi ar Jane Townley a John Tuck yn 1815. Dengys ei gofnodion fod y cyfeillion yn talu'n ôl i'w gilydd yn anrhydeddus o brydlon, weithiau o fewn ychydig ddyddiau. Ond ambell dro pentyrrai'r dyledion yn gynt nag y medrid cael gafael ar arian i'w talu, er bod y moddion yn fynych yno. Honnai Iolo Morganwg mai felly y bu arno ef pan daflwyd ef i garchar y dyledwyr yng Nghaerdydd. Bu yno am dros flwyddyn yn 1786-7. Meddai:

I was possessed of a property in Land and Chattels to the amo[u]nt of about 600£ but so very oddly circumstanced at that time that I was not able with all my utmost endeavours to convert a sufficiency of it into Money towards discharging those debts. I offered my creditors the fairest terms in my Power, but as they esteemed me a person of some property nothing would satisfy but the ready money. [46]

209

Bu mwy nag un gŵr parchus o blith cyfeillion Pughe mewn sefyllfa debyg. Y mae'n sôn am ddau achos o fewn ychydig ddyddiau i'w gilydd yn 1815. Ar 28 Ionawr cyfaddefodd William Tozer, un o weinidogion Joanna Southcott, 'ei vod yn myned i garçar am ðyled',[47] ac ar y cyntaf o Chwefror derbyniodd Pughe lythyr oddi wrth ŵr o'r enw Phoenix, un o'i denantiaid, yn cwyno 'ei vod mewn ing o blaid dyled'.[48] Pan aeth Pughe i edrych am ei frawd Owen ar 23 Tachwedd 1822 canfu fod Owain wedi cael ei daflu i garchar Mainc y Brenin. Bu yno am rai dyddiau ond rhyddhawyd ef erbyn 30 Tachwedd pan aeth Pughe yno i'w weld. Ceir cyfeiriad at ei nai, William Phillips, mab ei chwaer Ann, yn treulio rhai dyddiau yn y carchar, ac y mae Pughe yn cyfeirio'n aml at helbulon ariannol di-ben-draw John Humphreys Parry. Gwyddom fod Richard Morris o Fôn yntau wedi cael ei faglu drwy fechnïo dros rywun a fethodd gadw at yr amod. Er iddo werthu ei eiddo nid oedd ganddo ddigon i dalu'r ddyled a bu'n rhaid i Richard dreulio blwyddyn yng ngharchar y Fleet. Y mae'n amlwg, felly, nad oedd cymaint o warth yng nghlwm wrth ddyled yn oes William Owen Pughe nac o gywilydd yn gysylltiedig â charchar.

Cafwyd awgrym mor gynnar â 1817 fod gan William Owen Pughe yntau ei broblemau. Y mae'n amlwg fod rhyw helynt rhyngddo a gŵr y cyfeirir ato fel 'T. Peacock'. Ar 15 Ebrill 1817 aeth Pughe at ei frawd Owen i drafod y busnes, 'am i T. Peacock ysgrivaw i Nantglyn o herwyð y nod 500£'.[49] Y mae'n anodd iawn ailadeiladu rhai digwyddiadau ym mywyd Pughe gan fod cymaint o'r dystiolaeth bellach ar goll. Rhaid dyfalu cryn dipyn er mwyn rhoi cnawd ar yr esgyrn sychion sydd gennym. Rhaid tybio mai gŵr busnes yn Llundain oedd Peacock, a'i fod wedi anfon yn syth at oruchwylwyr y stad yn Nantglyn mewn ymgais i gael oddi yno yr arian a fethasai ei gael oddi ar Pughe yn Llundain. Dwy flynedd yn ddiweddarach y mae Pughe a'i frawd yn trafod y ddyled eto, er mai 'E. Peacock' yw'r enw a grybwyllir y tro hwn. Ond nid Peacock oedd yr unig un â'i lygad arno ac un noson pan oedd ar ei ffordd i gyfarfod y Gwyneddigion cydiodd braich hir y gyfraith yn William Owen Pughe. Dywed:

. . . awn ið y Gwyneðigion, pan ðalid vi wrth gyvraith ar hawl T. Peacock a J. Dawson, a dygid vi i dy caeth Welbank, Adeilon Heol Coleman.[50]

Ac yno y bu am ddau ddiwrnod. Anfonodd lythyrau at ei frawd a rhai o'i gyfeillion, a daeth Owen Owen yno ynghyd â Charles V. Barnard, John Tuck a chyfaill arall, Gruffydd Jones. Aethant i ymgynghori â Dawson, a dychwelyd i ddweud wrth Pughe fod hwnnw yn hawlio £248, a £26 ar ben hynny. Drannoeth y bore galwodd Owen i ddweud fod gŵr o'r enw Wilde yntau yn hawlio £124.[51] Yn y pnawn galwodd Gruffydd Jones i ddweud ei fod wedi setlo hawliau Dawson a Peacock, a'i fod wedi cael benthyg arian gan John Tuck i wneud hynny. Rhyddhawyd Pughe y noson honno. Talodd £80 o'i ddyled i Wilde ar 23

Mehefin. Yna, ar 22 Medi dywed iddo fynd i frecwast at John Tuck 'a thalwn iðo £335..14..6 o gan J[ane] Townley drosov'.[52] Rhaid dweud fod y Southcottiaid yn gyfeillion gwerth eu cael.

Dibwys iawn oedd helyntion ariannol William Owen Pughe o'u cymharu â mynych helbulon John Humphreys Parry. Yr oedd hwnnw byth a hefyd mewn rhyw drybini. Dibynnai ar ei waith llenyddol i gynnal gwraig a phump o blant. Treuliai Pughe lawer o'i amser yn ei gwmni, er na ellid cael dau mwy annhebyg na William Owen Pughe fwyn, ddigyffro a John Humphreys Parry fyrbwyll, wyllt. Disgrifir ef gan Leathart fel 'a generally intelligent man though somewhat hasty and overbearing'.[53] Ym Mehefin 1822 yr oedd Parry mewn carchar yn Carsitor Street, am ddyled, y mae'n debyg. Erbyn Tachwedd 1823 yr oedd mewn trafferthion unwaith yn rhagor. Trodd at William Owen Pughe a gofyn iddo fechnïo drosto, ond drannoeth galwodd i ddweud na chawsai fechnïaeth. Prysurodd Pughe, a oedd fel arfer heb arian parod wrth law, at ei ffrind Thomas Jones, y Bardd Cloff, i fenthyca £24 i helpu i dalu'r ddyled. Talodd Parry yr arian hwn yn ôl ymhen y mis, ond mewn ychydig fisoedd wedyn yr oedd yn mynd ar ofyn Pughe drachefn. Ar 5 Chwefror 1825 treuliasai Pughe beth amser yng nghwmni John Humphreys Parry yn trafod gwaith y Cymmrodorion. Y noson honno aeth Parry allan i yfed, a chan nad oedd cymedroldeb yn elfen gref yn ei natur yr oedd hi'n fawr o dro cyn iddo fynd dros ben llestri. Ar ôl meddwi mewn un dafarn ymlwybrodd i'r Prince of Wales yn North Street, Pentonville. Yno, tynnodd ŵr o'r enw Bennett i'w ben mewn ffrae feddw, a thrawyd ef gan hwnnw. Syrthiodd Parry i'r llawr a tharo'i ben ar ochr y palmant y tu allan i'r dafarn. Bu farw yn y fan. Anfonodd ei chwaer, Anna Maria, am William Owen Pughe: 'Yes! my dear Sir, my much lamented brother is no more!!!'[54] Prysurodd Pughe i dŷ ei gyfaill yn Burton Street:

. . . a çawn ei hanes o veðwi yn arvau Vernon, a galw mewn ty cwrw arall yn Heol North am ðiawd a gomeðai gwr y ty hyny; yntau yna a ymgecrai, a doai un Bennett, o yr ystavell er ei vygythiaw, ac ei tarawai, a syrthiai yn varw.[55]

Yn ôl The Times, cynhaliwyd cwest arno ar 12 Chwefror, a safodd William Bennett ei brawf ar 22 Chwefror. Dyfarnwyd ef yn euog o ddynladdiad. Nid yw The Times yn nodi ei gosb, ond dywed Leathart ei fod wedi cael carchar am flwyddyn. Y mae gan The Times un nodyn diddorol ar yr achos: dywed fod Parry wedi cael etifeddiaeth werthfawr ychydig ddyddiau cyn ei farwolaeth. Ond nid yw hyn yn debyg o fod yn gywir, gan y gwyddom fod ei deulu yn hollol ddiymgeledd ar ei farwolaeth. Yn wir, cymaint oedd eu cyni nes y trefnodd y Gwynedd-igion a'r Cymmrodorion gronfa i'w helpu. Casglwyd dros fil o bunnau, a gwyddom fod William Owen Pughe wedi cyfrannu teirpunt at yr achos. Arno ef hefyd y disgynnodd y dasg o roi trefn ar waith ac ar

211

lyfrau Parry. Yr oedd hwnnw ar ganol casglu defnyddiau at argraffiad o Frut y Tywysogion. Bwriadai wedyn gyhoeddi argraffiad o gyfreithiau Hywel Dda. Wrth wneud trefniadau ar ôl marwolaeth Parry daeth Pughe i adnabod Henry Petrie yr hynafiaethydd, a thrwy ei ddylanwad ef yn ddiweddarach y sicrhaodd Pughe hen swydd John Humphreys Parry i'w fab ei hun, Aneurin.

Yr oedd marwolaeth Parry yn sicr o fod yn ergyd drom i Pughe mewn cyfnod pan gollodd lu mawr o'i gyfeillion. Yn 1824 bu farw tri o'i hen ffrindiau: Edward Jones, Bardd y Brenin; Dafydd Wyllt a William Sharp. Daeth diwedd Dafydd Wyllt mewn ffordd yr un mor sydyn ac annisgwyl â John Humphreys Parry: baglodd ar draws gerrig y palmant yn Broad Street, St. Giles, a bu farw o'i anafiadau ychydig yn ddiweddarach.[56] Fel y collai ei hen gyfeillion o blith Cymry Llundain tueddai Pughe i glosio fwyfwy at y cylch bach o Southcottiaid o amgylch Jane Townley. Yr oedd yn arbennig o gyfeillgar â Charles Vincent Barnard, mab-yng-nghyfraith Ann Underwood, er bod hwnnw yn ddigon ifanc i fod yn fab iddo.[57] Gadawyd Barnard yntau yn weddw: buasai Ann ei wraig farw yn 1822 gan adael plant ifainc iawn. Yn ystod haf 1823 chwalodd William Owen Pughe ei gartref yn Llundain pan benderfynodd Isabella symud i fyw at Aneurin ac Elen ar y stad yn Nantglyn. Ond ni theimlai Pughe ei hun ei fod yn barod eto i adael Llundain, er ei fod yn bur ansefydlog, fel y dywed mewn llythyr at Tegid yn Awst 1823:

Aneurin and Bella left London on the 8th instant, and my housekeeping has been broken up altogether, so that at the very proper time of about half way between 60 and 70 I am become without a home, ready to start, when called upon by any change that may happen.[58]

Penderfynodd Pughe fynd i letya gyda Charles Vincent Barnard a'i blant yn 3, Prospect Cottages, Barnsbury Park, Islington. O hynny ymlaen y mae fel taid i'r teulu bach, yn gwrando ar eu gwersi, yn eu difyrru ac yn mynd am dro yn eu cwmni. Parhâi i dreulio rhan helaeth o'i amser yng nghartref Jane Townley ac Ann Underwood yn Weston Place.

Yn y cyfamser yr oedd Alexander Lindsay, sef 'Laban neu Paul yn ôl yr Ysbryd', wedi ymsefydlu yn Llundain ac yn mynd o nerth i nerth. Agorodd gapel yn Southwark yn 1825, a llwyddodd i ennill cefnogaeth William Tozer, a fuasai'n weinidog i Joanna Southcott, ynghyd â nifer fawr o gynulleidfa hwnnw o'i gapel ef yn Duke Street.[59] Arhosodd Lindsay yn Llundain i bregethu a phroffwydo am weddill ei oes.[60] Dywedir bod yr hen Southcottiaid, heblaw Tozer, wedi ei anwybyddu'n llwyr ar ôl siom Ionawr 1823. Fodd bynnag, rhoddodd Lindsay orchymyn i Tozer alw'r sawl a seliwyd gan Joanna i ddod ynghyd i gyfarfod arbennig. Siomedig iawn oedd yr ymateb: dim ond rhyw hanner cant a ddaeth yno. Ni chymerodd Jane Townley unrhyw

212

sylw o alwad Lindsay. Gwylltiodd yntau a phroffwydo y byddai hi farw ymhen tri mis. Yna anfonodd air at Ann Underwood. Gwrthododd hithau ei ateb. Proffwydodd Lindsay y byddai hithau farw ymhen tri mis. Gwireddwyd ei broffwydoliaeth, neu ei felltith. Bu farw Jane Townley ar 25 Mawrth 1825, a bu farw Ann Underwood ar 5 Mai 1825. Ond nid yw Pughe, er ei hygoeledd a'i ofergoeledd, yn cynnig unrhyw esboniad goruwchnaturiol am farwolaeth y ddwy wraig. Y mae'n amlwg fod yr hyn a wnâi ac a ddywedai Alexander Lindsay islaw sylw'r gwir Southcottiaid. Ond yr oedd eu dylanwad hwy ar drai, ac ni ellir diystyru'r chwalu ar rengoedd cyffredinol y sect a wnaethpwyd gan y mân broffwydi hyn. Nid oedd penderfyniad Jane Townley ac atgofion y lleill am oes aur Joanna yn ddigon i ddal y mudiad wrth ei gilydd. Yr oedd newidiadau yn anochel, ac yr oedd yn naturiol i lawer un deimlo y gallai yntau elwa ar y teimladau a'r dyheadau a gynhyrfwyd gan Joanna. Cododd yr ymhonwyr hyn yn lleng yn ystod y blynyddoedd ar ôl marwolaeth Joanna. Ffurfiodd gŵr o'r enw Samuel Charles Woodward Sibley sect a elwid 'The Household of Faith'.[61] Gorymdeithiodd yr aelodau drwy Lundain gyda Sibley ar y blaen yn canu utgorn i gyhoeddi ailddyfodiad Shiloh. Rhwng dilynwyr Sibley a'r dorf o watwarwyr a gasglodd o'u hamgylch aeth pethau'n draed moch yno, a bu'n rhaid i Sibley a'i wraig ymddangos o flaen eu gwell. Ond y mae'n bwysig cofio nad llef yn llefain yn yr anialwch oedd y proffwydi hyn: dywedir fod gan Sibley, er enghraifft, gynulleidfa o bum cant yn ei gapel yn Smithfield yn 1825. Dengys hyn nad eithriadau od oedd Richard Brothers, Joanna Southcott, George Turner, Alexander Lindsay a'r holl broffwydi eraill, ac yr oedd llawer mwy ohonynt, ond rhan o batrwm pendant mewn cyfnod cythryblus.

Yr oedd Jane Townley yn ymwybodol iawn o'i safle arbennig hi fel cyfeilles fynwesol Joanna gynt. Teimlai fod dyletswydd arni gadw fflam Joanna ynghynn, ac yr oedd ganddi gryn ddylanwad ar ei chylch bach ffyddlon ei hun. Parchai William Owen Pughe ei datganiadau mynych, er mai niwlog ac amwys oedd y rheini gan amlaf. Yn ei dyddiadur am 27 Mehefin 1824 cawn y cofnod hwn:

Awn i Arle Weston i ysgrivaw. Mynegai J[ane] T[ownley] imi val hyn 'Mae cymhelledig arnav vynegi iti y gallai y cymerir un ohonoç sev Isabella i ogoniant er ei gwynvyd tragwyðawl: ond govwya hi dydi eto'. Crybwyllai J. T. i mi am vreuðwyd El. Philpot a vynegai i Bella, o weled Aneurin a Fenton yn canlynu arwyl: a govynai Bella i J. T. a vyðai thad varw: o na! atebai.[62]

Cyn belled ag y gellir dyfalu o adroddiad Pughe, yr oedd y breuddwyd a gawsai Elizabeth Philpot, cyn-gymdoges Pughe, am Aneurin a John Fenton mewn cynhebrwng wedi rhoi'r syniad i Jane Townley y byddai Isabella yn marw cyn hir. Proffwydes wael iawn ydoedd: bu Isabella fyw tan 1849. Ond yr oedd Pughe yn fodlon ar y briwsion a ddisgynnai i'w ran, ac yn fwy na pharod i swcro ei mympwyon. Ar 6 Awst 1824

213

dywed ei fod wedi gwisgo dillad glas ar orchymyn Jane Townley. Yr oedd gan y dillad glas arwyddocâd arbennig i'r Southcottiaid. Fe gofir fod Owen Owen wedi gwneud côt las ar frys i Pughe ei gwisgo pan wyliai'r cyfeillion gorff Joanna rhwng ei marwolaeth a'r angladd. Gorchmynai George Turner yntau i'w ddilynwyr ymwrthod â dillad duon, arwydd galar a thywyllwch, ac anogai hwynt i wisgo glas, lliw ffydd a gobaith.[63]

Yr oedd George Turner wedi bod yng ngwallgofdy'r Crynwyr er dechrau 1817 ar ôl darogan dinistr y deyrnas mewn daeargryn. Fe'i rhyddhawyd ym mis Gorffennaf 1820, ar ôl iddo lwyddo drwy ddirgel ffyrdd i argyhoeddi ei ofalwyr ei fod wedi ei adfer i'w lawn synnwyr. Y mae'n amlwg mai gobaith seithug oedd hwn gan mai'r peth cyntaf a wnaeth ar ôl cael ei draed yn rhydd oedd gwahodd pawb a fynnai fod yn briodasferch i Grist ddod ato ef i'w priodi. Honnai fod y llais a'i harweiniai wedi datgelu iddo y byddai gan Grist 15,050 o wragedd.[64] Yn ystod haf 1820 teithiodd gannoedd o filltiroedd yn perfformio'i seremoni ryfedd. Uchafbwynt y daith oedd 'Neithior yr Oen' yn Westminster ar 30 Awst 1820. Nid yw Pughe a'i gylch yn sôn gair am y busnes er ei bod yn amhosibl credu na wyddent ddim amdano; ar y dydd hwnnw yr oedd Pughe yn brysur wrth ei weithgareddau arferol. Ond ni fedrai'r hen Southcottiaid lai na sylwi ar y teneuo a fu yn eu rhengoedd. Yr oedd llwyddiant cenhadol Turner yn hollol eglur yn Westminster y diwrnod hwnnw pan eisteddodd rhwng chwech a saith gant o'i ddilynwyr i ginio a ddarparwyd gan ei ddisgyblion cefnog. Wrth gwrs, gellid dadlau mai'r cyfle i gael pryd da yn rhad ac am ddim yn hytrach nag unrhyw sêl dros Turner a'i genadwri a dynnodd lawer ohonynt yno. Cydiodd Turner yn hen eilun y Southcottiaid, gan obeithio taro tant yn eu calonnau wrth wneud hynny, a galwodd arnynt i yfed iechyd Shiloh. Gofynnodd amryw pa bryd y deuai Shiloh at ei weision amyneddgar. Bu Turner mor fyrbwyll ag addo y byddai'n ymddangos ar 14 Hydref 1820 yn Llundain. Ond ar yr un pryd bu'n ddigon call i ychwanegu cymal neu ddau i'w ddiogelu ei hun: y tro hwn byddai Shiloh yn fachgen chwech oed, gan iddo gael ei eni ar farwolaeth Joanna yn 1814, ac efallai y byddai braidd yn dal o'i oed.

Pan ddaeth 14 Hydref ymgasglodd llu mawr o ddilynwyr Turner mewn neuadd i ddisgwyl am arwydd, ac yno y buont drwy'r dydd nes i'r cloc daro hanner nos. Siom eto, er bod rhai yn honni iddynt glywed lleisiau angylion, ac eraill yn mynnu eu bod 'wedi gweld Shiloh yn fewnol'.[65] Ond nid oedd taw ar Turner: ymegnïodd drachefn a mynnu y byddai Shiloh yn ymddangos yn ddi-ffael ar 10 Ebrill 1821. Yr oedd mor daer y tro hwn nes y symbylwyd ei ddilynwyr i wneud paratoadau crandiach nag erioed. Darparwyd tŷ arbennig a gweision i Shiloh. Dechreuodd yr anrhegion ddylifo i mewn unwaith yn rhagor. Yn eu plith yr oedd blwch snisin arian, anrheg braidd yn annisgwyl, efallai, i blentyn chwech oed, er nad oedd mor annisgwyl â'r cwch gwenyn a

214

dderbyniasai Joanna gan un edmygydd ar gyfer geni Shiloh. Yn yr un modd ag y penderfynasai Joanna y dylai hi gael gŵr i fod yn dad maeth i Shiloh, penderfynodd Turner y dylai gael mamaeth yn awr. Dywedir ei fod wedi dewis putain, gan mai hynny oedd 'gorchymyn yr Arglwydd'.[66] Afraid yw dweud fod 10 Ebrill 1821 wedi dod a mynd fel unrhyw ddiwrnod arall heb olwg o Shiloh. Y tro hwn bu'r siom yn ormod i George Turner. Ffodd i'w wely, fel Joanna o'i flaen, ac arhosodd yno hyd ei farwolaeth ym mis Medi 1821.

Yr oedd Jane Townley yn gallach ar y cyfan na Joanna a George Turner. Cadwodd ei datganiadau yn fwriadol amwys a phenagored a gadawodd lonydd i Shiloh. Ond fe lwyddodd yn gelfydd iawn i greu rhyw awyrgylch o arbenigrwydd o'i chwmpas a roddai awdurdod pendant iddi yn ei chylch. Llyncai Pughe yn awchus ei datganiadau mwyaf dibwys a'u nodi'n ofalus yn ei ddyddiadur: Breuðwydiai J. T. bod Aneurin ar ei liniau y tu ôl iði', meddai, fel petai hynny yn weledigaeth syfrdanol.[67] Ond fe gymerodd Jane Townley un caff gwag pur anffodus. Ymhlith yr hen Southcottiaid yr oedd gŵr o'r enw George Troup, a oedd yn was yn llys Siôr IV. Dioddefai Troup o wendid yn ei lygaid, a chredai Jane Townley y câi hi allu gwyrthiol i'w iacháu. Ar 12 Hydref 1824 dywed Pughe: 'Dysgwylid hyd hanner y nos am gylawniad [sic] y geiriau i J. T. y gelwid hi yn mlaen ac y iaçeid golwg G. Troup yn diweðu heðyw'.[68] Siom eto. Drannoeth yr oedd Pughe yn brysur yn anfon cylchlythrau at y cyfeillion hirymarhous i adrodd hanes methiant arall. Ond chwarae teg iddynt, nid oedd anobaith yng nghyfansoddiad yr hen Southcottiaid, ac erbyn dechrau 1825 yr oeddynt mor frwdfrydig ag erioed. Ar yr hen ddydd Calan, sef 13 Ionawr yn ôl y rhifo newydd, aeth Pughe i ddymuno blwyddyn newydd dda ar ran Jane Townley i deulu Troup:

Awn at E. Scott, at G. Troup i ðamunaw, trwy arçiad i J[ane] T[ownley] iðo ev ac ei deulu vlwyðyn newyð ðedwyð: ac i vynegi y byðai hon ðedwyðaç un ini nog a syniai dyn erioed ... yna yn ol i A[rle] Weston i vod un oð y tylwyth i yved er damuniad sevydlu teyrnas Christ, can mai y dyð un oð vlwyðyn [sic].[69]

Buasai'n well i Jane Townley beidio â phroffwydo: anffodus braidd oedd darogan blwyddyn mor llwyddiannus ar gyfer 1825, a hithau ac Ann Underwood am farw yn ystod y flwyddyn honno. Ceir un cyfeiriad pur ddiddorol yng nghofnod Pughe. Dywed ei fod wedi mynd yn ôl i Weston Place i yfed i ddymuno sefydlu teyrnas Crist. Gwyddom nad oedd gan y Southcottiaid fframwaith pendant i'w mudiad. Tra oedd Joanna yn fyw tueddai'r disgyblion i fynd i wasanaethau yn addoldai eu henwadau eu hunain ar y Sul. Yn ystod yr wythnos, os oedd digon ohonynt wedi ymgynnull yn yr un lle, arferent gyfarfod yn nhai ei gilydd. Gwyddom fod hyn yn digwydd ym mhlwyf Thomas Philip Foley yn Oldswinford. Yr oedd gan y Southcottiaid eu capeli eu

215

hunain: tri yn Llundain, a rhai yn Exeter, Bryste, Leeds a rhai mannau eraill. Ychydig iawn a wyddom am eu dull o addoli. Nid yw Pughe yn sôn rhyw lawer am y capel, a gellid tybio mai yn Weston Place y cynhelid unrhyw gyfarfodydd yr âi ef iddynt. Fodd bynnag, gwyddom fod defod arbennig wedi cael ei chynnal ym mhrawf Joanna yn Rhagfyr 1804. Tywalltwyd gwin i gwpan a'i basio oddi amgylch gan y gweinidogion, gan ei gynnig yn gyntaf i Joanna a'r gwragedd, ac yna i'r dynion, yn ôl gradd eu pwysigrwydd yn y sect. Pwysleisir nad sacrament oedd y ddefod hon gan fod Joanna a'r gwir Southcottiaid yn ofalus i fod yn uniongred ac yn ffyddlon i Eglwys Loegr a'r Llyfr Gweddi. Dywedir mai math o arwydd ydoedd o ddymuniad y gynulleidfa i dderbyn ysbryd Crist i'w calonnau.[70] Ni wyddys a ddaeth y ddefod yn ddiweddarach yn rhan o gyfarfodydd y Southcottiaid, ond y mae cofnod Pughe yn awgrymu eu bod o leiaf wedi cynnal seremoni debyg ar ddechrau blwyddyn newydd.

Erbyn hyn yr oedd Jane Townley yn cael blas ar chwarae'r broffwydes. Y mae'n werth dyfynnu'r cofnod sydd gan Pughe yn ei ddyddiadur am 27 Ionawr 1825 er mwyn gweld y math o beth a borthai ei hygoeledd ef a'i phwysigrwydd hithau:

Cafai J. T. y cyvadroðiad hyn:- 'Llawer oð a ymðangosasant yn oer ac a syrthiasant yn ol oð eu fyð [ffydd] a bigir ið y galon, pan amlygir y gwaith, a doant yn mlaen megys arðelwyðion gloew ac ysblennyð: a meðav i ti, mae mab*[71] yn un: ac dy syniadau di amdano oeðynt iawn, a gwybyða val y govidiaist y buai gan Harwood y vath rwysg arno; canys teimlit bob amser gariad, gariad mawr am Aneurin. A meðav i ti, tros amser, gwenwynai Harwood ei veðwl, ond gan vod ei galon yn ða, mi a oðevwn hyny; a phrova iðo yn y diweð y pyd o andawi i ðynion diçellgar. Y llythyr a ysgrivit gynt i Aneurin a weithredid genyv vi: a gwyðost yr anvonid yr hanes iti oðiwrth un nas gwelaist erioed: a myvi a arçwn nas mynegit o ba le daethai yr hanes. Mynegais iti (Myhevin 27, 1824) y cymerwn Bella i ogoniant; canys gwyðost o herwyð ei hannhrevnion rhaid y byðai ei goðeviant yn dost, i gael symudaw ei holl wendidau'.[72]

Er bod y datganiad hwn ar yr olwg gyntaf yn ymddangos yn ffiloreg disynnwyr, eto fe geir ynddo rai ffeithiau pur ddiddorol. Y mae'r arddull yn nodweddiadol, nid yn unig o ieithwedd Pughe ei hun, ond o ddull cymalog crwydrol datganiadau'r Southcottiaid. Byrdwn y neges oedd y byddai rhai o'r dilynwyr a gloffasai yn y ffydd yn edifarhau ac yn ailgydio yn y gwirionedd pan amlygid y gwaith a wnaethpwyd gan yr Ysbryd. Nid Jane Townley sy'n cyfarch Pughe yn y dyfyniad hwn, ond Pughe sy'n adrodd yr hyn a ddywedodd yr Ysbryd wrth Jane Townley. Ceir goleuni pellach yma ar berthynas Aneurin a William Tooke Harwood. Y mae'n amlwg yr ystyrid Aneurin fel un a fuasai'n iach yn y ffydd Southcottaidd cyn i Harwood ddylanwadu arno. Ar un adeg yr oedd Harwood a William Owen Pughe yn llawiau garw ac ar ei stad ef yn Norfolk y dysgodd Aneurin ffermio. Ond fe fu ffrae rhwng y ddau deulu y pryd hynny, ac efallai mai at hyn y cyfeiria'r datganiad uchod. Gwyddom fod Aneurin wedi dod yn ôl adref a bod y gyfathrach glos a fu rhwng y teuluoedd wedi edwino'n raddol. Er bod Harwood ar un adeg yn un o aelodau mwyaf blaenllaw y Southcottiaid, nid oes sôn amdano yn cyfathrachu â hwy ar ôl marwolaeth Joanna, ac y mae'n bosibl ei fod wedi gadael y sect ar ôl siom ei marwolaeth. Y mae'n amlwg fod Jane Townley wedi amau diffuantrwydd Harwood ers tro, a chredai hi ei fod wedi ceisio gwenwyno Aneurin yn erbyn y Southcottiaid. Ond yr oedd Aneurin yn gadwedig, dan ofal yr Ysbryd. Y mae'n ddiddorol sylwi hefyd ar yr hyn a ddywedir am Isabella. Ailadroddir y broffwydoliaeth am ei marwolaeth, ond y tro hwn awgrymir y byddai marw yn rhyddhad iddi 'o herwyð ei hannhrevnion', gan ei bod yn sicr o ddioddef. Tybed beth oedd o'i le ar Isabella? Nid oes dim ym mhapurau William Owen Pughe i awgrymu fod unrhyw nam ar ei chorff na'i meddwl. Y mae'r cyfeiriadau sydd gennym ati yn rhoi darlun o ferch sy'n byw yn hollol normal fel y gweddill o'i theulu a'i chyfoedion.

Ar 3 Mawrth 1825 y mae Pughe yn nodi fod Jane Townley yn 'dra çlav', ac ymhen yr wythnos dywed ei bod wedi dioddef poenau gwaeth nag arfer. Gwyddom mai pur wantan oedd ei hiechyd ers tro, ond y mae'n amlwg fod rhywbeth mwy arni y tro hwn. Pan aeth Pughe ati ar 13 Mawrth, gofynnodd iddo ysgrifennu drosti i dynnu arian o'r banc. Dywedodd wrtho ei bod yn marw, ac am unwaith yr oedd ei phroffwydoliaeth yn wir. Ysgwydodd a chusanodd ei law, a rhoi cyfarwyddiadau iddo ar gyfer ei chynhebrwng. Ar 15 Mawrth ysgrifennodd Pughe at y cyfeillion i adael iddynt wybod fod Jane Townley 'ar ðiweðu ei govidion'. Prysurodd y cyfeillion i Weston Place i ffarwelio â'r un a wnaethai gymaint i'w cadw ynghyd. Yr oedd tyndra'r awyrgylch yn ormod i William Owen Pughe. Wrth ymlwybro'n nerfus adref y noson honno gyda Charles V. Barnard tybiai iddo weld drychiolaeth eto, y tro hwn o gysgod tywyll fel dyn yn cerdded o'i flaen ac yna'n diflannu'n llwyr. Syrthiodd Jane Townley i hunglwyf, a bu felly am wythnos tan 25 Mawrth. Ar y diwrnod hwnnw yr oedd Pughe yn Weston Place fel arfer yn ysgrifennu. Yr oedd wrthi'n ailgopïo rhannau o'i ddyddiadur pan alwyd arno i ddod i'w hystafell. Yr oedd Jane Townley mewn gwasgfeydd tost ac yn amlwg yn marw. Arhosodd Pughe gyda hi tan amser cinio, a bu hithau farw tua hanner awr wedi dau y pnawn. Yr oedd hi'n bedair a thrigain oed, dwy flynedd yn iau na William Owen Pughe. Drannoeth, ysgrifennodd Pughe at Thomas Philip Foley:

I am concerned to communicate to you the melancholy tidings that Mrs. Townley[73] is no more. She was seized with violent Convulsions yesterday morning at Eleven which so continued till about ½ past one and then they gradually abated; so that, at about a ¼ past 2, she seemed to get into a Dose, and in another quarter of an hour she ceased breathing. [74]

217

Claddwyd Jane Townley ar ddydd olaf Mawrth 1825 ym mynwent St. Martin yn Camden Town. Yn ôl ei hewyllys disgrifir hi fel merch y diweddar Richard Townley o Belfield, Sir Gaerhirfryn.[75] Gadawodd bum gini i'w chwaer a oedd yn briod â'r Parch. James Hicks o Wilbraham, Sir Caer-grawnt, a phum gini i'w chwaer arall, gweddw y Parch. Charles Wager Allis o Mere, Wiltshire. Ond yr oedd y gymynrodd fwyaf i'r cyfaill a fuasai mor ffyddlon drwy'r blynyddoedd: gadawodd ganpunt i William Owen Pughe. Derbyniodd Ann Underwood hithau ei holl eiddo personol. Yr ysgutorion oedd William Owen Pughe ac Ann Underwood.

Yr oedd marwolaeth Jane Townley yn ergyd drom i'r hen Southcottiaid. Bellach nid oedd neb i'w bugeilio a'u cynnal. Adleisir eu hansicrwydd mewn llythyr a anfonodd Aneurin Owen at ei dad ar 30 Mehefin 1825:

Let us know your opinion about every thing that has transpired & whether you suppose their mission, personally, is entirely at an end. What is Mr. Foley's opinion? It appears that most of those who were convinced of Joanna's mission, considered Mrs. Townley as inspired to bring it to a conclusion.[76]

Yn ystod Ebrill 1825 dechreuodd iechyd Ann Underwood hithau ddirywio a gwaethygodd yn gyflym yn nechrau mis Mai. Ar 5 Mai, pan oedd Pughe ar ei ffordd i Weston Place i'w gweld, cyfarfu â chyfeilles iddynt yn dod oddi yno. Dywedodd honno fod Ann Underwood wedi marw yn ystod oriau mân y bore. Claddwyd hi ym medd Jane Townley. Enwyd William Owen Pughe fel un o'r ysgutorion i'w hewyllys hithau, ond nid oedd gan Ann Underwood lawer i'w adael.[77] Yr unig eitem o werth oedd modrwy ddiemwnt a fwriadai ei rhoi i Jane Townley petai honno wedi ei goroesi. Gadawodd bopeth arall i'w rannu rhwng ei hwyrion a'i hwyres, Charles, George a Jane Barnard. Gyda marwolaeth Jane Townley ac Ann Underwood rhyddhawyd William Owen Pughe o bob dyletswydd yn Llundain. Bellach nid oedd neb na dim i'w ddal yn y brifddinas.

# NODIADAU

[1] Arferai Iolo letya gyda gwahanol gyfeillion yn ystod ei ymweliadau â Llundain.

[2] NLW 21283, IAW 592.

[3] NLW 21286, IAW 972.

[4] G. J. Williams, 'Taliesin Williams', *Bywgraffiadur*, t. 1007. Ceir ymgais i wyngalchu Iolo Morganwg gan Brinley Richards yn *Golwg Newydd ar Iolo Morganwg*, (Abertawe, 1979); ond ar yr un pryd rhaid darllen Thomas Parry, 'Cyfrol Ddianghenraid', *Y Faner*, 29 Chwefror 1980, tt. 10-11.

[5] BL. Add. MSS. 15030.

[6] Ar ochrau'r llythyr y mae Iolo wedi ysgriblo'r geiriau: 'Seren! Hudlewyrn yn hytrach na Seren. Hudlewyrn—Jack a Lanthern'.

[7] 'Deudneudwyr' oedd enw Iolo ar drigolion Gogledd Cymru.

[8] Charles Lloyd, (1766-1829), gweinidog ac ysgolhaig Undodaidd. Am y cysylltiad rhwng Lloyd a Dafydd Dafis gw. R. T. Jenkins, 'Charles Lloyd', *Bywgraffiadur*, t. 543.

[9] NLW 21286, IAW 792.

[10] Iolo Morganwg, *Cyfrinach Beirdd Ynys Prydain* (Caernarfon, d.d.), t. 126.

[11] NLW 21419, 58; Gw. hefyd ibid. 60, 61, 64, 65.

[12] Y Traethodydd (1884), t. 29.

[13] NLW 13263.

[14] NLW 1885, t. 44. Copi o'r llythyr gwreiddiol.

[15] Y Gwyddoniadur Cymreig, Cyf. VIII, (1874) t. 525.

[16] Cynddelw, *Attodiad i'r Blodau Arfon* (Caernarfon, 1869), tt. 36-7.

[17] Dewi Wyn o Eifion, *Blodau Arfon* (Caerlleon, 1824), t. 114.

[18] ibid. tt. 119-20.

[19] Ceir chwarae ar eiriau yma: *Diliau Barddas* oedd yr enw a roddodd Bardd Nantglyn ar y casgliad o farddoniaeth a gyhoeddodd yn 1827.

[20] Y Gaerwen, Llanystumdwy, oedd cartref Dewi Wyn.

[21] Coleg y Brifysgol, Bangor, Llawysgrifau Bangor, 952.

[22] Edward Jones, *The Musical and Poetical Relicks of the Welsh Bards*, (ail argraffiad, 1794), t. 113; Tecwyn Ellis, *Edward Jones, Bardd y Brenin, 1752-1824* (Caerdydd, 1957), t. 102.

[23] Nid oes diben trafod gwaith y gwŷr hyn yn fanwl yma. Gwnaethpwyd hynny eisoes gan Mary Ellis mewn nifer o erthyglau campus. Gweler, er enghraifft, Mary Ellis: 'W. J. Rees: a portrait', *The Radnorshire Soc. Trans.*, XXXIX (1969), t. 24; XL (1970), t. 21; XLI (1971), t. 76; XLII (1972), t. 55; 'Angharad Llwyd', *Flints. Hist. Soc. Pub.*, Cyf. 26 (1973-4), t. 60; 'John Jenkins, Ifor Ceri, 1770-1829', *Yr Haul a'r Gangell*, Haf 1976, t. 25; 'Rhai o Gymeriadau'r Eisteddfodau Taleithiol', yn Gwynn ap Gwilym (gol.), *Eisteddfota 2* (1979), t. 56. Gweler hefyd R. T. Jenkins a Helen M. Ramage, *A History of the Hon. Soc. of Cymmrodorion* (1951), t. 138; Stephen J. Williams, *Ifor Ceri, Noddwr Cerdd, 1770-1829* (Abertawe, 1954); Bedwyr Lewis Jones, *'Yr Hen Bersoniaid Llengar'* (1963), t. 25; Melville Richards, 'Eisteddfod y Bedwaredd Ganrif ar Bymtheg', yn Idris Foster (gol.), *Twf yr Eisteddfod* (1968), t. 29;

Hywel Teifi Edwards, *Yr Eisteddfod* (1976), t. 34; Mair Elvet Thomas, *Afiaith yng Ngwent* (1978), *passim*.

[24] NLW 13248, 27 Mai 1820.

[25] ibid. 24 Mehefin 1820.

[26] *The Cambro-Briton* (1822), t. 509.

[27] J. Foster (gol.), *Alumni Oxonienses, 1715-1886*, t. 1161.

[28] NLW 13248, 3 Mawrth 1815.

[29] *Seren Gomer*, Mehefin 1820, t. 187.

[30] Y mae'r ffurf hon yn digwydd mewn man arall gan Pughe ei hun, ac fe geir cyfeiriad ganddo at 'y Du'. Efallai mai olion o enw hen dafarn sydd yma. Yn ddiweddarach y mae William Lloyd yn byw mewn tŷ o'r enw Glasmor, (neu Glasmordeyrn, yn ôl Pughe) yn Nantglyn. Y mae bedd y teulu wrth ochr bedd teulu Pughe ym mynwent Nantglyn.

[31] Yr Archifdy Gwladol, PRO, PROB. 11/1450, ff. 343v-344v.

[32] Cofnodion mewn Beibl yn NLW 13251.

[33] Myrddin Fardd, *Adgof uwch Anghof* (1883), tt. 175-6.

[34] NLW 13248, 13 Gorffennaf 1834.

[35] NLW 13232, t. 2. Yr un enwau a geir mewn drafft o englyn yn llyfr nodiadau Bardd Nantglyn; Coleg y Brifysgol, Bangor, Llawysgrifau Bangor, 101.

[36] W. D. Leathart, *The Origin and Progress of the Gwyneddigion Society*, tt. 52-3. Yn *Alumni Oxonienses, (1715-1886)*, t. 1162, ceir y cofnod: 'PUGH, William Owen, created D.C.L. 19th June, 1822. Welsh archaeologist and lexicographer died 4th June, 1835'.

[37] J. Hubert Morgan, 'Coll Gwynfa,—Myfyrdod Lyfryddol ar Gyfieithiad William Owen Pughe', *JWBS*, VI (1943-9), t. 149.

[38] R. T. Jenkins, 'John Jones, Tegid', *Bywgraffiadur*, t. 450.

[39] NLW 13248, 19 Mehefin 1822. 'Bangor Iesu' yw Coleg yr Iesu, Yr oedd Pughe yn gyfaill i deulu Alfred Butler Clough (1797-1879), gŵr o Henllan, Sir Ddinbych. Yr oedd yn gymrawd o Goleg yr Iesu.

[40] *Seren Gomer*, 1820, tt. 242, 315, 379; 1821, tt. 22, 54, 79, 87, 118, 246, 271.

[41] *Seren Gomer*, 1821, tt. 16, 44, 83, 85, 145, 147, 148.

[42] Robert Roberts, yr almanaciwr, a Dafydd Wyllt, aelod blaenllaw o'r Gwyneddigion oedd y llythyrwyr, ill dau yn gyfeillion mawr i Pughe. Ychydig a wyddys am Facwy Môn. Yr oedd yn fardd, ac yn saer maen wrth ei waith ym Mangor. R. Hughes, *Enwogion Môn 1850-1912* (Dolgellau, 1913), tt. 168-9.

[43] NLW 1884, t. 42. Copi o lythyr Pughe.

[44] NLW 13248, 9, 11, 12 Ionawr, 1823.

[45] G. R. Balleine, *Past Finding Out*, tt. 72-3; J. F. C. Harrison, *The Second Coming*, t. 137.

[46] G. J. Williams, *Iolo Morganwg* (1956), t. 442.

[47] NLW 13248, 28 Ionawr 1815.

[48] ibid. 1 Chwefror 1815.

[49] ibid. 15 Ebrill 1817.

[50] ibid. 7 Mehefin 1824.

[51] Nid yw Pughe yn dweud pwy yn hollol oedd Peacock, Dawson a Wilde. Yn

ôl cyfeiriaduron masnach Llundain am y cyfnod yr oedd nifer o wŷr o'r enwau hyn yn cadw busnes yn y brifddinas.

[52] NLW 13248, 22 Medi 1824. Y mae'n anodd dweud ai rhoi'r arian ar fenthyg neu yn anrheg a wnaeth Jane Townley y tro hwn.

[53] W. D. Leathart, *The Origin and Progress of the Gwyneddigion Society*, t. 66n.

[54] NLW 13263, t. 509. Llythyr diwylliedig mewn ysgrifen hardd yw hwn.

[55] NLW 13248, 9 Chwefror 1825. Yn ôl y cofnod hwn bu Parry farw ar 5 Chwefror. Yn sicr, y mae'r dyddiad 12 Chwefror a geir yn *Bywgraffiadur*, t. 694, yn anghywir, gan i Pughe fynd i'w angladd ar 11 Chwefror.

[56] W. D. Leathart, op. cit. t. 38n.

[57] Ganwyd C. V. Barnard yn 1785.

[58] NLW 1884, t. 45. Copi o'r llythyr gwreiddiol.

[59] J. F. C. Harrison, *The Second Coming*, t. 137.

[60] G. R. Balleine, *Past Finding Out*, t. 73.

[61] J. F. C. Harrison, *The Second Coming*, tt. 136-7.

[62] NLW 13248, 27 Mehefin 1824.

[63] J. F. C. Harrison, *The Second Coming*, t. 121.

[64] ibid.

[65] G. R. Balleine, *Past Finding Out*, t. 81.

[66] ibid. t. 82.

[67] NLW 13248, 13 Awst 1824.

[68] ibid. 12 Hydref 1824.

[69] ibid. 13 Ionawr 1825.

[70] J. F. C. Harrison, *The Second Coming*, tt. 111-12.

[71] Bob hyn a hyn ceir arwyddion yn nyddiadur Pughe mewn math o law-fer. Yn ffodus, maent yn brin iawn. Fel rheol, nid oes modd i'w datrys onid yw'r cyd-destun yn gwneud eu hystyr yn hollol eglur. Y mae'n debyg mai symbol am enw Pughe ei hun sydd yma.

[72] NLW 13248, 27 Ionawr 1825.

[73] Hen ferch ydoedd Jane Townley, ond yr oedd yn arfer yn y cyfnod hwn i roi'r teitl 'Mrs' i wragedd canol-oed di-briod. Ceir nifer o gyfeiriadau at 'Mrs. Joanna Southcott'.

[74] Humanities Research Center, Prifysgol Texas, Austin, U.D.A. Casgliad Joanna Southcott, Llythyr 261. Copi yn llaw Foley sydd yma o lythyr William Owen Pughe.

[75] Yr Archifdy Gwladol, PRO, PROB 11/1698. f. 240.

[76] NLW 13263, t. 637.

[77] Yr Archifdy Gwladol, PRO, PROB 11/1700. f. 378.

## 'YNO NID OES AWENYDD'

'I am fond of languages,' said I, 'and studied Welsh at an early period.'
'And you read Welsh Poetry?'
'Oh yes.'
'How were you enabled to master its difficulties?'
'Chiefly by going through Owen Pugh's version of "Paradise Lost" twice, with the original by my side. He has introduced into that translation so many of the poetic terms of the old bards, that after twice going through it, there was little in Welsh poetry that I could not make out with a little pondering.'
'You pursued a very excellent plan, sir,' said the doctor, 'a very excellent plan indeed. Owen Pugh!'
'Owen Pugh! The last of your very great men,' said I.
'You say right, sir,' said the doctor. 'He was indeed our last great man —Ultimus Romanorum. I have myself read his work, which he called Coll Gwynfa, the Loss of the place of Bliss—an admirable translation, sir; highly poetical, and at the same time correct.'[1]

Dyma'r sgwrs a fu rhwng George Borrow a Geffery Jones y meddyg yn nhafarn y Lion yng Ngherrig y Drudion. Y mae'n adlewyrchu'r pwyslais a roddai'r Cymry ar gyfraniad Pughe i lenyddiaeth Gymraeg drwy gyfieithu *Paradise Lost* Milton. Yr oedd llawer un na ddarllenasai air erioed o'i Eiriadur na'i Ramadeg yn hollol gyfarwydd â *Choll Gwynfa*.

Cyhoeddwyd *Coll Gwynfa* yn 1819 mewn cyfnod pur ddigynnyrch ym mywyd William Owen Pughe, ac yr oedd mentro i fyd barddon-iaeth ynddo'i hun yn rhywbeth gweddol newydd iddo. Y mae'n rhaid ystyried sut y daeth Pughe i gymryd arno orchwyl mor llafurus. Er mai yn gymharol ddiweddar yn ei yrfa y dechreuodd ymhel o ddifrif â barddoni, bu'n uchelgais ganddo am flynyddoedd gyfansoddi epig wreiddiol, ond yr oedd yn ddigon onest i deimlo nad oedd ganddo'r ddawn farddonol angenrheidiol. Bron ugain mlynedd cyn cyfieithu *Coll Gwynfa* ysgrifenasai at Iolo Morganwg cyn i genfigen hwnnw chwerwi eu perthynas:

> If I could hope for the least kindness from the Awen, I would patch up an epic poem, the tendency of which sho'd bear on the point here started—It should be called the *Fall of the Bards*: the accomplishment of the plot should be the epoch of Cesar's landing in Britain.[2]

Y mae'n amlwg mai mynd i'r gwellt a wnaeth *The Fall of the Bards*, ond ni roes heibio'r syniad o gyfansoddi epig wreiddiol. Ar ôl 1819 symbyl-wyd ef gan y derbyniad brwd a gafodd *Coll Gwynfa* gan rai o'r beirniaid i ailystyried cyfansoddi epig. Dywed mewn llythyr at Tegid yn Awst 1821: 'I began an Epic poem of my own!: that is, I wrote about 70 or 80

introductory lines, which as a curiousity you will see on the other side'.
Ar yr ochr arall ceir rhan o'i gerdd 'Dadeni'. Rhyw 122 o linellau a
rydd Pughe yn ei ddyfyniad ond y mae'r ychydig linellau a ganlyn yn
ddigon i ddangos mai'r un yw'r arddull a'r eirfa ag a geir yn *Coll
Gwynfa*:

> Ar vore cain, pan wisgai hinon hav
> Ein daiar mewn dillynion aml o liw
> Gàn rodiaw glàn Dysyni fraw, myvi
> A syniwn hofed gweð pob pant a bryn
> Blodeuawg, coed o iraen daen eu dail
> Mór lòn gàn drydar adnaint a defroi
> O anian, wi! cysoned sain eu can
> Ac adlev iði llais bywiolion maes
> Açlan, er moli Peryð mawr y byd![3]

Ymddengys na chyrhaeddodd 'Dadeni' faintioli arwrgerdd ddim mwy
na *The Fall of the Bards*. Diffyg ysbrydoliaeth yn ddiau a'i llesteiriodd:
nid oedd y fflach o wreiddioldeb ganddo. Dyna pam yr oedd cyfieithu
gwaith bardd arall yn dasg a oedd yn fwy at ei ddant.

I weld pam y dewisodd ymgodymu â chyfieithu *Paradise Lost* rhaid
troi at ei fywyd personol. Buasai Sarah Owen farw yn Ionawr 1816, ac
er bod Pughe wedi gwneud ymdrech ddewr iawn i ymwroli ac i ailgydio
ar unwaith yn ei hen weithgareddau y mae'n amlwg fod ei farwolaeth
ddirybudd wedi bod yn ysgytiad creulon iddo, ac nid peth hawdd oedd
iddo lenwi'r bwlch yn ei fywyd. Dywed nad ei syniad ef ei hun oedd
ymgymryd â'r cyfieithiad:

> Nid wyf gwybodus o fod dim amgen a ddylid ei chwanegu am y cyfieithiad
> hwn, oddigerth osyd dywedyd na syniaswn o fy mhen fy hunan na byth ryfygu
> cymeryd arnaf y fath orchwyl; ac er dangosi mor swta y bu imi hyny, nid
> anwiw yw dodi yma hanes y dechreuad. Y llynedd, ar ddydd Mawrth y 26 o
> fis Mai, gan alw arnaf o gyfaill, ac o blith ereill ymadroddion, annogai imi
> gyfieithu Coll Gwynfa i Gymraeg; a minnau, gan synied hyny o dueddiad i
> ysgafnhau gorthrymder meddyliau blinion, a ymroddwn i gyflawni yr
> annogiad, a dechreuwn y gwaith ar y dydd Sadwrn canlynawl, a dygid i ben
> ar nos Fawrth y 22 o Ragfyr nesaf ar ol. Ond gan mai efelly er toli gorthrym-
> der yr amcanid rhoddi Coll Gwynfa yn Gymraeg o flaen y darllenyddion,
> erfyniaf eu nawdd er imi yma osodi argofion yr achaws, ie o golli fy anwyl
> gydwedd SARAH ELIZABETH HARPER, wrth ei henw morwynawl
> . . . .[4]

O ddarllen dyddiadur Pughe gellid tybio mai Robert Roberts, yr
almanaciwr o Gaergybi, oedd y cyfaill a'i hanogodd i gyfieithu epig
Milton. Fel y dywed, dechreuodd ar y gwaith ar unwaith, a bu'n
ddygn iawn a barnu wrth ei gofnodion. Daliodd ati drwy haf poeth
1818, er bod y gwres yn danbaid ar adegau. Gwelir ffrwyth ei ddyfal-
barhad ar 28 Mehefin: '. . . gorphenwn caniad I Coll Gwynva ar
hanner dyð'. Ond nid oedd llaesu dwylo i fod, brwydrodd ymlaen

drwy fis Gorffennaf yn y gwres llethol. Ar 16 Gorffennaf, nododd: 'ar Goll Gwynva. Tes 92°'. Ddeuddydd yn ddiweddarach yr oedd ganddo ddigon o'r gwaith yn barod i fentro mynd â chyfran ohono at William Marchant yr argraffydd yn Ingram Court, Fenchurch Street. Y mae'n rhyfeddol mor sydyn yr âi'r gwaith o gyhoeddi ymlaen y pryd hynny: ymhen rhyw ddeuddydd arall yr oedd Isabella yn mynd i nôl y proflenni cyntaf. Dyna batrwm y gwaith drwy'r haf a'r hydref: cyfieithu, argraffu a chywiro proflenni, nes o'r diwedd, ar 22 Rhagfyr 1818, dywed: 'Gorphenwn Goll Gwynva 5 ar gloç heðyw'.[5] Cofnod camarweiniol braidd yw hwn. Yr oedd llawer mwy o waith eto i'w wneud. Gorffenasai'r cyfieithu, y mae'n wir, ond drannoeth dechreuodd ailgopïo darnau helaeth ohono, a bu wrthi'n gwneud hynny tan 17 Chwefror, 1819. Yn ystod mis Mawrth dechreuodd lunio'r rhagymadrodd a cheir y dyddiad terfynol arno: 'Llundain, Dydd Merchyr, Mai 26ed, 1819'.[6]

Ar wyneb-ddalen *Coll Gwynfa* ceir darlun o Adda ac Efa, ac oddi tano dyfynnir llinell olaf y gerdd: 'Trwy Eden crwydrent ar eu didrain hwyl'. Ar 1 Ebrill 1819, dywed Pughe ei fod yn 'dyluniaw Aða ac Eva at Goll Gwynva'.[7] Drannoeth, aeth i Acton i weld ei ffrind William Sharp i ofyn iddo ysgythru llun Milton ar gyfer *Coll Gwynfa*. Fodd bynnag, nid oes llun o Milton yn y llyfr gorffenedig. Gwyddom fod Pughe wedi gweithio'n ddyfal ar y darlun o Adda ac Efa. Yr oedd yn arlunydd pur dda ond llafurus iawn, a chafodd gymorth dau arlunydd proffesiynol o blith ei gyfeillion i'w dacluso ac ychwanegu ato cyn ei anfon i'r wasg.

Prif waith William Owen Pughe yn ystod haf 1819 oedd gofalu am werthiant *Coll Gwynfa*. Golygai hyn yn bennaf drefnu bod digon o gopïau yn cyrraedd y farchnad sicraf, sef Cymru. Ar 17 Mehefin aeth i holi am long i gludo copïau i Gymru. Dosbarthodd yntau nifer o gopïau i'w gyfeillion yn Llundain, ac y mae'n ddoniol sylwi sut y camddeallodd un ohonynt ei fwriad: 'Dygwn Goll Gwynva i J. Symonds —nis cynnigiai dalu amdano'. Anfonodd gopi i'r Llydáwr, Jean le Gonidec, awdur y *Dictionnaire Celto-Breton, Breton-Français*. Gohebai Pughe ag ef, ac yr oedd le Gonidec yn aelod gohebol o'r Gwyneddigion. Gofalai Aneurin am ddosbarthu *Coll Gwynfa* yng Ngogledd Cymru. Sonia Pughe am anfon bwndeli o'r llyfr ato ar y goets. Hysbyswyd y gwaith yng nghylchgronau'r cyfnod. Yn *Seren Gomer* am 3 Tachwedd, 1819, ceir y cyhoeddiad hwn: 'Cyhoeddiad Newydd, gwerth 8s, sef Cyfieithiad o Paradise Lost, Can Ardderchocaf Milton, ar yr un dull o Fydriad, neu heb Gyfodli, gan W. Owen Pughe'. Ceir rhestr o danysgrifwyr ar ddechrau'r cyfieithiad. Nid yw'n rhestr hir, ond y mae'n ddiddorol, fel pob rhestr o'r fath, gan ei bod yn dangos pwy a gefnogai lenyddiaeth Gymraeg. Fe welir fod y Gwyneddigion wedi cymryd dwsin o gopïau, a bod Tegid yntau wedi mynd â dwsin i Rydychen. Ond araf iawn y gwerthai'r gwaith. Cwynai Aneurin yn

224

*Arwrgerddi yn mynd yn syrffed*
*yn Lloegr*

1831 fod ganddynt bentyrrau o'r llyfrau o hyd ar eu dwylo. Yn y diwedd defnyddiai Pughe'r copïau hyn i'w rhoi fel anrhegion i'w gyfeillion; yr oedd hyd yn oed y gweision a'r morynion ar ei stad yn Nantglyn wedi cael copi.

Os bu cyn lleied o werthu ar *Coll Gwynfa* sut felly y gellir esbonio'r 'ail-argraffiad' a gyhoeddwyd yn yr un flwyddyn â'r cyntaf? Y mae gan Mr. J. Hubert Morgan esboniad diddorol iawn i'r dirgelwch hwn.[8] Dengys sut y gwneid gwahaniaethau mewn copïau o'r un argraffiad drwy ddileu yn yr ail ganrif ar bymtheg a'r ddeunawfed ganrif. Gellid creu ail argraffiad cyfan ffug fel hyn. A dyna'r union beth a wnaethpwyd â *Choll Gwynfa*. Er mwyn gwneud y gwaith yn fwy taclus a'r twyll yn anos i'w ddarganfod, dileodd yr argraffydd y ddwy ddalen flaenaf, yn hytrach na'r flaenaf yn unig, gan fod y ddwy ddalen wedi eu cydieuo. Yn yr ail argraffiad ffug gosodwyd dalen deitl newydd wahanol; rhoddwyd dalen y cyflwyniad yn Gymraeg yn lle Saesneg fel yr oedd yn wreiddiol. Cred Mr. Hubert Morgan mai twyll a gynlluniwyd yn ofalus gan Evan Williams, y cyhoeddwr, a William Marchant, yr argraffydd, ydoedd y ffugwaith. Y bwriad ydoedd twyllo'r cyhoedd i gredu bod y llyfr mor boblogaidd nes bod yr argraffiad cyntaf wedi ei werthu'n llwyr. Petai'r cyhoedd yn meddwl bod y fath alw amdano efallai y byddai'n fwy deniadol i ddarpar-gwsmeriaid. Yr hyn sy'n anodd ei ganfod yw rhan William Owen Pughe yn y twyll. Y mae'n annhebygol y byddai'r cyhoeddwr a'r argraffydd yn cymryd cam o'r fath heb ganiatâd yr awdur. Yn wir, byddai'n amhosibl gwneud hyn, gan fod gŵr â phrofiad Pughe o gyhoeddi llyfrau yn gyfarwydd iawn â'r holl broses o fynd â llyfr drwy'r wasg, a thasg anodd fyddai ei dwyllo. Fodd bynnag, yr oedd yr arfer o ddileu twyllodrus yn eithaf cyffredin a derbyniol yn ei gyfnod ef. Ychydig iawn o fudd a gafodd y cynllwynwyr ar ôl eu trafferth: parhaodd pentyrrau o *Coll Gwynfa* i hel llwch yn siopau Cymru am flynyddoedd lawer.

Cyhoeddwyd *Coll Gwynfa* yn 1819. Cyhoeddasid *Paradise Lost* bron i ganrif cyn geni William Owen Pughe, ond parhaodd ei phoblogrwydd hyd at ei gyfnod ef. Daeth cerddi arwrol yn ffasiynol iawn yn Lloegr yn y ddeunawfed ganrif. O 1695 hyd 1723 yr oedd Syr Richard Blackmore yn cyhoeddi 'Heroic poems without number/Long, lifeless, leaden, lulling lumber',[9] ac yn wir yr oedd nifer mawr o arwrgerddi'r cyfnod yn gwbl ddienaid o ran cynnwys a mynegiant. Daeth cyfansoddi epig yn uchelgais i bob cyw o fardd. Bu Charles Lamb yn annog Coleridge i gyfansoddi epig, a dywed Robert Southey:

> Young poets are, or at least used to be, as ambitious of producing an epic poem as stage-stricken youths of figuring in Romeo or Hamlet. It has been the earliest of my day dreams. I had begun many such.[10]

Aeth y llif o arwrgerddi diflas yn syrffed fel nad oedd yn rhyfedd i Byron gwyno:

225

Another Epic! Who inflicts again
More books of blank upon the sons of men?[11]

Yr oedd yn naturiol iawn ac yntau yn byw yn Llundain ac yn cyfathrachu â gwŷr fel Southey a llenorion eraill y dydd, i'r chwiw arwrol afael yn William Owen Pughe. Penderfynwyd ei ddewis o gerdd i'w chyfieithu i raddau gan awgrym ei gyfaill, Robert Roberts, ond os oedd am gyfieithu epig o'r Saesneg, yna *Paradise Lost* yn ddiau oedd y dewis mwyaf naturiol iddo. Y mae'n anodd i ni efallai amgyffred poblogrwydd y gerdd yn yr ail ganrif ar bymtheg a'r ddeunawfed ganrif. Erbyn heddiw y mae'r darlun yn hollol wahanol: disgrifiwyd Milton bellach fel 'the colossal image of some god in a remote and rarely visited shrine',[12] a *Paradise Lost* fel 'a poem that everyone talks about and no-one reads'.[13] Cyhoeddwyd y gerdd yn 1667, gydag ail argraffiad yn 1674, a thros gant o argraffiadau eraill yn y ddeunawfed ganrif. Cynnyrch dyneiddiaeth y Dadeni yw'r gerdd i raddau helaeth yn hytrach na chynnyrch clasuriaeth newydd y cyfnod ac yr oedd ganddi ei beirniaid ymhlith y 'Clasurwyr Newydd'. Ond yr oedd apêl arbennig yn arucheledd thema *Paradise Lost* i feirdd y ddeunawfed ganrif. Canmolwyd y gerdd gan Dennis, Goldsmith, Dryden ac Addison, a chan ddau ŵr mor wahanol â John Wesley a Dr. Johnson.

Erbyn canol y ddeunawfed ganrif yr oedd cylch y Morrisiaid, yn enwedig Goronwy Owen, yn ymboeni llawer am natur yr arwrgerdd Filtonaidd, ac yn trafod yn eu llythyrau y posibilrwydd o gynhyrchu epig Gymraeg. Gresynai Goronwy nad Cymro oedd Milton:

> Our language undoubtedly affords plenty of words expressive and suitable enough for the genius of a Milton, and had he been born in our country, we, no doubt, should have been the happy nation that could have boasted of the grandest, sublimest piece of poetry in the universe.[14]

Er ei fod yn edmygu athrylith Milton ni fedrai Goronwy gymeradwyo ei ddewis o fesur:

> Milton's Paradise Lost is a Book I read with pleasure, nay, with Admiration and raptures; call it a great, sublime, nervous, &c &c or, if you please, a Divine Work, you'll find me ready to subscribe to anything that can be said in praise of it, provided you don't call it *Poetry*, or if you do so, that you would likewise allow our *Bardd Cwsg* to take his seat amongst the poets.[15]

Pan ymwelodd Lewis Morris â Goronwy, dangosodd hwnnw ei weithiau 'Cywydd y Farn Fawr' a 'Bonedd a Chyneddfau'r Awen' i'w ffrind. Yn sŵn canmoliaeth Lewis Morris fe'i symbylwyd i geisio cyfansoddi epig. Mewn llythyr at William Morris yn 1752, dywed, 'If I had time to spare, my chief desire is to attempt something in Epic Poetry, but the shortness of the measures in our language makes me almost despair of success'.[16] Diffyg mesur addas oedd ei rwystr mawr. Ar y cychwyn nid oedd ganddo'r hyder i feddwl am gefnu ar y

226

mesurau traddodiadol y trwythwyd ef ynddynt. Ymddangosai mesur
Milton yn llac iddo, ond erbyn 1753 dechreuasai amau a oedd mesurau
Cerdd Dafod yn rhy gaeth i'w bwrpas:

> As the English Poetry is too loose, so ours is certainly too much confin'd and
> limited not in the Cynghaneddau, for without them it were no Poetry; but in
> the length of Verses and Poems too, our longest lines not exceeding ten
> syllables . . . which is far from being a length adequate for a Heroic Poem. [17]

Aeth Goronwy ati i astudio gramadeg Siôn Dafydd Rhys gan
obeithio cael hyd i ffordd o orchfygu caethiwed y mesurau traddod-
iadol. Pendronai dros y posibilrwydd o newid eu hyd, neu o gyfuno
dau fesur: 'Twenty-four metres, sure is plenty enough to pick out
of'.[18] O'r diwedd, bu'n rhaid iddo gyfaddef fod y gynghanedd hithau
yn ei lyffetheirio: 'I've often thought that ye freer and less confin'd to
*cynghanedd* the metre is, the better a poem must be'.[19] Ond yr oedd
ymwrthod â'r traddodiad yn gam rhy fawr i'w gymryd yn fyrbwyll:
rhaid oedd ail ymgynghori â'i 'Dr. John David Rhys'. Rhyfeddai
Gwenallt na wyddai Cylch y Morrisiaid am ramadeg Gruffydd
Robert, Milan, gan y gwyddai Edward Lhuyd amdano. Gallasai
Goronwy Owen dynnu ei fesur arwrol o hwnnw, o gerddi'r Eidalwyr;
efallai o fesur cerdd Tasso ar 'Y Greadigaeth'. Gwrthodai Gruffydd
Robert y mesurau cynganeddol fel mesurau epig, a chynghorai'r
beirdd i ddefnyddio'r 'fath fesurau ag y mae'r eidalwyr yn arfer'.[20]
Benthycodd Nicander ei fesur arwrol ef o waith Ariosto, a hwn oedd
mesur llawer o arwrgerddi rhydd y bedwaredd ganrif ar bymtheg.
Daeth y *Delyn Ledr* i ddwylo Goronwy Owen, ac ynddo gwelodd
gerdd Gwalchmai ap Meilyr, 'Arwyrain Owain Gwynedd'. Tybiodd
fod yma fesur addas iawn i arwrgerdd, ac o hynny ymlaen canmolai
waith y Gogynfeirdd ar draul Beirdd yr Uchelwyr. Ni fedrai Dafydd ap
Gwilym ddal cannwyll i Walchmai ap Meilyr:

> Compare Gwalchmai's ''Arddwyreaf hael o hil Rodri'' with the most
> jingling piece of D[d] ap Gwilym or any of his contemporaries and give the
> latter the preference if you dare. That's a bold word—yet all I have said
> notwithstanding, I dont mean to undervalue Cynghanedd & Cywydd so far
> as to wish them exterminated out of our poetry. Cywydd is a measure
> peculiarly adopted to love affairs, and the smoother the cynghanedd glides,
> the more soothing and engaging it is to the fair sex, and to the easy &
> effeminate of either Sex.[21]

Druan o'r cywydd, y mae'n rhyfeddod na fu hyn yn ergyd farwol i'r
mesur. Yr oedd syniadau Goronwy bellach wedi troi cylch llawn:

> Do you think that horrid jingle called *Cynghanedd* essential to poetry? The
> most celebrated English poets have loudly complained of the barbarous
> Gothic custom of rhiming that was introduced in their poetry & Milton the
> prince of English Poets, has rejected it with good Success.[22]

227

Aeth ymlaen i ymosod yn chwyrn ar Ddafydd ab Edmwnd am lyffetheirio'r beirdd cyhyd âi gyfundrefn o fesurau:

> Ef a fu agos gan y penbwl Dafydd ap Edmwnt yntau a nychu prydyddiaeth wrth ddyfeisio man fesurau, megis *gorchest y beirdd* &c which he really ought to have called Coegmerth y Gofeirdd, for so it was & such was he himself that invented and introduced it.[23]

Dyma'r syniadau a etifeddodd William Owen Pughe a'i gyfoeswyr oddi wrth Goronwy Owen. Ef oedd y patrwm a'r meistr y cyfeiriai Owain Myfyr ato wrth drafod barddoniaeth yn eisteddfodau cynnar y Gwyneddigion. Os oedd Goronwy yn caniatáu llacio'r rheolau yna yr oedd popeth yn iawn. Gellir synhwyro rhyw fath o orfoledd yn agwedd rhai o gyfoeswyr Pughe wrth iddynt gicio ymaith yr hen gadwynau. Gwelir hyn yng ngeiriau Edward Davies mewn llythyr at Pughe yn Chwefror 1798:

> Nothing can give me greater satisfaction than to be informed that the undegenerate sons of Britain are at last emancipating themselves from the disgraceful vassalage of the 24 metres. Those complicated jingles were certainly forged to chain up the Awen during a state of delirium. They are not the golden chains that graced our ancient progenitors.[24]

Dywedodd yr Athro G. J. Williams mai darllen syniadau Goronwy Owen a'i ddilynwyr am gaethiwed yr hen fesurau a barodd i Iolo Morganwg ddechrau ymhél â'r syniad o newid mesurau Cerdd Dafod: 'dyna'r cyffro cychwynnol, a phen y daith ydoedd *Cyfrinach Beirdd Ynys Prydain.*'[25] Yn ei 'ragfynegiad' i *Coll Gwynfa* dywed William Owen Pughe fod arno ofn adwaith y cyhoedd i'w ddewis o fesur am ei fod 'heb nac odli na chynghanedd ynddo, dau o anhebgorion awenyddion Cymru, ysywaeth, yn ôl ymsyniad cyffredin yn y diweddar oesoedd'.[26] Ond y mae'n atgoffa'r darllenwyr fel y bu llawer bardd yn cwyno 'a Goronwy Owain yn uwch no neb' am fod y mesurau traddodiadol yn rhy gaeth a byr i gyfansoddi 'dim gwaith cynnil a godidawg' ynddynt. Na thybied neb, meddai Pughe, ei fod am wthio mesur newydd ar y Cymry; yr oedd ei fesur ef 'o wir ansawdd y 24 o gysefin fydrau beirdd Ynys Prydain, sef gorchan y gyhydedd wen'. Y mae achau'r mesur hwnnw bellach yn gyfarwydd i bawb. Dywed Iolo Morganwg mai 'angen y Gyhydedd wenn yw bann degsill',[27] ac yma y derfydd unrhyw debygrwydd rhwng y mesur hwnnw a mesur Pughe. Nid oedd Pughe yn ddigon o fardd i fedru arbrofi rhyw lawer mewn unrhyw fesur. Yr oedd eraill mwy hyddysg nag ef yn barod iawn i fynd â'r ddadl ymlaen o blaid ac yn erbyn y mesurau caeth a rhydd, ac fe dyfodd hon yn ddadl fawr iawn ymhlith beirdd y bedwaredd ganrif ar bymtheg. Nid yw'n rhan o fwriad y llyfr hwn drafod ymrysonau beirdd yr awdl a beirdd y bryddest.[28] Digon yw dweud nad oedd Pughe druan yn fardd o unrhyw fath.

Evan Williams, y telynor o Langybi yn Eifionydd, oedd y cyntaf i gyfieithu rhannau o *Paradise Lost* i'r Gymraeg yn y mesur di-odl. [29] Yn 1744 cyfieithodd y 67 llinell gyntaf o Lyfr III, ond erys ei gyfieithiad mewn llawysgrif. Y mae'n ddiddorol sylwi ar yr hyn a ddywed Dafydd Ddu Eryri am y cyfieithiad hwn. Amddiffynnai Dafydd y canu caeth rhag pleidwyr y mesurau rhyddion, ond nid oherwydd diffyg ymgydnabyddiaeth â'r rheini, gan y cyfansoddai gerddi rhydd ei hun yn Gymraeg a Saesneg. Yn 1808, cyhoeddodd *Ode* yn y mesur arwrol, sef mesur cyffredin Alexander Pope, y llinell bum curiad ddeg sill, yn odli mewn cwpledau. Mewn llythyr at Owain Myfyr yn 1786, dywed:

Cefais afael yn ddiweddar mewn Cyfieithiad o'r Llyfr uchod a Elwir yn Saisnaeg *Paradise Lost*, y Llyfr uchod a gyfieithwyd yma ynghaerludd gan *Ifan Wiliam y Telynior*. Ni feddyliais erioed nes y Gwelais y llyfr fod Posibilrwydd i Gyfieithu'r Cyfryw i Gymraeg mor natturiol. Mae'r Iaith yn Ddealladwy ac yn eglurlawn, y Geiriau ydynt Gymraeg bur a Gramadegawl. [30]

Ond barn wahanol iawn am y gwaith a gafwyd gan Ieuan Fardd mewn llythyr at Richard Morris yn 1767: 'Many thanks for the Welsh Milton. That verse does not agree well with our language'. [31]

Fodd bynnag, yr oedd un mwy nag Evan Williams yn arbrofi yn y mesurau rhydd, sef William Williams, Pantycelyn. Fel y dywed Dr Saunders Lewis amdano: 'Rhoes i'r canu rhydd annibyniaeth lawn a'i grefft briodol ei hun', a 'nid oes gan Williams ddim i'w ddysgu am grefft y canu rhydd gan neb a'i dilynodd. Gellir dysgu egwyddorion y mesurau rhyddion yn unig o astudio ei waith ef'. [32] Fe welir yma y gwahaniaeth mawr rhwng dau o feirdd enwocaf y cyfnod: Goronwy Owen, a'i deimlad cyndyn y dylai geisio ymryddhau'n raddol o hualau'r cynghanedd, a Phantycelyn a oedd yn hollol gartrefol yn y mesurau rhyddion. Ymgais at gyfansoddi epig Gristnogol oedd 'Golwg ar Deyrnas Crist' Pantycelyn. Yn 1762, cyhoeddodd yr emynydd y gerdd ddi-odl gyntaf a brintiwyd yn Gymraeg: 'cân benrhydd' y galwai ef ei 'Ffydd ac Anghrediniaeth, Gras a Serchiadau Natur, yn cael eu darlunio mewn Cân Benrhydd'. Yn 1763, cyfansoddodd gerdd arall yn y mesur di-odl, sef 'Marwnad Maria Sophia, merch i Evangelius y Pregethwr' yn 'Ffarwel Weledig, Croesaw Anweledig Bethau'. Yn ei ragymadrodd i 'Caniadau y rhai sydd ar y Môr o Wydr', dywed Pantycelyn:

. . . Am y Gân benrhydd (yr hon a eilw'r Saeson arni *Blank Verse*), yr wyf yn gwybod pe ba'ch wedi ymgynnefino â hi, y carech hi yn oreu o bob prydyddiaeth. Mae hi yn rhoi cenad i'r prydydd i arferyd ei holl ddoniau, ei ddychymygion, ei droell ymadroddion, ei ehediadau, a phob dyfais a allo gras a natur i gael allan, i wresogi y darllenydd yn y nwydau hynny y bo'r bardd am ennyn ynddo; lle mae cymaint o gaethiwed gyda'r llall, trwy amryw glymu geiriau o'r un sŵn, a hyn mewn iaith nad oes fawr iawn i gael ynddi o eiriau, ag sydd yn peri fod y bardd yn rhwym draed a dwylaw, eto rhaid iddo neidio, nofio, ymladd, a rhedeg, heb law na throed. [33]

Rhyfedded yw clywed yr emynydd toreithiog yn cwyno am dlodi'r iaith Gymraeg. Mewn nodyn o esboniad dywed y golygydd mai 'lled brin o eiriau' oedd geiriaduron cyfnod Pantycelyn; 'wedi hyny y cyhoeddodd Walters ac Owen eu Geiriaduron helaeth a gwerthfawr'. Ni ellir ond bod yn ddiolchgar na chafodd yr emynydd gyfle i ddifwyno'i Gymraeg iach naturiol â ffug eirfa William Owen Pughe, ac ni ellir ond gresynu na fedrodd Pughe ddwyn i gof y Gymraeg ddiledryw a oedd yn gymaint rhan o'i etifeddiaeth yntau.

Foenid Milton gan gaethiwed odl yn yr un modd ag y poenid Goronwy Owen gan 'horrid jingle' y gynghanedd. Yn ei ragymadrodd i *Paradise Lost* canmola Milton y mesur deg sillaf di-odl. Credai na ddylid cael odl mewn llinell ddeg sillaf gan nad oedd odl yn aml yn ddim ond esgus 'to set off wretched matter and lame metre'. Iddo ef, hanfodion y mesur arwrol oedd 'apt numbers, a fit quantity of syllables and the sense variously drawn from one verse into another'. Yr oedd Milton i raddau yn arloesi wrth ganu arwrgerdd yn y mesur di-odl, gan mai i ddramâu a dychan y defnyddiwyd y mesur cyn hynny. Yn ôl rheolau barddoniaeth fodern y mae llinell o'r mesur hwn yn cynnwys pum *iambus*, neu gorfan dyrchafedig. Fodd bynnag, gellir newid y corfan cyntaf am gorfan rhywiog (*trochee*), neu am gorfan hir (*spondee*). Heddiw, y rhaniad hwn sy'n bwysig, a'r elfen amlycaf yn y mesur yw'r pum curiad a wahenir gan sillafau diacen. Ond yng ngwaith Milton ceir nifer o guriadau yn aml yn dilyn ei gilydd yn syth, a llinellau sy'n cynnwys mwy na phum curiad. Nid oedd rheol y curiadau yn bwysig yn yr ail ganrif ar bymtheg. Deg sillaf oedd hanfod y llinell, ond âi'r mesur iambig rheolaidd yn ddiflas, yn enwedig mewn cerdd hir. Sylweddolodd Milton hynny, a cheisiodd greu amrywiaeth oddi mewn i'r mesur. Fel rheol, ceir tair neu bedair acen gref yn y mesur arwrol ar y geiriau mwyaf grymus a phwysig. Anaml iawn y mae gan Milton acen ar air gwan ar ddechrau neu ar ddiwedd llinell, ac acennir y degfed sillaf yn gadarn. Ceir gweld eto sut y torrodd Pughe y rheol bwysig hon. Fe wyddai Milton sut i amrywio'r acen i greu rhythm, ond nid oedd clust Pughe yn ddigon main na'i reddf yn ddigon sicr iddo ef fedru gwneud yr un peth yn ei gyfieithiad.

Eto i gyd, yr oedd Pughe wedi astudio crefft Milton yn ofalus, a'i deall i raddau helaeth er na fedrodd ei hefelychu. Sylweddolasai bwysigrwydd y *caesura*, yr orffwysfa neu'r toriad, oddi mewn i'r llinell. Dywed: 'Addas yw yma sylwi, mai un o ben gorchestion y Gân Seisonig yw lliosawg amrywiaethau ei gorphwysfaon, yr hyn yw sail ei melysiant'. [34] Gwnaeth Milton ddefnydd celfydd o'r toriad, a'i effaith ar y mesur pan gyplysir ef â'r *enjambement*, sef rhediad y naill linell i'r llall. Fel y dywed C. S. Lewis: 'Continuity is an essential of the epic

230

style . . . the chant must *go on*—smoothly irresistibly . . . We must not be allowed to settle down at the end of each sentence'.[35] Hoffai Milton orffen adran neu 'baragraff' â llinell gyfan heb rediad rhyngddi a'r un o'i blaen na'r un ar ei hôl. Terfyna'r llinellau hyn â gair unsill cryf i roi clo cadarn iddynt. Pwrpas llawer o dechneg yr arwrgerdd oedd bod yn gymorth i'r darllenydd a fynnai ei darllen yn uchel, i'w gyfarwyddo i amrywio'i bwyslais a'i oslef yn y ffordd fwyaf effeithiol.

Gwnaeth William Owen Pughe ymdrech deg, yn ôl ei allu, i drosglwyddo fframwaith mesur Milton i'r Gymraeg. Gwelsom sut y sylweddolodd bwysigrwydd y gorffwysfaon, ond y mae ei ddiffygion fel bardd yn ei rwystro rhag elwa ar ei wybodaeth. Sylwer ar ddefnydd Milton o'r gorffwysfaon yn y llinellau:

> . . . and both contain
> Within them every lower facultie
> Of sense, whereby they hear, see, smell,
> touch, taste,
> Tasting concoct, digest, assimilate,
> And corporeal to incorporeal turn.[36]

Ceidw Pughe at y toriadau yn ffyddlon, gan lwyddo i gael hyd i eiriau unsill i wneud hynny, ond eto nid yw ei linellau ef yn taro deuddeg:

> . . . y ddau cynnwysant bob
> Isafion deithi teimlad, trwy ba rai
> Mae clyw, trem, ogl, yrth, blas, o
> flasu maent
> Yn coethi, treuliaw, hyfalâu, cael o
> Gorfforawl ddigorfforawl . . .[37]

Dro arall, methodd yn llwyr â throsglwyddo rhythmau Milton i'r Gymraeg. Cymharer rhythm grymus Milton yn y llinellau a ganlyn â fersiwn herciog Pughe:

> Nor wanting power to mitigate and swage
> With solemn touches, troubl'd thoughts, and chase
> Anguish and doubt and fear and sorrow and pain
> From mortal or immortal minds . . .[38]

> . . . na byr
> O allu addwyn ias i lonyddau
> Meddylïau blin, a tharfu nych ac ing
> A braw ac alaeth o feddyliau ai
> Marwolion ai anfarwolion hwynt.[35]

Y mae Pughe yn methu o'r cychwyn cyntaf. Gellid maddau iddo i raddau am wanio tua'r diwedd, yn enwedig mewn cerdd gyhyd â hon, ond y mae'n dechrau yn wan. Wrth sôn am ddechreuad *Paradise Lost* dywed C. S. Lewis mai pwrpas y chwe llinell ar hugain agoriadol yw 'to give us the sensation *that some great thing is now about to begin*'.[40]

231

Llwyddodd Milton i wneud hyn: y mae'n aruchel, yn ddramatig ond yn gwbl ddealladwy.

> Of Man's First Disobedience, and the Fruit
> Of that Forbidden Tree, whose mortal tast
> Brought Death into the World, and all our woe,
> With loss of *Eden*, till one greater Man
> Restore us, and regain the blissful Seat,
> Sing Heav'nly Muse, that on the secret top
> Of *Oreb*, or of *Sinai*, didst inspire
> That Shepherd, who first taught the chosen Seed
> In the Beginning how the Heav'ns and Earth
> Rose out of Chaos . . .[41]

Y mae'r un llinellau gan William Owen Pughe yn afrosgo ac yn niwlog eu hystyr:

> Am drosedd Dyn, ac aeron teg y pren
> Yn waharddedig, idd y byd ei flas
> A ddysgai angeu, a phob echrys wae,
> Gan golli Eden, nes adferer ni,
> Trwy un mwy Dyn a meddu y fro gain,
> O cana Awen nefawl, hon oddiar
> Ben Horeb, neu o gwmwl Sinai ddu,
> A roddir idd y bugel hwnnw ddawn
> I wybod, yn y dechreu fal y daeth
> Y byd o Dryblith dwys . . .[42]

Ar adegau y mae cyfieithiad Pughe bron yn gwbl annealladwy o'i gymharu â chrynoder trawiadol Milton. Gwelir hyn yn arbennig mewn llinellau fel y rhai a ganlyn:

> But thy relation now; for I attend,
> Pleas'd with thy words no less than thou
> with mine. [43]

> Dy hanes weithion; can wyf taw, nid llai
> Dy eiriau nog y mau i ti boddaus. [44]

Cymylwyd ei fynegiant gan eiriau dieithr a chan ei arddull amleiriog, afrosgo. Y mae ganddo 710 mwy o linellau yn ei gyfieithiad nag yr oedd gan Milton yn ei gerdd wreiddiol. Cynhwysodd Pughe atodiad ar ddiwedd y cyfieithiad i egluro ystyr llawer o'r geiriau dieithr a ddefnyddiasai. Y mae arnom ei wir angen: o'r cant cyntaf yn ei restr dim ond dau a thrigain ohonynt sydd yng Ngeiriadur Prifysgol Cymru. Erthylod yw'r lleill, naill ai'n greadigaethau dychymyg Pughe ei hun neu'n fwngreliaid nad oes modd olrhain eu tras. Yn ei 'ragfynegiad' ceir math o ymddiheuriad ganddo am ei eirfa:

> Mewn caniad mor liosawg o wybodau ac ymsyniadau rhaid oedd yr arferid amlder geiriau ac ymadroddion gan y bardd, nad oeddynt gynnefin ar

achosion cyffredin o dreigliadau byd, ac am hyny uwch deall ac amgyffred llawer o ddynion; efelly er ei chyfieithu rheidiawl oedd i minnau liosogi iaith yn yr yn [sic] fath; onide ni buasai gyfieithiad iawn a chyfiawn.[45]

Y mae'n wir fod geiriau dieithr neu hynafol yn gallu helpu bardd gyfleu awyrgylch arbennig neu roi naws aruchel ac urddasol i'w gerdd, ond y mae gwahaniaeth rhwng geiriau dieithr a geiriau ffug. Pa Gymro yn oes Pughe nac yn unrhyw oes arall a ddefnyddiai eiriau megis *awd, eirddosawg* ac *echdreigliad?* Ac nid ydym fymryn callach yn aml ar ôl ymgynghori â'r eirfa yng nghefn y llyfr. I'r sawl sydd mewn penbleth ynglŷn â'r gair *amrwys* faint o oleuni a geir o eglurhad Pughe, sef *fflwd o aid?* I'r sawl a fynn wybod ystyr *amryred* rhydd *amwibiawl,* ac ystyr *dysgreiniaw* yw *dylusgaw!*

Y mae gan Lewis Edwards y Bala lawer i'w ddweud am gyfieithiad Pughe, ac er bod ei feirniadaeth ohono wedi ei chyhoeddi bymtheng mlynedd ar ôl marw Pughe, eto fe ellir ei chyfrif yn feirniadaeth arwyddocaol a diddorol gan ei bod bron iawn yn gyfoes â'r cyfieithiad.[46] Y mae'n siŵr o fod yn adlewyrchu barn llawer o wŷr llengar y bedwaredd ganrif ar bymtheg, ac y mae'n bwysig inni gofio hyn. Er cymaint y clod a'r edmygedd a gafodd Pughe yn ei oes, yr oedd llygaid llawer un a gymeradwyai ei ddiwydrwydd yn agored iawn i wendidau ei Gymraeg. Y mae beirniadaeth Lewis Edwards yn dal ei thir o hyd. Dywed mai 'ffolineb a ffiloreg digymysg' oedd ceisio gosod Pughe ar yr un lefel â Milton. Wedi'r cyfan, nid yr un gamp sydd i greu gwaith gwreiddiol ag sydd i'w drosglwyddo o'r naill iaith i'r llall. 'Ond pa glod sydd yn deilwng i *gyfieithydd* medrus yr ydym yn ewyllysgar yn ei roddi i Dr. Pughe'.[47] Ar ôl taflu'r briwsionyn hwn o glod ato, yna y mae Lewis Edwards yn mynd ati o ddifrif i ymosod ar ei gystrawen anghymreig:

Ni ddygwyddodd i ni erioed gyfarfod â neb a fedrai hysbysu pa le y cafodd yr athraw hybarch ei Gymraeg. Y mae yn ddilys mai nid gan ei fam anrhydeddus yn sir Feirionydd; ac y mae mor ddilys a hyny mai nid hon oedd iaith Taliesin ac Aneurin, na iaith y ''Mabinogion'', na iaith y ''Bardd Cwsg''. Dyma yr iaith Gymraeg ddiledryw, medd rhai. Nage, meddwn ninnau: Cymraeg ddiledryw pob oes yw yr iaith a arferid gan y Cymry yn yr oes hono, oddi-eithr mor bell ag y dygwyd i mewn gyfnewidiadau y rhai y gellir profi eu bod yn anghyson âg egwyddorion hanfodol yr iaith. Ond nid yw yr iaith hon wedi ei harfer mewn unrhyw oes; a phe buasai wedi ei harfer rywbryd cyn hyn, eto nid dyma Gymraeg yr oes hon.[48]

Tynnodd Lewis Edwards sylw'r darllenwyr at y modd y camgyfieithiasai Pughe rai o linellau Milton, 'nid er mwyn diraddio Dr. Pughe', ond 'er mwyn dangos beth yw meddwl Milton ym mhob brawddeg'. Ac y mae'n wir fod Pughe wedi mynd ar gyfeiliorn fwy nag unwaith. Rhydd Lewis Edwards rai enghreifftiau o'i gam-ddehongliadau:

Milton:

> In discourse more sweet
> (For Eloquence the Soul, Song charms the Sense)
> Others apart sat on a Hill retir'd. [49]

Pughe:

> Mwynach mewn pwyllâad
> (Ffraethineb enaid synwyr yw, ei swyn
> Yw cân) ar gil eisteddent ereill rai
> Ar fryn. [50]

Dengys Lewis Edwards mai ystyr llinell Milton yw 'For eloquence charms the soul, song charms the sense'. Nid oes unrhyw synnwyr i linell Pughe. Er bod Lewis Edwards yn cyfeirio at nifer o enghreifftiau o gamgyfieithu, eto dywed ar yr un gwynt: 'Gellid meddwl mai yn lled debyg i hyn, er nad yn hollol yr un fath, y buasai y gwaith yn dyfod o law Milton ei hun pe buasai yn ei ysgrifenu yn yr iaith Gymraeg'. Un enghraifft bur arwyddocaol a ddyfynnir ganddo yw cyfieithiad Pughe o'r llinell a ganlyn:

> Let none admire
> That riches grow in Hell. [51]

sef

> Na hoffed neb
> Yn Uffern dyfu golud. [52]

Trodd Lewis Edwards at Eiriadur Pughe i weld beth a dybiai ef oedd ystyr *hoffi*. Yno, yn naturiol ddigon, rhydd Pughe yr ystyron 'to delight in, or to love'. Wrth gwrs, y mae Milton yn defnyddio'r ferf *admire* yn ei hen ystyr o *ryfeddu at*: 'Na ryfedded neb . . .'. Onid yw diffyg dealltwriaeth Pughe yma yn brawf digonol na wyddai lawer o Ladin? Petasai ganddo addysg glasurol byddai'r defnydd hwn o *admire* yn hollol gyfarwydd iddo. Fe fyddai'n hawdd iawn i ninnau ymlwybro drwy *Coll Gwynfa* i gasglu mwy o frychau a gwallau.

Fodd bynnag, yr oedd gan *Coll Gwynfa* ddigonedd o edmygwyr er gwaethaf diffygion y gwaith. Gwelsom eisoes mai'r cyfieithiad hwn yn anad dim a enillodd i Pughe y ddoethuriaeth a roddwyd iddo gan Brifysgol Rhydychen. Priododeddai George Borrow ei allu i ddeall barddoniaeth Gymraeg i'w astudiaeth o *Coll Gwynfa*, sy'n dweud mwy, efallai, am Gymraeg Borrow nag am ragoriaethau cyfieithiad Pughe. Ond y mae'n amlwg fod gan Pughe ei hun ffydd yn y gwaith fel rhyw fath o werslyfr. Yn Chwefror 1830 nododd yn ei ddyddiadur: 'Galwai Mor. Williams, Eirionyð ar amcan bod yn llenawg; a rhoðwn Goll Gwynva iðo'. [53] 'Llëenawg' oedd gair Pughe am 'llythrennog'. Ni chawn wybod pa mor eiddgar oedd y cyfaill i ddyfalbarhau ar ôl bod yn pori yn nhudalennau *Coll Gwynfa* am sbel.

234

Cyhoeddwyd nifer o erthyglau dan yr enw 'Idwal' yn y *Cambro-Briton* yn 1820 yn canu clodydd *Coll Gwynfa*. Anfonodd Pughe gopi o'r llyfr yn anrheg i 'Idwal', ac yn ei ateb y mae hwnnw yn datgelu pwy ydoedd.[54] Ei enw oedd Evan Williams o Vron Deg, Bangor, ac y mae'n dweud ei fod yn ŵyr i William Williams, y llenor a'r hynafiaethydd o Landygái, ac yn nai i'r Parch. Richard Davies o Fangor, rheithor Llantrisant ym Môn. Ffieiddiai 'Idwal' at y sawl a alwai gystrawen y gwaith yn 'anghymreig'. Nid ar y cyfieithiad oedd y bai, meddai: 'the fault existed only in the shallowness of their own comprehension'. Taflu perlau o flaen moch oedd cynnig campwaith o'r fath i'r cyhoedd: 'for, to speak plainly, I am afraid it is too good for the Welsh *literati* of these times'.[55] Credai 'Idwal' fod Pughe wedi profi y gellid cyfleu'r syniadau mwyaf grymus a'r delweddau mwyaf gwych mewn Cymraeg barddonol 'without any aid beyond the innate richness and dignity of the language'. Dywed W. D. Leathart mai clod a gafodd *Coll Gwynfa* gan y mwyafrif o feirniaid yr oes. Y mae'n cyfeirio'n arbennig at yr hyn a ddywed *The Indicator*, cylchgrawn wythnosol a olygid gan Leigh Hunt rhwng 1819 a 1821: 'We are going to do a thing very common with critics; we are about to speak of a work we do not understand. What is not so common, however,—we are not going to condemn it'.[56] Ni fedrai Robert Southey ddeall y gerdd ychwaith ond nid oedd mor barod i fod yn haelfrydig â gohebydd *The Indicator*. Dyma farn Southey:

> I am very incredulous concerning what is said of the "Welsh Paradise Lost". My old acquaintance William Owen (Pughe) was one of Joanna Southcott's four and twenty elders, full of Welsh information certainly he was, but a muddier minded man I never met with . . . and I could almost as soon believe in Joanna Southcott myself, as be persuaded that he has well translated a book which I am very sure he does not understand.[57]

Cadwyd llythyr a anfonodd Iolo Morganwg at Evan Williams y cyhoeddwr yn trafod *Coll Gwynfa*. Am unwaith, cawn feirniadaeth deg a chytbwys ganddo ar waith Pughe, ac y mae tôn y llythyr yn fwy cymedrol nag arfer:

> I had some time ago received a MS specimen of his Paradise Lost (alas, how truly lost) he has fallen away from Milton as much or more than Adam fell from God—he knows not the principles of the Miltonic Blank verse, or indeed of any kind of verse whatever.[58]

Y mae'n wir nad yw hon yn feirniadaeth garedig, ond o leiaf y mae'n deg, ac yn lle ei lif arferol o atgasedd cawn drafodaeth resymegol gan Iolo o wendidau Pughe. Dengys sut y mae Pughe yn diweddu ei linellau â chysyllteiriau ac arddodiaid yn lle cael clo cadarn iddynt. Erbyn heddiw byddai'r beirniaid i gyd yn cytuno â Iolo na ellir galw *Coll Gwynfa* yn farddoniaeth. Y mae'n hawdd iawn collfarnu'r gwaith, ond ni ddylid gwneud hynny heb benderfynu beth yn hollol sy'n gwneud *Paradise Lost* yn aruchel ac yn glasur, a *Coll Gwynfa* yn drwsgl ac yn feichus. Yr ateb symlaf, wrth gwrs, yw bod Milton yn fardd a Pughe yn hollol ddi-awen. Eithr y mae'n bosibl dadansoddi crefft y naill a'r llall i weld pam y methodd Pughe lle y llwyddasai Milton. Wrth gyfeirio at y diweddebau gwan rhoddasai Iolo ei fys ar un o brif wendidau'r cyfieithiad. Os yw diwedd y llinell yn wan, yna y mae'r holl linell yn wan. Ni ellir cael grymuster mewn llinell sy'n diweddu â geiriau megis *na, ar, er, ei, a, ac*, ond y mae Pughe yn euog o ddefnyddio pob un o'r rhain a llawer mwy o rai tebyg iddynt. Nid oes rhaid inni fynd ddim pellach na Chaniad cyntaf y gerdd i gael hyd i ddigonedd o enghreifftiau:

> . . . O mor wael
> Oedd wrth y fan a gollynt! Yno *ei*
> Gymdeithion yn ei gwymp, is cymmlawdd *o*
> Lifeiriant a chorwyntoedd tân, efe
> A wela toc, ac yn dysgreiniaw *ger*
> Ei ystlys un oedd nesaf iddei hun
> Mewn gallu ac mewn drwg, hir gwedi *yn*
> Gofiedig trwy holl Palestin ar enw
> Beelzebub. [59]

ac eto:

> Llefarai: ac nid mwy neud allan *y*
> Dysbeilient lafnau llachar dân *oddiar*
> Forddwydydd y Cherubion cedeirn *yn*
> Fyrddiynau. [60]

Y mae'r diweddebau gwan yn amharu ar y mesur ei hun yn ogystal ag ar werth barddonol y gwaith. Golyga gofynion y mesur o bum corfan dyrchafedig ym mhob llinell fod y llinellau yn diweddu bron yn ddieithriad â gair unsill. Gan mai eithriadau yw geiriau Cymraeg lluosill heb acen ar y goben, rhaid dibynnu ar eiriau unsill i derfynu'r llinell. Ar ôl disbyddu ei stôr o eiriau unsill cyfarwydd yr oedd yn rhaid i Pughe naill ai chwilota am rai diflanedig neu droi at arddodiaid a rhagenwau unsill.

Y mae'n amlwg wrth ddarllen y dyfyniadau a geir yma, fod *Coll Gwynfa* yn annarllenadwy. Y mae'n anodd credu fod hyd yn oed y sawl a broffesai ei hedmygu yn deall un gair o bob deg o'r gerdd. Ond ychydig iawn a fu'n ddigon onest i gyfaddef eu hanwybodaeth. Chwarae teg i William Jones, ficer Nefyn, am fod yn ddigon didderbyn-wyneb i ddweud: 'Y mae Coll Gwynfa yn gyfieithiad gorgampus o waith anfawrol Milton, ond barnwyf yn sobr nad oes dwsin o ddynion yng Nghymru oll yn ei ddeall'. [61] Ychydig iawn, iawn a aeth mor bell â chyhoeddi mai methiant oedd y cyfieithiad, ond dyma farn Peter Bailey Williams:

236

Terfysg a chythrwfl ac annhrefn mawr iawn yn fy nhyb gwan i a wnaeth gwaith W. O. Pughe ac yr ydwyf yn meddwl fy hun megis mewn gwlad ddieithr—ac yn hollol anwybodus o Iaith fy mam pan fyddwyf yn darllen gwaith W.O.P. sef ei Goll Gwynfa a ganmolir mor fawr yn y Cambro Briton ond nis gallaf weled na rhagoroldeb nac harddwch ynddo . . . rhaid astudio a dysgu cymaint a phe byddai i ryw un ddechrau dysgu yr Iaith Lladin neu Roeg—neu un o'r Ieithoedd Dwyreiniol—cyn y dichon un Cymro cyffredin ddeall ymadroddion y Dr. W.O.P. [62]

Os yw'n waith mor wan pa werth sydd i'r cyfieithiad o gwbl? Rhaid cyfaddef nad oes fawr o werth ynddo i ni heddiw, ond fe fu'n waith pur ddylanwadol yn y bedwaredd ganrif ar bymtheg. Rhoddasai Pughe eirfa i'r beirdd yn ei Eiriadur. Yn awr, dangosodd iddynt sut i ddefnyddio'r eirfa honno mewn cerdd. Dangosodd fod modd canu arwrgerdd yn Gymraeg a rhoddodd awgrym o bosibiliadau'r mesur di-odl. Yn ddiau fe drodd llawer o feirdd y bedwaredd ganrif ar bymtheg at *Coll Gwynfa* yn ogystal ag at y Geiriadur am ysbrydoliaeth. Un gŵr a wnaeth hyn yn arbennig oedd John Evans (I. D. Ffraid). Cyhoeddodd yntau gyfieithiad o *Paradise Lost* yn 1865, ac y mae dylanwad *Coll Gwynfa* Pughe yn drwm ar ei *Goll Gwynfa* ef er na fynn gydnabod hynny. Dangosodd Mr. Wilbert Lloyd Roberts fod ôl Pughe i'w weld yn eglur iawn ar eirfa I. D. Ffraid. [63] Defnyddiodd stôr helaeth Pughe o eiriau unsill, y rhai a fathodd Pughe ei hun a'r rhai a lusgodd o ebargofiant yn ôl i dir y byw. Unwaith eto daw geiriau fel *bôr, ffaw* a *nur* i olau dydd, ynghyd â rhai o hoff eiriau cyfansawdd Pughe, megis *eirddosawg* a *gwylosaidd*. Efelychodd I. D. Ffraid ei gystrawen afrosgo:

> I dyfu perai *odd y* ffaethus dir (IV, 264)
> *Idd ein* danfonydd ni, ei ofal ef (IV, 1006)

Fe fyddai'n hollol bosibl i I. D. Ffraid fod wedi cael yr eirfa o Eiriadur Pughe ac o fynych ddarllen ei gyfraniadau i gyfnodolion y dydd, ond y mae prawf pendant yn *Coll Gwynfa* Ffraid fod *Coll Gwynfa* Pughe wrth ei benelin wrth iddo gyfieithu. Cymharer y ddwy linell:

I. D. Ffraid:

> Eisteddent mewn cyfriniol gyspwyll (I, 950).

Pughe:

> Eisteddynt mewn cyfriniawl gyspwyll (I, 831).

Nid damwain yw dwy linell mor debyg â'r rhain, ac nid eithriadau mohonynt ychwaith.

Gŵr arall y dylanwadodd *Coll Gwynfa* yn drwm arno oedd Ieuan Ddu o Lan Tawe. John Ryland Harris, mab Joseph Harris, 'Gomer', oedd Ieuan Ddu. Yr oedd yn edmygydd mawr o William Owen Pughe a gohebai ag ef ar faterion ieithyddol. Ymunai yn y dadleuon am yr

237

iaith yng ngholofnau *Seren Gomer*, a bwriadai gyhoeddi geiriadur Saesneg a Chymraeg a geirlyfr barddonol. Ond bu farw yn un ar hugain oed yn 1823. Yn ei wendid olaf poenai am nad oedd wedi ateb llythyr a anfonasai Pughe ato, a'r geiriau olaf a ysgrifennodd oedd i ddechrau llythyr at Pughe. Ni orffennodd y llythyr hwnnw. Cyfieithodd Ieuan Ddu *Paradise Regained* dan y teitl *Adveddiant Gwynva*. Cyhoeddwyd rhannau o'r cyfieithiad yn y *Cambro-Briton* yn 1821-2. [64] Gwelir oddi wrth y dyfyniad a ganlyn gryfed oedd dylanwad Pughe arno:

Ti, Yspryd gwir, hẃn á arweiniaist y
 Didryvydd ardderch hwn i'r anial, ei
 Vuddygawl vaes, yn ngwrth yr andras erch
 A dygai ev oddiyno, trwy brawv wyt
 Heb ddadl Vab Duw, màl gnotai iti gynt
 Vy nghân, O! ysbrydola, neu hi mud;
 A dysg di drwy uchder neu drwy îs,
 O dervyn anian, àr adenydd llwydd
 Llawn hwyl, i wedyd am weithredoedd uwch
 Gwronawl, er y gwnaed mewn ûl, ac heb
 Gofàad y bu dros oesoedd lawer iawn,—
 Teilyngai cynt arwyrain pell wrth hyn.

Y mae hwn, ond odid, yn fwy rhyddieithol na chyfieithiad Pughe os yw hynny'n bosibl. Fe geir yr un gwendidau yng ngwaith y ddau, yn enwedig y terfyniadau gwan. Cyfeiriwyd yn arbennig at I. D. Ffraid a Ieuan Ddu am iddynt fynd ati i efelychu Pughe yn uniongyrchol drwy wneud ymgais i gyfieithu gwaith Milton. Y mae tu hwnt i gwmpas y llyfr hwn ymdrin â'r holl feirdd y dylanwadodd Pughe arnynt drwy *Coll Gwynfa*, ei Eiriadur a'i Ramadeg, [65] ond ni ellir diystyru'r gwahaniaeth a wnaeth ei waith i ieithwedd y bedwaredd ganrif ar bymtheg. Y mae'n rhyfedd meddwl sut y dylanwadodd un gŵr heb rithyn o farddoniaeth yn ei gyfansoddiad ar genhedlaeth gyfan o feirdd. Dangosodd Dr Saunders Lewis mai parhad o glasuriaeth y ddeunawfed ganrif ydoedd barddoniaeth a beirniadaeth hanner cyntaf y bedwaredd ganrif ar bymtheg, ond fod Pughe a'i syniadau wedi ymwthio rhwng yr awdlau a'u patrwm yng ngwaith Goronwy Owen. [66] Pwysleisiodd pe na chodasai Pughe i dorri ar y gadwyn yna fe fuasai rhywun arall yn sicr o fod wedi gwneud yr un peth: 'Yr oedd y peth yn ddatblygiad anorfod ar egwyddorion ac esiampl Goronwy Owen *mewn cyfnod y collesid ynddo draddodiad ysgolheictod Cymraeg*'. [67] Am ei fod yntau, fel Goronwy Owen, yn credu y dylid cael geirfa arbennig i farddoniaeth yr arlwyodd Pughe ford mor hael gerbron y beirdd yn ei Ramadeg a'i Eiriadur. Ac, fel y dywed Dr Saunders Lewis, ni ellir darllen awdlau eisteddfodol hanner cyntaf y bedwaredd ganrif ar bymtheg heb droi at Eiriadur a Gramadeg William Owen

Pughe, yn union fel y troesai Goronwy yn ei ddydd at *Dictionarium Duplex* John Davies.

Tybiai Pughe yn ddiffuant ei fod yn adfer urddas yr iaith. Wedi'r cyfan, yr oedd y Gogynfeirdd yn feistri ar arfer y gair cyfansawdd, ond yr oedd rhyw ddisgyblaeth syber i'w harddull hwy na fedrai Pughe obeithio ei hatgynhyrchu. Aeth ei ddychymyg ef a'i ddilynwyr yn rhemp. Fel y gwelsom eisoes, yr oedd llawer o'r cyfansoddeiriau a gynhwysodd yn ei Ramadeg yn ddychrynllyd o ran ffurf ac ystyr. Wrth weld y rhain daeth y beirdd i gredu y gellid cyfuno pob math o eiriau a chreu barddoniaeth wrth ddefnyddio'r cyfryw angenfilod cyfansawdd. Gwnaethpwyd cryn ddifrod i iaith y beirdd gan reol arall sydd yng Nghramadeg Pughe:

> The plural terminations are numerous in Welsh; and they may be used indifferently for all words . . . Such a number of plural terminations affords a vast scope for varying the expressions, and is particularly convenient for enriching poetical compositions.

Mewn geiriau eraill, 'instant poetry'; rhywbeth y gellid ei daflu i mewn i'r potes fel pinsiad o halen neu bersli oedd geirfa Pughe. Esgorodd y syniad hwn ar erthylod megis y *môr-franod* a welir yn 'Gwledd Belsassar' Ieuan Glan Geirionydd. Nid oes rhaid dyfynnu mwy. Y mae'r cyfansoddeiriau heglog, y lluosogion afrosgo, y cystrawennau anghymreig a'r geiriau amheus eu tras fel pla drwy farddoniaeth y bedwaredd ganrif ar bymtheg. Yr oedd William Owen Pughe wedi dechrau ffasiwn y bu'n anodd iawn ei dileu.

Bu *Coll Gwynfa* yn sbardun i Pughe gyfieithu mwy a mwy o gerddi o'r Saesneg. Gellir gweld llawer ohonynt yng nghylchgronau'r dydd. Cynyddodd ei hunanhyder ac arbrofodd â mesurau dieithr. Ef oedd y cyntaf i ddefnyddio'r Pennill Spenseraidd yn Gymraeg. [68] Yn y *Cambro-Briton*, 1821-22, ceir ei gyfieithiad yn y mesur hwn o gerdd Shelley *The Revolt of Islam* (Canto 5, Stanza 11). Er bod Pughe wedi cadw'r mesur gwreiddiol a'r odlau *ababcbcc* nid oes mwy o farddoniaeth i'r cyfansoddiad hwn nag i'r un o'i weithiau eraill:

### Creuloni

O py y tarddai drwg o ddrwg dros byth,
A gloes y magai loes byth mwy ei sàr?
Neud brodyr ydym!—îa yr eillion llyth,
Am dal à laddant; ac i ddial bar
Dros var, nis maetha ond trueni ar
Ei chalon vriw ei hun; O Daiar! Nev!
Ia tithau, ANIAN, i bob gwaith yn war,
Ac oll sy byw, à yw, i vod mòr grev
A roddaist, ia, tydi drygeynt, ond mwyn
dy lev! [69]

Yr oedd y gerdd *Don Juan* gan Byron ar anterth ei phoblogrwydd a manteisiodd Pughe ar hyn i drosi pennill ohoni i'r Gymraeg. Y mesur yw'r *Ottava Rima: ab ab ab cc*, a'r darn yw *The Moon* o *Don Juan*, Canto I, CXIII.

> Machludai HAUL, a dwyrai hithau LOER
> Wenfelen; cartref diawl er drwg yw hon;
> Camenwid hi yn DDIWAIR, am mai oer
> Ei gwedd; can nad oes hafddydd hiraf llon
> A wela hanner troiau mall a doer
> Mewn awr neu ddwy gan wen y lleuad gron—
> Plith daiarolion—eto hi mor ŵyl
> Edrych fal yn brysiaw ar ei hwyl. [70]

Yn 1822, casglodd Pughe nifer o'i gerddi mewn cyfrol, *Cyvieithion o Saesoneg . . . gan Idrison*. Y ddwy brif gerdd yn y casgliad oedd cyfieithiadau o *Palestine* gan yr Esgob Reginald Heber, a *The Bard* gan Thomas Gray. Yn yr un gyfrol ceir adran dan y teitl 'Amrywion', sy'n cynnwys cyfieithiadau o weithiau gan Addison, Shelley, Pope a Felicia Hemans. Yn yr un flwyddyn cyhoeddodd ei gerdd wreiddiol: *Hu Gadarn, sef cywydd o III caniad y gan Idrison*, arbrawf ar ganu cynganeddol. Nid oes diben cynnig unrhyw feirniadaeth lenyddol ar y cerddi hyn. Y peth mwyaf caredig, efallai, yw gadael iddynt lefaru drostynt eu hunain, ac ar yr un pryd cofio geiriau Caledfryn:

> Awenydd a adwaenir—wrth ei gwedd,
> Ac wrth y gwaith wnelir:
> Nid yw pob peth a blethir
> O'r un waed â'r awen wir. [71]

## NODIADAU

[1] George Borrow, *Wild Wales* (Llundain, 1888), t. 73.

[2] NLW 21282, IAW 339.

[3] NLW 1884, t. 18-20; Thomas Ll. Jones, *Ceinion Awen y Cymmry* (Dinbych, 1831), t. 142.

[4] W. Owen Pughe, *Coll Gwynfa* (1819), tt. x-xi.

[5] NLW 13248, 22 Rhagfyr 1818.

[6] Yn yr 'ail argraffiad' ceir dyddiad penblwydd Pughe. Gw. J. Hubert Morgan, 'Coll Gwynfa, myfyrdod llyfryddol ar gyfieithiad William Owen Pughe', *JWBS*, VI, Rhif 3, t. 145.

[7] NLW 13248, 1 Ebrill 1819.

[8] J. Hubert Morgan, loc. cit.

[9] Robert Lloyd, 'On Rhyme', *Poetical Works* (1774), II, t. 114.

[10] C. C. Southey (gol.), *Southey's Life and Correspondence* (Llundain, 1849-50), Cyf. I, tt. 118-19.

[11] Arglwydd Byron, 'English Bards and Scotch Reviewers' (1808).

[12] W. M. Dixon, *English Epic and Heroic Poetry* (Llundain, 1912), t. 210.

[13] R. D. Havens, *The Influence of Milton on English Poetry* (Cambridge, Mass. 1922), t. 3.

[14] J. H. Davies (gol.), *The Letters of Goronwy Owen*, 1723-1769 (Caerdydd, 1924), t. 7. Goronwy at William Morris, 7 Mai 1752. Cyfeirir at y gyfrol hon o hyn allan fel *LGO.*

[15] *LGO*, t. 39. Goronwy at Richard Morris, 21 Chwefror 1753.

[16] ibid., t. 7.

[17] ibid., t. 39. Gw. hefyd Saunders Lewis, *A School of Welsh Augustans* (Wrecsam, 1924), tt. 119-27.

[18] *LGO*, t. 75. Goronwy Owen at William Morris. [1753].

[19] ibid.

[20] G. J. Williams (gol.), *Gramadeg Gruffydd Robert* (Caerdydd, 1939), t. 330; D. Gwenallt Jones (gol.), *Blodeugerdd o'r Ddeunawfed Ganrif*, (Caerdydd, 1953), t. xvi.

[21] *LGO*, t. 112. Goronwy at William Morris, 21 Mai 1754.

[22] ibid. t. 111.

[23] ibid.

[24] Llyfrgell Sir De Morgannwg, Llawysgrif Caerdydd 3.86. (Casgliad y Tonn.) Copi o'r llythyr gwreiddiol.

[25] G. J. Williams, *Iolo Morganwg* (Caerdydd, 1956), t. 375.

[26] *Coll Gwynfa*, t. vii.

[27] Iolo Morganwg, *Cyfrinach Beirdd Ynys Prydain* (Caernarfon, d.d.), t. 51.

[28] Ceir peth o'r hanes yn Huw Llewelyn Williams, *Safonau Beirniadu Barddoniaeth yng Nghymru yn y Bedwaredd Ganrif ar Bymtheg* (Llundain, 1936).

[29] Wilbert Lloyd Roberts, 'Bywyd a Gwaith John Evans (I. D. Ffraid)', T.Y.C.Ch. (Bangor, 1950), Cyf. II, t. 189; Saunders Lewis, *A School of Welsh Augustans* (1924), t. 122; E. G. Millward, 'Geni'r Epig Gymraeg', *Llên Cymru* (Gorffennaf 1956), t. 63.

[30] BL Add. MSS. 15030, t. 139.

[31] Saunders Lewis, *A School of Welsh Augustans* (1924), t. 122 n.

[32] Saunders Lewis, *Williams Pantycelyn* (Llundain, 1927), tt. 217-18.

[33] J. R. Kilsby Jones, *Holl Weithiau Prydyddawl a Rhyddieithol y diweddar Barch. William Williams, Pant-y-celyn* (Llundain, 1868?), t. 744.

[34] *Coll Gwynfa*, t. viii.

[35] C. S. Lewis, *A Preface to Paradise Lost* (Llundain, 1960), t. 41.

[36] *Paradise Lost*, V, 409-13.

[37] *Coll Gwynfa*, V, 440-6.

[38] *Paradise Lost*, I, 558.

[39] *Coll Gwynfa*, I, 582.

[40] C. S. Lewis, *A Preface to Paradise Lost*, t. 40.

[41] *Paradise Lost*, I, 1-10.

[42] *Coll Gwynfa*, I, 1-11.

[43] *Paradise Lost*, VIII, 247-8.

[44] *Coll Gwynfa*, VIII, 283-4.

[45] *Coll Gwynfa*, t. viii.

[46] Lewis Edwards, *Traethodau Llenyddol* (Wrecsam, d.d.), t. 53 ymlaen; *Y Traethodydd* (1850), tt. 5-20.

[47] *Traethodau Llenyddol*, tt. 53-4.

[48] ibid. t. 54.

[49] *Paradise Lost*, II, 556.

[50] *Coll Gwynfa*, II, 585.

[51] *Paradise Lost*, I, 690.

[52] *Coll Gwynfa*, I, 720.

[53] NLW 13248, 26 Chwefror 1830.

[54] NLW 13263, tt. 435-6.

[55] *The Cambro-Briton*, II (1820-21), tt. 161-2, 207, 351.

[56] W. D. Leathart, *The Origin and Progress of the Gwyneddigion Society*, t. 53.

[57] J. Wood Warter (gol.), *Selections from the Letters of Robert Southey* (Llundain, 1856), Cyf. III, t. 373; *Bye-Gones*, 27 Gorffennaf 1881.

[58] NLW 21286, IAW 972.

[59] *Coll Gwynfa*, I, 84-91.

[60] ibid. I, 694-7.

[61] William Jones, *Traethawd ar Swyddogaeth Barn a Darfelydd mewn Cyfansoddiadau Rhyddieithol a Barddonol* (Rhuthun a Llundain, 1853), t. 23.

[62] NLW 1808.

[63] Wilbert Lloyd Roberts, 'Bywyd a Gwaith John Evans (I. D. Ffraid)', T.Y.C.Ch. (Bangor, 1950).

[64] tt. 33-6.

[65] Ceir peth ymdriniaeth o'i ddylanwad yn Huw Llewelyn Williams, *Safonau Beirniadu Barddoniaeth yng Nghymru yn y Bedwaredd Ganrif ar Bymtheg* (Llundain, d.d.); Saunders Lewis, *Detholion o Waith Ieuan Glan Geirionydd* (Caerdydd, 1931); Huana Rees, 'Efrydiau yn Nharddiad a Datblygiad Geirfa ac Arddull Beirdd Cymraeg y cyfnod 1800-1842', T.Y.C.Ch. (Abertawe, 1929).

[66] Saunders Lewis, op. cit., t. 5.

[67] ibid. t. 6.

[68] Herman Jones, *Y Soned yn Gymraeg hyd 1900* (Llandysul, 1967), tt. 35-6.

[69] Idrison, *Cyvieithion o Saesoneg...* (Llundain, 1822), t. 70; *The Cambro-Briton*, III (1821-2), t. 121.

[70] *The Cambro-Briton*, III (1821-2), t. 435.

[71] Ceir detholiad byr o farddoniaeth Pughe mewn atodiad yng nghefn y llyfr hwn. Cyhoeddwyd nifer o'i gerddi yn *Ceinion Awen y Cymmry* gan Thomas Ll. Jones (Gwenffrwd) yn 1831, llyfr a gyflwynwyd i William Owen Pughe gan ei gyfarch fel 'Efrydydd clodwiw boreuawl ddoethineb ac encilion addysg Ynys Prydain; prif golofn Iaith y Cymmry, achleswr hael Llenoriaeth a Barddas Gymmreig'.

*Pennod XI*

## 'O GAER LUDD I'W GYWIR WLAD'

Camgymeriad a ailadroddir yn fynych wrth sôn am William Owen Pughe yw honni iddo setlo ar y stad yn Nantglyn ar ôl iddi ddod i'w feddiant yn 1806. Y mae'n amlwg mai dilyn ei gilydd yn ddigwestiwn a wna'r bywgraffyddion. Un rheswm, efallai, dros feddwl ei fod wedi gwneud ei gartref yng Nghymru ar ôl 1806 yw fod ei waith pwysicaf ar yr iaith a'r hen destunau wedi ei gyflawni cyn y flwyddyn honno. Cyfnod cymharol ddigynnyrch a geir wedyn, a hawdd fyddai meddwl ei fod wedi gadael bwrlwm y bywyd llenyddol yn Llundain am dawelwch segur Nantglyn. Ond nid oes rhaid inni wneud mwy na darllen ei ddyddiadur i weld mai Llundain oedd ei gartref tan 1825. Sut arall y gallai fod wedi cynnal cyfathrach mor glòs â Joanna South-cott hyd ei marwolaeth yn 1814, ac â Jane Townley ac Ann Underwood hyd 1825 onibai ei fod wrth law yn gyson i'w cyfarwyddo a'u nerthu? Y mae'n wir fod y teulu wedi mynd i fyw i Nantglyn am gyfnod yn syth ar ôl etifeddu'r stad, ond dychwelasant i Lundain rywbryd rhwng 1809 a 1811. Yr oedd Pughe yn ysgrifennu at Robert Roberts, Caergybi, o'i gartref yn Nhan-y-Gyrt, Nantglyn yng Nghorffennaf 1809, ond y mae ei ddyddiadur yn tystio ei fod yn byw yn Llundain pan ddechreuir cofnodion 1811. Ar ôl colli cnewyllyn yr hen Southcottiaid gyda marwolaeth Jane Townley ac Ann Underwood y mae tynfa Nantglyn yn cynyddu. Yno yr oedd Aneurin a'i wraig yn byw, ac erbyn hyn yr oedd ganddynt deulu bach i ddenu Pughe fwyfwy atynt. Yno hefyd yr oedd Elen a'i gŵr, John Fenton, ac aethai Isabella hithau atynt yn 1823. Yr oedd yn gam go fawr i Isabella, yn wraig ddibriod naw ar hugain oed, adael bwrlwm y brifddinas a'i chylch o ffrindiau yn Llundain a symud i bentref distaw yng nghefn gwlad Cymru. Eto y mae gennym dystiolaeth yn llythyrau'r teulu ei bod yn ddigon bodlon ar ei byd heb ddangos rhyw lawer o hiraeth am y bywyd dinesig. Ceisiai Aneurin a'i deulu ei difyrru orau y gallent. Tybed ai er ei mwyn hi y dechreuodd Aneurin gynnal sioeau 'magic lantern' yn Nhan-y-Gyrt fin nos? Dywed Aneurin fod y sioe yn boblogaidd iawn gyda'r brodorion, er bod ar rai ohonynt ofn mynd adref wedyn yn y tywyllwch. Y rheswm dros yr ofn oedd fod llun o ysbryd yn rhan o'r sioe. Gweodd y pentrefwyr hanesion dychrynllyd o gwmpas hwn, gan ei alw yn 'Ysbryd Sally'. Honnent mai darlun ydoedd o Sally'r Henblas a oedd wedi dod o du hwnt i'r bedd i ddial ar Robert Jones yr Hendref. Y mae Aneurin yn esbonio cefndir y stori mewn llythyr at ei dad ar 28 Ionawr 1824.[1] Bwriwyd Sally a'i gŵr, Thomas o'u cartref gan Robert Jones, a phan adeiladodd Thomas dŷ ar y Gyrt tynnodd Robert Jones hwnnw i lawr a thaflu Thomas i'r carchar. Ar ei gwely angau tyngodd Sally y deuai'n ôl i ddial ar y gormeswr. Byth oddi ar hynny ofnai Robert Jones fynd allan liw nos. Yr oedd gan y trigolion eisoes straeon am glywed Sally yn udo yng nghoed yr Henblas, a honnai un cymydog iddo weld llu o ellyllon yn dawnsio am hanner awr yn yr hen chwarel ar y Gyrt. Rhoddodd ysbryd 'magic lantern' Aneurin danwydd newydd i fwydo'r ofnau hyn. Yr oedd yn fyd gwahanol iawn i'r byd a adawsai Isabella yn Llundain, a difyrrwch diniwed iawn oedd y 'magic lantern' ar ôl pleserau gerddi Vauxhall.

Gan ei fod bellach yn rhydd oddi wrth gyfrifoldebau teulu a galwadau'r Southcottiaid yn Llundain, y mae'n bosibl fod William Owen Pughe yn teimlo y dylai gymryd mwy o ddiddordeb yn y stad yng Nghymru. Yr oedd yn anodd cadw golwg arni yn effeithiol o Lundain, ac yr oedd angen ei law wrth y llyw. Nid oedd yr awyrgylch mor heddychlon ag y dymunai yn Nantglyn. Yr oedd galw am ei bresenoldeb hynaws i gadw'r ddysgl yn wastad rhwng Aneurin a'i chwaer Elen ac i ofalu bod Isabella yn cael chwarae teg rhwng y ddau. Ym mis Tachwedd 1824 ysgrifenasai Aneurin at ei dad yn Llundain dan gwyno am agwedd John Fenton. Yr oedd Fenton wedi bod yn swnian am y disgwylid iddo dalu rhent bob chwarter am Segrwyd tra talai'r tenantiaid eraill unwaith neu ddwywaith y flwyddyn. Pan symudodd Isabella i Nantglyn gyntaf trefnwyd iddi fyw yn Segrwyd gydag Elen a John Fenton, a thalu £35 y flwyddyn iddynt am ei lle. Yr oedd Fenton yn ei dro i ofalu ei bod hithau yn derbyn pumpunt y flwyddyn o arian poced. Cwyna Aneurin nad oedd Isabella wedi gweld yr un ddimai o'r arian hwn. Y mae'n amlwg fod y teulu wedi ffraeo dros hyn ac, yn ôl Aneurin, trodd y Fentoniaid Isabella allan o'u cartref. Aeth hi at Aneurin a'i deulu i Dan-y-Gyrt a threfnodd ei brawd iddi dderbyn ei lwfans personol o renti dau fwthyn ar y stad. Yr oedd fersiwn John Fenton o'r helynt yn hollol wahanol. Beiai ef Aneurin am yr anghydfod, a honnai mai symud o'i gwirfodd i fyw i Dan-y-Gyrt a wnaethai Isabella.[2] Y mae'n haws credu mai Aneurin oedd yn iawn: yr oedd yn fwy dibynadwy na Fenton. Dan ei oruchwyliaeth ef a'i dad yng nghyfraith, William Llwyd, yr oedd y stad yn Nantglyn yn llewyrchus a threfnus, ond pan ymgymerodd Fenton â'r dasg o reoli ei dreftadaeth ef ei hun yng Nglyn Amel yn ddiweddarach, aeth yr hwch drwy'r siop ar fyr o dro. Y mae'n bur debyg fod y cwyno a'r ymgecru a ddeuai i'w sylw gyda'r llythyrau o Nantglyn, wedi bod yn symbyliad ychwanegol i wthio Pughe yn ôl i Gymru.

Gwyddai Pughe y câi groeso arbennig gan Aneurin gan fod newyddion da wedi ei ragflaenu at ei fab. Er marwolaeth John Humphreys Parry buasai Pughe yn brysur yn deisebu gwŷr dylanwadol megis Charles Watkin Williams Wynn i sicrhau ei swydd i Aneurin. Ar un adeg bu awgrym mai Pughe ei hun a fyddai'n ymgymryd â'r gwaith. Mewn nodyn brysiog ar gefn llythyr Elen Fenton at Pughe ar 10 Chwefror, 1825, sef pum niwrnod ar ôl marw John Humphreys Parry, dywed Aneurin:

Gobeithiaw na esgeulusoch ovyn am y swyô o adolygu argraphiad gweôillion y hanesion, cyvreithiau &c naill ai i chwi eich hunan neu i minnau, er mwyn i mi gael rhyw orchwyl y medrav anturiaw cyvlawni.[3] Ar fore'r diwrnod y cychwynnodd o Lundain am Gymru aeth Pughe i weld C. W. Williams Wynn ynghylch y swydd. Dywedodd hwnnw fod yr hynafiaethydd Henry Petrie wedi ei haddo i Aneurin. Penodwyd Petrie yn geidwad yr archifau yn Nhŵr Llundain yn 1819, ac yn 1823 daeth yn brif olygydd y gwaith o gyhoeddi'r hen destunau dan nawdd y Comisiwn Cofnodion. Disgrifiwyd ef gan Aneurin fel 'a man of great erudition & will facilitate the appearance of everything important in Welsh literature'.[4] Prysurodd Pughe i'r Amgueddfa at Petrie i gadarnhau penodiad Aneurin cyn anfon gair ato. Yr oedd yn rhaid anfon y newyddion da mewn llythyr gan na fwriadai Pughe fynd ar ei union i Gymru. Yr oedd am dorri ei siwrnai yn Stourbridge er mwyn ymweld â Thomas Philip Foley yn Oldswinford. Arhosodd yno am wythnos gyda'i hen gyfaill, yn ddiau yn hel atgofion hiraethus am y dyddiau gobeithlon pan oedd Joanna Southcott ar frig ei gyrfa ryfedd. Ar 12 Gorffennaf 1825 daeth William Owen Pughe yn ôl i Gymru. Y mae'n cofnodi'r achlysur pwysig hwn yn ei ddull claear arferol:

. . . awn dros y mynyô tua Nantglyn: 30' gwedi 3 gwelwn y mor gyntav er ys 13 blyneô: ar 4 gwelwn Dàn y Gyrt: yvwn dea yno ar 5: J. Fenton yn Ninbyç, ac Aneurin yn Rhuthyn: awn gyda Janw a Bella i D. y Gyrt: doai Elen gyda ni dros y Gyrt i Nantglyn: doynt A. ac J. F. adrev ar vin nos. Tes.[5]

Cyfarchwyd ef gan Robert Davies, Bardd Nantglyn, mewn cywydd:

Croesaw i'n Gwlad, llâd Wr llên
Troad y DOCTOR OWEN;
Sef, OWEN PUW, saif enw parch
Hir gofiant er ei gyfarch,
Wele daeth i'w le a'i dir,
Fodd undeb ei feddiandir;
O Gaer Ludd i'w gywir wlad
Mae mawl am ei ymweliad.[6]

Nid oedd cynlluniau William Owen Pughe yn bendant iawn ar y cychwyn; efallai mai ymweliad fyddai hyn wedi'r cyfan. Y mae'n amlwg fod y trefniadau yn weddol benagored a'i fod am weld sut yr oedd y gwynt yn chwythu cyn ei glymu ei hun yn derfynol. Ar y cychwyn aeth i aros gydag Aneurin a'i deulu ac Isabella yn Nhan-y-Gyrt, ond yn ddiweddarach symudodd at Elen a'i gŵr yn Segrwyd. Nid oedd yn brin o berthnasau na pherthnasau-yng-nghyfraith yn Nant-glyn, ac yr oedd yn ffodus ei fod yn amlwg ar delerau da iawn â'i ferch yng nghyfraith, Janw, ei thad a'i mam, William a Catherine Llwyd, a'i chwaer, Betw. Erbyn hyn yr oedd rhieni Janw yn byw yng Nglasmor, neu Glas Mordeyrn fel y galwai Pughe'r tŷ. Ymdaflodd

245

Pughe ar unwaith i fywyd y wlad. Mab fferm ydoedd wedi'r cyfan, ac yr oedd gwaith y stad yn gwbl gyfarwydd iddo. Hyd yn oed yn Llundain ymhyfrydai yn ei ardd, ond yn awr yr oedd ganddo'r tir a'r hamdden i arddio wrth fodd ei galon. Câi sgwrsio am farddoniaeth gyda Robert Davies, Bardd Nantglyn, a oedd yn ymwelydd cyson ag aelwyd Aneurin. Taith fer iawn ar gefn ceffyl neu ar droed oedd o Nantglyn i Ddinbych. Yno yr oedd ganddo lu o gyfeillion gan gynnwys rhai o feddygon y dref, gwŷr fel y Dr R. Phillips Jones. Yno hefyd yr oedd ei gyfaill mawr, Thomas Gee yr hynaf, yn byw. Yr oedd ef a'i briod, Mary Foulkes gynt o Hendre'r Wydd, ymhlith ei gyfeillion agosaf am weddill ei oes. Ai yn aml i Ruthun lle yr oedd ganddo nifer o ffrindiau, ac yr oedd Caerwys yn ddigon agos iddo fedru mynd yn aml i weld Angharad Llwyd a'i theulu diwylliedig. Erbyn hyn, fodd bynnag, nid oedd yn brin o gwmni diwylliedig ar ei aelwyd ei hun gan fod Aneurin yn datblygu yn gryn ysgolhaig, ac yr oedd yntau yn falch o gael ei dad wrth law i drafod ei waith newydd.

Y mae'n anodd dweud pa mor rhugl ydoedd plant William Owen Pughe yn Gymraeg. Saesnes oedd eu mam, a Saesneg oedd iaith y cartref a'r gymdeithas y magwyd hwynt ynddi yn Llundain. Dywed Elen mewn llythyr at ei thad ym mis Chwefror, 1825: 'You will be surprised to hear that I can make myself understood in Welch, but I think I never could write it. There are so many rules to remember',[7] peth sydd braidd yn anffodus i ferch gramadegydd orfod cyfaddef i'w thad. Gwelwn oddi wrth ddyddiadur Pughe fod Isabella yn ymdopi'n dda iawn gyda'i neiaint a'i nithoedd, plant Aneurin. Cymraeg oedd iaith yr aelwyd yn Nhan-y-Gyrt yn ddiau, gan na ellir dychmygu'r Llwydiaid yn siarad dim arall. Y mae'n rhaid fod gan Isabella grap go lew ar yr iaith gan y mynychai nid yn unig y gwasanaethau yn eglwys y plwyf ond llawer o'r oedfaon yng nghapel y Groes. Gwnai ymdrech arbennig i fynd i wrando ar John Elias bob tro y pregethai yn yr ardal. Fodd bynnag, y mae'n debyg mai Aneurin oedd y Cymro gorau o'r tri phlentyn. Barn Caerfallwch amdano, mewn llythyr at Arfonwyson yn 1837, oedd: 'Aneurin is a better Cymro than I tho[t.] he was'.[8] Canodd Eben Fardd ei glodydd yn uchel iawn:

April 8th [1844] Easter Monday evening had the honor and great pleasure of being alone in the company of Mr. Aneurin Owen, the sagacious, erudite and very clever son of the late renowned Dr. W. O. Pughe. I was with him for 3 hours and supped with him. He said he was 27 years of age before he understood the Welsh language for making any colloquial use thereof. He repeated many pieces of ancient poetry with great pleasure and seemed equally if not better versed in the old Welsh than the modern.[9]

Yr oedd Aneurin yn saith ar hugain oed yn 1819; priododd â Janw yn 1820, ac y mae'n amlwg mai ei dylanwad hi a'i theulu a fu'n foddion i'w gymreigeiddio.

Cyhoeddwyd gwaith mwyaf adnabyddus Aneurin Owen, *Ancient Laws and Institutes of Wales*, yn 1841. Nid ymddangosodd *Brut y Tywysogion* tan 1860, naw mlynedd ar ôl ei farw. Fe'i golygwyd gan Ab Ithel, ond ni chrybwyllodd hwnnw ran Aneurin yn y gwaith. Fodd bynnag, gwelodd Aneurin gyhoeddi rhan o'r *Brut* yng nghyfres *Monumenta Historica Britannica* yn 1848. Yn 1863, cyhoeddodd y Cambrian Archaeological Association gopi a chyfieithiad a wnaethai o Frut Gwent. Yr oedd hefyd yn eisteddfodwr selog: enillodd y wobr gyntaf yn eisteddfod y Cymmrodorion yn y Trallwng ym Medi 1824 am ei gatalog o lawysgrifau Cymreig, a chafodd y fedal arian yn Eisteddfod Biwmares yn 1832 am ei draethawd ar 'Amaethyddiaeth'. Daeth yn un o gomisiynwyr cynorthwyol y degwm yn Lloegr a Chymru, yn gomisiynwr cynorthwyol Deddf y Tlodion, ac yn un o gomisiynwyr cau'r tiroedd comin. Rhwng popeth, ystyrid ef yn etifedd teilwng i'w dad enwog. Fe'i coffeir yn bennaf heddiw am ei waith ar y cyfreithiau, ac ef sy'n cael y clod am ddosbarthu'r testunau cyfreithiol am y tro cyntaf i wahanol ddulliau. Yr oedd William Wotton eisoes wedi cyhoeddi testun y cyfreithiau. Buasai Wotton farw yn 1727, ond cyhoeddwyd ei waith *Cyfreithjeu Hywel Dda ac eraill, seu Leges Wallicae*, yn 1730 gan ei fab-yng-nghyfraith dan olygyddiaeth Moses Williams. Ar un adeg meddyliodd Aneurin am gyhoeddi argraffiad newydd o waith Wotton. Ar ôl astudio'r gwaith hwnnw'n fanwl gwelodd fod Wotton wedi chwalu'r gwahanol ddulliau er mwyn cael un darlleniad o'r testun. Yn ei ragymadrodd i *Ancient Laws and Institutes of Wales* y mae Aneurin yn esbonio sut y darganfu'r rhaniadau hyn a'u harwyddocâd:

> Upon further research these three independent codes were found to belong respectively to Venedotia or North Wales, Dimetia or South Wales, and one adapted to Gwent or South-east Wales. The dialect of each class of copies corroborated this supposition, which was established by allusions in them which dissipated all doubt. [10]

Teimlai y byddai'n rhaid aildrefnu'r cwbl i ddangos y gwahanol ddulliau ac ni ellid gwneud hyn heb baratoi argraffiad hollol newydd. Bellach ni chred yr ysgolheigion fod rhaniadau'r gyfraith mor bendant ag y tybiodd Aneurin Owen, a thueddir yn awr i sôn am Lyfrau Iorwerth, Blegywryd a Chyfnerth. Eithr yn ei ddydd yr oedd dosbarthiad Aneurin yn gam pwysig. Fel y dywed y Dr Aled Rhys Wiliam: '. . . when one considers the general condition of Welsh scholarship in Owen's day it becomes clear that the *Ancient Laws* was a work of great merit'. [11] Cyfeiria'r Athro Dafydd Jenkins at y gyfrol fel 'gorchestwaith pennaf yr hen ysgolheictod Cymraeg'. [12] Barn yr Athro Melville Richards oedd: 'Owen's knowledge of medieval Welsh is astounding from the point of view of the state of Welsh scholarship in 1841. His translations are remarkably accurate . . .' [13] Mewn adolygiad a gyhoeddwyd yn 1861 yn dilyn cyhoeddi *Brut y Tywysogion* yn 1860 ceir y deyrnged hon i waith Aneurin:

> Mr. Petrie, one of the most learned men of this country, was peculiarly fortunate in securing the services of the best Welsh antiquary of the same epoch. No Welsh archaeologist since the days of Edward Lhwyd has appeared superior to Aneurin Owen . . . We look into his *reliquiae*, we test his accuracy, we go over his ground: it is all done, it is all correct; we have all that we want, as far as the state of archaeological research extended at the date of Aneurin Owen's decease.[14]

Yn ddiau yr oedd y gwaith a gyhoeddwyd yn enw Aneurin Owen yn haeddu'r ganmoliaeth hon i gyd, ond tybed ai Aneurin a ddylai gael yr holl glod? Rhaid gofyn yn ddifrifol faint o ôl llaw William Owen Pughe sydd ar waith ei fab. Ceir tystiolaeth gadarn yn nyddiadur Pughe na fyddai Aneurin wedi medru cyflawni hanner yr hyn a wnaeth heb gymorth ei dad. Ymgymerodd Aneurin â'r gwaith o baratoi'r hen destunau ym mis Awst, 1825.[15] Yn niwedd Rhagfyr 1825 a dechrau Ionawr 1826 y mae ef a Pughe yn mynd ar daith i'r rhan o'r stad a oedd yn Sir Feirionnydd, ond manteisiant ar y cyfle i fynd i Hengwrt. Y mae'n amlwg fod Aneurin yn bwrw'i brentisiaeth fel ysgolhaig dan gyfarwyddyd yr hen law. Ar ôl dychwelyd adref a rhoi trefn ar eu papurau, dywed Pughe ei fod yn 'cynghori Aneurin ar ꝺull cyvieithu cyvreithiau H. Ꝺa'.[16] Yng nghanol Chwefror 1826 aeth Pughe i Lundain ac arhosodd yno tan ganol Gorffennaf. Er ei fod yn treulio llawer o'i amser yn ymweld â hen gyfeillion eto bu'n ddiwyd iawn yn gweithio dros Aneurin. Âi'n rheolaidd at Henry Petrie i drafod cynllun y gwaith ar y cyfreithiau, a châi'r dasg ddi-ddiolch yn aml o chwilio a disgwyl yn ofer am hwnnw. Yn y cyswllt hwn y mae gan Pughe hanesyn pur ddiddorol am un o'i ymweliadau â'r 'Musaeum' fel y galwai'r Amgueddfa Brydeinig: 'Awn iꝺ y Musaeum at H. Petrie, er y dangosai drevn a ganlynai Aneurin: yno 2½ awr, am y doai Sir H. Davy er dangosi moꝺion yr adverid hen ysgrivion'.[17] Yr enwog Humphrey Davy oedd hwn. Ymysg ei amryfal weithgareddau gwyddonol yr oedd ganddo ddiddordeb mewn dulliau o drin ac adfer hen femrynnau. Buasai ar daith yn yr Eidal i ymweld â safleoedd fel Herculaneum. Dyfeisiodd ddull o agor hen femrynnau o'u plygion heb eu rhwygo yn y broses, ond rhwystrwyd ei arbrofion am nifer o resymau.[18] Fel rheol, nid oedd ymweliadau Pughe â'r 'Musaeum' mor ddifyr â hyn. Tra arhosai Aneurin yn Nantglyn yn ddiau yn cael yr amser i ddilyn ei hoff bleserau o hela, adara a physgota, yr oedd Pughe yn rhygnu ymlaen yn ceisio llunio cynllun o'r cyfreithiau a fyddai'n plesio Henry Petrie. Ar 8 Mawrth 1826 aeth â chynllun ato. Yr oedd yn ei ôl drachefn ar 10 Mawrth gydag un gwahanol a Petrie yn dal i hollti blew: 'a syniai eto gyweiriad, cyn y dangosid iꝺ y bwrꝺ gorwarçeidiant'.[19] Bu'n rhaid ail-lunio'r cynllun drannoeth a dychwelyd at Petrie ymhen deuddydd. Ar 17 Mawrth nododd Pughe: 'Cynllun Cyv.' Cymru eto' cyn mynd at Petrie unwaith yn rhagor. Ni ddywed sut dderbyniad a gafodd y tro hwn ond y mae'n rhaid nad oedd Petrie yn fodlon arno gan fod Pughe yn nodi ar 21 Mawrth: '. . . cyvarvuwn H. Petrie yn y Poultry . . . adrev i dea, ac adysgrivaw cynllun cyvreithiau'.[20] Drannoeth taflodd y baich oddi ar ei war: 'Anvonwn Lyvr Cyvreithiau Hywel ac amrywion i Aneurin'. Bron na ellir clywed ei ochenaid o ryddhad fel y mae'n ymlacio ac yn mynd ati i fwynhau cwmni ei hen gyfeillion yn y ddinas. Ni cheir sôn am y cyfreithiau wedyn tan ganol mis Mai pan ddywed ei fod wedi copïo cynllun ohonynt a'i anfon at Aneurin. Aeth yn ôl i Gymru ar 21 Gorffennaf, ond yr oedd Aneurin wedi mynd i Amwythig. Pan ddychwelodd hwnnw y peth cyntaf a wnaeth Pughe oedd 'golygu dull trevn cyvreithiau Hywel gan Aneurin'.[21]

Erbyn 1827 yr oedd Aneurin yn dechrau ymgynefino â'r gwaith. Fel y cynyddai ei hyder newidiodd y berthynas yn raddol o fod yn un meistr a phrentis, a gwelwn Aneurin yn gwneud mwy o'r gwaith drosto'i hun. Ond yr oedd ei dad yn dal i fod yn ddefnyddiol iawn iddo gan mai ganddo ef yr oedd y cysylltiadau nad oedd Aneurin eto wedi eu meithrin. Drwy Pughe y câi fynediad i'r llyfrgelloedd. Ym mis Mawrth 1827 aeth y ddau ohonynt i Lundain, ac Aneurin sy'n delio â Petrie y tro hwn tra âi Pughe at ei 'gontacts' i fenthyca llyfrau drosto. Pughe sy'n ysgrifennu at Iarll Macclesfield ar 6 Ebrill i ofyn am ganiatâd i Aneurin fynd i weld ei gasgliad o lawysgrifau. Ym mis Mehefin aeth y ddau i Rydychen i gopïo llawysgrifau yn Llyfrgell Bodley. Ar y ffordd i Lundain ym mis Mawrth galwasai Pughe yn y Rug i weld y Cyrnol Griffith Howel Vaughan er mwyn cael ganddo fenthyg copi Hengwrt o Lyfr Llandaf. Ei dasg gyntaf ar ôl dod adref o Lundain oedd gweithio ar hwnnw. Yn nechrau Gorffennaf 1827 dywed: 'Awn i D. y Gyrt er cyvieithu tervynau plwyvyð o Lyvr Llandav i Aneurin, tra y cyweiriai y gwair'.[22] Bu'n copïo a chyfieithu drwy'r haf, gan fynd dros y gwaith o dro i dro gydag Aneurin er mwyn ei gyfarwyddo. Cwblhaodd y dasg honno erbyn diwedd Tachwedd pan aeth â Llyfr Llandaf yn ôl i'r Rug. Y mae'n amlwg fod Aneurin yn dal i bwyso'n drwm ar ei dad ac ni fedrai gelu hyn rhag Henry Petrie a wyddai'n burion am ran Pughe yn y gwaith. Gwelir hyn yn llythyrau Aneurin at Petrie pan ddywed: 'we think . . .', 'my father thinks . . .'[23] Erbyn dechrau 1828 yr oedd Pughe yn ymgodymu â'r Trioedd Cyfraith. Dywed ei fod wedi dechrau cyfieithu'r Trioedd dros Aneurin 'ond peidiwn, am vod iðo eu sylwi'.[24] Mewn geiriau eraill, yr oedd wedi sylweddoli o'r diwedd ei bod hi'n hen bryd i Aneurin wneud mwy o'r gwaith drosto'i hun. Ond y mae'n amlwg nad oedd hynny'n tycio: ymhen yr wythnos yr oedd wrthi eto yn 'bras-gyvieithu cyvreithiau Cymru i A.', ac erbyn diwedd Mawrth yr oedd yn cyfieithu'r Trioedd drosto wedi'r cwbl. Bu Pughe yn gweithio ar y cyfreithiau am weddill

249

1828 ac ymhell i 1829. Ym mis Gorffennaf 1829 aeth ati i gyfieithu Achau'r Saint dros Aneurin, ac erbyn diwedd y flwyddyn honno yr oedd yn copïo rhestrau o lawysgrifau Brogyntyn drosto. Ar 30 Tachwedd nododd: 'Deçreu cyvieithu Brut y Tywysogion',[25] a gweithiai ar y Brut drwy 1830 pan gâi'r cyfle. Tua diwedd 1830 dechreuodd weithio ar Hanes Gruffudd ap Cynan. Mewn llythyr at Petrie ar 5 Rhagfyr 1830 dywed Aneurin: 'My Father is engaged in translating the history of Gruffudd ab Cynan for me . . .'[26] Blwyddyn yn ddiweddarach, yn Rhagfyr 1831, mewn llythyr arall at Petrie, rhydd Aneurin gyfrif o'r gwaith a gwblhawyd eisoes mewn adroddiad i'r comisiynwyr.[27] Sonia am y Cyfreithiau, Llyfr Llandaf, y Brutiau, y Trioedd ac Achau'r Saint. Y mae ôl llaw William Owen Pughe yn drwm ar bob un o'r testunau hyn a thystia ei ddyddiadur faint o amser a dreuliodd arnynt. Yn niwedd 1830 awgrymodd Aneurin y byddai Pughe yn dod gydag ef i Lundain, 'if his health will permit him', a byddai cyfle i'r ddau ohonynt drafod y gwaith gyda Petrie. Aeth Pughe i Lundain ar 16 Chwefror 1831, ac arhosodd yno tan 30 Mehefin. Treuliodd bythefnos yn y Gwanwyn yn y 'Musaeum' yn copïo defnyddiau dros Aneurin. Ar 4 Mehefin ysgrifennodd Aneurin at Petrie: 'My Father is still in London, and if anything suggests itself to you, either in regard to researches at the Museum, or other points, he will feel pleasure in noting them down for our use'.[28]

Yn 1832 enillodd Aneurin fedal arian yn eisteddfod Biwmares am draethawd ar 'Amaethyddiaeth'. Unwaith yn rhagor yr oedd ei ddyled yn fawr i'w dad. Cyfieithodd Pughe lawer o'r defnyddiau ar gyfer y gwaith ac aeth drwyddo'n ofalus i'w ddiwygio. Wrth gofio'r cymorth di-ben-draw a gafodd gan ei dad, a'r blynyddoedd a dreuliodd hwnnw yn copïo a chyfieithu drosto, gan wneud gan amlaf y gwaith mwyaf diflas, mor eironig yw darllen rhagair Aneurin Owen i *Ancient Laws and Institutes of Wales*. Yno y mae'n diolch i berchenogion y llyfrgelloedd am adael iddo weithio ynddynt, i Henry Petrie am ei farn a'i gyngor, ac i gyfeillion eraill am eu cymorth a'u hawgrymiadau. Dim sôn am William Owen Pughe. Y mae'n wir na chyhoeddwyd *Ancient Laws* tan 1841 a bod Pughe wedi marw yn 1835, ond, serch hynny, gellid meddwl mai'r peth lleiaf y gallai Aneurin fod wedi ei wneud fuasai talu teyrnged i'r gefnogaeth a'r cymorth diflino a dirwgnach a gawsai gan ei dad.

Erbyn mis Hydref 1825 yr oedd Pughe wedi symud o Dan-y-Gyrt at Elen a John Fenton yn Segrwyd. Daeth llu o gyfeillion i aros gyda'r teulu yn ystod y mis hwnnw, gan gynnwys Roger Butler Clough o Wyddelwern a David Richards (Dewi Silin). Prif atyniad eu hymweliad oedd cyfle i saethu'r adar ar y stad. Yr oedd Aneurin yn hoff iawn o bleserau'r helfa. Er bod Pughe yn ddigon parod i gerdded gyda'r lleill ni cheir llawer o sôn amdano yn ymuno yn y saethu. Ceir ambell gyfeiriad ato yn pysgota. Mor gynnar â 1812 ysgrifenasai o Lundain at

250

gyfaill yn Nhal-y-llyn i ddiolch iddo am gael cwch i 'Lyn Cân'. [29] Y mae'n debyg mai cwch i'w ddefnyddio am bleser yn hytrach nag i bysgota ydoedd, gan fod Pughe yn dweud:

I dare say that before this time, you must have encountered many dangers upon voyages of discovery to the no small alarm of adventurous tourists, who may have hazarded their safety to your skill in weathering the storm.

Y mae'n amlwg mai Pughe oedd piau'r cwch gan mai ef sydd am dalu am gwt i'w gadw. Cawn rai cyfeiriadau ato yn pysgota gyda John Fenton ond ei brif bleser ef yn y wlad ydoedd garddio a gwneud mân orchwylion o gwmpas y stad. Plannodd lawer iawn o goed, ac yr oedd ganddo ardd lysiau enfawr a barnu oddi wrth y cyfeiriadau a geir at ei chynnyrch. Cerddai filltiroedd mewn diwrnod heb flino, ond weithiau byddai'n marchogaeth un o'r ceffylau: Llary, Letitia, Tasso neu Presto. Ei brif dasg yn ystod Hydref, 1825, oedd arolygu'r gwaith a wneid ar ffordd newydd yn Segrwyd. Weithiau ymunai yn y gwaith: sonia am y gweithwyr yn cario'r cerrig ac yntau yn eu bwrw ar wyneb y lôn. Yr oedd Rhagfyr 1825 yn fis prysur iawn iddo: ar y 23ain aeth gydag Aneurin i eisteddfod yn Nhŷ-nant. Treuliasant noson hwyliog yno gyda deg ar hugain o gyfeillion a ymgynullasai 'er canu englynion a dadgeiniaw gan delyn'. Erbyn 27 Rhagfyr yr oedd Pughe ac Aneurin ar eu ffordd i Ddolgellau, ond torasant eu siwrnai yn y Bala i fynd i weld gwasg Robert Saunderson yno. Ar ôl ymweld â hen ffrindiau yng nghyffiniau Dolgellau aeth y ddau ymlaen i Hengwrt i astudio'r llawysgrifau yn y llyfrgell. Yr oeddynt eisoes wedi derbyn gwahoddiad i giniawa yn Nannau pan fynnent, ac ar 2 Ionawr 1826 aethant yno mewn cwmni o ddeugain i ginio ac i ganu gyda'r delyn. Yr oedd hi wedi bod yn rhewi'n galed ers rhai dyddiau: syrthiasai Aneurin, a oedd yn llawer mwy simsan a gwantan na'i dad, deirgwaith ar ei ffordd adref ar nos Galan. Cwmni llawen iawn a gychwynnodd adref o Nannau, gan ddibynnu ar olau llusern a gariwyd gan ŵr ifanc nad oedd yn amlwg yn deilwng o'r dasg a ymddiriedwyd iddo. Drwy ryw ffwlbri ar ei ran diffoddodd y golau gan achosi cryn gynnwrf ymhlith y cyfeillion. Rhwng effeithiau'r rhialtwch, y tywyllwch a'r rhew achoswyd difrod go fawr. Syrthiodd William Owen Pughe ac Aneurin i mewn i ffrwd fechan. Anafodd Aneurin ei dalcen a chafodd ei dad ysgegfa bur dost. Yr oedd Pughe o gwmpas ei bethau fel arfer drannoeth ond arhosodd Aneurin yn ei wely drwy'r dydd. Cychwynasant adref ar 4 Ionawr a'r tywydd yn fygythiol iawn. Teimlai Aneurin yn waeth ac yr oedd Pughe yntau yn dioddef o effeithiau ei godwm. Torasant eu siwrnai ym Maesmor ger Llangwm i aros yno ar y stad gyda hen ffrindiau i'r teulu. Rhoddwyd dôs o *laudanum* i Pughe, a dywed ei fod wedi cysgu am y tro cyntaf er y ddamwain. Daeth yn eira mawr a rhew ac fe'u caethiwyd yno am bum niwrnod. Rhoddodd yr egwyl hon gyfle iddynt hybu cyn ailgychwyn tuag adref. Erbyn 12 Ionawr yr oedd Aneurin a'r tywydd wedi sirioli digon i'w alluogi i fynd i hela llwynog.

Ar 10 Chwefror 1826 aeth Pughe ar daith a oedd i ddiweddu yn Llundain. Cafodd gwmni Aneurin am ran o'r ffordd; aeth y ddau yn gyntaf i Wynnstay i gael golwg ar gynnwys y llyfrgell. Drannoeth aethant yn eu blaenau i Wrecsam, ac oddi yno cychwynnodd Pughe i Amwythig i ddal y goets i Lundain tra trodd Aneurin ei olygon tuag adref. Cychwynnodd y goets o Amwythig am ddeg o'r gloch y nos a chyrraedd Llundain am naw nos drannoeth. Aeth Pughe yn syth at ei frawd Owen a chafodd hwnnw lety iddo dros nos gyda chymydog. Drannoeth symudodd Pughe i letya gyda gwraig o'r enw Mrs. Flack yn 34 Hadlow Street. Ymdaflodd ar unwaith i'w hen bleserau. Prysurodd i adnewyddu'r gyfeillgarwch â'r hen Southcottiaid: Charles V. Barnard, Mary Waring ac eraill. Ymwelodd â'i hen gymdogion yng nghyffiniau Westbourne Green, Paddington, ac ailgydiodd yng nghwmni Cymry Llundain, gan dreulio oriau gyda Caerfallwch, y Bardd Cloff a Thomas Roberts, Llwynrhudol. Gwyddom nad pleser yn unig a'i gyrrodd i Lundain gan y bu'n gweithio'n ddiwyd dros Aneurin yn yr Amgueddfa Brydeinig. Yr oedd ganddo fusnes i'w setlo hefyd: bu'n gweld ei dwrnai ynghylch busnes y stad, a bu'n rhaid iddo ddelio â chyfrifon a godasai o ewyllysiau Jane Townley ac Ann Underwood.[30] Er ei fod yn bur dawedog o ran natur y mae'n amlwg fod William Owen Pughe yn byrlymu ag egni corfforol. Y mae cofnodion ei ddyddiadur am y cyfnod hwn yn gorlifo â gweithgareddau o bob math nes ei bod yn anodd dirnad sut y medrai gŵr o'i oed gyflawni cymaint mewn cyn lleied o amser. Yr oedd yr egni hwn yn ei nodweddu drwy gydol ei oes. Y mae ei ddyddiadur yn fwy difyr nag arfer yn ystod ei ymweliadau â Llundain, nid yn unig oherwydd nifer ei weithgareddau ond gan ei fod yn adlewyrchu cymaint ar fywyd beunyddiol y ddinas y mae'n ddogfen hanesyddol a chymdeithasol o bwys ynddo'i hun. Cawn hanes Pughe yn bwyta ac yn yfed yn nhafarndai'r ddinas: yn y Crown, Pentonville; The Cock, Fleet Street; The White Lion, Islington; The Yorkshire Stingo, a'r Belvidere, un o hoff gyrchfannau cylch o Gymry. Ar y Sul crwydrai o gwmpas Llundain gan gymryd ei ddewis o'r gwahanol eglwysi i addoli ynddynt yn ôl ei fympwy: weithiau yn St. Philip, Regent Street; dro arall yn St. George the Martyr, Queen's Square, neu St. Mary, Paddington neu Eglwys Grist, Great James Street, Lisson Green. Ar 2 Ebrill, 1826, methodd fynd i mewn i St. Giles am ei bod yn orlawn, 'can yr araethai Esgob Llundain ar gardawd'. Nid oedd culni yn ei ddewis; wedi'r cyfan, sut y gallai neb a fu mor glos at Joanna Southcott fod yn gul? Âi i'r capel bron cyn amled ag i'r eglwys: at y Presbyteriaid yn Oxenden Street, Haymarket, ac i unrhyw le os oedd yno gyfle i wrando ar John Elias. Crwydrai o gwmpas y ddinas drwy'r dydd onid oedd ganddo waith llenyddol ar y gweill. Un o'i hoff bleserau oedd mynd i ocsiwn.

Pan oedd ganddo ei gartref ei hun yn Llundain âi'n gyson i'r ffeiriau hyn i brynu dodrefn, llenni a darluniau. Yn ystod yr ymweliad hwn â Llundain prynodd lond bocs o alawon am bum swllt, ond cefnodd ar y telynau yn yr ocsiwn am eu bod yn rhy ddrud.

Yr oedd yn falch o gael cyfle unwaith eto i fynd i gyfarfodydd y gwahanol gymdeithasau: y Cymmrodorion, yr Albanwyr, yr Hynafiaethwyr a'r Gwyneddigion. Cafodd groeso arbennig gan y Gwyneddigion a phenderfynwyd gosod ei lun yn ystafell y gymdeithas. Y mae'n debyg mai ar gais y Gwyneddigion yr aeth Pughe at yr arlunydd Hugh Hughes i gael ei ddarlunio. Brodor o Landudno ydoedd Hugh Hughes. [31] Yr oedd ef a Chaerfallwch ymhlith yr rhai a arwyddodd ddeiseb o blaid rhyddfreinio'r Pabyddion, gan ennyn llid John Elias a'r Methodistiaid o'r herwydd. Ar ôl i John Elias berswadio eglwys Jewin i'w ddiarddel trodd Hughes yn gyntaf at yr Annibynwyr ac yn ddiweddarach at y Brodyr Plymouth. Gwyddom fod Pughe wedi cyfieithu defnyddiau yn achos rhyddfreinio'r Pabyddion, ac efallai mai dros Hugh Hughes a'r lleill y gweithiai y pryd hynny. Yn sgîl ei gyfeillgarwch â Hughes ac â Thomas a R. M. Hodgetts, arlunwyr a oedd yn gymdogion iddo gynt yn Westbourne Green, Paddington, daeth Pughe i adnabod cylch o arlunwyr yn Llundain. Yn eu plith yr oedd Eliza Jones o Foley Place a Thomas George, a ddarluniodd Pughe ar gyfer argraffiad 1832 o'i Eiriadur. Dywedir am y llun hwn: 'The portrait which adorns the work, engraved from a drawing of that celebrated artist, Mr. T. George (a Cymro) is an excellent likeness of the author'. [32] Gŵr o Abergwaun ydoedd George. Arbenigai mewn darluniau bychain (*miniatures*) ac arddangoswyd peth o'i waith yn yr Academi Frenhinol rhwng 1829 a 1838. [33] Adwaenai Pughe yr arlunydd Edwin Landseer drwy Gymdeithas yr Hynafiaethwyr gan fod y ddau ohonynt yn aelodau, a chawn ei hanes yn mynd i weld Landseer i drafod hynafiaethau. [34] Yr oedd yn naturiol i Pughe, a oedd yn arlunydd amatur pur dda, ymhyfrydu yng nghwmni'r arlunwyr hyn. Tystia'r nifer ohonynt a oedd yn gweithio yn Llundain yn y cyfnod hwn mor bwysig oedd eu crefft cyn gwawrio oes y ffotograff. Y mae'n debyg na sylweddolodd y rhan fwyaf ohonynt fod Daguerre a'i debyg wrthi'n perffeithio'r broses a fyddai cyn bo hir yn rhoi terfyn ar eu bri. Un diwrnod, pan oedd Pughe yn eistedd ar gyfer ei ddarlunio gan Hugh Hughes galwodd Robert Roberts, Caergybi, heibio i'r stiwdio. Aeth Pughe gydag ef i weld Mary Cuthbert, merch Lewis Morris o Fôn, a dangosodd honno ddarlun o'i thad iddynt. [35] Yn ystod ei ymweliad â Llundain y tro hwn fe fu Pughe ei hun yn darlunio ei chwaer Ann. Pan gyrhaeddodd y ddinas canfu fod Ann wedi symud tŷ a bu'n rhaid iddo holi cyfeillion i gael ei chyfeiriad. Cafodd hyd iddi yn Battle Bridge, yr ardal lle y mae gorsaf King's Cross heddiw, a threuliodd gyfran helaeth o'i amser yn ei chwmni. Gadawsid Ann yn weddw yn 1820, ac ati hi yr âi Pughe am lawer o'i brydau. Anrhegodd hi â llun o Joanna Southcott wedi ei fframio, sy'n awgrym ychwanegol ei bod hithau, efallai, yn un o ddilynwyr y broffwydes.

Dau brif bwrpas William Owen Pughe wrth ddod i Lundain oedd gweld Henry Petrie ar ran Aneurin, a threfnu i werthu Doddinghurst, y tyddyn ger Brentwood yn Essex. Penderfynasai ei werthu ers tro, ac yn awr y mae'n trefnu'r gwerthiant. Cafodd gynnig £800 amdano gan un prynwr ond ni wyddom a dderbyniodd y cynnig hwn. Gwyddom, fodd bynnag, ei fod wedi llwyddo i'w werthu erbyn 1829 gan ei fod yn dweud iddo dderbyn £621. 2. 1. amdano ar ôl yr holl dreuliau.[36] Ym mis Tachwedd 1827 penderfynodd setlo arian ar ei ddwy ferch, 'o vod cyvlwr diymadverth Bella ac Elen yn blinaw vy meðwl er ys talm'.[37] Yr oedd hyn yn dealladwy: gwelwyd eisoes mor ansicr oedd amgylchiadau Isabella, a gwyddai Pughe yn burion mor ddi-asgwrn-cefn ydoedd John Fenton. Penderfynodd fod Isabella i dderbyn rhenti tyddyn Doddinghurst nes y llwyddai i'w werthu, a byddai'n derbyn llog ar yr arian ar ôl iddo gael ei werthu. Yr oedd Elen i dderbyn £20 y flwyddyn yn ystod bywyd John Fenton a £50 petai ef yn marw o'i blaen hi. Llan-wodd materion ariannol lawer o fryd ac amser William Owen Pughe yn ystod ei ymweliad â Llundain. Cafodd gryn drafferth i setlo cyfrifon Jane Townley ac Ann Underwood, a threuliodd y pythefnos cyntaf o Fehefin bron yn gyfan gwbl ar eu busnes hwy. Pan ddychwelodd i Gymru gadawsai beth o'i eiddo ar ôl yn nhŷ C. V. Barnard. Efallai nad oedd yn hollol sicr o'i gynlluniau am y dyfodol y pryd hynny, ond y mae'n amlwg ei fod bellach wedi penderfynu setlo ar y stad yn Nant-glyn, ac aeth ati i bacio'i bethau i'w hanfon yng ngofal cwmni Pickford mewn llong i Gaer. Rhwng popeth ni chafodd fawr o amser hamdden yn ystod ei ymweliad â Llundain, ond fe aeth i un cyngerdd pur ddiddorol. Ar 18 Ebrill 1826 dywed ei fod ef, ei frawd Owen a'i wraig, a chyfaill arall wedi mynd i 'Eilwyant Eidalin i glywed Veluti'.[38] Cyfeiriad yw hwn at Giovanni Battista Velluti (1780-1861), un o'r *castrati* olaf a gynhyrchodd yr Eidal. Yr oedd Velluti wedi bod eisoes yn Llundain ym Mehefin 1825, ac er bod llawer wedi dangos eu hanghymeradwyaeth ohono yn agored y pryd hynny, fe'i gwahoddwyd yn ôl am ail dymor yn 1826. Y tro hwn manteisiodd Pughe ar y cyfle i'w glywed. Gwyddom fod Velluti wedi canu ei hoff ran yn *Tebaldo ed Isolina* gan Morlacchi, ond yr oedd ei lais erbyn hyn yn amlwg yn dirywio.[39] Yn anffodus nid yw Pughe yn dweud dim amdano heblaw nodi'r ffaith foel iddo fynd i'r cyngerdd.

Ar 17 Gorffennaf yr oedd Pughe yn brysur yn gwibio o dŷ i dŷ i ffarwelio â'i hen gyfeillion cyn dychwelyd i Gymru. Drannoeth cych-wynnodd adref ar goets Caer o dafarn y 'Peacock' yn High Street, Islington. Torrodd ei siwrnai yng Nghaer i aros am dridiau gyda Richard Llwyd. 'Y Bardd Llwyd' oedd enw Pughe am ei gyfaill, ond y mae'n fwy adnabyddus i ni fel 'Bard of Snowdon'. Rhannai ddiddordeb Pughe mewn hynafiaethau a llawysgrifau. Am gyfnod bu wrn o ludw a ddarganfuwyd ger Afon Alaw yn Sir Fôn yn ei ofal ef. Credai ef a llawer o'i gyfeillion, gan gynnwys Pughe, mai gweddillion Branwen ferch Llŷr oedd y lludw, ac yr oedd Pughe yn un o'r rhai a drefnodd i'w anfon yn ddiweddarach i'r Amgueddfa Brydeinig.[40] Hwyliodd Pughe mewn cwch o Gaer i Fagillt, ac aeth yn ei flaen oddi yno i Gaerwys i ddanfon medal aur y Cymmrodorion i Angharad Llwyd am ei thraethawd ar Achyddiaeth.[41] Erbyn 21 Gorffennaf yr oedd yn ôl gartref.

Am chwech o'r gloch y bore ar 10 Awst yr oedd William Owen Pughe yn hel ei bac unwaith yn rhagor: y tro hwn i fynd ar gefn ei geffyl, Llary, i Ddolgellau. Busnes, nid pleser, a alwai arno. Yr oedd arno eisiau edrych yng nghofrestr plwyf Tal-y-llyn am oed a dyddiadau priodas merched Nant-yr-eira, ac yr oedd ganddo fanylion am yr eiddo yn Doddinghurst i'w trafod â'i dwrnai yn Nolgellau. Ar 15 Awst penderfynodd fynd i ymweld â'i hen gatref yn Egryn yn Ardudwy. Wrth iddo gau giat dihangodd Llary, a chan fod llawer o derfynau'r caeau wedi newid er pan y buasai Pughe y ffordd honno o'r blaen fe'i cafodd ei hun ar goll yn ei hen gynefin. Crwydrodd am hydoedd drwy'r caeau dieithr cyn cael hyd i'r ffordd i Egryn. Ychydig ddyddiau yn ddiweddarach aeth i weld y tŷ y ganwyd ef ynddo, sef Ty'n-y-bryn yn Llanfihangel y Pennant. Yr oedd yr hen dŷ wedi mynd ac adeilad newydd yn ei le.[42] Yn ystod ei ymweliad rhoddodd drefn ar fusnes y stad, ac aeth o'i hamgylch gyda thri dwsin o'i gymdogion i bennu ei therfynau. Ar ei ffordd adref aeth drwy'r Bala, Cerrig y Drudion a Chapel Curig i Fangor. Yr oedd ganddo reswm arbennig dros fynd yno: tra oedd yn Llundain prynasai 'ôyluniad Pont Menai, y cyntav a werthai',[43] ac yr oedd ganddo flys gweld gorchestwaith Telford drosto'i hun. Cerddodd o Fangor at y bont ond y mae'n debyg nad oedd yr olygfa ar ei gorau gan y cwyna iddo orfod aros ym Mhorthaethwy am ddwyawr i ymochel rhag y glaw. Yn ôl ei arfer, nid yw'n cofnodi'r argraff a wnaeth y bont newydd arno. Cyrhaeddodd Nantglyn mewn pryd i gyfarch ŵyr bach arall: ar 29 Awst 1826 ganwyd mab, Ifor, i Aneurin a Janw.

Nid arhosodd William Owen Pughe gartref yn hir y tro hwn ychwaith. Erbyn diwedd Medi yr oedd ef a Llary ar eu ffordd i Eisteddfod Aberhonddu. Cafodd gwmni Dewi Silin am ran o'r ffordd a galwodd y ddau yng ngwesty'r Afr yn Llanfyllin. Yr oedd y perchennog yn amlwg yn hen gyfaill iddynt ac ni bu'n rhaid iddynt dalu am eu cinio y diwrnod hwnnw. Ymlaen wedyn i Langynyw lle yr oedd Bardd Nantglyn yn disgwyl amdanynt. Ar y ffordd ymunodd John Blackwell, (Alun) ac Ifor Ceri â'r cwmni. Torrwyd y siwrnai yn Llandrindod er mwyn i Pughe yfed dŵr y ffynhonnau, ac yn Llanfair-ym-Muallt er mwyn i Ifor Ceri gynorthwyo ei esgob mewn gwasanaeth bedydd. O'r diwedd cyraeddasant Aberhonddu lle yr oedd Carn-huanawc, y Bardd Cloff a llu o hen gyfeillion i'w croesawu. Ar ôl tridiau difyr a phrysur yn yr eisteddfod cychwynnodd y cwmni yn ôl adref, gan aros yng Ngheri gyda John Jenkins ac ym Manafon gyda Gwallter Mechain. Ar 17 Rhagfyr 1826 bu farw Iolo Morganwg. Un gŵr a fynegodd ei chwithdod o'i golli oedd Robert Southey, yn ei lythyr at Henry Taylor yn Ionawr 1827:

My old acquaintance (those, I mean, who were elders when I was a young man) are dropping on all sides. One very remarkable one is just gone to his rest after a pilgrimage of four score years—Edward Williams, the Welsh bard, whom under the Welsh name of Iolo some lines in Madoc were intended to describe and gratify. [44] He was the most eccentric man I ever knew, in whose eccentricity there was no affectation; and in whose conduct there was nothing morally wrong. Poor fellow! with a wild head and a warm heart, he had the simplicity of a child, and the tenderness of a woman, and more knowledge of the traditions and antiquities of his own country than is to be feared will ever be possessed by anyone after him. [45]

Er bod rhywfaint o wirionedd yn nisgrifiad Southey, y mae'n amlwg nad adwaenai Iolo yn dda iawn. Beth oedd adwaith William Owen Pughe a'i hadwaenai'n well o lawer? 'Awn i D[an] y Gyrt', meddai ar ddiwrnod olaf 1826, 'a çlywn varw Iolo Morganwg y 17ved'. Dyna'r cwbl.

Ym Mawrth 1827 aeth Pughe i Lundain unwaith yn rhagor, y tro hwn gydag Aneurin. Prif bwrpas eu hymweliad oedd i Aneurin gael cyfle i ymgynghori â Henry Petrie am ei waith. Ar y ffordd torasant eu siwrnai yn Woburn i fynd i weld Jeremiah Holmes Wiffen. Crynwr oedd Wiffen a gadwai ysgol yn Woburn; daethai Pughe i'w adnabod drwy waith Wiffen fel awdur a chyfieithydd. Ar ôl ymweld â'r abaty aeth Pughe ac Aneurin yn eu blaenau i Lundain. Arosasant y noson gyntaf yn y King's Arms yn Holborn cyn symud drannoeth i hen lety Pughe gyda Mrs. Flack yn 34, Hadlow Street. Dechreuodd Pughe unwaith yn rhagor ar ei gylch o ymweliadau. Galwodd ar ei frawd Owen a chael bod ei frawd Richard yno gartref o'r môr. Aeth i chwilio am ei chwaer Ann, ond yr oedd honno, fel arfer, wedi mudo a chafodd gryn drafferth i gael hyd iddi. Ailgydiodd Pughe yn ei gyfeillgarwch â chyfeillion o gyffelyb fryd, gwŷr fel Sharon Turner a Thomas Crofton Croker a adwaenai drwy Gymdeithas yr Hynafiaethwyr. Arbenigai Sharon Turner yn llenyddiaeth Gwlad yr Iâ a'r Eingl-Saeson, tra canolbwyntiai Crofton Croker ar chwedloniaeth ac archaeoleg Iwerddon. Rhoddod Pughe fenthyg ei gyfieithiadau o *Pwyll* a *Pheredur* i Crofton Croker, a rhoddodd hwnnw gopi o'r gyfrol gyntaf o *Fairy Legends and Traditions of the South of Ireland*, a gyhoeddwyd yn 1825, yn anrheg i Pughe. Cyhoeddwyd yr ail a'r drydedd gyfrol yn 1828: yn y drydedd gyfrol gwelwn fod Croker wedi defnyddio rhai o'r pethau a gawsai gan Pughe yn 1827, a Pughe oedd awdur y llythyr rhagarweiniol i'r gyfrol honno. Y mae'r awdur yn cydnabod ei ddyled i

256

Pughe 'who besides the information conveyed in the introductory letter, placed in the hands of the compiler his manuscript translation of these romances and with permission to make extracts'. [46] Yn ystod ei ymweliad â Llundain aeth Pughe i weld Robert Southey yntau 'am gyvarwyd̂id', ond ni ddywed beth y buont yn ei drafod. Ar 6 Mehefin aeth gyda'i frawd Richard i Rydychen. Yr oedd Aneurin wedi mynd yno eisoes i weld Henry Petrie a oedd yn Llyfrgell Bodley ac i gopïo llawysgrifau. Aeth Pughe ei hun i Lyfrgell Coleg Iesu i gopïo testun *Amlyn ac Amic* o Lyfr Coch Hergest. Treuliodd lawer o'i amser hamdden yn Rhydychen yng nghwmni Tegid ac Alun. Erbyn 19 Mehefin yr oedd Pughe ac Aneurin wedi cyrraedd Nantglyn ac wedi dod â Richard Owen gyda hwy i aros gyda'r teulu.

Yn niwedd Gorffennaf 1827 aeth Aneurin a Richard ar daith i Ddolgellau ac Aberystwyth. Cychwynnodd John Fenton i Sir Feirionnydd dridiau yn ddiweddarach a dilynwyd ef gan William Owen Pughe a'i ferch Elen Fenton drannoeth yn eu cerbyd. Siwrnai ddigysur iawn a gafodd y ddau: dechreuodd lawio pan oeddynt rywle yng nghanol anghyfanedd-dra Mynydd Hiraethog. Yna, daeth cylch olwyn y cerbyd yn rhydd ar Fwlch y Garnedd a bu'n rhaid i'r ddau ymlwybro drwy'r glaw i Ryd Lydan i chwilio am help. Fodd bynnag, yr oeddynt yn ddiogel yn Ffestiniog cyn nos. Yr oedd yn brafiach drannoeth ac aeth Pughe ac Elen am dro i weld rhaeadr Cynfal. Eisteddodd Pughe i ddarlunio'r olygfa a daeth John Fenton a rhai o'i ffrindiau yno i bysgota. Aeth Pughe ac Elen yn eu blaenau i gael golwg ar Lyn y Morynion ond fe'u daliwyd yn y glaw unwaith eto. Drannoeth, aeth Pughe i Ddolgellau, gan oedi ar y ffordd i ddringo i ben Tomen y Mur. Prysurodd John Fenton yn ei flaen i Abergwaun i weld ei fam a oedd yn wael. Yr oedd hi, yn wahanol i'w gŵr, ar delerau da â'i mab. Bu hi farw yn Hydref 1828. Arhosodd Pughe ac Elen yn Sir Feirionnydd i ymweld â thiroedd y stad yn Nhal-y-llyn cyn dychwelyd adref erbyn diwedd y mis. Ffarweliodd Richard Owen â'r teulu ar 21 Awst a chychwynnodd yn ôl i Lundain.

Bodlonodd Pughe ar aros gartref tan fis Tachwedd pan dderbyniodd lythyr yn ei wahodd i fynd i aros i gartref Thomas Richards, rheithor Llangynyw yn Sir Drefaldwyn. Yr oedd Thomas Richards yn frawd i Dewi Silin ac yn un o'r cylch o glerigwyr llengar a weithiodd mor ddygn dros yr eisteddfod a'r cymdeithasau taleithiol. [47] Yr oedd pum brawd yn y teulu a phob un yn glerigwr. Croesawyd Pughe gan Thomas a'i chwiorydd, Mary, Jane ac Elizabeth, a'i frawd John. Yr oedd John yn ficer Llanwddyn, a Mary yn rhannu diddordebau diwylliedig ei brodyr. Gwahoddwyd nifer o glerigwyr eraill i aros yn Llangynyw yr un pryd: gwŷr fel Gwallter Mechain a Rowland Williams, ficer Meifod. Un gwestai braidd yn annisgwyl, efallai, oedd Arglwydd Ashley, a ddaeth yn enwog yn ddiweddarach fel Arglwydd Shaftesbury, y dyngarwr. Yr oedd ef yn awyddus i ddysgu Cymraeg;

yn wir, credai y dylai pawb ddysgu Cymraeg cyn ymgodymu â Groeg, ac yr oedd Thomas Richards yn awyddus i'w hyrwyddo. Pan ymddangosodd cyfrol gyntaf y *Cambrian Quarterly Magazine* yn 1829 yr oedd enw Arglwydd Ashley ar flaen rhestr y tanysgrifwyr. Yn ystod ei ymweliad â Llangynyw dywedir i'r cyfeillion gynnal gorsedd a'i urddo'n fardd.[48] Canodd Gwallter Mechain iddo:

> Hir oes, iach einioes i chwi,—i Ashley
> Eos-lais farddoni;
> Cymraeg a fo'n aeg i ni,
> Hyd wawr nef yn deori.[49]

Ymhen rhyw ddeufis ar ôl yr ymweliad hwn anfonodd William Owen Pughe gopi o *Coll Gwynfa* o'i stôr helaeth yn anrheg i Arglwydd Ashley. Ar ail ddiwrnod eu hymweliad â Llangynyw bedyddiwyd Cynddelw, mab bychan Dewi Silin. Ond yr oedd cwmwl trwm dros y dathlu gan y buasai farw Dewi Silin yn Rhagfyr 1826, gan adael ar ei ôl wraig ddigon didoreth yr oedd wedi ei phriodi yn 1823 a dau blentyn bach. Gadawodd ei farwolaeth cynnar fwlch egr yn y cylch bach diddan:

> Dynolder, mwynder pob modd,
> Yn Silin a noswyliodd.

meddai Bardd Nantglyn yn ei englynion coffa i'w cyfaill addfwyn.[50]

Pan gychwynnodd Pughe i Lundain yng ngwanwyn 1827 gadawodd ei deulu yng nghanol ffrae arall, a pharhaodd yr anghydfod drwy gydol y flwyddyn. Y cyfeiriad cyntaf sydd gennym at yr helynt yw cofnod Pughe ar 13 Chwefror 1827: 'O vod J[ohn] F[enton] ac Elen yn anvodloni i Aneurin gyd aneðu yma, awn i vynegi hyny'. Y mae'n nodweddiadol o yrfa William Owen Pughe mai ef bob amser yw'r cyfryngwr ym mhob ffrae. Y mae'n anodd gweld beth yw cwyn y Fentoniaid y tro hwn, ond y mae'n debyg mai hwy oedd y drwg yn y caws eto. Yn ystod 1827 bu Aneurin yn chwilio am le addas i adeiladu tŷ newydd, ac yr oedd Segrwyd yn un o'r safleoedd dan sylw. Efallai nad oedd ar Elen eisiau cael aelodau teulu niferus ei brawd byth a beunydd ar garreg ei drws ac mai hyn oedd asgwrn y gynnen. Fodd bynnag, prynasai Aneurin dŷ o'r enw Henblas yn 1824, ac awgrymwyd yn awr y gallai Elen a John Fenton symud yno i fyw. Tua dechrau Awst 1827 dymchwelwyd hen adeiladau yn yr Henblas. Yn niwedd y mis gosodwyd sail adeilad newydd yno, ac erbyn diwedd Medi yr oedd y seiri ar waith. Ar 24 Hydref 1827 cawn gyfeiriad at 'Mysevin' am y tro cyntaf yn nyddiadur William Owen Pughe. Dywed ei fod wedi mynd 'ið yr Henblas, a enwir weithian Mysevin'.[51] Ar 21 Rhagfyr aeth 'i sylwi a dywynai yr haul ar Vysevin o vlaen T. y Gyrt'. Mysefin, wrth gwrs, yw'r tŷ y cysylltir y teulu yn bennaf ag ef ac adwaenir llawysgrifau William Owen Pughe yn y Llyfrgell Genedlaethol fel Casgliad Mysefin.

258

Yr oedd cariad brawdol yn brin iawn yn y teulu erbyn hyn: gwrth-odai Elen dywyllu'r drws yn Nhan-y-Gyrt a bellach ni thorrai air â'i brawd. Aeth Pughe i Dan-y-Gyrt i geisio esbonio safbwynt Elen i Janw, ond y cwbl a wnaeth Janw oedd beichio crio a chwyno am y cam a gawsai Aneurin. Er mwyn ei chysuro dywedodd Pughe fod Elen yn barod i fynd i fyw i'r Henblas, ond y mae'n amlwg mai siarad ar ei gyfer a wnâi gan ei fod drannoeth yn dal i geisio perswadio Elen i symud yno. Deg diwrnod yn ddiweddarach yr oedd Aneurin a'i ewythr Richard yn dal i geisio'i darbwyllo, 'ond heb lwyddaw' chwedl Pughe. Parhaodd yr anghydfod rhwng Elen a'i brawd er gwaethaf pob ymgais at gymodi ar ran Aneurin. Daliai Elen i'w anwybyddu ym mis Rhagfyr, ond daeth pethau'n well gyda'r flwyddyn newydd. Pender-fynodd y Fentoniaid symud i fyw i dreftadaeth John Fenton yng Nglyn Amel ger Abergwaun. Aeth John yno ar 19 Mawrth 1828, ond arhosodd Elen ar ôl yn Nantglyn i drefnu ocsiwn yn Segrwyd. Symudodd Pughe at Aneurin a'i deulu yn Nhan-y-Gyrt dros dro tra clirid y tŷ. 'Segrwyd' yw'r enw a ddefnyddia Pughe yn nechrau Ebrill 1828, ond erbyn diwedd y mis cyfeiria at 'Egryn'. Gan mai ef yn awr oedd meistr y tŷ dewisodd newid ei enw i goffáu ei hen gartref yn Ardudwy. Cychwynnodd Elen am Abergwaun ar 23 Ebrill yng nghwmni Aneurin. Y mae'n amlwg fod heddwch yn teyrnasu unwaith eto. Ceir goleuni ar y symudiadau hyn mewn llythyr a anfonodd Pughe at Angharad Llwyd ar 28 Ebrill: 'Fenton is gone to live on his patrimony at Glyn Amel near Aber Gwaen in Dyved, and last Wednesday we sent Elen after him, so we are busy at Egryn, lately called Segrwyd'.[52] Arhosodd Pughe yn Nhan-y-Gyrt tra bu'r gweithwyr yn tacluso Egryn a symudodd yno i fyw yn niwedd mis Mai 1828. Mewn llythyr at W. D. Leathart dywed:

Aneurin and I are at Tan y Gyrt & Egryn (changed from Segrwyd) two places half a mile apart on the Nantglyn river which joins the Clwyd in Denbigh & Egryn is three miles from the town & Tan y Gyrt is 3½ miles.[53]

Yr oedd 1828 yn flwyddyn o weithgarwch diwyd i William Owen Pughe. Er na threuliodd lawer o amser yn Llundain ar ôl symud i fyw i Gymru, eto fe'i hetholwyd i gyngor y Gwyneddigion am 1828, ac i'r cyngor parhaus a ffurfiwyd i fod yn annibynnol ar y cyngor blynyddol.[54] Yn ystod y cyfnod hwn gweithiai ar ddiwygio ei Eiriadur ar gyfer yr ail argraffiad a gyhoeddwyd yn 1832. Yr oedd chwedlau'r Mabinogi yn faich ar ei ddwylo o hyd, ond petrusai rhag cymryd y cam terfynol i'w cyhoeddi gan y cofiai'n burion am yr anawsterau a gododd wrth werthu *Barddoniaeth Dafydd ab Gwilym* a *Coll Gwynfa*. Dywed wrth W. D. Leathart: 'I find it difficult to keep in doors. You might generally find me hard at work, the sweat running off my head in large drops. I am however about the Mabinogion, but must not venture going to press till I have names enough to bear me harmless'.[55]

Leathart oedd ysgrifennydd y Gwyneddigion ar y pryd, ac efallai mai taro'r post i'r pared glywed a wnâi Pughe yn ei lythyrau. Ni syrthiodd ei awgrymiadau ar glustiau cwbl fyddar: yng nghyngor y gymdeithas ar 1 Rhagfyr 1828 penderfynwyd archebu un copi o'r Geiriadur ac un copi o'r Mabinogi pan gyhoeddid y gweithiau.[56] Gellid meddwl y byddai'r gymdeithas wedi rhoi gwell cefnogaeth i waith un a'i gwasanaethodd cystal drwy ei oes. Parhâi Pughe i helpu Aneurin a oedd erbyn hyn yn gweithio ar Nennius a'r trioedd Cyfraith. Drwy'r haf yr oedd yn brysur ar gyngor yr eisteddfod a gynhaliwyd ym mis Medi yn Ninbych. Daeth ei frawd Richard yn ôl o Bortiwgal i aros gyda'r teulu drwy fis Awst. Aeth y ddau frawd am seibiant i'w hen gynefin yn Sir Feirionnydd yn ystod y mis ond yr oedd ei ddyletswyddau ynglŷn â'r eisteddfod yn gorfodi Pughe i ddychwelyd i Nantglyn erbyn dechrau Medi. Ar 16 Medi cerddodd i Ddinbych i'r eisteddfod. Yno, cyfarfu â llu o hen ffrindiau yn y 'Teð Cevn' (y Back Row) i giniawa ac aethant i'r cyngerdd gyda'r nos. Drannoeth, aeth gydag Aneurin a John Fenton, a ddaethai i fyny o Abergwaun ar gyfer yr eisteddfod, mewn gorymdaith i gyfarfod Augustus, Dug Sussex, brawd y brenin: 'elem yn varanres i gyvarvod dyg Sussex er ei arwain i yr Eisteðfod ar dyno y castell'.[57] Gofynwyd i Pughe gyfieithu englyn i'w roi ar focs a oedd i'w gyflwyno i'r Dug. Cyfeiria ato fel 'blwç braint Dinbyç' ac y mae'n amlwg fod y Dug wedi derbyn rhyddfraint y fwrdeistref yn yr eisteddfod. Daeth 1828 i ben yn ddigon helbulus. Clafychodd William, mab hynaf Aneurin, o'r frech goch yn nechrau Rhagfyr. Erbyn dydd Nadolig yr oedd William yn hybu ond yr oedd ei frawd Ifor dan y frech goch yn Nhan-y-Gyrt a'i chwiorydd Elen a Myfanwy yn sâl yn Egryn dros yr Ŵyl. Erbyn y flwyddyn newydd yr oedd hyd yn oed Sionyn Roberts y gwas wedi dal yr haint a Pughe yn gweini arno â dognau o hâl Epsom.

Yn niwedd Mawrth 1829 yr oedd Janw yn bur wael, a chan ei bod yn feichiog unwaith yn rhagor yr oedd cryn bryder yn ei chylch. Ganwyd mab, Ithel, iddi ar 6 Ebrill, ond yr oedd Janw yn dal i fod yn wannach nag arfer ar ôl y geni. Aeth i lawr i Nantglyn i aros gyda'i rheini am sbel i gryfhau gan adael y teulu yng ngofal Isabella a'r morynion yn Nhan-y-Gyrt. Yn nechrau Mehefin aeth hi a'i chwaer Betw i aros i Abergele, ond yr oedd yn ganol haf cyn iddi wella'n llwyr. Ar 9 Gorffennaf yr oedd William Owen Pughe yn hel ei draed ar daith arall. Aeth yn gyntaf i ymweld â'r stad yn Sir Feirionnydd. Ymunodd John Fenton ag ef yno a threuliodd y ddau ychydig ddyddiau yn crwydro'r wlad. Dyma'r adeg y rhwystrwyd Pughe rhag dringo i ben Cader Idris am fod John Fenton yn cwyno cymaint am ei gyrn. Aethant yn eu blaenau yn y goets i Abergwaun er mwyn i Pughe weld ei ferch Elen yn ei chartref newydd. Nid hwn oedd y tro cyntaf i Pughe fod yn Abergwaun gan y dywed: '. . . golygu yr angorva lle y buaswn yr hav 1770'.[58] Y mae'n debyg na chawn byth wybod beth yr oedd Pughe yn ei wneud yn

260

Abergwaun yn fachgen unarddeg oed. Y tro hwn, fodd bynnag, yr oedd ganddo ddigon i'w wneud. Lluniwyd cymdeithas y Cymreigyddion yn Abergwaun a gwahoddwyd Pughe i lywyddu yn y cyfarfod cyntaf. Yn ystod ei ymweliad cafwyd stormydd a gwyntoedd cryfion a achosodd cryn ddifrod yn y porthladd. Aeth yntau am dro i weld y llanast: 'Awn gyda J[ohn] F[enton] at y gaer i sylwi y llongau à lusgynt eu hangorion: un brigen iô y graig, arall àr y traeth yn Gwdig, ac yslwb a soôai àr draws hen lestr, ac y llall a ôaethai i mewn gan dori ei rhaglath'.[59] Treuliai lawer o'i amser yn crwydro'r wlad, ei lyfr arlunio dan ei gesail, i roi ar gof a chadw hen gromlechi ac olion hynafol eraill.

Yn nechrau Hydref aeth i Gaerfyrddin. Oddi yno, yng nghwmni Thomas Beynon, archddiacon llengar Ceredigion, aeth i weld Castell Carreg Cennen. Ymlaen wedyn drwy Lanymddyfri, Aberhonddu a Llanfair-ym-Muallt i Landrindod, ac oddi yno i Geri. Fel arfer, yr oedd yno groeso cynnes, ac Ifor Ceri, W. J. Rees, Gwallter Mechain a Gwilym Ddu Glan Hafren yn disgwyl amdano. Ymhen ychydig ddyddiau ymunodd Aneurin â'r cwmni gan ddod ag Arthur James Johnes, y barnwr llengar, gydag ef. Penderfynodd Aneurin fynd i Ferthyr Tudful i weld llyfrau Iolo Morganwg. Dychwelodd ymhen rhai dyddiau wedi ei blesio'n arw a barnu wrth lythyr Ifor Ceri i Wallter Mechain:

Aneurin about a week back came to Kerry, and as he was anxious to have a view of Iolo's books, particularly *Achau'r Saint* of the Gwent edition, I pressed him to take a ride at once to Merthyr Tudvil; and he was so fortunate as to get that very MS., for which he paid £5. He will get it inserted with the Chronicles to be published by the Parliamentary Commission, and have his expenses paid. In the scantiness of our ancient documents, I am glad to have any accession to our store. Both Dr. Pughe and Aneurin think the MS., though transcribed by Iolo from two older MSS. which he had seen about fifty years before his death, to be very desirable to be procured. His quarrel with Owen Myvyr had prevented its appearing in the Archaiology.[60]

Symudodd Pughe, Aneurin ac Arthur James Johnes ymlaen wedyn i Langynyw lle'r oedd Thomas Richards a'i deulu yn disgwyl amdanynt. Drannoeth, aeth Pughe a'r ddau Thomas Richards, y tad a'r mab, a'r chwaer Jane mewn cerbyd i'r Trallwng. Aeth Mary Richards, yn fwy mentrus, fel arfer, ar gefn ceffyl yng nghwmni Aneurin, ond fe gyrhaeddodd pawb y Trallwng yn ddiogel mewn pryd i giniawa yno gydag Ifor Ceri. Buont yn gweld y Castell Coch a Chastell Mathrafal cyn cychwyn i Groesoswallt ar 29 Hydref. Ar y ffordd, wrth fynd drwy Lansanffraid, dywed Pughe eu bod wedi gweld ych a dwy ddafad yn cael eu rhostio yn yr awyr agored ar gyfer gwledd briodas. Aeth Aneurin yn ei flaen i Frogyntyn i gael golwg ar y llawysgrifau yno. Yr oedd Pughe gartref erbyn diwedd y mis. Gellir dychmygu'r tristwch a ddaeth drosto, wedi'r gwmnïaeth ddifyr, pan dderbyniodd lythyr oddi wrth Tegid ar 5 Rhagfyr yn dweud fod Ifor Ceri wedi marw.

## NODIADAU

[1] NLW 13263, t. 421.
[2] Ceir hanes yr anghydfod yn llythyrau Aneurin a Fenton yn NLW 13263.
[3] NLW 13263, t. 535.
[4] NLW 1893.
[5] NLW 13248, 12 Gorffennaf 1825.
[6] Robert Davies, *Diliau Barddas* (Dinbych, 1827), t. 265.
[7] NLW 13263, t. 535.
[8] Coleg y Brifysgol, Bangor, Llawysgrifau Bangor 683, t. 40.
[9] E. G. Millward (gol.), *Detholion o Ddyddiadur Eben Fardd*, (Caerdydd, 1968), tt. 153-4.
[10] *Ancient Laws and Institutes of Wales* (Llundain, 1861), Cyf. I, t. viii.
[11] Aled Rhys Wiliam, *Llyfr Iorwerth* (Caerdydd, 1960), t. xvii.
[12] Dafydd Jenkins, *Cyfraith Hywel* (Llandysul, 1970), t. 110.
[13] Melville Richards, *The Laws of Hywel Dda* (Lerpwl, 1954), t. 15.
[14] *Arch. Camb.* III, 4, (1861), t. 94.
[15] NLW 13248, 11 Awst 1825.
[16] ibid. 24 Ionawr 1826.
[17] ibid. 4 Mawrth 1826.
[18] *DNB* (1888), XIV, t. 192.
[19] NLW 13248, 10 Mawrth 1826.
[20] ibid. 21 Mawrth 1826.
[21] ibid. 28 Gorffennaf 1826.
[22] ibid. 9 Gorffennaf 1827.
[23] O lythyrau Aneurin at Petrie yn yr Archifdy Gwladol, Llundain, PRO 36/44.
[24] NLW 13248, 1 Chwefror 1828.
[25] ibid. 30 Tachwedd 1829.
[26] Yr Archifdy Gwladol, PRO 36/44.
[27] ibid. Cyhoeddwyd y llythyr hwn yn *Arch. Camb.* III, 6, t. 184. Gw. hefyd *Arch. Camb.* III, 7, t. 94.
[28] Yr Archifdy Gwladol, PRO 36/44.
[29] Myrddin Fardd, *Adgof uwch Anghof*, t. 97; ceir hanes y cwch a'r llyn yn J. Arthur Williams, *Tremyn Ôl* (Dolgellau, 1963), t. 9. 'Llyn Cau' yw ffurf gywir yr enw. Y mae'n debyg mai camgymeriad y copïwr yw'r ffurf 'Llyn Cân'.
[30] Fe gofir ei fod yn ysgutor i'r ddwy: PRO, PROB 11/1698, f. 240, (Jane Townley): PRO, PROB. 11/1700, f. 378 (Ann Underwood).
[31] R. T. Jenkins, 'Hugh Hughes 1790-1863', *Bywgraffiadur*, tt. 355-6.
[32] *The Cambrian Quarterly Magazine*, V (1833), t. 433.
[33] Megan Ellis, 'Thomas George, fl. 1829-40', *Bywgraffiadur*, t. 257.

[34] NLW 13248, 29 Hydref 1823.
[35] ibid. 21 Mehefin 1826.
[36] ibid. 11 Mawrth 1829.
[37] ibid. 3 Tachwedd 1827.
[38] ibid. 18 Ebrill 1826.
[39] Eric Blom (gol.), *Grove's Dictionary of Music and Musicians* (Llundain, 1954), VII, tt. 715-16.
[40] T. Crofton Croker, *Fairy Legends and Traditions of the South of Ireland*, III (1828), tt. 174-5. Ceir llythyr gan Richard Colt Hoare yn *The Cambro-Briton*, II, (1820-1), tt. 71-2, yn cynnwys adroddiad gan Richard Fenton am 'fedd Branwen', a llun gan John Fenton o'r wrn.
[41] Mary Ellis, 'Angharad Llwyd', *Flints. Hist. Soc. Journal*, Cyf. 26, (1973-4), tt. 76-9; NLW 1806.
[42] Felly, y tŷ newydd hwn sydd yn y llun yn T. Mordaf Pierce, *Dr. W. Owen Pughe* (1914), ac nid y tŷ y ganwyd ac y magwyd Pughe ynddo.
[43] NLW 13248, 14 Gorffennaf 1826.
[44] Cyfeirir yma at gerdd Southey *Madoc* (1815), Cyf. I, Rhan I, VIII, t. 78:
... there went with me
Iolo, old Iolo, he who knows
The virtues of all herbs of mount or vale
Or greenwood shade, or quiet brooklet's bed;
Whatever lore of science or of song
Sages and bards of old have handed down.
[45] C. C. Southey (gol.), *Life and Correspondence of Robert Southey* (1850), Cyf. V, t. 285.
[46] T. Crofton Croker, op. cit., Cyf. III (1828), t. 157.
[47] T. I. Ellis, 'Thomas Richards, 1754-1837', Y tad yw hwn, ond fe geir hanes yr holl deulu dan yr un pennawd, *Bywgraffiadur*, tt. 803-4. Y mae ymchwil drwyadl i hanes y teulu y tu ôl i lyfr Mari Headley (Mary Ellis), *Awelon Darowen* (1965). Gweler hefyd erthyglau Mary Ellis: 'Hela Sgwarnogod', *Yr Haul a'r Gangell* (Gaeaf 1965), t. 31; 'Mair Richards, Darowen, 1787-1877, Portread', ibid. (Hydref 1977), t. 21.
[48] Mary Ellis, 'W. J. Rees, Rector of Cascob: A Portrait', Part III, *Radnorshire Soc. Transactions*, XL (1971), t. 79.
[49] D. Silvan Evans (gol.), *Gwaith Gwallter Mechain* (1808), Cyf. I, t. 154.
[50] Robert Davies, *Diliau Barddas* (1827), tt. 108-9.
[51] NLW 13248, 24 Hydref 1827.
[52] NLW 1562, 28 Ebrill 1828.
[53] BL Add. MSS. 9850, t. 1046.
[54] ibid.
[55] ibid. t. 1047.
[56] ibid. a W. D. Leathart, *The Origin and Progress of the Gwyneddigion Society*, tt. 76-7.
[57] NLW 13248, 17 Medi 1828.
[58] ibid. 23 Gorffennaf 1829.
[59] ibid. 28 Awst 1829.
[60] D. Silvan Evans (gol.), *Gwaith Gwallter Mechain*, Cyf. III, t. 453.

*Pennod XII*

## 'GADAEL DYSG A CHERAINT DA'

Ar 21 Ionawr 1830 y mae William Owen Pughe yn cwyno ei fod yn methu gweithio gan ei fod wedi cyffio drwy gysgu ar wely caled. Dyma'r awgrym cyntaf a gawn o'r anhwylder a oedd i'w blagio o bryd i'w gilydd am weddill ei oes. Yr oedd yn teimlo'n well ymhen rhai dyddiau, yn ddigon cryf i fentro ar gefn Llary i Ddinbych i gyfarfod 'cymdeithas Llenoriaeth y Cymry'. Y noson honno aeth at y Dr R. Phillips Jones i ginio a chysgu yn y Back Row. Drannoeth ar ôl dychwelyd adref daeth yr hen wendid drosto drachefn a bu'n rhaid iddo fynd i orwedd i lawr yn ystod y pnawn. Gwaethygu fwyfwy a wnaeth ei gyflwr tua diwedd Ionawr a dechrau Chwefror fel na fedrai yn ei fyw orwedd yn esmwyth am unrhyw hyd o amser. Y gwely caled a gâi'r bai ganddo am yr anhwylder, beth bynnag oedd y gwir reswm drosto. O leiaf yr oedd y gwely caled yn newid oddi wrth y bwgan Cymreig traddodiadol hwnnw, y gwely tamp. Bu'n rhaid i Aneurin fynd ar long i Lerpwl i nôl gwely manblu iddo. Ychydig iawn o les a wnaeth hwnnw, fodd bynnag, ac yn nechrau mis Mawrth dywed Pughe eu bod wedi symud y gwely mawr iddo o Dan-y-Gyrt i Egryn. Gan ei fod yn colli cymaint o gwsg treuliodd gyfran o bob dydd yn orweiddiog drwy fisoedd Mawrth, Ebrill a Mai 1830. Ar 31 Mawrth dywed Aneurin mewn llythyr at Henry Petrie: 'My father has been very unwell these 2 or 3 months'.[1] Yr oedd ei gyflwr yn amlwg wedi gwanio'i holl gyfansoddiad. Ar adegau ni fedrai hyd yn oed ddarllen y papur newydd drosto'i hun. Y mae'n adrodd ei hanes mewn llythyr at W. D. Leathart ar 17 Mai 1830:

> The long and short of my case is that by foolishly persevering to sleep in a badly constructed bed I have become, my whole body, such a tender chicken that now the softest bed will not do for me without my turning it about in the course of every hour that I lie thereon. You yourself would think it very hard work to get up about every hour of the 24 & have been so nearly 5 months I have been quite free from all illness or sickness all the time, but so exhausted from broken rest as to be too weak to write or read but can talk fast enough to you all day—as you could in your stiffness the following morning after a long ride and not used to it.[2]

Erbyn diwedd Mai yr oedd wedi hybu digon i symud allan ychydig. Âi i edrych ar waith yr ardd a'r fferm ac ailgydiodd yn ei waith ei hun ar Frut y Tywysogion. Yr oedd yn cysgu mwy ac yn cryfhau drwyddo o'r herwydd. Dywed ar ddau achlysur ym mis Mehefin ei fod wedi cysgu am bum awr heb orfod codi unwaith ac yr oedd hynny'n amlwg yn amheuthun iddo. Erbyn Gorffennaf yr oedd o gwmpas ei bethau'n ddigon i ysgrifennu at ei gyfeillion dylanwadol yn Llundain i geisio sicrhau swydd athro yn Ysgol y Cymry yno i'w nai, William Phillips, mab ei chwaer Ann. Ond ar ôl ei drafferth daeth llythyr i ddweud nad oedd ar hwnnw eisiau'r swydd wedi'r cwbl. [3] Y mae'n amlwg ei fod yn well o lawer erbyn diwedd y mis: aeth yn y drol gyda'r teulu am bicnic wrth Lyn Llymbren ar Fynydd Hiraethog a cherddodd yn ôl adref gydag Isabella. Ar ddiwrnod olaf y mis cerddodd i Ddinbych ac yn ôl, lle na buasai ers chwe mis, i weld R. M. Biddulph yn cael ei gadeirio'n aelod seneddol. Ym mis Awst aeth i Rhyl am dair wythnos, gan obeithio y byddai awelon a dŵr y môr yn ei lwyr wella. Yr oedd ei hen gyfaill, Thomas Gee yr hynaf, yn aros yno gydag ef am ran o'r amser, a rhydd Pughe ddarlun hoffus a braidd yn annisgwyl inni o'r ddau ohonynt yn mynd i lan y môr i drochi eu traed ar ôl brecwast. [4] Dywed wrth W. D. Leathart ei fod wedi cael 'two dips in the hot salt water baths'. Er bod y gwyliau wedi bod o ryw les iddo, yr oedd wedi arafu'n arw ac ni fedrai weithio mor gyflym â chynt. I Pughe, a oedd wedi cael oes hir heb salwch, yr oedd y cyfyngu ar ei waith a'i symudiadau yn sicr o fod yn benyd anodd i'w oddef. Yr oedd Aneurin yntau yn teimlo colli ei gymorth parod fel y dywed mewn llythyr at Arthur James Johnes ym mis Medi 1830:

> . . . I cannot expect any further assistance from my Father. Since his return from S. Wales last autumn he has not been able to amuse himself with literary employment, the reading of a newspaper is too great a task for him & he feels this deprivation the more poignantly as other sources of amusement do not interest him. His disorder is evidently nervous, perhaps accelerated by exposure & exertion during the last ungenial summer & which it is very unlikely will be so far mitigated as to allow the exercise of that application to study that he has been accustomed to. [5]

Poenai Aneurin yn arbennig wrth feddwl fod y Mabinogi yn gorwedd ar ddwylo'i dad yn disgwyl iddo orffen y gwaith arnynt ac yntau heb yr egni i gyflawni'r dasg.

Dechreuodd fedru gwneud mwy o gwmpas y tŷ erbyn yr hydref a da o beth oedd hynny. Esgorodd Janw ar blentyn arall, Meilir, ar 15 Medi, ac y mae'n amlwg fod pawb wedi mynd i dendio arni hi a'r babi gan mai William Owen Pughe sy'n gorfod paratoi'r cinio am beth amser wedyn. Daeth Elen a John Fenton o Abergwaun i weld y teulu ym mis Hydref ac y mae Fenton yn dweud amdano y pryd hynny: 'Our worthy friend Dr. Pughe has but indifferent health for some time past, but I am happy to say he is now somewhat better'. [6] Erbyn diwedd y flwyddyn yr oedd Pughe yn gwneud ei orau i fynd ymlaen fel arfer â'i waith. Yr oedd ganddo'r dasg drom o gywiro proflenni argraffiad 1832 o'i Eiriadur yn ogystal â'r cymennu a'r adolygu a wnâi drwy'r blynyddoedd ar y Mabinogi. Yn nechrau 1831 cafodd bwl arall o fethu cysgu'n esmwyth a bu'n rhaid i Aneurin a Janw symud i gysgu i Egryn er mwyn cadw golwg arno. Hybodd drachefn erbyn dechrau Chwefror nes y teimlai'n ddigon da i gynllunio mynd ar daith i

Lundain gydag Aneurin. Cychwynasant ar 16 Chwefror, gan dorri'r siwrnai yn Stourbridge i fynd i weld Thomas Philip Foley yn Oldswinford. Cafodd Pughe druan wely caled arall yn y fan honno a gorfu iddo eistedd ar ei erchwyn drwy oriau mân y bore. Ymhen deuddydd aethant yn eu blaenau i Rydychen lle yr arosasant am wythnos yng nghwmni Tegid ac Alfred Butler Clough. Cyraeddasant Lundain ar 28 Chwefror a mynd i aros yn yr hen lety gyda Mrs. Flack yn 34, Hadlow Street.

Yr oedd bod yn ôl yn ei hen gynefin yn falm i ysbryd William Owen Pughe a cheir awgrym o'i hen egni fel yr ymdaflai i'w hoff ddiddordebau. Daethai newidiadau er pan adawodd y ddinas: gwelai fwlch lle bu llawer o'r hen gyfeillion gynt. Yr oedd un nodwedd newydd yn Llundain a oedd yn amlwg yn apelio'n arw ato. Dechreuwyd defnyddio'r omnibus fel cludiad cyhoeddus yno yn 1829 ac yr oedd Pughe yn falch iawn o wneud defnydd beunyddiol ohono: 'Awn mewn Omnibus gydag Aneurin iô y Twr . . . awn mewn omnibus i Paddington . . . mewn omnibus i giniaw . . .', mewn omnibus i bob man lle y cerddai gynt. Yr oedd yn falch o weld ei hen ffrindiau Southcottaidd fel Charles V. Barnard, Mary Waring a George Troup; Cymry fel Caerfallwch, Hugh Hughes yr arlunydd a Thomas Roberts, Llwynrhudol; hen gymdogion fel teuluoedd Philpot a Kemshead o Westbourne Green. Yn eu cwmni hwy y treuliai Pughe ei ddyddiau a'i nosweithiau gan amlaf tra gweithiai Aneurin yn yr Amgueddfa Brydeinig yn ystod y dydd a mynd i weld ei ffrindiau ei hun neu i'r theatr fin nos. Bu Aneurin yn y sŵ hefyd: 'i weld y milod gwylltion yn y park rhiawl', chwedl Pughe. Agorwyd y sŵ yn Regent's Park yn 1828, ddwy flynedd ar ôl sefydlu Cymdeithas Sŵolegol Llundain. Aeth Aneurin yn ôl adref ar 19 Ebrill, gan adael Pughe i orffen copïo achau drosto yn yr Amgueddfa. Âi Pughe i gyfarfodydd y Gwyneddigion, y Cymmrodorion a'r Cymreigyddion ac ar 25 Mai yr oedd yn feirniad ar ddwy gystadleuaeth o leiaf yn eisteddfod y Cymmrodorion: ar y traethawd ar y testun 'The causes which, in Wales, have produced dissent from the Established Church' ac ar yr englyn ar y testun 'Gwraig'.[7] Ar 21 Mehefin dywed ei fod wedi mynd gyda Hugh Hughes i Balas St. James gan obeithio gweld eu hen gyfaill Thomas Hodgetts yr arlunydd yn ysgythru llun y brenin ond ni lwyddasant i gael hyd iddo. Cychwynnodd Pughe o Lundain ar ddydd olaf Mehefin ar ei ffordd i Fryste. Cyrhaeddodd yno drannoeth ac aeth ar ei union i chwilio am y Parch. Samuel Eyre. Ef oedd arweinydd y Southcottiaid ym Mryste, ac yr oedd ei fab, yr Uchgapten Robert Eyre, yntau'n un o ddilynwyr Joanna. Hyd yn oed yn y cyfnod diweddar hwn parhâi Samuel Eyre i ddisgwyl am ail-ddyfodiad Joanna.[8] Ni chafodd Pughe afael ar ei gyfaill y tro hwn a phenderfynodd lenwi'r amser drwy fynd 'i sylwi seiliau y bont dros y godor'. Y mae'n debyg nad oedd llawer o ddim i'w weld yno. Yr oedd ail gynlluniau Brunel ar gyfer Pont Clifton wedi cael eu derbyn a dechreuwyd ar y gwaith o glirio'r safle ar ochr Clifton ym Mehefin 1831. Rhyw bythefnos cyn ymweliad William Owen Pughe cynhaliwyd seremoni bach digon tila i nodi'r achlysur. Bu'n rhaid disgwyl tan Awst 1836 am seremoni mwy urddasol i ddathlu gosod seiliau'r bont, ond ni orffennwyd y gwaith yn ystod bywyd Brunel.[9] Drannoeth hwyliodd Pughe o Fryste mewn llong ager i Ddinbych-y-pysgod. Oddi yno aeth i Abergwaun i aros gydag Elen a John Fenton yng Nglyn Amel.

Arhosodd Pughe gyda'i ferch a'i fab-yng-nghyfraith am fis, gan lenwi'r amser fel y tro o'r blaen yn crwydro o gwmpas y wlad. Bu'n gweithio yno hefyd ar gyfieithu *Iarlles y Ffynnon* a *Breuddwyd Rhonabwy*. Bu allan mewn cwch droeon gyda John Fenton i bysgota; dro arall deuai cyfeillion drosodd fin nos i 'grythori' a chaent noson o gerddoriaeth. Treuliodd Pughe ac Elen dridiau yn Nhyddewi ac aethant i'r gwasanaeth Cymraeg yn yr eglwys gadeiriol ar y Sul. Cychwynnodd Pughe adref ar 5 Awst gyda rhyw Gapten W. Evans yn ei gwch a hwyliai am Lerpwl. Y mae'n rhaid ei fod yn forwr da gan ei fod wedi treulio'r holl fordaith yn gweithio ar ei gyfieithiad o *Freuddwyd Rhonabwy*. Erbyn bore drannoeth yr oedd ger Ynys Enlli lle y cafodd ymuno â chwch arall a oedd yn hwylio i Gaergybi. Treuliodd ddiwrnod yng Nghaergybi cyn dal y goets i Lanelwy. Drannoeth, ar ddydd ei benblwydd yn 72 oed, cyrhaeddodd yn ôl adref.

Arhosodd gartref drwy'r gaeaf. Yr oedd ei iechyd yn bur dda; ceir awgrym o'i gyflwr yn un o'i gofnodion yn Chwefror 1832: 'Y 4 nos diweðav heb godi i gyweiriaw y gwely, ac ynðo hyd 6 a 7'.[10] Daliai i weithio ar y Rhamantau ac ar gywiro proflenni'r Geiriadur. Daeth y geri marwol, neu'r colera, i Ddinbych ym mis Mehefin 1832. Ychydig o sôn amdano a gawn gan William Owen Pughe ac ystyried yr effeithiau echrydus a gafodd y pla ar y wlad. Yr oedd math llai enbyd o'r pla, y *cholera nostras* yn weddol gyffredin yn y wlad ymhell cyn hyn, ac er bod Lewis Morris wedi sôn am 'cholera morbus' yn Sir Fôn yn ystod haf 1754[11] y mae'n weddol sicr na ddaeth y gwir *cholera morbus* i'r wlad hon o Asia tan 1831.[12] Lledaenodd drwy ogledd ddwyrain Lloegr a De'r Alban yn ystod gwanwyn 1832. Yr oedd y panig i'w glywed yng ngholofnau *Seren Gomer* erbyn Mawrth 1832: ceir hanesion yno am gleifion yn cael eu claddu'n fyw yn y rhuthr i gael gwared o'r cyrff heintus.[13] Ym mis Mai 1832 lledaenodd y pla drwy'r Fflint i Fagillt a Threffynnon. Fodd bynnag, yr oedd i'r haint ei rinweddau: yr oedd adfywiad crefyddol eisoes ar droed yng ngogledd Cymru yn sgîl pregethu grymus John Elias a bu'r colera yn gymorth i chwythu'r fflamau ysbrydol a gyneuwyd. Dywedir bod cynnydd mawr yn aelodaeth yr addoldai o gwmpas Dinbych yn ystod haf 1832.

Gwelwyd effeithiau'r pla gyntaf yn Ninbych ar 9 Mehefin 1832.[14] Aeth merch-yng-nghyfraith William Owen Pughe yno ar y 18fed o'r mis a dod â'r newyddion yn ôl adref: '. . . ai Janw i Ðinbyç: clywai vod y cholera yno ac yn y Lawnt'.[15] Erbyn diwedd y mis y mae Pughe yn cofnodi: 'Y clwyf du yn cynyⱷu yn Dinbyç . . . 7 clav y C. Du, 2 marw'.[16] Mewn gwirionedd yr oedd pethau'n waeth nag a wyddai. Mewn llai na mis bu farw 34 o bobl; 32 ohonynt mewn un wythnos. Ceir disgrifiad o Ddinbych yng nghrafangau'r pla gan Daniel Jones, mab Robert Jones, Rhos-lan. Sonia am y difrod o amgylch ei dŷ ef yn Stryd Henllan: 'Torrodd i lawr mewn ychydig ddyddiau tros bymtheg ar hugain o eneidiau i'r byd tragwyddol yn yr heol hon yn unig'.[17] Os yw ei dystiolaeth ef yn gywir, yna yr oedd y sefyllfa yn waeth hyd yn oed nag yr awgrymai'r ffigurau swyddogol. Disgrifia Daniel Jones y strydoedd gweigion heb neb na dim ynddynt ond y doctoriaid wrth eu gwaith a'r hers wrth ei gwaith hithau. Os oedd y strydoedd yn weigion yr oedd yr addoldai dan eu sang: ymgynullodd dros saith gant i'r Ysgol Sul yng Nghapel Canol ar yr ail Sul yng Nghorffennaf. Ar y Sul hwnnw arhosodd William Owen Pughe gartref: 'D[ydd] Sul. Neb yn galw: neb iⱷ yr eglwys, am y clwyf du'.[18] Yr oedd ef wedi trefnu i fynd i giniawa gyda chyfeillion yn y Back Row yn Ninbych ar 12 Gorffennaf, ond derbyniodd lythyr yn newid y trefniadau gan fod y dydd hwnnw wedi cael ei neilltuo i fod yn ddiwrnod ympryd oherwydd yr haint.[19] Ciliodd y colera yn raddol o'r dref erbyn diwedd Gorffennaf. Ar y 27ain cafwyd gwasanaeth o ddiolchgarwch yn yr eglwys, ac ar 2 Awst, yn un o gapeli'r dref, gweddïodd Gwilym Hiraethog â'r fath arddeliad nes y bu sôn amdano am flynyddoedd wedyn. Prif symptomau'r geri marwol oedd chwydu enbyd a'r dolur rhydd. Y mae'n ffodus, felly, fod yr haint wedi cilio o'r cyffiniau erbyn Awst 1832 gan fod William Owen Pughe wedi cael ei daro'n wael ar y 26ain o'r mis hwnnw gyda symptomau a fyddai wedi peri arswyd i'r teulu fis cyn hynny. Meddai: 'Clav, gan vy ngweithiaw 5 neu 6 gwaith i vyny a lawr'.[20] Y mae'n amlwg, fodd bynnag, na pharodd ei gyflwr fawr o bryder i'w berthnasau gan fod Aneurin a'i fab William, ynghyd â W. J. Rees, Casgob, a oedd yn ymweld â'r teulu, yn cychwyn yn dalog am Eisteddfod Biwmares drannoeth, a William Owen Pughe yntau wedi hybu. Cadwodd y papur lleol yn bur dawel am effeithiau'r colera yng nghyffiniau Bangor a Biwmares gan fod y Dywysoges Victoria a'i mam, Duges Caint, yn aros ym Miwmares.[21]

Dechreuodd yr eisteddfod ar 28 Awst ond yr oedd Biwmares eisoes yn cadw gŵyl i ddathlu ymweliad y teulu brenhinol. Gobeithid y byddai'r dywysoges ifanc yn cyflwyno rhai o'r gwobrau yn yr eisteddfod. Rhwystrwyd hi rhag ymuno yn y gweithgareddau yn y castell gan law trwm gwirioneddol eisteddfodol ond derbyniodd hi a'i mam rai o'r buddugwyr yn Baron Hill, cartref y teulu Bulkeley. Aneurin Owen a enillodd y tlws am y traethawd gorau ar Amaethyddiaeth o un ar ddeg o ymgeiswyr. Yr oedd hi'n amlwg yn gystadleuaeth dda ym marn y beirniaid: argymellasant gyhoeddi gwaith dau o'r cystadleuwyr eraill hefyd, sef William Jones, Pwllheli, a Samuel Roberts, Llanbryn-mair.

Yr oedd Aneurin ei hun yn un o'r beirniaid yn y gystadleuaeth am y Delyn Arian. [22] Daeth Aneurin a'i fab yn ôl adref ar y cyntaf o Fedi gyda John Blackwell (Alun) a'r ddau frawd Thomas a Lewis Richards. Ar 3 Medi aeth William Owen Pughe gyda'r brodyr i Gaerwys, Treffynnon a Llanasa, ymlaen i weld Mostyn, ac i Dalacre a Gronant. Ar y ffordd galwasant i weld nifer o ffrindiau, clerigwyr gan mwyaf. Digon distaw fu gweddill y flwyddyn 1832. Glaniodd Richard, brawd Pughe, yn Portsmouth a daeth i Nantglyn i aros gyda'r teulu hyd drannoeth y Nadolig.

Ym mis Ebrill 1833 aeth William Owen Pughe i Lundain am y tro olaf. Fel arfer, torrodd ei siwrnai yn Stourbridge i fynd i Oldswinford i weld ei hen ffrind, Thomas Philip Foley, ond yr oedd hwnnw 'yn wael o veth cov', ffordd Pughe o ddweud ei fod wedi mynd yn ffwndrus ac yn anghofus. [23] Dyma'r tro olaf i'r ddau gyfaill weld ei gilydd: bu'r ddau farw yn 1835. Aeth Pughe yn ei flaen oddi yno i Rydychen lle y treuliodd ddeuddydd yng nghwmni Tegid. Bu mewn gwasanaeth yn eglwys St. Thomas yno i glywed Tegid yn gweinyddu. Wedi cyrraedd Llundain canfu na fedrai letya gyda Mrs. Flack yn 34, Hadlow Street fel arfer gan ei bod hi'n wael ac aeth i aros mewn llety arall yn yr un stryd. Prysurodd i weld ei hen ffrindiau: Mary Waring, cyfeilles Jane Townley ac Ann Underwood gynt, ac aeth i swper gyda Chaerfallwch. Yn ystod y dyddiau canlynol bu'n gweld pawb o'r hen gylch: ei chwaer Ann, Sharon Turner a Hugh Hughes yr arlunydd. Daeth Aneurin i Lundain ato ar 21 Ebrill ond ni fedrai Pughe aros yno'n llawer hwy gan fod ei hen wendid wedi ei daro unwaith yn rhagor. Ar 26 Ebrill dywed: 'Paratoi i vyned adrev, am nas gallwn oðevu y gwely: awn mewn omni[bus] at J. Tuck: yna cyvarvod Aneurin yn nhy H. Hughes y llyvryð: yna awn yn y Mail heb orphwys i Geryg y Drudion erbyn 6 o'r gloç: anvonwn genead [sic] i Egryn: cysgu yno'. [24] Yr oedd yn siwrnai drom i ŵr o'i oed ef yn ei wendid. Hwn oedd y tro olaf iddo weld ei hen ffrind John Tuck yntau: bu hwnnw farw cyn diwedd y flwyddyn.

Yr oedd yn amlwg nad oedd Pughe am gael ei drechu gan anhwylderau'r corff, ond y mae'n debyg na wnaeth y siwrnai hir a'r rhuthro o gwmpas yn Llundain fawr o les iddo. Ar 8 Mai aeth i Ddinbych ac yno y bu drwy'r dydd yn galw ar hwn a'r llall, ac yn cael llymaid bach i'w yfed gyda phob un; y mae'n cyfaddef iddo gael 'tea a Whiskey' gyda Thomas Gee a gwin gyda'r Doctor R. Phillips Jones. Fel canlyniad, ymlwybrodd adref yn 'glav o rwym trwyth: methu gorweð'. Efallai fod yma awgrym o natur yr anhwylder a fu'n ei boeni cyhyd. Bu'n rhaid i'w ŵyr William fynd i Ddinbych am bump o'r gloch y bore i gyrchu'r Doctor R. Phillips Jones. Bu'r doctor a'r llawfeddyg William Jones yn ymweld yn feunyddiol â Pughe am tua wythnos i dynnu dŵr o'i bledren i roi esmwythâd iddo. Erbyn y 14eg o'r mis yr oedd wedi gwella'n dda. Meddai: 'Galwynt y með[yg] Ph. Jones ac y Ll[aw] Veð[yg] W. Jones, wedi gorphen vy hybu, ac ymðyðanem 2 awr: a

269

gobrwywn Ph. Jones â 5£'.[25] Erbyn diwedd y mis yr oedd yn teimlo'n ddigon da i ymdrochi yn yr afon fechan a redai drwy'i ardd. Treuliodd weddill y flwyddyn gartref yn garddio ac yn helpu â mân orchwylion o gwmpas y tŷ. Bu'n helpu Aneurin eto â'i waith drwy ddarllen proflenni drosto ac esbonio enwau iddo. Ym mis Rhagfyr derbyniodd lythyr o Lundain i ddweud fod y Capten John Tuck wedi marw yn 78 oed. Cadwodd Pughe a Tuck eu cyfeillgarwch yn fyw ar ôl i Pughe symud i Gymru; byddai'n anfon basgedeidiau o helgig a chynnyrch y fferm yn rheolaidd i Lundain o Nantglyn. Nid oedd Pughe ei hun yn ddigon cryf i wynebu'r daith i Lundain yng nghanol y gaeaf ond fe aeth Aneurin i angladd Tuck ym mynwent eglwys St. Mark, Kennington ar 17 Rhagfyr. Yn ei ewyllys gorchmynnodd Tuck fod ei eiddo, ar ôl marwolaeth ei wraig, i gael ei rannu rhwng ei gyfyrdyr yn Llundain a theulu Aneurin. Yr oedd am i Aneurin werthu'r eiddo a rhannu'r arian rhyngddo ef, Isabella ac Elen. Nododd fod pob gwraig briod a enwir yn yr ewyllys i dderbyn ei rhan hi o'r arian yn rhydd oddi wrth unrhyw reolaeth a oedd gan ei gŵr arni drwy briodas. Byddai hynny'n gofalu na fedrai John Fenton gyffwrdd â rhan Elen o'r arian. Fe gofir fod John Tuck yn un o'r cyfeillion a gynorthwyodd Pughe pan garcharwyd ef am ddyled yn 1824. Y mae'n amlwg nad oedd Pughe wedi gorffen talu'n ôl iddo yr arian a fenthyciasai oddi ar Tuck y pryd hynny gan fod yr ewyllys yn annog Aneurin 'not to omit to Receive from his Father Mr. Owen Pughe the balance due to me as per his account'.[26]

Ym mis Ionawr 1834 cyhoeddwyd rhybudd y cynhelid cinio cyhoeddus er anrhydedd i William Owen Pughe yn Neuadd y Dref, Dinbych ar 4 Mawrth. Cadwyd copi o'r cylchlythyr ymysg papurau Pughe:

At a Meeting convened for the purpose of considering the best means of testifying public respect to Dr. W. Owen Pughe, for the eminent services rendered the Literature of his Country
    It was resolved and unanimously adopted, That a PUBLIC DINNER be given to him in the Town-Hall, Denbigh on TUESDAY the 4th of March next.[27]

Yr oedd yr arwydd hwn o werthfawrogiad ei gyd-genedl yn amlwg wedi plesio Pughe. Drwy gydol mis Chwefror 1834 bu'n cyfansoddi 'awdl at giniaw Dinbyç, Mawrth 4,dd' ac yn llunio crynodeb o hanes ei fywyd a'i waith i J. Copner Williams, un o henaduriaid y dref a oedd i fod yn llywydd yn y cinio. Ceir disgrifiad o'r cinio ei hun yn *Y Gwladgarwr*,[28] ond y mae'r disgrifiad gorau o bell ffordd yn y *Carnarvon Herald and North Wales Advertiser*. Llwyddodd y gohebydd i gyfleu naws y noson yn berffaith yn Saesneg cwmpasog blodeuog y dydd. Dywedir bod tua phedwar ugain o foneddigion cylch Dinbych wedi ymgynnull i fwynhau'r cinio a arlywyd 'in great profusion and in the very best style

270

by Mr. Bland the obliging landlord of the Crown Inn'.[29] Dechreuwyd drwy yfed iechyd y Brenin, y Frenhines a'r Dywysoges Victoria. Yna soniodd J. Copner Williams am yrfa a chymeriad William Owen Pughe, am ei 'peculiar affability and mildness of manners, his unostentatious deportment on all occasions, and his disposition rather to avoid applause than to court it'. Aeth ymlaen i drafod ei waith, gan ddibynnu i raddau helaeth ar y wybodaeth a roddwyd iddo gan Pughe ei hun am ei weithiau llai adnabyddus.[30] Ar ddiwedd anerchiad Copner Williams yfwyd iechyd William Owen Pughe. Cododd yntau i gydnabod y banllefau, ac yn lle araith darllenodd yr 'awdl' y treuliasai gymaint o amser yn ei pharatoi:

O AMRYW droion oes à drevnai Nev,
Er mad ragorion mwyniant, perwyl hof
Yw hwn i mi, gàn sỳnied mai val hyn
Maent Boneddigion Dinbyç, coeth eu braint,
Am daenu bri cysevin iaith eu gwlad.
Ac er mai gwaeled yr oferyn àr
Y gwaith; ond dyval, ei çynnwynawl sail,
Ei nawd, ei grym, ei rhèd, àr lavar dyn,
A çwiliwn; ac, yn hỳny olion hon
Ar led á welwn dros y byd ar daen,
I nabod pa oedd gynnevinawl vawd
Y Cymmry, i ennillaw gyntav hawl
O Ynys Prydain. Yma oedd eu hil
Yr ymddangosai vawr ac enwawg lu
Y dewrion, àr dragwyddawl gov y byd;
Ac yn blaenori, y mae Beli Mawr;
Y mae Caswallawn; hevyd Llyr; a Bran;
Caradawg nesav; hevyd Hywel Dda;
Llywelyn yna, àr vraint Cymmru er
Dwyn clo: ond nid àr vri y Cymmry byth!
Attaliav bellaç; canys pryd i mi
Noswyliaw, er mai çweced provi mawl
Cywreinion am y gwaith à hofais dros
Dri-ugaint blwydd. Ond bydded devnydd nawdd
Gàn Voneddigion Dinbyç, rhagor hyn,
I enrhydeddu braint eu trev, a bri
Eu gwlad—a thanc dros Ynys Prydain byth!

Cyn i'r gynulleidfa gael ei gwynt ati yr oedd Pughe wedi mynd yn ei flaen i ddarllen cyfieithiad yr un mor rhyddieithol, ond ychydig mwy dealladwy, o'i gerdd. Prysurodd y cadeirydd i gynnig yfed iechyd Aneurin Owen, 'the worthy scion of a worthy stock'. Erbyn hyn yr oedd pawb mewn hwyliau da, ac er eu bod dri diwrnod yn rhy hwyr yfwyd i goffadwriaeth Dewi Sant. Yna galwodd y Doctor R. Phillips Jones am yfed iechyd J. Copner Williams ac atebodd hwnnw drwy gynnig llwncdestun i'r Doctor yn ei dro. Darllenwyd llu o lythyrau oddi wrth gyfeillion a fethodd ddod yno, gan gynnwys un oddi wrth John Blackwell (Alun) yn awgrymu y dylid cael arwydd mwy parhaol o deyrnged y genedl i William Owen Pughe. Penderfynwyd ffurfio pwyllgor i drefnu hyn. Yna yfwyd iechyd Syr Watkin Williams Wynn a'r Cymmrodorion a chanwyd 'Sir Watkyn's Delight' ar y delyn. Darllenodd Robert Davies, Bardd Nantglyn, bedwar ar ddeg o englynion a luniodd ar gyfer yr achlysur, ac yfwyd ei iechyd yntau. Cododd John Parry, crydd o Ddinbych, ar ei draed i draddodi araith hirfaith flodeuog yn Gymraeg. Y mae'n werth dyfynnu rhannau ohoni i gael blas ar ei harddull rwysgfawr: Wrth sôn am gymeriad William Owen Pughe, meddai:

Gostyngeiddrwydd ac addfwynder, cymmwynasau dyngarol, ydynt addurniadau ei foneddigeiddrwydd, ac yn ngrym y rhai hyn y trowyd olwynion ei ddysgeidiaeth helaeth at ffynnonell wreiddiol yr Iaith Gymraeg, nes y dychmygaf y gwelaf megis afon risialaidd er prydferthu, maethloni, a frwythloni dolydd prydferth a dyffrynoedd helaeth ein hiaith ddihefelydd, onid yn ei Eiriadur anghydmarol, mal haul wedi ei dyrchafu yn ffurfafen llenyddiaeth Gwalia, yr hwn sydd yn taenu ei auraidd belydrau, ac yn barhaus gyfranu trysorau buddlawn i ni.

Yn ei frwdfrydedd cynyddol baglai dros ei gyfeiriadaeth glasurol wrth bentyrru mwy a mwy o glod ar ei wrthrych:

Ymorchested y Macedoniaid yn eu *Halecsander Fawr*, y Carthageniaid yn eu *Hanibal*, y Rhufeiniaid yn eu *Plato*, a ninau a ymorchestwn ac a lawenychwn yn ein *Doctor W. O. Pughe*. Efe yw ein Twli hyffraeth, ein Seneca synwyrol, Apolo ddoeth, a'n Minerfa ddysgedig.

Pan ddaeth taw o'r diwedd ar huodledd John Parry aeth y Cadeirydd ymlaen i gynnig iechyd Prifysgol Rhydychen, gan gyfeirio'n arbennig ar Gymrodyr Coleg Iesu am iddynt roi gradd doethur i William Owen Pughe. Ychwanegodd enw prifathro Ysgol Rhuthun at y llwncdestun, a diolchodd hwnnw ar ran ei Alma Mater.

Ar hyn cyhoeddodd J. Copner Williams y byddai'n rhaid iddo fynd adref. Ymddengys fod y truan wedi bod yn sâl drwy'r amser: 'he had been a great sufferer for many hours from a bodily indisposition'. Prysurodd y Doctor R. Phillips Jones i gymryd ei le, ac aeth y noson ymlaen o nerth i nerth. Cododd 'Mr. Humphreys of Rose-hill' ar ei draed i ganu 'Dyfed, my country', a ddisgrifir fel 'a song, in admirable style'. Cafwyd mwy o ganu a mwy o anerchiadau, a llawer, llawer mwy o yfed. Y mae'r *Carnarvon Herald* yn nodi o leiaf dri-ar-ddeg-ar-hugain o wahanol bobl a sefydliadau a anrhydeddwyd â llwncdestun, ond yr oedd yn rhaid i'r gohebydd gyfaddef na lwyddasai i gofnodi'r cwbl, a gorffen drwy ychwanegu '&c. &c.' Ar ôl llenwi pedair colofn hir o'r papur mewn print mân y mae'n dirwyn i ben drwy ddweud: 'The proceedings of the meeting speak for themselves, and we have no sympathy with the man who can read the record of them with indifference'. Y mae'n amlwg iddi fod yn noson fawr, ond digon claear fel arfer yw disgrifiad William Owen Pughe ei hun o'r gweithgareddau: 'Awn i giniaw anerch boneðigion Dinbyç i mi: galw ar amrai yno: down ar rhwng 1 a 2 y nos i gyscu yn y Teð Cevn: y Með[yg] Ph. Jones ac y Cyvr[eithiwr] J. Evans gyda mi hyd 2 y bore'.[31] Ceir llawer mwy o naws hwyliog y noson yn nisgrifiad John Jones (Talhaiarn) a oedd yn un o'r gwesteion:

Dyna'r unig dro i mi fod yng nghwmni Doctor Owain Puw oddigerth unwaith o'r blaen pan roddwyd ciniaw mawr iddo yn llofft y Hall yn Ninbych. A'r unig beth wyf yn gofio am y ciniaw hwnnw yw, fy mod wedi yfed dwy botel o sherry o'r dechrau i'r diwedd a chrogi neb wyr pa fodd yr aethum i ngwely y noswaith honno, ac nid yw hynny o fawr bwys am a wn i.[32]

Y tro arall y bu Talhaiarn yng nghwmni William Owen Pughe oedd pan aeth gyda Bardd Nantglyn i'w weld. Dywed:

Pan oeddwn ar fin cychwyn yn ôl i Ddinbych dywedais fod arnaf flys troi i Egryn i edrych am Aneurin Owen a Doctor Owen Puw . . . Cyrhaeddasom Egryn, a chawsom y Doethawr a'r Llenawr gartref. Yr oedd Aneurin Owen a'r teulu yn hynod o groesawus wrthym. Yr oedd ef a'r Bardd a minnau yn yfed cwrw rhagorol, ac yn smocio pibelli hirion wrth fodd ein calonnau, ac yn scwrsio am bob math o bethau, a'r Doctor yn ddistaw lonydd yn dywedyd dim; ond ar yr un pryd yn edrych wrth ei fodd. Ebai fi, 'Doctor, wnewch chwi ddim cym'ryd un glasiad efo ni?' 'Ni fyddaf un amser yn sychedig, a phaham rhaid imi yfed?' ebai yntau yn ddiniwed a dirodres.

Cydiodd Cynddelw a T. Mordaf Pierce yn y dyfyniad hwn i gyffredinoli am fuchedd William Owen Pughe.[33] Aeth Mordaf Pierce mor bell â phriodoli iddo agwedd ddirwestol hunangyfiawn: 'Dywedir mai ei arwyddair ydoedd,—''Nid oes arnaf syched, ac i ba beth yr yfaf'',' a hyn ar sail disgrifiad Talhaiarn o un prynhawn yn ei gwmni. Y mae'r darlun hwn yn gwbl anghydnaws â'i natur ac yn wir â'i oes. Ceir darlun tra gwahanol gan Pughe ei hun yn ei ddyddiadur a'i lythyrau. Y mae debyg fod rhyw gymedroldeb cynhenid yn rhan o'i natur, ond ar y llaw arall ni ellid mesur agwedd gŵr a dreuliodd ran helaeth o'i oes yn Llundain y Rhaglaw Dywysog yn ôl safonau Cymru yn oes Mordaf Pierce. Yr oedd Pughe yr un mor gyfarwydd ag Aneurin a Thalhaiarn â'r bibell hir a'r cwrw: onid ef a enillodd yr ornest smocio yng nghyfarfod y Gwyneddigion? Fe gofir disgrifiadau David Samwell a thystion cyfoes eraill o rialtwch cyfarfodydd Cymry Llundain. Cawn lu o gyfeiriadau at Pughe yn yfed: 'Awn i ðiota yn yr Arth Lwyd, Heol Bow', meddai, a 'diota yn y Belvidere', . . . 'Awn at J[ane] Townley, a çawn alwyn o vrandi gwyn'. Y mae ei ddyddiadur yn dangos yn eglur iawn nad oedd Pughe yn un i ymwrthod â phleserau bychain bywyd. Ceir gwahoddiad iddo fynd i ymweld â'i gyfaill William Probert lle dywed hwnnw: 'We will regale ourselves

273

with *cwrw da* of my own brewing, and with the *beloved pipe* in our mouths, we will settle the affairs of the nation'.[34] Unwaith fe ddrachtiodd Pughe yn rhy ddwfn o wydrau croesawgar ei gyfeillion ar y noson fythgofiadwy honno pan aeth adref yn sâl o Ddinbych ar ôl bod yn llymeitian gyda gwahanol ffrindiau.

Fe welir bod Talhaiarn yn cyfeirio hefyd at Pughe 'yn ddistaw lonydd yn dywedyd dim' ac y mae hyn yn taro braidd yn ddieithr. Y mae'n wir mai 'Gwilym Dawel' oedd un o enwau'r Gwyneddigion arno, ac er nad oedd yn uchel ei gloch yn gyffredinol yr oedd yn ddigon parod i sgwrsio ag 'enaid hoff cytûn'. Y mae'n bosibl mai cyfeirio at ei dymer lednais ddigyffro yn hytrach na'i dawedogrwydd a wnâi ei lysenw. Awgrymir hyn yng nghyfeiriad John Williams, Llanrwst, at ei 'calmness of temper (onid Gwilym Dawel yw'r enw a rodded arnoch gan eich cyfeillion?)'[35] Y mae gan Hugh Jones (Erfyl) yntau ddisgrifiad o gyfarfod â Pughe,[36] ac y mae'r hyn a ddywed ef yn ategu'r darlun o ŵr swil a diymhongar ond heb fod yn ddywedwst:

Cefais y dywenydd a'r anrhydedd o weled, ymddiddan, cyfeillachu ac ymgynghreirio â'r hyglod haeddbarch Ddr. W. O. Pughe. Peth a ddymunais yn fawr er's blyneddau, ac yr oeddwn ymron ag anobeithio byth ei gyrhaeddyd. I bwy y tebygaf ef o ran ei ddynsawd, nis gwn. Y mae efe wedi rhedeg i wth o oedran—tros 60 debygwyf. He is remarkable free and communicative—has no ostentation about him—no prejudice on acct. of religious opinions nor the like. It is when talking of the language he seems most in his element. He is also very conversant in the history and topography of Cambria.[37]

Disgrifiad tebyg iawn ohono a geir yn y *Gentleman's Magazine* ar ôl ei farwolaeth:

He was a most amiable man, gentle, unassuming, and modest, ever ready to encourage rising genius, and to impart information from his rich stores of literary lore.[38]

Dywed gohebydd arall amdano: 'In private life, he was I am told, very amiable and unassuming, but rather dull in conversation'.[39] Y mae hyn yn debyg iawn o fod yn wir: oddi wrth ei lythyrau nid oes llawer o dystiolaeth fod ysgafnder nac arabedd yn elfennau amlwg yn ei natur. Sut ddyn ydoedd o ran pryd a gwedd? Dywedir fod y llun a wnaeth Thomas George ohono ar gyfer argraffiad 1832 o'r Geiriadur yn debyg iawn iddo. Os felly, yr oedd yn ŵr hynaws a charedig yr olwg. Y mae Cawrdaf yn ei ddisgrifio fel 'gŵr mwynwedd' ac yn sôn am ei 'hawddgar wyneb'. Y mae pob darn o dystiolaeth sydd gennym yn unfryd mai'r hawddgarwch hwn oedd nodwedd amlycaf ei gymeriad.

Yn ystod 1834 teimlai William Owen Pughe fod ei nerth yn pallu, ac yn sicr dechreuasai ers tro golli'r egni rhyfeddol hwnnw a fu'n ei nodweddu drwy'i oes. Ar ddiwedd y cofnodion yn ei ddyddiadur am fis Mai 1834 y mae'n cyfaddef ei wendid:

At ôiweô y mis ysgrivwn at rai cyveillion àr vy anallu i gynnalu y cynnadleô arverawl o herwyô vy ngwendidau yn cynyôu o açaws y tynereô corforawl gan wely anesmwyth ar ymadawiad J. F[enton] ac Elen yn Ebrill 1827. Ymbarodi at noswyliaw, gan adu amrywion açosion, a thori ar lawer awyô a oeô hof genyv gynt, hevyd y cov yn methu.[40]

Onid oes yma adlais o 'Gân yr Henwr' o Ganu Llywarch Hen yng ngeiriau'r gŵr a gyfieithodd yr *Heroic Elegies*? Ei gŵyn yntau'n awr yw 'A gereis yr yn was yssy gas gennyf', ac ni ddaeth y gwanwyn â llawenydd iddo fwy nag i'r henwr a Chlaf Abercuawg gynt. Y mae'n amlwg ei fod yn sylweddoli na fyddai'n byw'n hir: y mae'r 'ymbarodi at noswyliaw' yn arwyddocaol iawn. Y mae'n drist meddwl ei fod ef ei hun yn ymwybodol iawn o'r 'amryw açosion' a oedd ganddo heb eu gorffen. Y pennaf o'r rhain yn ddiau oedd y Mabinogi a oedd erbyn hyn wedi mynd yn faich arno ef ac Aneurin. Bu'n eu dwyn fesul darn at Thomas Gee ers tro ac yr oedd hwnnw wedi paratoi'r teip ar eu cyfer, ond bu rhwystr ar ôl rhwystr i atal y gwaith rhag symud ymlaen.[41]

Ym mis Gorffennaf 1834 ceir un cofnod bach trist yn nyddiadur Pughe. Ar y 13fed o'r mis esgorodd Janw ar blentyn marw. Drannoeth dywed Pughe: 'Y bore àr 5 dygai W. Evans gorf vy wyr byçanig iô ei ôodi yn meôrawd ein teulu yn Nantglyn, ac ai Aneirin i sylwi hyny . . .'[42] Ffeithiau moel eto heb awgrym o'i deimladau ef ei hun; ni chawn byth gyd-alaru na chyd-lawenhau ag ef. Ambell dro y mae'r ffeithiau moel yn fwy profoclyd. Ar 27 Awst, 1834, dywed: 'Dic Aberdaron yma ganol dyô: rhoô iôo 2/6 . . .' Dyna'r cyfan. Y mae'r dychymyg yn pallu wrth ddyfalu sut ymddiddan a fu rhwng y ddeuddyn hyn: ai'r iaith Gymraeg oedd testun eu sgwrs neu gymhlethdodau rhyw iaith arall y tybiai'r ddau eu bod yn hyddysg yn ei chystrawennau? Gresyn na chawsom farn William Owen Pughe ar alluoedd ieithyddol yr hen Dic. Yn ystod yr haf daeth Elen a John Fenton i Nantglyn i weld y teulu ac aeth Isabella, Janw a'r plant yn ôl i aros gyda hwy yn Abergwaun am bythefnos. Ni fentrodd Pughe ar y daith hir y tro hwn.

Tua diwedd 1834 dechreuwyd trefnu o ddifrif, ar sail cynnig Alun yng nghinio teyrnged Pughe, i'w anrhydeddu ag arwydd parhaol o barch y genedl. Dywed Pughe yn ei ddyddiadur am 6 Tachwedd: '. . . doynt Dr. Ph. Jones, T. Hughes, Ystrad a E. Edwards, Commisary, a M. Read, anvonedigion boneô Dinbyç er lluniaw bath i mi . . .'[43] Ceir mwy o fanylion yn *Y Gwladgarwr* am yr un mis:

Yr ydym yn deall fod cyfeillion y Dysgawdwr hyglod hwn yn Ninbych yn bwriadu ar fyrder gyflwyno iddo ef FATHODYN AUR, fel arwydd o'u parch-gydnabyddiaeth, yr hwn Fathodyn sydd i'w bwrcasu drwy gydroddion ewyllysgar ei gyfeillion yn y Dywysogaeth.[44]

Honnid fod bron i ganpunt eisoes wedi ei gasglu, a llawer mwy wedi ei addo. Yr oedd pob cyfrannwr i dderbyn copi efydd o'r bathodyn gwreiddiol. Cythruddwyd Caerfallwch yn fawr gan yr holl fusnes, a mynegodd ei farn mewn llythyr i'r *Gwladgarwr* sy'n adlewyrchu'n eglur iawn nid yn unig ei edmygedd o William Owen Pughe ond dylanwad ieithyddol hwnnw arno. Pan glywsai gyntaf am y bwriad o anrhydeddu Pughe, tybiodd Caerfallwch mai cofgolofn ar ben un o fryniau Cymru oedd y cynllun dan sylw ac yr oedd yn fodlon iawn cyfrannu at hynny. Ond gwelai'n awr fod y cynllun hwnnw wedi cael ei ddisodli gan y syniad o fathodyn aur, ac yr oedd hyn yn annerbyniol iddo:

Nid i mi y mae govyn, py eu cynhyrvid i adu y cynvwriad? Ond gyda phob parç i varn y pwyllgor, meddyliwyv byddai y *bathain godidocav* yn ddideilwng o Ddoethawr Gwilym Owen Pughe. Gallai dernyn o aur vod yn ddigon addas vel tegan i grogi wrth dwll botwm *morwr* neu *vilwr* am ryw orçestedd; ond o berthynas i ein cydwladwr parçus, tybiwn yn ddirmyg i un gynnyg, ac idd y llall dderbyn *bathodyn*.[45]

Yn nhyb Caerfallwch, cofgolofn oedd yr unig deyrnged deilwng a hwnnw ar ben Cader Idris, 'o blegid, mae gan *Idrison* ryw holvraint idd y lle'. Dyma oes y cofgolofnau; os cyflawnwyd gwrhydri yna codid piler i gofnodi'r orchest, ac anfarwolwyd athrylith a haelioni unigolion ar hyd a lled y wlad mewn marmor a llechfaen. Ar un adeg bwriedid cael cofgolofn i Owain Myfyr ar ben Foel Gasydd, ac yr oedd William Owen Pughe yn un o'r rhai a geisiodd ddwyn y cynllun hwnnw i ben. Nid oes sôn fod Pughe yn y diwedd wedi cael ei fathodyn heb sôn am gofgolofn. Y mae'n debyg fod y pwyllgor wedi tin-droi gormod a'i gadael yn rhy hwyr. Er nad oedd modd iddynt hwy wybod hynny, wrth reswm, nid oedd gan William Owen Pughe ond ychydig fisoedd i fyw. Cafodd un anrhydedd arall cyn marw: yn Chwefror 1835 dywed ei fod wedi derbyn llythyr oddi wrth 'Dr Hywel, Caer Odor, hanesu vy etholi yn aelawd cymdeithas llenoriaeth yno'. Y mae'n anodd deall pam yr oedd gwŷr llengar Bryste am ei anrhydeddu. Y mae'n bosibl ei fod yn gyfeillgar â rhai ohonynt drwy ei gysylltiad â'r Parch. Samuel Eyre a adwaenai drwy Joanna Southcott.

Erbyn diwedd 1834, er nad yw'n cwyno am ei iechyd, y mae newid pendant i'w weld yn ei ysgrifen yn y dyddiadur. Y mae'n drist cymharu'r llaw flêr a chrynedig â'r ysgrifen gywrain a gofalus gynt. Aeth mor bell â chyfaddef ar ddiwedd y flwyddyn ei fod wedi 'ymɗiodi a bydolion y 3 neu 4 mis heibio'.[46] Y mae'r dyddiadur a gadwodd mor ffyddlon ers Calan Ionawr 1811 yn gorffen yn hollol ddirybudd ar 13 Ebrill 1835. Y cofnod olaf yw:

Dar[llen] p[apur] newyɗion: ar amrywion: Sylwi garɗu: awn drwy Gelli iɗ y Peithwg: Aneurin, Janw a Meilyr yno. Teg, ond go ɗu ac oer o 11 i 3.[47]

Y mae'n anodd esbonio'r diwedd disymwth. Efallai ei fod wedi mynd i Sir Feirionnydd drannoeth a rhoi'r gorau i'r dyddiadur dros dro.

276

Gwyddom y byddai weithiau yn ei adael am gyfnod ond prysurai bob tro i lenwi'r bylchau pan ddeuai hamdden. Gan mai mewn dalennau heb eu rhwymo y cedwid y dyddiadur, [48] y mae'n bosibl fod y rhan olaf a ysgrifennodd ar ôl mynd i Feirion wedi mynd ar goll yno. Gwyddom ei fod wedi mynd i ardal ei febyd rywbryd rhwng Ebrill a dechrau Mehefin, 1835. [49] Bu farw yno yn ystod nos 3/4 Mehefin. Dywed rhai mai yn Nôl-y-cae y bu Pughe farw. [50] Fodd bynnag, tystia Robert Prys Morris mai mewn tŷ a elwid 'Cottage' gerllaw Dôl-y-cae y bu farw, a dilynir ef gan T. Mordaf Pierce. [51] Yn ddiweddarach newidwyd enw'r 'Cottage' i Ystradlyn pan gronwyd llyn o'i flaen gan berchennog diweddarach, sef Howell Idris yr aelod seneddol. [52] Yr oedd Robert Prys Morris yn debyg o fod yn gywir yn ei ffeithiau gan y bu yntau yn byw tua 1869 yn y 'Cottage', neu 'Tal-y-llyn Cottage' i roi iddo ei enw llawn. [53] Ymddengys mai marw'n sydyn a wnaeth William Owen Pughe fel canlyniad i ryw fath o strôc. Aeth i'w wely yn hwyliog a siriol gyda'r nos ar 3 Mehefin, ond pan alwyd arno fore drannoeth yr oedd wedi marw. Y mae'n rhaid ei fod wedi marw y noson cynt gan nad oedd wedi tynnu oddi amdano na pharatoi i fynd i'r gwely. Yn ôl *Y Dysgedydd:* 'Tybir iddo farw yn ddisymwth o'r parlus mud yn gyffelyb i lawer eraill o enwogion myfyrddwys'. [54] Dywed Mordaf Pierce fod llawer yn credu mai yn Sir Feirionnydd y claddwyd Pughe, yn yr un ardal ag y ganwyd ef ac y bu farw ynddi. Gwelir fod Gwalchmai, sef Richard Parry o Lannerch-y-medd, yn gwneud yr un camgymeriad yn ei farwnad iddo:

> Gwir achos i dristhau, Meirionnydd lwys,
> Ac achos hefyd i lawenydd mawr
> Yn awr sydd gennyt o roi'th *Buw* mewn bedd.
> Anrhydedd oedd i ti gael rhoddi bod
> I'r fath odidawg un; a'r auraidd lwch
> Yn ol derbyniaist i dy fynwes gled. [55]

Y mae'n anodd deall sut y cododd y gamddealltwriaeth am fan ei gladdu gan fod digonedd o adroddiadau am ei angladd yng nghyfnodolion y dydd a dystiai'n gwbl glir iddo gael ei gladdu ym mynwent eglwys Nantglyn. Dywedir bod storm ddychrynllyd o fellt a tharanau wedi torri adeg y claddu:

> Aed â'i relyw i Nantglyn (plwyf ei breswylfod) yn swydd Dinbych, lle ei traddodwyd i'r dystaw fedd gyda syml barch gweddusawl, heb na rhwysg na rhodres. Clywsom i dymhestl o fellt a tharanau drymaf ac arswydusaf o fewn cof yr hynaf yn fyw yn yr ardal honno ddygwydd amser y claddedigaeth, yr hyn ar y cyfryw achlysur yn naturiol a wnai argraff dra dwys ar y gwyddfodolion. [56]

Y mae'r bedd, cistfaen fawr, i'w weld hyd heddiw wrth fur gogleddol eglwys Nantglyn. [57] Arno ceir yr arysgrif:

Y man y gorwedd Corph
Gwilym Ywain o Veirion
A aned Awst 7, 1759,
Bu varw Mehevin 4, 1835.


## NODIADAU

[1] Yr Archifdy Gwladol, PRO, 36/44.

[2] BL Add. MSS. 9850. Copi o'r llythyr gwreiddiol.

[3] NLW 13248, 10 Gorffennaf 1830.

[4] ibid. 6 Awst 1830.

[5] Marian Henry Jones, 'The Letters of Arthur James Johnes', *C. Ll. G. C.*, X (1957-8), t. 243.

[6] BL Add. MSS. 9850. Copi o lythyr Fenton at W. D. Leathart.

[7] NLW 13248, 3, 23 Mai 1831.

[8] J. F. C. Harrison, *The Second Coming*, t. 117.

[9] L. T. C. Rolt, *Isambard Kingdom Brunel* (Llundain, 1957). *passim.*

[10] NLW 13248, 29 Chwefror 1832.

[11] John H. Davies (gol.), *The Letters of Lewis, Richard, William and John Morris of Anglesey* (Aberystwyth, 1907), Cyf. I, t. 296.

[12] Glyn Penrhyn Jones, 'Cholera in Wales', *C. Ll. G. C.*, X (1957-8), t. 281.

[13] *Seren Gomer*, Mawrth 1832, t. 96.

[14] Glyn Penrhyn Jones, loc. cit. t. 283, a'i lyfr *Newyn a Haint yng Nghymru* (Caernarfon, 1963), tt. 91-2.

[15] NLW 13248, 18 Mehefin 1832.

[16] ibid. 27, 29 Mehefin 1832.

[17] Daniel Jones, *Llef yr Arglwydd ar Gymru yn yr haint echryslawn Y Cholera Morbus*. Gw. Glyn Penrhyn Jones, *C. Ll. G. C.* (1957-8), t. 284; D. E. Jenkins, 'Dinbych: Ei Meddyg a'r Pla', *Y Drysorfa*, 1932, t. 217.

[18] NLW 13248, 8 Gorffennaf 1832.

[19] ibid. 10, 12 Gorffennaf 1832.

[20] ibid. 26 Awst 1832.

[21] Glenda Carr, 'Anglesey and Victoria', *TCHNM* (1976-7), t. 37.

[22] *Seren Gomer*, Hydref 1832, tt. 312-13.

[23] NLW 13248, 12 Ebrill 1833.

[24] ibid. 26 Ebrill 1833.

[25] ibid. 14 Mai 1833.

[26] Yr Archify Gwladol, PRO, PROB. 11/1827, f. 34.

[27] NLW 13232, t. 45.

[28] *Y Gwladgarwr* (1833-5), t. 126.

[29] Daw'r dyfyniad hwn a phob un arall sy'n ymwneud â'r cinio o'r *Carnarvon Herald and North Wales Advertiser*, Dydd Sadwrn, 8 Mawrth 1834, t. 39.

[30] Y mae'r rhestr o'i waith yn ddiddorol gan y cyfeirir at gyfrolau na chysylltir mohonynt fel rheol ag enw Pughe, ond yr oedd eu hawduron yn amlwg yn ddyledus iddo naill am gyfraniadau neu am gymorth. Yn eu plith rhestrir: E.

278

C. Campbell, *The History of Wales* (1833); William Gunn, *The 'Historia Brittonum' commonly attributed to Nennius* . . . (1819); William Coxe, *An Historical Tour in Monmouthshire* (1801); Samuel Rush Meyrick, *The History and Antiquities of the county of Cardigan* (1810); Richard Colt Hoare, *History of Wiltshire* (*c.* 1812-44); John Britton a E. W. Brayley, *The Beauties of England and Wales* (1801-15), yn ogystal â chyfeiriadau at nifer o gyfnodolion y dydd.

[31] NLW 13248, 4 Mawrth 1834.

[32] John Jones, *Gwaith Talhaiarn* (Llundain, 1862), Cyf. II, t. 199.

[33] T. Mordaf Pierce, *Dr. W. Owen Pughe*, t. 130; Cynddelw, *Y Gwyddoniadur Cymreig*, VIII, t. 525.

[34] NLW 13263, t. 351.

[35] NLW 13224, t. 116.

[36] Y mae gan Pughe gyfeiriad yn ei ddyddiadur am 8 Gorffennaf 1834 ato yn cyfarfod Erfyl, ac efallai mai hwn oedd yr achlysur a ddisgrifir gan Erfyl uchod.

[37] O. M. Edwards (gol.), *Cymru*, Cyf. XXXVIII (1910), t. 18.

[38] *The Gentleman's Magazine*, Awst 1835, t. 217.

[39] *Bye-Gones* (Croesoswallt), 18 Awst 1880, t. 96, mewn ateb i ofyniad 28 Gorffennaf 1880, t. 88.

[40] NLW 13248, 31 Mai 1834.

[41] *Y Gwladgarwr*, Medi 1836, t. 228.

[42] NLW 13248, 14 Gorffennaf 1834.

[43] ibid. 6 Tachwedd 1834.

[44] *Y Gwladgarwr*, Tachwedd 1834, t. 351.

[45] ibid. Ionawr 1835, t. 22.

[46] NLW 13248, 31 Rhagfyr 1834.

[47] ibid. 13 Ebrill 1835.

[48] Bellach y mae wedi cael ei rwymo i ffurfio dwy gyfrol.

[49] *Y Gwladgarwr*, Medi 1836, t. 229; Robert Prys Morris, *Cantref Meirionydd, Ei Chwedlau, ei hynafiaethau a'i hanes* (Dolgellau, 1890), t. 288.

[50] *Y Dysgedydd*, Gorffennaf 1835, t. 228; *Y Drysorfa*, Gorffennaf 1835, t. 221.

[51] Robert Prys Morris, *Cantref Meirionydd*, t. 288; T. Mordaf Pierce, *Dr. W. Owen Pughe*, tt. 32-3.

[52] J. Arthur Williams, *Trem yn Ôl* (Dolgellau, 1963), tt. 3-4.

[53] ibid. t. 110.

[54] *Y Dysgedydd*, Gorffennaf 1835, t. 228.

[55] *Y Gwladgarwr*, Tachwedd 1836, t. 300. Enillodd Gwalchmai gystadleuaeth 'Galarnad ar Farwolaeth y Dr. W. O. Pughe' yn eisteddfod Y Bala, 1836, â'r bryddest hon.

[56] *Y Dysgedydd*, Gorffennaf 1835, t. 228.

[57] Yr oedd crac mawr yng nghaead y gistfaen ers tro, ond bellach y mae'r caead yn deilchion a'r darnau wedi disgyn i mewn i'r gist. Yn ffodus, y mae'r arysgrif sy'n cyfeirio at Pughe ei hun ar un o'r ochrau. Gadawodd y teulu eu hôl yn drwm y tu mewn i'r eglwys hefyd. Y mae'r ffenestr ddwyreiniol er cof am Pughe, Aneurin, a'i fab William; rhoddwyd y ffenestr rhosyn yn y mur gorllewinol gan Feilir Owen er cof am ei fam [Janw], ac y mae'r ffenestr yn y mur deheuol er cof am Feilir ei hun. D. R. Thomas, *The History of the Diocese of St. Asaph* (Croesoswallt, 1911), II, t. 58.

279

# ATODIADAU

## *Atodiad I*

## DETHOLIAD O FARDDONIAETH WILLIAM OWEN PUGHE

Ni cheir yma ond cyfran fechan iawn o waith barddonol Pughe.
Dewiswyd y darnau i roi argraff gyffredinol o ansawdd ei waith ac o'r
math o destunau a apeliai ato.

### Palestina

Dyfynnir yma ran o gyfieithiad Pughe o gerdd yr Esgob Reginald
Heber. Dyddiwyd y cyfieithiad 19 Medi-2 Hydref 1821.

> Dy blant, dan raib, yn mhlith gelynion ti
> Amddivad, wyla, vanon weddw, wael.
> Tros gov, ti Tsion, wyla! Ai dy le
> Yw hwn, truenus Gaer, dy orsedd hon,
> Y cwna difaith gwyllt ei greigiawl grib
> Oddiarni? tra y taena haul di lad
> Ei ddig orwynder, ac y crwydriaid blin
> Eu taith a geisiant vlas y fynnon brin?
> Pa le yn awr dy rwysg, a selid gan
> Vreninoedd er eu mig? pa le yn awr
> Dy nerth a drechai y breninoedd hyn?
> Neb rhialluoedd nis byddinant yn
> Dy borth; neb cenedl eiriawl yn dy Deml
> Ni heilia; yn dy wymp gynteddau nis
> Defroa bardd darogan delyn, chwaith
> Ni swyna can: ond Divrawd, hevyd cul
> Eisiwed, ac anwadol olwg Ovn
> Terylla yno, tra yn mysg dy vriw
> Adveiliant, Anghov is eiddiorwg hudd
> Yn oer a dwya ei asgellen laith. [1]

### Y Bardd

Daw'r dyfyniad a ganlyn o gyfieithiad Pughe o gerdd Thomas Gray,
*The Bard*. Dyddiwyd y cyfieithiad 25 Medi-8 Hydref 1820.

> 'Rheibied tranc ti, vrenin trwch!
> Can drwst cei wae o dristwch,
> Trwy gad cei vrad ar dy vri
> O gwydd, o gawdd banieri
> Er i orvod, rudd yrva,

Heiliaw hawl ei hwyl i dra.
I ti ni ddora er tawr
Gyvgaened wen na phenawr,
Ni weddant dy rinweddau, dreisiad! chwaith
Na letho arnat laith lwyth ovnau
Nos, ac annosant nwydau Cymru lwys
Dy enaid cudd gan ddwys gystuddiau!'
  Diasbad seiniau arswyd syn
  Val hyn yn rhyn rhuadwy
Ar wysg rhwysg Iorwerth certh y taenai
Vraw, am Eryri draw pan droai
Fordd ei osgordd vaith, daith ddiervai:
Dewr lyw Caerloew dilavar savai,
Arvwn! Mortimer goralwai, a phar
Ryn ias ar wanas argyveiriai.[2]

## Ymson Cato

Cyfieithiad yw hwn o *Cato's Soliloquy* gan Joseph Addison. Dyddiwyd y cyfieithiad 23 Awst 1821.

Rhaid yw mai hyn—Plato, darbwylli di
Yn wiw, os amgen, py hwn obaith myg,
Hon hof eidduned, yr hiraethiant hyn
Am anvarwoldeb? ynte o ba le
Hwn arswyd cudd, y cryd tumewnawl hwn
Rhag syrthiaw idd y dim? Py idd ei hun
Y cilia Eniad, [sic] y brawycha rhag
Divancoll? Yw y Duwdawd y cyfroi
Sydd ynnom; nev ei hun a arwyddâa
Ryw vyd ar ol, a bod tragwyddawl oes
I Ddyn. Tragwyddawl! ti y syniad cu,
Ovnadwy! trwy ba amryw vod heb brawv,
Pa droion, pa gyvlyrau newydd sy
Raid ini drwyddaw! mae eangder wedd
Ddieithav rhagov; ond cysgodion ynt,
Cymylau a thywyllwch oddi ar hyn.
Attaliav yma. Os oes gallu vry,
(Ac Anian trwy ei holl weithredion maith
Goralwa vod,) mewn rhinwedd hofa eve;
A hyn a hofa rhaid mai dedwydd yw.
Ond pa bryd, neu pa le? Y byd hwn gwnaid
I Caisar. Blinav ar amcanion mwy—
Mae rhaid i hwn ddiweddu arnynt byth.

Mal hyn amarvawg wyv—My marw ac
Vy myw, ynt rhagor ddien ac iachad—
Hwn haiach dyga ddiwedd arnav vi;

281

Ond hon mynega byth na byddav marw
Yr Enaid, cadarn yn ei hanvod, gwena ar
Y llevnyn noeth, dirmyga hi ei vlaen:
Divlanant hwy y Ser, yr Haul ei hun
Gan oed a welwa, Anian sodda mewn
Blynyddau; ond tydi blodeui drwy
Anvarwawl ieuant, heb eniwed briw,
Elvenau brwd o var, devnyddion briw,
A bydoedd ar ymgolli yn eu frwch. [3]


### Ymadaw Corf ac Enaid

Cyfieithiad yw hwn o gerdd Alexander Pope, *The Dying Christian to his Soul*. Dyddiwyd y cyfieithiad 18 Gorffennaf 1820.

> Ti nevawl, vywiawl nyved!
> Gadawa gorfyn gwael,
> Gan ovni, gan ddamuned
> Y goleu vyd o gael.

> Rhedav vi oddiyma
> I lwysav le a yw:
> Paid, Anian, na ymlyna,
> Gadawa varw i vyw.

> Angelion, clywa! galwant—
> 'Cyvysbryd, brysia di
> 'A deua i ogoniant
> 'Diorphen gyda ni'.

> Pa yw mor lwyr a letha
> Ar bwyll, ar drem, ar syn,
> Ac ar anadliad? Gweda
> Ai angeu ydyw hyn?

> Divlana byd! agorant
> I mi drigvanau nev!
> Eilwyon nwyvre canant—
> O vwyned ias eu llev!

> Hwnt cwnav i ymovyn
> Am nodded gan ein Udd:
> O angeu! mae dy golyn?
> Ti vedd, pa le dy vudd? [4]

282

# Oliant

Y mae William Owen Pughe ei hun yn esbonio sut y bu iddo gyfansoddi'r gerdd hon:

Pan oeddwn hogyn gartrev, yr oedd yno lanc o weinidawg a vynai i mi vod ei athraw er dysgu darllen Cymraeg: a darllenai yn wiw iawn cyn pen y mis: yna dechreuai brydyddu: ac yn ei gan yr oedd achaws cofau y vlwyddyn— 1771—a govynai i mi luniaw pennill o hyny: a chan mai hwnw oedd y cyntav er ym oed, maddeuer am ei osodi yma—

> Un mil a seithgant, yn ddi-vreg,
>   Ar unarddeg i benu
> Oddiar driugain, rhiviad rhwydd
>   Yw oed ein Harglwydd Iesu.

A chan y cyvlawna y dydd heddyw, yr 20ved o Ragvyr, 1821, hanner cant o vlynyddau er pan ganid hyna, nis peidiwn o chwanegu y canlynawl ato:

> Gwaethav gwth gwae, o gaeth gyd, i henaint
>   Bod ei hun mewn bywyd,
> A bod a gâr is gweryd—
> O wael, o anaeleu vyd!
>
> Ond NER a sylwo oriseliad
> Vy myd o vy mod yn amddivad,
> Mai doeth yw imi daith o ymwad,
> Nid mwy ymsoniaw am ymswyniad:
> Amserau mwy ymsoriad i vy mron
> Nis dygant, nac ei llon ostegiad!
>
> Trwy len i fyddlonion blant
> Arwyddion a arweddant
> Adanedd dydd DADENI
> Gwawr lawn o lan oleuni eirian hav
> Cyvlwyna vy NAV o nev yn eli
> Er gweli hyvarw galon:
> Ac yn ber advera lon erwyn li
> O rad, er toli ar vradu attalion![5]

## Galaeth ar Angeu Maban

Cyfieithiad yw hwn o gerdd Felicia Hemans *A Dirge on the Death of a Child*. Dyddiwyd y cyfieithiad 23 Tachwedd 1824:

> Na hidler deigrion erot, gwar
> Vlodeuyn hanvod! dy lun!
> Nis taenwn onid blodau ar
> Dy lwth, o ddedwydd un!

Dy lwyr o oes, mal breiliw wawr,
A synia wawl, ac ai i lawr.

Do, aethost cyn y dygai gwyd
Ar wedd ac enaid glan nawdd vlin!
Y blodyn mwyth a giliai vyd
Erioed nas teimlai hin,
Ond gwen tes haul, ac awel vlydd
O gyntav hyd ei olav ddydd!

Tebyced oeddit i wedd gwawl
Yn dirion gelwid ti gan nev
Cyn mallai anadl byd er tawl
Ar dy ddiniwed lev
A hono wlad i gain lonâu
A elit yn dy gudeb clau.

O pe mewn byd y cefit oes
Gwiw drem tirioni teg val briw,
Buaned y llygrasai loes
Govidion llym dy liw!
Nis dwyra weithion awel hy
I welwi gwedd dy loewder vry.

Nis dodwn ar dy vedd na maen
Na delw yn ei galar wedd,
O iawnach yw i irwydd daen
Decau hwn wely hedd.
Melysion vlodau, mwyth eu bri,
Ynt unig arwydd wiw i ti.

Dy vedd a vydd venwydus ged
Ar hon eiriana anian liw.
Pob adeg faw a ddaw ar led
I daenu mygdarth gwiw
Maws dwrdd telynau anwel, cain
Dyg yno awel nos eu sain.

Ac o, ar droion, elvod mad
Ar gwsg anvona dremion gwyn
A dyg o vyd dy orphwysâad
Ryw valm i waeau dyn.
Pa lun mwy cu a ddygai lev
Nog eiddot ini o rad nev? [6]

## Odlig i Gymmlwyddiant Ail y Cymmrodorion Mai 22, 1822

Neud dawn y dydd dadeni—AWEN gu
Wyt yn gweled iti,
Gan hawl ar hwyl haelioni
O gedu nwyv gyda ni!

284

Mal cynt, er helynt hylon—alaw maws,
　　Elw y mwys dderwyddon
　　Areilir o wir olion
　　Ar wiw sail yn yr oes hon.

Diomedd deuant yma—wyr ein bro
　　Er ein bri i wledda,
　　Yn gymdeithas doethion, da
　　Ger i law gwir a lywia—

A lywia i oleuad—hanesion
　　Hen oesau glwys ein gwlad:
　　A minnau o ennyniad,
　　Hyd byth hanvyddwn yn vad.

O gyva vod argovion—trwy ein gwaith,
　　Trwy o goeth amcanion:
　　Tra oes byd â syw o son
　　Er dawr y CYMMRODORION. [7]


Coroni Sior IV

　　Duw cadwa erom ni,
　　Mewn fyniant, clod a bri,
　　　Ein Brenin SIOR;
　　Hir yma o lesâad
　　Teyrnasa ar ei wlad,
　　Ein gobaith da, ein tad,
　　　Ein haelav bor.

　　Ei syn elynion o
　　Bob man gan warth ar fo
　　　Aent hwy i lawr;
　　Dilea di mor iawn
　　Amcanion brad sy lawn,
　　Ac yna deua dawn
　　　Daioni mawr.

　　Mal haul o dirion des
　　Tros BRYDAIN taena les
　　　Hir oes ein ior:
　　Ein breintiau, er ein mael,
　　Areilied ev yn hael
　　A delo ini gael
　　　Oes hir i SIOR! [8]

*Atodiad II*

## DETHOLIAD O GERDDI I WILLIAM OWEN PUGHE

Er bod ei feirniaid ond odid yn fwy niferus na'i edmygwyr ni ddylid anghofio'r clod a dderbyniodd William Owen Pughe. Mynegwyd llawer o'r clod hwn ar gân, yn gerddi moliant ac yn gyfarchiadau iddo yn ystod ei fywyd ac yn farwnadau iddo ar ei farwolaeth. Ceir yma ddetholiad byr o'r llu mawr o gerddi a ganwyd iddo.

### Robert Davies, Bardd Nantglyn

Englynion i William Owen Pughe

Dyma'r englynion a'r pennill a gyfansoddodd Bardd Nantglyn ar gyfer y cinio cyhoeddus a roddwyd i anrhydeddu Pughe yn Ninbych ar 4 Mawrth 1834.

Gwyl a pharch, ac wele'i pherchen—yw'n gwledd
    I'n glyw athraw Owen
    Pughe siriawl, top a seren
    A mur cylch y Gymraeg hen.

Ceidwadaeth dda'r Gymraeg—a geiniawdd
    I'w genedl yn anrheg
    Ni ddaroedd un wyddoreg
    O'i bin tawdd ond ar ben teg.

Pand hyfryd i'n bryd a'n bri—un galon,
    I hwn gael ei berchi
    Heb dderbyn i'n herbyn ni
    Arf arall i'w arfolli.

Od oes dysg hyddysg heddiw—gadwedig
    A didwyll ddawn gydryw
    Olion Derwyddon da ryw
    A hen awdwyr, hwn ydyw.

Llafuriodd a holl fwriad—i goledd
    A gweled perffeithiad
    Hen brif iaith, lanwaith, ei wlad,
    Ei gwreiddyn a'i gorweddiad.

Dirgeloedd Trioedd a'u traul—amlygodd
    Aml ogylch waith didraul
    Agorodd yn deg araul
    Lywarch Hen i lewyrch haul.

Milton a'i droellion di-dra—dolenawg
    Dilynodd ei hedfa
    Darfu, trwy ymddyrchu'n dda
    Gall ganfod ei 'Goll Gwynfa'.

Ben addurn, mal boneddig—gostegodd
    Gostogion yn bwyllig;
    Safodd, ac ni ddaliodd ddig
    Gabl i'w ddydd yn gwbl ddiddig.

Ond y doeth, calondid yw—da iawnbwyll
    Mal gwyr Dinbych heddyw
    A'i cofleidiawdd, llawdd a llyw
    Geiriadur goreu ydyw.

Os bywlawn Nichols Bailey—Eiriadur
    A Sheridan eil-fri
    Johnson ben, mae'n Owen ni
    Ar y gwŷr yn rhagori.

Iawn orgraff pob argraphiad—pob rhifyn
    Pob profion pregethiad
    Byw Gymraeg heb gam rwygiad
    Wrth ei lyw mae nerth o wlad.

Gŵyr ddarllen bellen y byd—llysiau maes
    Lles a modd celfyddyd
    Dosbarth yr heulbarth ar hyd,
    Sy' ryfedd a'r sêr hefyd.

Mawrygaf, honaf henwi—tywyn-bell
    Fraint Dinbych yn gweini
    Dull cydnabod a nodi
    I'r Doctor faint fraint ei fri.

Tra bo Llymbren, Aled, Alwen,
A dŵr Lliwen dan dro lleuad
Caiff ei goffa hyd bo gyrfa
Byw iaith Walia mewn bytholiad. [9]

# Robert Davies, Bardd Nantglyn

## Cywydd

'I groesawu y Dr. OWEN PUGHE i Gymru; wedi byw yn Llundain,
(oddieithr ar ddamwain) dros yspaid 50 Mlynedd'.

Croesaw i'n Gwlad, llâd Wr llên,
Tröad y DOCTOR OWEN;
Sef, OWEN PUW, saif enw parch
Hir gofiant er ei gyfarch,
Wele daeth i'w le a'i dir,
Fodd undeb ei feddiandir;
O Gaer Ludd i'w gywir wlad,
Mae mawl am ei ymweliad,
At ereill Deulu tiriawn
Tan y Gyrt, Tŷ enwog iawn;
Maesaleg yma seiliwyd,
Tŷ byw'r beirdd, Tŷ bîr a bwyd;
A'r Doctor, ein pôr a'n pen,
Yw'n Hifor yn ein hufen.

Croesaw i'w ddiddan anerch
Ei dda FAB, ac ei ddwy Ferch;
A'i hoff WYRION a'i llonodd,
A'u heirian FAM yr un fodd:
Hoff yntau IOAN FFENTON
A GWILYM LLWYD[10] gwlwm llon:
Ac aml ereill gyfeillion
Wrth naws braint perthynas bron:
Minnau i'm Hathraw mynych
Talaf groeso, Gymro gwych;
Dylynt Feirdd Cymru dileth
O ran parch wneyd yr un peth.

Dysgawdwr y dysg ydyw,
Piler iaith, pwy ail o'i ryw?
Iawn elwir hyd enwir dydd
Hwn fyth yn Hynafiaethydd,
Cymro ef yw, cu mawr fodd,
Goleuddysg ac a lwyddodd
I ddwyn trysor rhagorwaith,
A seiliau i wreiddiau'r iaith,
O niwl pell yn oleu pur
Ar wiwdeb ei Eiriadur;
Geiriadur goreu ydyw
O'n Mamiaith, sef iaith sy fyw;

Ac Ieithiadur coeth hydeg
Ar waith a dull yr iaith deg:
Nid oes i'w wlad safadwy
A rodd neu lafuriodd fwy;
Gwybu y Gymraeg obell
Draw heb hudd i hender pell
Gwelodd i'w hystyr golau
Ddiarhebion cuddion cau,
Trioedd, a phlant yr awen,
Fyrdd o'n hoes hyd Ferddin hen;
Dodawdd heb nidr yn ddidraul
Llywarch Hen mewn llewyrch haul;
Buchdraethiad[11] ei wlad, wiw lu,
Gwir fynodd ysgrifenu;
Cyfieithiodd mewn llwyrfodd llon
Benigamp Fabinogion;
Hebion dirgelion o gau
Eitha' niwl wnaeth yn olau;
Ac amryw dyst, Gymro doeth,
Daionus waith diannoeth;
Mae wedi'n hun-ymwadawl,
Gwn hyn, ac ni fyn ei fawl.
Coll Gwynfa, rymusa' modd,
Mor agos a gymreigiodd;
Dilynodd sawd ei Awdur
Yn noeth i ben, mewn iaith bur.
Hiroes iddo, Gymro gwâr,
Rano Duw ar ein daear;
Iddo wedi dda adail,
Naf a ro Wynfa'r Ail.[12]

## Thomas Edwards (Caerfallwch)

### Y Doethawr Gwilym Owain Puw

Dybur eiriadur ydyw—y Doethawr,
  Dethol a diledryw;
  O iawn reddf parch i'r unrhyw,
  Rhoed pob Cymro tra bo byw.

Dyddan wr anrhydeddus,—a diwyd
  Dad awen orvoddus:
  Diwall gân heb dwyllawg ûs
  Mydra, y gwiw vardd medrus.

Cymro rhydd beirnydd heb wyth,—iawn deilwng
  O deulu gwehelyth:
  A thaliad lyw iaith ddilyth,
  Un ni wel beirdd ei ail byth.[13]

289

# Edward Hughes (Y Dryw)

'Lines Delivered at a Diner [sic] To Dr. Owen Pugh in the Town-Hall of Denbigh, March 4<sup>th,</sup> 1834'.

Wrapp'd in the sky-blue vest of ancient days
Long slept thy Awen, Cambria, crown'd with bays
Or, pensive, roam'd amist [sic] thy scenes sublime
The mountain rocks, and rills that sing to time,
Her bardic train no Patron's friendly call
No Princely welcome chair'd in festive Hall;
Mute was the Harp, unstrung for ages long,
Not made responsive to the patriot's song:
Like the sweet Harps of Zion's Bards of Yore,
That hung upon the trees along Euphrates' shore.
Ages roll'd on, and still the Awen pin'd,
Her Stores unknown, her Language unrefin'd.
Till rose at length a patriotic Band
Where rolls Themesis long her crowded strand,
Two stood the foremost for their country's fame
And each inscrib'd an *Owen* in his name. [14]
For twice ten years the [sic] labour'd to unfold
The mould'ring Pages of the days of old.
Labour'd to pristine splendor to restore
Their native Language and their native Lore.
With greetings loud from Cambria's distant heights
Hark! their compatriots hail'd their Signal Lights,
And loud exclaim'd the Awen to the throng,
'Bards, trim your Lamps, Minstrels, resume the song
Yes, sons of Cambria, born with Cambrian mind
Merit ye know when merit ye can find:
Yes, sons of Denbigh, while your rock displays
The mould'ring relicts of terrific days:
Well may ye greet, as blessings from above
Those who shed lustre on the land ye love.
That land whose bosom nurs'd you from your birth
The lov'liest spot of variegated earth,
And when to merit, ye give merits' due
Pass empty Pomp, and fix on *Owen Pugh*. [15]

## Evan Jones (Ieuan Gwynedd)

### Cof am y Doethawr Pughe

Ow! ai marw arwr Meirion,—paen glwys,
    Pen ein glwad, a'i choron?
    A fu y fath frath i fron,
    Ag archyllig archollion?

Galar trwch mai llwch y llawr—yw gwely
    GWILYM OWAIN ddoethawr;
    I dyrfa mae aeth dirfawr,
    O roi yn medd wron mawr.

Och! Gymru, ei wych gamrau—aeth drosodd!
    Dryswch ac aethau!
    Aeth d'wron, aeth dy orau,
    I wely'r bedd, wyl oer bau.

Braw! mae brig beirdd mwya'n bro,—un mwynaidd
    Mewn mynwent yn huno;
    Ow gaddug oedd ei guddio—
    Dyna graith!—dan y gro![16]

## William Ellis Jones (Cawrdaf)

### Marwolaeth yr Athraw Pughe

Pa fodd tywyllodd mantelli—angau
    Rhyngom a goleuni
    Haul mor fawr, yn awr! a ni
    Yn ei wres yn gwâr oesi.

Odiaeth enau doethineb—arafwyd,
    A chrafanc marwoldeb;
    Un uwch o'i ysgwydd no neb
    Gariai wen hawddgar wyneb!

Mor aethus Cymru weithion—o herwydd
    Ei rhagoraf wron!
    Ni fu'r sut y feroes hon,
    Fwrw ei ail at farwolion.

Er myned o'r gwr mwynwedd
    Adre o'r byd, dro i'r bedd,
    E geidw ei waith yn gadarn
    Golofn aur hyd forau'r farn.[17]

291

# John Ceiriog Hughes (Ceiriog)

## Coffadwriaeth y Dr. W. O. Pughe[18]

*Pope*—'God said, "Let Newton be", and there was light'.

> Pan ydoedd niwloedd nos—ar iaith yr
> Hil Frython yn aros
> 'Cyfod Puw', ebai Duw '—dos
> I ddwyn eu hiaith o ddunos'.

Ac yna goleuni caniad—a roed
Ar iaith ein hynafiaid
A'u llên oedd fal gem mewn llaid
Hwn a ddygai'n fendigaid.

Bu hwn hefyd ben Ifawr—ie, bu
Yn ben bardd a doethawr;
Ym mysg dysgedigion mawr
Nis gwelwy fath ysgolawr.

Ow! ein gwlad cyn geni ei glyw—marw'r
Omeriaeth ddigyfryw!
Ond rhyfedd! wele heddyw,
E'n ei fedd a'n hiaith yn fyw.[19]

## NODIADAU

[1]Idrison, *Cyvieithion o Saesoneg, sev Palestina, can arobryn Heber; Y Bardd, Awdl arddunawl Gray: ac Amrywion* (Llundain, 1822), tt. 3-4.

[2]ibid. t. 41.

[3]ibid. t. 58. Gw. hefyd *The Cambro-Briton*, III (1821-2), t. 50.

[4]ibid. t. 61. Fe'i ceir yn NLW 13232, t. 8, dan y teitl 'Y Credadyn ar varw wrth ei enaid'.

[5]ibid. t. 72.

[6]NLW 13232, t. 12.

[7]*The Cambro-Briton*, III (1821-22), t. 501.

[8]NLW 13232, tt. 5-7. 3 chopi printiedig. Gw. hefyd *Seren Gomer* (1820), tt. 242-3. Dyddiwyd y gerdd 5 Mehefin 1820.

[9]Coleg y Brifysgol, Bangor, Llawysgrifau Bangor 952; *Y Gwyddoniadur Cymreig*, VIII, t. 525.

[10]William Lloyd, tad Janw.

[11]Yn ôl troednodyn Robert Davies ei hun, cyfeiriad yw hwn at *The Cambrian Biography.*

[12] Robert Davies, *Diliau Barddas* (Dinbych, 1827), t. 265.

[13] *Seren Gomer* (1831), t. 373.

[14] Owen Jones (Myfyr) a William Owen Pughe.

[15] NLW 6084.

[16] T. Roberts, Llanrwst (gol.), *Gweithiau Barddonol Ieuan Gwynedd* (Dolgellau, d.d.), t. 5.

[17] *Gweithoedd Cawrdaf* (Caernarfon, 1851), 'Gwyddfa y Bardd', t. 132 [recte 126].

[18] Buddugol yn Eisteddfod Nantglyn, 1853.

[19] *Cymru* (gol. O. M. Edwards), XLI, t. 88.

# LLYFRYDDIAETH

## I GWEITHIAU WILLIAM OWEN PUGHE

Rhestr o'i brif weithiau printiedig yw hon; gellir gweld ei erthyglau yn rhai o'r cylchgronau a'r cyfnodolion a nodwyd yn yr adran honno o'r llyfryddiaeth.

OWEN JONES a WILLIAM OWEN, *Barddoniaeth Dafydd ab Gwilym* (Llundain, 1789).

WILLIAM OWEN, *The Heroic Elegies and other pieces of Llywarç Hen* (Llundain, 1792?).

WILLIAM OWEN, *Geiriadur Cynmraeg a Saesoneg: A Welsh and English Dictionary . . . to which is prefixed a Welsh Grammar* (Llundain, 1793-1803).

O. JONES, E. WILLIAMS a W. O. PUGHE, *The Myvyrian Archaiology of Wales* (Llundain, 1801-07).

WILLIAM OWEN, *A Grammar of the Welsh Language* (Llundain, 1803).

WILLIAM OWEN, *The Cambrian Biography: or Historical Notices of Celebrated Men among the Ancient Britons* (Llundain, 1803).

WILLIAM OWEN, *Geiriadur Cymraeg a Saesoneg: An Abridgement of the Welsh and English Dictionary* (Llundain, 1806).

WILLIAM OWEN PUGHE, *Cadwedigaeth yr Iaith Gymraeg yn III rhan, mewn Dull Cryno, Hylith a Hygof* (Llundain a'r Bala, 1808).

WILLIAM OWEN PUGHE, *Coll Gwynfa* (Llundain, 1819).

IDRISON, *Hu Gadarn: sef cywydd o III caniad* (Llundain, 1822).

IDRISON, *Cyvieithon o Saesoneg: sef Can arobryn Heber: Y Bardd; Awdl arddunol Gray; ac amrywion* (Llundain, 1822).

W. OWEN PUGHE, *A Dictionary of the Welsh Language . . . to which is prefixed A Welsh Grammar* (Ail argraffiad, Dinbych, 1832).

WILLIAM OWEN PUGHE, *An Abridgement of the Welsh and English Dictionary* (Ail argraffiad, Llundain, 1836).

WILLIAM OWEN PUGHE, *Geiriadur Cenhedlaethol Cymraeg a Saesneg: A National Dictionary of the Welsh Language with English and Welsh Equivalents* (The Third Edition, edited and enlarged by Robert John Pryse) (Dinbych, 1866).

## II LLAWYSGRIFAU

### (A) LLYFRGELL GENEDLAETHOL CYMRU, ABERYSTWYTH (NLW)

#### (i) *Casgliad Mysevin NLW 13221-13263.*

Casgliad o bapurau Pughe ei hun yn cynnwys llythyrau, barddoniaeth, rhestrau geiriau a chopïau o destunau. Yn eu mysg ceir yn arbennig:

13242-5: Cyfieithiadau Pughe o'r *Mabinogi* wedi eu paratoi ar gyfer y wasg.

13248: Dyddiadur Pughe o 1811 i 1835.

13254-61: Copïau Pughe o ddatganiadau Joanna Southcott.

Dwy gyfrol o ddarluniau gan Pughe yn Adran y Mapiau a'r Printiau.

(ii) *Casgliad Iolo Aneurin Williams o lythyrau Iolo Morganwg (IAW) NLW 21280-6.*

(iii) *Llawysgrifau eraill*
NLW 476, 590, 866, 964-5, 1201, 1562, 1573, 1641-2, 1803, 1806-8, 1811, 1880-5, 1888-95, 1950, 4701, 4857, 5275, 6084, 6184, 6664-5, 6883, 9073-4, 10955, 13061-13184 (Llanover).

(iv) *Cofnodion Esgobaeth Bangor*: Adysgrifau'r Esgob am blwyf Llanfihangel-y-Pennant, Sir Feirionnydd, 1759.

(v) *Rhestr Dosraniad y Degwm*
Nantglyn, 1840.


(B)   Y Llyfrgell Brydeinig, Llundain (BL)

(i) *BL Add. MSS. 9848-50*
Papurau Cymdeithas y Gwyneddigion, Llundain, 1770-1830.

(ii) *BL Add. MSS. 14866-15089*
Casgliad Ysgol Gymraeg y Cymmrodorion, Gray's Inn Lane, Llundain, a phapurau'r Morrisiaid.

(iii) *BL Add. MSS. 31062-31110*
Casgliad o farddoniaeth a gopïwyd gan Owain Myfyr a'i nai, Hugh Maurice.

(iv) *Llawysgrifau sy'n ymwneud â Joanna Southcott*
BL Add. MSS. 26038-9; 27919.
BL Eg. MSS. 2399, 32633-7, 47794-803.


(C)   Llyfrgell Coleg y Brifysgol, Bangor
Llawysgrifau Bangor 6, 101, 413, 651-2, 683 (40), 952, 977.
Gwyneddon 16.

(CH)   Llyfrgell Sir De Morgannwg
Caerdydd 3.86 (Casgliad y Tonn): Llythyrau Edward Davies

(D)  Yr Archifdy Gwladol, Llundain
PRO 36/44; Prob 11/1450, 11/1567, 11/1698, 11/1700, 11/1827.

(DD)  Prifysgol Texas, UDA
Casgliad Joanna Southcott yn y Humanities Research Center.

## III  CYLCHGRONAU, CYFNODOLION A PHAPURAU NEWYDDION

*Archaeologia Cambrensis,* 1846—.

*Athraw, Yr,* 1824.

*Baner ac Amserau Cymru,* Chwefror 1869.

*Beirniad, Y,* 1911-20.

*Brython, Y,* 1858-63.

*Bwletin y Bwrdd Gwybodau Celtaidd,* 1923—.

*Bye-Gones,* 1875-1901.

*Cambrian Quarterly Magazine,* 1829-33.

*Cambrian Register, The,* 1795-6, 1818.

*Cambro-Briton, The,* 1820-22.

*Carnarvon Herald & North Wales Advertiser,* 8 Mawrth, 1834.

*Cylch-grawn Cynmraeg,* 1793-4.

*Cylchgrawn Cymdeithas Hanes a Chofnodion Sir Feirionnydd,* 1950, 1967.

*Cylchgrawn Hanes Cymru,* 1967, 1974.

*Cylchgrawn Llyfrgell Genedlaethol Cymru,* 1939—.

*Cymmrodor, Y,* 1880-90.

*Cymmrodorion, Trafodion Anrhydeddus Cymdeithas y,* 1893—.

*Cymru,* 1891-1927.

*Drysorfa, Y,* 1835, 1932.

*Dysgedydd, Y,* 1835.

*Edinburgh Review, The,* 1815.

*Eurgrawn Wesleaidd, Yr,* 1835.

*Flintshire Historical Society Publications,* 1973-4.

*Geninen, Y,* 1884-1903.

*Gentleman's Magazine,* 1814-6, 1835.

*Golud yr Oes,* 1862-4.

*Greal y Gwyneddigion,* 1805-7.

*Gwladgarwr, Y,* 1833-43.

*Gwyliedydd, Y,* 1823-37.

*Haul, Yr* (Caerfyrddin), 1871.

*Haul a'r Gangell, Yr,* 1963, 1965, 1976, 1977.

*Herald Gymraeg, Yr,* 13 Mai, 1865.
*Journal of the Welsh Bibliographical Society,* 1943-9, 1966, 1971.
*Llên Cymru,* 1950, 1964-5.
*Llenor, Y,* 1922-51.
*Modern Language Review,* 1907-8.
*NLW Handlist of Manuscripts,* 1940—.
*Radnorshire Society Transactions,* 1969-72.
*Seren Gomer,* 1814-35.
*Times, The,* 1814, 1815.
*Times Literary Supplement,* Mawrth 1931.
*Traethodydd, Y,* 1845—.
*Trafodion Cymdeithas Hanes Bedyddwyr Cymru,* 1930.
*Trafodion Cymdeithas Hanes Sir Gaernarfon,* 1941, 1980.
*Trafodion Cymdeithas Hynafiaethwyr a Naturiaethwyr Môn,* 1976-7.
*Welsh Outlook, The,* 1920-1.
*Ymofynydd, Yr,* 1905, 1927.

## IV  TRAETHODAU ANGHYHOEDDEDIG

EVANS, D. TECWYN, 'Yr Iaith Gymraeg, ei Horgraff a'i Chystrawen', MA Prifysgol Cymru, Bangor, 1927.

HOPKINS, J. K., 'Joanna Southcott—A Study of Popular Religion and Radical Politics, 1789-1814', Ph.D. Prifysgol Texas, UDA, 1972.

HUGHES, R. E., 'Aspects of Welsh Lexicography in the Nineteenth Century with special reference to D. Silvan Evans', MA Prifysgol Lerpwl, 1941.

JONES, HELEN MYFANWY, 'The History of the Honourable Society of Cymmrodorion', MA Prifysgol Cymru, Bangor, 1939.

JONES, HERMAN, 'Y Soned yng Nghymru hyd 1900', MA Prifysgol Cymru, Bangor, 1953.

JONES, JOHN THOMAS, 'A Study of the Development of the Science of Grammar in its Earliest Stages in Wales, with particular reference to the Grammatical Works of Einion Offeiriad, Dafydd Ddu Hiraddug and Simwnt Fychan', MA Prifysgol Cymru, Bangor, 1925.

JONES, WILLIAM ISAAC, 'Orgraff y Gymraeg o Gyfnod y Dr William Owen Pughe hyd Ddiwygiad yr Orgraff', MA Prifysgol Cymru, Caerdydd, 1924.

JONES, MORGAN DAVID, 'Daniel Silvan Evans, ei Gysylltiadau Llenyddol a'i Waith, gan fanylu ar ei Gyfraniad i Ysgolheictod Cymraeg', MA Prifysgol Cymru, Caerdydd, 1952.

JONES, NESTA, 'Bywyd John Jones, Gellilyfdy', MA Prifysgol Cymru, Bangor, 1964.

LEWIS, ALUN, 'The Literary and Philanthropic Societies at the end of the 17th century and of the 18th century, their Services to, and Influences upon Welsh Literature', MA Prifysgol Cymru, Bangor, 1921.

PARRY, T. EMRYS, 'Llythyrau Robert Vaughan, Hengwrt, 1592-1667, gyda Rhagymadrodd a Nodiadau', MA Prifysgol Cymru, Bangor, 1961.

PARRY, THOMAS, 'Bywyd a Gwaith y Dr Siôn Dafydd Rhys', MA Prifysgol Cymru, Bangor, 1929.

REES, HUANA, 'Efrydiau yn Nharddiad a Datblygiad Geirfa ac Arddull Beirdd Cymraeg y Cyfnod 1800-1842', MA Prifysgol Cymru, Abertawe, 1929.

ROBERTS, GRIFFITH THOMAS, 'Dafydd Ddu Eryri a'i Gysylltiadau Llenyddol', MA Prifysgol Cymru, Bangor, 1929.

ROBERTS, RHIANNON FRANCIS, 'Bywyd a Gwaith Dr John Davies, Mallwyd', MA Prifysgol Cymru, Bangor, 1950.

ROBERTS, WILBERT LLOYD, 'Bywyd a Gwaith John Evans (I. D. Ffraid)', MA Prifysgol Cymru, Bangor, 1950.

WILLIAMS, GLENDA L. PARRY, 'Bywyd William Owen Pughe a rhai Agweddau ar ei Waith', MA Prifysgol Cymru, Bangor, 1962.

## V  LLYFRAU PRINTIEDIG

### (A)  Cyffredinol

RCAHM, *An Inventory of the Ancient Monuments in Wales and Monmouthshire, Vol. VI, Merioneth* (1921).

OWEN, EDWARD (gol), *Catalogue of Manuscripts relating to Wales in the British Museum* (Cymmrodorion Record Series IV, 1900-22).

EVANS, J. GWENOGVRYN, *Historical Manuscripts Commission, Report on Manuscripts in the Welsh Language,* Vol. I. pt. ii (London, 1899).

GEE, THOMAS (gol.), *Y Gwyddoniadur Cymreig* (dan olygiad y Parch. John Parry) (Dinbych, 1892).

*Journals of the House of Commons,* Vol. LI. Nov. 1795.

*Slater's Directory of Liverpool and its Environs ... Cheshire and Lancashire* (Manchester, 1844).

PIGOT & Co., *New Commercial Directory for 1826-7: London and Provincial* (London, 1827).

CHARLES, THOMAS, *Geiriadur Ysgrythurol* (Y Bala, 1853).

BLOM, ERIC (ed.), *Grove's Dictionary of Music and Musicians* (London, 1954).

### (B)  Bywgraffyddol

BALLEINE, G. R., *Past Finding Out. The Tragic Story of Joanna Southcott and her Successors* (London, 1956).

BOWEN, E. G., *David Samwell, Dafydd Ddu Feddyg* (Caerdydd, 1974).

ELLIS, TECWYN, *Edward Jones, Bardd y Brenin, 1752-1824* (Caerdydd, 1957).

EVANS, J. J., *Cymry Enwog y Ddeunawfed Ganrif* (Aberystwyth, 1937).

EVANS, J. J., *Morgan John Rhys a'i Amserau* (Caerdydd, 1935).

FOSTER, J., *Alumni Oxonienses 1715-1886* (Oxford, 1888).

FOULKES, I., *Enwogion Cymru* (Lerpwl, 1870).

GRIFFITH, JOHN T., *Rev. Morgan John Rhys* (Carmarthen, 1910).

HEADLEY, MARI, *Awelon Darowen* (Llandybïe, 1965).

HOPKINS, JAMES K., *A Woman to Deliver her People: Joanna Southcott and English Millenarianism in an Era of Revolution* (Austin, Texas, 1982).

HUGHES, R., *Enwogion Môn, 1850-1912* (Dolgellau, 1913).

JENKINS, DAFYDD, *Thomas Johnes o'r Hafod, 1748-1816* (Caerdydd, 1948).

JENKINS, D. E., *The Rev. Thomas Charles of Bala* (Denbigh, 1908).

JONES, J. MORGAN a WILLIAM MORGAN, *Y Tadau Methodistaidd* (Abertawe, 1897).

JONES, JOSIAH THOMAS, *Geiriadur Bywgraffyddol* (Aberdâr, 1870).

MATTHEWS, RONALD, *English Messiahs* (London, 1936).

MILLWARD, E. G. (gol.), *Detholion o Ddyddiadur Eben Fardd* (Caerdydd, 1968).

MORGAN, PRYS, *Iolo Morganwg* (Cardiff, 1975).

MORRIS, WILLIAM (gol.), *Cofio Ann Griffiths* (Caernarfon, 1955).

PIERCE, T. MORDAF, *Dr. W. Owen Pughe* (Caernarfon, 1914).

REES, T. MARDY, *Notable Welshmen, 1700-1900* (Caernarfon, 1908).

ROBERTS, EIGRA LEWIS, *Siwgwr a Sbeis* (Llandysul, 1975).

ROBERTS, T. R. (ASAPH), *Eminent Welshmen* (Cardiff and Merthyr Tudful, 1908).

ROLT, L. T. C., *Isambard Kingdom Brunel* (London, 1957).

SADLER, THOMAS (ed.), *Diary, Reminiscences and Correspondence of Henry Crabb Robinson* (London, 1869).

WARING, ELIJAH, *Recollections and Anecdotes of Edward Williams, the Bard of Glamorgan or Iolo Morganwg* (London, 1850).

WILLIAMS, G. J., *Iolo Morganwg* (Caerdydd, 1956).

WILLIAMS, ROBERT, *A Biographical Sketch of the most eminent individuals which . . . Wales has produced since the Reformation* (London, 1836).

WILLIAMS, ROBERT, *Enwogion Cymru—A Biographical Dictionary of Eminent Welshmen* (Llandovery, 1852).

WILLIAMS, STEPHEN J., *Ifor Ceri, Noddwr Cerdd, 1770-1829* (Abertawe, 1954).

*Y Bywgraffiadur Cymreig hyd 1940.*

*Dictionary of National Biography.*

(C)   Hanesyddol a Daearyddol

CATHRALL, WILLIAM, *The History of North Wales* (Manchester, 1828).

EDWARDS, HYWEL TEIFI, *Yr Eisteddfod* (Llys yr Eisteddfod, 1976).

FENTON, RICHARD, *A Historical Tour through Pembrokeshire* (Brecon, 1903).

FOSTER, IDRIS (gol.), *Twf yr Eisteddfod* (Llys yr Eisteddfod, 1968).

GLOVER, RICHARD, *Britain at Bay: Defence against Bonaparte, 1803-1814* (London, 1973).

HARRISON, J. F. C., *The Second Coming: Popular Millenarianism, 1780-1850* (London, 1979).

HODSON, J. HOWARD, *Cheshire, 1660-1780: restoration to industrial revolution* (1978).

LLOYD, J. Y. W., *History of the Princes, the Lords Marcher and the Ancient Nobility of Powys Fadog* (London, 1881-7).

MORGAN, PRYS, *The Eighteenth Century Renaissance* (Llandybïe, 1981).

MORRIS, ROBERT PRYS, *Cantref Meirionydd; Ei Chwedlau, ei Hynafiaethau a'i Hanes* (Dolgellau, 1890).

NICKSON, CHARLES, *Bygone Altrincham: Traditions and History* (Altrincham, 1935).

OWEN, ANEURIN, *Ancient Laws and Institutes of Wales* (London, 1861).

ORMEROD, GEORGE, *The History of Cheshire* (London, 1882).

PIGGOTT, STUART, *The Druids* (Harmondsworth, 1978).

POWELL, T. G. E., *The Celts* (London, 1958).

PRICE, ARTHUR IVOR, *The Diocese of Bangor during Three Centuries* (Cardiff, 1929).

RICHARDS, MELVILLE, *The Laws of Hywel Dda* (Liverpool, 1954).

ROBSON, DEREK, *Some Aspects of Education in Cheshire in the Eighteenth Century* (Chetham Society, 3rd series, XIII, 1966).

ROWLANDS, HENRY, *Mona Antiqua Restaurata* (London , 1766).

THOMAS, D. R., *The History of the Diocese of St. Asaph* (Oswestry, 1911).

THOMPSON, E. P., *The Making of the English Working Class* (Harmondsworth, 1968).

WILIAM, ALED RHYS, *Llyfr Iorwerth* (Cardiff, 1960).

WILLIAMS, DAVID, *John Evans a Chwedl Madog 1770-1799* (Caerdydd, 1963).

WILLIAMS, GWYN A., *Artisans and Sans-Culottes* (London, 1968).

WILLIAMS, GWYN A., *Madoc: the Making of a Myth* (London, 1979).

WILLIAMS, GWYN A., *The Search for Beulah Land* (London, 1980).

WILLIAMS, J. ARTHUR, *Trem yn Ôl* (Dolgellau, 1963).

301

BENTLEY, G. E., *Blake Records* (Oxford, 1969).

BORROW, GEORGE, *Wild Wales* (London, 1888).

BROMWICH, RACHEL, *Trioedd Ynys Prydain* (Cardiff, 1961).

COLBY, E. (ed.), *The Life of Thomas Holcroft* (Thomas Holcroft & William Hazlitt) (London, 1925).

CROKER, T. CROFTON, *Fairy Legends and Traditions of the South of Ireland* (1828).

CYNDDELW, *Attodiad i'r Blodau Arfon* (Dewi Wyn) (Caernarfon, 1869).

DAVIES, EDWARD, *The Mythology and Rites of the British Druids* (London, 1809).

DAVIES, J. H. (ed.), *The Letters of Lewis, Richard, William and John Morris of Anglesey, 1728-1765* (Aberystwyth, 1907).

DAVIES, J. H. (ed.), *The Letters of Goronwy Owen 1723-1769* (Cardiff, 1924).

DAVIES, ROBERT (Bardd Nantglyn), *Diliau Barddas* (Dinbych, 1827).

DIXON, W. M., *English Epic and Heroic Poetry* (London, 1912).

DOWDEN, E. (ed.), *The Correspondence of Robert Southey with Caroline Bowles* (London and Dublin, 1881).

EDWARDS, LEWIS, *Traethodau Llenyddol* (Wrecsam d.d.).

ELIOT, GEORGE, *Middlemarch* (Harmondsworth, 1979).

EVANS, D. SILVAN (gol.), *Gwaith y Parch. Walter Davies, A.C. (Gwallter Mechain)* (Llundain, 1868).

EVANS, J. J., *Dylanwad y Chwyldro Ffrengig ar Lên Cymru* (Lerpwl, 1928).

EVANS, THEOPHILUS, *Drych y Prif Oesoedd: Y Rhan Gyntaf* (David Thomas, gol.) (Caerdydd, 1960).

FRYE, NORTHROP (ed.), *Blake: A Collection of Critical Essays* (Englewood Cliffs, New Jersey, 1966).

GRIERSON, H. J. C. (ed.), *The Letters of Sir Walter Scott 1787-1807* (London, 1932).

[GRIFFITH, RICHARD] CARNEDDOG, *Gwaith Glan y Gors* (Llanuwchllyn, 1905).

GUEST, LADY CHARLOTTE, *The Mabinogion* (London, 1838).

GWILYM, GWYNN ap (gol.), *Eisteddfota 2* (Abertawe, 1979).

HAVENS, R. D., *The Influence of Milton on English Poetry* (Cambridge, Mass. 1922).

HAZLITT, WILLIAM, *The Spirit of the Age* (E. D. Mackerness, ed.) (London and Glasgow, 1969).

HUNGERFORD, EDWARD B., *Shores of Darkness* (Cleveland, Ohio, 1963).

IOLO MORGANWG, *Cyfrinach Beirdd Ynys Prydain* (Caernarfon d.d.).

JONES, D. GWENALLT (gol.), *Blodeugerdd o'r Ddeunawfed Ganrif* (Caerdydd, 1953).

JONES, EDWARD, *Musical and Poetical Relicks of the Welsh Bards* (London, 1784).

JONES, EDWARD, *The Bardic Museum* (London, 1802).

JONES, GLYN PENRHYN, *Maes y Meddyg* (Caernarfon, 1967).

JONES, HERMAN, *Y Soned yn Gymraeg hyd 1900* (Llandysul, 1967).

JONES, JOHN (Talhaiarn), *Gwaith Talhaiarn* (Llundain, 1862).

JONES, JOHN (Glan-y-gors), *Seren Tan Gwmmwl a Toriad y Dydd* (Lerpwl, 1923).

JONES, J. R. KILSBY, *Holl Weithiau Prydyddawl a Rhyddieithol y diweddar Barch. William Williams, Pant-y-celyn* (Llundain, 1867).

JONES, RHYS, *Gorchestion Beirdd Cymru* (Amwythig, 1773).

JONES, THOMAS Ll., *Ceinion Awen y Cymmry* (Dinbych, 1831).

JONES, WILLIAM, *Traethawd ar Swyddogaeth Barn a Darfelydd mewn Cyfansoddiadau Rhyddieithol a Barddonol* (Rhuthun a Llundain, 1853).

KEYNES, GEOFFREY (ed.), *Blake, Complete Writings* (Oxford, 1979).

LEWIS, C. S., *A Preface to Paradise Lost* (London, 1960).

LEWIS, HENRY, *Thomas Roberts ac Ifor Williams, Iolo Goch ac Eraill* (Caerdydd, 1937).

MACAULAY, LORD, *Critical and Historical Essays* (Hugh Trevor-Roper, ed.) (London, 1965).

MILTON, JOHN, *The Works of John Milton*, Vol. II, Pt. I, *Paradise Lost* (F. A. Patterson, ed.) (New York, 1931).

MOORE, THOMAS (ed.), *The Works of Lord Byron* (London, 1832-3).

MORGAN, DYFNALLT (gol.), *Gwŷr Llên y Ddeunawfed Ganrif a'u Cefndir* (Llandybïe, 1966).

MORGAN, DYFNALLT (gol.), *Gwŷr Llên y Bedwaredd Ganrif ar Bymtheg a'u Cefndir* (Llandybïe, 1968).

MORRIS-JONES, JOHN (gol.), *Gweledigaethau y Bardd Cwsc* (Bangor, 1898).

MYRDDIN FARDD, *Adgof uwch Anghof* (Caernarfon, 1883).

OWEN, A. L., *The Famous Druids* (Oxford, 1962).

OWEN, HUGH (ed.), *Additional Letters of the Morrises of Anglesey, 1735-1786* (London, 1949).

PARRY, THOMAS, *Hanes Llenyddiaeth Gymraeg hyd 1900* (Caerdydd, 1944).

PARRY THOMAS, *Gwaith Dafydd ap Gwilym* (Caerdydd, 1952).

ROBERTS, HENRY (gol.), *Gwaith Barddonol y diweddar Barch. John Jones, M.A. (Tegid)* (Llanymddyfri, 1859).

SAURAT, DENIS, *Blake and Modern Thought* (London, 1929).

SOUTHCOTT, JOANNA, *Warning to the Whole World* (London, 1803).

Southey, C. C. (ed.), *Life and Correspondence of Robert Southey* (London, 1850).

Southey, Robert, *Selections from the Letters of Robert Southey* (J. W. Warter, ed.) (London, 1856).

Southey, Robert, *Letters from England* (1808); *Madoc* (1815); *The Doctor &c.* (1847).

Thomas, Gwyn (gol.), *Yr Aelwyd Hon* (Llandybïe, 1970).

Thomas, Mair Elvet, *Afiaith yng Ngwent* (Caerdydd, 1978).

Todd, Ruthven, *Tracks in the Snow* (London, 1946).

Turner, Sharon, *A Vindication of the Genuineness of the Ancient British Poems* (London, 1803).

Williams, Edward, (Iolo Morganwg) *Poems, Lyric and Pastoral* (London, 1794).

Williams, G. J., *Iolo Morganwg a Chywyddau'r Ychwanegiad* (Llundain, 1926).

Williams, G. J., *Edward Lhuyd ac Iolo Morganwg* (Caerdydd, 1964).

Williams, G. J., *Agweddau ar Hanes Dysg Gymraeg* (Aneurin Lewis, gol.) (Caerdydd, 1969).

Williams, H. Llewelyn, *Safonau Beirniadu Barddoniaeth yng Nghymru yn y bedwaredd ganrif ar bymtheg* (Llundain, 1936).

Williams, Ifor, *Canu Llywarch Hen* (Caerdydd, 1953).

Wilson, Mona, *The Life of William Blake* (London, 1978).


(D)   Ieithyddol

Bwrdd Gwybodau Celtaidd Prifysgol Cymru, *Orgraff yr Iaith Gymraeg* (Caerdydd, 1942).

Davies, Edward, *Celtic Researches on the Origin, Traditions and Language of the Ancient Britons* (London, 1804).

Davies, John, *Dictionarium Duplex* (Llundain, 1632).

Davies, John, *Antiquae Linguae Britannicae . . . Rudimenta* (Rhydychen, 1809).

Evans, D. Tecwyn, *Yr Iaith Gymraeg, ei horgraff a'i chystrawen* (Lerpwl, 1911).

Hudson-Williams, T., *A Short Introduction to the Study of Comparative Grammar (Indo-European)* (Cardiff, 1951).

Jones, Rowland, *Origin of Languages and Nations . . .* (London, 1764).

Jones, Rowland, *Postscript to Origin of Languages and Nations* (London, 1767).

Jones, Rowland, *Hieroglyfic: or a Grammatical Introduction to an Universal Hieroglyfic Language . . .* (London, 1768).

Jones, Rowland, *The Philosophy of Words . . .* (London, 1769).

JONES, ROWLAND, *The Circles of Gomer* . . . (London, 1771).

JONES, ROWLAND, *The Io Triads or the Tenth Muse* (London, 1773).

LEWIS, HENRY, *Yr Elfen Ladin yn yr Iaith Gymraeg* (Caerdydd, 1943).

LEWIS, HENRY, *Datblygiad yr Iaith Gymraeg* (Caerdydd, 1946).

MORRIS-JONES, JOHN, *A Welsh Grammar* (Oxford, 1913).

PEDERSEN, HOLGER, *Linguistic Science in the 19th Century—Methods and Results* (trans. J. W. Spargo) (Cambridge, Mass. 1931).

PEZRON, PAUL YVES, *Antiquities of Nations* . . . (London, 1812).

WILLIAMS, G. J. (gol.), *Gramadeg Cymraeg Gruffydd Robert* (Caerdydd, 1939).

# Mynegai

Abergele, 260.
Abergwaun, 4, 105, 171, 253, 257, 259, 260, 261, 265, 267, 275.
Abergynolwyn, 2.
Aberhonddu, 255, 261.
Abermo, 5, 167.
Aberystwyth, 257.
Ab Ithel, *gw.* Williams, John.
*Abridgement of the Welsh and English Dictionary, An,* Argraffiad 1806, 75; argraffiad 1836, 76.
Acen, 83.
Adams, Joseph, 141.
Addison, Joseph, 226, 240, 281.
*Adgof uwch Anghof,* 206.
'Adveddiant Gwynva', 238.
African Association, 42.
Alaw, afon (Môn), 255.
Alban, yr, 64.
Alnwick, 104.
Altrincham, 5-7, 8n.
Alun, *gw.* Blackwell, John.
America, 32, 34-43, 59, 60, 156-7,191.
Amgueddfa Brydeinig, yr, 245, 248, 250, 252, 255, 266.
Amwythig, 166, 249, 252.
'Ancient Britons, The' (llun), 188, 189, 190.
*Ancient Laws and Institutes of Wales,*247-8, 250.
Aneirin, 102.
Ardudwy, 2, 6, 255, 259.
Anterliwtiau, 3, 4, 24.
Antient Britons, The Honourable and Loyal Society of, 10.
*Antiquae Linguae Britannicae. . . Rudimenta,* 86.
*Antiquité de la nation et de la langue des Celtes, gw. Antiquities of Nations.*
*Antiquities of Nations,* 77, 80.
*Archaeologia Britannica,* 72, 101.
Arfonwyson, *gw.* Thomas, John William.
Armagedon, 179.
Arthur, y brenin, 189-90, 193n.
Arwrgerddi, 222-3, 225-8.
Ashford, 10.
Ashley, Arglwydd, 257-8.
Ashmole, Amgueddfa, 91.
Ashton, Charles, 75.
*Attodiad i'r Blodau Arfon,* 199.
'Awdl yr Adebau', 200.

Bachellyn, Llanbedrog, Llŷn, 78.
Bagillt, 255, 267.
*Bahama Gazette, The,* 61.
Bahama, Ynysoedd y, 1, 60, 61.
Bala, Y, 207, 251, 255.
Bale, John, 182.
Bangor, 107, 235, 255, 268.
Bangor, Coleg y Brifysgol, 25, 54.
'Bard, The', 201, 240, 280.
*Bardic Museum, The,* 201.
Bard of Snowdon, *gw.* Llwyd, Richard.
Bardd Alaw, *gw.* Parry, John.
Bardd Cloff, Y, *gw.* Jones, Thomas.
Bardd Nantglyn, *gw.* Davies, Robert.
*Barddoniaeth Dafydd ab Gwilym,* 24, 25, 26, 27, 28, 104, 110, 115, 259.
Bardd y Brenin, *gw.* Jones, Edward.
Barnard, Ann, 146, 212.
Barnard, Charles Vincent, 210, 212, 217, 252, 254, 266.
Barnard, Charles (yr iau), 218.
Barnard, George, 218.
Barnard, Jane, 218.
Bath, *gw.* Caerfaddon.
Bathu geiriau, 94, 95.
Beddgelert, 167.
Bedford, 155n.
Beibl:
    SPCK (1792), 88;
    argraffiad Cymraeg y Feibl Gymdeithas, 159.
Bennett, William, 211.
Berfau, 83, 84.
Beynon, Thomas, 261.
Biddulph, R. M., 265.
*Biographical Dictionary of Eminent Welshmen, A,* 6.
*Biographical Sketch . . ., A,* 5.
Birmingham, 166.
Biwmares, 112, 268.
Blackmore, Richard, 225.
Blackwell, John (*Alun*), 255, 257, 269, 272.
Blaenau, Y, Nantglyn, 159, 160.
*Blake and Modern Thought,* 189.
Blake, William, 65, 128, 129, 184, 186-90, 191, 193n., 194n.
Bochart, Samuel, 183.
Boehme, Jakob, 186, 187.
Bont-faen, Y, 34.
Borrow, George, 222, 234.
Boudinot, Elias, 191.

Bowles, William, 37-8, 42.
Branwen ferch Llyr, 255.
Brentwood, Essex, 178n., 254.
*Breuddwyd Maxen*, 117.
*Breuddwyd Rhonabwy*, 267.
*British Antiquities Revived*, 101.
Brogyntyn, 250, 261.
Bromwich, Rachel, 186.
Brothers, Richard, 128, 129, 130, 133, 136-7, 140, 189, 190, 191, 213.
Bruce, Basil, 130.
Bruce, Stanhope, 130, 146.
Brunel, Isambard Kingdom, 266-7.
'Brut Aberpergwm', 113.
'Brut Ieuan Brechfa', 113.
Brutus, 37, 182.
*Brut y Brenhinoedd*, 107.
*Brut y Tywysogion*, 101, 107, 247, 248, 264.
Bryant, Jacob, 181, 184, 185.
Bryste, 41, 103, 132, 216, 266, 267, 276.
*Brython, Y*, 80.
Bunney, Edmund, 64, 69n.
Burgess, Thomas, 202.
Bwlch y Garnedd, 257.
Byron, Arglwydd, 132, 144, 225, 240.

Cader Idris, 111, 172, 260, 276.
Cader, Nantglyn, 161, 166.
Cadiz, 64.
*Cadwedigaeth yr Iaith Gymraeg*, 76, 89.
Cae Gwyn, Nantglyn, 161, 166.
Caer, 254, 255.
Caerau, Nantglyn, 161.
Caerberllan, 3.
Caer-droea, 37, 181, 182.
Caerdydd, 209.
Caerfaddon, 41, 52.
Caerfallwch, *gw*. Edwards, Thomas.
Caerfyrddin, 32, 202, 261.
Caergybi, 5, 102, 267.
Caernarfon, 167.
Caerwys, 246, 255, 269.
Caledfryn, *gw*. Williams, William.
*Cambrian Biography, The*, 65, 115, 180, 185, 189.
*Cambrian Plutarch, The*, 204.
*Cambrian Quarterly Magazine, The*, 118, 119.
*Cambrian Register, The*, 57-8, 104, 111, 115, 180, 185, 191.
*Cambro-Briton, The*, 118, 203, 235, 238, 239.
Camlan, brwydr, 188.

*Campau Siarlymaen*, 186.
Canu Taliesin, 57, 104, 107.
Capel Curig, 255.
Caractacans, *gw*. Caradogion.
Caradogion, 14, 30, 31, 39, 40.
*Cardiganshire Landlord's Advice to his Tenants, A*, 64.
*Carnarvon Herald and North Wales Advertiser*, 270, 272.
Carnhuanawc, *gw*. Price, Thomas.
Carno, 202.
Carpenter, Elias, 133, 134.
Carroll, Lewis, 80.
Carter, Susannah, 125, 146.
Castell Carreg Cennen, 261.
Castell Coch, 261.
Castell Mathrafal, 261.
Castell Nedd, 34.
Castell y Bere, 1.
'Cato's Soliloquy', 281.
Cawrdaf, *gw*. Jones, William Ellis.
Ceiriog, *gw*. Hughes, John Ceiriog.
Celteg, 184.
*Celtic Remains*, 186.
*Celtic Researches*, 184, 185.
Ceri, 256, 261.
Cerrigydrudion, 167, 222, 255.
Charterhouse, 170.
Chalmers, George, 61, 100.
Chandless, Thomas, 205.
Charles, Edward (*Sierlyn*), 32, 51, 180.
Charles, Thomas (Y Bala), 76, 136, 159.
Chatterton, Thomas, 103, 114, 181.
*Circles of Gomer, The*, 78.
Clerkenwell Loyal Volunteer Infantry, 34, 138-9.
Clifton, Pont, 266-7.
Clocaenog, 16.
Clough, Alfred Butler, 220n., 266.
Clough, Roger Butler, 206, 250.
Club of True Highlanders, 100, 172, 253.
Coelbren y Beirdd, 89, 90, 91, 92.
*Cofrestr o'r Holl Lyfrau Printjedig*, 101.
Coleg yr Iesu, Caer-grawnt, 130.
Coleg yr Iesu, Rhydychen, 92, 159, 205, 207, 257.
Colera, *gw*. geri marwol.
Coleridge, Samuel Taylor, 117, 225.
Coles, William, 155n.
*Coll Gwynfa* (I. D. Ffraid), 237.
*Coll Gwynfa* (W. Owen Pughe), 120, 195, 196, 199, 201, 207, 222-39, 258, 259.

Comanches, 38, 48n.
*Commentarii de Scriptoribus Britannicis*, 182.
Cook, James, 20.
Corwen, 16, 18, 166.
Cottage, Tal-y-llyn, 277.
Craig Aderyn, 1.
Creek, 37.
Cricieth, 31, 74.
Crin, *gw.* Roberts, Evan.
Croesoswallt, 261.
Croker, Thomas Crofton, 118, 256-7.
*Culhwch ac Olwen*, 180.
Cunnington, William, 134.
Cuthbert, Mary, 253.
*Cwyn yn erbyn Gorthrymder*, 32.
*Cyfreithjeu Hywel Dda ac Eraill . . .*, 101, 247.
*Cyfrinach Beirdd Ynys Prydain*, 53, 198, 228.
*Cynghorion Priodor o Garedigion i Ddeiliaid ei Dyddynod*, *gw. Cardiganshire Landlord's Advice to his Tenants, A.*
*Cylch-grawn Cynmraeg*, 31, 32, 82, 86, 87.
Cymdeithas Cymmrodorion Powys, 119, 203.
Cymdeithas Dwyfundodiaid Deheudir Cymru, 124.
Cymdeithas Gymroaidd Dyfed, 119, 202, 204.
Cymdeithas Gymroaidd Gwent a Morgannwg, 119, 203, 204.
Cymdeithas Gymroaidd Gwynedd, 119, 203.
Cymdeithas yr Hynafiaethwyr, 41, 57, 100, 101, 116, 171, 253, 256.
Cymmrodorion, 10, 12, 15, 16, 71, 102, 103, 105, 119, 120, 169, 203, 204, 207, 211, 253, 255, 266, 284-5.
Cymreigyddion, 30, 157, 158, 266.
Cynddelw, *gw.* Ellis, Robert.
Cynddelw Brydydd Mawr, 34-5.
Cynfal, 257.
Cynfeirdd, 15, 93, 184.
*Cyvieithion o Saesoneg*, 201-2, 240.
'Cywyddau'r Ychwanegiad', 25, 27, 28.

Chwyldro Ffrengig, 29, 30, 31, 34, 125, 128, 129, 158.

Dadeni Dysg, 100, 182, 226.
Daeargrynfeydd, 179, 214.
Dafydd ab Edmwnd, 53, 228.

Dafydd ap Gruffydd, 2, 7n.
Dafydd ap Gwilym, 25, 102, 227.
Dafydd Ddu Eryri, *gw.* Thomas, David.
Dafydd Gomero, 2.
Dafydd Ionawr, *gw.* Richards, David.
Dafydd Nanmor, 102.
Dafydd Wyllt, *gw.* Davis, David.
Darwin, Charles, 182.
*Datguddiad, Llyfr y,* 125, 126, 128, 131, 139, 147, 179.
Davies, Edward, 30, 91, 182, 184-5, 186, 187, 196, 228.
Davies, Hugh, 161.
Davies, John (Mallwyd), 64, 69n., 70, 72, 77, 82-3, 86, 100, 101, 164, 239.
Davies, Richard, 107, 235.
Davies, Robert (*Bardd Nantglyn*), 199, 201, 206, 245, 246, 258, 272, 273, 286, 288.
Davies, Walter (*Gwallter Mechain*) 5, 18, 19, 20, 21, 22, 23, 24, 26, 28, 29, 31, 33, 40, 44-5n., 51, 54, 63, 73, 74, 80, 87, 88, 89, 90, 105, 106, 108, 135-6, 137, 158, 199, 202, 203, 207, 256, 257, 258, 261, 272.
Davis, David (Castellhywel), 196.
Davis, David (*Dafydd Wyllt*), 212, 220n.
Davy, Humphrey, 248.
Dee, John, 36.
Deio ab Ieuan Du, 35.
Dennis John, 226.
Derwyddon, 89, 124, 134, 182, 184, 185, 189.
*Descriptive Catalogue, A,* 188, 190.
Dewi Brefi, *gw.* Rowlands, David.
Dewi Silin, *gw.* Richards, David.
Dewi Wyn o Eifion, *gw.* Owen, David.
Dic Aberdaron, *gw.* Jones, Richard Robert.
Dickens, Charles, 27.
*Dictionarium Duplex,* 70, 72, 86, 239.
Dilyw, y, 181, 182, 184.
Dinbych, 23, 159, 162, 168, 209, 246, 260, 264, 265, 267, 268, 269, 270, 272, 274.
Dinbych-y-pysgod, 267.
'Dirge on the Death of a Child, A', 283.
*Dissertation on the Mysteries of the Cabiri, A,* 185.

Doddinghurst, Brentwood, Essex, 178n., 254, 255.

Doeg, 36.
'Doethineb Catwg Ddoeth o Lancarfan', 113.
Dolbenmaen, 25.
Dolgellau, 5, 25, 108, 109, 111, 251, 255, 257.
Dôl-y-cae, 2, 160, 161, 167, 176-7n., 205, 277.
'Don Juan', 240.
*Dosparth Byrr . . .*, 84.
Douai, 64.
'Dover Castle' (llong), 1.
Drychiolaethau, 165, 167-8, 217.
*Drych y Prif Oesoedd*, 36, 37, 77, 182.
Dryden, John, 226.
Dryw, Y, *gw.* Hughes, Edward.
Dupuis, Charles François, 190.
'Dyddgoviant', 1, 84, 118, 139, 140, 141, 164-5, 167, 215, 276.
Dyddiadur William Owen Pughe, *gw.* 'Dyddgoviant'.
Dyddiau'r Dychryn, 34.
Dyfnaint, 124, 133.
'Dying Christian to his Soul, The', 282.
*Dysgedydd, Y*, 277.
Dysynni, dyffryn, 1.

*Early English Poets*, 117.
Eben Fardd, *gw.* Thomas, Ebenezer.
*Edinburgh Review, The*, 127, 142.
Edwards, Hywel Teifi, 20.
Edwards, John (*Siôn Ceiriog*), 10, 16, 19.
Edwards, Lewis, 233-4.
Edwards, Thomas (*Caerfallwch*), 75, 246, 252, 253, 266, 276, 289.
Edwards, Thomas (*Twm o'r Nant*), 4, 18, 20, 22, 23, 40, 107, 108.
Efrog Newydd, 36.
*Eglvryn Phraethineb*, 164.
Egryn, Ardudwy, 2, 3, 4, 5, 255.
Egryn, Nantglyn, 259, 260, 264, 265.
Eisteddfod:
    Aberhonddu (1822), 204;
    Aberhonddu (1826), 255-6;
    Biwmares (1832), 247, 250, 268-9;
    Caerfyrddin (1451), 53;
    Caerfyrddin (1819), 203;
    Corwen (1789), 17, 18, 19, 21, 22;
    Dinbych (1819), 199-200;
    Dinbych (1828), 260;
    Llanelwy (1790), 23, 28;
    Llangollen (1789), 16;
    Llangollen (1858), 76;
    Llanrwst (1791), 23, 40;
    Nantglyn (1853), 96n.;
    Y Bala (1789), 18, 20, 22, 23, 24;
    Y Trallwng (1824), 247.
Elias, John, 246, 252, 253, 267.
Eliot, George, 182, 186.
Ellis, George, 100, 117.
Ellis, Robert (*Cynddelw*), 273.
Enlli, Ynys, 35, 267.
Erfyl, *gw.* Jones, Hugh.
Essex, 160, 178n.
Etrusceg, 90.
Euhemerus, 192n.
Evans, D. Silvan, 75, 76.
Evans, Evan (*Ieuan Fardd*), 4, 10, 54, 72, 78, 100, 102, 109, 229.
Evans, Evan (*Ieuan Glan Geirionydd*), 239.
Evans, Gwen (modryb), 64.
Evans, John (Waunfawr), 31, 40, 42.
Evans, John (*I. D. Ffraid*), 237, 238.
Evans, Mary (*Mari'r Fantell Wen*), 154n.
Evans, Theophilus, 36-7, 77, 182, 183.
Evans, Titus, 32.
Eve, Joseph, 61.
Exeter, 124, 125, 130, 131, 132, 134, 146, 216.
Eyre, Robert, 266.
Eyre, Samuel, 266, 276.

Faber, George Stanley, 185.
*Fabliaux and Tales*, 117.
*Fairy Legends and Traditions of the South of Ireland*, 118.
'Fall of the Bards, The', 222, 223.
Fenton, Elen, 51, 142, 162, 163, 170-2, 175, 204, 212, 243, 244, 245, 246, 250, 254, 257, 258, 259, 265, 267, 270, 275.
Fenton, Ferrar, 171.
Fenton, John, 4, 170-2, 175, 204, 213, 243, 244, 250, 251, 254, 257, 258, 259, 260, 261, 263n., 265, 267, 270, 275.
Fenton, Richard, 2, 105, 106, 170-2, 263n.
Fenton, Richard Charles, 170, 171.
Fenton, Samuel, 170.
Flaxman, John, 128, 129, 189.
Foel Gasydd, 276.
Foley, Lydia, 130, 167.
Foley, Thomas Philip, 130, 131, 133, 134, 139, 141, 146, 150, 167, 215, 217, 245, 266, 269.

Fuseli, Henry, 128.

Ffestiniog, 154n., 257.
Fflint, Y, 267.
Ffrangeg, 27.
Ffraid, I. D., *gw.* Evans, John.
Ffrainc, 28, 31, 34, 125, 126.
Ffrydiau Caswennan, 35.

Gambold, John, 70.
Gambold, William, 70, 72.
de Gébelin, Court, 181.
Gee, Mary, 246.
Gee, Thomas, 246, 265, 269, 275.
Geirdarddiad, 77, 78, 79, 80, 81, 82, 83, 93, 94.
*Geiriadur Cynmraeg a Saesoneg, gw. Welsh and English Dictionary, A.*
Geiriaduron Cymraeg, 70-2, 230.
Gelli-onnen, Morgannwg, 124.
*Gentleman's Magazine, The,* 36, 37, 38, 41, 147, 150.
George, Thomas, 253, 274.
*Geraint fab Erbin,* 115, 180.
Geri marwol, 267-8.
Gittisham, 124.
Glasmor, Nantglyn, 161, 220n., 245.
Gloddaith, 52, 100, 111.
Gludfa, Y, Nantglyn, 161.
Glyn Amel, Abergwaun, 171, 244, 259, 267.
Gododdin, 16, 43n., 103, 104.
'God Save the King', 201, 285.
Goets fawr, y, 166.
Gogynfeirdd, 15, 93, 94, 102, 107, 111, 184, 239.
Goldsmith, Oliver, 226.
Gomer, *gw.* Harris, Joseph.
Gomer fab Japheth, 77, 183.
*Gorchestion Beirdd Cymru,* 5, 80, 102.
Gorsedd Beirdd Ynys Prydain, 29, 53, 57, 95, 203.
*Grammar of the Welsh Language, A,* 74, 89, 94, 95, 115, 238, 239.
Gray, Thomas, 201, 240, 280.
*Greal, Y,* 117, 157, 158, 164.
Greenly, Y Fonesig Coffin, 173.
Griffiths, Ann, 127.
Groeg, 78, 90.
Groes, Y, Dinbych, 246.
Gronant, 269.
Gruffydd ap Llywelyn, 7.
Guernsey, 1, 59.
Guest, Arglwyddes Charlotte, 120, 207.

Gunn, William, 118, 161.
Gutun Owain, 102.
Gwalchmai, *gw.* Parry, Richard.
Gwalchmai ap Meilyr, 227.
Gwallter Mechain, *gw.* Davies, Walter.
Gwaunysgor, 159.
Gweddïau ar gyfer Dyddiau Ympryd, 87.
Gweirydd ap Rhys, *gw.* Pryse, Robert John.
Gwenallt, *gw.* Jones, D. Gwenallt.
Gwenffrwd, *gw.* Jones, Thomas Lloyd.
Gwennan Gorn, 36.
Gwilym Ddu Glan Hafren, *gw.* Owen, William.
Gwilym Hiraethog, *gw.* Rees, William.
Gwirfoddolwyr, 34, 138.
*Gwladgarwr, Y,* 270, 275.
'Gwledd Belsassar', 239.
Gwyddelwern, 250.
Gwyneddigion, 4, 10, 12, 13, 14, 15, 16, 17, 18, 19, 20, 21, 22, 23, 24, 25, 26, 28, 29, 30, 32, 33, 34, 37, 38, 40, 42, 52, 53, 54, 63, 72, 100, 105, 157, 158, 171, 172, 180, 195, 202, 203, 224, 253, 259, 260, 266, 273, 274.
Gwyn, Eliza, *gw.* Pughe, Eliza.
Gwystlo, 168, 176.
Gymdeithas Frenhinol, Y, 41, 100.
Gyrt, Y, Nantglyn, 244.

Hafod Uchdryd, 64, 100, 107, 108, 112.
Hafod-yr-onnen, Nantglyn, 161.
Hakluyt, Richard, 36.
Halhed, Nathaniael Brassey, 130.
Halifax, 132.
Hardy, Thomas, 30, 129.
*Hanes Gruffudd ap Cynan,* 113, 250.
Harlech, 154n., 167.
Harper, Charles, 50.
Harper, Leonard, 50.
Harper, Sarah Elizabeth, *gw.* Owen, Sarah.
Harris, John Ryland (*Ieuan Ddu o Lan Tawe*), 181, 237-8.
Harris, Joseph (*Gomer*), 237.
Harrison, J. F. C., 126, 130.
Harwood, William Tooke, 129, 133, 139, 144, 148, 155n., 166-7, 168, 175, 216-17.
Heber, Reginald, 201, 240, 280.
Heber, Richard, 117.
Hebraeg, 77.

Hemans, Felicia Dorothea, 201, 240, 283.
Hemel Hempstead, 118.
Henblas, Nantglyn, 243, 244, 258, 259.
Hendref, Nantglyn, 243.
Hendrewallog, 2.
Hendre'r Wydd, 246.
Hengwrt, 25, 100, 101, 108, 109, 110, 111, 248, 251.
Herculaneum, 248.
*Heroic Elegies and other Pieces of Llywarç Hen, The*, 29, 32, 53, 54, 55, 56, 57, 104, 115, 138, 184, 201, 275.
Heytesbury, 134.
*Hieroglyphic* . . . 78.
*Historia Brittonum*, 118.
*Historical Tour through Pembrokeshire, A*, 170.
*History of Wales, The*, 16.
Hockley, 166.
Hodgetts, R. M., 253.
Hodgetts, Thomas, 253, 266.
Holcroft, Thomas, 129, 134, 189.
Hollis, Thomas Brand, 129.
Honiton, 124.
'Household of Faith', 213.
*Hu Gadarn*, 202.
Hu Gadarn, 180-1, 185-6, 190, 191, 192n.
Hughes, Edward (*Y Dryw*), 199-200, 290.
Hughes, Hugh, 253, 266, 269.
Hughes, James (*Iago Trichrug*), 91-2, 207.
Hughes, John (*Siôn Segrwyd*), 23.
Hughes, John Ceiriog, 71, 292.
Hughes, Jonathan, 18, 23.
Hughes, Robert (*Robin Ddu yr Ail o Fôn*), 9, 10, 16, 25, 72.
Humphreys, Humphrey, 102.
Hunt, James Henry Leigh, 235.
Huw, Roland, 23.
Hysteria, 149.

Iago Trichrug, *gw.* Hughes, James.
*Iarlles y Ffynnon*, 267.
Idris, Howell, 277.
Idrison, 91, 207.
Ieuan Ddu o Lan Tawe, *gw.* Harris, John Ryland.
Ieuan Fardd, *gw.* Evans, Evan.
Ieuan Glan Geirionydd, *gw.* Evans, Evan.
Ieuan Gwynedd, *gw.* Jones, Evan.
Ifor Ceri, *gw.* Jenkins, John.

Illinois, 42, 156.
Indiaid Cochion 'Cymreig', *gw.* Madogwys.
*Indicator, The*, 235.
Indo-Ewropeg, 78.
Inglesham, 130.
Iolo Goch, 102, 185.
Iolo Morganwg, *gw.* Williams, Edward.
*Io Triads, The*, 78.
'Israeliaid Prydeinig', 128, 190-1.

Jac Glanygors, *gw.* Jones, John.
Jacobiniaid, 31.
Jamaica, 111.
Jeanne d'Arc, 125.
Jenkins, Dafydd, 247.
Jenkins, John (*Ifor Ceri*), 118-19, 202, 203, 255, 256, 261, 262.
Jenkins, R. T., 30, 84.
Johnes, Arthur James, 119, 261, 265.
Johnes, Thomas, 64, 72, 101, 112.
Johnson, Samuel, 89, 103, 226.
Jones, Dafydd (Trefriw), 107.
Jones, Daniel, 268.
Jones, D. Gwenallt, 227.
Jones, E. D., 36.
Jones, Edward (*Bardd y Brenin*), 3, 7n., 12, 16, 201, 203, 212.
Jones, Edward (*'Ginshop' Jones*), 46n.
Jones, Edward (*Ned Môn*), 10, 20.
Jones, Eliza, 253.
Jones, Evan (*Ieuan Gwynedd*), 291.
Jones, Glyn Penrhyn, 54.
Jones, Hannah Jane, 169-70.
Jones, Hugh (*Erfyl*), 274, 279n.
Jones, John (Gellilyfdy), 72, 84, 101.
Jones, John (*Jac Glanygors*), 30, 32, 106, 157, 180.
Jones, John (*Tegid*), 80, 92, 104, 118, 207, 208, 212, 222, 224, 257, 266, 269.
Jones, John (*Talhaiarn*), 273, 274.
Jones, John Morris, *gw.* Morris-Jones, John.
Jones, Morgan, 36, 37.
Jones, Owain (*Owen Myfyr*):
    cyffredinol, 5, 9, 10, 19, 20, 21, 22, 23, 24, 25, 26, 27, 29, 40, 42, 54, 55, 62-3, 74, 103, 104, 108, 110, 141, 157, 228, 229, 276; cefndir, 10; fel noddwr, 26, 58, 64, 71, 72, 75, 103, 105, 107, 112-13, 115, 156, 158, 163; cyfeillgarwch â Pughe, 12, 16, 51-2, 58; ffraeo â Pughe, 58, 166, 168-9; teulu, 111, 112, 166, 169-70, 177n.;

marwolaeth, 169, 177n.; cymeriad, 10-11, 14, 31, 105-6, 107, 158, 166, 169.

Jones, Owen (yr iau), 170.

Jones, Peter (*Pedr Fardd*), 200.

Jones, R. Phillips, 246, 264, 269, 271, 272.

Jones, Richard (Trefdraeth), 16.

Jones, Richard Robert (*Dic Aberdaron*), 275.

Jones, Robert (Rhos-lan), 268.

Jones, Rowland, 78-80, 81, 95, 183, 184.

Jones, Rhys (Y Blaenau), 5, 23, 80, 102.

Jones, Thomas (*Y Bardd Cloff*), 100, 157, 172, 204, 211, 252, 255.

Jones, Thomas (Corwen), 16, 18, 19.

Jones, Thomas Lloyd (*Gwenffrwd*), 242n.

Jones, William (Llangadfan), 23, 40, 87, 156.

Jones, William (Nefyn), 236.

Jones, William Ellis (*Cawrdaf*), 274, 291.

Josephus, 182.

Kemshead, teulu, 174, 175, 266.

Kidney & Nutt, crwynwyr, 10.

Lamb, Charles, 225.

Landseer, Edwin, 253.

Leathart, W. D., 15, 20, 23, 33, 37, 207, 211, 235, 259-60, 264, 265.

Leeds, 132, 151, 179, 216.

Leland, John, 182.

Lerpwl, 7, 64, 133, 165, 264, 267.

Lewis, C. S., 230-1.

Lewis, Saunders, 229, 238.

Leyden, John, 116.

Lhuyd, Edward, 70, 72, 77, 78, 101, 227.

Lindsay, Alexander, 208-9, 212-13.

Lisbon, 1, 59, 64.

Lloyd, Betty (Betw), 206, 260.

Lloyd, Catherine, 245.

Lloyd, Charles, 219n.

Lloyd, Jane, *gw.* Owen, Jane (Janw).

Lloyd, Llywelyn, 105.

Lloyd, William, 205-6, 220n., 244, 245.

London Corresponding Society (LCS), 30, 31, 33, 129.

Lymington, 130.

Lladin, 27, 78, 81, 82, 90, 234.

Llanaber, 2, 5.

Llanasa, 86, 269.

Llandrindod, 255, 261.

Llandudno, 253.

Llanddulas, 159.

Llanelwy, 19, 201, 267.

Llanfair-ym-Muallt, 255, 261.

Llanfihangel Glyn Myfyr, 10.

Llanfihangel-y-Pennant, Sir Feirionnydd, 1, 2, 3, 160, 205, 255.

Llanfihangel-y-Traethau, 154n.

Llanforda, 100, 101.

Llanfyllin, 255.

Llangernyw, 6.

Llangybi, 4, 229.

Llangynyw, 255, 257, 258, 261.

Llanrug, 107.

Llanrwst, 32, 107.

Llansanffraid, 261.

Llantrisant (Môn), 235.

Llantrisant (Morgannwg), 173.

Llanwddyn, 257.

Llanwnnog, 202.

Llanymddyfri, 261.

Llundain,

*Cyffredinol:* Carlton House, 171; Fleet Prison, 210; King's Bench Prison, 210; Navy Pay Office, Somerset House, 50; Newgate Prison, 33; New York Coffee House, 14; Plas Grisial, 170; Prince of Wales Coffee House, 42; Queen's Square Ladies' Boarding School, 62, 156; Regent's Park Zoo, 266; St. James's Hall, 170; St. James's Palace, 266; Tŵr Gwyn, Y, 33, 245; Vauxhall, 244.

*Eglwysi a chapeli:* All-Hallows-the-Less, 170; Christ Church, Gt. James St., Lisson Green, 252; Jewin, Eglwys Fethodistaidd, 46n.; Marylebone, eglwys, Portland Town, 50, 51; Oxenden Street, Capel Presbyteraidd, 252; St. George the Martyr, Queen's Square, 252; St. George, Tyburn Gate, 165; St. Giles-in-the-Fields, 51, 252; St. Mark, Kennington, 270; St. Martin, Camden Town, 218; St. Mary, Paddington, 252; St. Pancras, 51, 170; St. Philip, Regent Street, 252.

*Ardaloedd a strydoedd:* Acton, 224; Aldersgate Street, 15, 143; Arle Weston, *gw.* Weston Place; Battle Bridge, 132, 253; Bayham Street,

168, 173; Bermondsey, 134; Blooms-
bury, 51; Broad Street, Golden
Square, 188; Broad Street, St. Giles,
212; Bryn y Briallu, *gw*. Primrose Hill;
Bunhillfield, 64; Burton Street, 211;
Camden Town, 51, 173; Cecil Street,
Strand, 60; Charing Cross, 141, 172;
Clerkenwell, 10; Clipstone Street, 50;
Cockspur Street, 172; Coleman
Street, 13; Cornhill, 14; Ducksfoot
Lane, 10; Duke Street, 212; Essex
Court, Temple, 9; Foley Place, 253;
George Yard, 13; Gray's Inn Lane,
10, 15; Gt. Castle Street, Cavendish
Square, 51; Gt. Russell Street, 51;
Hadlow Street, 252, 256, 266, 269;
Hampstead, 168; Haymarket, 252;
Ingram Court, Fenchurch Street,
224; Islington, 128, 212, 254; James
Street, Paddington, 166; Kennington
Cross, 144; Kentish Town, 146;
King's Cross, 253; Lamb's Conduit
Street, 51; Leicester Place, 154n.;
Leicester Square, 144; Little
Bartholomew Close, 64; Lombard
Street, 13; Manchester Square, 144;
Marylebone, 50, 150, 174; Mayfair,
165; Osnaburg Row, 165; Paddington;
134, 166, 173, 174; Parliament Street,
173, Penton Place, 51; Penton Street,
51, 52; Pentonville, 51, 52; Piccadilly,
59; Portland Town, 174; Pratt Place,
51; Primrose Hill, 29, 53, 150; Rath-
bone Place, 149; Regent's Park, 150;
Smithfield, 213; St. George's Fields,
Southwark, 133; St. Pancras, 132; St.
Paul's Churchyard, 13; St. Peter's
Alley, 14; Silver Street, 13; South-
wark, 133, 212; Temple, 20; Upper
Thames Street, 10, 170; Walbrook,
13; Warren Street, 167, 168; West-
bourne Green, Paddington, 173, 175,
252, 253, 266; Westminster, 214;
Weston Place, 132, 178n., 179, 192n.,
208, 212, 215, 216, 217, 218; White
Rose Court, 13.
*Tafarndai:* Belvidere, The, 252; British,
The, Cockspur St., Charing Cross,
172; Bull's Head, Walbrook, 10, 13,
14, 31; Butler's Head, 13; Cambrian
Arms, 13; Cock, The, Fleet St., 252;
Coopers' Arms, 13; Crindy, Y, *gw*.
Bull's Head; Crown, The, Penton-
ville, 252; Crown and Anchor, 33;
George and Vulture, 13, 17; Goose

and Gridiron, 13; King's Arms, Hol-
born, 256; Owain Glyndŵr, 15; Pea-
cock, The, High St., Islington, 254;
Pen Heilyn, *gw*. Butler's Head;
Prince of Wales, North St., Penton-
ville, 211; Sach Gwlân, Y, *gw*. Wool-
pack, The; Siôr, Y, *gw*. George and
Vulture; Vernon Arms, 211; White
Lion, Islington, 252; Woolpack, The,
14; Wydd a'r Gridyll, Yr, *gw*. Goose
and Gridiron; Yorkshire Stingo,
The, 252.
Llwyd, Angharad, 105, 202, 246, 255,
259.
Llwyd, Betw, *gw*. Lloyd, Betty.
Llwyd, Humphrey, 36.
Llwyd, Richard (*Bard of Snowdon*), 254-5.
Llwyd, William, *gw*. Lloyd, William.
Llwyn-Dôl-Ithel, 160, 161, 167, 177n.,
205.
Llydaw, 119.
*Llyfr Coch Hergest*, 55, 115, 117, 207.
*Llyfr Du Caerfyrddin*, 55, 109.
*Llyfr Gweddi Gyffredin*, 5, 133, 216.
*Llyfr Llandaf*, 249.
Llyfrgell Bodley, 249, 257.
Llyfrgell Brydeinig, Y, 24.
*Llyfr y Resolusion*, 64, 69n.
Llyn Cau, 2, 251, 262n.
Llyn Llymbren, 265.
Llyn y Morynion, 257.
Llysfaen, 51, 159.

Mabinogi, *gw*. Pedair Cainc y Mabin-
ogi.
Macaulay, Arglwydd, 127.
Macclesfield, Iarll, 101-2, 112, 249.
Macpherson, James, 103, 114.
Macwy Môn, *gw*. Roberts, Robert.
Machynlleth, 32.
Madog ab Owain Gwynedd, 34-6, 37,
39.
Madogeion Society, 42.
Madogwys, 34, 35, 37, 38, 39, 40, 41,
42, 57, 95, 135, 191.
Maentwrog, 154n.
Maes Cadarn, Nantglyn, 161.
Maesmor, Llangwm, 251.
*Making of the English Working Class, The*,
128.
Manafon, 202, 256.
*Manawydan fab Llyr*, 117.
Manceinion, 6.
Mandan, 42.
Mansfield, Nottingham, 179.

Marchant, William, 224, 225.
Marchudd ap Cynan, 3.
Maredudd ap Rhys, 35, 40.
Mari'r Fantell Wen, *gw.* Evans, Mary.
Marseilles, 50.
*Math fab Mathonwy,* 118.
Matthews, Ronald, 126.
Matthias, P., 142, 154n.
Maurice, Hugh, 111, 166, 177n.
Maurice, William, 100, 101.
Mecsico, 38.
Meddyginiaethau, 173, 174, 260.
*Meddygon Myddfai,* 57.
Meifod, 135, 202, 257.
*Memoirs of an Old Wig,* 170.
Menai, afon, 107.
Merthyr Tudful, 261.
Mesmeriaeth, 129.
Methodistiaeth, 3, 5, 32, 158, 253.
*Middlemarch,* 182, 186.
Midleton, William, 164.
Milflwyddiaeth, 30, 31, 32, 126, 128, 130, 140.
Milton, John, 224, 226, 227, 230-2, 233, 234, 236, 238.
Mississippi, afon, 41, 42, 156.
Missouri, afon, 40, 42, 135.
*Mona Antiqua Restaurata,* 80, 183.
*Monumenta Historica Britannica,* 247.
Morgan, J. Hubert, 225.
Morgan, T. J., 77, 83, 93.
Morison, Peter, 133, 146.
Morrisiaid, Y, 10, 24, 70, 80, 100, 227.
Morris, Lewis, 3, 12, 24, 70, 72, 78-9, 100, 102, 186, 226, 253, 267.
Morris, Richard, 15, 16, 24, 102, 210, 229.
Morris, Robert Prys, 277.
Morris, Roger, Coed-y-talwrn, 35.
Morris, R.V., 173, 174.
Morris, William, 24, 70, 81, 226.
Morris-Jones, John, 76, 82, 92-5.
Mostyn, 100, 269.
Munich, 128.
Murray, John, 118, 132, 144.
Mynydd Hiraethog, 257, 265.
Mysevin, 161, 258.
Mytholeg, 182, 184, 187, 190.
Mytholegwyr dyfaliadol, 181, 190.
*Mythology and Rites of the British Druids,* 30, 184, 185.
*Myvyrian Archaiology of Wales, The,* 15, 27, 28, 35, 53, 54, 58, 64, 89, 101, 102, 104, 105, 106, 107, 111, 112, 113, 114, 115, 156, 163, 164, 169, 170, 184, 185, 195, 202.

Nannau, 251.
Nantglyn, 6, 51, 159, 160, 161, 163, 166, 167, 168, 171, 175, 204, 205, 206, 210, 212, 220n., 225, 243, 244, 245, 246, 248, 255, 257, 259, 260, 269, 270, 275, 277.
Nant Gwernol, 2.
Nant-yr-eira, Tal-y-llyn, 160, 205, 255.
Napoleon, 34, 129, 138.
Nassau, 1, 60, 61, 62.
*Natural History of Staffordshire, The,* 91.
Ned Môn, *gw.* Jones, Edward.
Nefyn, 236.
'Neithior yr Oen', 214.
Newfoundland, 128.
New Orleans, 40, 42.
New Providence, 61.
Nicander, *gw.* Williams, Morris.
Noah, 181, 182, 184, 185, 190, 192n.
Nootka Sound, 37.
Norfolk, 167, 175, 216.
Nosweithiau llawen, 3, 12.

Ofyddion, 57.
Ohio, 38, 156.
Oldswinford, 130, 150, 167, 245, 266, 269.
Orgraff, 55, 56, 73, 74, 76, 77, 80, 82, 83, 84, 86, 87, 88, 89, 91, 92, 157, 158, 204.
*Origin of Languages and Nations, The,* 78, 79.
*Origin of Pagan Idolatry, The,* 185.
Ottery St. Mary, 124.
Owain Myfyr, *gw.* Jones, Owen.
Owen, Aneurin:
  cyffredinol, 4, 6, 160, 161, 162, 166, 171, 174, 175, 204, 205, 212, 213, 216, 224, 244, 251, 252, 264, 269, 275, 279n.; geni, 50-1; bedydd, 51; addysg, 163; priodi, 205, 246; teulu, 205-7, 243, 255, 258, 259; fel meistr tir, 161, 175; fel ysgolhaig, 119-20, 212, 246-50, 257, 261, 266, 268; dyled i'w dad, 212, 244-5, 248-50, 254, 260, 265, 270; cysylltiad â'r Southcottiaid, 142, 216-17, 218.
Owen, Ann (chwaer), *gw.* Phillips, Ann.
Owen, Anne (mam), 1, 2, 135, 165.
Owen, Catherine (chwaer), 2, 7n.

315

Owen, David (*Dewi Wyn o Eifion*), 199-201.
Owen, Edward (brawd), 1, 5, 58-9.
Owen, Elen (merch), *gw.* Fenton, Elen.
Owen, Elen (wyres), 206, 260.
Owen, Elizabeth (chwaer), *gw.* Sampson, Elizabeth.
Owen, Evadne (wyres), 207.
Owen, Goronwy, 10, 20, 23, 81-2, 226-8, 229, 230, 238.
Owen, Harry (brawd), 2.
Owen, Hugh (Caerberllan), 3.
Owen, Hugh (ewythr), 2.
Owen, Huw (brawd), 1.
Owen, Ifor (ŵyr), 206, 255, 260.
Owen, Isabella (merch), *gw.* Pughe, Isabella Owen.
Owen, Ithel (ŵyr), 206, 260.
Owen, Jane (chwaer-yng-nghyfraith), 59, 60-2.
Owen, Jane (Janw), 205, 206, 245, 255, 259, 260, 265, 267, 275, 279n.
Owen, John (tad), 1, 2, 3, 4, 5, 64.
Owen, John (brawd), 1, 5, 9, 59-61, 156.
Owen, Margaret, *gw.* Pughe, Margaret.
Owen, Meilir (ŵyr), 206, 265, 279n.
Owen, Myfanwy (wyres), 206, 260.
Owen, Owen (taid), 2.
Owen, Owen (brawd), 2, 165, 210, 214, 252, 254, 256.
Owen Richard (brawd), 1-2, 5, 160, 167, 175, 205, 256, 257, 259, 260, 269.
Owen, Richard (hendaid), 2.
Owen, Richard, (nai), 2.
Owen, Sarah (gwraig), 50-1, 65-6, 141, 146, 156, 162, 165, 168, 170, 173-4, 204, 223.
Owen, Selina (wyres), 207.
Owen, William (ewythr), 2, 63.
Owen, William (ŵyr), 206, 260, 268, 279n.
Owen, William (tad bedydd), 63-4.
Owen, William (*Gwilym Ddu Glan Hafren*), 261.
Owen-Pughe, William, *gw.* Pughe, William Owen.

Pabyddiaeth, 31.
'Padouca Hunt', 13-14, 39-40.
Padoucas, *gw.* Madogwys.
Paine, Thomas, 32.
'Palestine', 201, 240, 280.
Panacea Society, 155n.
Pant Glas, Nantglyn, 161, 166.
Panton, Paul, 41, 72, 102, 106, 111, 112.

Pant-y-maen, Nantglyn, 161, 166.
*Paradise Lost,* 187, 222, 223, 225, 226, 229, 230-4, 237.
*Paradise Regained,* 238.
Parc-y-mes, Nantglyn, 161.
Paris, 31.
Parkgate, 163.
Parry, Henry (Llanasa), 86, 87.
Parry, John (*Bardd Alaw*), 203, 204.
Parry, John (crydd), 272.
Parry, John Humphreys, 203-4, 210, 211-12, 221n., 244.
Parry, Richard (*Gwalchmai*), 277, 279n.
Parsons, Robert, 64.
Peacock, T., 210.
*Pedair Cainc y Mabinogi,* 57, 102, 103, 115, 116, 117, 118, 119, 120, 123n., 202, 207, 259, 260, 265, 275.
Pedr Fardd, *gw.* Jones, Peter.
Peniarth Uchaf, 1.
Penmachno, 154n.
Pennant, Thomas, 41-2, 102.
Pen-y-waun, Nantglyn, 161.
*Peredur,* 115.
Perri, Henri, 164, 177n.
Petrie, Henry, 119, 245, 248, 249, 250, 254, 256, 257, 264.
Pezron, Paul Yves, 77, 78, 79, 80, 81, 102, 183.
Philadelphia, 41.
Phillips, Ann, 2, 165-6, 210, 253, 256, 265.
Phillips, William (brawd-yng-nghyfraith), 2, 165-6.
Phillips, William (nai), 165, 210, 264-5.
*Philosophy of Words, The,* 78.
Philpot, Elizabeth, 174-5, 213, 266.
Philpot, Francis, 174, 266.
*Pickwick Papers,* 13.
Pierce, T. Mordaf, 9, 273, 277.
Piggot, Stuart, 78.
Pitt, William, 137.
Plas Gwyn, Pentraeth, Môn, 52, 72, 100, 102, 111, 158.
Plymouth, 33.
Plymtree, 125.
*Poems, Lyric and Pastoral,* 29, 138, 184.
Pope, Alexander, 229, 240, 282.
Porthaethwy, 255.
Portiwgal, 2, 260.
Portsmouth, 2, 167, 269.
Powell, David, 36.
Price, Thomas (*Carnhuanawc*), 119, 255.
Prichard, J. W., Plas-y-brain, 199.
'Priodasferch yr Oen', 126, 127.

Probert, William, 104, 273.
Protheroe, Edward, 118.
Prys, John, 84.
Pryse, Robert John (*Gweirydd ap Rhys*), 76, 153n.
Pseudocyesis, 149, 155n.
Pughe, Eliza, 159.
Pughe, Hugh, 160, 167, 168, 205.
Pughe, Isabella Owen, 51, 141, 142, 162, 163, 170, 173, 174, 204, 212, 213, 224, 243, 244, 245, 246, 254, 265, 266.
Pughe, Lewis, 205.
Pughe, Margaret, 159.
Pughe, Rice, 51, 159-60, 168, 175, 204-5, 206.
Pughe, William Owen,
*Bywyd a gwaith:* geni, 1; mabwysiadu'r enw Pughe, 1, 161-2; bedydd, 1; plentyndod, 1-5; symud i Egryn, 2; dylanwadau cynnar, 3-4; addysg, 4-7; mynd i Lundain, 6, 9; swyddi, 9, 62; ymuno â'r Gwyneddigion, 12, 15; ei ran yn eisteddfodau'r Gwyneddigion, 16-24, 28; gweithio ar *Barddoniaeth Dafydd ab Gwilym*, 24-8; cyfeillgarwch ag Owain Myfyr, 12, 16, 25, 58; swyddi yn y Gwyneddigion, 15, 16, 25, 52, 259; syniadau radicalaidd, 29-34; diddordeb yn y Madogwys, 34-43; priodi, 50; bywyd priodasol, 50, 66, 173; geni'r plant, 50-1; cartrefi yn Llundain, 51, 168, 173, 212; gweithio ar Ganu Llywarch Hen, 53-7; fel cyfieithydd, 56, 64, 87, 223, 230-40; dod yn F.S.A., 57; golygu *The Cambrian Register,* 57-8; gweithio ar ei Eiriadur, 71-95; ymosodiadau Dafydd Ddu Eryri arno, 76; golygu *The Myvyrian Archaiology,* 104-15; ei waith ar y *Pedair Cainc* a chwedlau eraill, 115-20; crefydd, 5, 124; dod at Joanna Southcott, 133; gelyniaeth oherwydd Joanna Southcott, 135-6; meddwl am ymfudo i America, 156-7; helynt *Y Greal,* 157-8; gweithio i'r Feibl Gymdeithas, 158-9; etifeddu stad Rice Pughe, 159-61; busnes y stad, 161, 175, 178n., 204-5, 206, 209, 252, 254, 255; dyledion, 58, 115, 166, 168, 209-11; golygu *Eglvryn Phraethineb,* 164; marwolaeth ei fam, 165; marwolaeth ei wraig, 174, 223; ymhel â Derwyddiaeth, 181-90; derbyn gradd D.C.L., 207, 272; mynd i'r carchar,

210; symud i fyw at C. V. Barnard, 212; dechrau cyfieithu *Coll Gwynfa,* 223; 'ail argraffiad' ffug *Coll Gwynfa,* 225; arbrofi ag arwrgerddi, 226; anghydfod teuluaidd, 244, 258-9; dychwelyd i Gymru, 245; helpu Aneurin â'r Cyfreithiau, 248-50; damwain ar y rhew, 251; ymweliadau â Llundain, 252, 256, 266, 269; gwaeledd, 264-6, 268, 269, 274-5, 276; cinio cyhoeddus i'w anrhydeddu, 270-3, 286-7; sôn am anrhydedd pellach, 275-6; marwolaeth, 277; angladd, 277.
*Diddordebau:* arlunio, 12, 16, 43n., 50, 224, 253, 261; cerddoriaeth, 4, 251, 253, 254, 267; garddio, 246, 251; pysgota, 250-1.
*Natur:* cymedroldeb, 273; egni, 63, 64, 252, 274; goddefgarwch, 87, 195; hygoeledd, 29, 37, 90, 95, 113, 138, 164, 215, 216; hynawsedd, 111, 195, 199, 201, 274; ofergoeledd, 165, 167, 217; swildod, 15, 274; tawedogrwydd, 15, 63, 252, 274.
Pumlumon, 53.
*Pum Llyfr Kerddwriaeth,* 53.
Pwllheli, 167.
*Pwyll Pendefig Dyfed,* 115, 118.

Radicaliaeth, 30, 31, 32, 33, 60, 129, 133.
Rask, Rasmus Christian, 182.
Reece, Richard, 140, 141, 142, 146, 147, 148, 149.
Rees, William (*Gwilym Hiraethog*), 268.
Rees, W. J. (Casgob), 202, 203, 261, 268.
Reeves, John, 60.
*Review of the Present State of Welsh Manuscripts, A,* 101, 113.
'Revolt of Islam, The', 239.
Richard, Ebenezer, 4.
Richard, Edward (Ystradmeurig), 10, 78.
Richard, Henry (athro), 4-5.
Richard, Henry ('Apostol Heddwch'), 4.
Richard, Thomas (Abergwaun), 4.
Richards, David (*Dewi Silin*), 199, 202, 206, 250, 255, 257, 258.
Richards, David (*Dafydd Ionawr*), 96n.
Richards, Elizabeth, 257.
Richards, Jane, 257, 261.
Richards, John, 257.
Richards, Lewis, 269.

317

Richards, Mary, 257, 261.
Richards, Melville, 247.
Richards, Thomas, 202, 257, 258, 261, 269.
Richards, Thomas (geiriadurwr), 70.
Richards, William (Lynn), 40, 72, 74-5.
Ritson, Joseph, 56-7, 67-8n.
Robert, Gruffydd (Milan), 84, 86, 164, 227.
Roberts, Evan ('Crin'), 14.
Roberts, Griffith (Dolgellau), 25, 110, 111.
Roberts, John (Siôn Llŷn), 14, 65.
Roberts, Robert (almanaciwr), 137, 162, 220n., 223, 226, 243, 253.
Roberts, Robert (Macwy Môn), 208, 220n.
Roberts, Samuel (Llanbryn-mair), 268.
Roberts, Sionyn (gwas), 260.
Roberts, Thomas (Llwynrhudol), 14, 30, 32, 252, 266.
Roberts, Wilbert Lloyd, 237.
Robin Ddu yr Ail o Fôn, gw. Hughes, Robert.
Robinson, Henry Crabb, 129, 187, 189.
Rouen, 64.
Rowlands, David (Dewi Brefi), 202.
Rowlands, Henry, 80, 183.
Rug, Y, 249.

Rhiwerfa, 2.
Rhiwogof, 205.
Rhufain, 64.
Rhuthun, 74, 168, 246.
Rhyd Lydan, 257.
Rhydychen, 166, 207, 224, 249, 257, 266, 269.
Rhyd-y-gerwyn, Nantglyn, 161.
Rhyfel America, 129.
Rhyfel Clust Jenkins, 36.
Rhyl, Y, 265.
Rhys, Morgan John, 31-2, 54, 82, 156.
Rhys, Siôn Dafydd, 84, 86, 164, 227.

Sain Tathan, 60.
Salesbury, William, 72, 164.
Samothes, 182-3.
Sampson, Elizabeth, 1, 63.
Sampson, Peter, 1.
Samwell, David, 13, 14, 20, 37, 38, 39, 52, 54, 273.
Sanscrit, 90.
Santes Catrin o Ricci, 127.
Santes Catrin o Sienna, 127.
Santes Theresa o Avila, 125, 127.

Saunderson, Robert, 251.
Saurat, Denis, 189.
Sbaen, 36, 37.
Scott, Walter, 56, 100, 116, 117, 203.
Scriptorum Illustrium Maioris Brytanniae . . . Catalogus, 182.
Sebright, John, 101.
Segrwyd, Nantglyn, 161, 166, 244, 245, 250, 251, 258, 259.
Seren Gomer, 91, 92, 207-8, 224, 238, 267.
Seren tan Gwmmwl, 32.
Seville, 64.
Shaftesbury, Arglwydd, gw. Ashley, Arglwydd.
Sharp, William, 128-30, 131, 133, 138, 139, 141, 143, 146, 147, 150, 151, 168, 189, 190, 191, 209, 212.
Shelley, Percy Bysshe, 239, 240.
Shiloh, 130, 140, 141, 143, 144, 147, 170, 179, 214-15.
Sibley, Samuel Charles Woodward, 213.
Sidebottom, Ratcliffe, 9.
Sieffre o Fynwy, 182.
Sillgoll, 84.
Sims, John, 148, 149.
Simwnt Fychan, 53.
Siôn Ceiriog, gw. Edwards, John.
Siôn Cent, 185.
Siôn Llŷn, gw. Roberts, John.
Siôn Penllyn, gw. Williams, John.
Siôn Segrwyd, gw. Hughes, John.
Siôr III, 201.
Siôr IV, 171, 201, 215, 273, 285.
Sistersiaid, 3.
Smith, John, 146.
Society for Constitutional Information (SCI), 30, 129.
Some Specimens of the Poetry of the Antient Welsh Bards, 102.
'Sons of Morbheinn', 100, 172.
Southcott, Joanna:
cyffredinol, 90, 95, 158, 162, 164, 165, 167, 168, 172, 174, 179, 187, 188, 195, 208, 209, 214, 215, 243, 245, 252, 254, 266, 276; cefndir, 124-6; dechrau proffwydo, 125-6; 'y wraig a wisgid â'r haul', 126, 139; 'priodasferch yr Oen', 126-7; y bocs, 131, 150-1; symud i Lundain, 131; y sêl, 131-2; credo, 126, 133, 138, 216; profion, 134, 216; y llais, 125, 136; 'beichiogrwydd', 139-47, 149; ymosodiadau arni, 142, 144; priodas, 146; gwaeledd, 147; marwolaeth,

147; awtopsia, 148-9; angladd, 147, 150; ewyllys, 146; cymeriad, 124, 142-3.
Southcott, Joseph, 132.
Southcott, William, 146.
Southey, Robert, 57, 58, 100, 117, 135, 144, 187-8, 189, 193n., 203, 225, 226, 235, 256, 257.
*Specimens of Early English Romances in Metre,* 117.
Stockport, 132.
Stourbridge, 130, 167, 245, 266, 269.
Suffolk, 130.
Sussex, Augustus, Dug, 260.
Swedenborg, Emanuel, 128, 186, 187.

Talacre, 269.
Talhaiarn, *gw.* Jones, John.
Taliesin, 51, 102.
Taliesin ab Iolo, *gw.* Williams, Taliesin.
Talsarnau, 154n.
Tal-y-llyn, Sir Feirionnydd, 2, 3, 159, 160, 161, 167, 205, 251, 255, 257.
Tan-y-bwlch, 167.
Tan-y-gyrt, Nantglyn, 161, 162, 166, 168, 205, 206, 243, 244, 245, 246, 250, 259, 260, 264.
Tarford, Dyfnaint, 124.
Tarn, Joseph, 159.
Tegid, *gw.* Jones, John.
Telyn, 3, 4, 13, 23.
Thelwall, John, 129.
*Third Book Of Wonders Announcing the Coming of Shiloh,* 140.
Thomas, David (*Dafydd Ddu Eryri*), 19, 23, 26, 28, 42, 64, 65, 72, 74, 76, 77, 86-7, 94, 96n., 98n., 105, 106, 111, 112, 137, 158, 180, 195, 229.
Thomas, Ebenezer, (*Eben Fardd*), 81, 246.
Thomas, John (Ynyscynhaearn), 54.
Thomas, John William (*Arfonwyson*), 246.
Thomas, Richard (Ynyscynhaearn), 54-5, 108.
Thompson, E. P., 128.
*Thoughts on the English Government,* 60.
*Through the Looking-Glass . . .,* 80.
*Times, The,* 141, 142, 179, 211.
*Tlysau o'r Hen Oesoedd,* 102.
Tomen-y-Mur, 257.
Tooke, John Horne, 33, 129, 133.
Tooke, William, 133.
*Tour in Quest of Genealogy, A,* 170.
Townley, Jane, 132, 139, 141, 142, 143,

144, 146, 149, 150, 174, 179, 192n., 208, 209, 212, 213-14, 215, 216-18, 243, 252, 254, 269.
Tozer, William, 133, 148, 210, 212.
Traeth Mawr, 167.
Trallwng, Y, 261.
Trefeca, 31, 32.
Trefdraeth, 16.
Tre-fﬁn, 5.
Trefﬂemin, 25, 107.
Tre-ffos, Llansadwrn, Môn, 107.
Treffynnon, 267, 269.
Tregaron, 4.
Tremadog, 167.
'Trioedd Dyfnwal Moelmud', 113.
*Trioedd Ynys Prydain,* 36, 107, 113, 185.
Troup, George, 215, 266.
Tuck, John, 174, 209, 210, 269, 270.
Tudor, Hugh, 3.
Tudur Aled, 102.
Turner, George, 140, 146, 179, 213, 214-15.
Turner, Sharon, 100, 103, 116, 117, 256, 269.
Tuscarora, 36.
Twm o'r Nant, *gw.* Edwards, Thomas.
Twyll llenyddol 25, 27-8, 36, 53, 70, 103, 113, 114, 115, 185-6, 196.
Tybots, John, 160, 205.
Tyddewi, 267.
Tŷ-nant, Llangwm, 251.
Tyno, Y, Nantglyn, 161, 166.
Ty'n-y-bryn, Llanfihangel-y-Pennant, 1, 2, 3, 255.
Ty'n-y-llidiard, Nantglyn, 161.
Ty'n-y-maes, Tal-y-llyn, 161, 167.
Ty'r Cyffredin, 15, 60.
Tywyn, 2.

Underwood, Ann, 132, 137, 139, 142, 144, 146, 147, 149, 212, 213, 215, 218, 243, 252, 254, 269.
Undodiaeth, 124.

Vaughan, Griffith, Howel, 109, 249.
Vaughan, Hugh, 108.
Vaughan, Robert, 100, 101,
Velluti, Giovanni Battista, 254.
Victoria, Y Dywysoges, 268, 271.
*Vindication of the Genuineness of the Antient British Poems, A,* 103.

*Walian Register, The,* 57.
Walters, John, 54, 72, 75.
Waring, Elijah, 33, 34, 136, 137, 163-4.

Waring, Mary, 252, 266, 269.
Warrington, William, 16.
Waunfawr, 31, 40, 42.
Webster, Thomas, 130, 146.
Weirglodd Fawr, Y, (Broom Hall), Aber-erch, 78.
*Welsh and English Dictionary, A,* Argraffiad cyntaf (1793-1803): 3, 52, 71, 72, 73, 74, 75, 76, 77, 82, 88, 89, 93, 94, 95, 115, 157, 238; Ail argraffiad (1832): 76, 253, 259, 260, 265, 274; Trydydd argraffiad (1866): 76.
Welsh Girls' School, Ashford, 10.
Wesley, John, 226.
Wetherell, William Roundell, 130.
Wiffen, Jeremiah Holmes, 256.
Wilford, Francis, 181.
Wiliam, Aled Rhys, 247.
Wiliam Llŷn, 72, 102.
Wiliems, Thomas, 72.
Williams, Edward (*Iolo Morganwg*): cyffredinol, 12, 15, 24, 30, 32, 38, 41, 42, 43n., 50, 51, 52, 56, 59, 63, 66, 72, 73, 74, 75, 76, 82, 89, 90-1, 100, 101, 104, 106, 109, 111, 118, 124, 132, 134, 135, 136, 137, 156, 157, 158, 169, 170, 184, 186, 209, 222, 261; gwaith, 176n., 203; barddoniaeth, 29, 184; teithiau, 58, 106, 107, 112; twyll llenyddol, 25, 27-8, 36, 53, 58, 70, 90, 113-14, 196, 228; anwiredd, 28, 33, 52-3, 67n., 115, 196; iechyd, 53, 65; ymosodiadau ar Owain Myfyr, 114-15, 163-4, 195-9; ymosodiadau ar Pughe, 9, 113-14, 164, 195-9, 235; marwolaeth, 256; cymeriad, 34, 65, 113, 162, 195-9, 256, 263n.
Williams, Eliezer, 202.
Williams, Evan (cyhoeddwr), 73, 75, 91, 100, 114, 118, 161, 162, 195, 225, 235.
Williams, Evan (telynor), 4, 229.
Williams, Evan ('Idwal'), 235.
Williams, G. J., 5-6, 8, 9, 25, 28, 91, 94, 95, 102, 105, 111, 114, 196, 228.

Williams, Ifor, 55, 56.
Williams, J. Copner, 270, 271, 272.
Williams, John (*Ab Ithel*), 247.
Williams, John (Llanrwst), 274.
Williams, John (*Siôn Penllyn*), 23-4.
Williams, John (Sydenham), 35, 37, 40.
Williams, Morris (*Nicander*), 80; ('Hirllyn'), 81, 92, 97n., 227.
Williams, Moses, 70, 101, 247.
Williams, Peter, 202.
Williams, Peter Bailey, 107, 199, 202, 236-7.
Williams, Robert, 5-6.
Williams, Rowland, 202, 257.
Williams, Taliesin, 51, 196.
Williams, William (*Caledfryn*), 240.
Williams, William (Llandygái), 54, 67n., 74, 76, 157, 235.
Williams, William (Pantycelyn), 229-30.
Wilson, John, 146.
Winterbotham, William, 33.
Wirral, 163.
*Wisdom Excelleth the Weapons of War,* 140.
Woburn, 256.
Wotton, William, 247.
Wrecsam, 252.
Wynn, Charles Watkin Williams, 57, 117, 118, 244, 245.
Wynn, Watkin Williams, 101, 102, 203, 272.
Wynnstay, 101, 252.

'Ymddiddan Tudur Glustfain a Bleddyn Finpladur', 32, 86-7, 98n., 158.
*Yn y lhyvyr hwnn . . .,* 84.
Ynyscynhaearn, 54.
Ysgol Friars, Bangor, 163.
Ysgol Madam Bevan, 4-5.
Ysgol y Cymry, Llundain, 2, 10, 15, 102, 202, 264.
Ystradlyn, Tal-y-llyn, 277.

**British Library Cataloguing in Publication Data**

Carr, Glenda
 William Owen Pughe
  1. Pughe, William Owen     2. Lexicographers—
 Wales—Biography
 I. Title
 491.6'63'0924     P327

ISBN 0-7083-0837-6